예제 미리보기

이 책에서 배울 예제의 일부를 미리 살펴봅니다.

062p / 두 개의 이미지를 하나로 합치기

083p / 크리스마스 액자 만들기

115p / 딸기 복제하기

116p / 귀여운 큰 머리 만들기

147p / 아웃포커싱 이미지 만들기

157p / 얼굴 잡티 제거하기

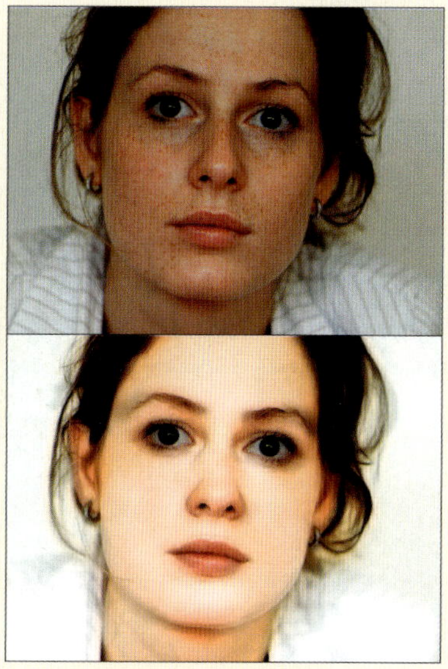

159p / 뽀샤시한 물광 피부 만들기

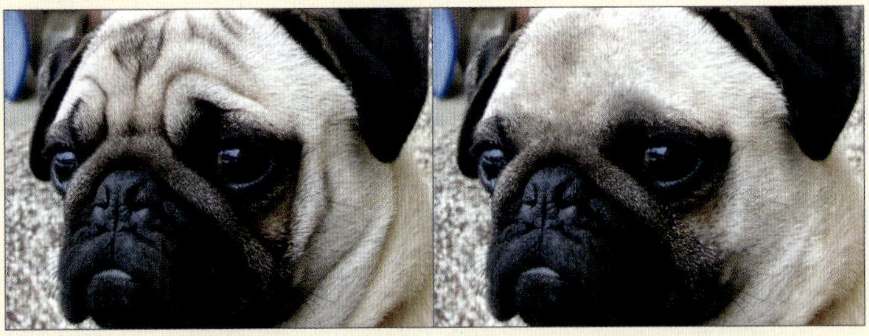

162p / 강아지 주름 제거하기

166p / 원치 않는 배경 제거하기

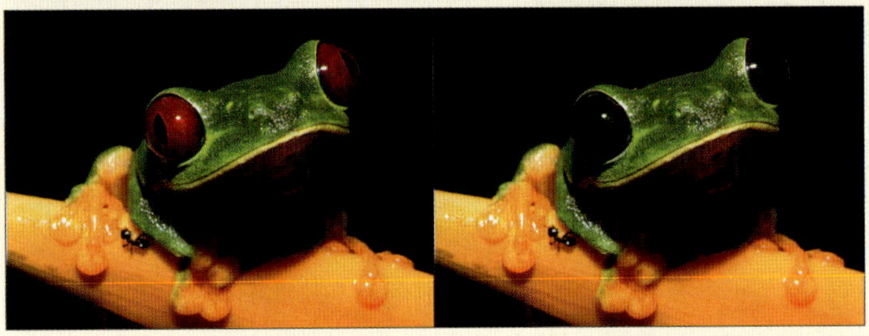

168p / 적목 현상 해결하기

172p / 연꽃 복제하기

185p / 체크무늬 패턴 만들기

191p / 눈과 입술에 포인트 주기

195p / 장미 사진을 유화 작품으로 바꾸기

207p / 잔디 느낌의 이미지 만들기

216p / 원하는 부분의 색상만 살리기

198p / 보케 이미지 만들기

221p / 아이팟 만들기

227p / 몬드리안 작품 따라잡기

230p / 3D 크리스마스 배경 만들기

263p / 문자에 화려한 패턴 입히기

274p / 점선 말풍선 만들기

304p / 톤이 다른 이미지 합성하기

284p / 패스를 따라 흐르는 텍스트 만들기

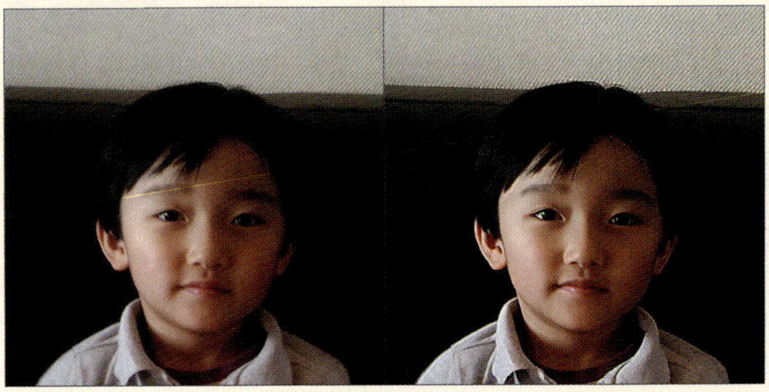

319p / 흔들린 사진 선명하게 보정하기

350p / 볼록한 사진 보정하기

353p / 비네팅 효과 만들기

309p / 직접 찍은 사진을 수채화 작품으로 바꾸기

331p / 밝기 조절로 생기있는 사진 만들기

355p / 가까이 들이대기

380p / 아크릴 문자 만들기

359p / 얼굴 크기 줄이기

385p / 투명 문자 만들기

374p / 퍼펫 비틀기

391p / 메탈 패턴 문자 만들기

414p / 투명 볼에 비친 이미지 만들기

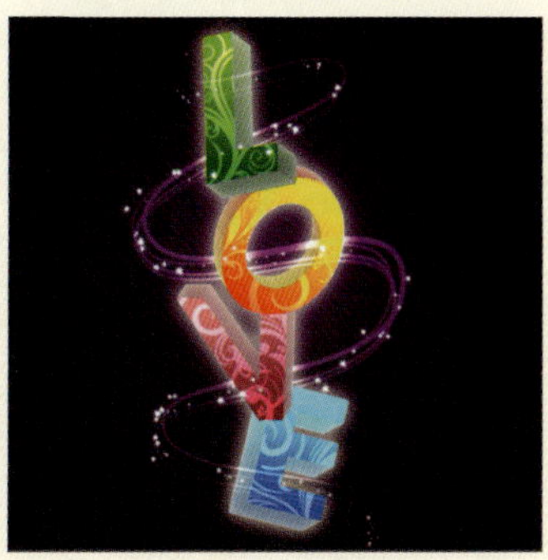

399p / 3D 느낌의 문자 만들기

419p / 커튼 스타일 배경 만들기

423p / 노트 배경과 플래그 만들기

472p / 아바타 나비족으로 변신시키기

429p / 접힌 이미지 만들기

436p / 투명 버튼 만들기

444p / 네온 발광 UFO 만들기

465p / 입체 구름 무지개 만들기

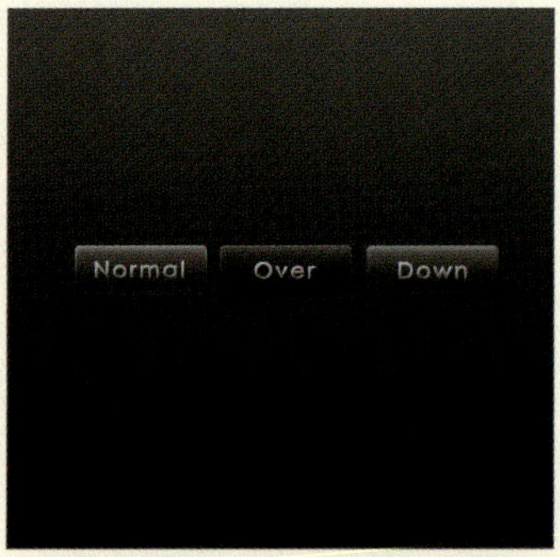

488p / 블랙 패널 UI 버튼 만들기

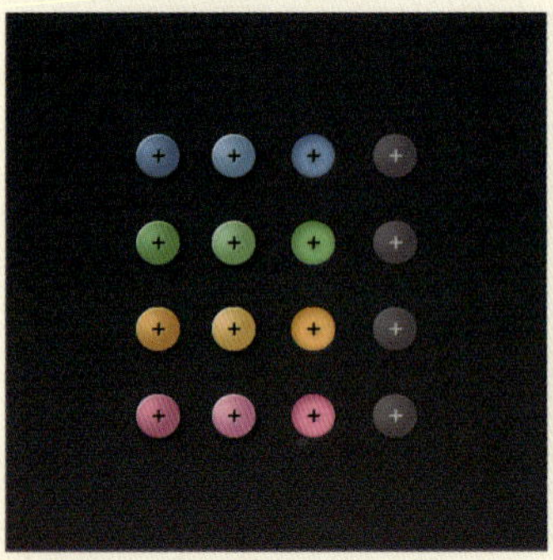

497p / 파스텔 톤의 UI 버튼 만들기

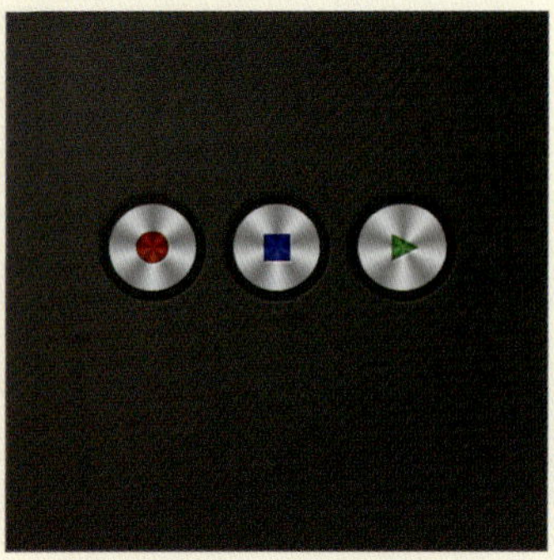

505p / 메탈 느낌의 UI 버튼 만들기

512p / 이중 입체 UI 버튼 만들기

기본기부터 다지고 재미있게 배우는 enjoy design

포토샵 CS6

이영주 지음

한빛아카데미
Hanbit Academy, Inc.

지은이 **이영주** yjlee@chungwoon.ac.kr

Western Sydney University에서 Digital Media를 전공했으며 홍익대학교 영상학과에서 박사과정을 수료했다. 현재는 청운대학교 멀티미디어학과 교수로 재직 중이다. 저서로는 『예제로 배우는 포토샵 CS3 디자인 스쿨』(한빛미디어, 2008), 『야심만만 감동만만』(대원씨아이, 2005), 『타이포그래피 디자인』(청운대학교 출판부, 2004), 『나를 사로잡는 포토샵 7.X』(사이텍미디어, 2002) 등이 있다.

enjoy design 포토샵 CS6

초판발행 2013년 07월 30일
7쇄발행 2021년 01월 25일

지은이 이영주 / **펴낸이** 전태호
펴낸곳 한빛아카데미(주) / **주소** 서울시 서대문구 연희로 2길 62 한빛아카데미(주) 2층
전화 02-336-7112 / **팩스** 02-336-7199
등록 2013년 1월 14일 제2017-000063호 / **ISBN** 978-89-98756-35-2 98000

책임편집 변소현 / **기획** 변소현 / **편집** 변소현 / **진행** 권오상
디자인 표지 더그라프 / **내지** 천승훈
영업 이윤형, 길진철, 김태진, 김성삼, 이정훈, 임현기, 이성훈, 김주성 / **영업기획** 김호철, 주희

이 책에 대한 의견이나 오탈자 및 잘못된 내용에 대한 수정 정보는 아래 이메일로 알려주십시오.
잘못된 책은 구입하신 서점에서 교환해 드립니다. 책값은 뒤표지에 표시되어 있습니다.
홈페이지 www.hanbit.co.kr / 이메일 question@hanbit.co.kr

Published by HANBIT Academy, Inc. Printed in Korea

원리를 알면 IT가 맛있다

IT COOKBOOK

1시간 강의를 위해 3시간을 준비하는 마음!

:: 군더더기 없는 핵심 원리 + 말랑말랑 쉬운 컨텐츠

핵심 원리 하나만 제대로 알면 열 가지 상황도 해결할 수 있습니다.
친절한 설명과 명확한 기승전결식 내용 전개로 학습 의욕을 배가시켜줍니다.

:: 핵심 원리 → 풍부한 예제와 연습문제 → 프로젝트로 이어지는 계단 학습법

기본 원리를 다져주는 예제, 본문에서 배운 내용을 촘촘하게 점검해볼 수 있는 연습문제,
현장에서 바로 응용할 수 있는 프로젝트를 단계별로 구성해 학습의 완성도를 높였습니다.

:: 학습욕구를 높여주는 현장 이야기가 담긴 IT 교과서

필드 어드바이저의 인터뷰와 주옥 같은 현업 이야기를 담았습니다.
강의실 밖 현장의 요구를 접하는 기회를 제공하고,
학생들 스스로 필요한 공부를 할 수 있도록 방향을 제시합니다.

포토샵과
사랑에 빠지다

반갑습니다. 독자 여러분!

포토샵이라는 프로그램으로 한빛아카데미를 통해 두 번째 책을 출간하게 되었습니다. 이번 책에서는 포토샵에서 꼭 알아야 할 기능을 꼼꼼하게 설명하여 기본기를 다지고 실제 디자인 작업에 응용할 수 있도록 하였습니다. 물론 일상생활에서 가장 필요로 하는 실용 예제도 많이 수록하였습니다.

무슨 일이든 첫 술에 배부를 수 없습니다. 하지만 차근차근 하나씩 성취하다 보면 어느 순간 목표했던 일을 자신 있게 해낼 수 있습니다. 이 책은 이러한 생각에서 출발하여 포토샵의 기본부터 응용까지 다음과 같은 차례로 설명하고 있습니다.

- **1장～2장** 1장에서는 포토샵 CS6의 시험버전을 설치하고 새로운 기능을 소개합니다. 포토샵 화면 구성과 각종 툴 및 패널을 소개하여 포토샵 화면에 익숙해지도록 도와줍니다. 2장에서는 포토샵을 활용하기 전에 반드시 알고 있어야 하는 포토샵의 기본 사용법을 알아봅니다.

- **3장～5장** 3장에서는 이미지의 이동과 선택에 관한 툴을 다룹니다. 4장에서는 이미지의 복원과 복제에 관한 툴을 알아보고, 5장에서는 드로잉과 페인팅에 관한 툴을 알아보고 연습해봅니다. 각 툴들은 비슷한 일을 하지만 미세한 차이가 있는데, 그 차이에 대해서도 알아봅니다.

- **6장～8장** 6장에서는 벡터 이미지를 만들 수 있는 도형과 텍스트 툴에 대해 알아보고, 7장에서는 포토샵의 핵심인 레이어와 채널에 대해 알아봅니다. 8장에서는 색상 보정에 사용되는 다양한 조절 메뉴와 한 번의 클릭으로 다양한 효과를 내는 필터에 대해 알아봅니다.

- **9장~12장** 포토샵의 여러 기능을 종합적으로 사용하여 다양한 작품을 만들어봅니다. 9장에서는 텍스트에 관한 작품을 만들어보고, 10장에서는 테크닉이 가미된 작품을 만들어봅니다. 또한 11장에서는 빛과 관련된 특수 효과를 만들어보고, 12장에서는 모바일 인터페이스에 필요한 UI 요소(User Interface Elements)를 만들어봅니다.

포토샵은 살아있는 유기물과 같아서 어떻게 다루는지에 따라 놀라운 결과물을 만들어냅니다. 독자 여러분도 이 책의 여러 예제를 따라하면서 자신에게 가장 편리한 방법을 찾기 바랍니다. 또한 단순히 따라만 할 것이 아니라, 배운 내용을 어떻게 응용할 수 있을지 생각하면서 작업하기 바랍니다. 그러면 이 책의 마지막 장을 덮을 때 포토샵에 대해 어느 정도 자신감을 가질 수 있을 것입니다.

필자는 다양한 그래픽 프로그램을 사용하지만 포토샵을 가장 사랑합니다. 포토샵은 자주 사용할수록 사랑의 깊이가 깊어질 수 있는 프로그램 같습니다. 여러분도 어린왕자와 여우처럼 매일매일 한걸음씩 다가가 포토샵과 친구가 되고 애인이 되길 바랍니다.

책 한 권을 만들기 위해 불철주야 애쓰고 노력하는 한빛아카데미(주)에 깊은 애정과 감사를 드립니다.

저자 **이영주**

이 책을 쉽게 보는 방법

SECTION 34

컬러 리플레이스먼트 툴

• 단축키 B

컬러 리플레이스먼트 툴은 이미지의 질감은 그대로 살리면서 색상만 변경할 때 사용합니다.

컬러 리플레이스먼트 툴의 기능

컬러 리플레이스먼트 툴(Color Replacement Tool,)은 이미지의 질감은 그대로 둔 채 색상만 변경할 때 사용합니다. 원하는 영역을 브러시로 칠하여 손쉽게 색상을 변경할 수 있으며, 이미지의 전체 또는 일부만 색상을 변경할 수도 있습니다.

△ 질감은 유지한 채 색상만 변경

섹션 개요

해당 섹션에서 배울 내용에 대한 큰 줄기를 짚어봅니다.

본문

툴이나 메뉴의 기능을 설명하고, 간단한 실습으로 사용법을 익힙니다.

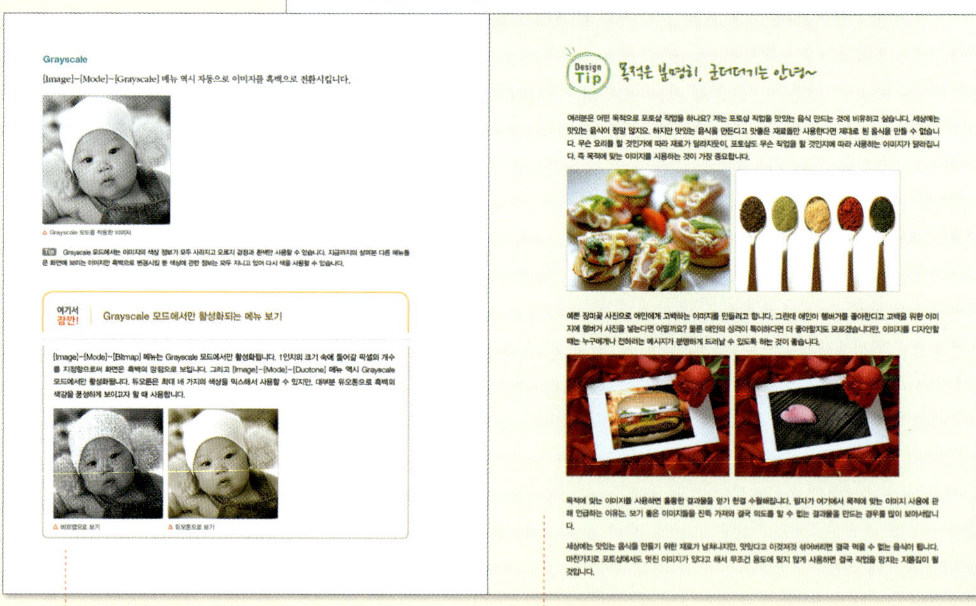

여기서 잠깐

본문에서 다룬 도구의 세부 옵션을 설명합니다.

디자인 팁

포토샵을 잘하기 위한 방법을 전문가가 조언해 줍니다. 소스 이미지 고르는 방법, 색과 문자를 사용하는 방법, 디자인을 잘하는 방법 등을 초보자도 이해하기 쉽게 설명합니다.

Tip Shift를 누른 채 드래그하면 수평선, 수직선, 45° 선이 그려지지만 Shift를 누른 채 다음 지점을 클릭하면 현재 지점과 다음 지점이 연결됩니다. 오른쪽 그림에서 겹쳐진 부분이 Shift를 누른 채 클릭한 지점입니다.

팁

참고로 알아두면 좋을 내용, 실습하면서 주의할 사항 등을 설명합니다.

• 준비파일 Baby color.psd • 완성파일 Baby color_result.psd

따라하기 **원하는 부분만 색상 변경하기**

△ 원본 이미지 △ 완성 이미지

따라하기

본문에서 배운 기능을 중심으로 완성된 작품을 실습해봅니다. 원본 이미지와 완성 이미지의 비교를 통해 어떤 작품을 만드는지 알 수 있습니다.

01 Ch 05 ▸ Section 34 ▸ Baby color.psd 파일을 불러옵니다. 컬러 리플레이스먼트 툴( )의 브러시 사이즈를 눈동자 크기에 맞게 조절합니다. 눈동자의 색상을 변경하기 위해 Swatches 패널에서 원하는 색상을 클릭한 후 눈동자 부분을 드래그합니다.

혼자 해보기 | **꽃잎 색상 변경하기**

준비파일 Color2.psd • 완성파일 Color2_result.psd

△ 원본 이미지 △ 완성 이미지

혼자 해보기

따라하기에서 실습한 내용을 바탕으로 스스로 작품을 만들어봅니다.

Section 34. 컬러 리플레이스먼트 툴 191

◆ **부록 DVD**

- **[예제소스] 폴더** 실습에 필요한 준비파일과 완성파일이 섹션별로 정리되어 있습니다. 계속 사용할 파일이므로 하드디스크에 복사해두는 것이 좋습니다.
- **[포토샵 CS6 시험버전] 폴더** 포토샵 CS6를 30일 동안 사용할 수 있는 시험버전이 들어있습니다. 폴더 안 Set-up.exe 파일을 더블클릭하면 설치할 수 있습니다.

◆ 강의 보조 자료와 예제 파일

다음 사이트에 교수 회원으로 가입하신 교수/강사분에게 교수용 강의 보조 자료를 제공합니다. 홈페이지 상단의 〈교수전용공간〉 메뉴를 클릭해주세요.

http://www.hanbit.co.kr/academy

다음 사이트에서 부록 DVD에 포함된 예제소스를 내려받을 수 있습니다.

http://www.hanbit.co.kr/src/4035

◆ 강의 계획표

1주～2주에는 포토샵 CS6를 설치하는 것부터 포토샵을 활용하기 전에 반드시 알고 있어야 하는 기본적인 사용법을 설명합니다. 3주～10주에는 각 툴의 기능 및 옵션의 용도를 설명하고 예제를 통해 연습해봅니다. 11주～14주에는 앞에서 배운 모든 기능을 종합하여 응용 예제를 연습해봅니다. 마지막으로 15주에는 종합 과제를 주어 자신만의 작품을 만들어 보도록 진행합니다.

주	해당 장/과제	주제
1	1장	포토샵 CS6 설치, 새로운 기능 소개, 인터페이스, 툴과 패널
2	2장	레이어의 이해, 이미지의 크기와 해상도, 기타 기능
3	3장	이미지의 이동과 선택, 각종 선택 툴, 올가미 툴
4	3장	이미지의 이동과 선택, 마술봉 툴, 자르기 툴, 퀵 마스크 모드
5	4장	이미지의 복원과 복제, 도장 툴과 힐링 브러시 툴의 차이
6	5장	드로잉과 페인팅, 선과 면의 채색과 조절
7	6장	도형과 텍스트, 펜 툴과 벡터 도형, 텍스트 툴
8		**중간고사**
9	7장	레이어와 채널, 레이어의 속성, 스타일, 채널의 종류
10	8장	색상 보정과 이미지의 변형, 필터
11	9장	텍스트 효과, 레이어 스타일
12	10장	응용력을 키우는 테크닉 연습
13	11장	특수 효과 연습
14	12장	모바일 인터페이스를 위한 버튼 제작
15	과제	포토샵을 활용한 종합 과제
16		**기말고사**

Contents

NEW
포토샵 CS6의 새로운 기능이나 이전 버전에서 달라진 부분입니다.

저자 머리말 • 004
이 책을 쉽게 보는 방법 • 006
강의 보조 자료와 강의 계획표 • 008

CHAPTER [01] 포토샵 CS6 시작하기

Section 01 포토샵 CS6 설치하기 NEW • 016
Section 02 포토샵 CS6의 새로운 기능 NEW • 020
Section 03 포토샵 CS6 작업화면 설정하기 NEW • 028
Section 04 포토샵 CS6 툴 살펴보기 NEW • 033
Section 05 포토샵 CS6 패널 살펴보기 NEW • 040

CHAPTER [02] 포토샵 CS6 왕초보 탈출하기

Section 06 파일 열고 닫고 저장하기 • 046
Section 07 레이어 이해하기 • 050
Section 08 작업화면 확대/축소하기 • 052
Section 09 이미지 크기 조절하기 • 056
Section 10 작업화면 크기 조절하기 • 058
Section 11 두 개의 이미지를 하나로 합치기 • 062
Section 12 이미지 회전시키기 • 064
Section 13 단계별 작업 과정 취소하기 • 067

CHAPTER [03] 이미지의 이동과 선택

Section 14 이동 툴 • 070
Section 15 사각형 선택 툴 • 078
따라하기 | 크리스마스 액자 만들기 • 083
따라하기 | 포스트 잇 만들기 • 089
Section 16 원형 선택 툴 • 094

Contents

따라하기 | 비눗방울 배경 만들기 • 098
따라하기 | 부드러운 느낌의 배경 만들기 • 101
Section 17 한 줄 가로/세로 선택 툴 • 106
Section 18 올가미 툴 • 108
Section 19 다각형 올가미 툴 • 110
Section 20 자석 올가미 툴 • 112
따라하기 | 딸기 복제하기 • 115
따라하기 | 귀여운 큰 머리 만들기 • 116
Section 21 퀵 셀렉션 툴 • 120
따라하기 | 머리카락 자연스럽게 선택하고 배경색 바꾸기 • 124
Section 22 마술봉 툴 • 129
따라하기 | 튤립 사진의 색상 톤 조절하기 • 132
Section 23 자르기 툴 NEW • 134
따라하기 | 증명사진 만들기 138
Section 24 원근 자르기 툴 NEW • 143
Section 25 퀵 마스크 모드 • 145
따라하기 | 아웃포커싱 이미지 만들기 • 147
Design Tip 선택 영역의 꼼꼼한 지정이 퀄리티의 관건 • 150

CHAPTER [04] 이미지의 복원과 복제

Section 26 스팟 힐링 브러시 툴 • 154
따라하기 | 얼굴 점 제거하기 • 154
Section 27 힐링 브러시 툴 • 157
따라하기 | 얼굴 잡티 제거하기 • 157
따라하기 | 뽀샤시한 물광 피부 만들기 • 159
Section 28 패치 툴 • 162
따라하기 | 강아지 주름 제거하기 • 162
Section 29 콘텐츠 어웨어 무브 툴 NEW • 164
따라하기 | 배경과 어우러지게 복제하기 NEW • 164
따라하기 | 원치 않는 배경 제거하기 NEW • 166
Section 30 레드 아이 툴 • 168
따라하기 | 적목 현상 해결하기 • 168
Section 31 도장 툴 • 170
따라하기 | 나무 복제하기 • 170
따라하기 | 연꽃 복제하기 • 172
Section 32 패턴 도장 툴 • 175

따라하기 | 패턴 만들기 • 175
따라하기 | 규칙적인 간격으로 패턴 복제하기 • 177
Design Tip 목적은 분명히, 군더더기는 안녕~ • 179

CHAPTER [05] 드로잉과 페인팅

Section 33 브러시 툴, 연필 툴 • 182
따라하기 | 체크무늬 패턴 만들기 • 185
Section 34 컬러 리플레이스먼트 툴 • 190
따라하기 | 눈과 입술에 포인트 주기 • 191
Section 35 믹서 브러시 툴 NEW • 193
따라하기 | 장미 사진을 유화 작품으로 바꾸기 NEW • 195
따라하기 | 부드럽고 화려한 보케 이미지 만들기 • 198
따라하기 | 잔디 느낌의 이미지 만들기 • 207
Section 36 히스토리 브러시 툴, 아트 히스토리 브러시 툴 • 215
따라하기 | 원하는 부분의 색상만 살리기 • 216
Section 37 지우개 툴, 백그라운드 지우개 툴, 매직 지우개 툴 • 217
Section 38 그레디언트 툴 • 219
따라하기 | 아이팟 만들기 • 221
Section 39 페인트 버킷 툴 • 227
따라하기 | 몬드리안 작품 따라잡기 • 227
Section 40 3D 머티리얼 드롭 툴 NEW • 230
따라하기 | 3D 크리스마스 배경 만들기 NEW • 230
Section 41 블러 툴, 샤픈 툴, 스머지 툴 • 236
Section 42 닷지 툴, 번 툴, 스펀지 툴 • 238

CHAPTER [06] 도형과 텍스트

Section 43 펜 툴 • 242
Section 44 프리폼 펜 툴 • 244
Section 45 앵커 포인트 추가/제거 툴 • 245
Section 46 포인트 전환 툴 • 246
Section 47 패스 선택 툴, 직접 선택 툴 • 247
따라하기 | 레고 블록 복제하기 • 253
Section 48 텍스트 툴 • 257
따라하기 | 특정 문자 강조하기 • 259

Contents

따라하기 | 문자에 화려한 패턴 입히기 • 263
따라하기 | 3D 문자 만들기 NEW • 269
Section 49 쉐이프 툴 NEW • 273
따라하기 | 점선 말풍선 만들기 NEW • 274
따라하기 | 입체적인 벡터 도형 만들기 • 276
따라하기 | 패스 내부를 채우는 텍스트와 패스를 따라 흐르는 텍스트 만들기 • 284

CHAPTER [07] 레이어와 채널

Section 50 레이어의 개념과 구조 • 290
따라하기 | 톤이 다른 이미지 합성하기 • 304
따라하기 | 직접 찍은 사진을 수채화 작품으로 바꾸기 • 309
Section 51 채널의 이해 • 312
따라하기 | 흔들린 사진 선명하게 보정하기 • 319
Design Tip 색을 사용하기 어려워요 • 322

CHAPTER [08] 색상 보정과 이미지의 변형

Section 52 밝기 조절을 위한 메뉴 • 326
따라하기 | 밝기 조절로 생기있는 사진 만들기 • 331
Section 53 색상 조절을 위한 메뉴 • 333
따라하기 | 얼굴만 간편하게 선택하기 NEW • 339
Section 54 흑백 조절을 위한 메뉴 • 341
Section 55 필터 갤러리 • 345
Section 56 Adaptive Wide Angle로 볼록한 사진 보정하기 NEW • 350
Section 57 Lens Correction으로 비네팅 효과 만들기 NEW • 353
Section 58 Lens Correction으로 가까이 들이대기 NEW • 355
Section 59 Oil Paint로 유화 느낌의 이미지 만들기 • 357
Section 60 Liquify로 얼굴 크기 줄이기 • 359
Section 61 Vanishing Point로 원근감을 살려 합성하기 • 361
Section 62 Field Blur로 원하는 부분만 흐릿하게 만들기 NEW • 364
Section 63 Iris Blur로 흐릿하게 만들 영역 지정하기 NEW • 365
Section 64 Tilt-Shift로 흐릿하게 만들 영역 선형으로 지정하기 NEW • 367
따라하기 | 속도감 있는 텍스트 만들기 • 368
따라하기 | 퍼펫 비틀기로 오브젝트의 움직임 조절하기 NEW • 374
Design Tip 이미지의 비율 유지는 디자인의 첫걸음 • 376

CHAPTER [09] 텍스트 효과

Section 65 아크릴 문자 만들기 • 380
Section 66 반사되는 투명 문자 만들기 • 385
Section 67 메탈 패턴 문자 만들기 • 391
Section 68 아이스 느낌의 문자 만들기 • 395
Section 69 문양이 들어간 3D 느낌의 문자 만들기 • 399
Design Tip 문자를 사용하기 어려워요 • 410

CHAPTER [10] 응용력을 키우는 테크니컬 디자인

Section 70 투명 볼에 비친 볼록한 이미지 만들기 • 414
Section 71 깔끔한 커튼 스타일 배경 만들기 • 419
Section 72 노트 배경과 플래그 만들기 • 423
Section 73 접힌 이미지 만들기 • 429
Section 74 하이라이트 배경의 투명 버튼 만들기 • 436

CHAPTER [11] 환상적인 느낌의 이펙트 디자인

Section 75 네온 발광 UFO 만들기 • 444
Section 76 빛나는 원자 형태의 오브젝트 만들기 • 451
Section 77 별빛으로 이미지를 강조하기 • 457
Section 78 입체 구름 무지개 만들기 • 465
Section 79 아바타 나비족으로 변신시키기 • 472

CHAPTER [12] 모바일 인터페이스를 위한 UI 디자인

Section 80 블랙 패널 UI 버튼 만들기 • 488
Section 81 파스텔 톤의 UI 버튼 만들기 • 497
Section 82 메탈 느낌의 UI 버튼 만들기 • 505
Section 83 이중 입체 UI 버튼 만들기 • 512
Design Tip 포토샵도 잘하고 디자인도 잘하고 싶어요 • 518

부록 | 포토샵 CS6의 단축키 • 519
찾아보기 • 521

CHAPTER

01

포토샵 CS6 시작하기

포토샵은 어디서 구하나요? 라는 질문을 자주 받습니다. 포토샵은 기본적으로 어도비사의 지정 판매처에서 구입해야 하지만 일정 기간 동안 무료로 사용할 수 있는 시험버전을 설치하여 사용할 수 있습니다. 이 장에서는 포토샵 CS6의 시험버전을 내려받아 설치하고 실행하는 방법과 포토샵의 화면 구성 요소에 대해 알아봅니다. 기존 포토샵 사용자도 포토샵 CS6의 새로운 기능을 한눈에 살펴볼 수 있습니다.

CONTENTS

Section 01 ∕ 포토샵 CS6 설치하기
Section 02 ∕ 포토샵 CS6의 새로운 기능
Section 03 ∕ 포토샵 CS6 작업화면 설정하기
Section 04 ∕ 포토샵 CS6 툴 살펴보기
Section 05 ∕ 포토샵 CS6 패널 살펴보기

SECTION 01

포토샵 CS6 설치하기

처음 포토샵을 접하는 분들 중에 포토샵을 어디서 구하냐고 질문하는 분들이 많습니다. 포토샵은 정품과 시험버전이 있습니다. 정품은 비용을 지불하고 구입하여 사용하는 제품이고, 시험버전은 제품을 구입하기 전에 30일간 무료로 사용할 수 있도록 어도비사에서 제공하는 제품입니다. 시험버전은 어도비사 홈페이지에서 내려받을 수 있습니다.

포토샵 CS6 설치를 위한 최소 사양

포토샵 CS6를 설치하기 위해서는 다음과 같은 사양의 컴퓨터가 필요합니다.

Windows	Mac OS
• Intel® Pentium® 4 또는 AMD Athlon® 64 프로세서 • Microsoft® Windows® XP(서비스 팩 3) 또는 Windows 7(서비스 팩 1) • 1GB RAM • 하드 디스크 여유 공간 1GB 이상(설치 시 추가 여유 공간 필요, 플래시 메모리 기반의 이동식 디스크에 설치할 수 없음) • 16비트 컬러 및 512MB VRAM을 지원하는 1024×768 해상도 디스플레이(1280×800 권장) • OpenGL 2.0 지원 시스템 • DVD-ROM 드라이브	• 멀티코어 Intel 프로세서(64비트 지원) • Mac OS X v10.6.8 또는 v10.7 • 1GB RAM • 하드 디스크 여유 공간 2GB 이상(설치 시 추가 여유 공간 필요, 대소문자를 구분하는 파일 시스템을 사용하는 볼륨 또는 플래시 메모리 기반의 이동식 디스크에 설치할 수 없음) • 16비트 컬러 및 256MB VRAM을 지원하는 1024×768 해상도 디스플레이(1280×800 권장) • OpenGL 2.0 지원 시스템 • DVD-ROM 드라이브

포토샵 CS6 시험버전 설치하기

01 http://www.adobe.com/kr에 접속합니다. [다운로드]-[제품 시험버전] 메뉴를 선택하고 화면 중앙 Photoshop CS6 Extended의 [시험버전]을 클릭합니다.

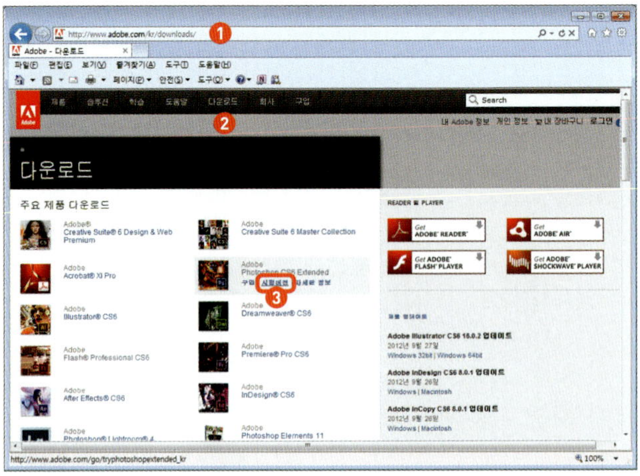

02 언어를 '영어'로 지정한 후 〈지금 다운로드〉를 클릭합니다.

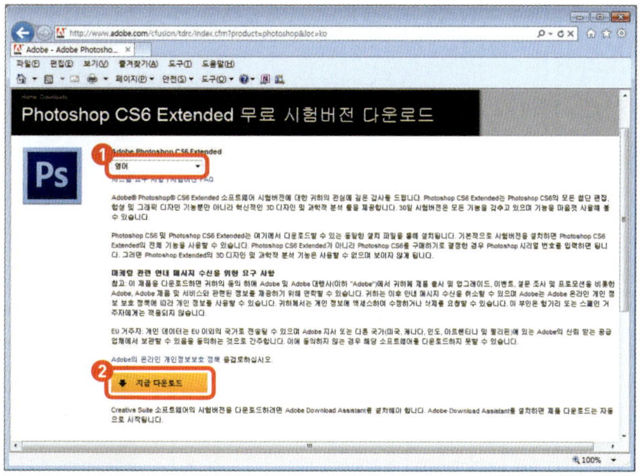

Tip 한글 버전을 사용하고 싶은 분들도 계시겠지만 이 책은 영문 버전을 기준으로 합니다. 특별히 차이점은 없으나, 한글 메뉴의 번역이 어색한 경우도 많고 전문가나 업계에서도 영문 버전을 사용하는 것이 관행이기 때문에 영문 버전의 설치를 권장합니다.

03 [파일 다운로드] 대화상자가 나타나면 〈실행〉을 클릭하고, 이어서 [응용 프로그램 설치] 대화상자가 나타나면 〈계속〉을 클릭합니다.

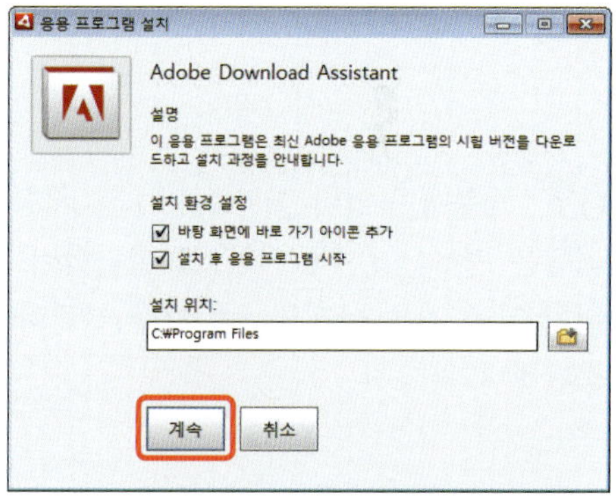

Tip 이전에 'Adobe Download Assistant'를 다운 받은 적이 있다면 이 과정은 생략되고 바로 다음 단계로 넘어갑니다.

04 [Adobe Download Assistant] 대화상자가 나타나면 화면 오른쪽에 ID와 비밀번호를 입력합니다. ID가 없는 경우 〈Adobe ID 만들기〉를 클릭하여 회원으로 가입한 후 로그인합니다.

05 [폴더 찾아보기] 대화상자가 나타나면 파일을 저장할 폴더를 지정한 후 〈확인〉을 클릭합니다. 자동으로 파일이 다운로드되며, 5~10분 정도의 시간이 소요됩니다.

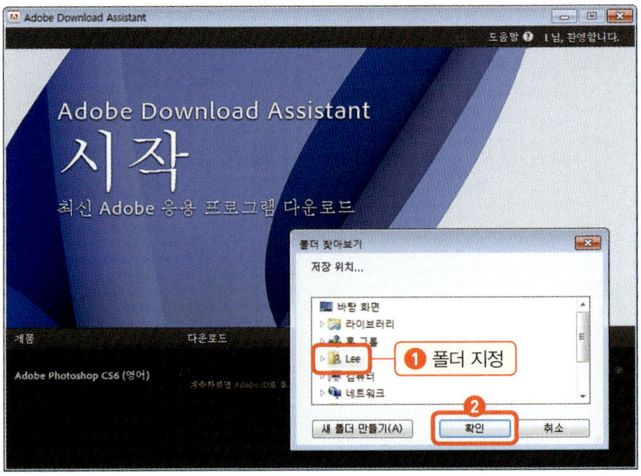

06 설치 프로그램을 초기화하는 과정이 끝나기를 기다립니다. 정품 CD로 설치하면 이 과정부터 시작됩니다.

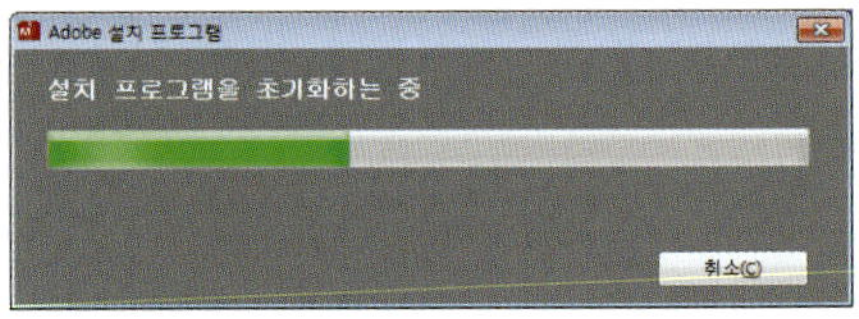

07 정품을 구입한 경우 〈설치〉를, 시험버전을 내려받은 경우는 〈시험 사용〉을 클릭합니다. 설치를 원치 않을 경우 아래의 〈종료〉를 클릭하면 설치가 중단됩니다.

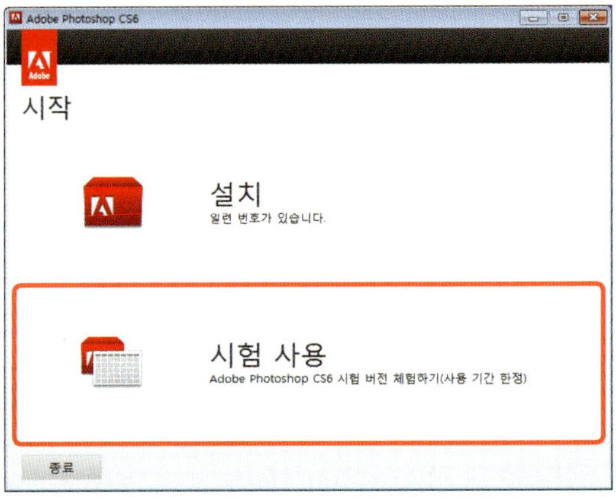

08 소프트웨어 사용권 계약을 확인한 후 〈동의〉를 클릭합니다. 앞 단계에서 정품 〈설치〉를 클릭한 경우는 일련번호를 입력하는 화면이 나오며, 시험버전인 경우는 바로 다음 화면으로 넘어갑니다.

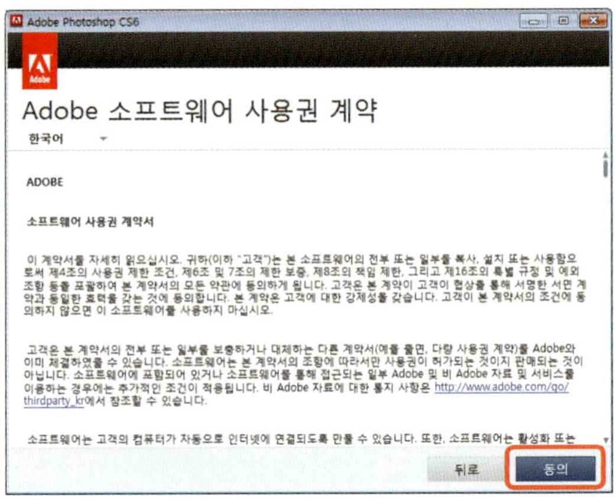

09 옵션에서 설치할 항목과 설치할 위치를 확인하고 〈설치〉를 클릭합니다. 설치 진행 중인 화면이 나타나면 완료될 때까지 기다립니다.

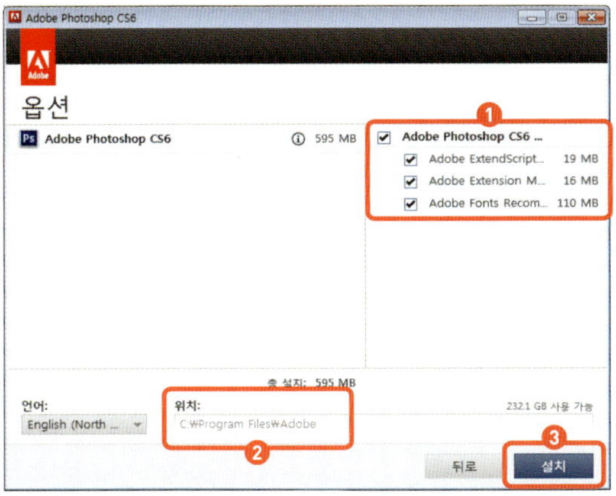

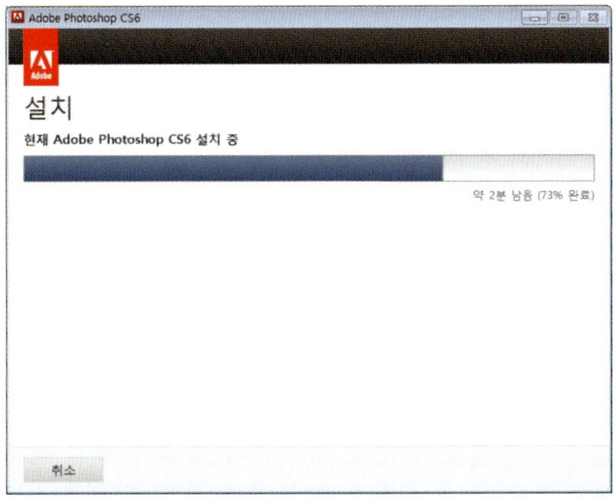

10 이제 설치가 완료되었습니다. 〈닫기〉를 클릭합니다.

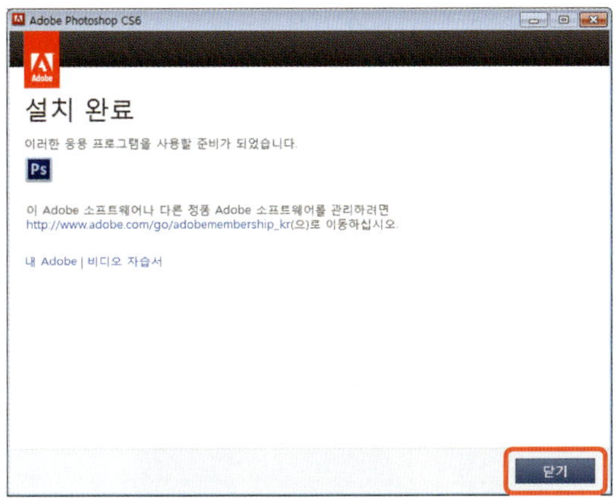

11 설치된 포토샵 CS6를 실행하기 위해서 바탕화면의 [시작]–[모든 프로그램]–[Adobe Photoshop CS6]를 클릭합니다.

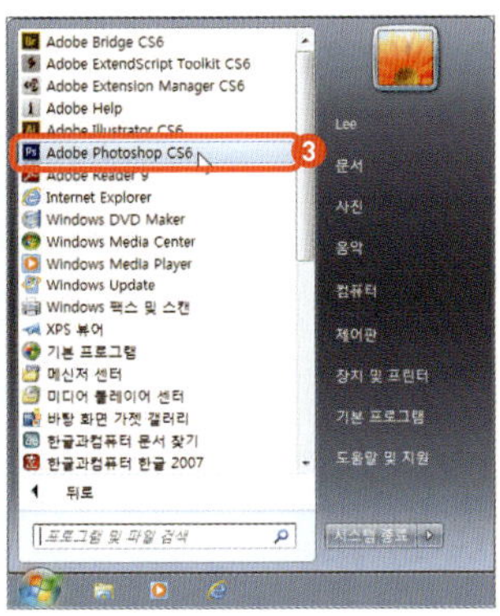

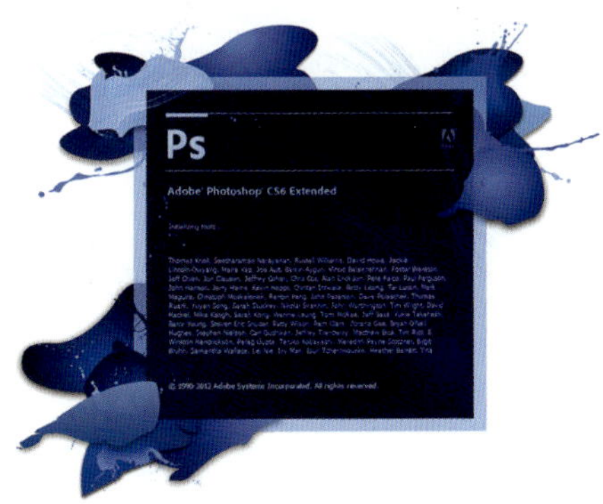

Tip 시험버전과 정품은 기능적으로 다르지 않습니다. 다만 시험버전은 한 컴퓨터에 한 번만 설치하여 30일 동안만 사용할 수 있고, 30일이 지나면 유료 전환을 위한 사이트로 안내합니다.

SECTION 02

포토샵 CS6의 새로운 기능

포토샵 CS6는 첨단 이미징 기능과 새로운 크리에이티브 옵션을 통해 놀라울 정도로 빠른 성능을 제공합니다. 또 뛰어난 정밀도를 활용하여 수정할 수 있고, 새롭게 재설계된 툴과 워크플로우를 통해 3D 그래픽, 2D 디자인 및 동영상을 직관적으로 제작할 수 있습니다. 이 절에서는 포토샵 CS6의 새로운 기능을 살펴봅니다.

머큐리 그래픽 엔진(Mercury Graphic Engine)

어도비사는 포토샵 CS6에 머큐리 그래픽 엔진(Mercury Graphics Engine)을 탑재하여 작업 속도를 향상시키고 결과를 바로 확인할 수 있도록 했습니다. 실제로 눈에 보이는 기능은 아니지만 버벅거림 없이 매끄러운 작업을 할 수 있는 빠른 응답성을 제공하는 기능입니다.

머큐리 그래픽 엔진은 컴퓨터의 그래픽 처리 장치(GPU), 비디오 그래픽 카드(VGC)의 강력한 프로세서를 활용하며, 포토샵 CS6의 주요 기능을 확장해줍니다. 새로운 자르기 도구, 퍼펫 뒤틀기, Liquify, 와이드 앵글과 조명 효과 갤러리를 사용하여 이미지를 편집할 때 즉각적인 피드백을 제공합니다. 또 브러시의 자유로운 크기 조정이 가능하며, 브러시 팁을 사용하여 새로운 유화 필터 효과를 볼 수 있습니다.

△ 그래픽 처리 과정을 바로 확인할 수 있는 머큐리 그래픽 엔진

새로워진 디자인 툴(New Design Tool)

포토샵 CS6는 보다 신속하게 시선을 사로잡는 디자인을 할 수 있도록 새로워진 디자인 툴을 제공합니다. 문자 스타일을 사용하여 일관된 서식을 유지할 수 있고, 벡터 레이어를 사용하여 벡터 개체에 획을 적용하거나 그레이디언트를 추가할 수 있습니다. 또 사용자 요구에 맞게 획과 점선도 손쉽게 만들 수 있고, 레이어를 신속하게 검색하는 등의 다양한 기능을 제공합니다. 자세한 사용 방법은 Section 49에서 다룹니다.

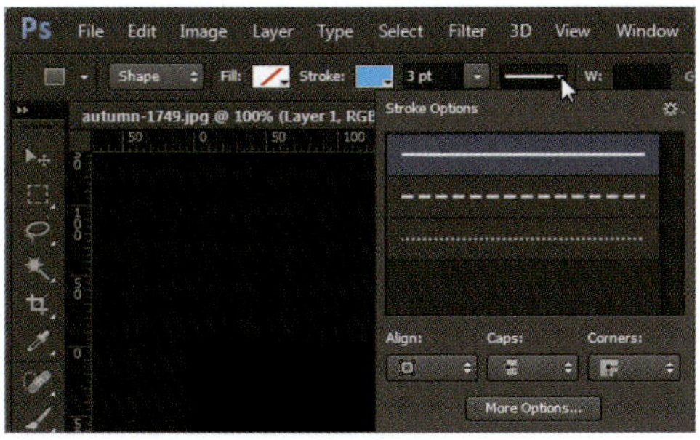

△ 점선을 조절할 수 있는 그래픽 툴 옵션

콘텐츠 인식 툴(Content-Aware Tool)

패치 툴을 이용한 Content-Aware 기능이 포토샵 CS6에서는 새롭게 콘텐츠 인식 툴로 탄생했습니다. 콘텐츠 인식 툴(Content-Aware Tool)은 사진에서 특정 부분을 제거하거나 이동할 때, 그리고 다른 이미지 조각으로 교체할 때 주변의 영역들을 자연스럽게 덧대어 콘텐츠를 자연스럽고 부드럽게 해줍니다. 자세한 사용 방법은 Section 29에서 다룹니다.

△ 콘텐츠 인식 툴로 자연스런 이미지 이동

최신 유저 인터페이스(Modern User Interface)

이미지를 더욱 부각시킬 수 있도록 어두운 배경의 세련된 인터페이스로 바뀌었습니다. 다양한 메뉴에서 제공되는 최신 유저 인터페이스는 편집 작업을 한결 매끄럽고 일관되게 만들어줍니다. 자세한 사용 방법은 Section 03에서 다룹니다.

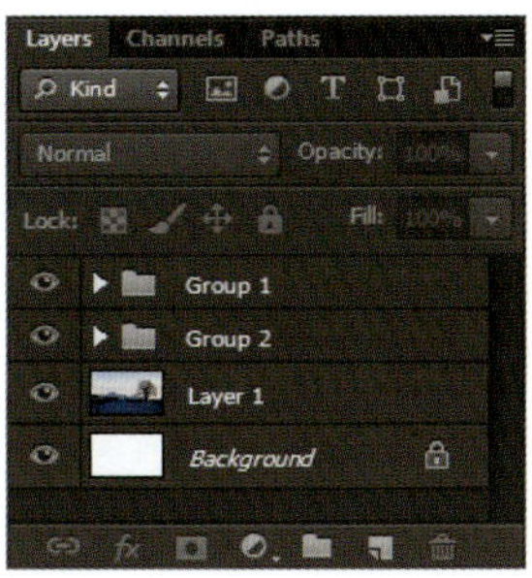

△ 새로워진 레이어 패널 인터페이스

백그라운드 저장(Background Save)

백그라운드에서 대용량의 포토샵 파일을 저장하면서 계속 작업할 수 있게 되었습니다. 덕분에 성능이 향상되어 생산성이 크게 높아졌습니다.

△ 대용량 파일의 자동 저장 기능

자동 복구(Auto Recovery)

진행 중인 작업이 예상치 않게 종료되더라도 복구될 수 있도록 자동 복구 기능을 제공합니다. [Edit]-[Preferences]-[File Handling] 메뉴를 선택하고 [Preferences] 대화상자에서 'Automatically Save Recovery Information Every'에 자동 저장 시간을 지정하면 백그라운드 작업이 일정 시간마다 자동 저장됩니다. 자동 저장 시간의 기본 값은 10분입니다.

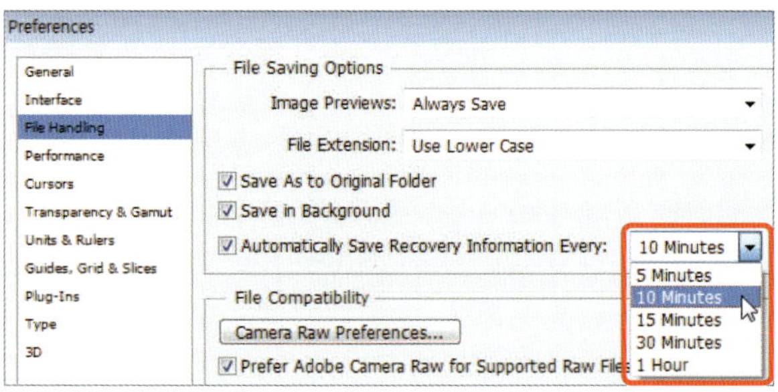

△ 자동 저장 시간의 설정

향상된 자동 교정(Superior Auto Corrections)

향상된 자동 곡선, 레벨 및 명도/대비 컨트롤을 제공합니다. 수천 번에 걸쳐 이미지를 수정한 경험을 바탕으로 구축된 지능적인 기능으로, 보다 효과적으로 이미지를 조정할 수 있습니다. 자세한 사용 방법은 Section 52에서 다룹니다.

△ Auto Tone을 적용한 이미지

완전히 새로워진 자르기 툴(All New Crop Tool)

원본을 훼손하지 않는 완전히 새로워진 자르기 툴을 제공합니다. 이를 통해 이미지를 빠르고 정확하게 자를 수 있으며, 캔버스에서 이미지를 조작할 수 있습니다. 머큐리 그래픽 엔진 덕분에 조정한 내용을 실시간으로 확인할 수 있습니다. 자세한 사용 방법은 Section 23에서 다룹니다.

△ 새로워진 자르기 툴 화면

새로운 흐림 효과 갤러리(Blur Gallery)

이미지 내 컨트롤이 있는 새로운 인터페이스를 사용하여 사진과 같은 흐림 효과를 만들 수 있습니다. 전체적으로 흐림 효과를 적용한 뒤, 하나의 초점만 선명하게 하거나 여러 초점 간의 흐림 정도를 다르게 할 수 있습니다. 이 기능 역시 머큐리 그래픽 엔진을 사용하면 결과를 바로 확인할 수 있습니다. 자세한 사용 방법은 Section 62에서 다룹니다.

△ 새로워진 흐림 효과 갤러리의 적용

스킨 톤을 고려한 선택 및 마스킹(Skin Tone Aware Selection & Masking)

머리카락이나 얼굴과 같은 복잡한 이미지 요소를 더 쉽게 조정하고, 피부 색조를 보존 수 있도록 정확한 선택 및 마스크를 만들 수 있습니다. 자세한 사용 방법은 Section 53에서 다룹니다.

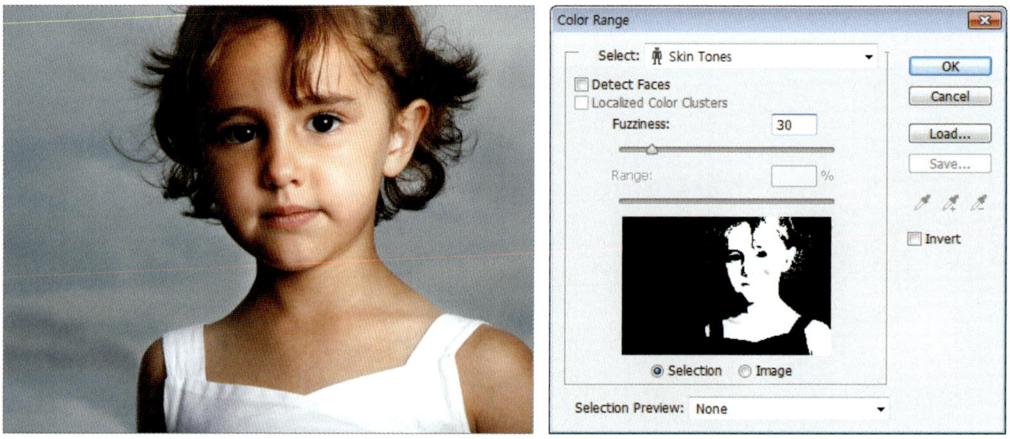

△ 스킨 톤의 손쉬운 추출

응용 광각(Adaptive Wide Angle)

어안 렌즈나 광각 렌즈를 사용하여 촬영한 사진에서 구부러져 보이는 개체를 손쉽게 보정할 수 있습니다. 마찬가지로 새로운 캔버스 내 툴을 사용하면 개별 렌즈의 물리적인 특성을 활용하여 곡선을 자동으로 교정할 수 있습니다. 이 기능 역시 머큐리 그래픽 엔진을 사용하여 결과를 바로 확인할 수 있습니다. 자세한 사용 방법은 Section 56에서 다룹니다.

△ 곡선의 자동 교정

비디오(Video)

이미지로 애니메이션을 만드는 것뿐만 아니라 동영상과 사운드를 삽입하여 비디오 자료를 만들 수 있습니다. 만들어진 클립은 포토샵의 다양한 편집 툴을 사용하여 손쉽게 향상시킬 수 있고 전환, 오디오, 팬, 확대/축소와 같은 효과를 사용하여 클립과 스틸 이미지를 신속하게 결합할 수 있습니다.

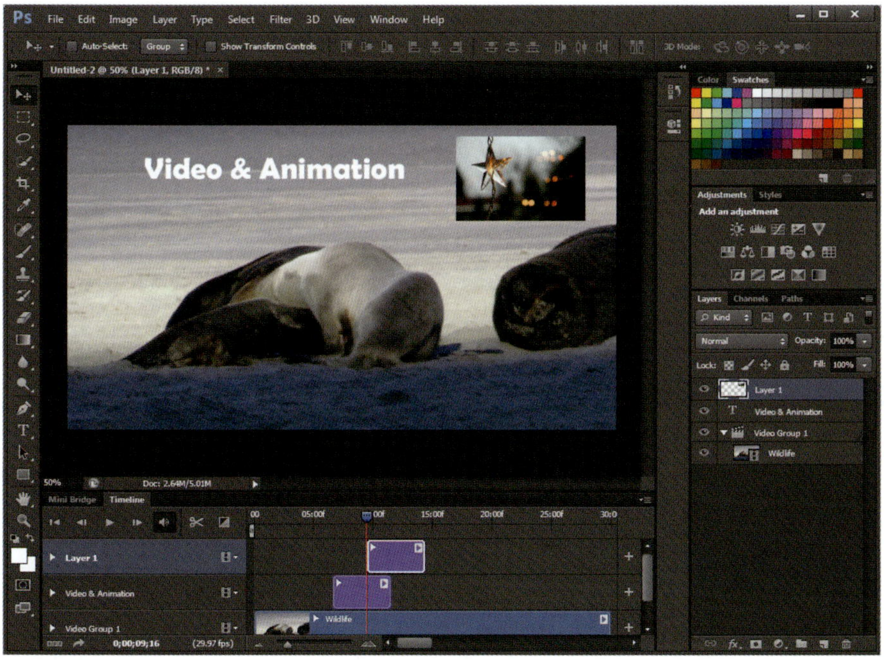

△ 비디오 편집 화면

퍼펫 뒤틀기(Puppet Warp)

이미지 요소의 위치를 변경하거나 자세를 바꾸는 등, 보다 정교한 작업을 손쉽게 할 수 있습니다. 이를 통해 자연스러운 동작 변형이 가능합니다. 강력한 머큐리 그래픽 엔진은 변형 중인 자세나 동작에 즉각 반응하여 보여줍니다. 자세한 사용 방법은 Section 64에서 다룹니다.

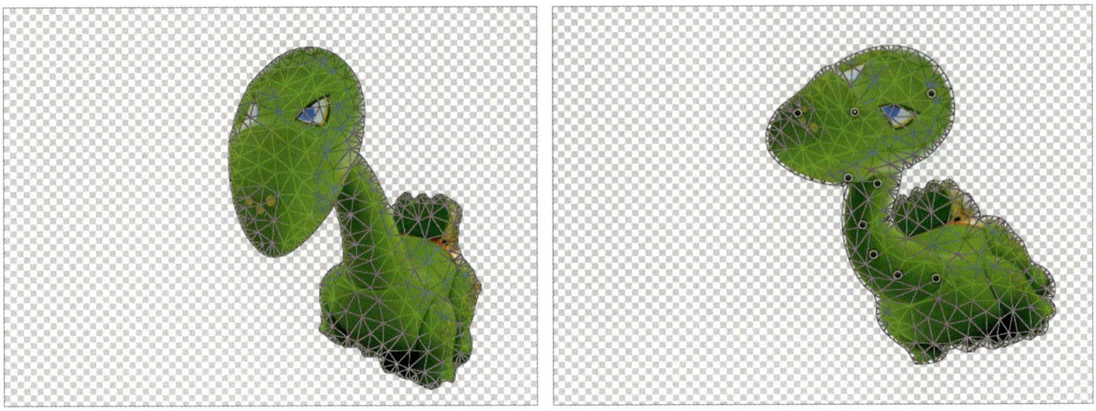

△ 퍼펫 비틀기로 방향 전환

3D

직관적인 유저 인터페이스를 통해 3D 아트웍을 간편하게 제작할 수 있습니다. 또 3D 아트웍에 그림자, 조명, 애니메이션, 새로운 스케치 및 카툰과 같은 효과를 적용하여 완성도를 높일 수 있습니다. Photoshop CS6 Extended는 3D 워크플로우 전반에서 강력한 성능을 제공합니다. 자세한 사용 방법은 Section 40, Section 48에서 다룹니다.

△ 손쉬운 3D 적용

실선과 점선(Dashed & Dotted Lines)

실선이나 점선을 몇 번의 클릭으로 제작할 수 있습니다. 선의 모양, 크기, 간격, 색상, 효과 등도 자유자재로 변경할 수 있어 벡터 테두리를 손쉽게 만들 수 있습니다. 자세한 사용 방법은 Section 43에서 다룹니다.

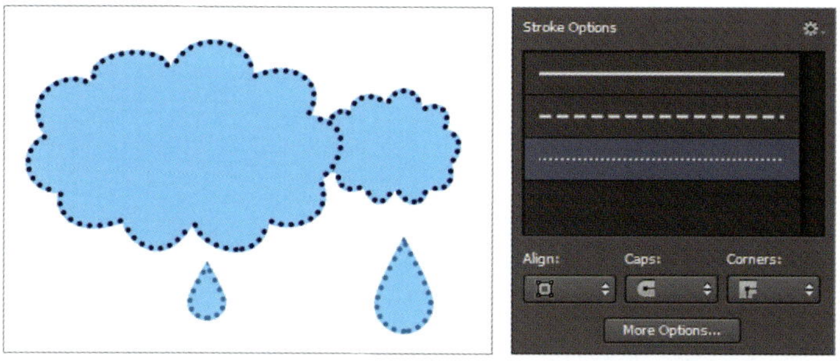

△ 점선 만들기와 옵션 창

Camera Raw 7

Raw 데이터란 가공하지 않은 데이터를 의미합니다. Camera Raw 기능은 컨버터에 의해 디지털로 변환된 신호를 필터링하지 않고 CCD/CMOS에 기록된 원본 데이터를 그대로 저장해주는 기능입니다. DSLR 카메라로 찍은 Raw 파일을 열거나 전문적인 이미지 보정을 위해 사용합니다.

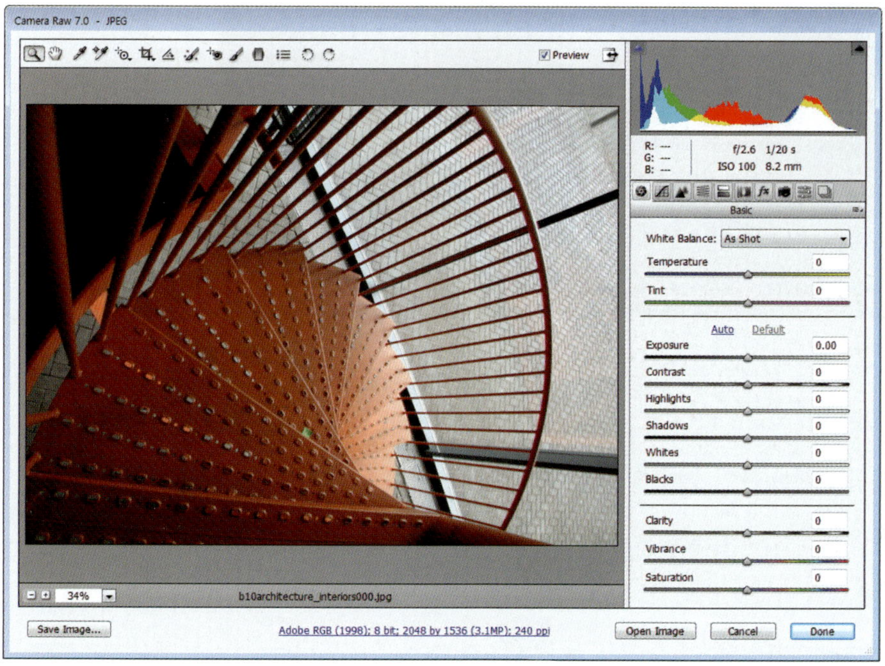

△ Camera Raw 조절 창

SECTION 03

포토샵 CS6 작업화면 설정하기

포토샵의 기본 작업화면에서 각 부위별 명칭과 역할을 알아보고, 인터페이스의 색상이나 패널 모드를 사용자가 원하는 방식으로 변경하는 방법을 알아봅니다.

포토샵 CS6의 인터페이스

❶ **메뉴 바** 여러 가지 명령을 실행할 수 있는 메뉴들이 모여 있는 공간으로, 각 메뉴를 클릭하면 세부 항목을 볼 수 있습니다.

❷ **옵션 바** 툴 박스에서 선택한 툴의 추가 옵션을 지정할 수 있습니다.

❸ **툴 박스** 도구 상자라고도 불리며, 유용한 여러 툴을 박스 형태로 모아 놓은 곳입니다.

❹ **이미지 작업 창** 실제로 작업하는 이미지를 보여주는 창입니다.

❺ **패널** 레이어, 채널, 패스를 비롯하여 각 툴의 옵션 창을 모아 놓은 곳입니다.

❻ **패널 모드 설정** 사용 용도에 따라 미리 정의된 패널 모드를 선택합니다.

❼ **미니 브릿지와 타임라인** 애니메이션을 만들 때 사용하는 일종의 패널입니다. 더블클릭하면 창이 올라와 손쉽게 사용할 수 있습니다.

❽ **파일 이름 탭** 파일명, 화면 확대 비율, 색상 모드 등의 정보가 표시됩니다.

인터페이스 색상 변경하기

01 [Edit]–[Preferences]–[Interface] 메뉴를 선택하거나 단축키 Ctrl+K를 누릅니다.

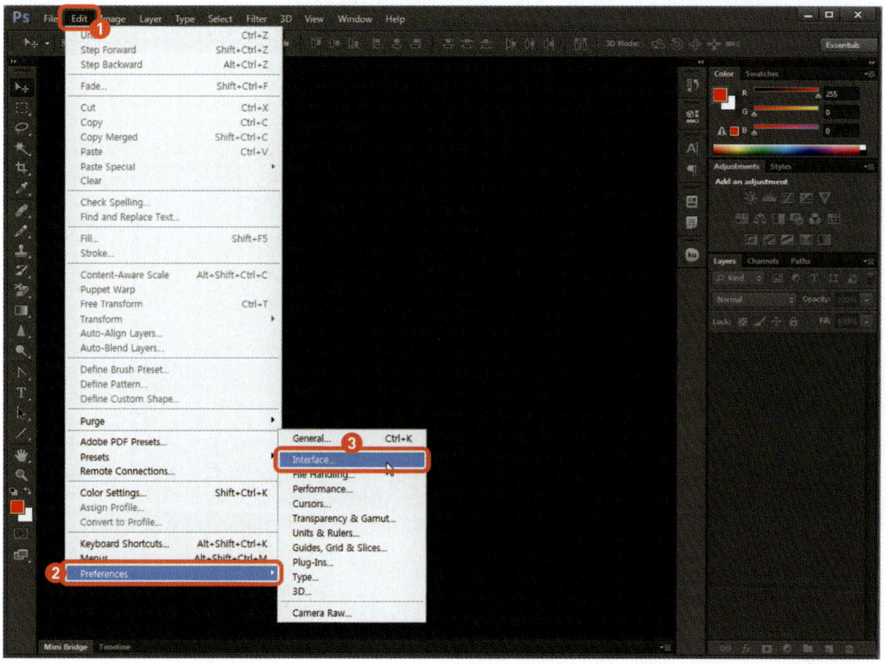

02 [Preferences] 대화상자의 Appearance 항목에서 4단계의 색상을 클릭하면 인터페이스 색상을 변경할 수 있습니다.

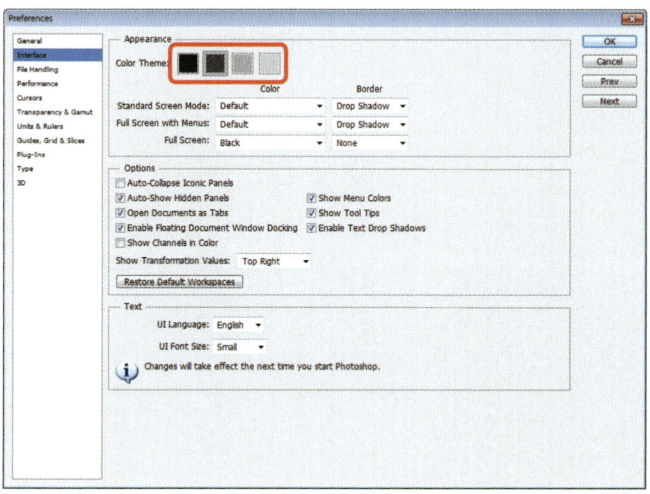

△ Black

△ Dark Gray

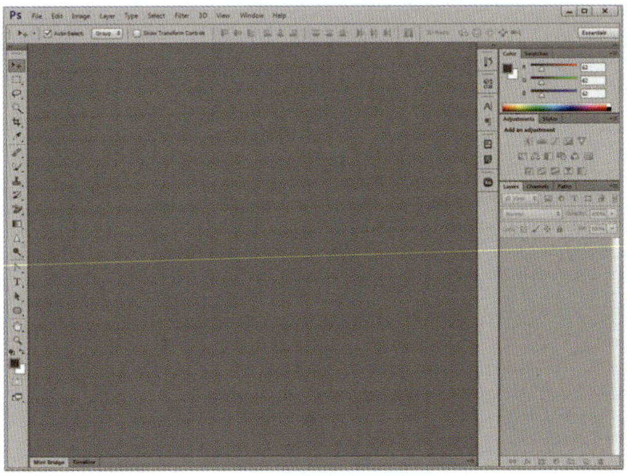

△ Medium Gray

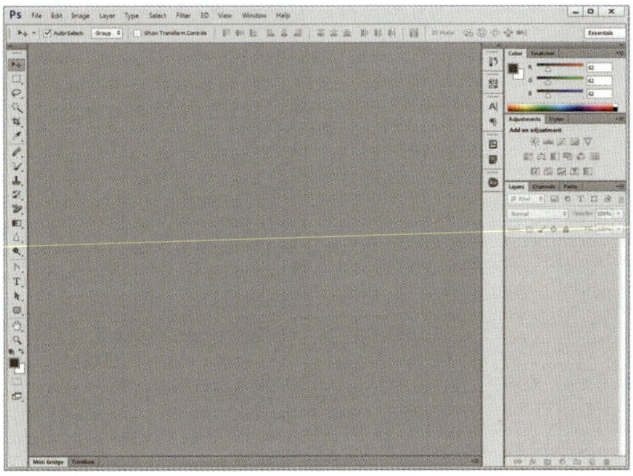

△ Light Gray

다양한 패널 모드 설정하기

01 포토샵 CS6 기본 작업화면에서 [패널 모드 설정]을 클릭하면 작업화면에 맞게 패널들을 모아 사용할 수 있습니다.

Tip [Window]–[Workspace] 메뉴를 선택해도 됩니다.

△ 포토샵 CS6 새로운 기능 패널 모드

△ 3D 패널 모드

△ 모션 패널 모드

△ 페인팅 패널 모드

△ 포토그래피 패널 모드

△ 타이포그래피 패널 모드

02 툴 박스와 각 패널 상단의 조그만 삼각형을 클릭하면 패널을 확장하거나 축소할 수 있습니다.

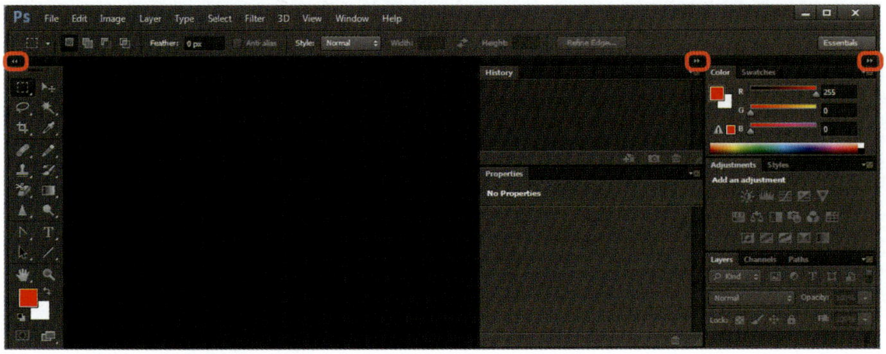

03 패널의 이름 탭을 밖으로 드래그하면 별도로 빼 놓을 수 있으며, 자주 사용하는 그룹으로 드래그하면 원하는 패널 그룹을 만들 수도 있습니다.

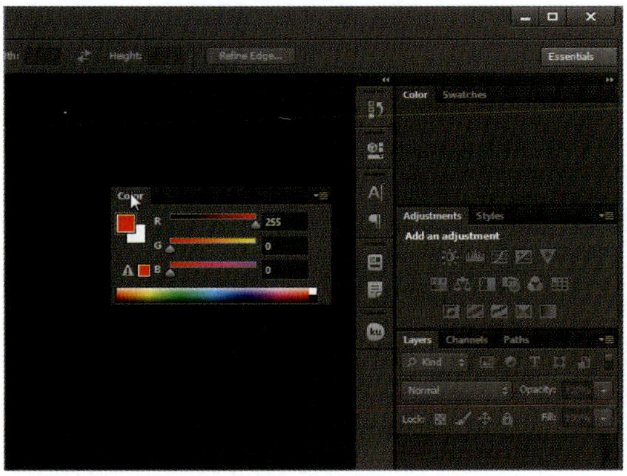

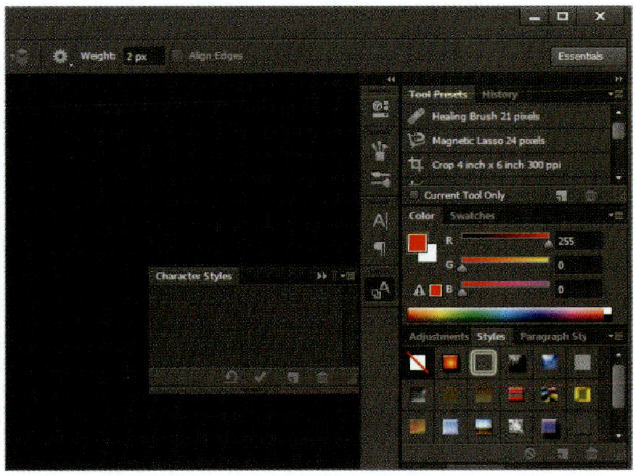

04 패널의 크기(확장, 축소)와 위치를 정했다면 [Window]-[Workspace]-[New Workspace] 메뉴를 선택해 대화상자에 이름을 입력하고 〈Save〉를 클릭해 나만의 작업화면을 저장합니다.

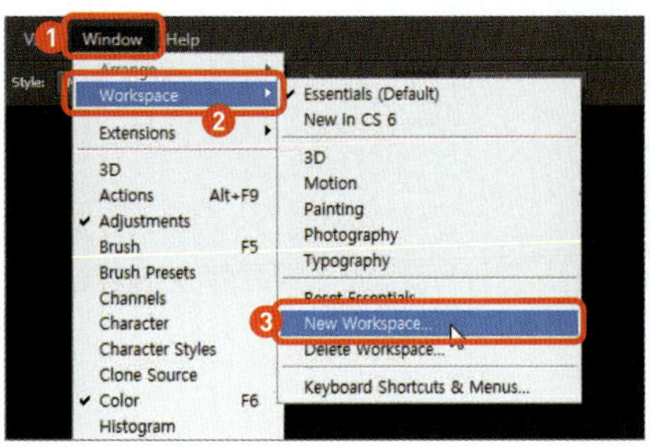

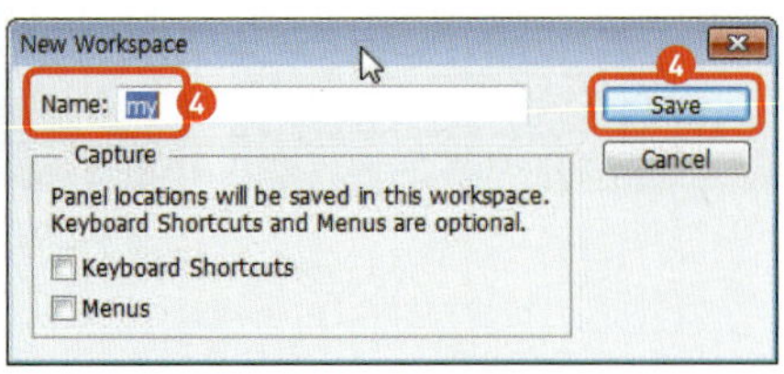

Tip [Window]-[Workspace]-[Reset Workspace] 메뉴를 선택하면 처음 포토샵을 실행한 상태로 되돌릴 수 있습니다.

SECTION 04

포토샵 CS6 툴 살펴보기

툴 박스는 포토샵의 유용한 여러 툴을 박스 형태로 모아 놓은 곳입니다. 이 절에서는 툴 박스의 명칭과 각 툴별 기능에 대해서 알아봅니다.

툴 박스의 명칭과 사용법

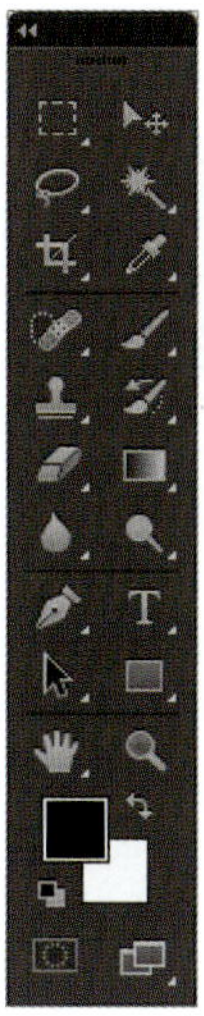

클릭하면 툴 박스가 확장되어 두 줄 정렬로 바뀌고, 다시 클릭하면 축소되어 한 줄 정렬이 됩니다.

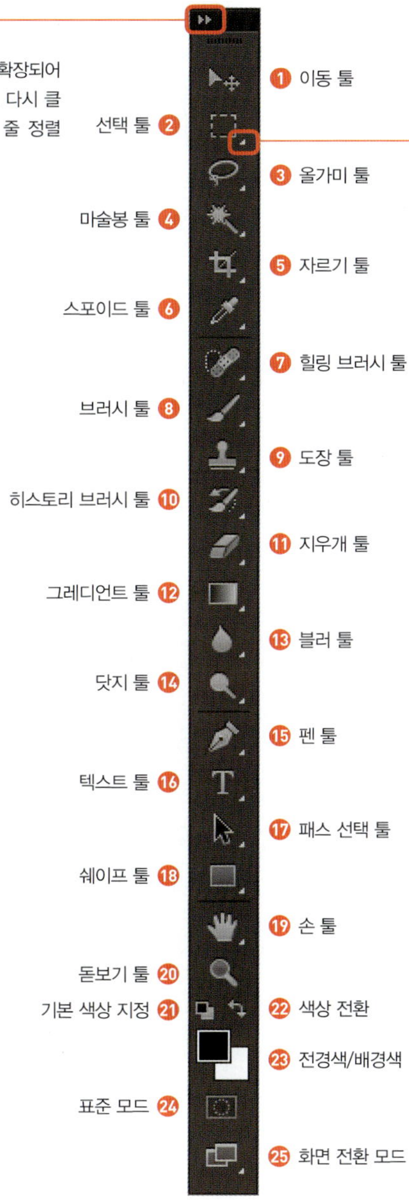

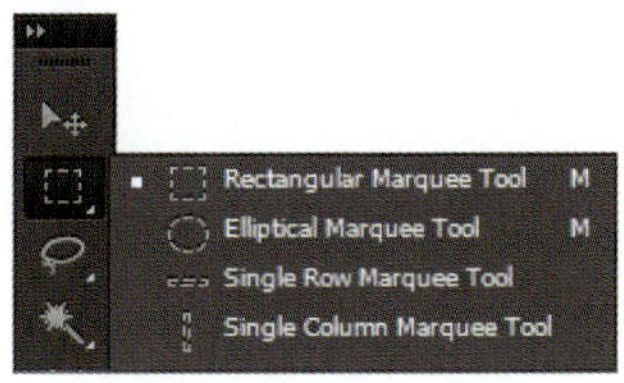

조그만 삼각형 표시는 비슷한 역할을 하는 숨은 툴이 있음을 의미하며, 1초 정도 클릭하고 있으면 숨은 툴이 나타납니다.

각 툴별 기능

❶ 이동 툴(Move Tool)

이미지에서 보이는 모든 오브젝트, 레이어, 가이드 등을 이동합니다.

❷ 선택 툴(Marquee Tool)

선택 영역을 지정합니다. 사각형 선택 툴, 원형 선택 툴, 한줄 가로 선택 툴, 한줄 세로 선택 툴 등이 있습니다.

❸ 올가미 툴(Lasso Tool)

자유로운 형태로 선택 영역을 지정합니다. 곡선 형태로 선택하는 둥근 올가미 툴, 직선 형태로 선택하는 직선 올가미 툴, 그리고 자동으로 이미지를 따라가며 선택하는 자석 올가미 툴 등이 있습니다.

❹ 마술봉 툴(Magic Wand Tool)

클릭하거나 드래그하여 비슷한 영역의 색상을 자동으로 선택합니다.

❺ 자르기 툴(Crop Tool)

이미지에서 선택한 영역만 남기고 나머지 부분을 잘라 없애거나, 웹에서 사용하기 위해 이미지를 분할합니다.

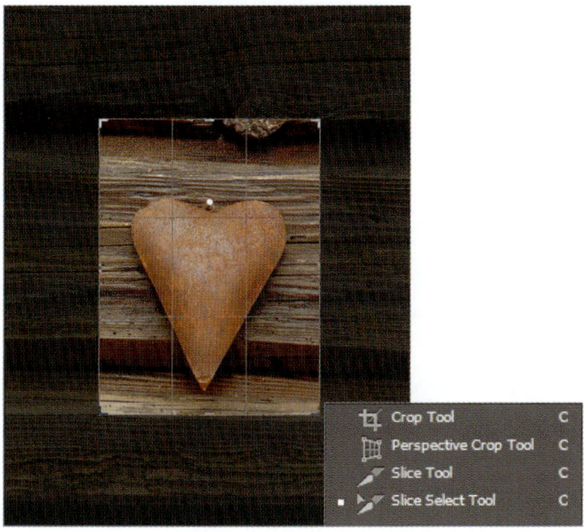

❻ 스포이드 툴(Eyedropper Tool)

이미지의 색상을 추출합니다. 숨긴 툴에는 여러 번 클릭하여 색상을 비교할 수 있는 컬러 샘플 툴, 그리고 색상의 정보, 거리, 위치 및 각도를 측정하는 툴이 있습니다.

❼ 힐링 브러시 툴(Healing Brush Tool)

손상된 이미지를 복구하거나 원하는 부분의 이미지를 자연스럽게 수정하고 보완합니다. 또 적목 현상을 제거할 수도 있습니다.

❽ 브러시 툴(Brush Tool)

붓이나 연필로 그리듯이 채색하는 툴로, 다양한 느낌의 채색 효과를 내거나 색상을 변경할 수 있습니다.

⑨ 도장 툴(Stamp Tool)

이미지를 복제하는 툴로, 패턴을 복제하여 사용할 수도 있습니다.

⑩ 히스토리 브러시 툴(History Brush Tool)

이미지를 드래그하여 원본으로 복구하거나 회화적인 효과를 추가할 수 있습니다.

⑪ 지우개 툴(Eraser Tool)

클릭하거나 드래그한 부분의 이미지나 배경을 지워줍니다.

⑫ 그레디언트 툴(Gradient Tool)

색상을 한번에 칠하거나 점진적으로 변하는 혼합색을 만들어줍니다.

⑬ 블러 툴(Blur Tool)

이미지를 흐리게 만들거나 선명하게 만듭니다. 색상을 손가락으로 밀어주는 효과도 적용할 수 있습니다.

⑭ 닷지 툴(Dodge Tool)

이미지의 명도와 채도를 조절합니다.

⑮ 펜 툴(Pen Tool)

클릭하거나 드래그하여 직선 패스, 곡선 패스, 자유로운 형태의 패스 등을 그립니다.

⑯ 텍스트 툴(Text Tool)

텍스트를 가로 또는 세로로 입력하거나 선택 영역으로 만듭니다.

⑰ 패스 선택 툴(Path Selection Tool)

펜 툴이나 쉐이프 툴에서 만든 패스의 전체 또는 일부를 선택합니다.

⑱ 쉐이프 툴(Shape Tool)

여러 가지 형태의 도형, 선, 화살표 등을 만드는 툴로, 일러스트레이터와 같이 벡터 이미지를 만듭니다.

⑲ 손 툴(Hand Tool)

확대된 화면을 손바닥으로 밀듯이 이동하거나 회전시켜 보여줍니다.

⑳ 돋보기 툴(Zoom Tool)

화면을 확대하거나 축소시켜줍니다.

㉑ 기본 색상 지정(Default Color)

전경색과 배경색을 검은색과 흰색으로 지정합니다.

㉒ 색상 전환(Switch Colors)

전경색과 배경색을 전환시킵니다.

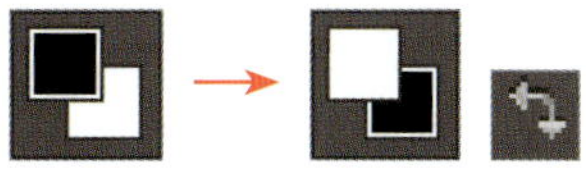

㉓ 전경색/배경색(Foreground Color & Background Color)

전경색과 배경색의 색상을 변경하거나 현재의 색상을 보여줍니다.

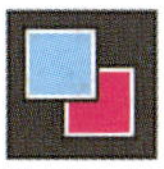

㉔ 표준 모드와 퀵 마스크 모드(Standard Mode & Quick Mask Mode)

평소에는 표준 모드(◻)로 있다가 클릭하면 퀵 마스크 모드(◼)로 전환합니다. 퀵 마스크 모드에서는 특정 부위를 선택할 수 있습니다.

㉕ 화면 전환 모드(Change Screen Mode)

윈도우 화면을 표준 화면 또는 전체보기 화면으로 만듭니다.

SECTION 05

포토샵 CS6 패널 살펴보기

포토샵 작업 시 자주 사용하는 색상, 레이어, 각 툴의 옵션 창들은 인터페이스의 오른쪽에 패널 형태로 위치합니다. 이 절에서는 패널의 종류와 기능에 대해서 알아봅니다.

❶ 3D 패널

3D 효과를 설정합니다.

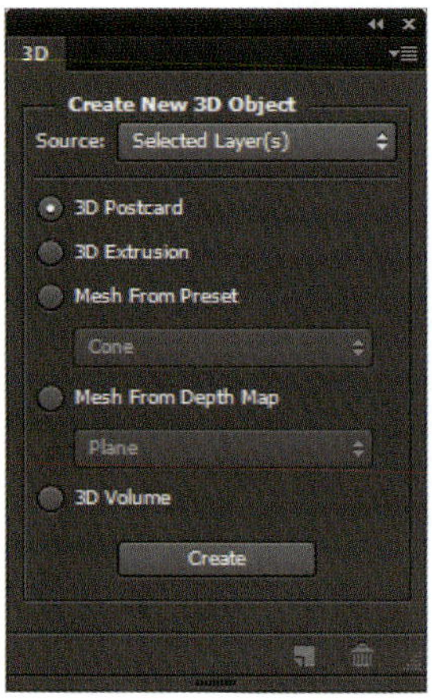

❷ Brush 패널

브러시 옵션을 조절하거나 새로운 브러시를 등록합니다.

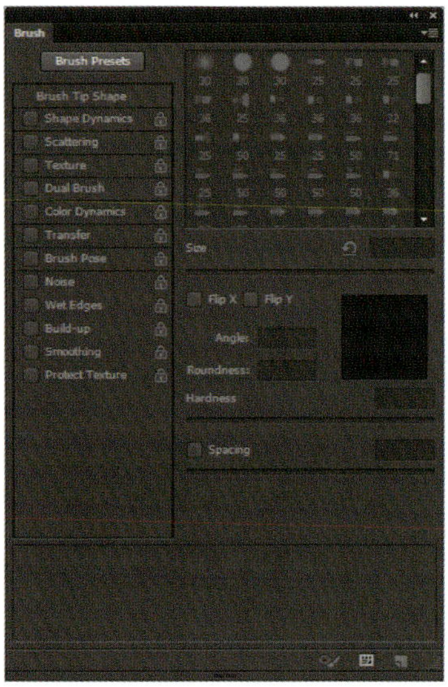

❸ Brush Presets 패널

자주 사용하는 브러시를 따로 설정하여 저장해 두고 사용합니다.

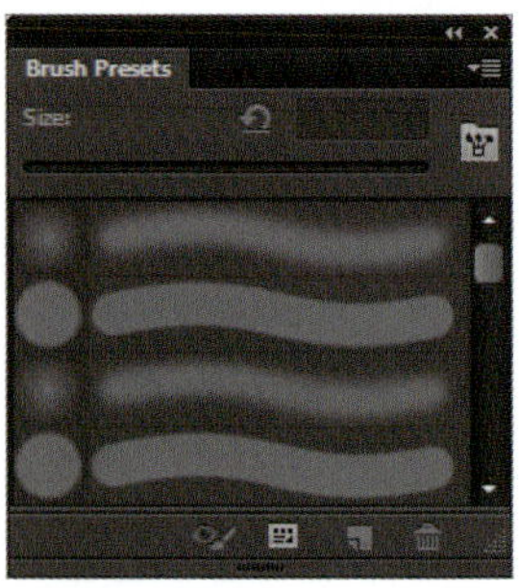

❹ Channels 패널

이미지별 색상 정보를 표시해주며, 선택 영역을 지정하거나 색상 정보 보정이 가능합니다.

❺ Adjustments 패널

색상을 쉽고 빠르게 보정합니다. 레이어 패널에서 보정 레이어 추가하기 아이콘으로도 사용할 수 있습니다.

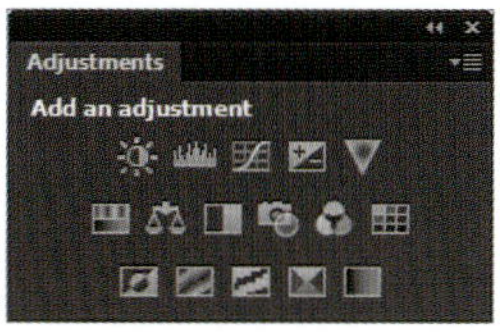

❻ Character Styles 패널

자주 사용하는 텍스트 스타일을 저장해두고 사용합니다.

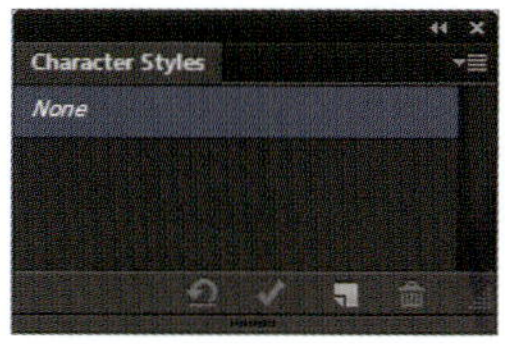

❼ Character 패널

텍스트의 종류, 색상, 크기 등을 조절합니다.

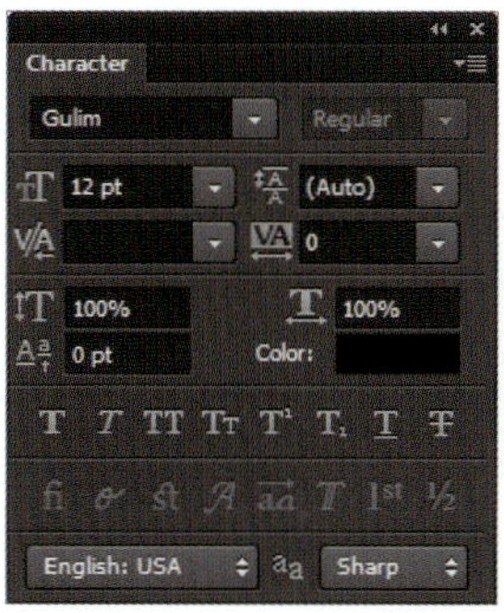

❽ Clone Source 패널

복제 작업을 할 때 이미지 정보를 담아두고 사용합니다.

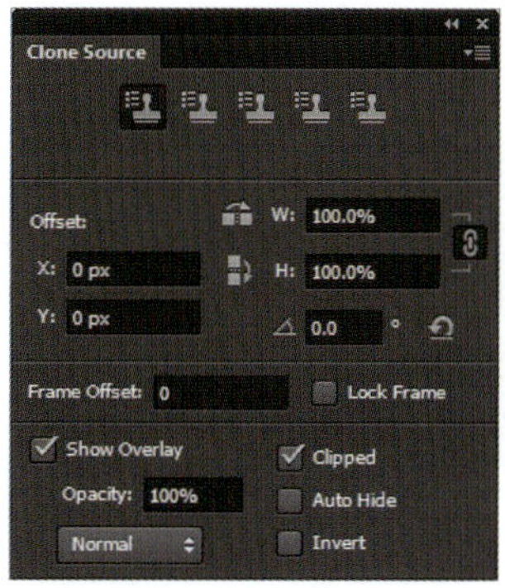

❾ Color 패널

전경색과 배경색의 색상을 지정합니다.

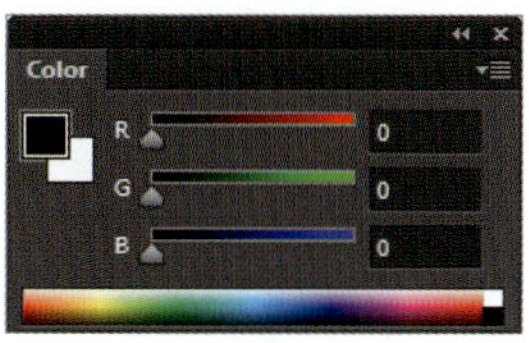

❿ Histogram 패널

이미지의 전체적인 색상 톤의 구성을 보여줍니다.

⓫ History 패널

작업 단계를 기록하여 이전 단계로 되돌려 줍니다.

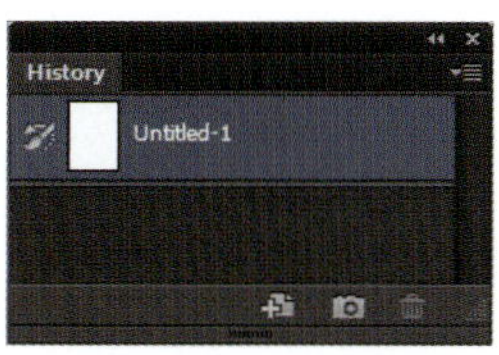

⓬ Layer Comps 패널

레이어 조합을 저장하여 효율적인 디자인 작업을 도와줍니다.

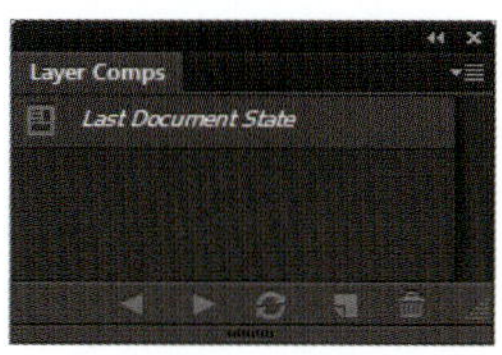

⑬ Info 패널

이미지의 위치나 크기 정보를 수치로 표시합니다.

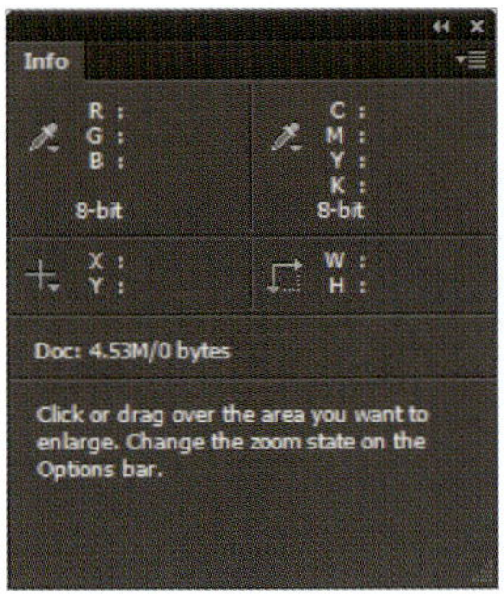

⑭ Layers 패널

이미지를 레이어로 따로 관리해 수정이나 편집이 용이하도록 도와줍니다.

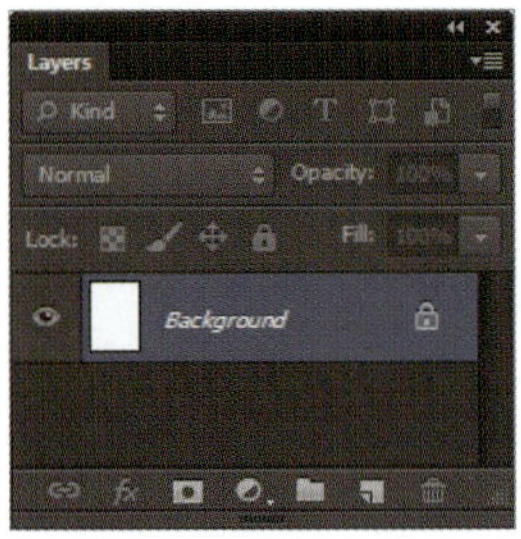

⑮ Measurement Log 패널

측정 정보를 기록해두는 패널입니다.

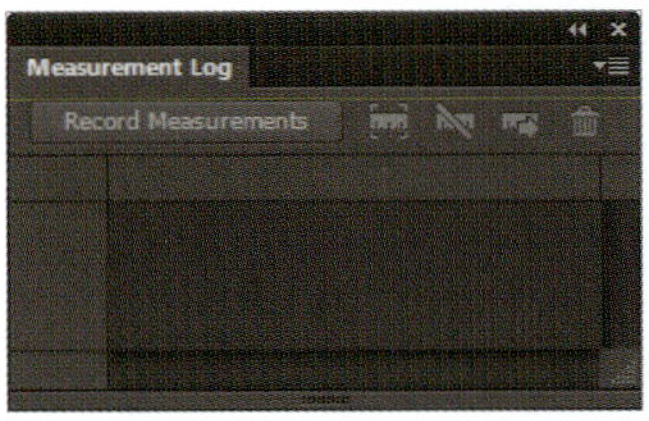

⑯ Mini Bridge 패널

어도비 브리지를 축소하여 이미지를 미리 보고 불러올 수 있습니다.

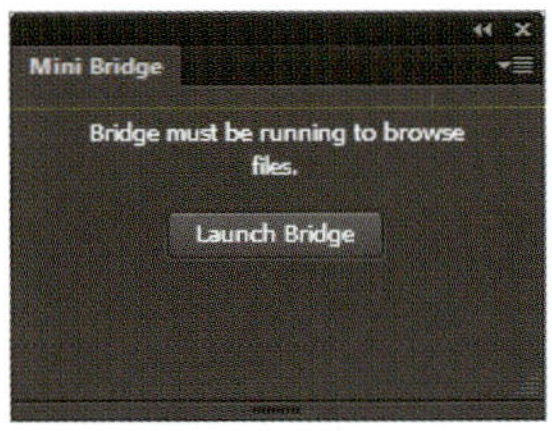

⑰ Navigator 패널

화면에서 이미지의 크기를 손쉽게 확대하거나 축소합니다.

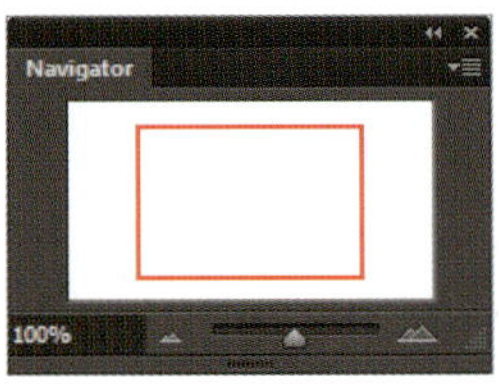

⑱ Notes 패널

주석 파일을 기록해두는 곳입니다.

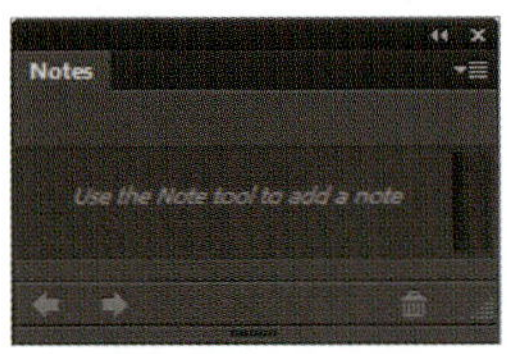

⑲ Paragraph Styles 패널

문단 스타일을 저장해두고 사용합니다.

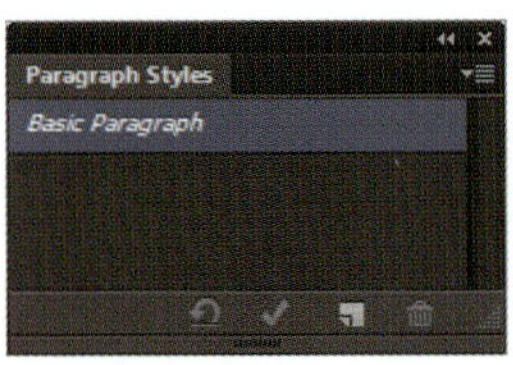

⑳ Paragraph 패널

문단의 세부 옵션을 설정합니다.

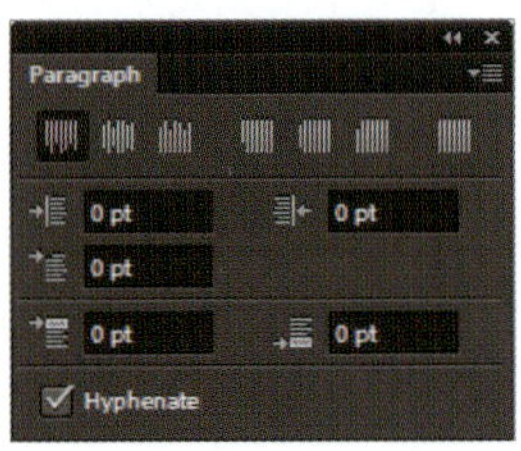

㉑ Paths 패널

패스 사용 시 패스가 저장되는 곳입니다.

㉒ Styles 패널

저장된 스타일을 오브젝트에 적용하거나 나만의 스타일을 저장합니다.

㉓ Swatches 패널

자주 사용하는 색상을 팔레트 형식으로 만들어 사용합니다.

㉔ Timeline 패널

프레임과 타임라인으로 애니메이션을 만들거나 영상을 편집합니다.

㉕ Properties 패널

레이어에서 사용한 특정 속성을 조절합니다.

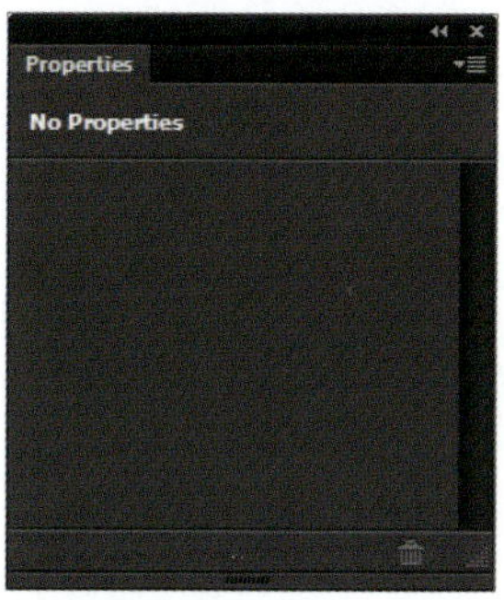

㉖ Tool Presets 패널

자주 사용하는 툴과 옵션을 저장해두고 사용합니다.

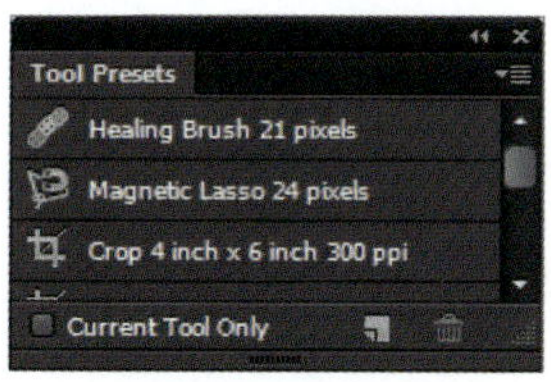

Tip 패널이 사라졌다고 당황하는 분들이 많은데, 사라진 패널은 [Window] 메뉴를 클릭해 나타나는 리스트에서 해당 패널 이름을 클릭하면 나타납니다.

CHAPTER
02

포토샵 CS6 왕초보 탈출하기

포토샵 설치는 끝났는데 이제부터 무엇을 할지, 어떻게 해야 할지 모르겠고 책 한 권을 다 봐야 무엇인가를 할 수 있는 건가? 라는 의문이 드는 시점입니다. 포토샵만 열면 멋진 이미지들이 튀어 나올 줄 알았는데 그런 것도 아닙니다. 내가 찍은 사진을 어떻게 불러오는지 모르겠고, 또 기껏 불러온 사진이 너무 확대되어 보고 싶은 부분을 제대로 볼 수 없어 답답합니다. 심지어 어떤 사진은 거꾸로 열리기까지 하니 한숨만 나옵니다. 포토샵은 너무 어려운 프로그램인 것만 같아 벌써부터 포기하고 싶은 생각이 듭니다. 이제 답답한 마음을 속 시원히 풀기 위해 가장 기초적이고 핵심적인 포토샵의 기본 사용법을 알아봅니다.

CONTENTS

Section 06 / 파일 열고 닫고 저장하기
Section 07 / 레이어 이해하기
Section 08 / 작업화면 확대/축소하기
Section 09 / 이미지 크기 조절하기
Section 10 / 작업화면 크기 조절하기
Section 11 / 두 개의 이미지를 하나로 합치기
Section 12 / 이미지 회전시키기
Section 13 / 단계별 작업 과정 취소하기

SECTION
06

파일 열고 닫고 저장하기

포토샵을 처음 시작하면 포토샵이 도깨비 방망이처럼 뭐든 뚝딱 만들어줄 것만 같은데 막상 그렇지도 않습니다. 사진을 어떻게 불러오는지 새로운 화면은 어떻게 만드는지 처음부터 벽에 부딪히는 일들이 많습니다. 이 절에서는 포토샵 작업을 위한 가장 기본적인 새 작업 창을 만드는 방법과 저장된 이미지를 불러오는 방법을 배워봅니다.

포토샵 실행하고 파일 열기

01 포토샵 CS6를 실행하기 위해서는 바탕 화면의 [시작]-[모든 프로그램]-[Adobe Photoshop CS6]를 클릭합니다.

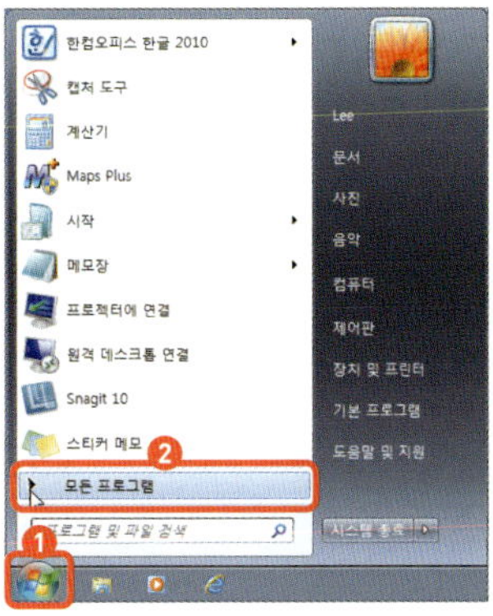

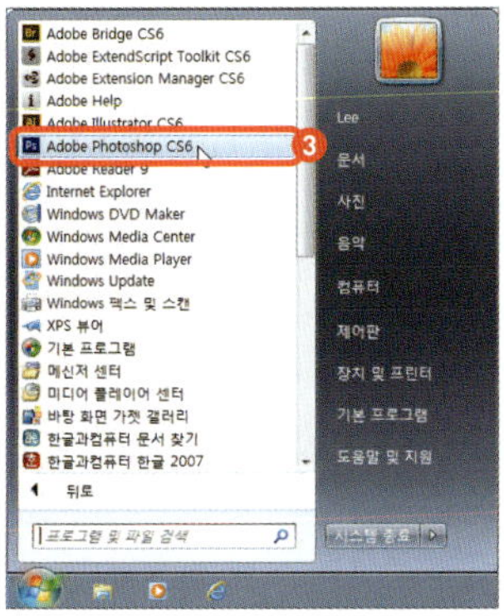

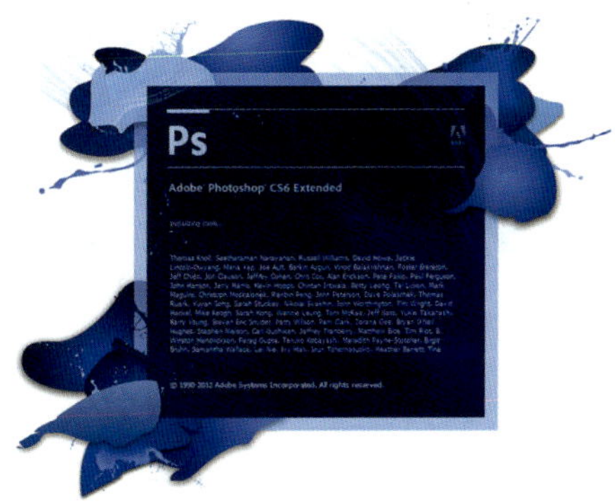

02 포토샵 상단의 [File]-[New] 메뉴를 선택하면 새 작업 창을 만들 수 있습니다.

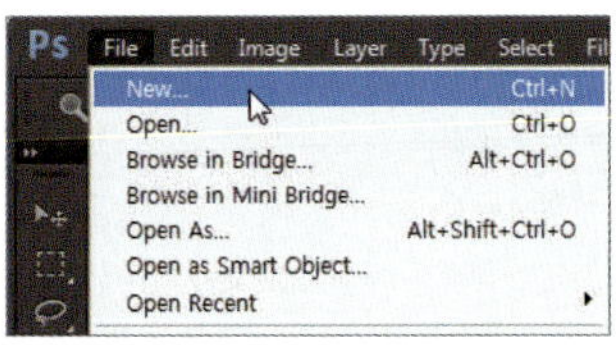

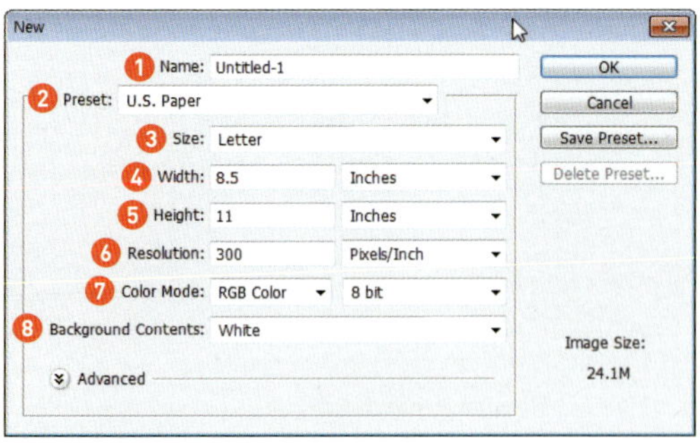

❶ **Name** 새 작업 창의 이름을 지정합니다.

❷ **Preset** 미리 지정해둔 목록에서 용도에 맞는 이미지 사이즈를 선택합니다.

❸ **Size** Preset에서 지정한 목록의 세부 사이즈를 지정합니다.

❹ **Width** 작업 창의 너비와 너비의 단위를 선택합니다.

❺ Height 작업 창의 높이와 높이의 단위를 선택합니다.

❻ Resolution 이미지의 해상도를 지정합니다.

❼ Color Mode RGB 또는 CMYK와 같이 이미지 용도에 따른 색상 모드를 지정합니다.

❽ Background Contents 바탕화면 색상을 흰색, 전경색, 투명 중에서 선택합니다.

03 열고 싶은 이미지가 있으면 [File]-[Open] 메뉴를 선택합니다. 열린 이미지가 하나라도 없는 경우에는 실행 화면의 가장 넓은 부분에서 더블클릭하거나 단축키로 Ctrl+O를 눌러도 됩니다.

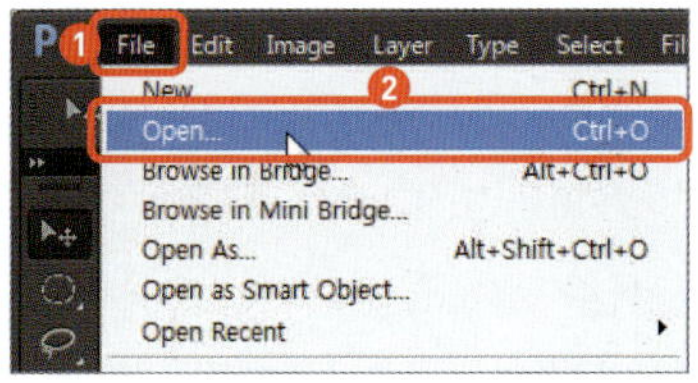

04 [Open] 대화상자가 나타나면 원하는 이미지가 있는 폴더를 찾아 해당 이미지를 더블클릭하거나, 선택한 후 〈열기〉를 클릭합니다.

Tip 실습할 이미지가 없다면 Ch 02 ▸ Section 06 ▸ Snail.jpg, Jelly.jpg, Rose.jpg 파일을 불러오면 됩니다.

05 열린 이미지의 이름 탭에는 이미지의 이름과 화면에 보여지는 크기가 %로 표시되며 이미지 모드도 표시됩니다. 이미지가 현재 33.3% 크기로 보여지고 있는데, 실제 크기는 오른쪽 그림처럼 훨씬 큽니다.

06 이미지의 이름 탭을 아래로 드래그하면 새 창으로 분리됩니다. 또는 이름 탭에서 마우스 오른쪽 버튼을 눌러 [Move to New Window]를 선택해도 됩니다.

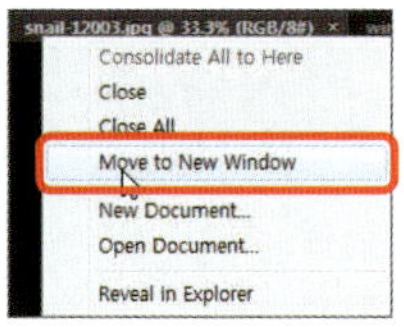

07 분리된 이미지를 다시 이름 탭이 있던 곳으로 드래그하면 탭 형태로 전환됩니다. 또는 분리된 이미지의 이름 탭에서 마우스 오른쪽 버튼을 눌러 [Consolidate All to Here]를 선택하면 새 창 형태의 이미지들이 한 번에 탭 위치로 나열됩니다.

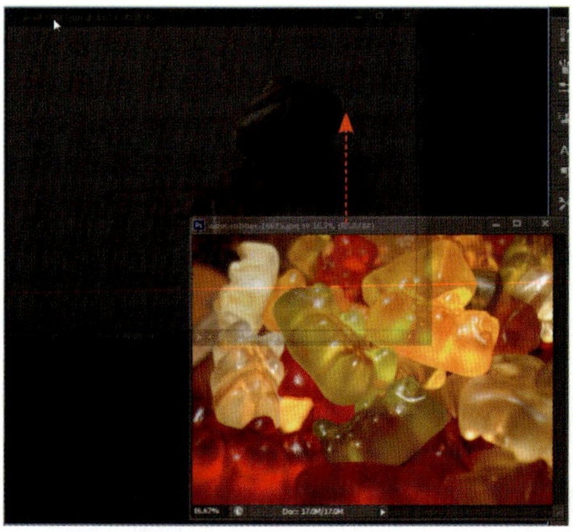

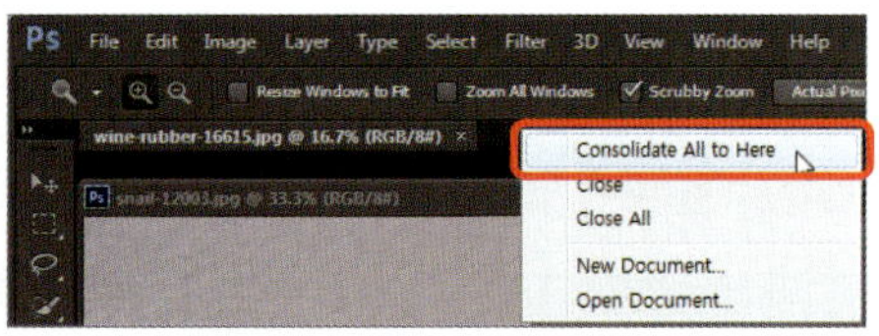

08 [Window]−[Arrange] 메뉴를 선택하면 여러 이미지를 다양하게 정렬할 수 있습니다.

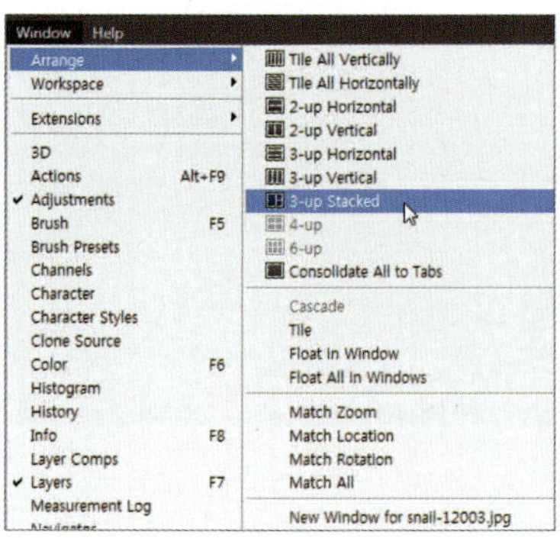

파일 저장하고 포토샵 종료하기

01 새로 만든 이미지를 저장할 때는 [File]–[Save] 메뉴를 선택하고, 기존의 이미지를 다른 이름으로 저장할 때는 [File]–[Save As] 메뉴를 선택합니다. [Save As] 대화상자가 나타나면 파일을 저장할 폴더를 선택하고 파일 이름을 입력한 뒤 〈저장〉을 클릭합니다.

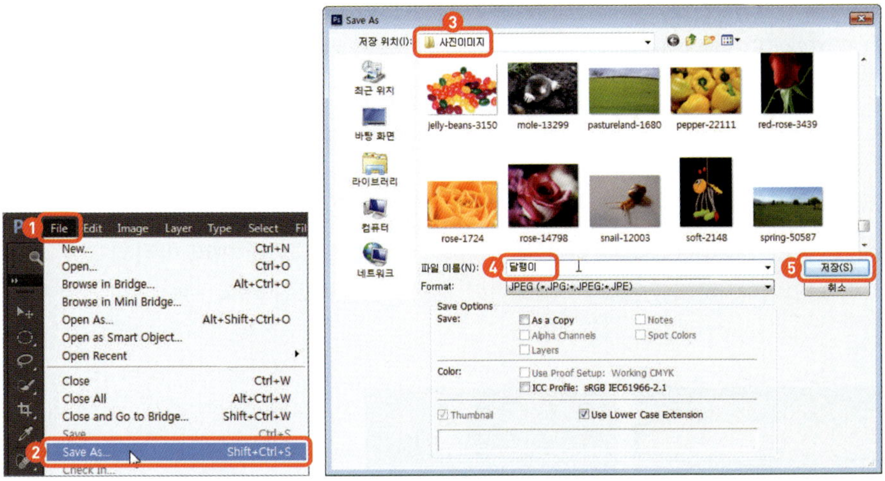

Tip 부록 CD에서 예제소스를 직접 불러 온 경우, 저장 위치를 따로 지정하지 않고 저장하기를 실행하면 저장할 수 없다는 경고 메시지가 뜹니다. CD는 저장할 수 있는 매체가 아니므로 사용하는 컴퓨터에 저장하도록 합니다.

02 이미지를 닫을 때는 이미지의 이름 탭에서 〈닫기〉(✕)를 클릭하거나 Ctrl+W를 누릅니다.

03 포토샵 프로그램을 종료하려면 [File]–[Exit] 메뉴를 선택하거나 화면 맨 오른쪽 상단의 〈닫기〉(✕)를 클릭합니다. 또는 단축키 Ctrl+Q를 사용해도 됩니다.

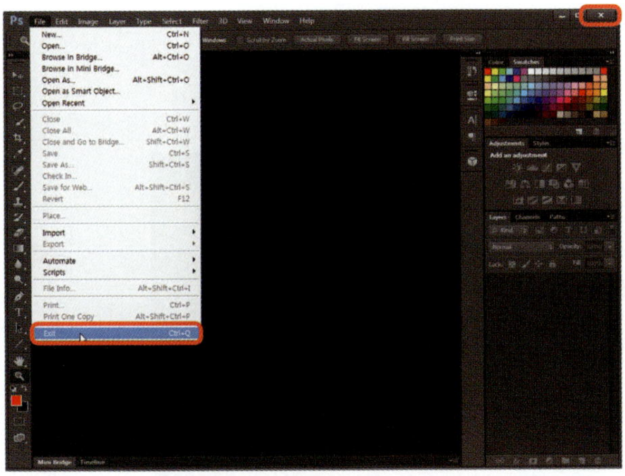

SECTION 07

레이어 이해하기

레이어는 '겹쳐진 층'이라는 뜻으로 포토샵에서는 여러 장의 이미지를 겹쳐 하나의 이미지를 만드는 기능을 말합니다. 레이어를 이용해 이미지를 층으로 만들면 레이어별로 효과를 주거나 변경 및 이동시킬 수 있고, 여러 개의 레이어를 겹쳐 합성할 수도 있습니다.

01 Ch 02 ▸ Section 07 ▸ Elephants.psd 파일을 불러옵니다. 작업 창을 보면 여러 마리의 코끼리 인형이 하나의 이미지처럼 보입니다. 하지만 오른쪽의 레이어 패널을 보면 여러 개의 레이어가 겹쳐져 있음을 알 수 있습니다.

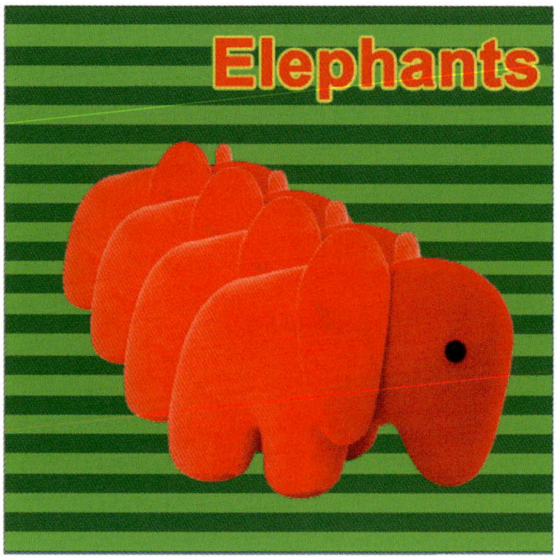

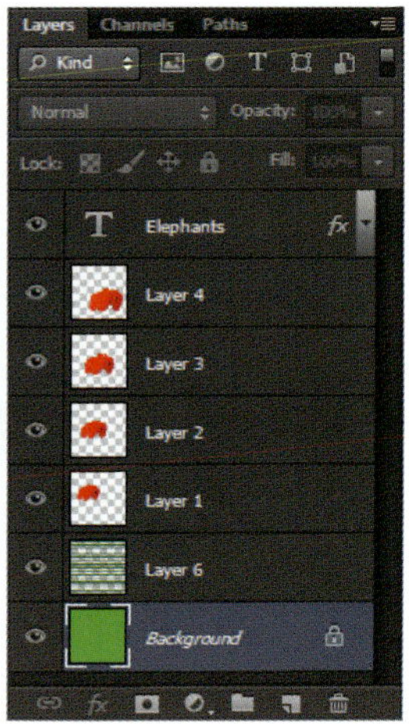

02 하나의 이미지로 보이는 코끼리 인형은 레이어 패널에서 볼 수 있듯이 7개의 이미지가 겹쳐진 것입니다.

03 레이어를 하나하나 펼쳐보면 아래 그림과 같습니다. 맨 아래 연두색 바탕이 있고, 그 위에 스트라이프 문양이 있으며, 그 위로 네 마리의 코끼리 인형이 다양한 크기로 나열되어 있습니다. 그리고 맨 위에 텍스트가 있습니다.

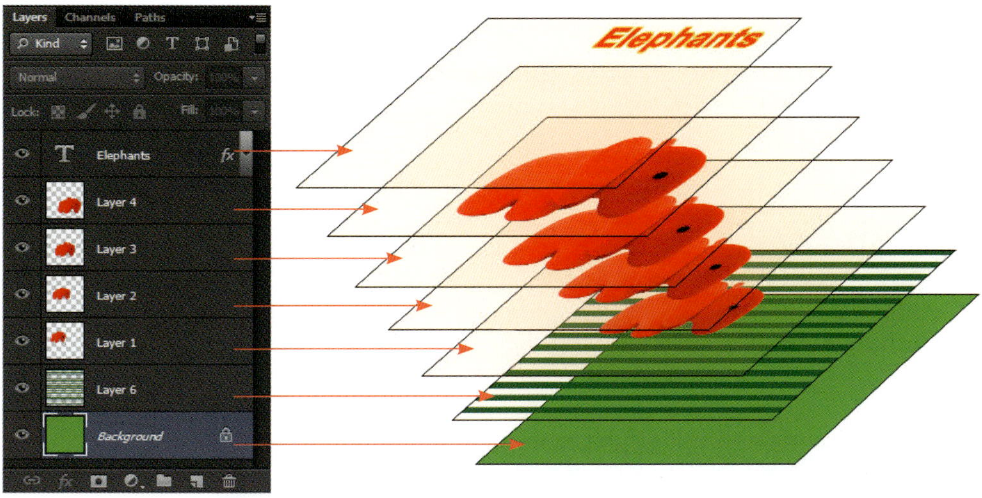

04 이렇듯 레이어는 하나의 투명한 막 위에 이미지를 전체 또는 일부 삽입하여 겹치게 함으로써 투명한 부분의 아랫부분이 그대로 관통하여 보여지는 것이라 이해하면 됩니다. 레이어에 관한 다양한 옵션들은 Section 50에서 자세히 다룹니다.

SECTION

08

작업화면 확대/축소하기

화면을 꽉 채우거나 너무 작은 이미지는 돋보기 툴을 사용해 확대 또는 축소하여 볼 수 있습니다. 그리고 이미지를 확대하면 세밀한 작업도 가능합니다.

화면 확대/축소하기

01 Ch 02 ▸ Section 08 ▸ Pink.jpg, Yellow.jpg, Red.jpg 세 개의 파일을 열어 우선 Pink.jpg 파일을 선택합니다.

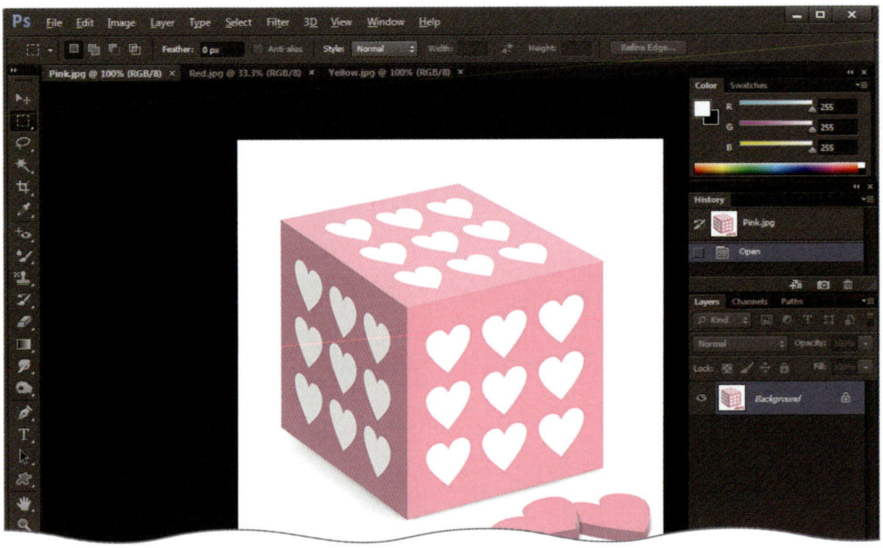

02 툴 박스에서 돋보기 툴( )을 선택하고 화면으로 가져가면 확대 모드로 돋보기 내부가 +로 변합니다. 이때 화면을 클릭하면 클릭한 지점을 중심으로 화면이 확대됩니다.

03 원하는 부분만 확대하여 보고 싶다면 원하는 부분을 돋보기 툴로 드래그합니다. 드래그한 영역이 확대되어 보입니다.

Tip 옵션 바의 Scrubby Zoom의 체크가 해제된 상태에서 드래그합니다.

04 확대된 이미지에서 보이지 않는 부분을 확인하고 싶다면 Space Bar를 눌러 마우스 포인터를 손바닥 모양으로 바꿉니다. 그리고 화면을 상하좌우로 드래그하면 화면의 크기는 유지된 채 이미지만 움직이게 되어, 보고 싶은 부분을 확대된 상태로 볼 수 있습니다.

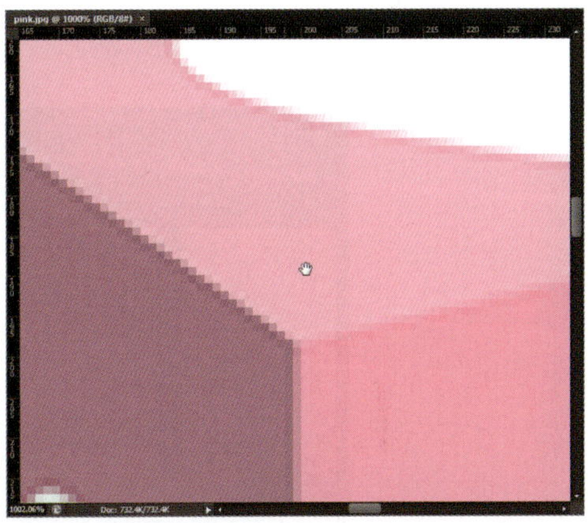

05 Alt를 누른 채 마우스를 화면으로 가져가면 축소 모드로 바뀌어 돋보기 내부가 −로 변합니다. 이때 화면을 클릭하면 이미지가 축소됩니다. Alt를 누르지 않고 축소 모드를 유지하려면 옵션 바에서 Zoom Out()을 클릭합니다.

돋보기 툴 옵션 사용법

01 돋보기 툴의 옵션 바에서 'Resize Windows to Fit'을 체크하면 이미지를 확대하거나 축소할 때 창의 크기도 함께 확대되거나 축소되어 여백이 생기지 않습니다. 체크를 해제하면 창의 크기는 고정된 채 이미지의 크기만 변합니다.

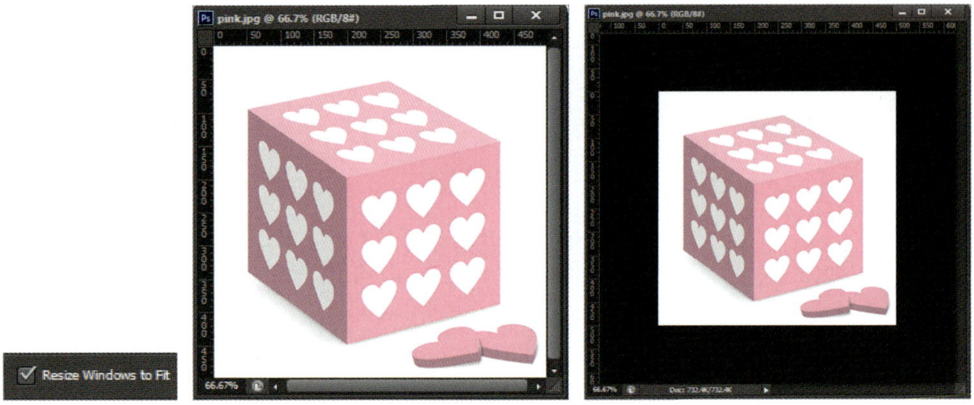

02 여러 개의 창을 동시에 확대하거나 축소하고자 할 때는 'Zoom All Windows'를 체크합니다. 체크를 해제하면 각 창별로 따로 따로 확대되거나 축소됩니다.

03 'Scrubby Zoom'이 체크된 상태에서 마우스를 오른쪽으로 드래그하면 이미지가 확대되고, 왼쪽으로 드래그하면 이미지가 축소됩니다.

04 Actual Pixels, Fit Screen, Fill Screen, Print Size 옵션은 이미지의 보기를 설정합니다.

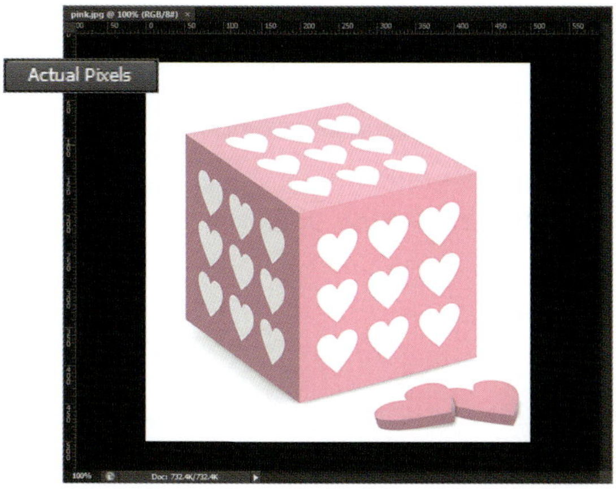

△ 1:1 크기로 보여줌

△ 이미지의 너비나 높이 중에서 작은 쪽으로 화면을 꽉 채움

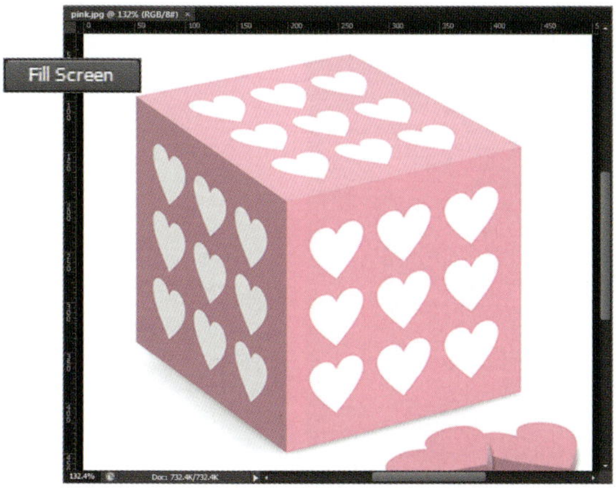

△ 이미지의 너비나 높이 중에서 큰 쪽으로 화면을 꽉 채움

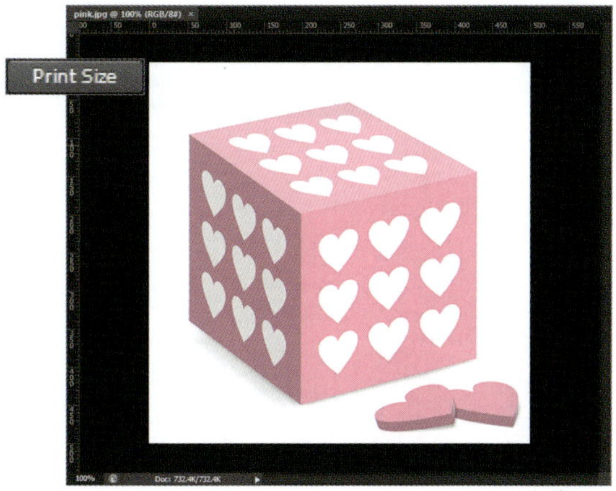

△ 실제 출력 크기를 보여줌

SECTION 09

이미지 크기 조절하기

이미지 크기는 두 가지 의미를 가지고 있습니다. 하나는 실제 눈에 보이는 크기를 의미하며, 또 하나는 파일 용량을 의미합니다. 이 절에서는 용도에 따라 이미지의 크기를 조절하는 방법을 알아봅니다.

01 Ch 02 ▸ Section 09 ▸ Shoes.jpg 파일을 불러와 돋보기 툴을 더블클릭합니다. 이미지의 크기가 원본 크기만큼 확대되어 무슨 이미지인지 알아보기 힘들 정도로 화면을 가득 채우게 되는데, 크기를 줄여보도록 하겠습니다.

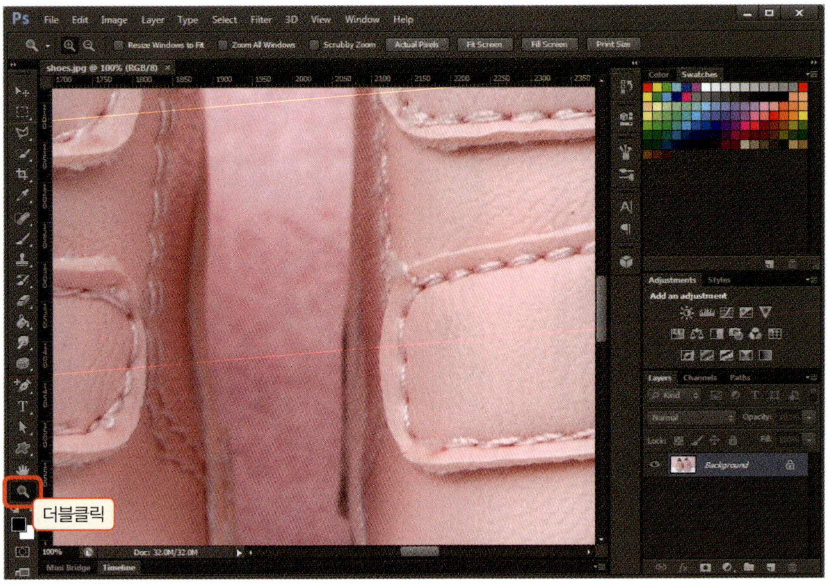

Tip 돋보기 툴 자체를 더블클릭하면 원본의 100% 크기로 보여줍니다.

02 [Image]–[Image Size] 메뉴를 선택하여 옵션 창을 엽니다.

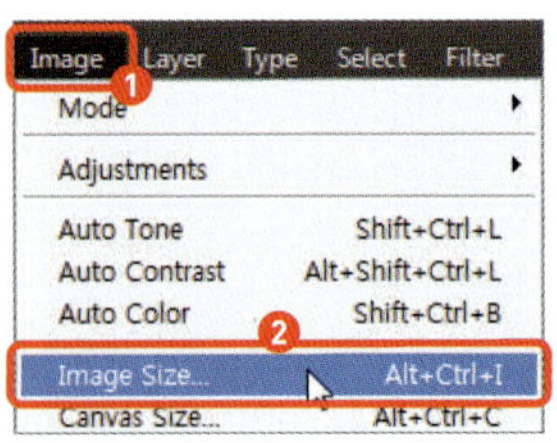

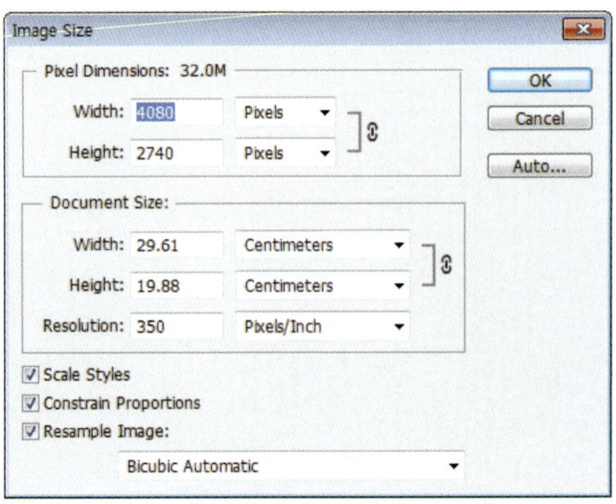

03 일반적으로 웹에서 사용되는 이미지의 해상도는 72 Pixels/Inch이므로 Resolution을 72로 입력합니다. 해상도 수치를 낮게 입력한 것만으로 이미지의 크기가 자동으로 4080×2740에서 839×564로 줄었습니다. 또 32.0M이었던 파일의 크기가 1.35M으로 줄어든 것도 알 수 있습니다.

Tip 이미지의 크기를 작게 조절하면 파일의 용량도 같이 작아집니다.

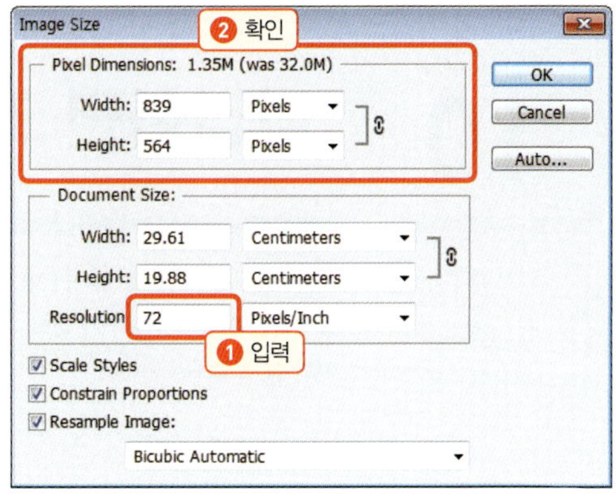

04 이미지의 크기를 직접 지정하고 싶다면 Pixel Dimensions의 Width에 원하는 수치를 입력합니다. Width에 수치를 입력하면 Height의 수치가 자동으로 변경되는데, 이는 아래쪽의 Constrain Proportions가 체크되어 가로 세로의 비율을 유지해주기 때문입니다. 설정이 끝났으면 〈OK〉를 클릭해 변경된 이미지 크기를 확인합니다.

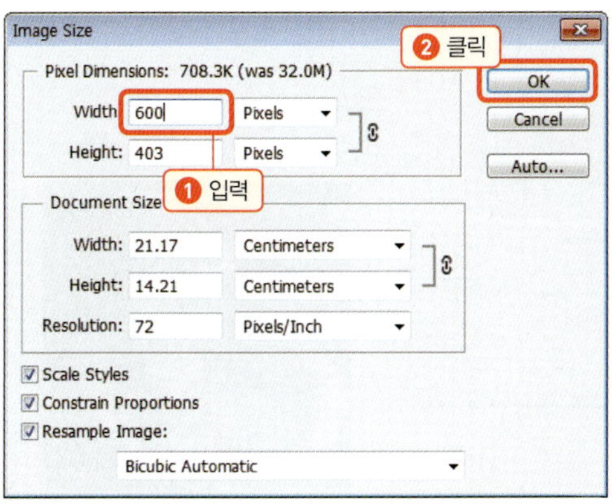

Tip Constrain Proportions의 체크를 해제하면 Width와 Height의 수치를 각각 입력할 수 있습니다. 하지만 이미지의 비율이 훼손되어 추천하지는 않습니다.

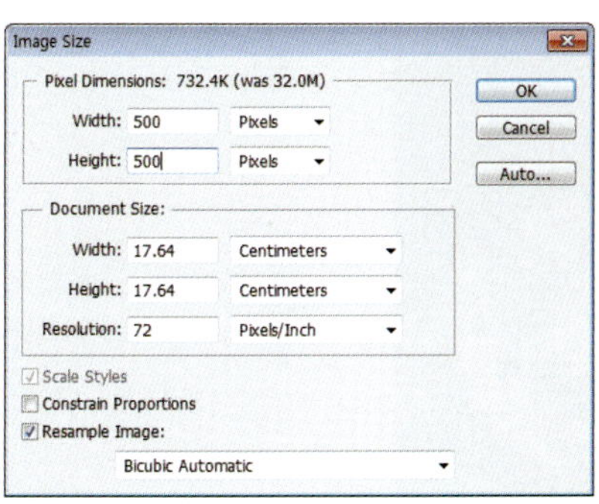

SECTION 10

작업화면 크기 조절하기

작업 도중 작업화면의 크기가 맞지 않을 때 너비나 높이를 수정할 수 있습니다. 주의할 점은 작업화면의 크기를 축소하면 이미지의 일부가 잘려나가 보이지 않게 되고, 확대하면 새로 생긴 공간이 배경색으로 보여지니 작업에 따라 잘 조절해야 합니다.

작업화면의 크기 확대하기

01 Ch 02 ▸ Section 10 ▸ Canvas.psd 파일을 열고 [Image]-[Canvas Size] 메뉴를 선택하여 옵션 창을 엽니다. Width와 Height에 이미지보다 큰 수치를 입력하고 〈OK〉를 클릭하면 이미지를 중심으로 여백이 상하좌우로 균형 있게 생성됩니다. 이때 여백의 색상은 배경색의 색상으로 채워집니다.

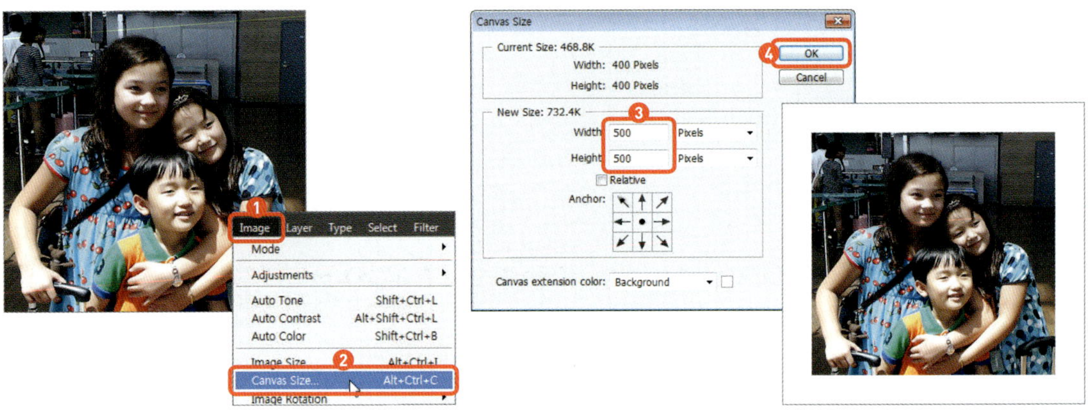

02 Anchor의 방향에 따라 여백이 생기는 위치가 아래 그림과 같이 달라집니다.

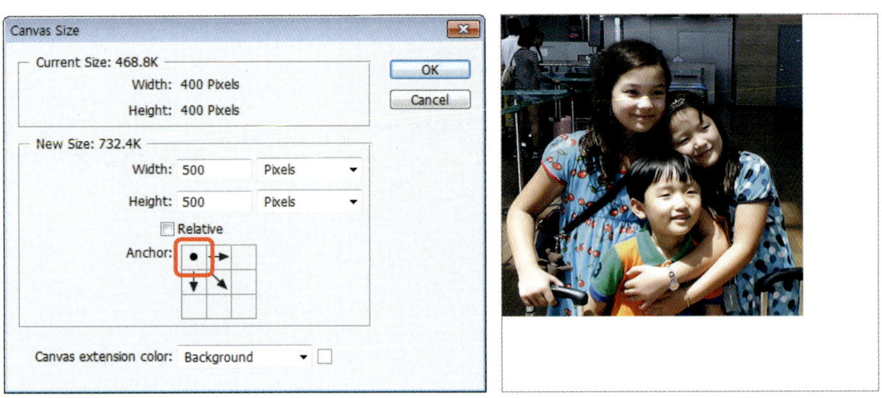

△ 상단 왼쪽일 경우

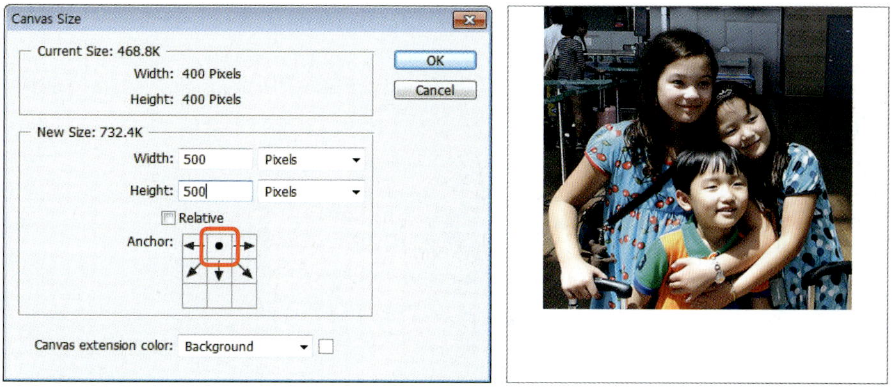

△ 상단 중앙일 경우

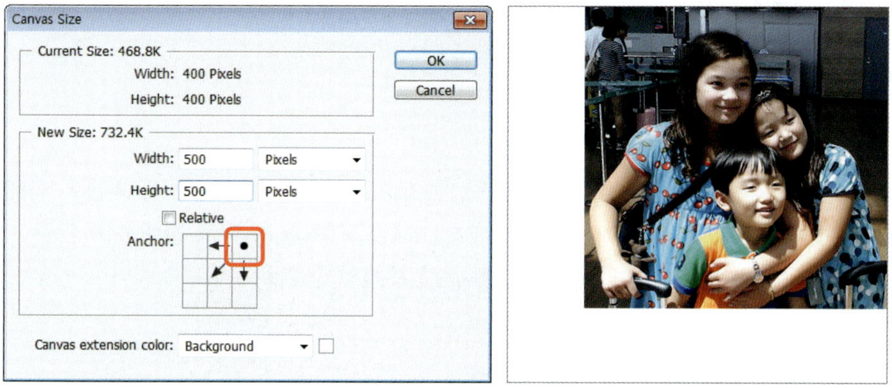

△ 상단 오른쪽일 경우

03 Relative 옵션을 체크하면 입력한 수치만큼 여백이 생깁니다. 아래 그림은 원본 이미지의 상하좌우에 50픽셀의 여백이 생긴 모습입니다.

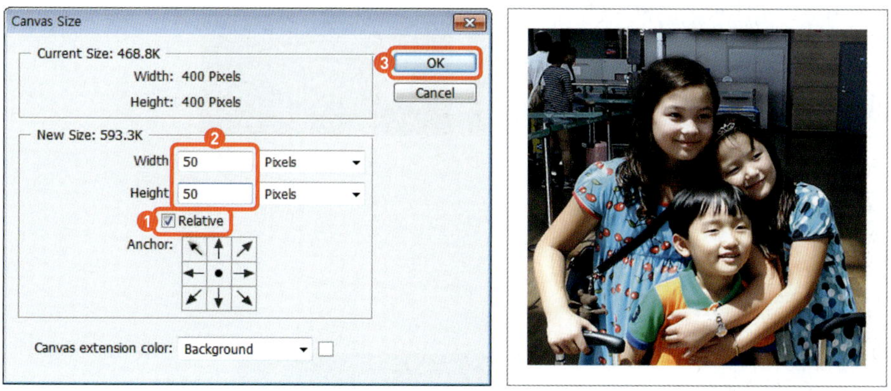

크기가 다른 두 개의 이미지 합치기

01 크기가 다른 두 개의 이미지를 합쳐보겠습니다. Ch 02 ▸ Section 10 ▸ Photo.psd, Frame.psd의 두 파일을 불러옵니다.

02 작은 이미지를 큰 이미지의 작업창으로 옮기는 것이 일반적이지만, 작업화면의 크기 조절을 위해 큰 이미지를 작은 이미지로 옮겨보겠습니다. 액자 이미지에서 Ctrl+A를 눌러 전체 선택한 후 Ctrl+C를 눌러 복사해둡니다. 사진 이미지로 가서 Ctrl+V를 눌러 붙여넣기하면 액자의 크기가 사진보다 커서 화면에 모두 보이지 않습니다.

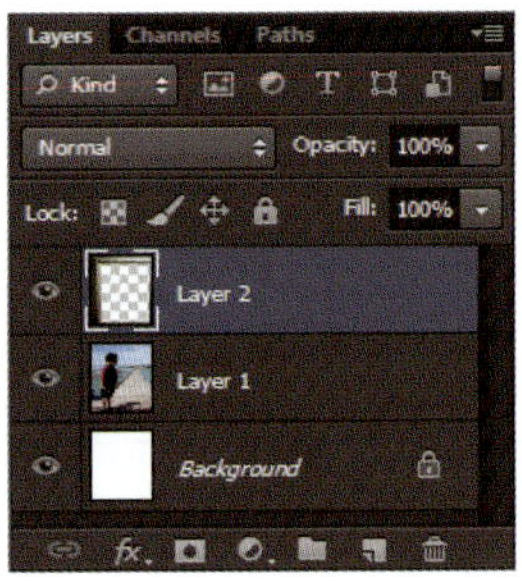

03 [Image]−[Reveal All] 메뉴를 선택하면 작업 창의 크기가 자동으로 액자 크기에 맞춰 커집니다.

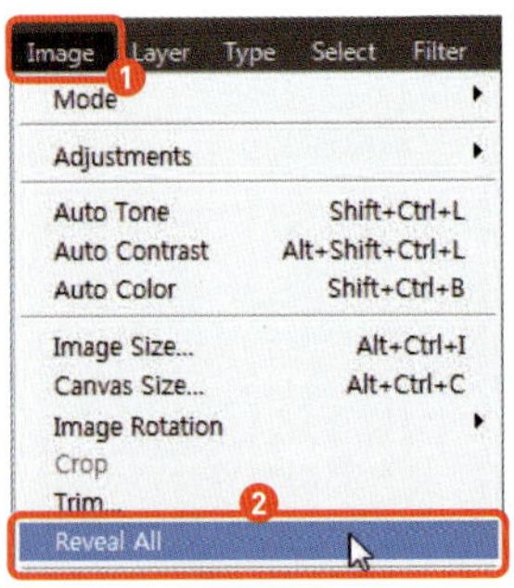

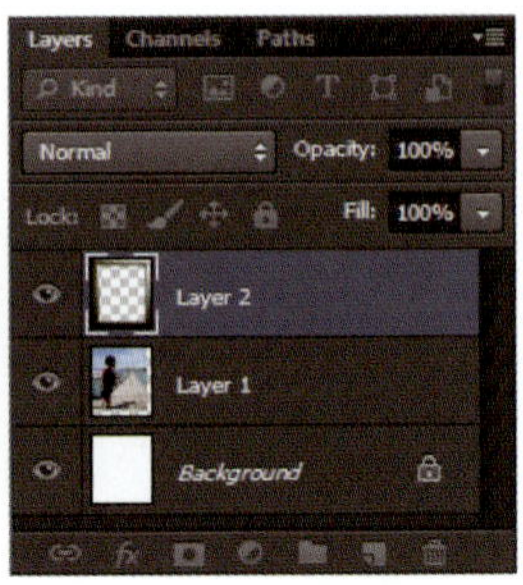

04 이번에는 다른 방법으로 두 이미지를 합쳐보겠습니다. 앞에서와 마찬가지로 Photo.psd, Frame.psd의 두 파일을 불러옵니다.

05 사진 이미지를 선택하고 [Image]-[Canvas Size] 메뉴를 선택하여 옵션 창을 연 후, 다시 [Window] 메뉴에서 액자 이미지인 Frame.psd 파일명을 선택합니다. [Canvas Size] 옵션 창의 New Size 옵션이 Frame.psd의 크기로 자동 변경됩니다.

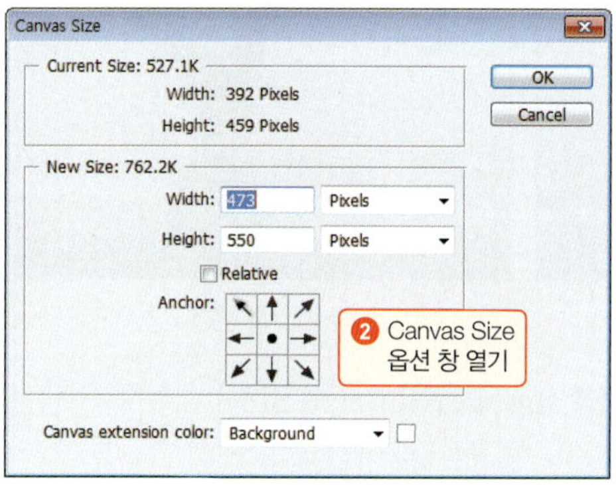

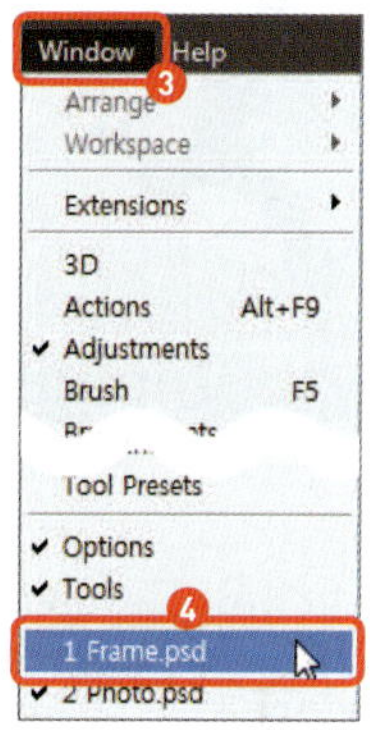

06 〈OK〉를 클릭하면 사진 이미지의 작업화면 크기가 커집니다. 이제 액자 이미지를 복사하고 사진 이미지에 붙여넣기하여 완성합니다.

SECTION 11

두 개의 이미지를 하나로 합치기

게시판이나 블로그를 꾸미다 보면 이미지를 한 장밖에 첨부하지 못하는 경우가 있습니다. 두 개의 이미지를 하나로 만드는 방법을 응용하면 여러 장의 이미지를 하나로 합치는 것도 문제 없습니다.

01 두 개의 이미지를 하나로 합쳐보겠습니다. Ch 02 ▸ Section 11 ▸ Jump1.psd, Jump2.psd 파일을 불러옵니다.

02 jump1 이미지를 선택하고 [Image]-[Image Size] 메뉴를 선택하여 옵션 창을 엽니다. 이미지의 Width와 Height를 확인하고 〈OK〉를 클릭합니다.

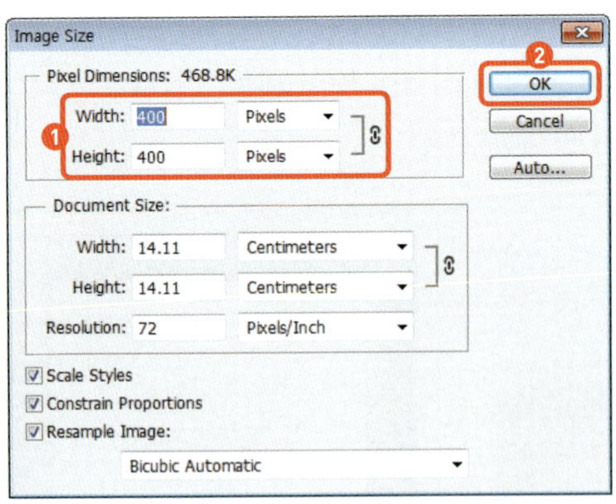

03 이어서 jump2 이미지를 선택하고 [Image]-[Canvas Size] 메뉴를 선택합니다. 옵션 창에서 Relative를 체크한 후 Height를 400으로 입력합니다. Anchor의 방향은 상단 중앙을 선택하고 〈OK〉를 클릭합니다. 이미지의 아래쪽으로 400픽셀의 여유 공간이 생긴 것을 알 수 있습니다.

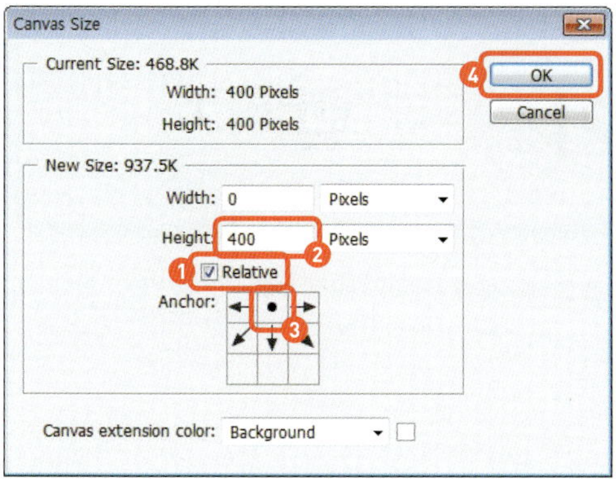

Tip Height에 400을 입력한 이유는 02단계에서 확인한 jump1 이미지의 Height가 400Pixels기 때문입니다.

04 jump1 이미지로 돌아가 Ctrl+A를 눌러 전체 선택한 후 Ctrl+C를 눌러 이미지를 복사해둡니다. jump2 이미지로 넘어와 Ctrl+V를 눌러 붙여넣기합니다.

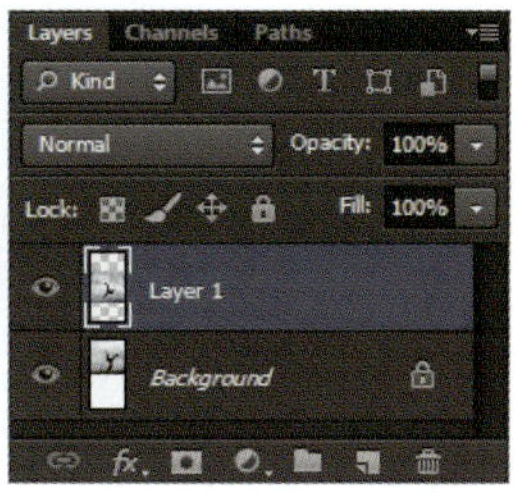

05 이동 툴( )을 선택한 후 복사해 넣은 jump1 이미지를 아래 방향으로 드래그합니다.

Tip 같은 방법으로 Canvas Size를 옆으로 늘려 사진을 나란히 배치할 수도 있습니다.

SECTION
12
이미지 회전시키기

디지털 카메라나 휴대폰으로 찍은 사진을 포토샵으로 불러와 보면 사진이 거꾸로 보이는 경우가 종종 있습니다. 거꾸로 된 이미지를 회전시키는 방법을 알아봅니다.

이미지 회전시키기

01 Ch 02 ▸ Section 12 ▸ Cw1.psd 파일을 불러와 뒤집혀진 이미지를 똑바로 회전시켜 보겠습니다. [Image]−[Image Rotation]−[180°] 메뉴를 선택하면 이미지가 180° 회전하여 정상적으로 보입니다.

회전 옵션 사용법

01 Ch 02 ▸ Section 12 ▸ Bread.psd 파일을 불러와 회전 옵션을 살펴보도록 하겠습니다. [Image]−[Image Rotation] 메뉴를 선택하고 회전 옵션을 하나씩 클릭해봅니다. 90° CW는 이미지를 시계 방향으로 90° 회전시키고, 90° CCW는 반시계 방향으로 90° 회전시킵니다.

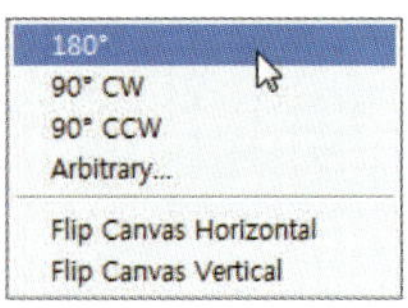

△ 회전 옵션

△ 원본 이미지

△ 90° CW

△ 90° CCW

02 Arbitrary를 클릭하면 옵션 창이 열리면서 회전의 방향과 각도를 지정할 수 있습니다.

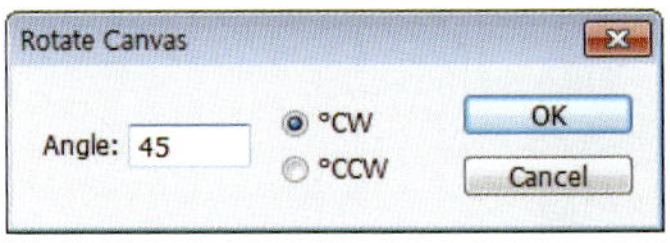

△ 회전 방향과 각도 입력

△ 시계 방향으로 45° 회전

03 Flip Canvas Horizontal은 이미지를 수평으로 반전시킵니다. 180°는 이미지를 시계 방향이나 반시계 방향으로 180° 회전시킵니다. Flip Canvas Vertical은 이미지를 수직으로 반전시킵니다.

△ 원본 이미지

△ Flip Canvas Horizontal

△ 180°

△ Flip Canvas Vertical

레이어가 여러 개인 경우 회전시키기

01 Ch 02 ▸ Section 12 ▸ Cw2.psd 파일을 불러와 레이어가 여러 개인 경우 이미지를 회전시켜 보겠습니다. Cw2 이미지에서는 Layer 1이 뒤집혀져 있습니다.

△ Layer 1

△ Background

02 Layer 1에서 [Edit]–[Transform]–[Rotate 180°] 메뉴를 선택하여 이미지를 회전시킵니다. 이미지가 정상적으로 보입니다.

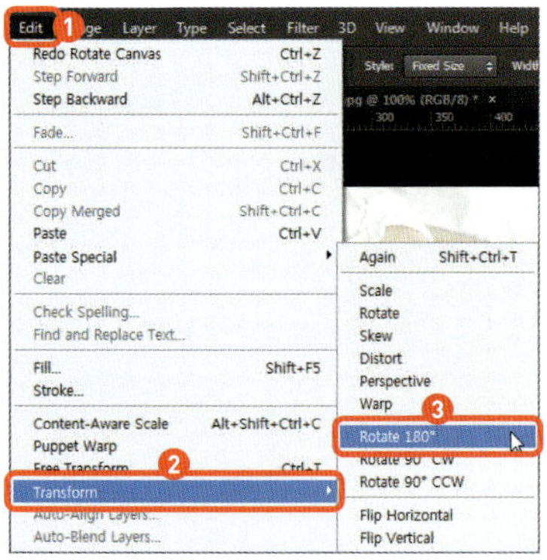

03 02단계에서 [Edit] 메뉴를 이용하여 회전시킨 이유는 선택한 레이어만 회전하기 때문입니다. 만약 [Image] 메뉴를 이용하여 회전시키면 모든 레이어가 회전하기 때문에 원치 않는 결과를 만들 수 있습니다.

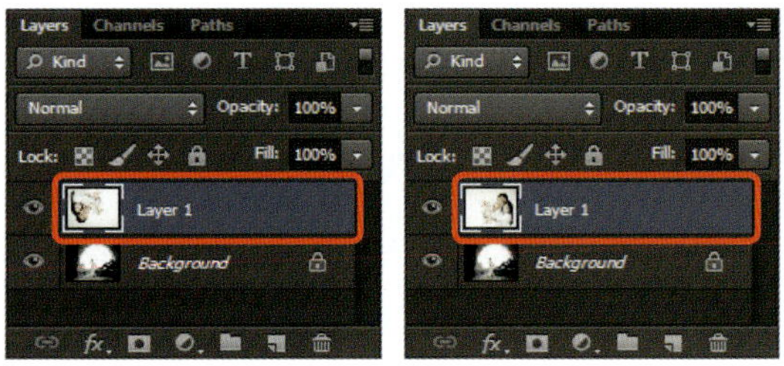

◁ [Edit] 메뉴에서 회전시켜 선택한 레이어만 회전한 경우

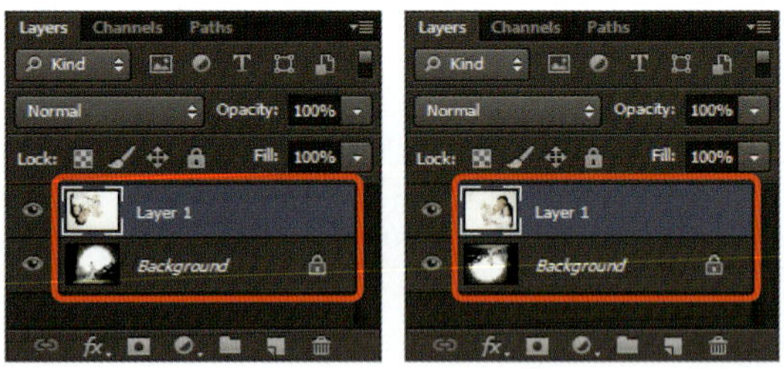

◁ [Image] 메뉴에서 회전시켜 모든 레이어가 회전한 경우

SECTION 13

단계별 작업 과정 취소하기

이미지 작업을 하다 보면 몇 단계 앞의 결과가 더 맘에 든다거나, 중간에 과정 하나를 빠뜨려서 다시 작업해야 하는 경우가 있습니다. 이럴 때 단계별로 작업했던 과정을 취소하는 방법을 알아봅니다.

History 패널 사용하기

아래 그림은 원본 이미지에 몇 가지 작업을 추가한 상태의 파일입니다.

△ 작업 전

△ 작업 후

History 패널을 열어보면 지금까지 작업한 과정이 그대로 남아 있습니다. 한 칸씩 클릭해 올라가면 작업 과정을 한 단계씩 취소할 수 있습니다.

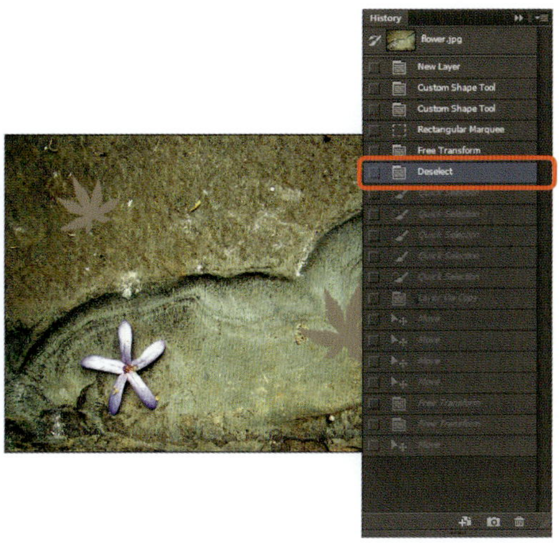

△ 한 단계씩 작업 취소하기

CHAPTER 03

이미지의 이동과 선택

포토샵에서 가장 중요한 것은, 이미지를 보정하거나 어떤 특수한 효과를 만들어내는 일이 아닌 이미지를 선택하는 일입니다. 이미지에서 원하는 부분을 정교하게 선택하고 이동시키는 일이 기반이 되어야 다른 작업이나 기타 효과를 자연스럽게 만들어낼 수 있기 때문입니다. 이번 장에서는 포토샵에서 이미지를 선택하는 다양한 방법을 알아봅니다. 이번 장을 배우고나면 이미지의 형태에 따라 원하는대로 선택 영역을 지정할 수 있게 될 것입니다.

CONTENTS

Section 14 / 이동 툴
Section 15 / 사각형 선택 툴
Section 16 / 원형 선택 툴
Section 17 / 한 줄 가로/세로 선택 툴
Section 18 / 올가미 툴
Section 19 / 다각형 올가미 툴
Section 20 / 자석 올가미 툴
Section 21 / 퀵 셀렉션 툴
Section 22 / 마술봉 툴
Section 23 / 자르기 툴
Section 24 / 원근 자르기 툴
Section 25 / 퀵 마스크 모드

SECTION 14

이동 툴

• 단축키 V

이동 툴은 이미지의 전체 또는 일부를 이동시켜 원하는 위치에 배치시키는 가장 기본적인 툴입니다. 이 절에서는 이동 툴의 기본 사용법과 옵션에 대해 알아봅니다.

이동 툴의 기능

이동 툴(Move Tool,)은 이미지의 전체 또는 선택 영역을 원하는 위치로 이동시켜 주는 툴입니다. 이미지에서 이동할 부분을 선택하고 원하는 위치로 드래그 앤 드롭하면 선택 영역이 이동합니다.

△ 이동할 부분 선택

△ 원하는 위치로 이동

Alt를 누른 상태에서 드래그 앤 드롭하여 이동시키면 선택 영역이 복제됩니다. Shift를 누른 상태에서 이동시키면 수직, 수평 또는 45° 방향으로만 이동합니다. 그리고 다른 툴을 선택한 상태에서도 Ctrl만 누르면 이동 툴로 임시 전환됩니다.

△ 복제하면서 이동

△ 수직, 수평, 45° 방향으로 이동

해당 창 이외의 다른 창으로 복제하여 이동할 수도 있습니다.

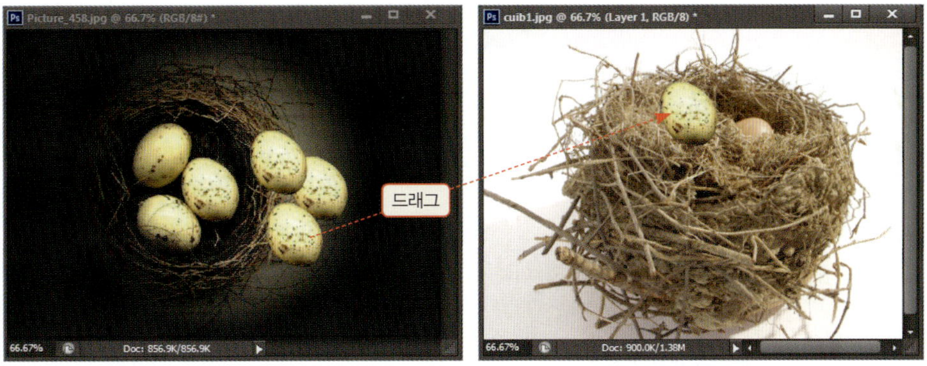

△ 다른 창에 드래그하여 복제

이동 툴의 옵션

❶ **자동 선택** 오브젝트를 클릭하면 오브젝트가 있는 레이어를 자동으로 선택하며, 작업 영역을 드래그하면 드래그한 영역의 레이어를 모두 선택합니다.

❷ **레이어 선택 옵션** 선택한 오브젝트가 그룹인 경우 그룹에 있는 레이어를 모두 선택합니다.

❸ **컨트롤 보이기** 오브젝트 외곽으로 바운딩 박스가 생기면 크기 조절과 회전이 가능합니다.

❹ **정렬** 여러 레이어를 한꺼번에 선택하여 정렬합니다.

△ 정렬 전

△ 정렬 후

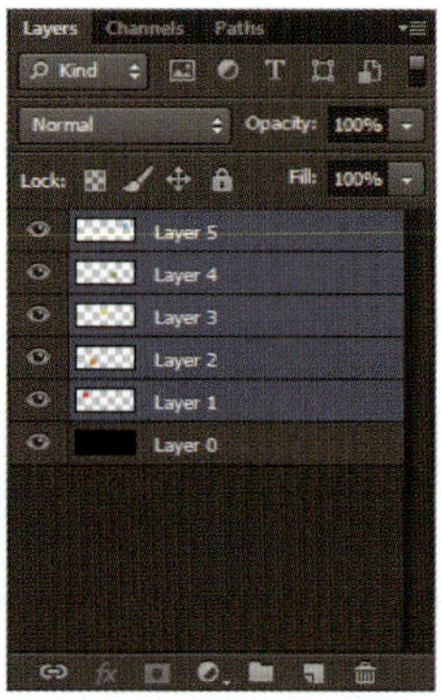

❺ **3D 오브젝트 선택** 3D 오브젝트를 회전시키거나 이동시킵니다.

이동 툴로 오브젝트 이동, 복제, 정렬하기

01 Ch 03 ▸ Section 14 ▸ Move.psd 파일을 불러와 레이어 패널에서 Background 레이어를 선택합니다.

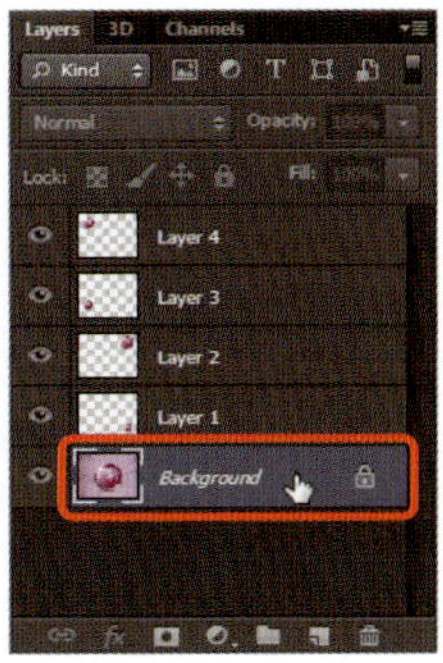

02 **선택 영역 지정하기** 원형 선택 툴( )을 선택하고 중앙의 원 부분을 드래그하여 선택합니다. 이때 원의 왼쪽과 상단 부분이 만나는 지점을 시작지점으로 하여 드래그하면 쉽게 선택할 수 있습니다.

03 **선택 영역 이동하기** 마우스를 선택 영역의 안쪽으로 가져가면 마우스 포인터가 모양으로 바뀝니다. 이때 선택 영역 안쪽을 클릭한 채 옆으로 드래그해봅니다. 선택한 부분의 이미지는 움직이지 않고 선택 영역의 형태만 이동하는 것을 알 수 있습니다.

04 선택 영역의 이미지를 이동시키려면 이동 툴(▶✥)을 선택하고 마우스를 선택 영역 안쪽으로 가져갑니다. 아까와는 달리 마우스 포인터가 ▶✥모양에서 ▶✂모양으로 바뀌는데, 이때 선택 영역 안쪽을 클릭한 채 옆으로 드래그하면 선택한 부분의 이미지가 이동합니다.

05 **선택 영역 복제하기** 다시 Alt를 누르면 마우스 포인터가 ▶모양으로 바뀝니다. 이때 계속 Alt를 누른 채 선택 영역을 드래그하면 이미가 복제됩니다.

06 **선택 영역 해제하기** [Select]–[Deselect] 메뉴 또는 Ctrl+D를 눌러 선택 영역을 해제합니다.

Tip 선택 툴이 선택된 상태에서 작업화면을 클릭하면 선택 영역이 바로 해제됩니다.

07 **선택한 이미지가 있는 레이어 자동 선택하기** 옵션 바에서 Auto-Select를 체크한 후 왼쪽 상단의 원을 클릭합니다. Auto-Select는 레이어가 여러 개일 경우 작업화면의 이미지를 클릭하는 것만으로 해당 이미지가 있는 레이어를 자동으로 선택해줍니다.

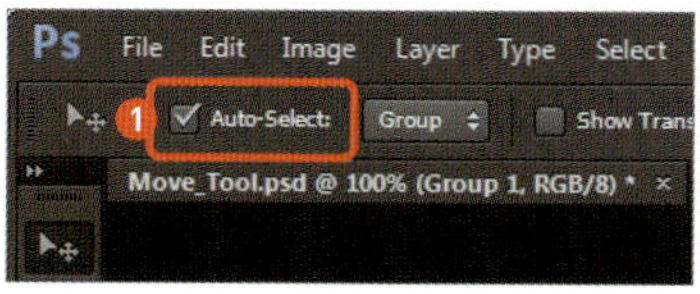

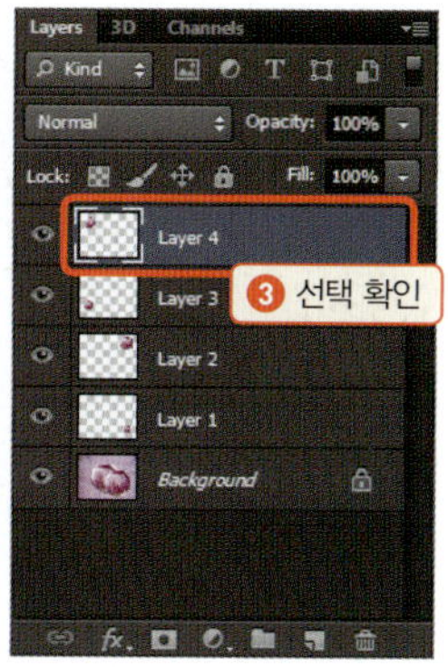

Tip 레이어를 선택하는 이유는 선택한 레이어에서만 작업이 가능하기 때문입니다.

08 Layer 4가 선택된 것을 확인했다면 별다른 선택 영역 없이 오른쪽으로 이동시켜 봅니다.

09 Shift를 누른 상태에서 오른쪽 상단에 있는 원을 클릭합니다. Layer 4와 Layer 2가 동시에 선택됩니다.

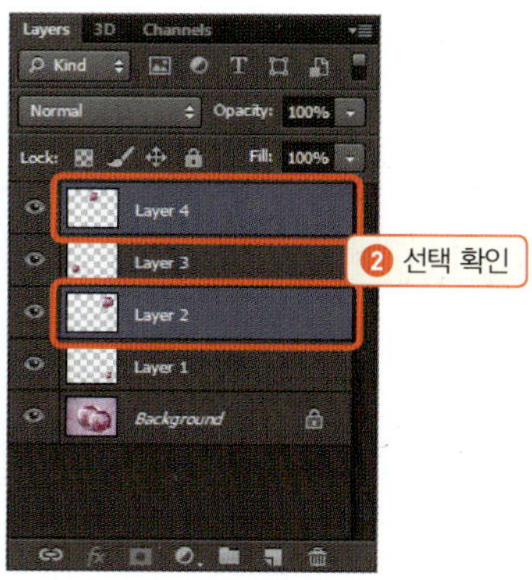

10 이제 두 원 중 아무 원이나 클릭하여 왼쪽으로 드래그해봅니다. 두 원이 함께 이동하는 것을 알 수 있습니다.

11 [Layer]–[Group Layer] 메뉴를 선택하거나 Ctrl+G를 눌러 두 레이어를 그룹으로 만듭니다.

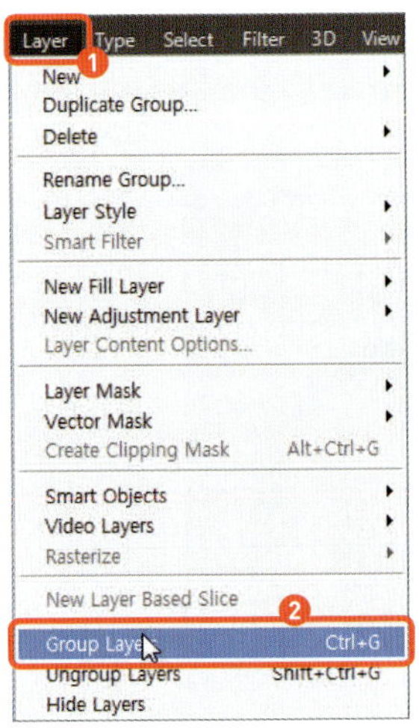

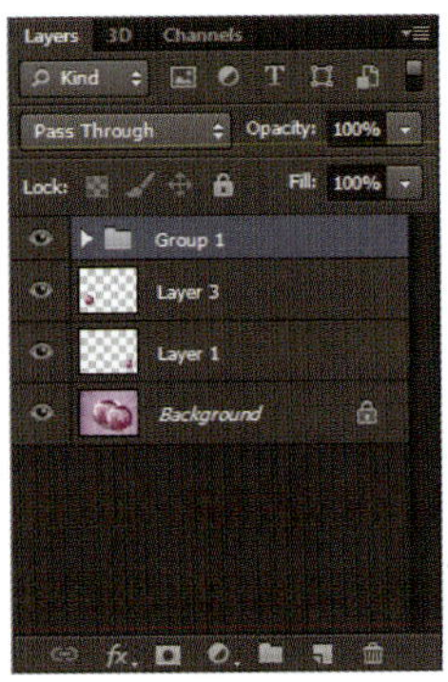

12 옵션 바에서 Auto–Select를 Group으로 선택하고 두 개의 원 중 하나를 클릭하면 그룹 레이어가 선택됩니다. Auto–Select를 Layer로 선택하면 클릭한 원이 있는 레이어만 선택됩니다.

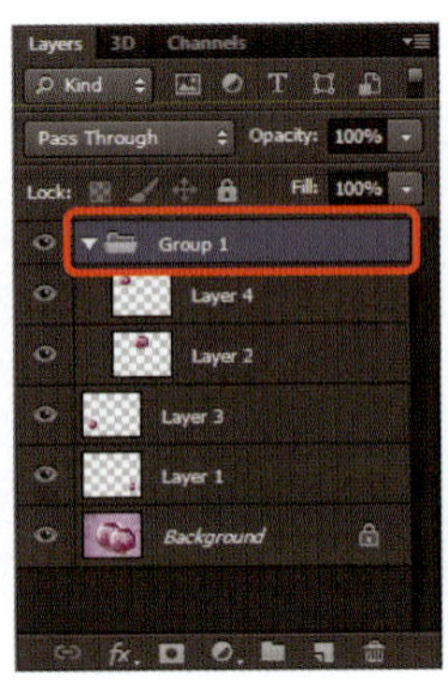

△ Group을 선택한 경우

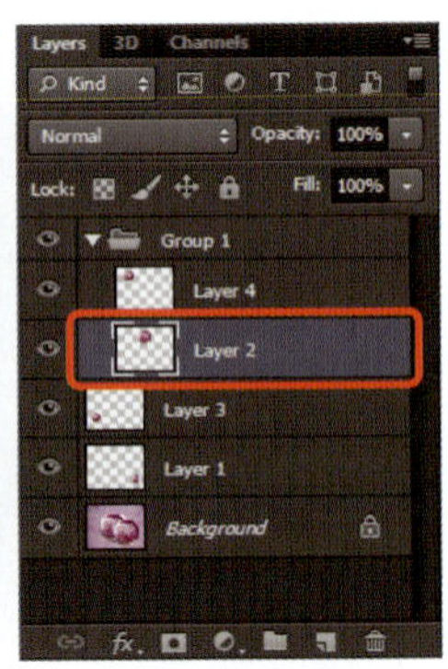

△ Layer를 선택한 경우

13 바운딩 박스 나타내기 옵션 바에서 Show Transform Controls를 체크하면 선택한 레이어의 오브젝트 가장자리에 바운딩 박스가 나타납니다.

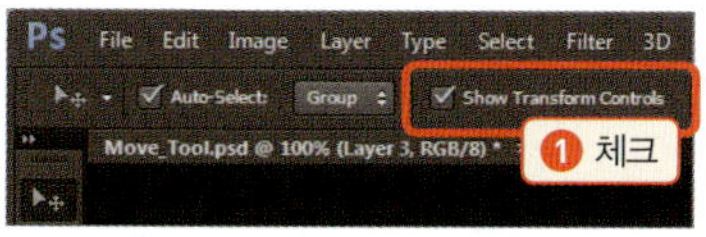

14 오브젝트 정렬하기 Shift를 누른 채 Background 레이어를 제외한 나머지 레이어를 클릭하여 모든 레이어를 한꺼번에 선택합니다. 옵션 바에서 정렬 아이콘을 클릭하면 각 레이어의 오브젝트들을 정렬할 수 있습니다.

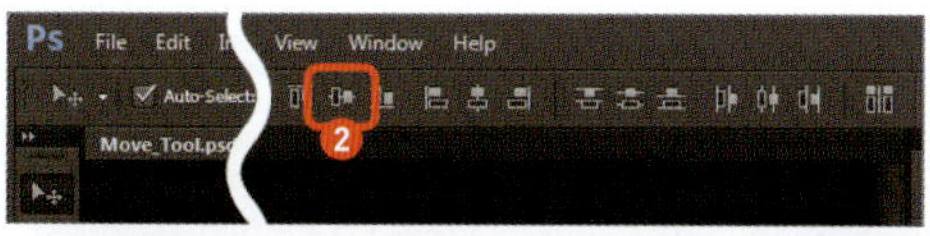

SECTION
15

사각형 선택 툴

• 단축키
M

사각형 선택 툴은 이미지를 정사각형이나 직사각형의 형태로 선택해주는 툴입니다. 이 절에서는 사각형 선택 툴의 기본 사용법과 선택 영역을 더하고 빼는 방법을 알아봅니다.

사각형 선택 툴의 기능

사각형 선택 툴(Rectangular Marquee Tool, [icon])은 이미지를 직사각형이나 정사각형의 형태로 선택해주는 툴입니다. 시작지점을 클릭하고 드래그하면 사각형의 선택 영역이 만들어집니다. 처음 선택 영역을 만들 때 Alt를 누르고 드래그하면 클릭한 지점을 중심으로 사방으로 선택 영역이 확장되고, Shift를 누르고 드래그하면 정사각형이 만들어집니다.

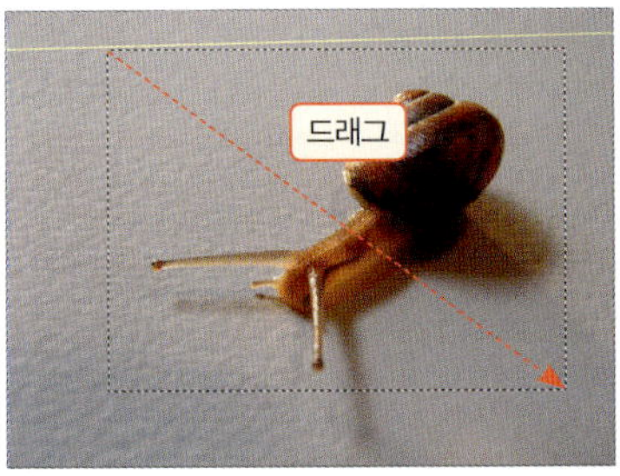

△ 시작지점을 클릭하고 드래그

△ Alt 누르고 드래그

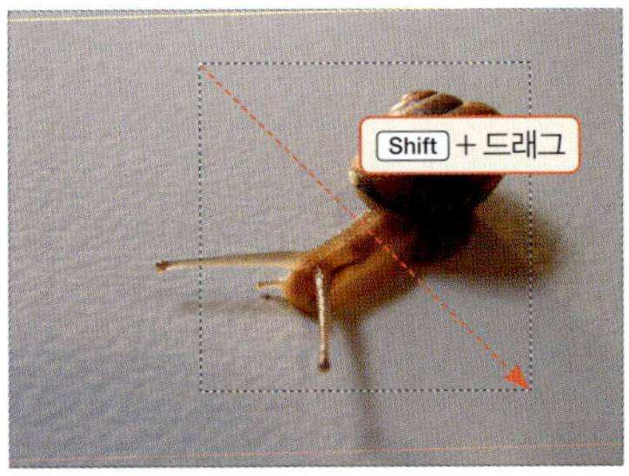

△ Shift 누르고 드래그

선택 영역이 있는 상태에서 Shift를 누른 채 드래그하면 선택 영역이 합쳐지고, Alt를 누른 채 드래그하면 선택 영역이 빠지게 됩니다. 그리고 Shift+Alt를 누른 채 드래그하면 선택 영역이 겹쳐진 부분만 남게 됩니다. 선택 영역을 더하고 빼는 방법은 아래의 사각형 선택 툴의 옵션에서 자세히 살펴봅니다.

사각형 선택 툴의 옵션

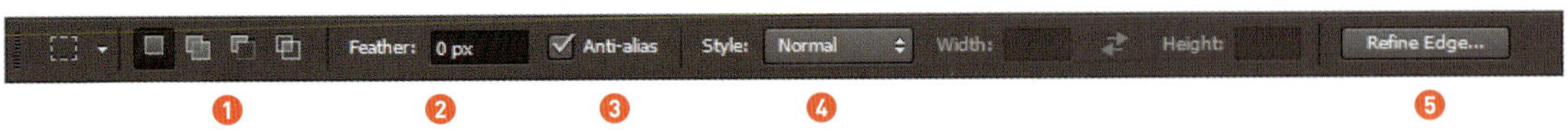

❶ **병합 모드** 선택 영역을 더하거나 빼주는 역할을 하며, 단축키를 사용한 것과 같은 효과를 냅니다.

△ 새 영역 만들기

△ 선택 영역 더하기(Shift를 누른 효과)

△ 선택 영역 빼기(Alt를 누른 효과)

△ 선택 영역 곱하기(Shift+Alt를 누른 효과)

❷ Feather 선택 영역의 가장자리를 반투명으로 만들어 부드럽게 해줍니다. 값을 높게 설정할수록 가장자리가 부드럽게 표현됩니다.

△ Feather가 0일 때

△ Feather가 10일 때

△ Feather가 30일 때

❸ Anti-alias 포토샵은 대표적인 비트맵 프로그램으로 이미지가 별개의 컬러를 가진 작은 픽셀로 이루어져 있습니다. 이미지를 확대해보면 픽셀이라는 작은 점들을 볼 수 있는데, Anti-alias는 이미지의 가장자리에 거칠어 보이는 점들(계단 현상)을 부드럽게 보이도록 해줍니다.

△ 체크한 경우

△ 체크하지 않은 경우

❹ **Style** Normal은 자유로운 크기와 비율로 선택 영역을 지정하며, Fixed Ratio는 정해진 가로 세로 비율에 따라 지정합니다. Fixed Size는 미리 정해둔 크기에 따라 지정합니다.

△ Fixed Ratio(3:4의 비율로 드래그한 경우)

△ Fixed Size(가로 300px, 세로 250px로 고정한 경우)

❺ **Refine Edge** 선택 영역의 가장자리를 미리보기로 보정합니다.

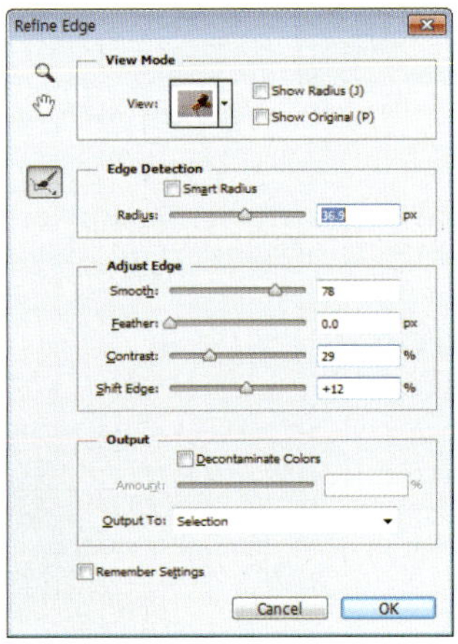

단축키를 이용하여 선택 영역 더하고 빼기

01 **선택 영역 지정하기** Ch 03 ▸ Section 15 ▸ Rectangular.psd 파일을 불러온 후, 사각형 선택 툴(▣)을 선택하고 왼쪽 상단에서 하단으로 드래그합니다.

02 마우스를 선택 영역 안쪽으로 가져가서 드래그해봅니다. 이동 툴에서 배운 것처럼 선택 영역의 형태만 이동하고 이미지는 이동하지 않습니다. [Select]-[Deselect] 메뉴를 선택하거나 Ctrl+D를 눌러 선택 영역을 해제합니다.

Tip 작업화면을 클릭해도 선택 영역을 해제할 수 있습니다.

03 **선택 영역 더하기** Shift를 누른 채 드래그하면 정사각형을 그릴 수 있습니다. 이미 선택 영역이 있는 경우 Shift를 누른 채 드래그하면 마우스 포인터가 +모양으로 바뀌면서 선택 영역이 추가됩니다.

04 **선택 영역 빼기** Ctrl+D를 눌러 선택 영역을 해제한 후 Alt를 누른 채 드래그합니다. 클릭한 지점부터 사방으로 선택 영역이 생깁니다. 이 때 Alt를 누른 채 드래그하면 마우스 포인터가 +모양으로 바뀌면서 겹쳐진 부분의 선택 영역이 제외됩니다.

05 선택 영역 곱하기 Ctrl+D를 눌러 선택 영역을 해제한 후 다시 임의의 사각형을 하나 그립니다. 이번에는 Shift와 Alt를 동시에 누르고 현재 선택 영역과 일부분이 겹치도록 드래그합니다. 마우스 포인터가 +ₓ모양으로 바뀌면서 겹쳐진 부분의 선택 영역만 남습니다.

06 선택 영역 가장자리 흐리게 하기 옵션 바에서 Feather 값을 20으로 입력하고 선택 영역을 드래그합니다. 직사각형이 아닌 가장자리가 둥근 사각형의 선택 영역이 만들어집니다. Feather는 가장자리 부분을 흐리게 만들어주는데, 수치가 높을수록 더욱 흐려집니다.

Tip 높은 수치를 입력하고 선택 영역을 작게 드래그하면 선택 영역을 표시할 수 없다는 메시지가 뜨니, 선택 영역의 45%가 넘는 수치를 입력하지 않도록 합니다.

07 Feather 값이 어떤 역할을 하는지 보기 위해 옵션 바 오른쪽의 Refine Edge를 클릭합니다. 왼쪽 그림처럼 가장자리가 흐리게 변합니다. 오른쪽 그림은 Feather 값이 0인 상태입니다. Refine Edge 옵션은 Section 21 퀵 셀렉션 툴에서 자세히 살펴봅니다.

08 스타일 옵션 지정하기 옵션 바의 Style에서 Fixed Ratio를 선택하고 Width 4, Height 3을 입력한 후 드래그합니다. 가로 세로 비율이 4:3인 선택 영역이 만들어집니다.

09 이번에는 Style을 Fixed Size로 선택하고 Width 300px, Height 250px을 입력한 후 화면을 클릭합니다. 너비 300픽셀, 높이 250픽셀의 선택 영역이 만들어집니다.

Tip Fixed Size는 정해진 크기로 선택 영역을 만들기 때문에 드래그하지 않고 클릭만으로 선택 영역을 만들 수 있습니다.

• **준비파일** Frame.psd • **완성파일** Frame_result.psd

따라하기 크리스마스 액자 만들기

사각형 선택 툴을 사용하여 크리스마스 액자를 만들어봅니다. 원하는 사진을 다양한 프레임을 만들어 넣을 수 있습니다.

△ 원본 이미지

△ 완성 이미지

01 Ch 03 ▸ Section 15 ▸ Frame.psd 파일을 불러옵니다.

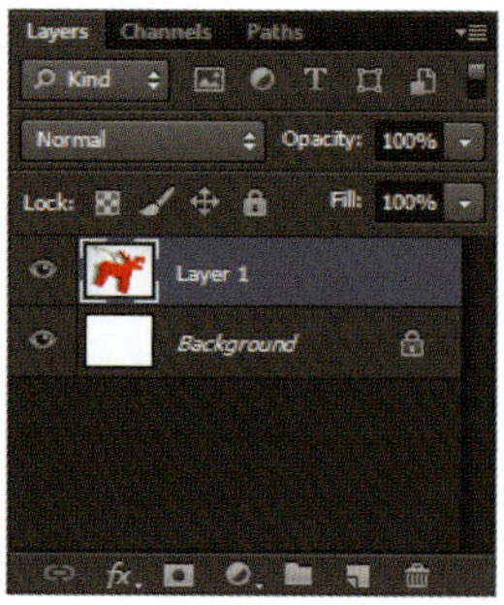

02 [Image]–[Canvas Size] 메뉴를 선택합니다. 옵션 창에서 Width 640Pixels, Height 480Pixels 로 지정하고 〈OK〉를 클릭해 작업화면을 상하좌우로 넓혀줍니다.

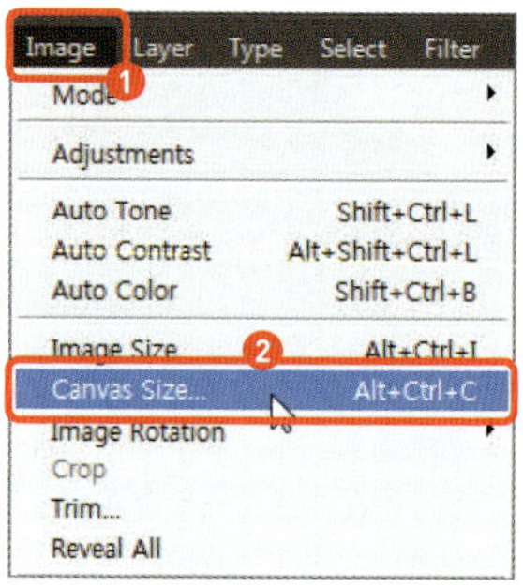

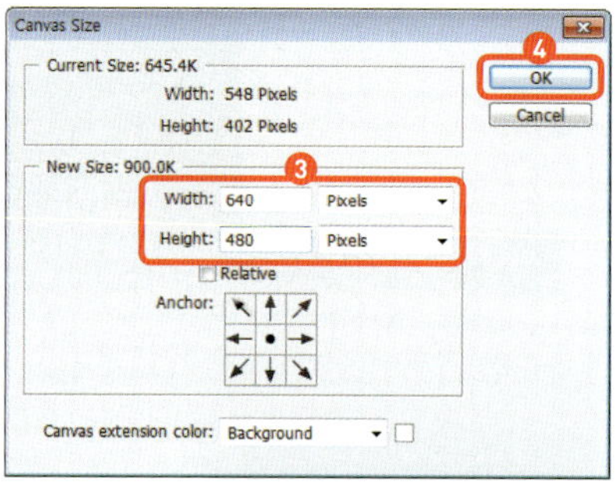

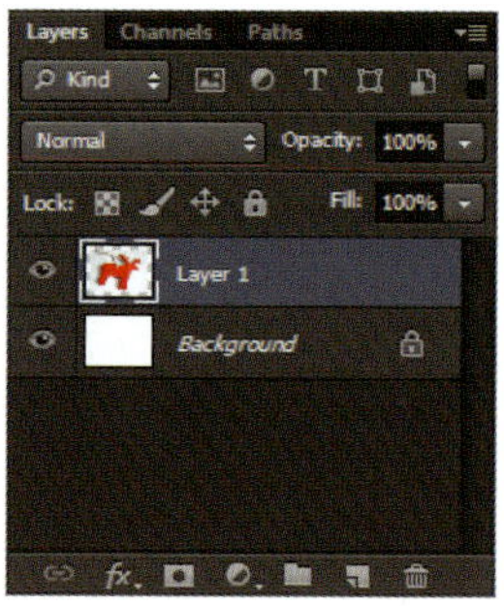

03 레이어 패널 하단의 새 레이어 만들기(■)를 클릭해 레이어를 추가합니다. 빈 레이어가 추가되므로 화면에는 변화가 없습니다.

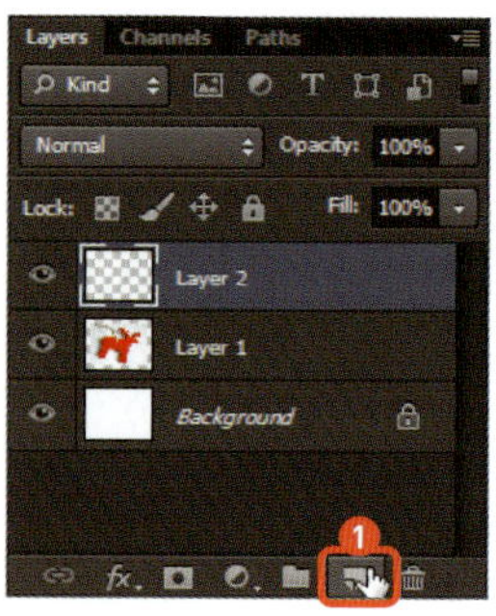

04 Layer 2가 선택된 상태에서 Ctrl+A를 눌러 전체 화면을 선택하고, Swatches 패널에서 붉은색을 클릭해 전경색을 붉은색으로 지정합니다.

05 [Edit]-[Fill] 메뉴를 선택하고 옵션 창에서 Use를 Foreground Color로 지정한 후 〈OK〉를 클릭합니다. Layer 2의 선택 영역이 붉은색으로 채워집니다.

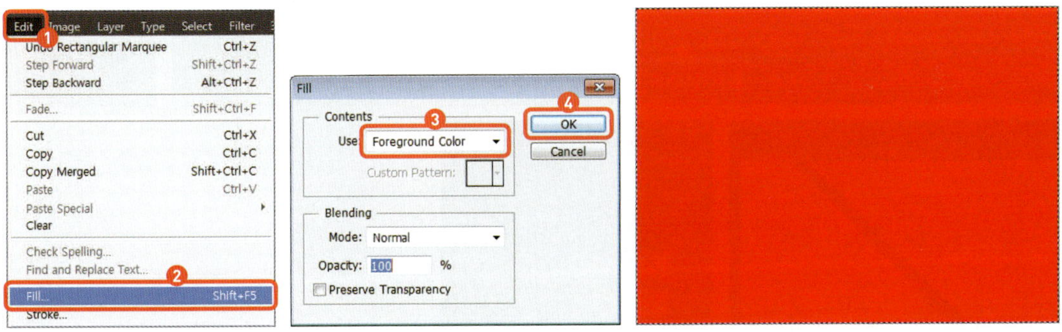

Tip Alt+Delete를 눌러도 전경색이 선택 영역에 채워집니다.

06 다시 한 번 새 레이어 만들기( )를 클릭해 레이어를 추가하고, 사각형 선택 툴( )을 이용해 그림과 같이 높이가 낮은 직사각형을 만듭니다.

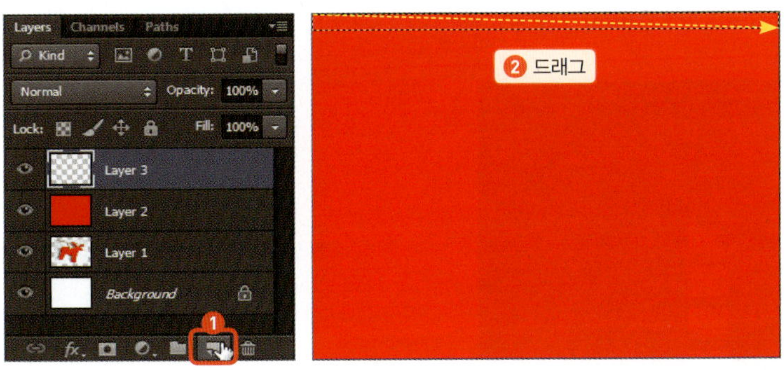

07 Swatches 패널에서 초록색을 선택해 전경색을 초록색으로 지정하고, Alt+Delete를 눌러 선택 영역을 초록색으로 채웁니다.

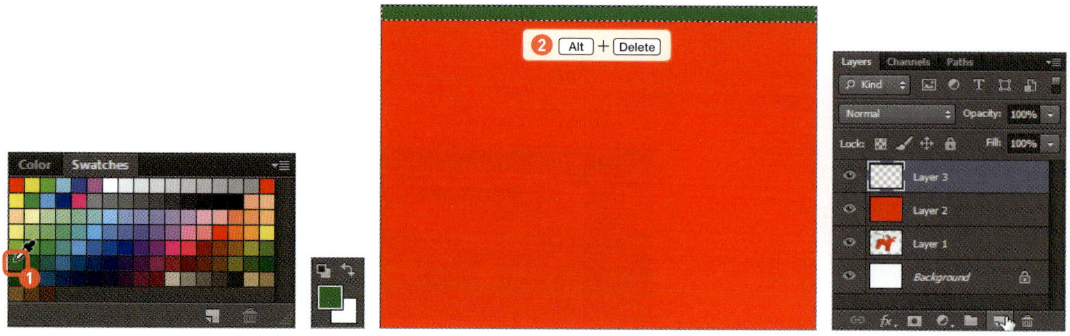

08 Ctrl+T를 눌러 바운딩 박스가 나타나면 옵션 바에서 너비 120%, 각도 –45°를 입력한 뒤, 화면 가운데로 이동시키고 실행(✓)을 클릭합니다.

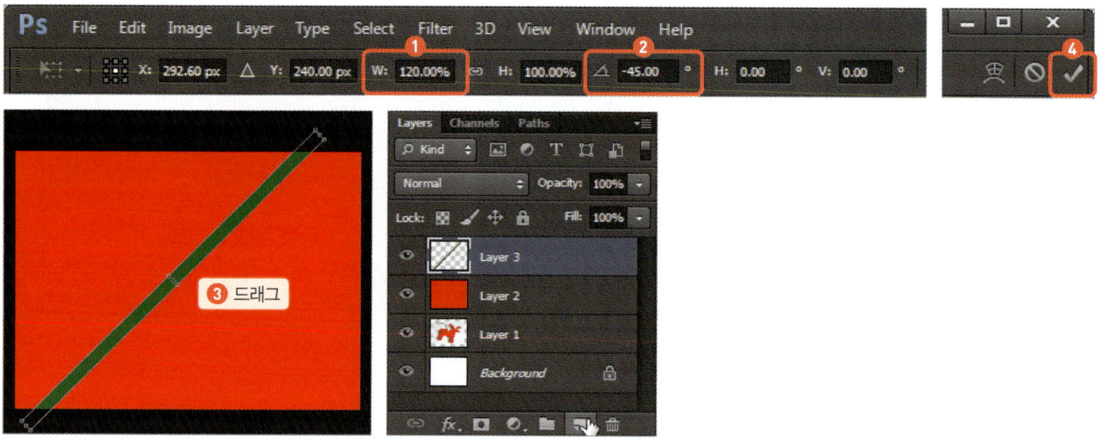

09 이동 툴(▶+)을 선택하고 Alt를 누른 채 왼쪽으로 드래그하면서 그림과 같이 비슷한 간격으로 복제합니다.

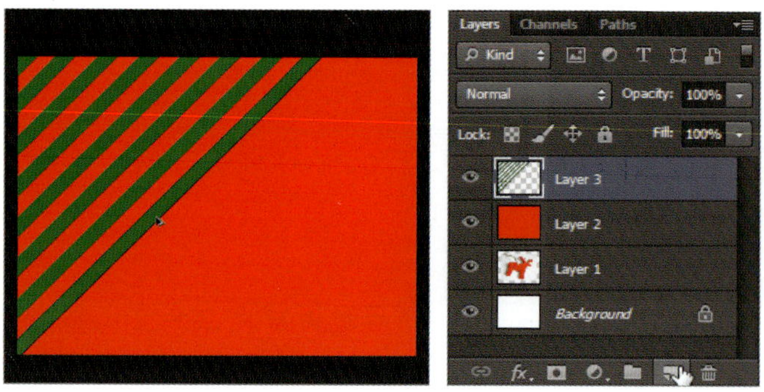

10 화면 가득 복제되었으면 Ctrl+D를 눌러 선택 영역을 해제합니다.

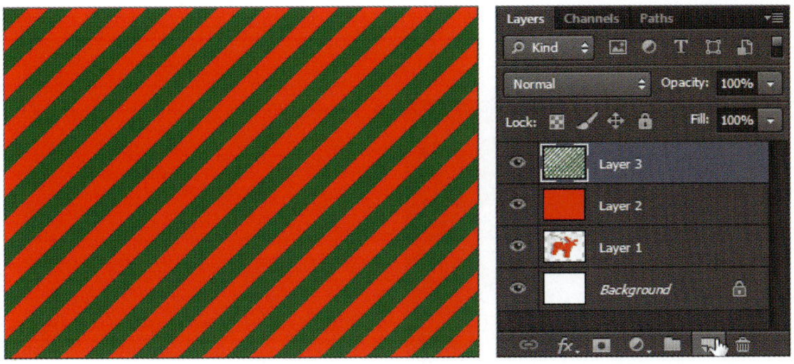

11 Layer 3이 선택된 상태에서 Ctrl를 누른 채 Layer 1의 썸네일 부분으로 마우스를 가져가면 마우스 포인터가 모양으로 바뀝니다. 이때 썸네일을 클릭하면 Layer 1이 가지고 있는 오브젝트의 형태가 선택 영역으로 만들어집니다.

Tip 썸네일이란 해당 레이어의 오브젝트를 축소하여 보여주는 작은 창을 말합니다.

12 Delete를 눌러 선택 영역에 해당하는 Layer 3의 이미지를 삭제합니다. 초록색 사선의 일부분이 삭제되어 Layer 2의 붉은 배경이 보입니다.

13 선택 영역이 유지된 채로 Layer 2를 선택한 후 Delete 를 누릅니다. 선택 영역에 해당하는 Layer 2의 이미지가 삭제되면서 사슴이 나타납니다. 이는 Layer 2의 선택 영역이 빈 공간이 되면서 Layer 1의 사슴이 보이는 것입니다.

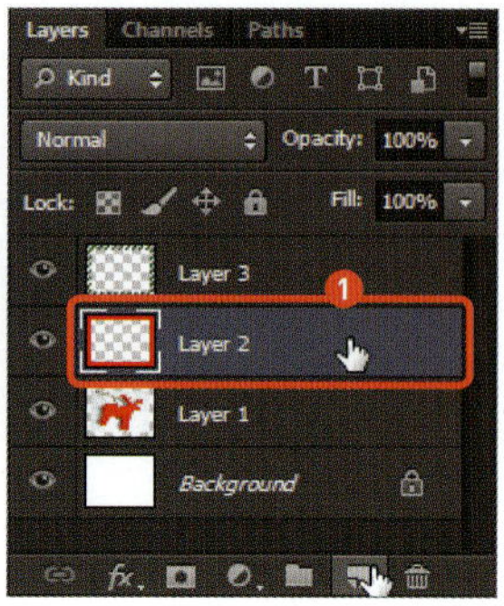

14 액자에 그림자 효과를 적용해보겠습니다. 레이어 패널 하단의 레이어 스타일 추가(fx)를 클릭해 [Drop Shadow]를 선택한 후, 옵션 창에서 다음과 같이 설정하고 〈OK〉를 클릭합니다.

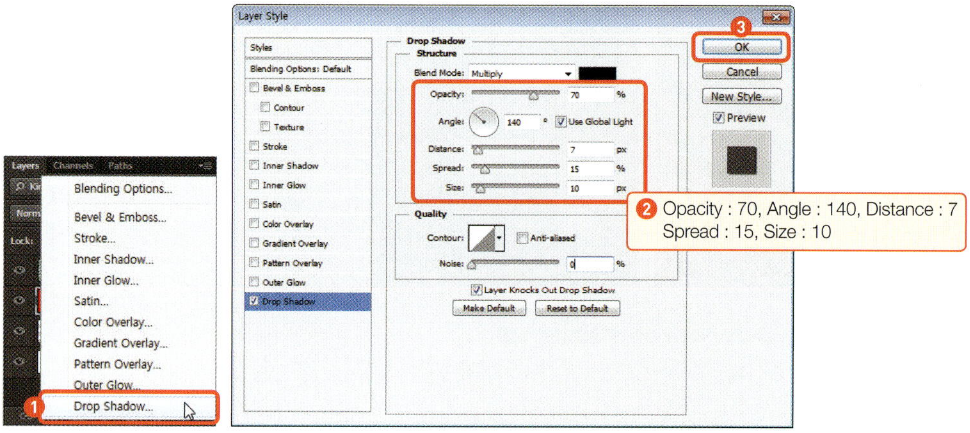

15 Layer 2를 따라 그림자가 생긴 것을 볼 수 있습니다. 그림자를 적용하기 전보다 훨씬 입체적인 액자가 완성되었습니다.

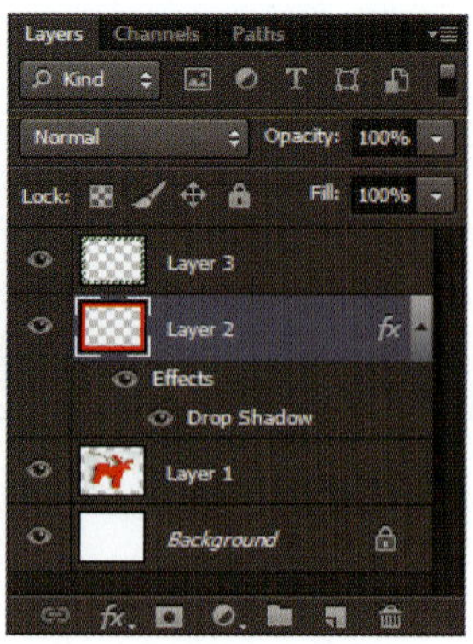

따라하기 포스트 잇 만들기

포스트 잇은 블로그나 카페에서 공지사항을 알리거나 나만의 메모를 하고 싶을 때 사용하면 좋습니다. 실습을 통해 선택 영역을 지정하고 색상을 채우는 방법도 알아봅니다.

△ 완성 이미지

△ 응용 이미지

01 [File]–[New] 메뉴를 선택한 후 옵션 창에서 너비와 높이를 각각 500Pixels, 해상도를 72Pixels/Inch로 설정하고 〈OK〉를 클릭합니다.

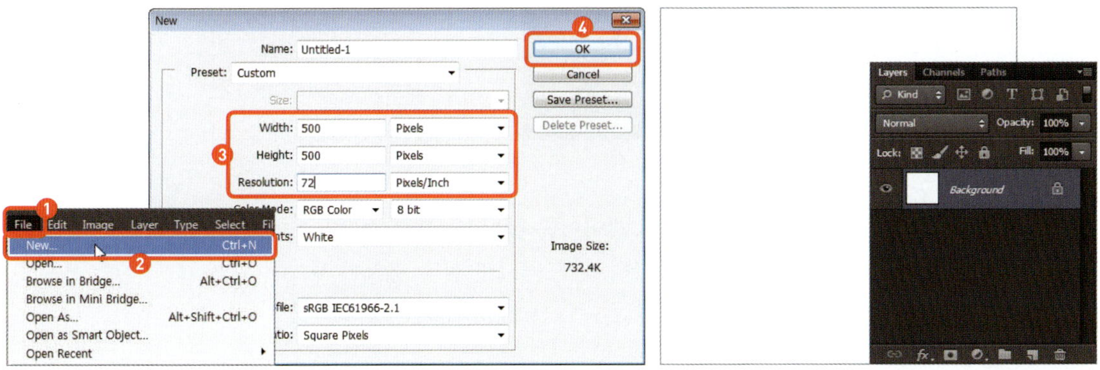

02 레이어 패널에서 새 레이어 만들기( )를 클릭해 레이어를 추가합니다. 그리고 사각형 선택 툴( )을 선택하고 Shift를 누른 채 드래그하여 정사각형의 선택 영역을 만듭니다.

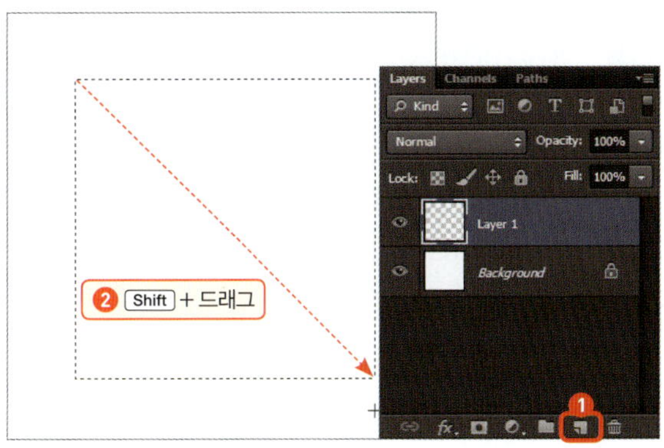

03 Swatches 패널에서 회색을 클릭한 후 Alt + Delete 를 눌러 선택 영역을 회색으로 채웁니다.

04 다시 레이어 패널에서 새 레이어 만들기(▣)를 클릭해 레이어를 하나 더 추가합니다. Swatches 패널에서 분홍색을 클릭하고 Alt + Delete 를 눌러 선택 영역을 분홍색으로 채웁니다. 새 레이어만 추가한 상태이기 때문에 선택 영역은 그대로 입니다.

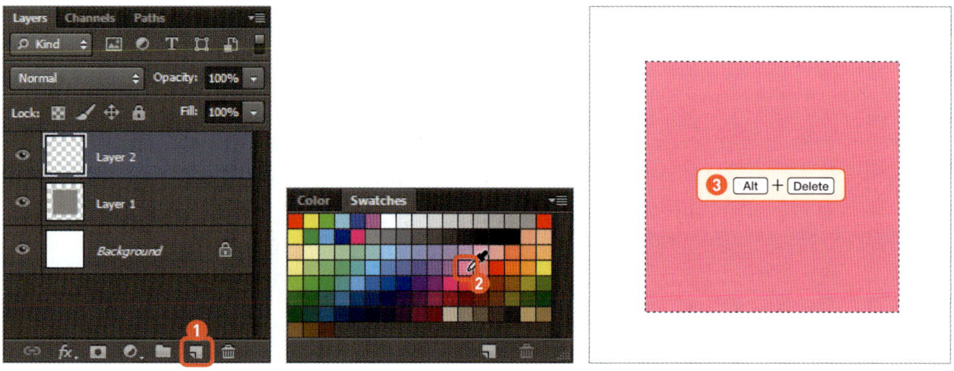

05 다시 새 레이어 만들기(▣)를 클릭해 레이어를 하나 더 추가합니다. Alt 를 누른 상태로 상단 부분의 일부만 남기고 빼고 싶은 부분을 드래그하면, 드래그한 선택 영역이 제거됩니다.

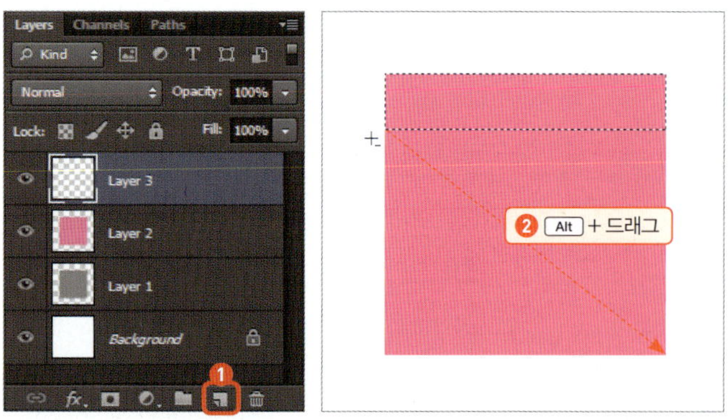

06 Swatches 패널에서 보라색을 선택한 후 Alt+Delete를 눌러 선택 영역을 보라색으로 채웁니다.

07 레이어 패널에서 새 레이어 만들기( )를 클릭해 레이어를 하나 더 추가합니다. 이번에는 Ctrl을 누른 채 Layer 1의 썸네일을 클릭하여 Layer 1의 형태를 선택 영역으로 만듭니다.

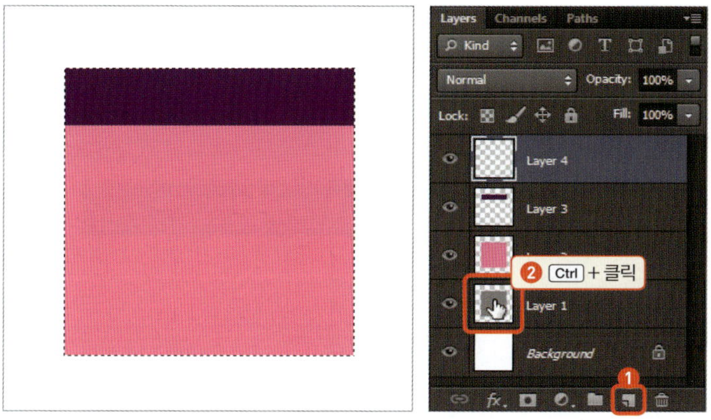

08 [Select]–[Modify]–[Contract] 메뉴를 선택하여 옵션 창을 연 뒤, 2를 입력하고 〈OK〉를 클릭합니다. 선택 영역의 상하좌우가 2픽셀씩 줄어든 것을 볼 수 있습니다.

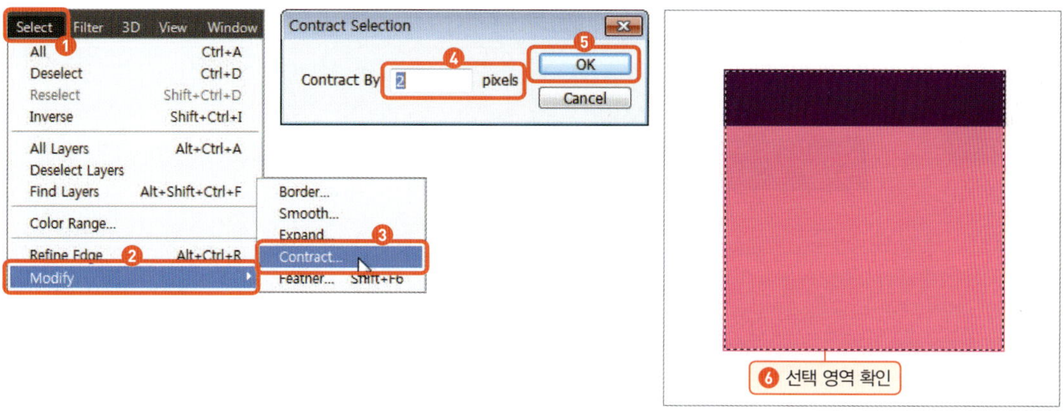

09 선택 영역의 크기가 약간 작아진 상태에서 [Edit]−[Stroke] 메뉴를 선택하여 Width를 2px로 지정하고, Color 부분을 클릭하여 흰색을 선택합니다. Location은 Inside로 지정한 뒤 〈OK〉를 클릭합니다. 흰색 테두리가 선택 영역 안쪽으로 만들어집니다.

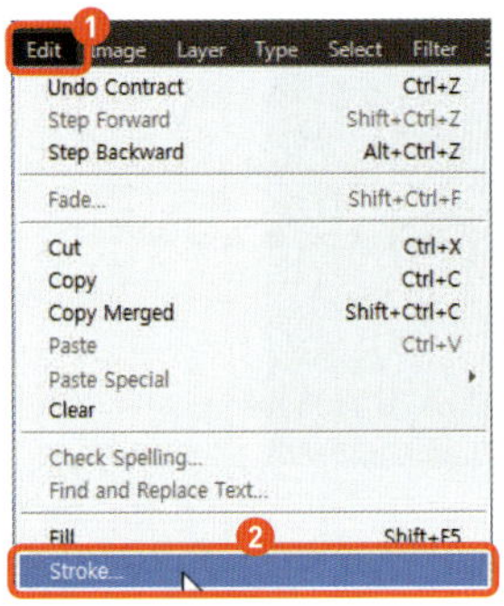

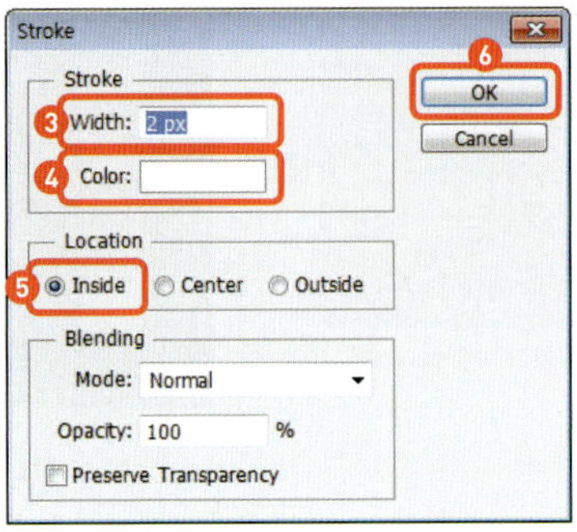

10 Ctrl+D를 눌러 선택 영역을 해제한 뒤 Layer 1을 선택합니다. [Edit]−[Transform]−[Warp] 메뉴를 선택한 후 교차지점의 앵커 포인트를 다음과 같이 화면 안쪽으로 밀어주고 하단 오른쪽 부분은 이미지 밖으로 살짝 내보냅니다.

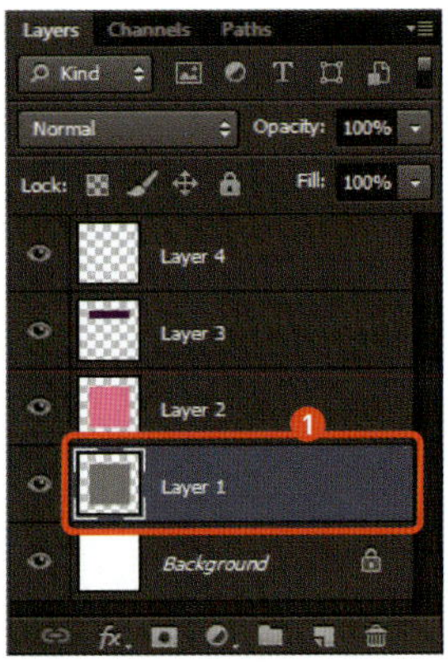

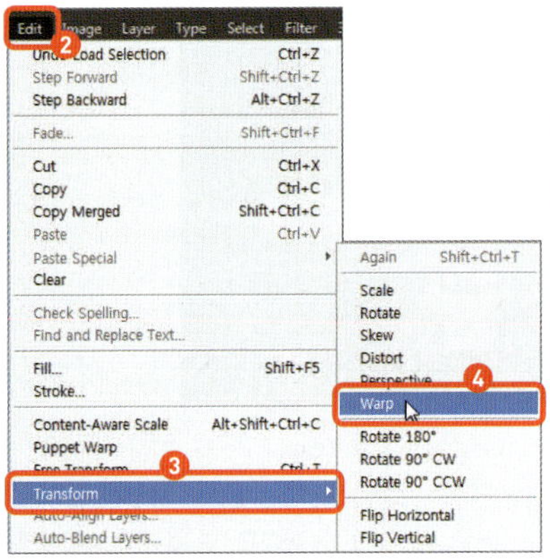

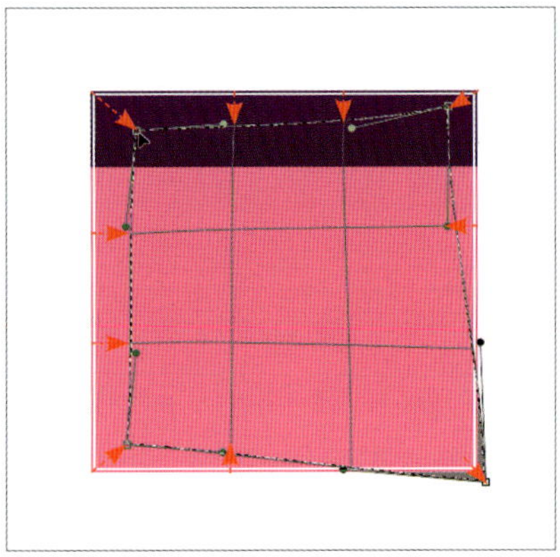

11 원하는 형태가 만들어지면 옵션 바의 실행(✔)을 클릭해 Transform을 종료합니다.

12 Layer 1이 선택된 상태에서 [Filter]−[Blur]−[Gaussian Blur] 메뉴를 선택하여 Radius를 3.5로 지정하고 〈OK〉를 클릭합니다. Layer 1의 회색 영역이 흐릿해집니다.

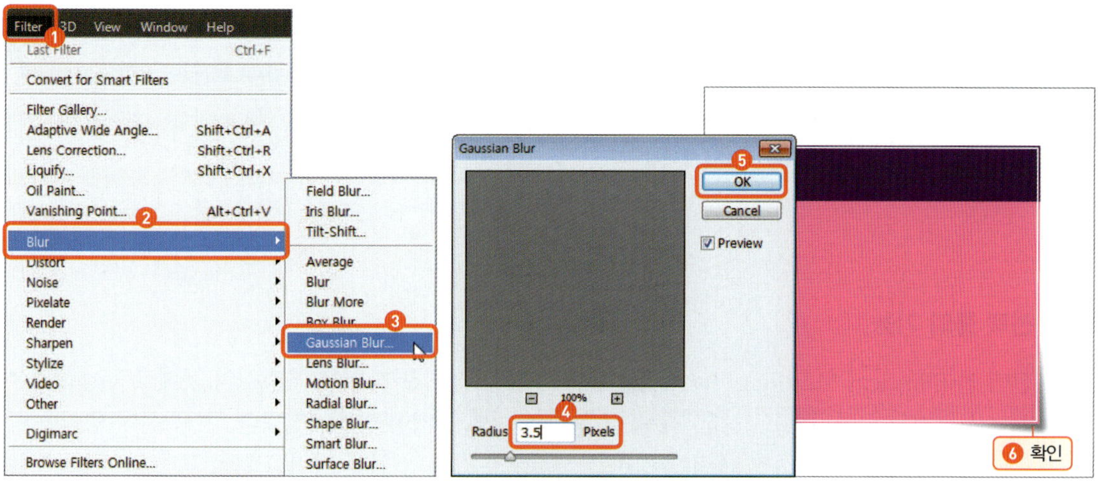

13 완성 이미지와 같이 텍스트를 입력하는 것은 Section 48 텍스트 툴에서 다루겠습니다. 이미지 전체를 비틀고 싶다면, Layer 1이 선택된 상태에서 Shift를 누른 채 Layer 4를 클릭하여 Layer 1부터 Layer 4까지 모든 레이어를 선택합니다. 그리고 Ctrl+T를 눌러 바운딩 박스가 나타나면 왼쪽으로 약간 회전시킨 후 Enter를 눌러줍니다.

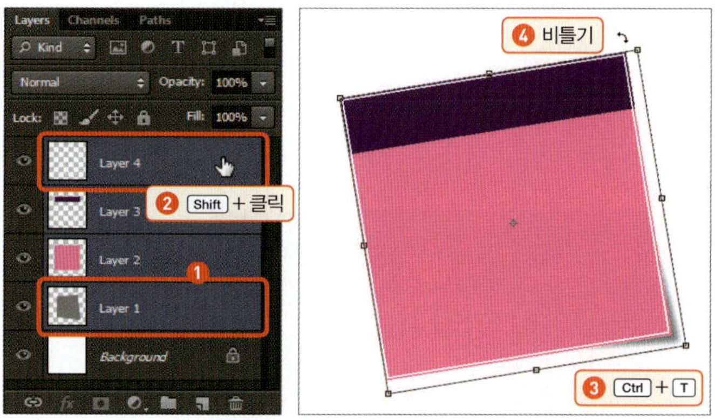

SECTION 16

원형 선택 툴

• 단축키
M

원형 선택 툴은 이미지를 원의 형태로 선택하는 툴입니다. 이 절에서는 원형 선택 툴의 기본 사용법과 선택 영역을 더하고 빼는 방법을 알아봅니다.

원형 선택 툴의 기능

원형 선택 툴(Elliptical Marquee Tool,)은 이미지를 정해진 타원이나 정원의 형태로 선택해주는 툴입니다. 시작지점을 클릭하고 드래그하면 원 형태의 선택 영역이 만들어집니다. 처음 선택 영역을 만들 때 Alt 를 누르고 드래그하면 클릭한 지점을 중심으로 사방의 선택 영역이 확장되고, Shift 를 누르고 드래그하면 정원이 만들어집니다.

Shift, Alt, Shift+Alt를 이용하여 선택 영역을 더하고, 빼고, 공통 영역만 남기는 것은 사각형 선택 툴과 사용법이 같습니다. 또 옵션의 사용법도 같습니다. 아래 실습을 통해 원형 선택 툴의 기능을 알아봅니다.

원형 선택 툴로 선택 영역 모서리 변경하기

01 선택 영역 지정하기 Ch 03 ▸ Section 16 ▸ Elliptical.psd 파일을 불러옵니다. 원형 선택 툴()을 선택하고 이미지의 왼쪽 상단에서 하단으로 드래그하여 원의 형태를 만들어줍니다.

Tip 선택 툴로 만든 선택 영역은 크기나 형태와 상관없이 선택 영역 안쪽을 드래그하여 위치를 옮길 수 있으며, [Select]-[Deselect] 메뉴 또는 Ctrl+D를 눌러 선택 영역을 해제할 수 있습니다.

02 선택 영역 더하기 선택 영역이 하나도 없는 경우 Shift를 누른 채 드래그하면 정원을 그릴 수 있습니다. 만약 선택 영역이 하나라도 있는 경우, Shift를 누른 채 드래그하면 마우스 포인터가 $+_{+}$모양으로 바뀌면서 선택 영역이 추가됩니다.

03 선택 영역 빼기 Ctrl+D를 눌러 선택 영역을 해제한 후, Alt를 누른 채 드래그합니다. 클릭한 지점을 중심으로 사방으로 선택 영역이 만들어집니다. 그 상태에서 Alt를 누른 채 드래그하면 마우스 포인터가 $+_{-}$모양으로 바뀌면서 겹쳐진 부분의 선택 영역이 제거됩니다.

Tip Shift와 Alt를 동시에 누르면 마우스 포인터가 $+_{\times}$ 모양으로 바뀌면서 겹쳐진 부분의 선택 영역만 남습니다.

04 선택 영역 모서리 변경하기 Ctrl+D를 눌러 선택 영역을 해제한 후, 그림과 같이 중심부에 큰 원을 하나 그리고 Shift를 누른 채 드래그하여 작은 원을 몇 개 더 그립니다.

05 [Select]−[Modify]−[Feather] 메뉴를 선택하여 옵션 창이 열리면 10을 입력하고 〈OK〉를 클릭합니다. 선택 영역이 04단계의 그림보다 조금 부드러워졌음을 알 수 있습니다.

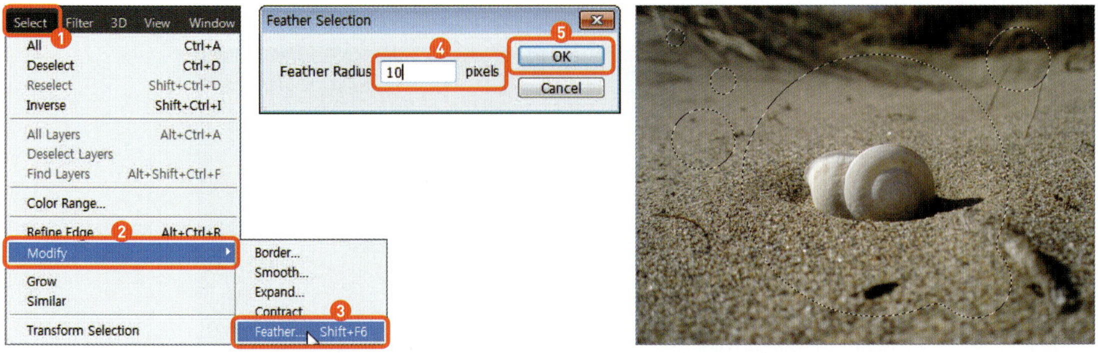

Tip Feather 값은 옵션 창에서도 설정할 수 있습니다. 단, 선택 영역을 만들기 전에 미리 설정해야 합니다. [Select]−[Modify]−[Feather] 메뉴는 선택 영역이 만들어진 후 Feather 값을 설정할 때 사용합니다.

06 [Select]−[Inverse] 메뉴를 선택하거나 Ctrl+Shift+I를 눌러 선택 영역을 반전시킵니다.

07 [Edit]−[Fill] 메뉴를 선택해 옵션 창을 열고 Use를 White로 지정한 뒤 〈OK〉를 클릭하면 반전된 선택 영역이 흰색으로 채워집니다. 작업화면을 클릭하거나 Ctrl+D를 눌러 선택 영역을 해제합니다.

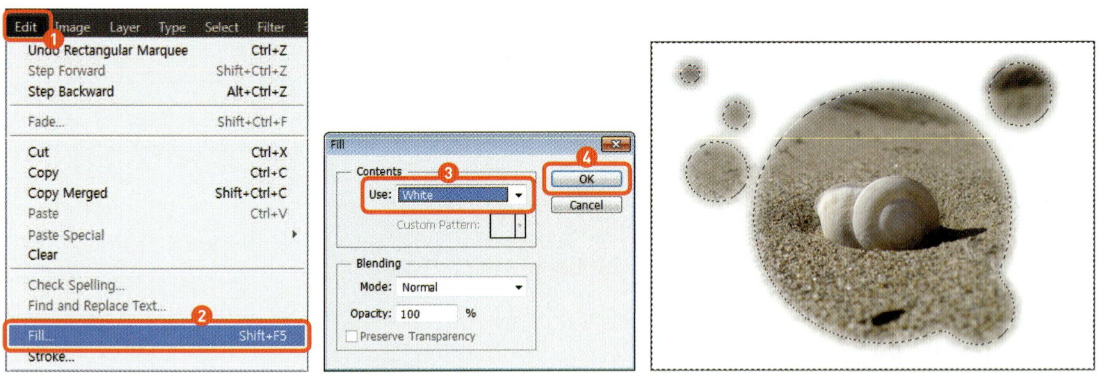

여기서 잠깐! | **[Select]-[Modify] 메뉴의 Boder, Smooth, Expand, Contract 자세히 살펴보기**

❶ **Border** 선택 영역의 라인 안쪽으로 입력한 수치만큼 선택 영역을 만들어줍니다.

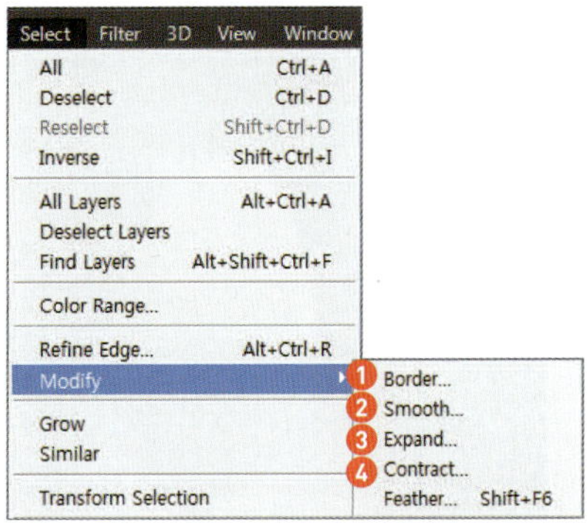

❷ **Smooth** 별 모양처럼 들어가고 나온 부분의 선택 영역을 옵션 수치만큼 부드럽게 만들어줍니다.

❸ **Expand** 선택한 영역을 옵션 수치만큼 확대합니다.

❹ **Contract** 선택 영역을 옵션 수치만큼 축소합니다.

Tip 위 옵션들은 수치를 작게 입력해야 선명하고 깔끔하게 작업할 수 있습니다. 수치가 클 경우 선택 영역의 형태가 울퉁불퉁하거나 깔끔하지 않기 때문입니다.

• **준비파일** Circle.psd • **완성파일** Circle_result.psd

따라하기 | 비눗방울 배경 만들기

비눗방울 효과는 이미지에 부드러운 느낌을 주어 배경 사진 등에 사용하면 좋습니다.

△ 원본 이미지

△ 완성 이미지

01 Ch 03 ▸ Section 16 ▸ Circle.psd 파일을 불러와 새 레이어 만들기(■)를 클릭합니다.

02 원형 선택 툴(◯)을 선택하고 Shift를 누른 상태에서 드래그하여 세 개의 원을 만듭니다. 키보드에서 D를 눌러 전경색과 배경색을 기본 컬러인 검은색과 흰색으로 설정한 뒤, Ctrl+Delete를 눌러 선택 영역을 배경색인 흰색으로 채워줍니다.

Tip 키보드에서 D를 눌러도 전경색과 배경색이 기본 컬러로 바뀌지 않으면 키보드가 한글로 설정되어 있기 때문입니다. 이때는 한/영를 누른 후 다시 D를 눌러주면 됩니다.

03 [Select]-[Modify]-[Contract] 메뉴를 선택하여 옵션 창을 연 후, 5를 입력하고 〈OK〉를 클릭합니다. 선택 영역이 5픽셀만큼 축소됩니다.

04 이번에는 [Select]-[Modify]-[Feather] 메뉴를 선택하여 옵션 창에 15를 입력하고 〈OK〉를 클릭합니다. 선택 영역이 Contract 옵션처럼 살짝 축소된 것을 알 수 있습니다.

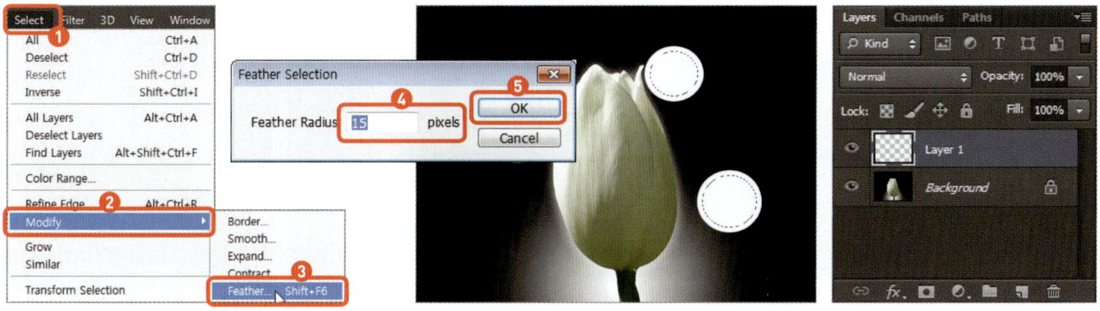

05 [Delete]를 두세 번 눌러 선택 영역을 지웁니다. 그림처럼 가장자리가 은은하게 남습니다.

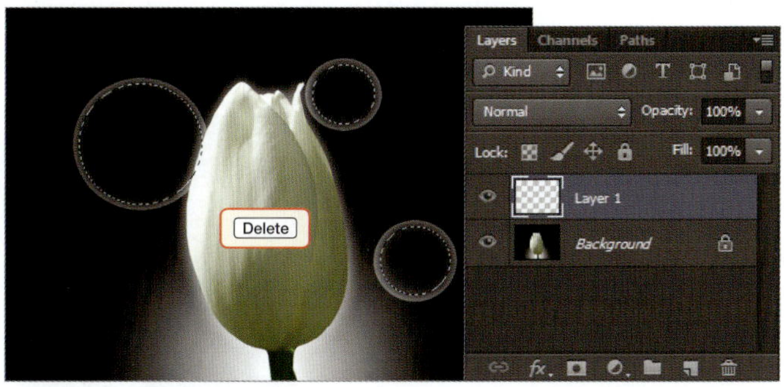

06 [Ctrl]+[D]를 눌러 선택 영역을 해제한 후, 새 레이어 만들기( )를 클릭합니다. 다시 원형 선택 툴( )을 선택하고 [Shift]를 누른 상태에서 그림과 같이 기존의 원을 비켜가며 작은 원을 세 개 더 그립니다.

07 Ctrl+Delete를 눌러 원을 배경색인 흰색으로 채워줍니다.

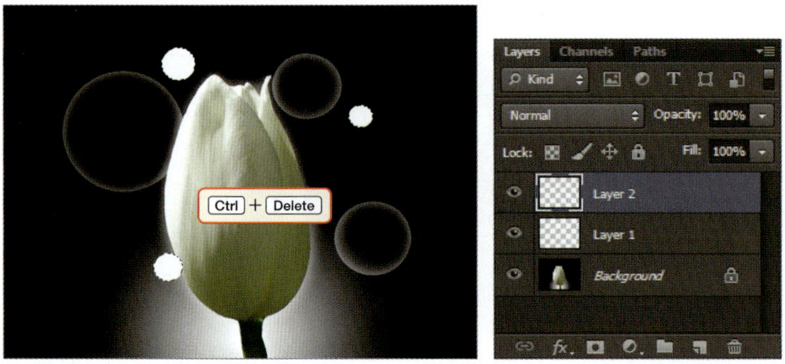

08 [Select]-[Modify]-[Contract] 메뉴를 선택하여 옵션 창에 3을 입력하고 〈OK〉를 클릭합니다. 선택 영역이 3픽셀만큼 축소됩니다.

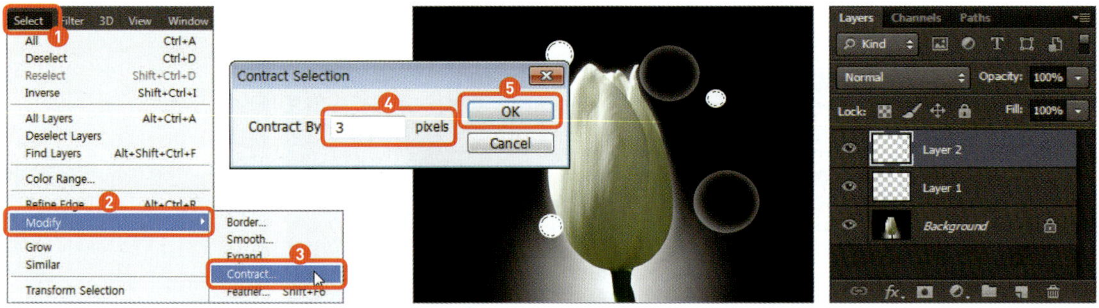

09 [Select]-[Modify]-[Feather] 메뉴를 선택하여 옵션 창에 10을 입력하고 〈OK〉를 클릭합니다. 선택 영역이 Contract 옵션처럼 살짝 축소된 것을 알 수 있습니다.

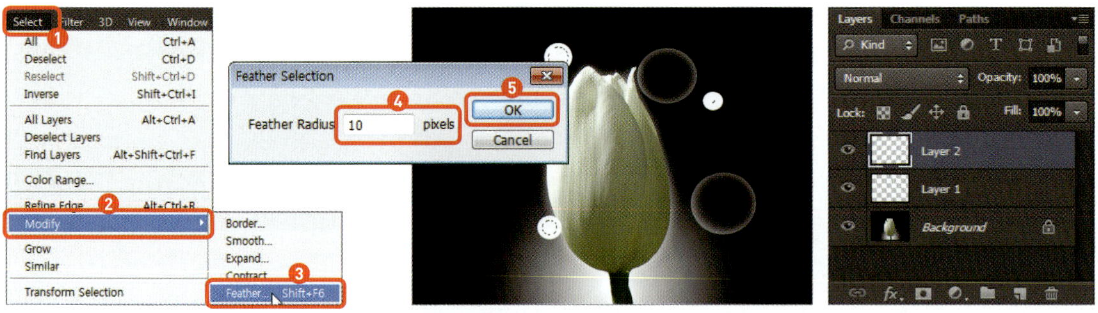

Tip 레이어를 따로 만들고 수치를 작게 줄인 이유는, 원의 크기가 작아 같은 수치로 한꺼번에 작업하면 같은 결과를 얻기 힘들기 때문입니다.

10 [Delete]를 두세 번 눌러 선택 영역을 지웁니다. 그림처럼 가장자리가 은은하게 남습니다.

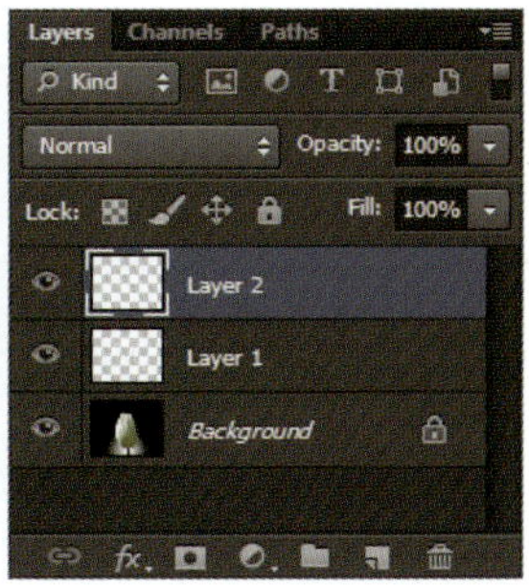

11 이제 [Ctrl]+[D]를 눌러 선택 영역을 해제한 후 결과를 확인합니다.

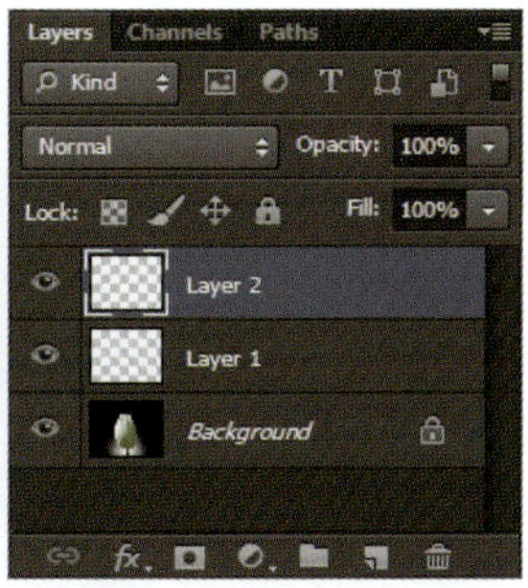

• **준비파일** 없음 • **완성파일** Background_result1.psd

따라하기 | 부드러운 느낌의 배경 만들기

원형 선택 툴과 Feather 옵션을 이용하여 부드러운 느낌의 배경을 만들어봅니다. 레이어 패널의 Opacity를 조절하는 방법도 배워봅니다.

△ 완성 이미지

△ 응용 이미지 1

△ 응용 이미지 2

△ 응용 이미지 3

01 [File]-[New] 메뉴를 선택해 너비와 높이를 각각 500Pixels, 해상도를 72Pixels/Inch로 설정하고 〈OK〉를 클릭합니다.

02 Swatches 패널에서 보라색을 선택해 전경색으로 지정한 뒤, Alt+Delete를 눌러 작업화면을 보라색으로 채웁니다.

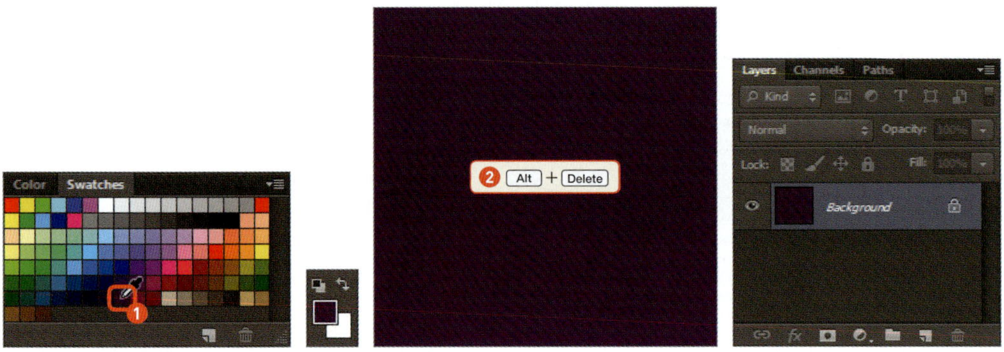

03 레이어 패널에서 새 레이어 만들기( )를 클릭해 레이어를 추가합니다. 원형 선택 툴( )을 선택하고 Shift를 누른 상태에서 드래그하여 왼쪽 상단에 정원을 하나 그린 후, Ctrl+Delete를 눌러 배경색인 흰색으로 채워줍니다.

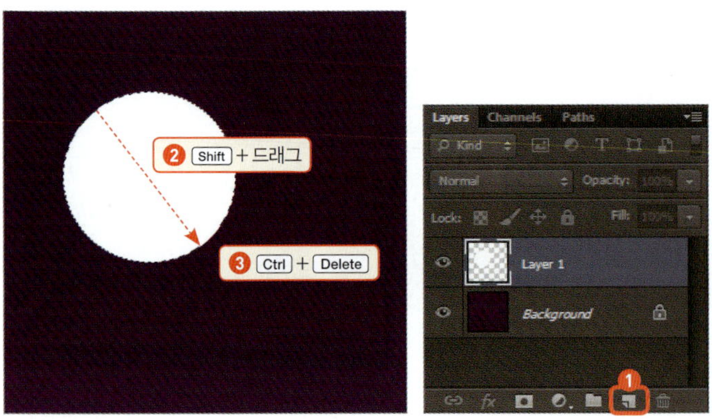

04 레이어 패널에서 Opacity를 10%로 입력하여 투명도를 조절합니다.

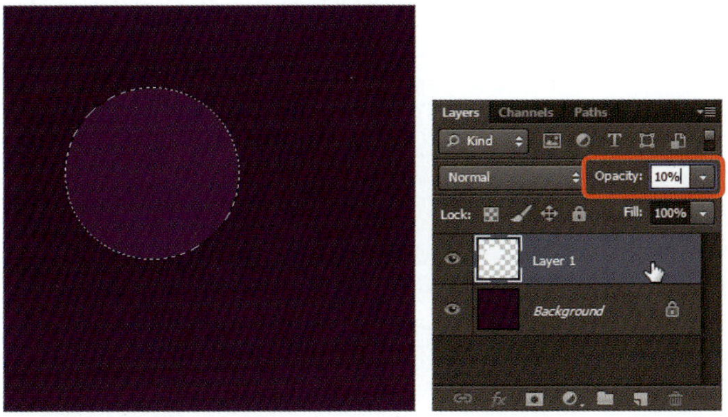

05 Ctrl+D를 눌러 선택 영역을 해제한 뒤, 새 레이어 만들기( )를 클릭해 레이어를 추가합니다. 원형 선택 툴( )을 선택하고 Shift를 누른 상태에서 드래그하여 원의 일부가 겹치도록 정원을 그린 후, Ctrl+Delete를 눌러 흰색으로 채우고 Opacity를 15%로 조절합니다.

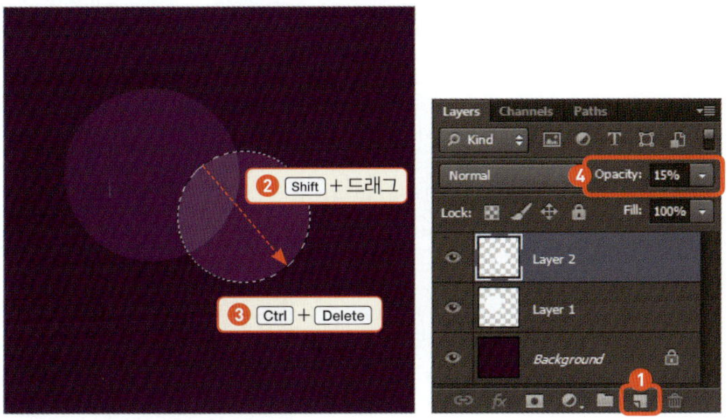

06 05단계를 반복해가며 원을 그립니다. 반드시 아래 그림처럼 그리지 않아도 되며, 선택 영역의 크기, 위치, Opacity만 다르게 조절해가며 원을 여러 개 그립니다.

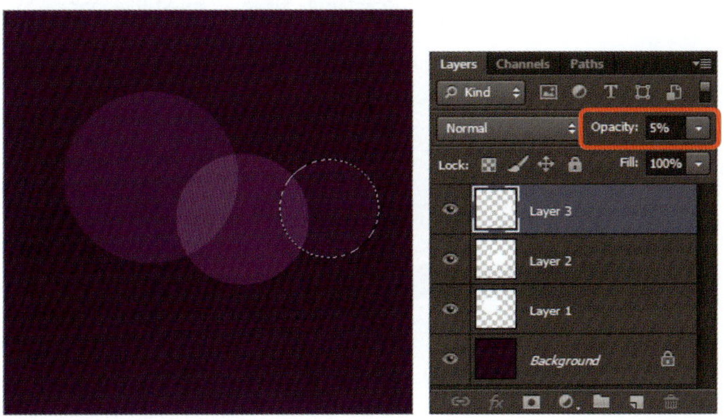

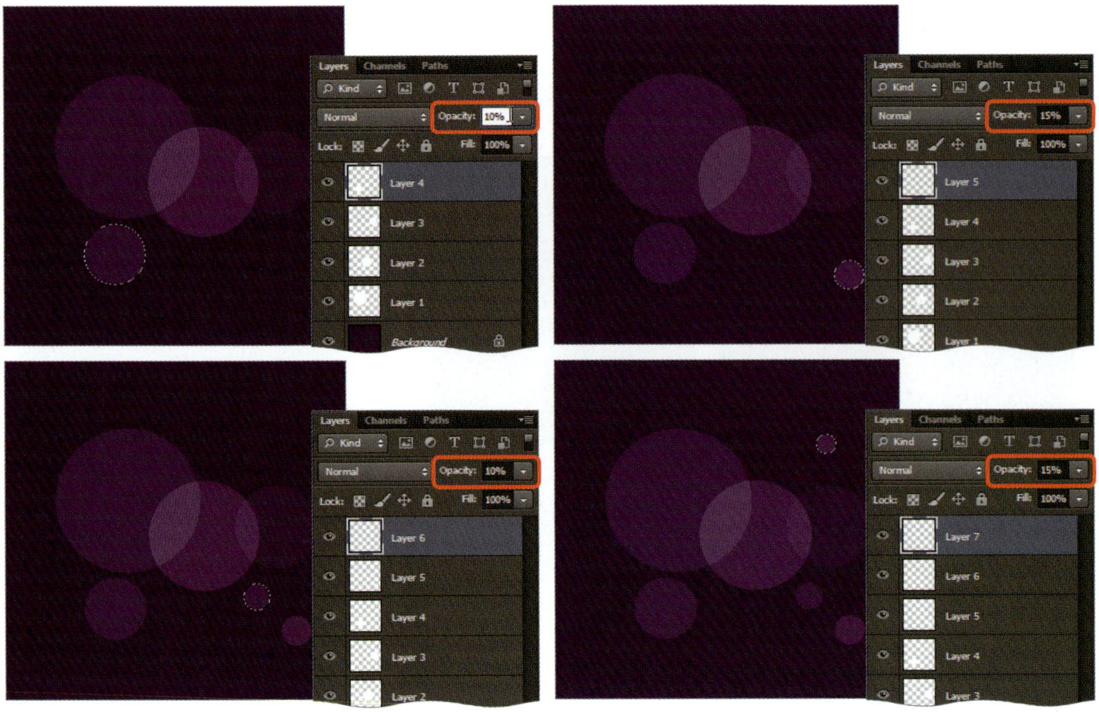

07 원하는 만큼 원을 그렸으면 새 레이어를 추가하고, 원형 선택 툴의 옵션 바에서 Feather 값을 50px로 지정합니다. Shift를 누른 채 드래그하여 이미지의 중앙에 큰 원을 그린 후 Ctrl+Delete를 눌러 흰색으로 채웁니다.

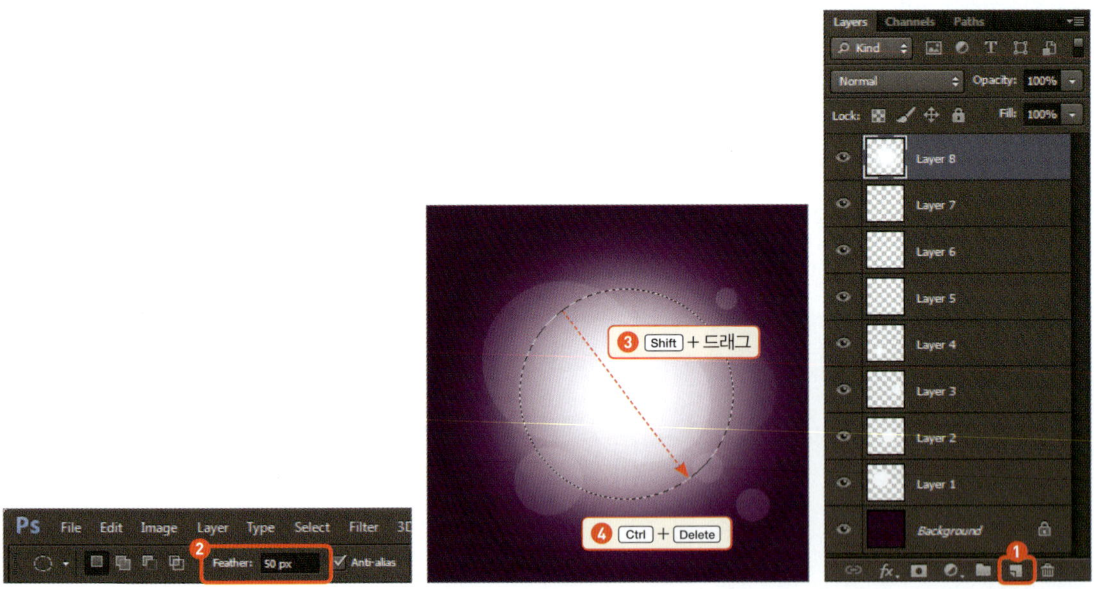

08 레이어 패널의 Opacity를 40%로 조절한 후 Ctrl+D를 눌러 선택 영역을 해제합니다.

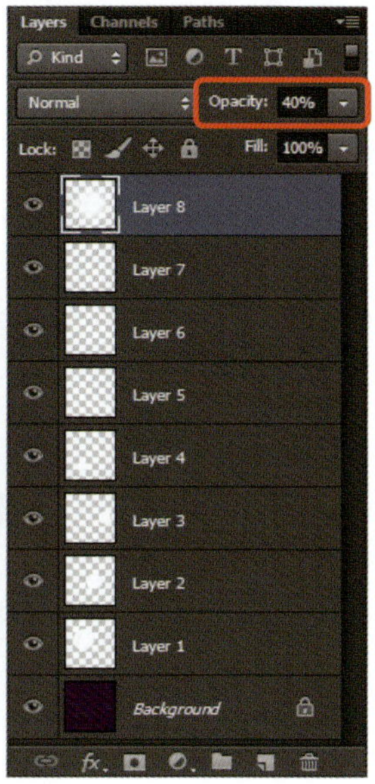

Tip Background 레이어의 색상만 변경하면 다양한 색상의 배경을 만들 수 있습니다.

09 완성 이미지와 같이 텍스트를 입력하는 것은 Section 48 텍스트 툴에서 다루겠습니다.

SECTION 17

한 줄 가로/세로 선택 툴

• 단축키 M

한 줄 가로/세로 선택 툴은 가느다란 선을 선택 영역으로 지정할 때 사용합니다.

한 줄 가로/세로 선택 툴의 기능

한 줄 가로/세로 선택 툴(Single Row/Column Marquee Tool, ,)은 1픽셀의 가느다란 가로 방향 혹은 세로 방향의 선택 영역을 지정하는 데 사용하는 툴입니다. 한 번 클릭하는 것만으로도 1픽셀 두께의 선택 영역이 만들어집니다. 다른 선택 툴과 마찬가지로, Shift를 누른 채 드래그하면 선택 영역이 추가되고, Alt를 누른 채 드래그하면 겹쳐지는 부분의 선택 영역이 제거됩니다.

한 줄 가로/세로 툴로 선택 영역 지정하기

01 **한 줄 가로 선택 영역 지정하기** Ch 03 ▸ Section 17 ▸ Single.psd 파일을 불러와 한 줄 가로 선택 툴()을 선택한 후 화면을 드래그하거나 클릭합니다. 화면에 한 줄 가로 선이 생긴 것을 볼 수 있습니다.

Tip 한 줄 가로/세로 선택 툴은 클릭하는 지점이 아니라 마우스에서 손을 뗀 지점에 선택 영역이 만들어지기 때문에 드래그하면서 원하는 위치를 잡아줄 수 있습니다.

02 돋보기 툴()로 작업화면을 확대해보면, 1픽셀 두께의 가로 선이 이미지를 가로질러 선택되어 있는 것을 볼 수 있습니다.

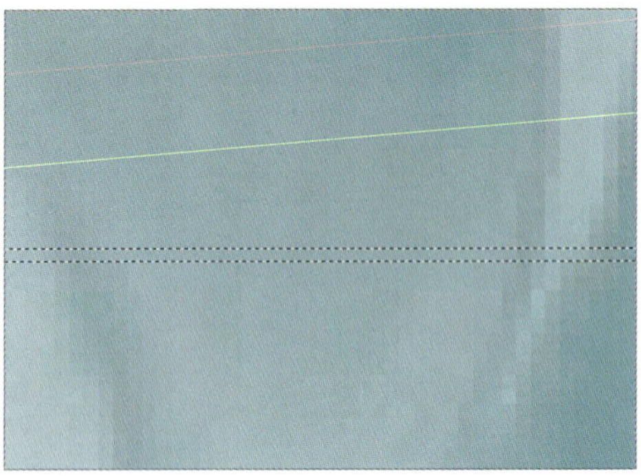

03 가로 선택 영역 추가하고 삭제하기 Shift를 누른 상태로 드래그하거나 클릭하면 한 줄 가로 선택 영역이 추가됩니다. 반대로 Alt를 누른 상태에서 선택 영역을 클릭하면 선택 영역이 한 줄 씩 사라집니다.

Tip 1픽셀의 지점에 클릭하는 것은 쉽지 않기 때문에 필요한 경우에는 화면을 확대한 후 삭제하는 것이 좋습니다.

04 한 줄 세로 선택 영역 지정하기 이번에는 한 줄 세로 선택 툴(■)을 선택하여 화면을 드래그하거나 클릭합니다. 이미지에 한 줄 세로 선이 생기는 데, 한 줄 가로 선택 툴과 마찬가지로 클릭한 지점이 아니라 마우스에서 손을 뗀 지점에 선택 영역이 만들어집니다.

05 100%의 화면에서는 점선처럼 보이지만 화면을 확대해보면 1픽셀 두께로 선택 영역이 만들어졌음을 알 수 있습니다.

06 세로 선택 영역 추가하기 Shift를 누른 채 드래그하거나 클릭하면 세로 선택 영역을 추가할 수 있습니다.

SECTION
18

올가미 툴

• 단축키 L

올가미 툴은 이미지의 일부를 자유로운 형태로 선택하는 데 사용합니다. 처음에는 이미지를 정교하게 선택하기가 어렵기 때문에 익숙해질 때까지 연습이 필요합니다.

올가미 툴의 기능

올가미 툴(Lasso Tool,)은 선택하고자 하는 영역을 직접 드래그하면서 자유로운 형태의 선택 영역을 만드는 데 사용하는 툴입니다. 보통 이미지의 불규칙한 부분을 선택하는 데 사용하며, 선택 영역을 만들 때 Shift, Alt, Shift+Alt 등의 단축키 사용 방법은 모두 같습니다.

올가미 툴로 자유로운 형태 선택하기

01 **선택 영역 지정하기** Ch 03 ▸ Section 18 ▸ Flower.psd 파일을 불러옵니다. 올가미 툴 ()을 선택한 후 화면 안으로 가져가면 마우스 포인터가 모양으로 바뀝니다. 그 상태에서 삼각형 끝부분으로 시작지점을 클릭하고, 원하는 형태로 드래그합니다.

Tip 마우스 포인터가 모양이 아니라 + 모양으로 표시된다면 키보드의 [Caps Lock]이 꺼졌는지 확인해보기 바랍니다. 만약 [Caps Lock]이 꺼져 있는데도 + 모양으로 표시되면, [Edit]–[Preferences]–[Cursors] 메뉴를 선택하여 옵션 창에서 Other Cursors 옵션을 Standard로 체크하면 됩니다.

02 올가미 툴로 원하는 영역을 한 번에 그리는 것은 쉬운 일이 아닙니다. 따라서 일정 부분까지 잘 드래그되면 마우스에서 손을 뗍니다. 이때 시작지점과 마우스에서 손을 뗀 지점이 자동으로 연결되어 선택 영역이 만들어집니다.

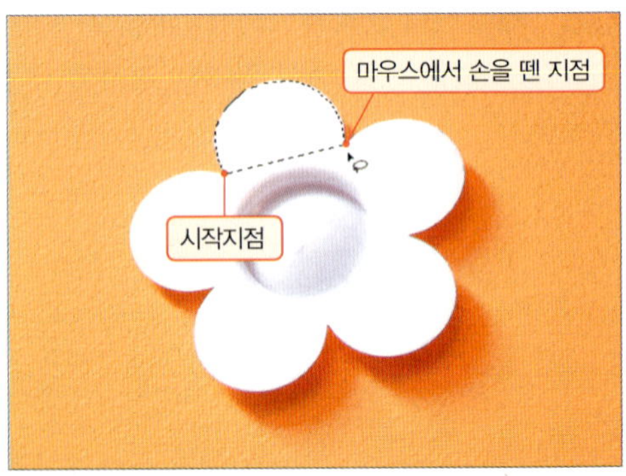

03 선택 영역 더하기 Shift를 눌러 마우스 포인터가 모양으로 바뀌면 추가로 원하는 부분을 드래그합니다. 선택 영역을 만들 때 중요한 부분은 외곽선이기 때문에 그림처럼 선택할 영역의 안쪽을 크게 드래그해주면 더욱 편리하게 선택 영역을 만들 수 있습니다.

04 선택 영역 빼기 선택 영역을 잘못 만들어 조금 더 선택된 부분이 있으면 Alt를 눌러 마우스 포인터가 모양으로 바뀐 상태에서 튀어나간 부분을 드래그합니다. 선택된 영역이 제거됩니다.

05 조금 덜 선택된 부분이 있으면 Shift를 눌러 선택 영역을 추가합니다. 이때 선택 영역을 그림과 같이 크게 드래그하여 시작한 지점까지 오면 마우스에서 손을 떼 줍니다.

06 완성하기 외곽 라인을 잘 정리하여 선택 영역을 완성합니다.

Tip 올가미 툴로 선택 영역을 만들 때, 화면을 확대하여 드래그하면 외곽 라인을 부드럽고 자연스럽게 선택할 수 있습니다.

SECTION 19

다각형 올가미 툴

• 단축키 L

다각형 올가미 툴은 마우스로 원하는 형태를 클릭해가며 선택 영역을 만듭니다. 클릭한 지점 사이는 직선으로 연결되며, 클릭한 지점의 간격을 작게 하면 곡선도 만들 수 있습니다. 클릭한 지점에서 다음 지점을 선의 방향으로 미리 가늠할 수 있기 때문에 편리하고 정교한 작업이 가능합니다.

다각형 올가미 툴의 기능

다각형 올가미 툴(Polygonal Lasso Tool,)은 이미지에서 원하는 영역을 클릭해가며 선택 영역을 만드는 툴입니다. 선택 영역을 만들 때, 클릭한 부분은 직선으로 연결되며 처음 시작한 부분까지 되돌아 와야 합니다. 연결할 지점을 잘못 클릭한 경우 Delete를 눌러 한 단계씩 되돌아 갈 수 있습니다.

다각형 올가미 툴은 불규칙한 이미지를 클릭해가며 자유로운 형태의 선택 영역을 만들 때 사용합니다. 선택 영역을 만들 때 Shift, Alt, Shift+Alt 등의 단축키 사용 방법은 모두 같습니다.

다각형 올가미 툴로 꼼꼼하게 선택하기

01 선택 영역 지정하기 Ch 03 ▸ Section 19 ▸ Chair.psd 파일을 불러옵니다. 다각형 올가미 툴()을 선택하고 시작지점을 클릭합니다. 클릭한 지점이 고정되는데, 이때 마우스를 클릭하지 않고 드래그해보면 선이 마우스 포인터를 따라다니는 것을 볼 수 있습니다.

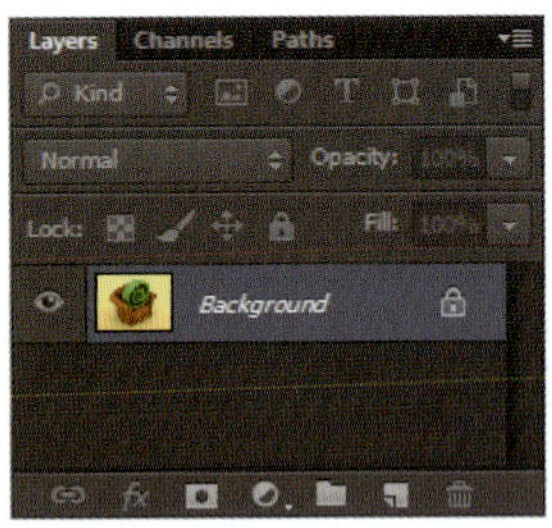

Tip 다각형 올가미 툴은 원하는 방향으로 선을 움직여가며 선택 영역을 지정할 수 있기 때문에 올가미 툴보다 훨씬 편리합니다.

02 마우스를 움직여 다음 지점을 클릭합니다. 마우스를 움직일 때마다 미리 움직일 방향을 알 수 있기 때문에 적절한 다음 지점을 클릭해주면 선이 연결되면서 고정됩니다. 같은 방법으로 외곽 라인을 따라 계속 클릭합니다. 연결할 지점을 잘못 클릭한 경우 Delete를 누르면 한 단계 뒤로 돌아갈 수 있습니다.

Tip 외곽 라인이 곡선일 경우 클릭하는 지점을 촘촘히 해야 부드럽게 선택됩니다.

03 **완성하기** 다각형 올가미 툴은 올가미 툴과는 달리 처음 시작한 지점까지 되돌아와야 선택 영역이 만들어집니다. 시작지점을 잘 기억했다가 되돌아오면 마우스 포인터가 모양으로 바뀌는데, 이때 클릭하면 선택 영역이 완성됩니다.

Tip 중간에 끝내고 싶은 경우 작업화면을 더블클릭하면 시작한 지점과 더블클릭한 지점이 연결되면서 선택 영역이 만들어집니다.

SECTION 20

자석 올가미 툴

• 단축키 L

자석 올가미 툴은 이미지를 자동으로 선택해주는 툴입니다. 주로 이미지와 배경의 색상이 확연하게 차이가 나는 경우에 사용합니다.

자석 올가미 툴의 기능

자석 올가미 툴(Magnetic Lasso Tool,)은 이미지의 색상, 명도, 채도의 구분이 명확한 경우 자동으로 선택 영역을 만들어주는 툴입니다. 시작 지점을 클릭한 후 이미지를 따라 마우스를 움직이기만 하면 자동으로 선택 영역이 만들어집니다. 선택 영역을 지정할 때 Shift, Alt, Shift+Alt 등의 단축키 사용 방법은 모두 같습니다.

자석 올가미 툴의 옵션

❶ ❷ ❸ ❹

❶ **Width** 이미지의 색상 경계에 따른 감지 범위를 픽셀 단위로 설정하는 것으로 1~256픽셀까지 입력할 수 있습니다. 수치가 작을수록 정교한 선택이 가능합니다.

❷ **Contrast** 이미지 경계 부분의 명도 대비 값을 1~100%까지 설정할 수 있습니다. 선택하려는 이미지와 배경의 명도나 색상 차이가 적을수록 수치를 낮게 입력하여 정밀하게 선택합니다.

❸ **Frequency** 이미지를 선택할 때 기준점의 생성 개수를 조절하는 것으로 1~100까지 설정할 수 있으며, 수치가 클수록 기준점이 많아져서 정교한 선택이 가능합니다.

△ Frequency 80일 경우

△ Frequency 10일 경우

❹ Pen Pressure 펜의 압력을 나타내는 것으로, 타블렛을 사용할 경우 타블렛 펜의 압력에 따라 범위가 달라집니다.

자석 올가미 툴로 자동 선택하기

01 Ch 03 ▸ Section 20 ▸ Jelly.psd 파일을 불러옵니다.

02 **선택 영역 지정하기** 자석 올가미 툴( )을 선택하고 화면 안으로 마우스를 가져가면 마우스 포인터가 모양으로 바뀌는데, 위쪽의 조그만 삼각형으로 클릭한 지점이 시작지점이 됩니다. 시작지점을 클릭했다면 마우스 버튼에서 손을 떼고 마우스만 외곽 라인을 따라 드래그하면 자동으로 기준점이 생깁니다.

03 선택 영역 완성하기 외곽 라인을 따라 계속 드래그한 뒤, 시작지점으로 돌아와 마우스 포인터가 모양으로 바뀌면 클릭하여 선택 영역을 완성합니다.

04 선택 영역 더하고 빼기 원하는 모양의 선택 영역을 만들기 위해 Shift를 눌러 선택 영역을 추가하거나 Alt를 눌러 제거할 수 있습니다. 만약 자석 올가미 툴이 자동으로 원치 않는 방향으로 간다면, 다각형 올가미 툴처럼 중간 중간 필요한 지점을 클릭해가며 선택 영역을 만듭니다.

05 옵션 적용하기 좀 더 정교하게 선택하기 위해서 옵션을 적용할 수 있습니다. 옵션 바에 입력하는 수치에 따라 선택 영역의 기준점 간격이 좁고 정밀해집니다.

따라하기 딸기 복제하기

지금까지 배운 툴을 사용하여 아래의 딸기를 정교하게 선택해봅니다. 그리고 선택한 영역을 복제하여 원하는 위치에 이동시키는 방법도 배워봅니다.

△ 원본 이미지

△ 완성 이미지

01 Ch 03 ▸ Section 20 ▸ Strawberry.psd 파일을 불러옵니다.

02 올가미 툴( ), 다각형 올가미 툴( ), 자석 올가미 툴( ) 중 가장 사용하기 편한 툴로 딸기 하나를 선택합니다. 잘못 선택한 경우에는 Alt를 누르거나 Shift를 눌러 보정해가면서 선택합니다.

Tip 딸기를 얼마나 잘 선택했느냐에 따라 부자연스럽게 복제되기도 하고 자연스럽기도 복제되기도 하니, 선택 영역을 지정할 때는 처음부터 화면을 확대하여 꼼꼼히 선택하기 바랍니다.

03 Ctrl+J를 눌러 선택 영역을 새 레이어로 복제합니다.

Tip Ctrl+J는 레이어나 선택한 영역을 새 레이어로 복제해주는 역할을 합니다.

04 이동 툴( )을 선택하여 복제한 딸기의 위치를 옮겨줍니다.

• **준비파일** Baby.psd • **완성파일** Baby_result.psd

따라하기 귀여운 큰 머리 만들기

선택 툴로 이미지에서 원하는 부분을 선택하여 확대하고 회전시켜봅니다.

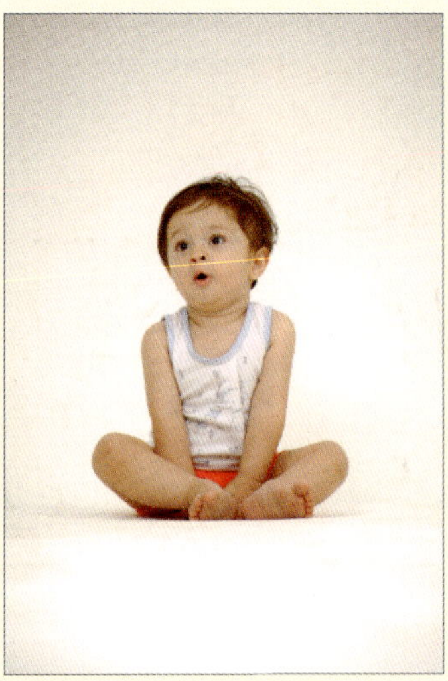

△ 원본 이미지

△ 완성 이미지

01 Ch 03 ▸ Section 20 ▸ Baby.psd 파일을 불러옵니다. 올가미 툴( ), 다각형 올가미 툴( ), 자석 올가미 툴( ) 중 가장 사용하기 편한 툴로 아기의 얼굴 부분을 선택합니다.

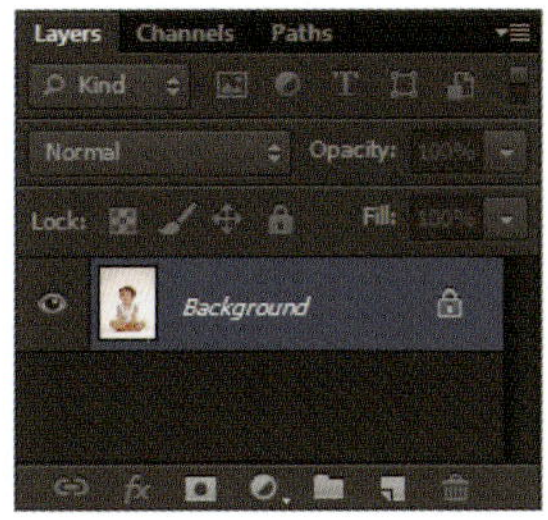

Tip 목과 같은 연결 부위는 결과를 생각하여 자연스럽게 연결될 수 있도록 꼼꼼히 선택하는 게 좋으며, 그 외의 부분은 조금 크게 선택해도 됩니다.

02 Ctrl + J 를 눌러 선택 영역을 새 레이어로 복제합니다.

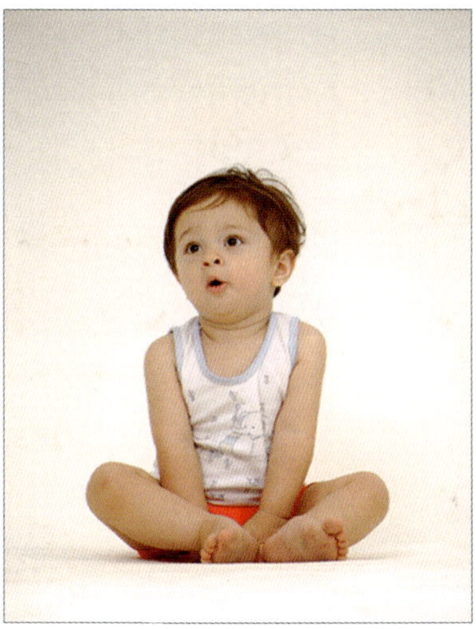

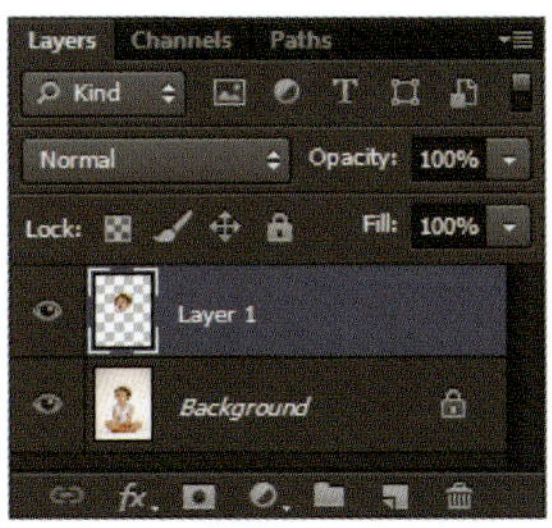

03 Ctrl + T 를 눌러 바운딩 박스가 나타나면, 마우스를 앵커포인트 쪽으로 가져갑니다. 마우스 포인터가 모양으로 바뀌면 Shift 를 누른 채 드래그하여 적당한 크기로 얼굴을 확대합니다.

04 마우스 포인터가 앵커 포인트에서 살짝 벗어나면 ↷모양으로 바뀝니다. 이때 원하는 방향으로 살짝 드래그하여 얼굴을 회전시킵니다.

05 [Edit]–[Transform]–[Warp] 메뉴를 선택합니다. 그림과 같이 앵커 포인트를 움직여 목 부분의 연결 부위를 자연스럽게 만들어줍니다.

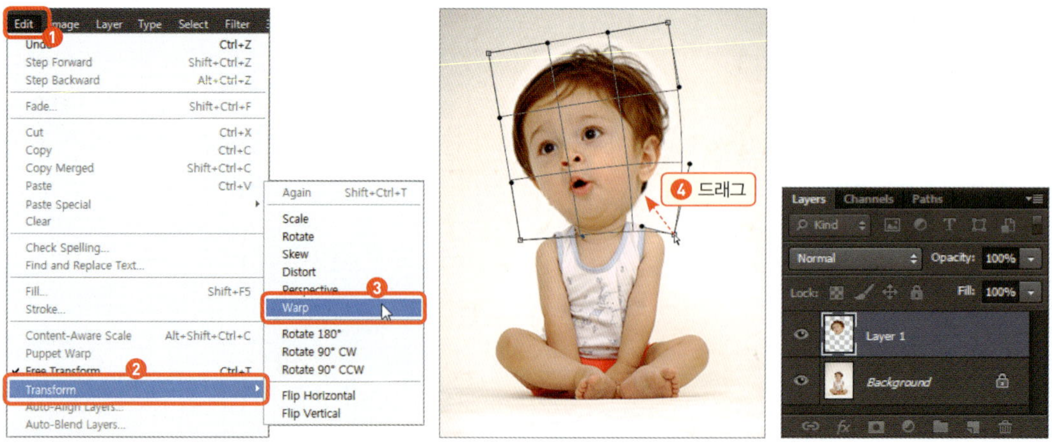

06 원하는 형태가 되면 옵션 바의 오른쪽에 있는 실행(✓)을 클릭해 완성합니다.

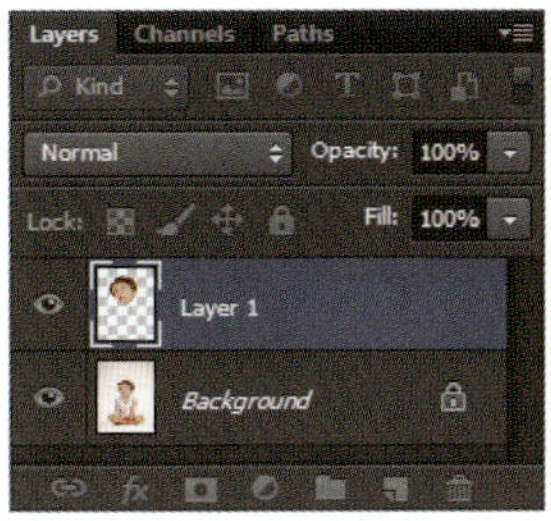

Tip 말풍선 만들기는 Section 49에서 자세히 배웁니다.

혼자 해보기 | 귀여운 큰 머리 만들기 2

• **준비파일** Big.psd • **완성파일** Big_result.psd

△ 원본 이미지

△ 완성 이미지

SECTION
21

퀵 셀렉션 툴

• 단축키
W

퀵 셀렉션 툴은 브러시의 크기를 조절하면서 선택 영역을 만드는 툴입니다. 다른 선택 툴로 선택하기 힘든 머리카락 등을 선택할 때 사용합니다. 이 절에서는 퀵 셀렉션 툴의 사용법과 Refine Edge 옵션에 대해 알아봅니다.

퀵 셀렉션 툴의 기능

퀵 셀렉션 툴(Quick Selection Tool,)은 붓으로 칠하듯이 선택 영역을 만들어주는 툴입니다. 빠른 선택 툴이라고도 하며, 특히 동물의 털이나 사람의 머리카락처럼 선택하기 어려운 영역의 가장자리를 선택할 때 사용합니다. 선택하고자 하는 이미지를 브러시 크기를 조절해가며 드래그하면 선택 영역이 만들어지는데, 한 번 드래그하고 멈추면 자동으로 더하기 기능으로 바뀌어 연속해서 선택 영역을 만들 수 있습니다.

△ 드래그하면서 이미지 선택

△ 전체 이미지 선택

퀵 셀렉션 툴은 Refine Edge 옵션을 사용하여 이미지에서 분리하기 어려운 부분의 경계를 한결 쉽고 정밀하게 선택할 수 있습니다.

△ Refine Edge 옵션을 사용해 가장자리 라인 조절

Refine Edge 옵션을 사용해 머리카락 자연스럽게 선택하기

01 선택 영역 지정하기 Ch 03 ▸ Section 21 ▸ Girl.psd 파일을 불러옵니다. 퀵 셀렉션 툴( )을 선택하고 화면을 클릭하거나 드래그하여 인물 부분을 선택합니다.

02 Refine Edge 옵션 설정하기 옵션 바에서 Refine Edge를 클릭하여 옵션 창을 엽니다. 옵션 창에서 Show Radius를 선택하면 선택 영역의 형태만 표시해주며, Show Original을 선택하면 원본 이미지를 보여줍니다.

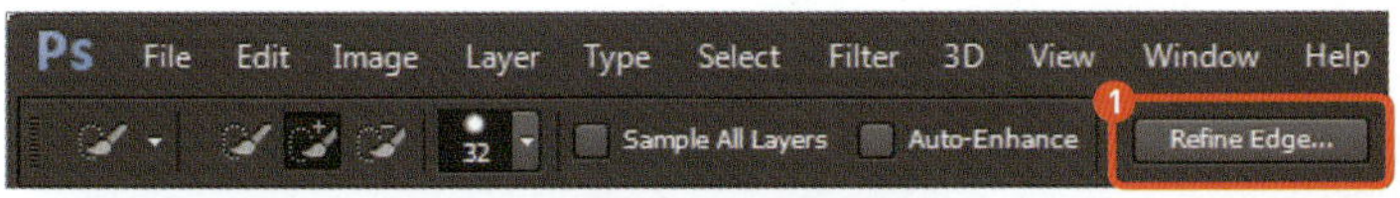

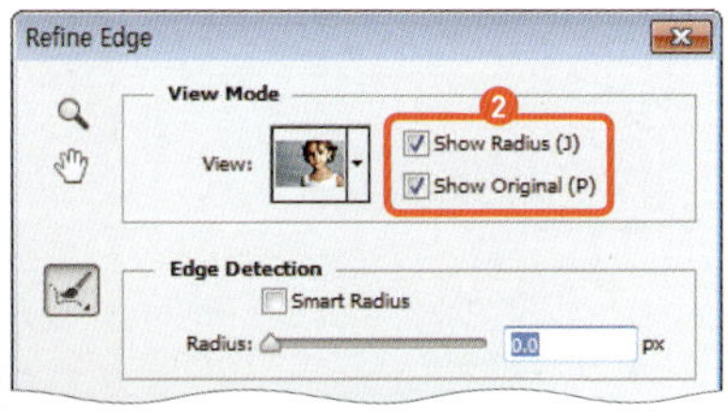

△ Show Radius

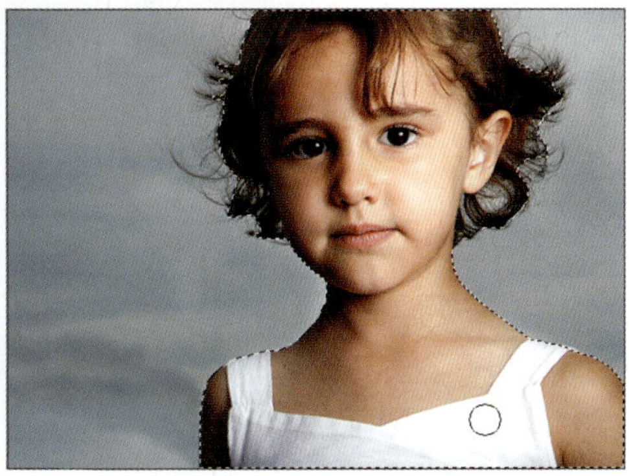

△ Show Original

03 Show Radius와 Show Original의 선택을 해제하고, 다음과 같이 썸네일 옆의 작은 삼각형을 클릭해 미리보기 옵션을 설정합니다. Matching Ants는 선택 영역을 보여주는데, 아주 작은 선택 영역은 화면에 표시되지 않는 경우도 있습니다.

04 Overlay는 퀵 마스크 모드와 같이 선택 영역 이외의 부분은 붉은색으로 표시하고, 머리카락 가장자리 부분처럼 선택 영역과 선택 영역 이외의 영역이 겹쳐지는 부분은 좀 더 붉은색으로 표시합니다.

05 On Black은 선택 영역 이외의 부분을 검은색으로 보여주는데, 추출할 소스의 색상이 밝을 때 사용하면 좋습니다.

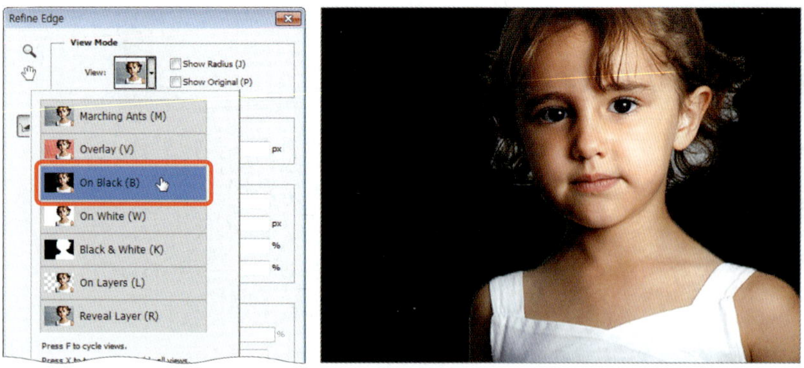

06 On White는 On Black과 반대로 선택 영역 이외의 부분을 흰색으로 보여줍니다. 소스의 색상이 어두울 때 사용하면 좋습니다.

07 Black & White는 선택 영역은 흰색으로 그 외 영역은 검은색으로 보여줍니다. 레이어 마스크와 같은 형태로 결과물을 보여줍니다.

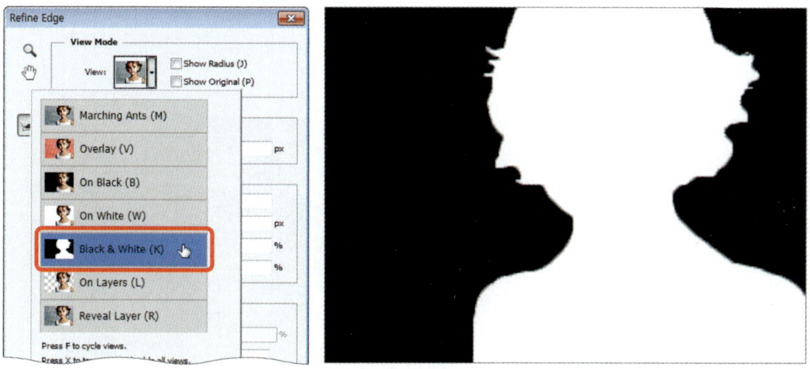

08 On Layers는 선택 영역 이외의 부분을 투명한 상태로 보여줍니다. 아래 그림에서 체크 문양으로 표시된 부분이 레이어가 빈 상태, 즉 투명한 상태를 나타냅니다.

09 Reveal Layer는 위의 옵션들과는 달리 이미지를 원본 그대로 보여줍니다.

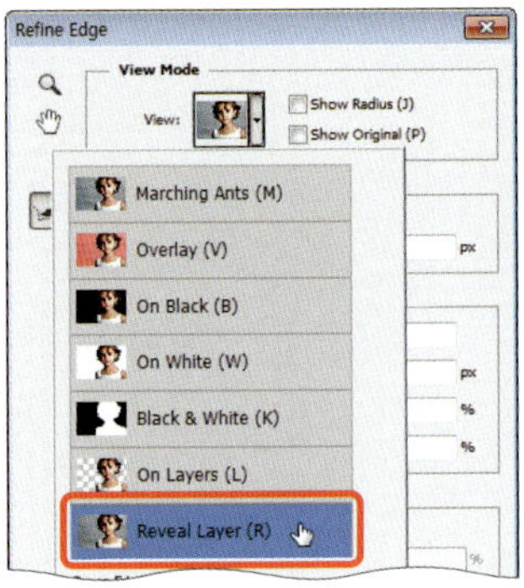

Tip 미리보기 화면에서 F를 누르면 미리보기 모드가 차례대로 변경됩니다. 이미지의 상태에 따라 다양한 미리보기 상태를 이용해 선택 영역을 디테일하게 추출하는 것이 좋습니다.

• **준비파일** Girl.psd • **완성파일** Girl_result.psd

따라하기 머리카락 자연스럽게 선택하고 배경색 바꾸기

퀵 마스크 툴의 Refine Edge 옵션으로 머리카락 부분을 섬세하게 선택하고 배경색을 바꿔봅니다.

△ 원본 이미지

△ 완성 이미지

01 Ch 03 ▸ Section 21 ▸ Girl.psd 파일을 불러옵니다. 퀵 셀렉션 툴( )로 화면을 드래그하거나 클릭하여 인물 부분을 선택 영역으로 만듭니다.

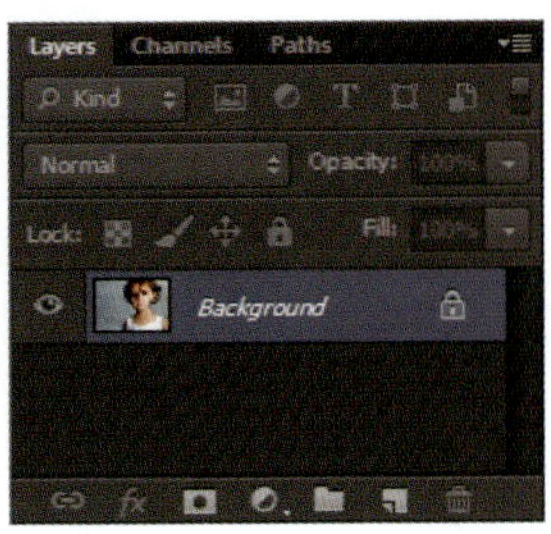

02 옵션 바에서 Refine Edge를 클릭하여 미리보기 모드를 Overlay로 지정합니다. Refine Radius Tool()을 선택하고 인물의 머리카락 부분을 드래그하여 칠하듯이 그려줍니다. 이때 Radius 옵션의 수치를 높이면 드래그 한 영역을 약하게 선택하기 때문에 보다 정교한 작업을 할 수 있습니다. 브러시의 크기는 옵션 바에서 조절합니다.

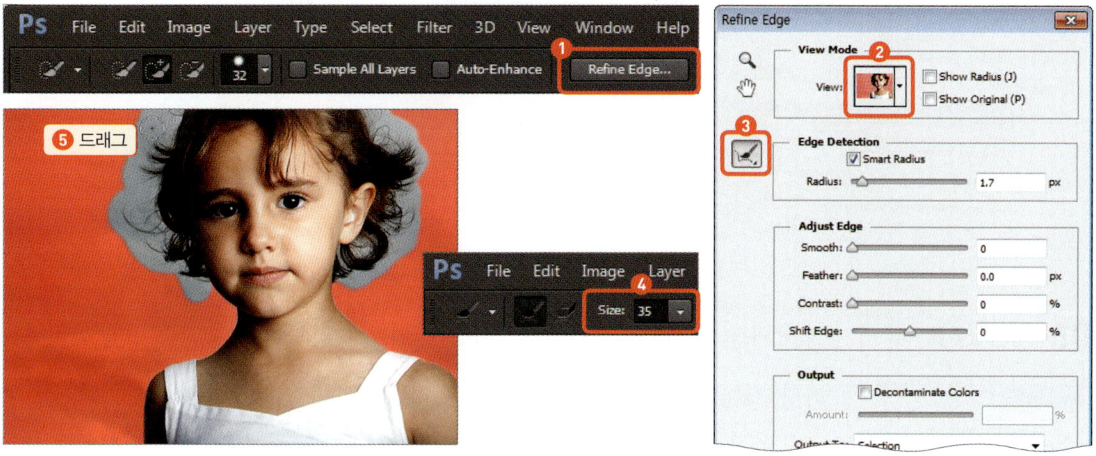

03 그림과 같이 머리카락 가장자리 부분의 푸른색이 사라진 것을 알 수 있습니다.

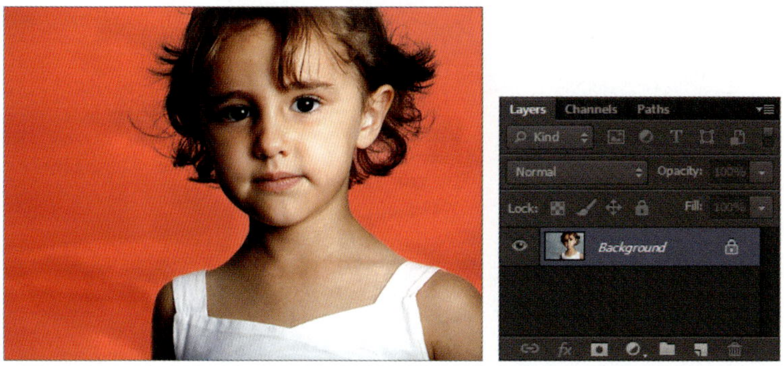

04 Refine Radius Tool()로 드래그하다가 잘못 드래그한 경우는 다음과 같이 Refine Radius Tool()을 꾹 눌러 Erase Refinements Tool()을 선택한 후 다시 드래그하여 잘못 선택한 부분을 지웁니다.

05 Adjust Edge 옵션에서 Smooth는 선택 영역 외곽을 부드럽게 만들어줍니다.

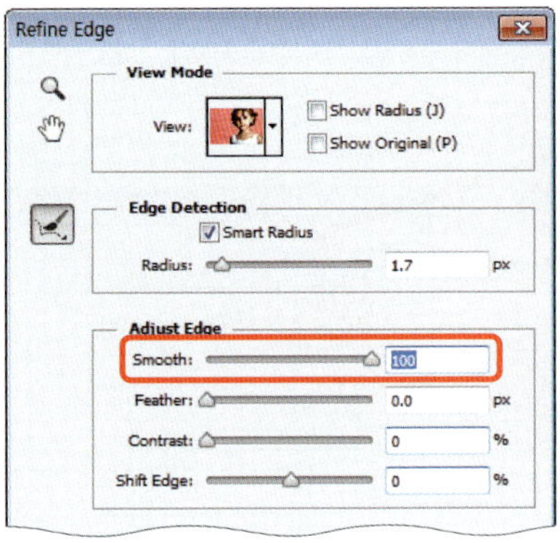

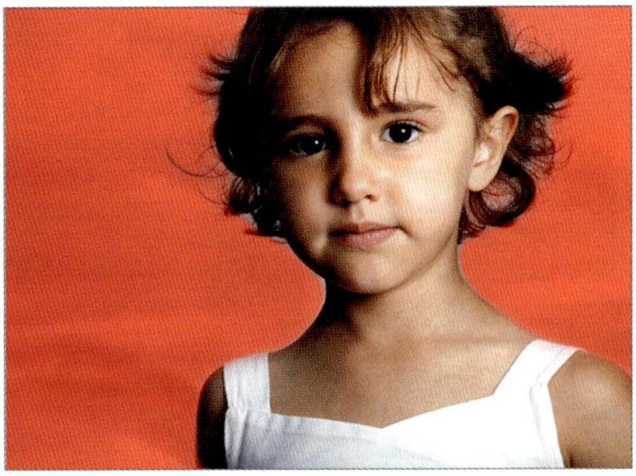

06 Feather는 선택 영역과 외곽 형태의 경계를 흐릿하게 만들어 반투명 상태로 보여줍니다.

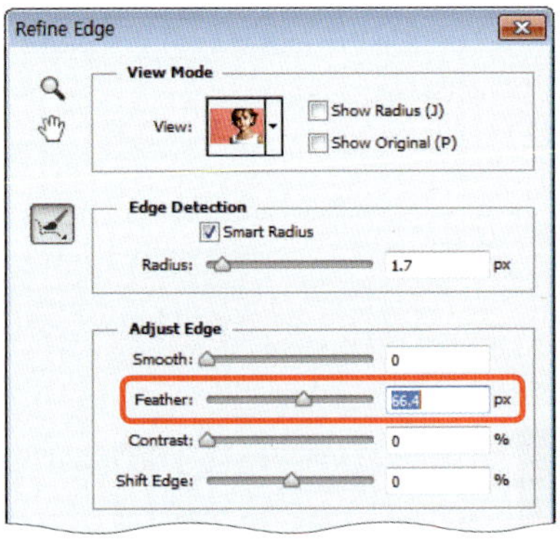

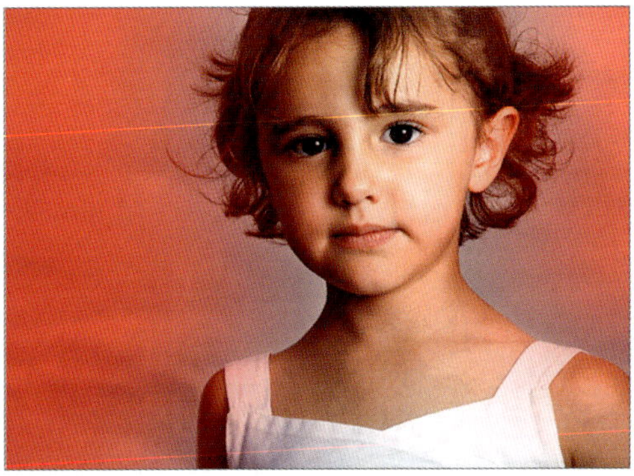

07 Contrast는 대비를 뚜렷하게 주어 이미지의 외곽을 선명하게 만듭니다. 그러나 수치가 너무 높으면 거칠고 각진 느낌이 나기도 합니다.

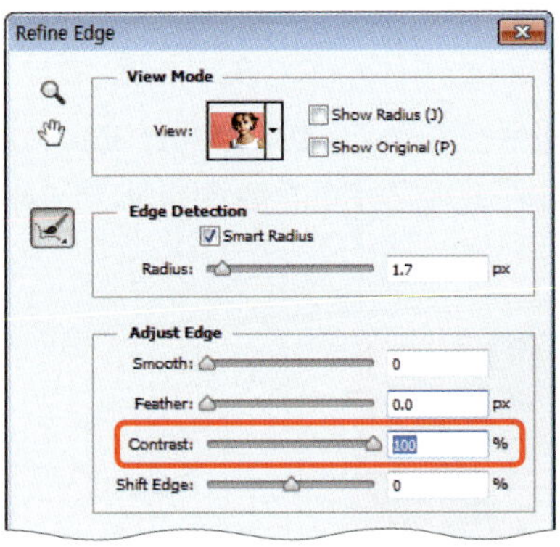

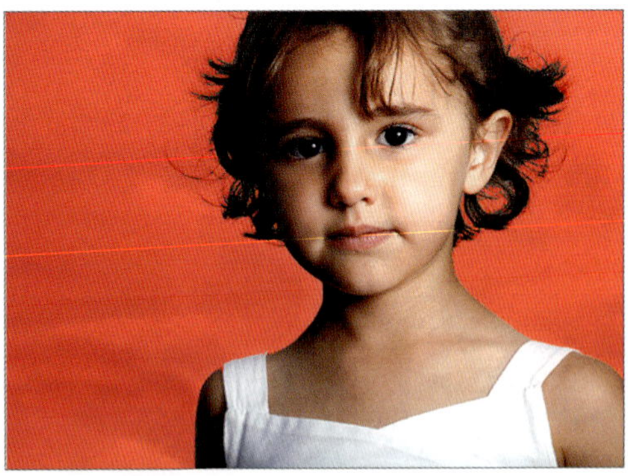

08 Shift Edge는 선택 영역을 축소 또는 확대하는 기능으로 수치가 높으면 선택 영역이 확대되고, 수치가 마이너스 값이면 선택 영역이 축소됩니다.

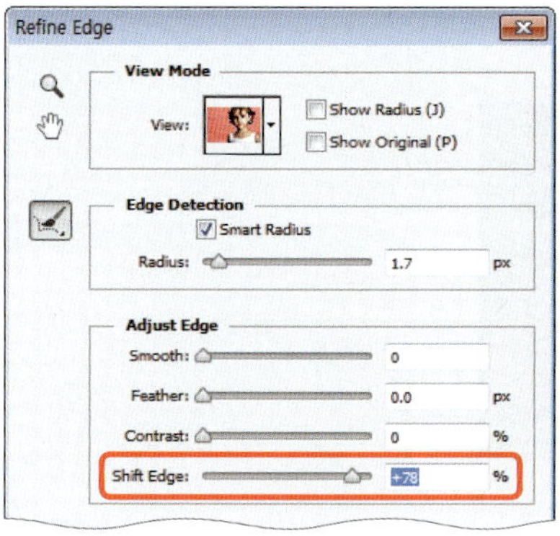

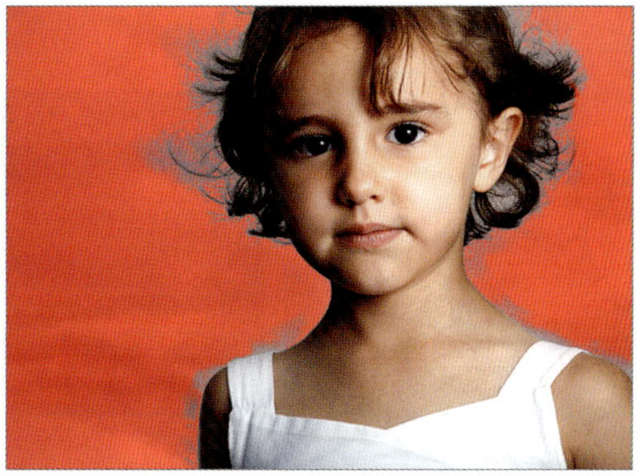

09 Output의 Decontaminate Colors는 색상 영역이 다르다고 생각되는 부분을 흐리게 제거해줍니다.

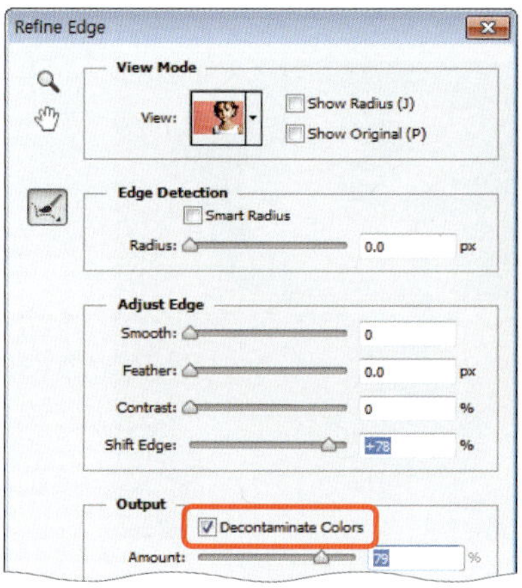

10 옵션 창에서 인물과 머리카락 부분이 잘 보이도록 조절한 후 〈OK〉를 클릭합니다. 작업화면으로 돌아오면 선택 영역이 조절된 것을 볼 수 있습니다.

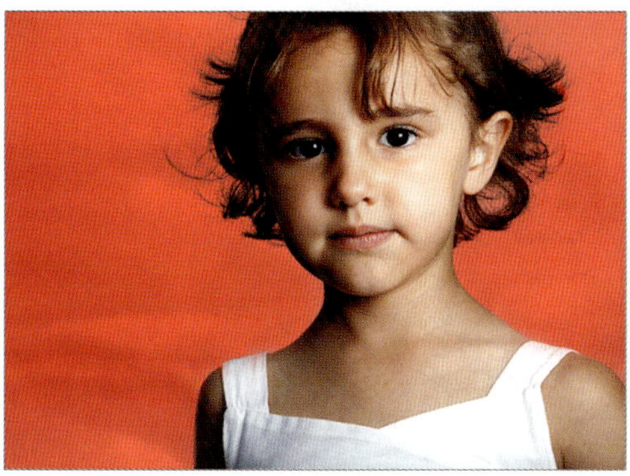

11 Ctrl+J를 눌러 선택 영역을 새 레이어로 복제한 후 Background 레이어를 선택합니다.

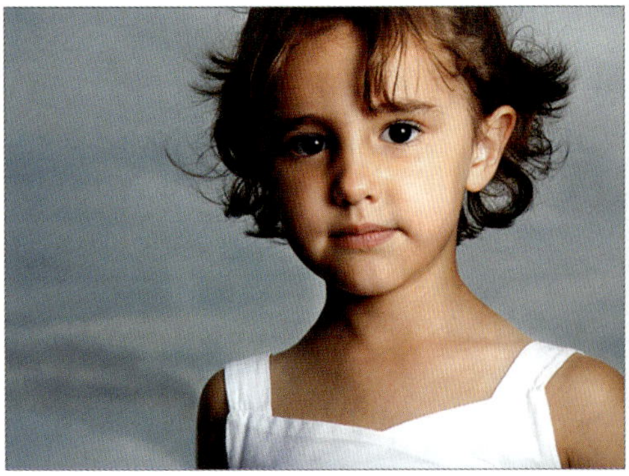

12 [Image]–[Adjustments]–[Hue/Saturation] 메뉴를 선택하여 옵션 창을 엽니다. Colorize를 체크한 후, 수치를 직접 입력하거나 슬라이드 바를 움직여 Background 레이어의 색상을 변경하고 〈OK〉를 클릭해 배경을 완성합니다.

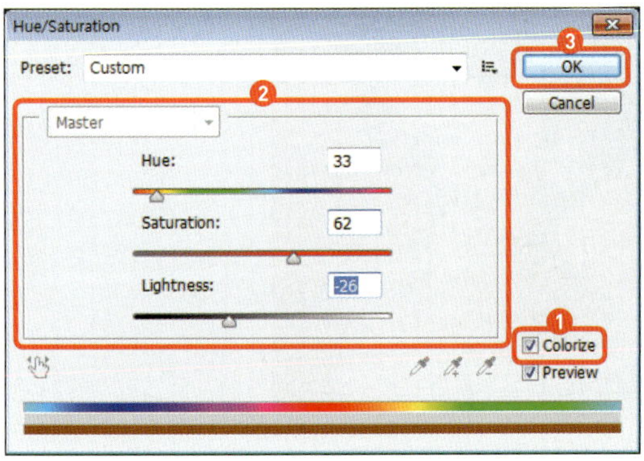

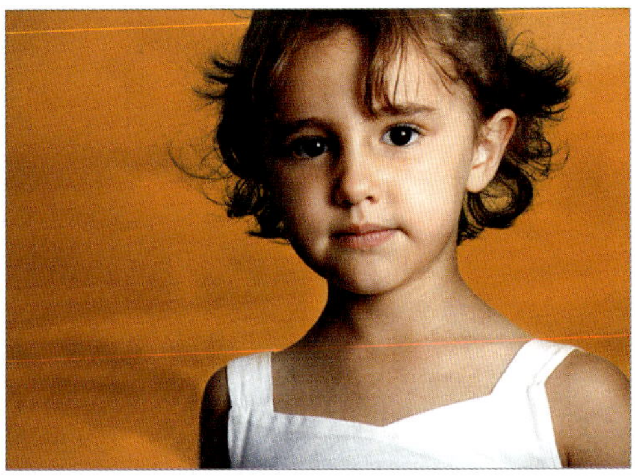

혼자 해보기 | 오브젝트 자연스럽게 선택하고 배경 바꾸기

• **준비파일** Boy.psd • **완성파일** Boy_result.psd

△ 원본 이미지

△ 완성 이미지

SECTION 22

마술봉 툴

• 단축키 W

마술봉 툴은 추출하고자 하는 이미지 영역과 배경의 색상차가 확연한 경우 사용하는 툴로, Tolerance 값을 조절해가며 이미지를 자연스럽게 선택할 수 있습니다. 선택 영역이 만들어진 후에는 Refine Edge 옵션을 Section 21과 동일한 방법으로 사용할 수 있습니다.

마술봉 툴의 기능

마술봉 툴(Magic Wand Tool,)은 클릭 한 번으로 인접한 색상 영역을 자동으로 선택해주는 툴입니다. 옵션 바의 Tolerance 값을 조절해가며 클릭하면 인접한 색상이 자동으로 선택되며 Tolerance 값의 크기에 따라 선택되는 영역의 크기가 달라집니다. 수치가 높을수록 유사한 색상 영역을 선택하는 범위가 넓어집니다.

△ 마술봉 툴의 옵션

△ Tolerance 32를 입력하고 클릭

△ Tolerance 100을 입력하고 클릭

옵션 바에서 Contiguous를 체크하지 않으면 클릭 한 번으로 비슷한 색상 영역을 Tolerance에 지정된 크기대로 선택합니다. 이외에 선택 영역을 만들 때 Shift, Alt, Shift+Alt 등의 단축키 사용 방법은 모두 같습니다.

◁ Contiguous를 체크하지 않은 경우

마술봉 툴로 한 번에 선택하기

01 선택 영역 지정하기 Ch 03 ▸ Section 22 ▸ Tulip.psd 파일을 불러옵니다. 마술봉 툴( )을 선택하고 튤립의 노란 부분을 클릭합니다. 단 한 번의 클릭으로 튤립의 노란 영역이 크게 선택된 것을 알 수 있습니다.

02 Tolerance 값 조절하며 선택 영역 지정하기 옵션 바의 Tolerance 값이 낮을수록 선택 영역의 범위가 좁아지며, 높을수록 넓어집니다. Tolerance는 마술봉 툴의 색상 범위 값을 설정하는 항목으로, 기본 값은 32이며, 0~255의 단계를 입력할 수 있습니다.

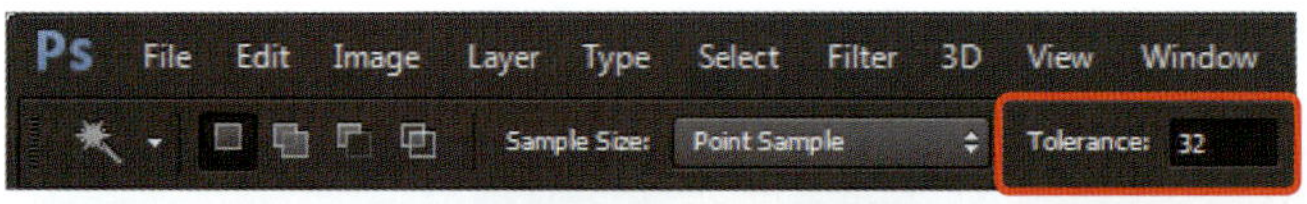

△ Tolerance 값이 5일 경우

△ Tolerance 값이 100일 경우

03 선택 영역 확대하여 보기 마술봉 툴( )로 선택 영역을 만든 후에는 화면을 확대하여 선택되지 않은 부분이 있는지 확인하는 것이 좋습니다. 확대한 화면의 조그만 둥근 선택 영역은 선택에서 제외된 부분인데, 보통 화면에서 잘 안 보이는 경우가 있습니다.

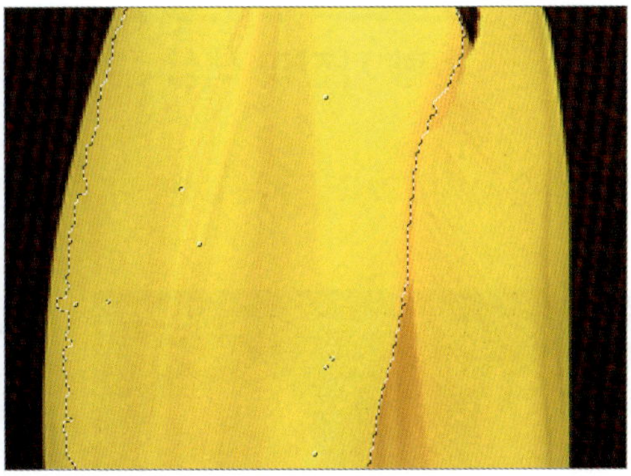

04 선택 영역 추가하기 Shift 를 누른 상태로 선택하려는 영역을 계속 클릭해가며 선택 영역을 추가합니다. Tolerance 값에 따라 추가되는 영역의 크기가 달라지므로 클릭하기 전에 Tolerance 값을 변경해가며 사용합니다.

05 선택 영역 축소하기 Alt 를 누른 상태로 화면을 클릭하면, 클릭한 지점을 중심으로 선택 영역이 축소됩니다. Tolerance 값에 따라 축소되는 영역의 크기가 달라집니다.

따라하기 | 튤립 사진의 색상 톤 조절하기

마술봉 툴로 튤립을 선택하고 색상을 변경해봅니다.

△ 원본 이미지

△ 완성 이미지

01 Ch 03 ▸ Section 22 ▸ Tulip.psd 파일을 불러온 후, 마술봉 툴( )로 튤립의 줄기까지 선택합니다. 이때 줄기와 튤립 사이는 Tolerance 값을 조금 더 높여서 선택하는 것이 좋습니다.

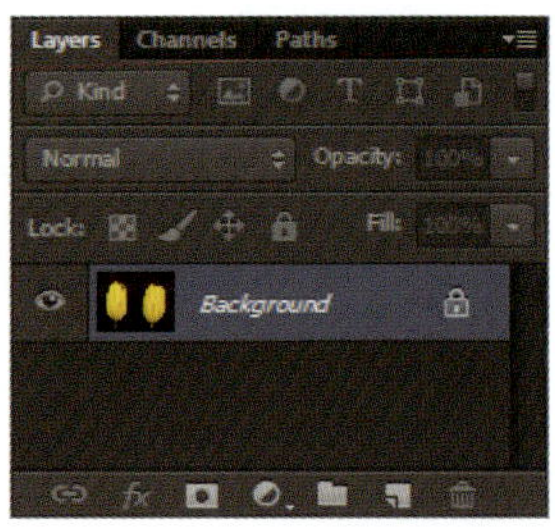

02 [Image]–[Adjustments]–[Equalize] 메뉴를 선택하고 〈OK〉를 클릭합니다. 색상이 변경된 것을 확인하고 Ctrl + D를 눌러 선택 영역을 해제하면 이미지가 완성됩니다.

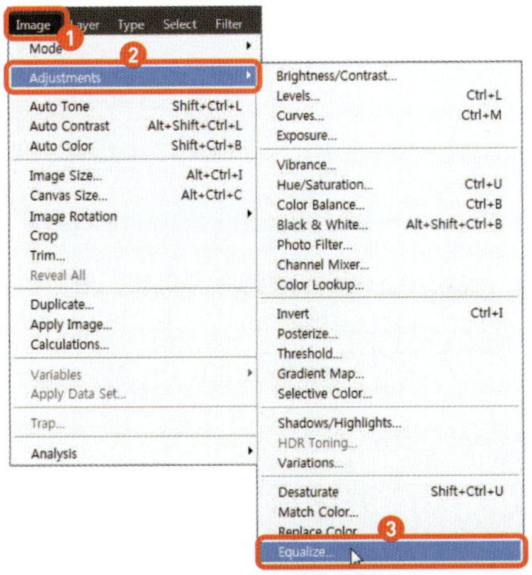

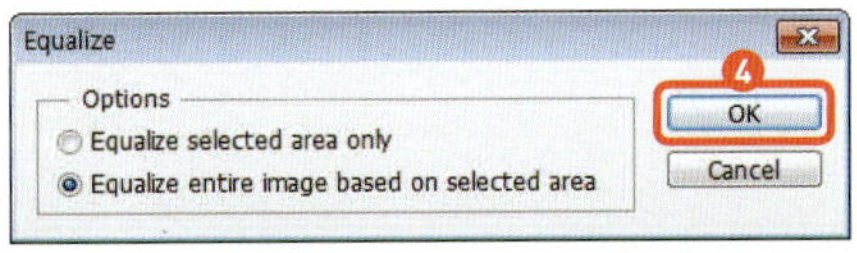

Tip 선택 영역을 지정하지 않고 [Image]-[Adjustments]-[Equalize] 메뉴를 선택하면 이미지 전체의 색상 톤을 정리해줍니다. 또 옵션 창에서 Equalize selected area only를 선택하면 선택 영역 내부의 색상 톤만 정리해줍니다.

△ 선택 영역이 없는 경우

△ Equalize selected area only

SECTION 23

자르기 툴

• 단축키 C

자르기 툴은 이미지를 원하는 크기로 자를 때 사용하는 툴로, 비뚤어지거나 수평이 맞지 않는 이미지도 바로 잡아 자를 수 있습니다.

자르기 툴의 기능

자르기 툴(Crop Tool,)은 이미지를 원하는 크기로 자를 때 사용합니다.

△ 원하는 크기로 자르기

이미지를 자를 때 여러 방향으로 회전하여 자를 수 있으며, 손쉽게 수평을 조절할 수도 있습니다. 또한 비율 혹은 크기와 해상도를 지정하여 자르기도 가능합니다.

△ 회전하여 자르기

△ 수평 조절하여 자르기

자르기 툴로 원하는 대로 자르고 회전하고 수평 조절하기

01 자르기 툴로 자르기 Ch 03 ▸ Section 23 ▸ Sea.psd 파일을 불러옵니다. 자르기 툴( )을 선택하면 이미지의 가장자리에 자르기 옵션이 생깁니다. 이때 이미지를 클릭하면 오른쪽 그림과 같이 3단 그리드가 생깁니다.

Tip 옵션 바의 View 목록에서 그리드의 형태를 변경할 수 있습니다.

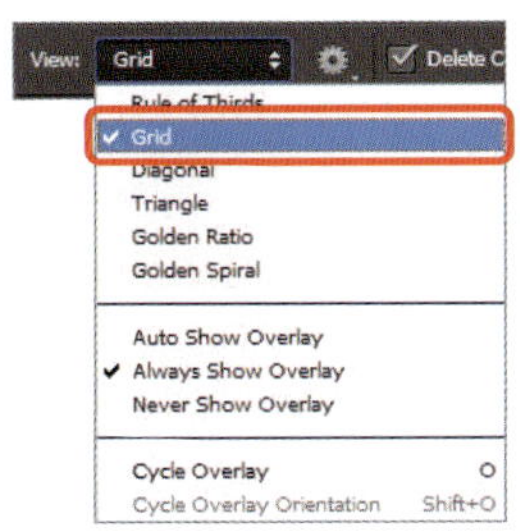

02 상하좌우 모서리 부분을 드래그하여, 원하는 영역을 선택합니다. 오버레이로 어둡게 보이는 부분이 잘려나가는 부분이고, 밝은 부분이 남는 부분입니다.

03 원하는 크기로 조절했으면 Enter 를 누르거나 옵션 바 오른쪽의 실행(✓)을 클릭해 이미지를 자릅니다.

Tip 옵션 바에서 이미지의 크기를 임의로 입력하여 자를 수도 있습니다.

04 **회전하여 자르기** 이미지를 자를 때 자르기 라인을 살짝 벗어나면 마우스 포인터가 ↰모양으로 바뀝니다. 이때 원하는 방향으로 드래그한 후 Enter 를 누르면, 회전시켜 자를 수 있습니다.

Tip 옵션 바의 Delete Cropped Pixel 옵션이 체크되어 있지 않으면 이미지를 자르고 난 후에도 화면을 이동시켜 숨겨진 부분을 볼 수 있습니다. 반면 체크되어 있으면 숨겨진 부분이 완전히 잘려나가 이미지를 이동시켜도 빈 공간이 보입니다.

05 비율을 선택하여 자르기 그 밖에도 옵션 바에는 자주 사용하는 사이즈가 옵션으로 제공됩니다. 원하는 크기나 비율을 선택하면 이미지를 편하게 자를 수 있습니다. 아래 그림은 16:9로 잘려진 이미지입니다.

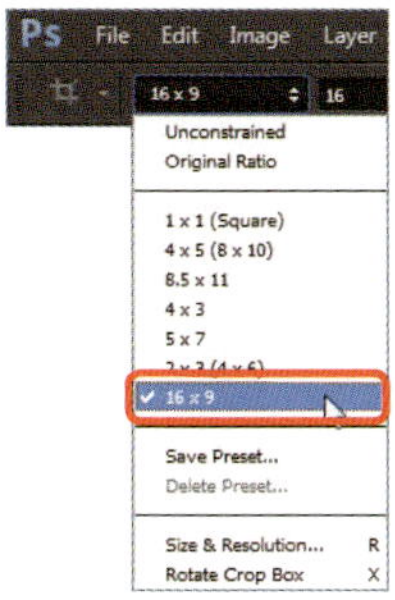

△ 사이즈 선택하기

△ 16:9 영역

△ 16:9로 잘린 이미지

06 수평 조절하여 자르기 비뚤어진 이미지의 수평을 바로 잡기 위해서 옵션 바의 Straighten을 클릭합니다. 그리고 시작지점을 클릭하고 드래그하여 수평 라인을 그려주면 이미지가 자동으로 회전하여 수평을 바로 잡아줍니다.

07 옵션 조절하기 옵션 바에서 옵션(⚙)을 클릭하면, 삭제될 영역의 색상이나 오버레이 등을 개인의 취향이나 이미지의 성격에 따라 조절할 수 있습니다.

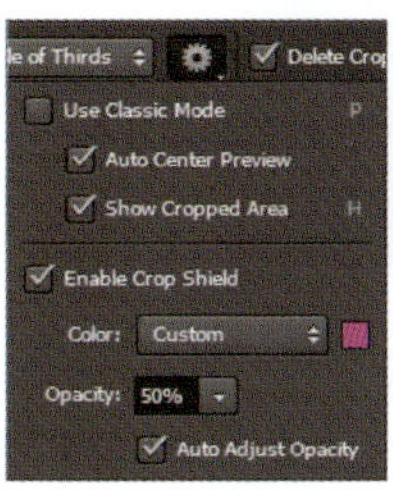

08 **되돌리기, 취소, 실행 버튼** 옵션 바의 되돌리기()는 실행중인 회전, 크기 조절 등의 옵션을 취소하며, 취소()는 자르기를 취소합니다. 실행()은 자르기를 실행시키는 버튼이기 때문에 원하는 크기나 회전이 정해지면 클릭하여 자르기를 완성합니다.

• **준비파일** Photo.psd • **완성파일** Photo_result.psd

따라하기 증명사진 만들기

자르기 툴로 사진을 알맞은 크기로 자른 후 출력하기 좋은 상태로 만들어봅니다.

△ 원본 이미지

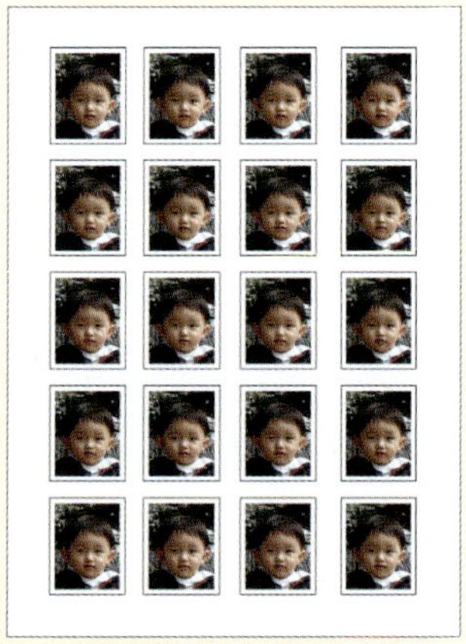

△ 완성 이미지

01 Ch 03 ▸ Section 23 ▸ Photo.psd 파일을 불러옵니다. 자르기 툴()을 선택하고 옵션 바에 가로 3cm, 세로 4cm를 입력합니다.

02 자르기 영역을 얼굴 크기에 맞춰 줄여줍니다. 얼굴이 그리드 때문에 잘 보이지 않는다면 Ctrl+H를 눌러 그리드를 숨깁니다. Ctrl+H를 다시 누르면 그리드가 다시 보입니다.

03 이미지의 상태를 확인했다면 옵션 바에서 실행(✓)을 클릭해 이미지를 자릅니다. 그리고 Ctrl+A를 눌러 전체 영역을 선택한 후, Ctrl+C를 눌러 복사합니다.

04 [File]−[New] 메뉴를 선택하여 너비 210mm, 높이 297mm, 해상도 72Pixels/Inch로 설정한 후 〈OK〉를 클릭해 A4 크기의 새 화면을 만듭니다.

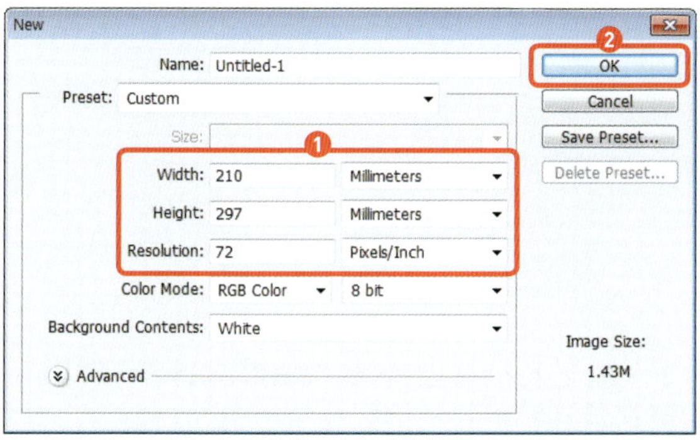

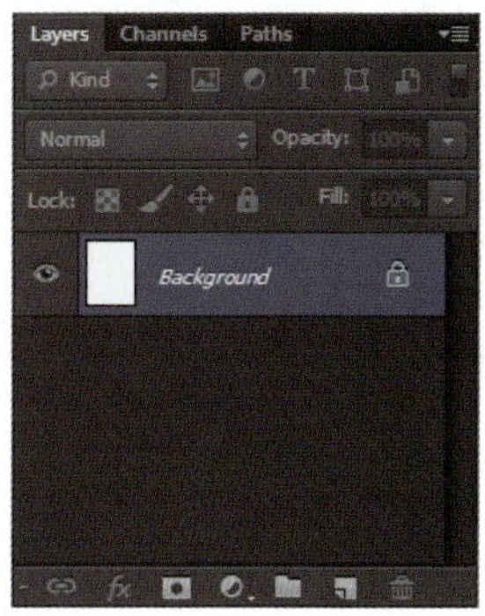

05 Ctrl+V를 눌러 붙여넣기하면, 복사한 사진이 새 레이어로 붙여넣기 됩니다.

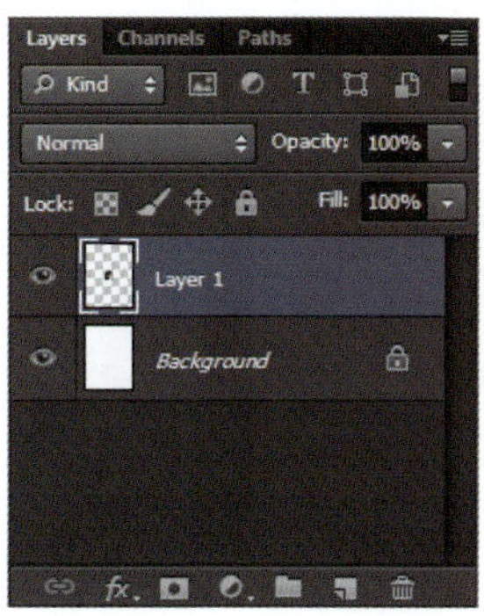

06 이동 툴( )을 선택하여 사진을 왼쪽 상단으로 이동시킨 뒤 레이어 패널에서 새 레이어 만들기( )를 클릭합니다.

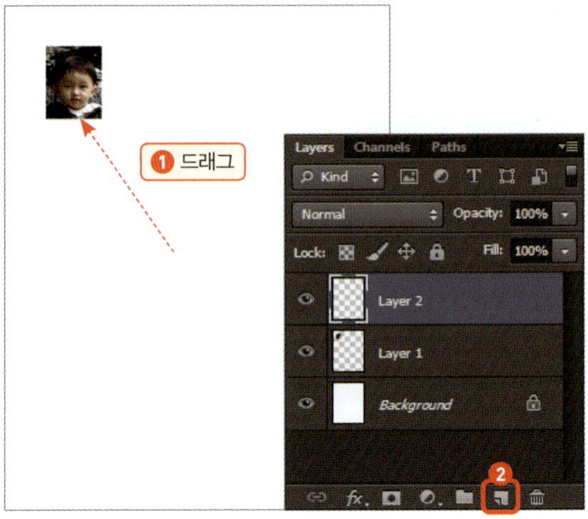

07 아래 그림과 같이 Layer 2를 클릭한 상태에서 Layer 1 아래쪽으로 드래그한 뒤 마우스에서 손을 떼면, 레이어의 위치가 바뀝니다.

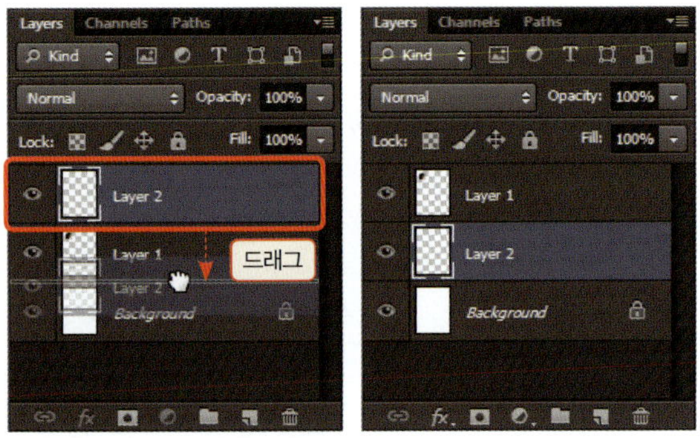

08 사각형 선택 툴( )을 선택하고 Style 옵션을 Fixed Size로 변경한 후, Width 3.5cm, Height 4.5cm로 만들어 사진 이미지보다 약간 큰 선택 영역을 만들어줍니다. 그리고 [Edit]-[Fill] 메뉴를 선택해 Use를 White로 변경한 뒤 〈OK〉를 클릭합니다. 바탕화면도 흰색이고 선택 영역에 채운 색도 흰색이기 때문에 변화가 눈에 보이지 않지만, 선택 영역은 흰색으로 채워졌습니다.

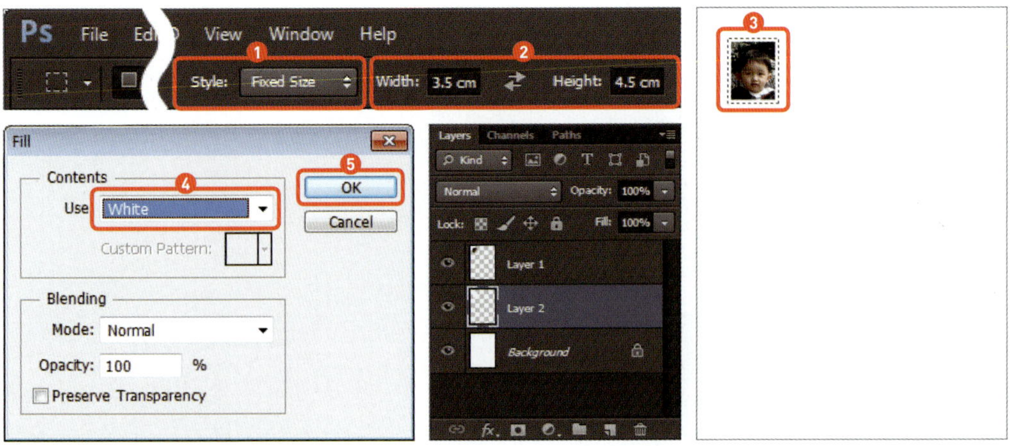

09 [Edit]–[Stroke] 메뉴를 선택하여 옵션 창을 연 후, Width 1px, Color는 검은색으로 설정한 후 〈OK〉를 클릭합니다. 가는 검은색 선이 1픽셀 두께로 선택 영역의 안쪽에 만들어집니다. 이제 Ctrl+D를 눌러 선택 영역을 해제합니다.

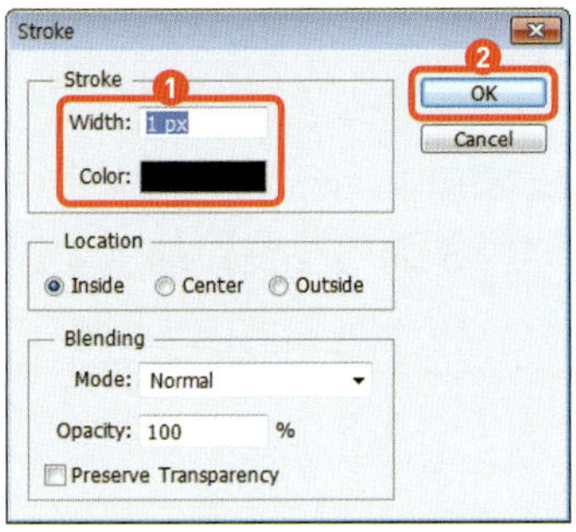

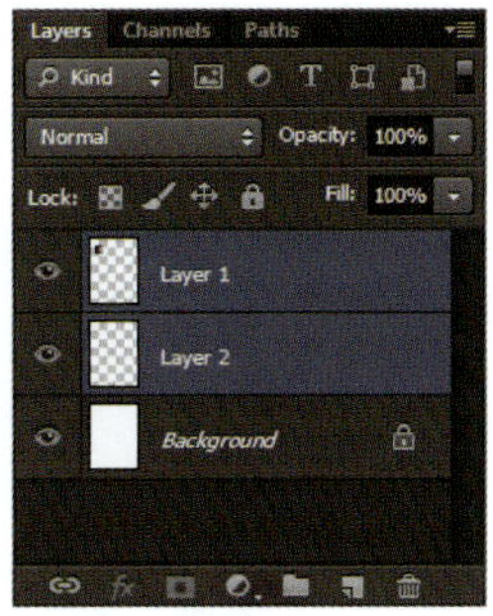

10 Shift를 누른 상태로 레이어 패널에서 Layer 1과 Layer 2를 함께 선택합니다. 이동 툴(![])을 선택한 후 옵션 바에서 가로 정렬(![])과 세로 정렬(![])을 클릭해 Layer 1과 Layer 2의 여백이 같도록 한 후, Ctrl+E를 눌러 두 레이어를 합칩니다.

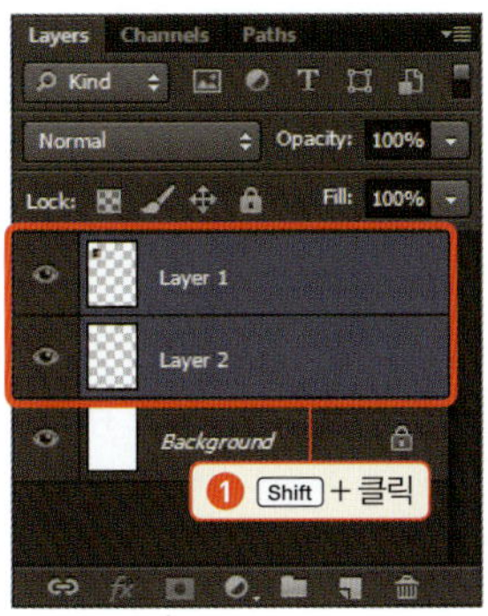

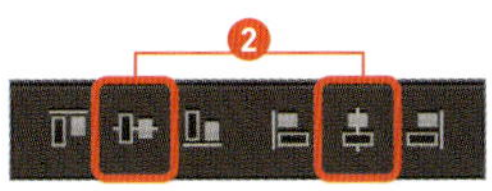

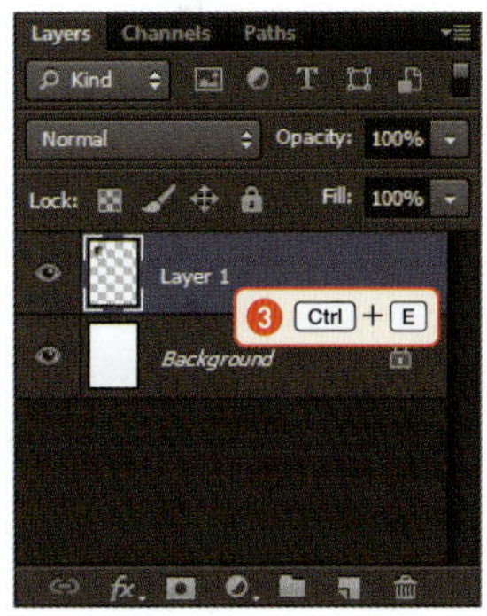

Tip Ctrl+E는 레이어를 병합하는 Merge Down의 단축키입니다.

11 Ctrl를 누른 상태로 Layer 1의 썸네일을 클릭하여 선택 영역을 만듭니다.

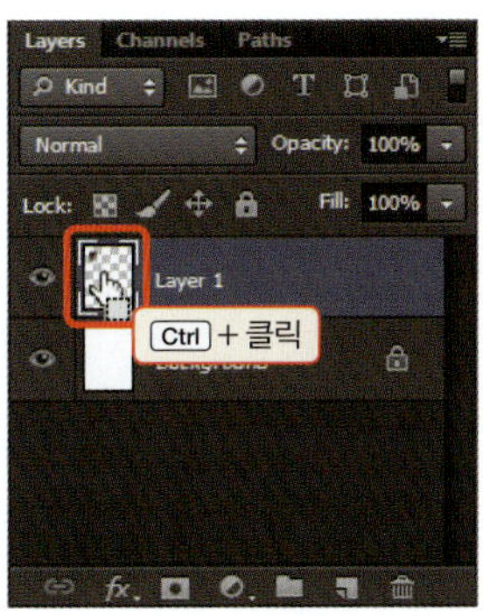

12 이동 툴( )을 선택하고 Shift 와 Alt 를 누른 채 오른쪽으로 드래그합니다. 이미지가 복제되면서 수평으로 깔끔하게 이동합니다.

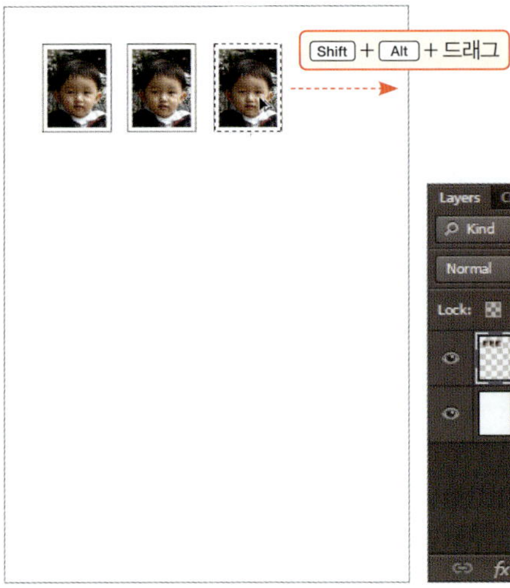

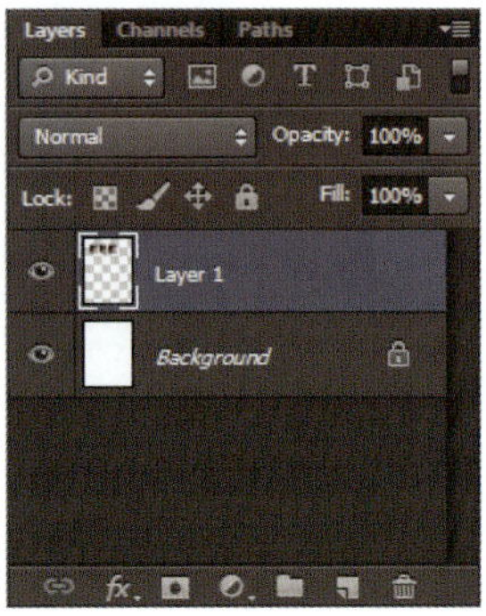

Tip Shift 와 Alt 를 함께 누르면 이미지가 복제되면서 수평, 수직, 45° 방향으로 정확하게 이동합니다.

13 이미지를 A4 용지에 가득 차도록 복제했다면 완성입니다. 이제 [File]–[Print] 메뉴를 선택해 출력하면 됩니다.

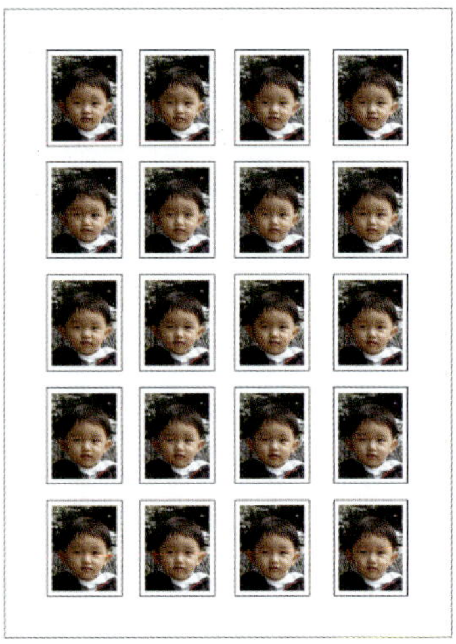

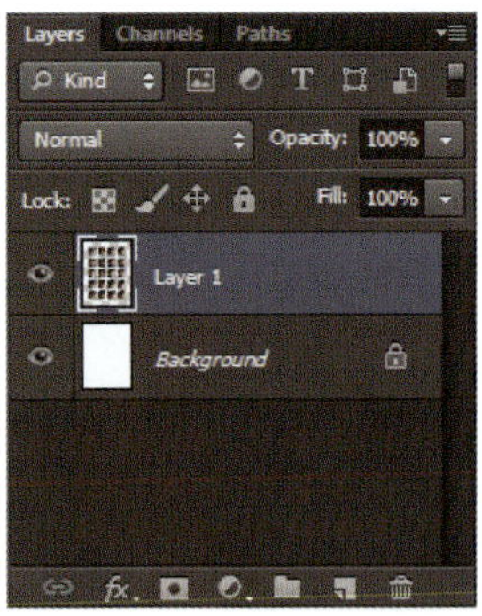

SECTION
24 원근 자르기 툴

• 단축키 C

원근 자르기 툴은 원근감을 조절하여 이미지를 자르는 툴입니다.

원근 자르기 툴의 기능

원근 자르기 툴(Perspective Crop Tool,)은 이미지를 원근법적인 느낌으로 조작하면서 자르는 툴입니다. 오목하거나 볼록한 느낌을 만들어낼 수도 있고, 예상치 못한 왜곡을 만들어낼 수도 있습니다.

원근 자르기 툴로 돌출 느낌 만들기

01 원근 자르기 툴로 자를 영역 지정하기 Ch 03 ▸ Section 24 ▸ Surprise.psd 파일을 불러옵니다. 원근 자르기 툴( )을 선택한 후 다음과 같이 화면을 클릭해 사각형 영역을 만들어줍니다. 각 지점을 클릭하면 마지막으로 클릭한 지점과 처음 클릭한 지점이 자동으로 연결됩니다.

02 자르기 형태 잡기 원근 자르기 영역을 회전시키거나 바운딩 박스의 상하좌우를 당기거나 밀면서 원하는 자르기 형태를 잡아줍니다.

03 돌출 느낌으로 자르기 원하는 형태로 만들었으면 옵션 바의 실행(✓)을 클릭해 원근 자르기를 완성합니다. 아기의 놀란 얼굴이 훨씬 앞으로 돌출되어 보입니다.

SECTION 25

퀵 마스크 모드

퀵 마스크 모드는 이미지의 원하는 영역을 선택하는 방법 중 하나로, 마술봉 툴이나 다른 선택 툴로 선택하기 어려운 부분까지 섬세하게 선택할 수 있습니다.

퀵 마스크 모드의 기능

퀵 마스크 모드(Quick Mask Mode,)는 이미지에서 원하는 영역을 선택하는 방법 중 하나로, 브러시 크기를 조절해가며 섬세한 선택을 할 수 있습니다. 브러시로 원하는 부분을 칠해가며 선택 영역을 만들기 때문에 직관적인 선택이 가능합니다.

△ 브러시로 원하는 영역 칠하기

△ 일반 모드로 전환하여 선택 영역 만들기

브러시는 크기를 조절해가며 사용할 수 있고, 브러시 옵션에 따라 이미지를 반투명으로 선택하는 것도 가능합니다. 실수로 잘못 선택한 부분은 지우개 툴로 지워가며 사용합니다.

퀵 마스크 모드로 선택하기

01 마스크 모드 전환하기 Ch 03 ▸ Section 25 ▸ Bottle.psd 파일을 불러온 후, 툴 박스에서 일반 모드( )를 클릭하여 퀵 마스크 모드( )로 전환합니다. 이때 작업화면에는 아무 변화도 일어나지 않습니다.

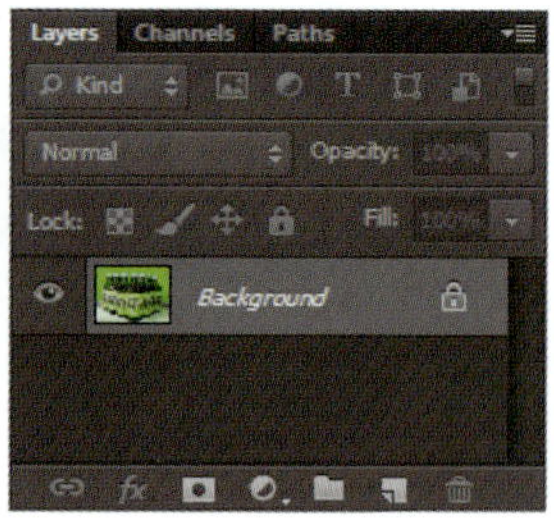

02 퀵 마스크 모드에서 선택 영역 칠하기 브러시 툴(🖌)을 선택하고 옵션 바에서 브러시 크기를 조절한 후 Opacity와 Flow를 100으로 설정합니다. 그리고 맨 앞의 병을 브러시로 칠해줍니다. 이때 전경색의 색상과는 상관없이 화면에 붉은색이 칠해집니다.

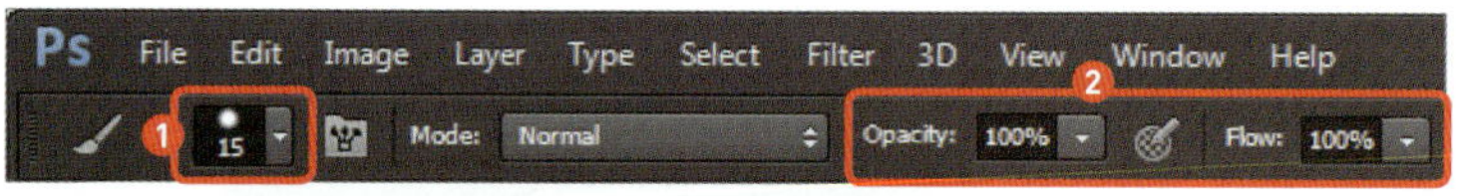

03 원치 않는 선택 영역 지우기 원치 않는 부분까지 칠해진 경우에는 툴 박스에서 지우개 툴(🧽)을 선택하여 붉은 부분을 지워줍니다.

04 일반 모드로 전환하여 선택 영역 만들기 맨 앞의 병이 붉은색으로 잘 칠해졌다면, 퀵 마스크 모드(◘)를 클릭해 다시 일반 모드(◘)로 전환합니다. 붉게 칠해진 부분을 제외한 부분이 선택 영역으로 바뀝니다.

05 퀵 마스크 옵션 창 열기 퀵 마스크 모드(◘)를 더블클릭하면 옵션 창이 열립니다. 옵션 창에서는 이미지의 색상에 따라 칠해지는 색상을 조절하거나, 칠해진 영역이 선택 영역이 되도록 조절할 수 있습니다.

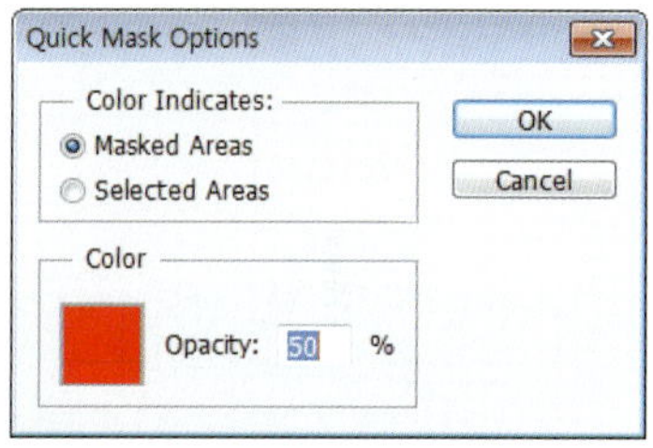

• **준비파일** Bottle.psd • **완성파일** Bottle_result.psd

따라하기 아웃포커싱 이미지 만들기

퀵 마스크 모드로 이미지를 선택하고 필터를 이용해 아웃포커싱 효과를 만들어봅니다.

△ 원본 이미지

△ 완성 이미지

Tip 아웃포커싱은 초점이 맞지 않고 흐려 보이는 상태를 말합니다.

01 Ch 03 ▸ Section 25 ▸ Bottle.psd 파일을 불러온 후, 툴 박스에서 일반 모드( )를 클릭하여 퀵 마스크 모드( )로 전환합니다.

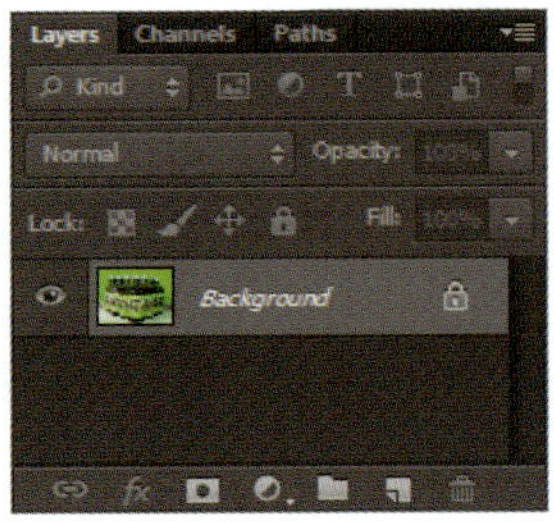

02 브러시 툴( )을 선택하고 옵션 바에서 브러시 크기를 조절한 후, Opacity와 Flow를 100으로 설정합니다. 맨 앞의 병을 브러시로 칠한 후 퀵 마스크 모드( )를 클릭해 다시 일반 모드( )로 전환합니다.

03 [Filter]–[Blur]–[Tilt-Shift] 메뉴를 선택합니다.

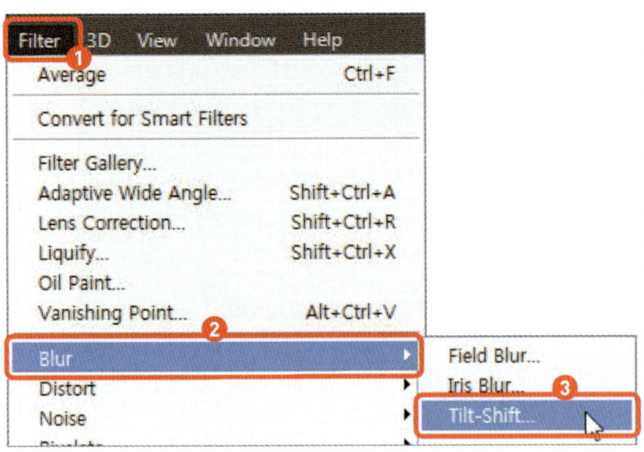

04 실선 중앙의 동그란 부분으로 마우스를 가져가면 포인터 모양이 바뀌는데, 이때 실선을 수직 방향으로 회전시켜 줍니다.

05 실선을 드래그하여 병의 가장자리 부분으로 이동시킨 후, Blur Tools 패널에서 Blur 옵션을 5px로 변경하고 상단의 〈OK〉를 클릭합니다.

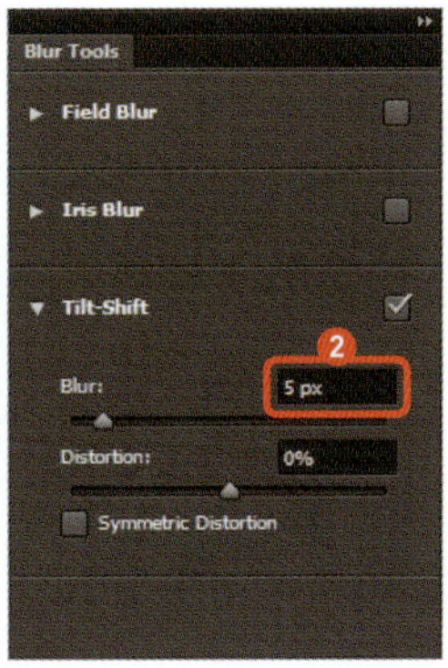

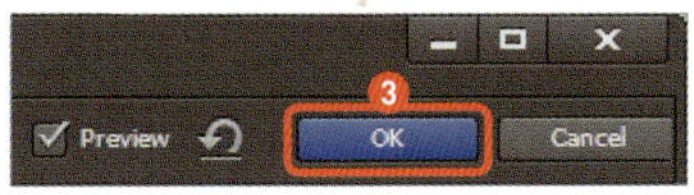

06 필터 기능을 이용한 아웃포커싱이 완성되었습니다. Ctrl+D를 눌러 선택 영역을 해제합니다.

Design Tip 선택 영역의 꼼꼼한 지정이 퀄리티의 관건!

이 책을 보는 독자 중에는 포토샵을 잘하는 분도 있겠지만, 따로 해보고 싶은 효과가 있다거나 처음부터 차근차근 배워 전문가처럼 사용하고 싶은 경우가 대다수일 것입니다. 물론 포토샵을 잘하려면 많이 사용하고 자주 접하는 것도 중요하지만, 자주 사용한다고 해서 누구나 좋은 결과물을 만드는 것은 아닙니다. 그래서 지금부터 좋은 결과물을 만들기 위한 노하우를 디자인 팁으로 하나하나 알려드릴까 합니다.

포토샵을 잘 하기 위한 첫 번째 방법은 선택 영역을 잘 지정하는 것입니다. 선택 영역을 지정하는 데는 여러 가지 이유가 있습니다.

첫째, 필요한 영역만 선택하여 변형하거나 합성하기 위해서입니다. 이미지의 일부분을 선택하여 다른 이미지에 합성하기 위해서는 필요한 부분을 잘 선택해야 합니다. 또 이미지에서 원하는 부분의 크기를 조절할 때도 선택 영역 지정은 중요합니다.

둘째, 이미지의 원하는 부분에만 채색하기 위해서입니다. 포토샵에서는 다양한 채색 작업과 페인팅 작업이 가능한데, 원하는 부분에만 채색하려면 어느 영역에 채색할 것인지 선택 영역을 지정해주어야 합니다.

셋째, 이미지의 일부분에만 특정 효과를 주기 위해서입니다.

넷째, 필터를 적용하거나 특정 영역에만 변화를 주기 위해서입니다.

그 밖에도 알파 채널을 만들거나 특정 부분을 확장할 때도 선택 영역 지정이 필요합니다. 이와 같이 포토샵에서는 원하는 영역을 자유롭게 선택하는 능력이 중요합니다. 아래 그림을 보면 선택 영역을 얼마나 꼼꼼하게 잘 지정했느냐에 따라 그 결과의 차이는 하늘과 땅이 됨을 알 수 있습니다.

△ 원본 이미지

△ 잘된 합성의 예

△ 잘못된 합성의 예

△ 잘못된 합성의 예

3장에서는 많은 페이지에 걸쳐 선택 영역을 지정하는 다양한 방법을 알아보았습니다. 포토샵은 한 가지가 아닌 다양한 방법으로 선택 영역을 지정할 수 있습니다. 툴 대부분이 선택 영역을 지정하는 데 사용된다고 해도 과언이 아닙니다. 그만큼 선택 영역을 지정하는 일은 포토샵의 첫걸음이며, 핵심입니다. 포토샵을 잘하고 싶다고요? 시간을 들여 선택 영역을 꼼꼼하게 지정하는 노력, 바로 그것이 포토샵을 잘할 수 있는 최고의 비결입니다.

Tip 디자인 팁에서는 디자인과 관련된 전문 용어, 즉 그리드나 리듬감과 같은 용어는 사용하지 않겠습니다. 이 책은 디자인 전문 도서가 아니기 때문에 일반적인 내용으로 이해하기 쉽게 설명하겠습니다. 만일 전문 디자이너를 꿈꾸는 분이라면 디자인 이론서를 따로 공부하는 것이 좋습니다.

CHAPTER

04

이미지의 복원과 복제

여러분은 포토샵하면 제일 먼저 무엇이 떠오르나요? 아마도 사람의 몸매를 보정하고 피부를 매끈하게 만드는 마술 같은 효과를 상상하는 분이 많을 것입니다. 이번 장에서는 힐링 브러시 툴과 패치 툴, 콘텐츠 어웨어 무브 툴을 사용해 이미지의 잡티를 제거해보고, 원치 않는 영역을 삭제해 주변 환경과 어우러지게 만드는 방법을 배워봅니다. 또 도장 툴을 사용해 이미지를 복제하여 채워넣는 방법도 배워봅니다.

CONTENTS

Section 26 / 스팟 힐링 브러시 툴
Section 27 / 힐링 브러시 툴
Section 28 / 패치 툴
Section 29 / 콘텐츠 어웨어 무브 툴
Section 30 / 레드 아이 툴
Section 31 / 도장 툴
Section 32 / 패턴 도장 툴

SECTION 26

스팟 힐링 브러시 툴

• 단축키 J

스팟 힐링 브러시 툴은 작은 결점을 제거하는 데 사용합니다. 원터치 복원이 가능하여 사용하기 편리합니다.

스팟 힐링 브러시 툴(Spot Healing Brush Tool,)은 점과 같이 작은 오염을 보정하는 데 사용합니다. 보정하고자 하는 부분을 클릭하거나 드래그하면 주변 영역이 자연스럽게 복제됩니다.

△ 클릭한 지점의 주변과 유사하게 복제하기

• 준비파일 Spot.psd • 완성파일 Spot_result.psd

따라하기 얼굴 점 제거하기

△ 원본 이미지

△ 완성 이미지

01 Ch 04 ▸ Section 26 ▸ Spot.psd 파일을 불러옵니다. 스팟 힐링 브러시 툴( )을 선택하고 옵션 바에서 브러시 크기를 조절한 후, Proximity Match 옵션을 체크합니다. 눈썹 위의 점 부분을 조심스럽게 드래그한 후 마우스에서 손을 떼면 근처 영역의 색상으로 보정됩니다.

Tip 스팟 힐링 브러시 타입

- Proximity Match 자동으로 드래그한 인근 영역의 픽셀로 채워줍니다.
- Create Texture 클릭 또는 드래그한 영역을 새 패턴으로 채워줍니다.
- Content-Aware 주변 영역의 색상, 채도, 질감을 자동으로 인식하여 채워줍니다.

02 입술 오른쪽 부분도 클릭하여 점을 없애줍니다.

03 브러시 크기를 좀 더 작게 조절한 후 입술 아래의 점을 클릭합니다. 점은 작은데 브러시 크기가 너무 크면 아래의 그림처럼 얼룩이 생기므로 이미지에 맞게 브러시 크기를 조절해야 합니다.

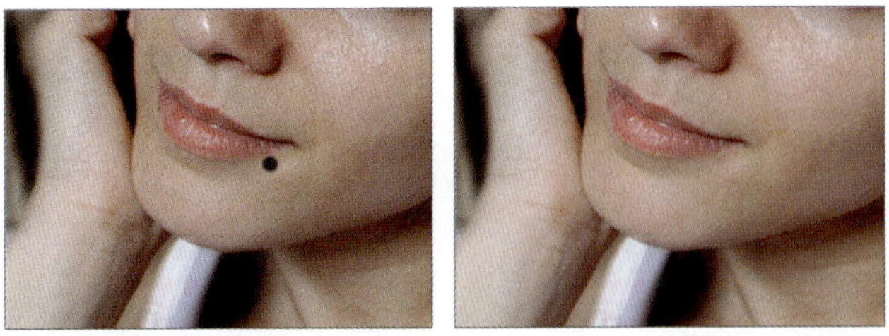

△ 브러시 크기가 작은 경우

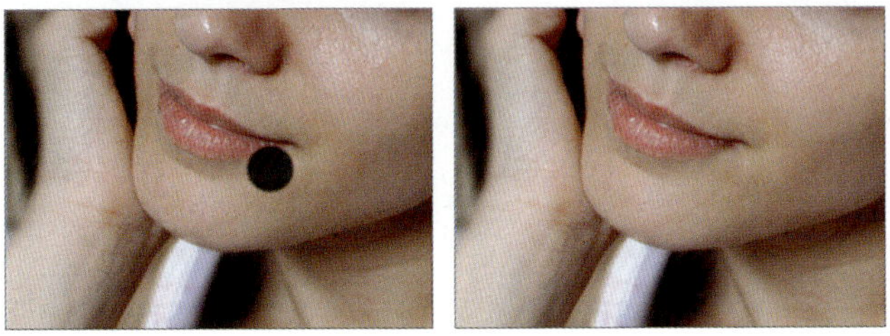

△ 브러시 크기가 큰 경우

04 이번에는 이마 오른쪽 부분의 가느다란 머리카락을 보정해보겠습니다. 옵션 바에서 Content-Aware 옵션을 체크하고 삐쳐나온 머리카락을 드래그하면 머리카락이 감쪽같이 사라집니다.

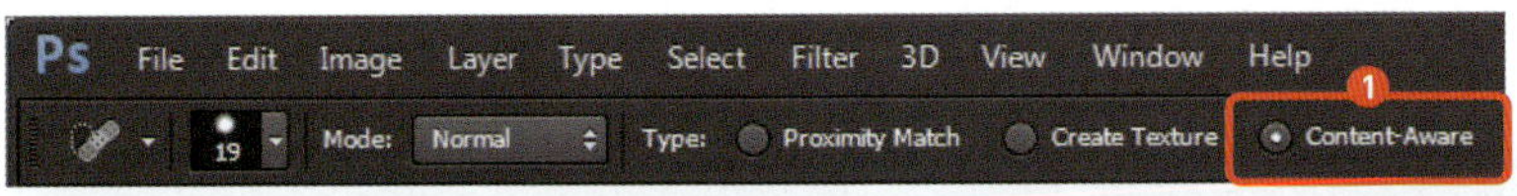

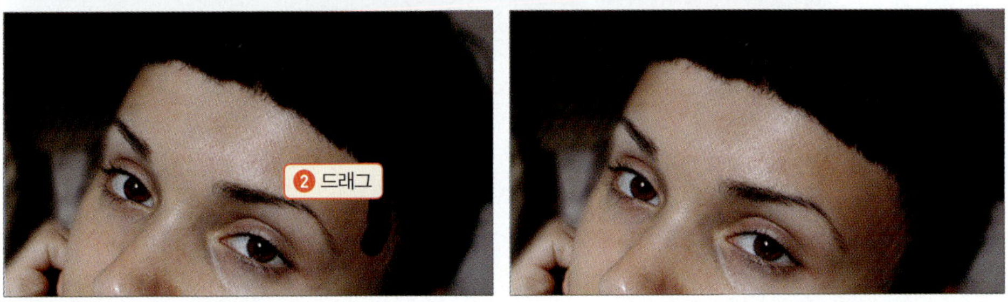

Tip Contents–Aware 옵션 대신에 Proximity Match나 Create Texture 옵션을 사용하면 보정이 부자연스러워집니다.

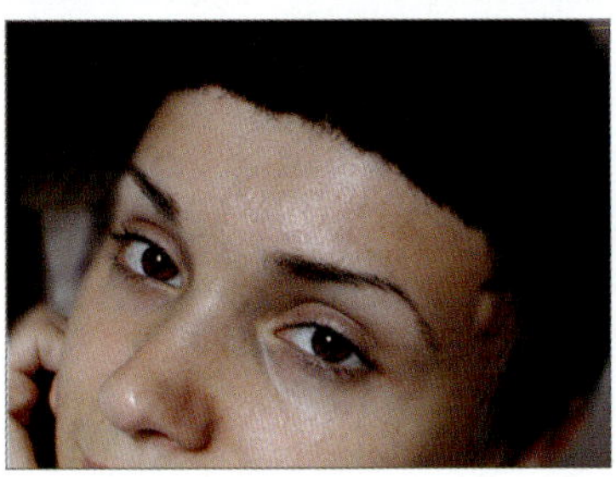

△ Proximity Match 옵션

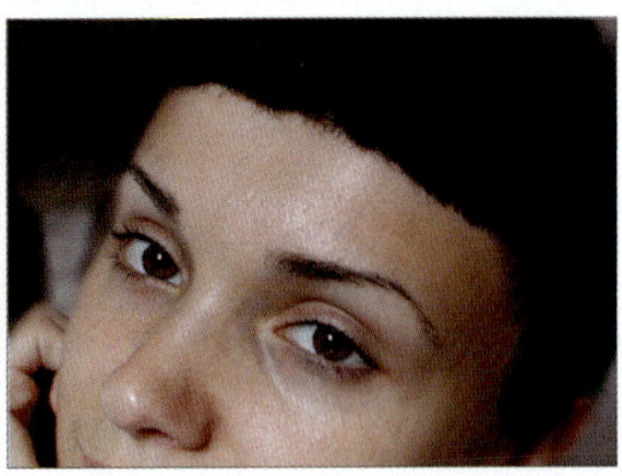

△ Create Texture 옵션

SECTION 27

힐링 브러시 툴

• 단축키 J

힐링 브러시 툴은 스팟 힐링 브러시 툴로 해결하기 어려운 결점을 제거하는 데 사용합니다. 복제할 대상을 지정할 수 있기 때문에 더욱 편리한 보정이 가능합니다.

힐링 브러시 툴(Healing Brush Tool,)은 스팟 힐링 브러시 툴보다 조금 큰 오염을 제거하거나, 넓은 면적을 자연스럽게 복제할 때 사용합니다. Alt를 눌러 복제할 대상을 지정한 후, 오염 부분이나 수정하고자 하는 부분을 클릭 또는 드래그하면 자연스럽게 보정됩니다.

△ 복제할 대상을 지정하여 자연스럽게 복제하기

• **준비파일** Face.psd • **완성파일** Face_result1.psd

따라하기 얼굴 잡티 제거하기

△ 원본 이미지

△ 완성 이미지

01 Ch 04 ▸ Section 27 ▸ Face.psd 파일을 불러옵니다.

02 이마에 있는 여드름을 보정해보겠습니다. 힐링 브러시 툴( )을 선택하고 Alt 를 누른 채 여드름 근처, 즉 여드름이 없는 부분을 클릭합니다. 이제 Alt 에서 손을 떼고 여드름을 클릭합니다. 여드름이 자연스럽게 사라진 것을 알 수 있습니다.

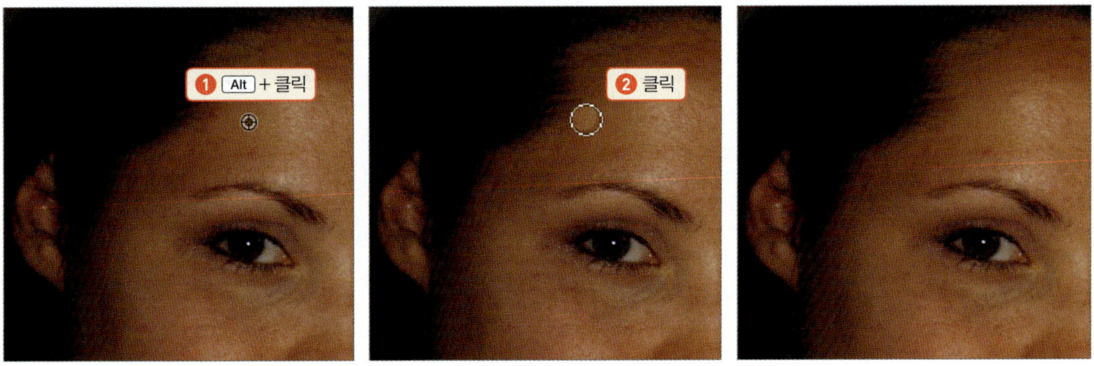

03 볼에 있는 점을 보정해보겠습니다. 이번에도 Alt 를 누른 채 점 근처의 깨끗한 부분을 클릭하여 복제할 대상을 지정한 후, 점을 클릭합니다. 같은 방법으로 얼굴에 있는 점이나 잡티를 보정하여 이미지를 완성합니다.

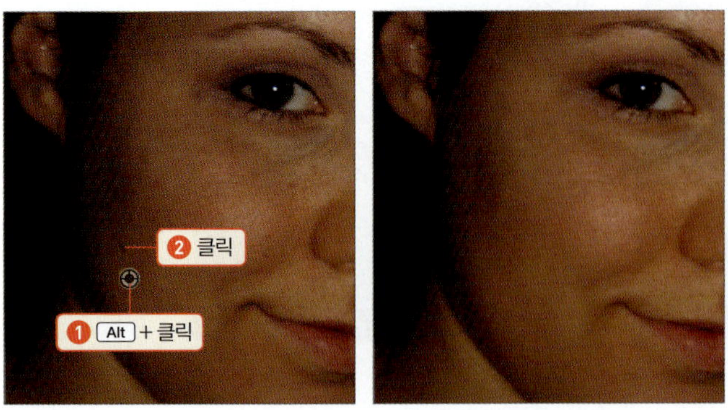

Tip 스팟 힐링 브러시 툴과 힐링 브러시 툴의 차이

- **스팟 힐링 브러시 툴** 클릭한 지점 인근의 픽셀로 채워줍니다.
- **힐링 브러시 툴** Alt 를 누르고 클릭한 지점의 픽셀로 채워줍니다. 즉, 복제할 대상을 미리 지정할 수 있습니다.

따라하기 뽀샤시한 물광 피부 만들기

힐링 브러시 툴로 피부를 보정하고 필터를 이용해 뽀샤시한 이미지를 만들어봅니다.

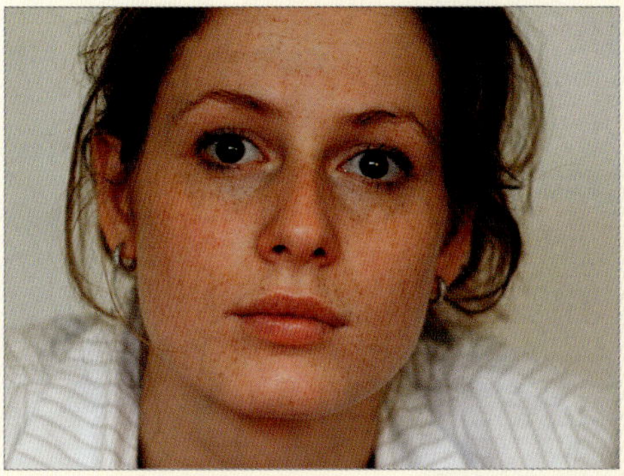

△ 원본 이미지

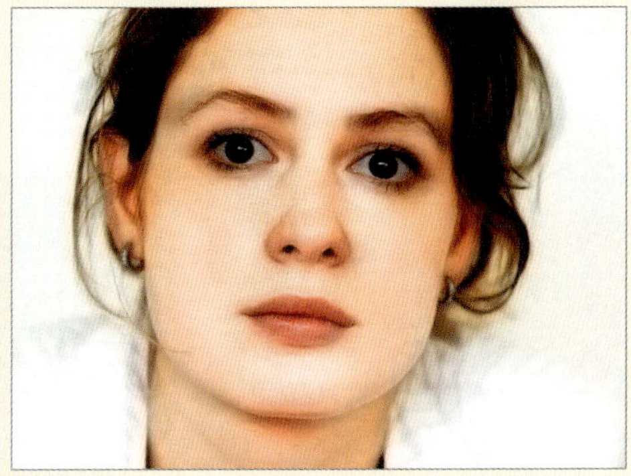

△ 완성 이미지

01 Ch 04 ▸ Section 27 ▸ Freckle.psd 파일을 불러옵니다. 힐링 브러시 툴( )을 선택하고 Alt를 누른 채 주근깨가 없는 부분을 여러 번 선택해가며 눈에 띄는 주근깨를 없애줍니다. 정교하게 작업하기 힘들면 크게 보이는 부분만 제거해도 됩니다.

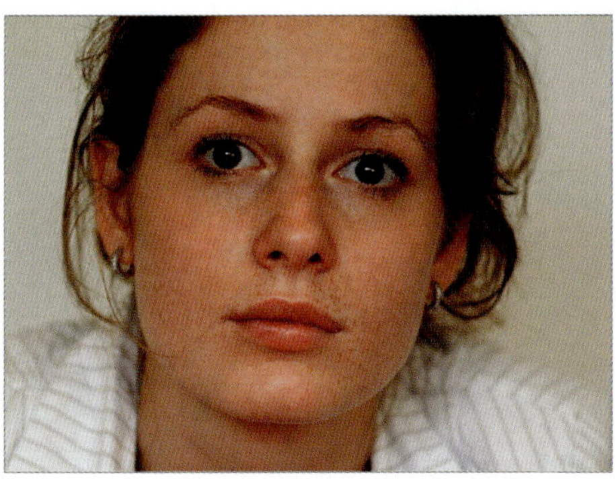

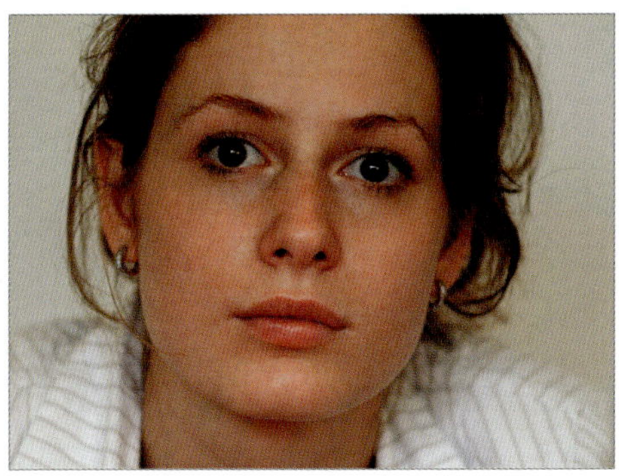

02 어느 정도 주근깨를 제거했다면, Ctrl+J를 눌러 레이어를 복제합니다.

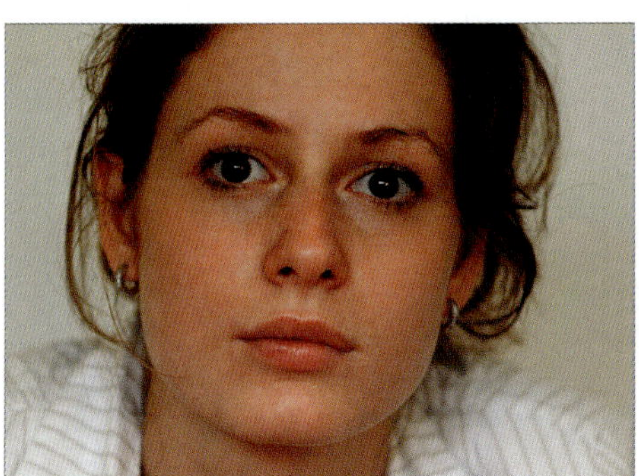

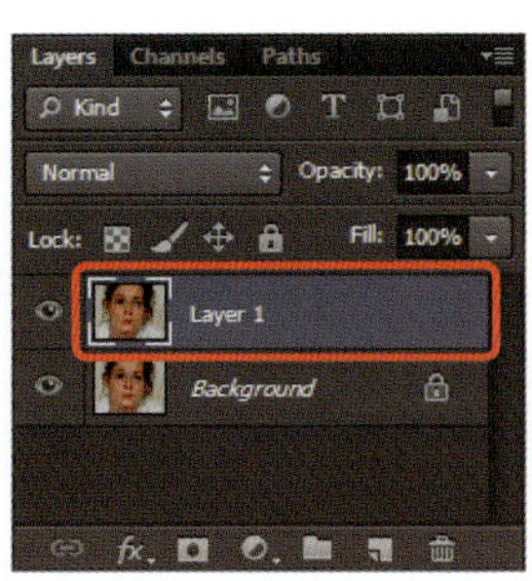

03 이미지의 밝기와 대비를 조절하기 위해 [Image]–[Adjustments]–[Brightness/Contrast] 메뉴를 선택합니다. 옵션 창이 열리면 Brightness 100, Contrast 10으로 설정하고 〈OK〉를 클릭합니다.

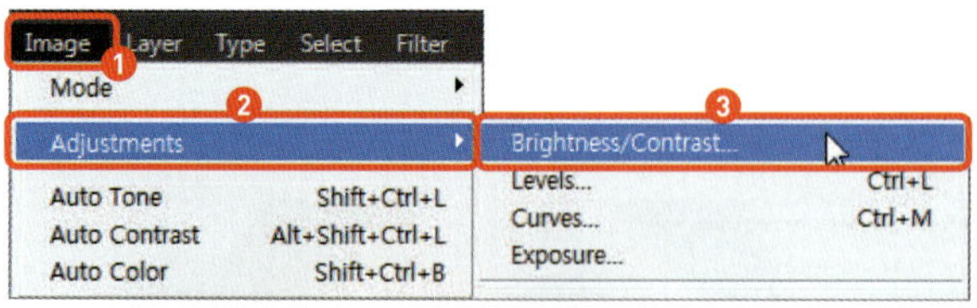

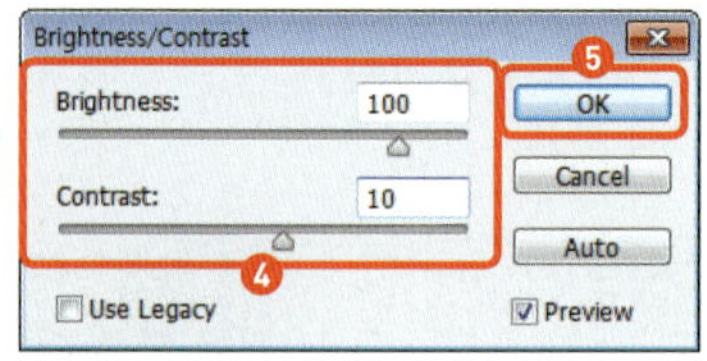

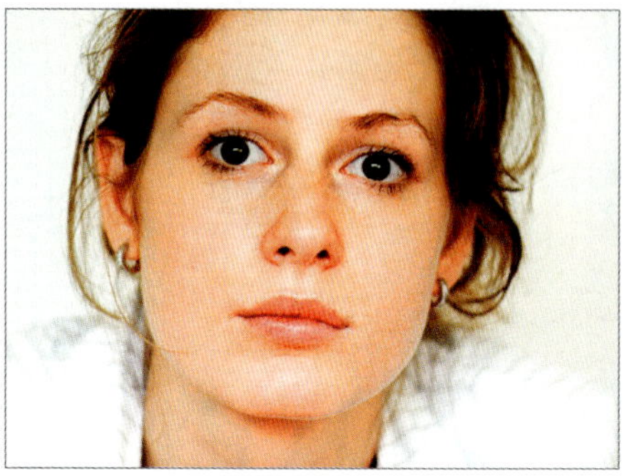

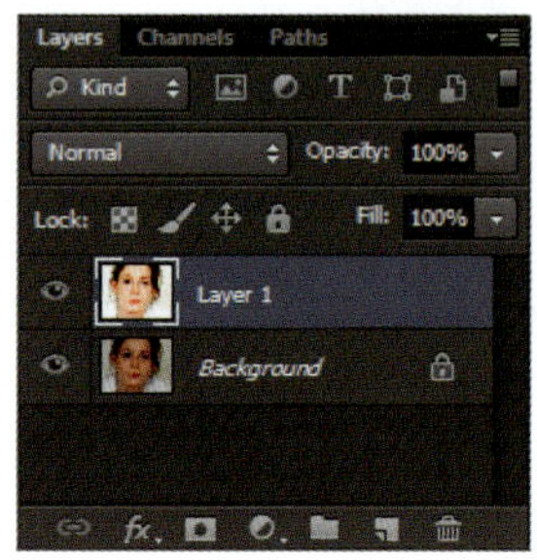

04 이미지를 부드럽게 만들기 위해 [Filter]–[Noise]–[Reduce Noise] 메뉴를 선택합니다. 옵션 창이 열리면 Strength 10, Preserve Details 0%, Reduce Color Noise 100%, Sharpen Details 50%로 설정하고 〈OK〉를 클릭합니다.

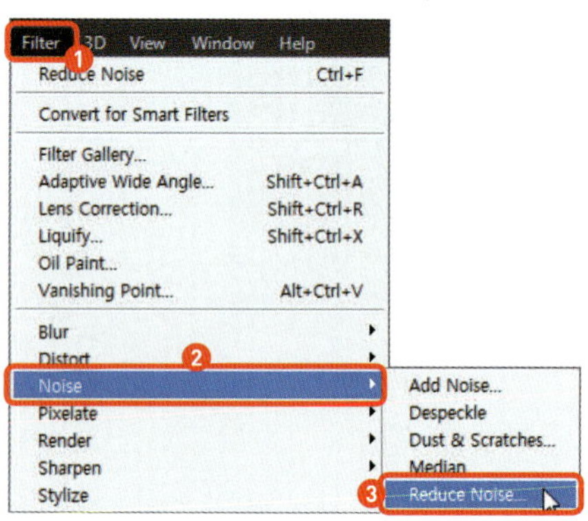

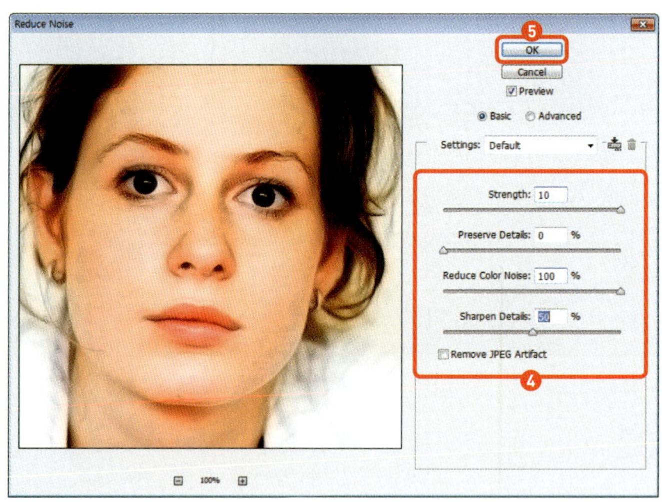

05 지우개 툴()을 선택하고 옵션 바에서 Opacity를 30%로 지정한 후, 눈썹과 눈 그리고 코 아래쪽의 라인과 입술을 한두 번씩 지워줍니다. 또 이마 라인과 턱선도 지워 윤곽 없이 부드럽기만 한 얼굴을 선명하게 만듭니다.

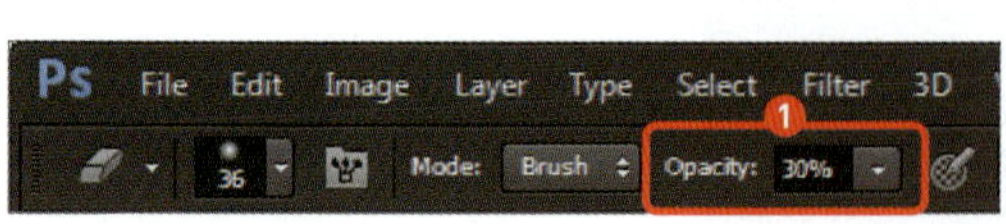

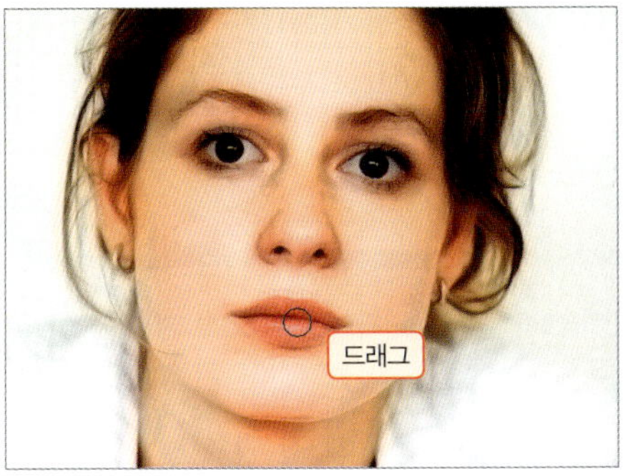

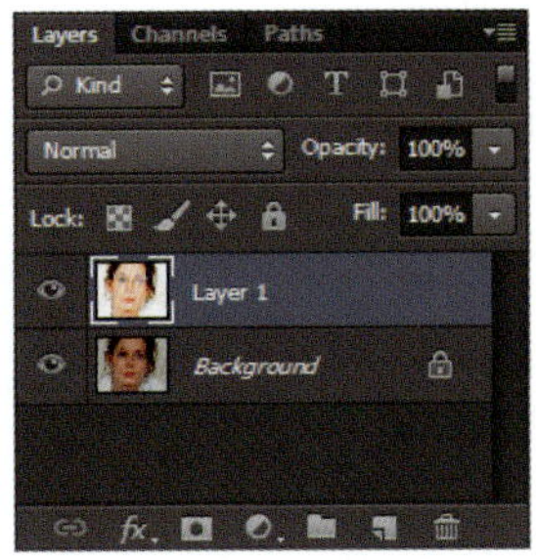

Tip 얼굴의 각 부분에 따라 브러시 크기를 조절해가며 지워줍니다.

06 Layer 1이 선택된 상태에서 Ctrl+E를 눌러 레이어를 병합해주면 완성입니다.

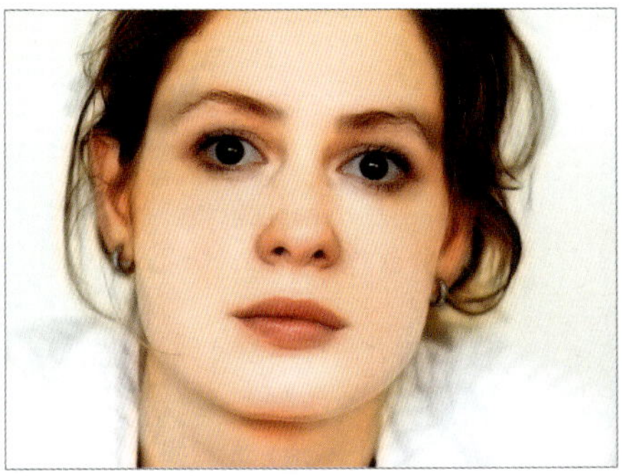

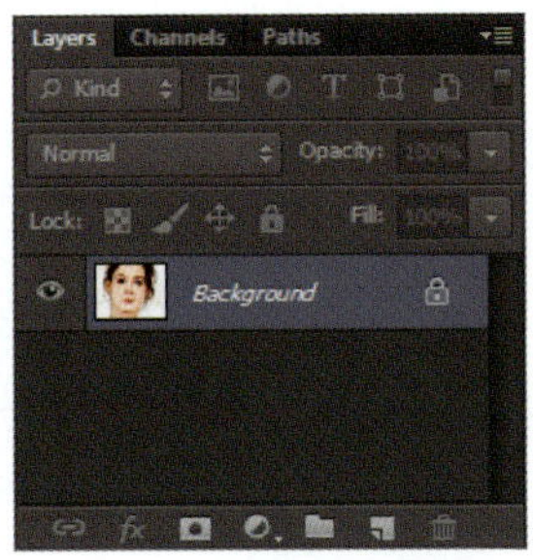

혼자 해보기 | 뽀샤시한 물광 피부 만들기2

• **준비파일** Face_result1.psd • **완성파일** Face_result2.psd

△ 원본 이미지

△ 완성 이미지

SECTION
28 패치 툴

• 단축키 J

패치 툴은 주름과 같이 점보다 더 큰 영역을 보정하는 데 사용하면 좋습니다. 패치 툴로 보정할 부분을 선택한 후 복제할 위치로 드래그 앤 드롭하면 자연스럽게 보정됩니다.

패치 툴(Patch Tool, ■)은 원하는 영역을 선택하여 붙여넣기할 때 주변 환경과 자연스럽게 어우러지도록 해줍니다. 보정할 부분을 선택한 후 복제할 위치로 드래그 앤 드롭하면, 복제할 위치에 있는 이미지 영역이 선택 영역에 자연스럽게 채워져 보정됩니다.

△ 선택 영역에 복제할 이미지를 자연스럽게 채워 넣기

• **준비파일** Pug.psd • **완성파일** Pug_result.psd

따라하기 강아지 주름 제거하기

△ 원본 이미지

△ 완성 이미지

01 Ch 04 ▸ Section 28 ▸ Pug.psd 파일을 불러옵니다. 패치 툴(■)을 선택하고 다음과 같이 주름의 일부를 선택 영역으로 지정합니다. 선택 영역을 주름이 없는 부분으로 드래그한 후 마우스에서 손을 떼면, 주름이 없는 부분이 선택 영역 안으로 부드럽게 채워집니다.

Tip 옵션 바에서 Source를 선택하면 선택 영역이 이동한 부분의 픽셀로 채워지고, Destination을 선택하면 반대로 선택 영역이 이동한 부분에 채워집니다.

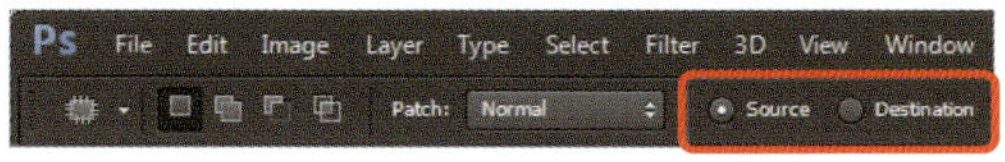

02 패치 툴(■)로 선택 영역을 작게 지정하여 채우는 과정을 여러 번 반복합니다.

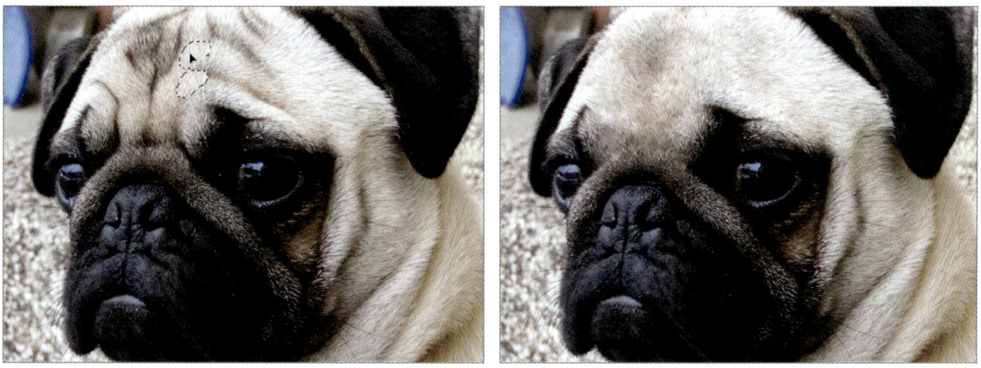

03 털의 방향 등을 고려해가며 조금씩 주름을 없애 이미지를 완성합니다.

SECTION 29

콘텐츠 어웨어 무브 툴

• 단축키 J

콘텐츠 어웨어 무브 툴은 이미지를 자연스럽게 이동시키거나 복제할 때 사용합니다. 선택 영역을 주변 영역과 어우러지게 복제해주기 때문에 자연스럽고 편리한 보정이 가능합니다.

콘텐츠 어웨어 무브 툴(Content-Aware Move Tool,)은 원하는 영역을 다른 곳으로 자연스럽게 이동시키거나 복제할 때 사용합니다. 이동하고자 하는 부분을 선택한 후 원하는 위치로 드래그 앤 드롭하면 자연스럽게 이동됩니다.

△ 원하는 영역 자연스럽게 이동시키기

• 준비파일 Tree.psd • 완성파일 Tree_result.psd

따라하기 배경과 어우러지게 복제하기

△ 원본 이미지

△ 완성 이미지

01 Ch 04 ▸ Section 29 ▸ Tree.psd 파일을 불러옵니다. 콘텐츠 어웨어 무브 툴( )을 선택하고 오른쪽에 있는 나무를 드래그하여 적당히 선택합니다. 너무 꼼꼼하게 선택하지 않아도 됩니다.

02 선택 영역 안쪽을 클릭한 채 나무를 왼쪽으로 이동시키고 마우스에서 손을 떼면, 이미지가 자연스럽게 이동합니다.

03 옵션 바에서 Mode를 Extend로 설정한 후 다음과 같이 나무를 이동시키면, 이번에는 나무가 복제됩니다.

04 Mode 옵션을 조절해가며 선택 영역을 복제하거나 위치를 이동시켜 이미지를 완성합니다.

• **준비파일** Del.psd • **완성파일** Del_result.psd

따라하기

원치 않는 배경 제거하기

사진을 찍다 보면 옆 사람의 손이나 주인공 뒤로 지나가는 사람 등 원치 않는 배경이 같이 찍힐 때가 있습니다. 콘텐츠 어웨어 무브 툴로 이와 같은 배경을 제거하는 방법을 알아봅니다.

△ 원본 이미지

△ 완성 이미지

01 Ch 04 ▸ Section 29 ▸ Del.psd 파일을 불러옵니다. 콘텐츠 어웨어 무브 툴( )을 선택하고 사진 왼쪽에 있는 손을 적당히 드래그하여 선택합니다. 올가미 툴을 사용할 때처럼 꼼꼼하게 선택하지 않아도 됩니다.

02 선택 영역이 만들어졌다면 Delete 를 누릅니다. 다음과 같이 옵션 창이 나타나면 Use를 Content-Aware로 선택하고 〈OK〉를 클릭합니다.

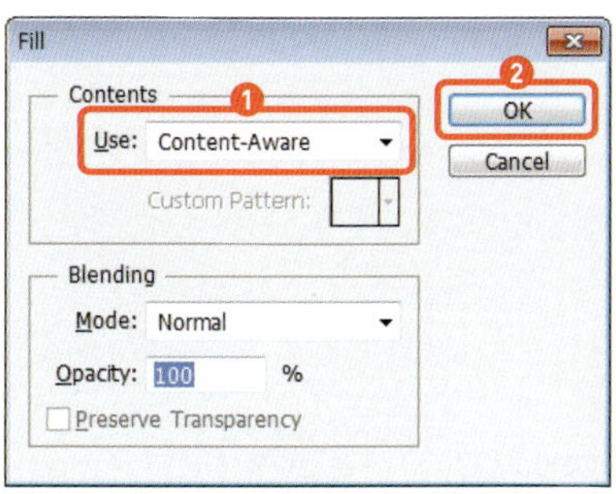

03 왼쪽에 있던 손이 감쪽같이 사라지면서 배경이 자연스럽게 채워졌습니다. 이제 Ctrl + D 를 눌러 선택 영역을 해제하고 이미지를 완성합니다.

SECTION 30

레드 아이 툴

• 단축키 J

레드 아이 툴은 사진을 찍을 때 플래시에 반사되어 눈이 빨갛게 되는 적목 현상을 클릭 한 번으로 해결합니다.

레드 아이 툴(Red Eye Tool,)은 플래시 반사로 인한 눈동자의 적목 현상을 제거하는 데 사용합니다. 이미지의 붉은 부분을 클릭하면 눈동자 색에 가까운 색으로 보정됩니다. 붉은 색에만 반응하기 때문에 주로 플래시 반사로 인한 눈동자 적목 현상에 사용합니다.

△ 붉은 색에만 반응하는 레드 아이 툴

• **준비파일** Frog.psd • **완성파일** Frog_result.psd

따라하기 적목 현상 해결하기

△ 원본 이미지

△ 완성 이미지

01 Ch 04 ▸ Section 30 ▸ Frog.psd 파일을 불러옵니다.

02 레드 아이 툴( )을 선택하고 개구리의 붉은 눈동자 부분을 클릭합니다. 사람의 눈동자는 대부분 개구리보다 작기 때문에 한 번만 클릭해도 손쉽게 복원할 수 있습니다. 붉은 부분을 여러 번 클릭해가며 보정해줍니다.

03 눈동자가 너무 검다면 옵션 바에서 Pupil Size의 수치를 낮춰 눈동자의 섬세한 부분까지 표현합니다.

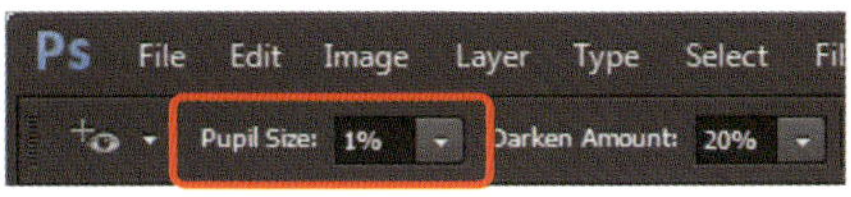

여기서 잠깐!

도장 툴과 힐링 브러시 툴의 차이

- **도장 툴** 마우스가 지나간 영역이 100% 그대로 복제됩니다.
- **힐링 브러시 툴** 마우스에서 손을 떼는 순간 옮겨진 위치와 소스 이미지의 픽셀이 합성됩니다.

△ 도장 툴로 복제한 상태

△ 힐링 브러시 툴로 복제한 상태

따라서 도장 툴은 이미지의 가장자리까지 선명하게 복제할 때 사용하고, 힐링 브러시 툴은 경계를 부드럽게 복제할 때 사용하는 것이 좋습니다.

• **준비파일** Lotus.psd • **완성파일** Lotus_result.psd

따라하기 연꽃 복제하기

도장 툴로 연꽃을 깔끔하게 복제해봅니다.

△ 원본 이미지

△ 완성 이미지

01 Ch 04 ▸ Section 31 ▸ Lotus.psd 파일을 불러옵니다. 도장 툴()을 선택하고 옵션 바에서 Sample을 Current & Below로 선택한 후, 새 레이어를 추가합니다. Current & Below는 현재 선택된 레이어 아래의 소스를 현재 레이어에 복제해주는 옵션입니다.

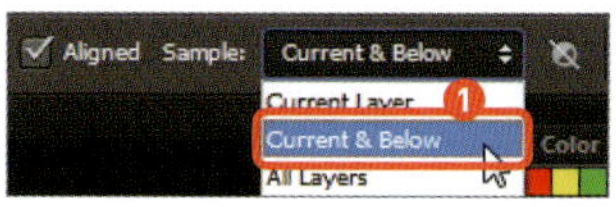

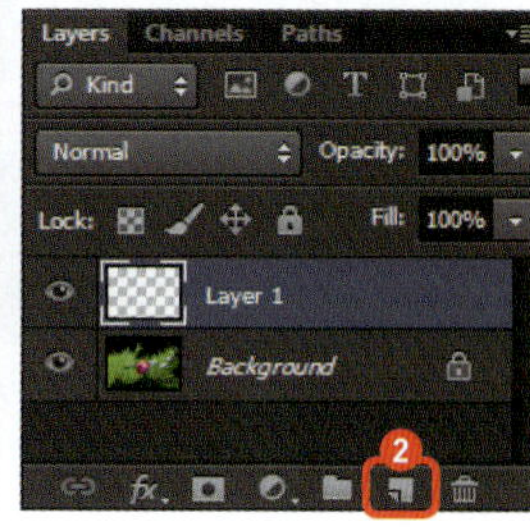

02 Layer 1이 선택된 상태에서 Alt를 누른 채 복제하려는 연꽃을 클릭합니다. 연꽃 오른쪽 윗 부분을 드래그하면 소스 이미지가 복제되는데, 소스보다 높은 위치에 있기 때문에 줄기가 아래쪽까지 내려오지 않았습니다.

03 다시 Alt를 누른 채 줄기 윗 부분을 클릭하여 소스 이미지로 정의하고, 줄기 아랫 부분을 드래그합니다. 복제된 연꽃이 주변과 어울리지 않아 어색해 보입니다.

Tip 옵션 바에 Aligned가 체크된 상태면 마우스에서 손을 뗀 후 다시 드래그해도 드래그하던 부분이 그대로 연결되면서 복제되고, 체크되지 않은 상태면 처음 Alt 를 누르고 소스로 정의한 부분부터 다시 복제됩니다.

△ 드래그하던 부분이 그대로 연결되면서 복제

△ 소스로 정의한 부분부터 다시 복제

04 레이어 패널에서 Background 레이어의 눈 부분을 클릭합니다. 배경의 원본 이미지는 보이지 않고 Layer 1의 복제된 연꽃만 보입니다. 지우개 툴( )로 연꽃 가장자리 부분을 깔끔하게 지워줍니다.

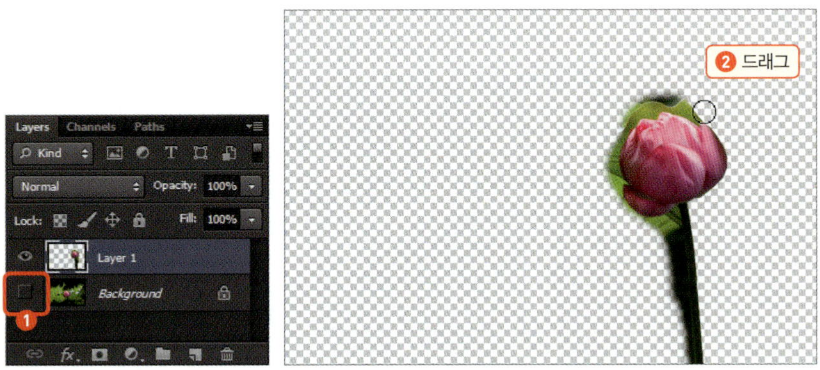

Tip 연꽃 가장자리의 체크 문양은 이미지가 없는 투명한 상태를 의미합니다.

05 Background 레이어의 눈 부분을 다시 클릭하여 이미지가 자연스럽게 복제되었는지 확인합니다. 같은 방법으로 연꽃을 여러 개 복제해 이미지를 완성합니다.

SECTION

32 패턴 도장 툴

• 단축키 S

패턴 도장 툴은 이미지의 특정 영역을 패턴으로 만들어 사용할 때 유용합니다.

패턴 도장 툴(Pattern Stamp Tool,)은 등록한 패턴을 복제해줍니다. 이미지의 일부를 패턴으로 등록한 후 드래그하면 패턴이 반복됩니다.

△ 패턴 도장 툴로 패턴 채우기

• **준비파일** Pattern.psd • **완성파일** Pattern_result.psd

따라하기 패턴 만들기

△ 원본 이미지

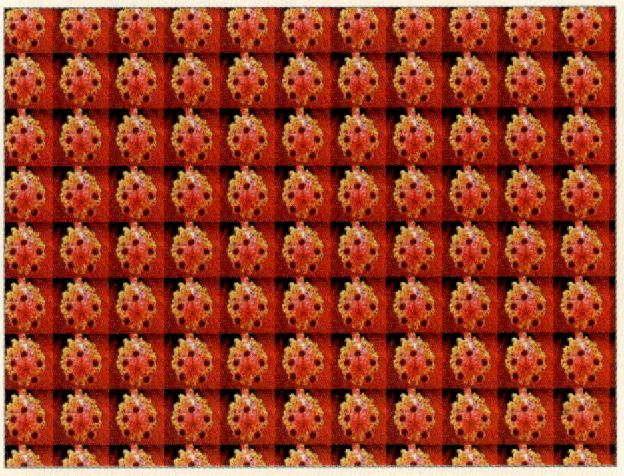

△ 완성 이미지

01 Ch 04 ▸ Section 32 ▸ Pattern.psd 파일을 불러옵니다. 사각형 선택 툴(▣)을 선택하고 꽃 중앙의 수술 부위를 Shift를 누른 채 드래그하여 정사각형의 선택 영역을 지정합니다.

02 [Edit]–[Define Pattern] 메뉴를 선택하여 옵션 창에서 패턴 이름을 입력합니다. 〈OK〉를 클릭하면 선택한 영역이 패턴으로 정의됩니다.

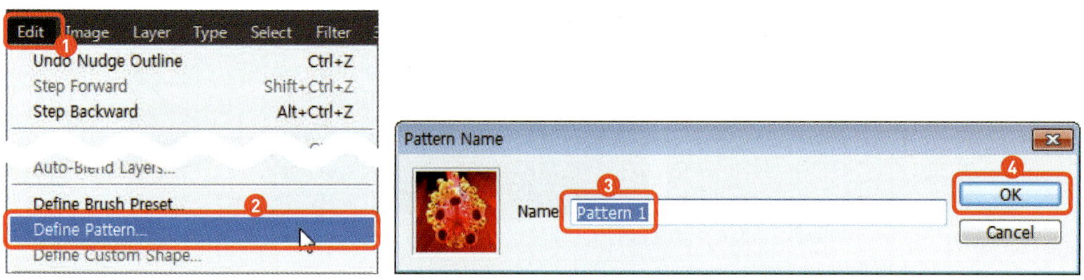

03 Ctrl+D를 눌러 선택 영역을 해제하고 레이어 패널에서 새 레이어를 추가합니다.

04 패턴 도장 툴(▣)을 선택한 후 옵션 바에서 브러시 사이즈를 지정하고, 방금 등록한 패턴을 선택합니다. 그리고 화면을 드래그하여 패턴으로 채우면 이미지가 완성됩니다.

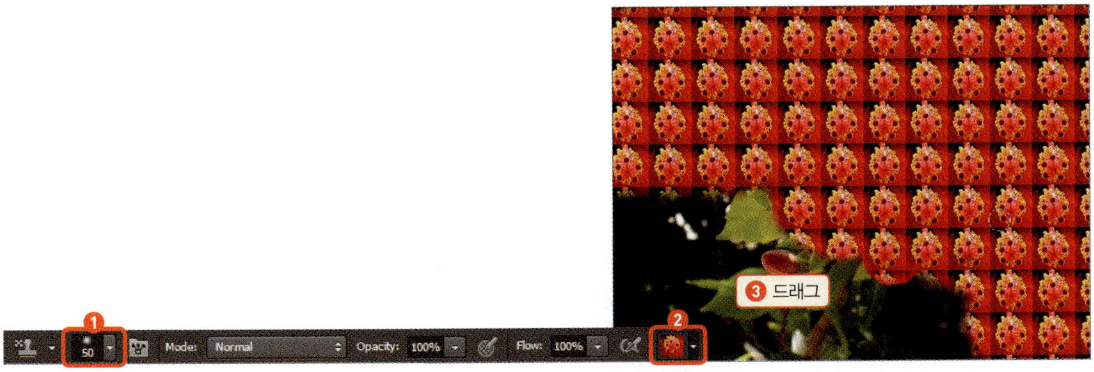

Tip 옵션 바에서 Impressionist를 체크한 후 드래그하면 패턴이 뭉개져 나타납니다.

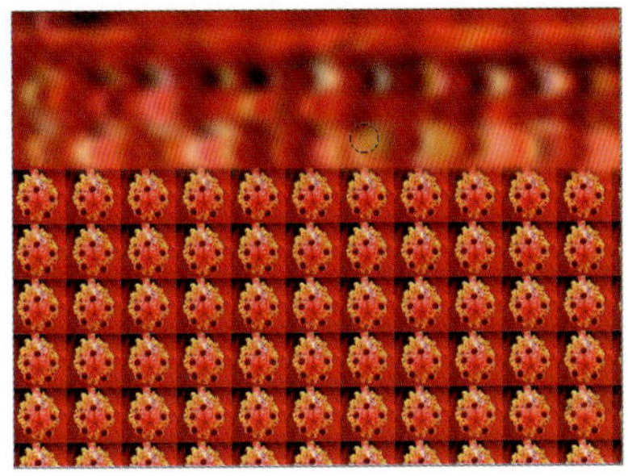

• **준비파일** Lego.psd • **완성파일** Lego_result.psd

따라하기 규칙적인 간격으로 패턴 복제하기

패턴 도장 툴을 이용하여 레고 피규어를 규칙적인 간격으로 복제해봅니다.

△ 원본 이미지

△ 완성 이미지

01 Ch 04 ▸ Section 32 ▸ Lego.psd 파일을 불러옵니다. 사각형 선택 툴(▣)을 선택하여 레고 피규어를 선택 영역으로 지정합니다.

Tip 선택 영역의 상하좌우 여백이 비슷하도록 지정합니다.

02 선택 영역을 패턴으로 등록하기 위해 [Edit]–[Define Pattern] 메뉴를 선택하고 패턴 이름을 입력한 후 〈OK〉를 클릭합니다. 패턴 도장 툴(▣)의 옵션 바에서 등록된 레고 피규어를 찾아 선택합니다.

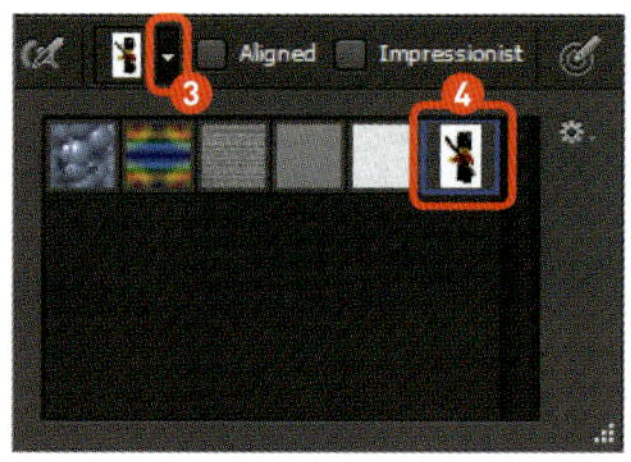

03 Ctrl+D를 눌러 선택 영역을 해제하고, 패턴 도장 툴(▣)로 화면을 드래그하면 레고 피규어 패턴으로 화면이 채워집니다. 화면의 아래쪽도 같은 방법으로 채우고 이미지를 완성합니다.

Design Tip 목적은 분명히, 군더더기는 안녕~

여러분은 무슨 목적으로 포토샵을 사용하나요? 저는 포토샵 작업을 맛있는 음식 만드는 것에 비유하고 싶습니다. 세상에는 맛있는 음식이 정말 많습니다. 하지만 맛있는 음식을 만들겠다고 맛좋은 재료들만 사용한다면 제대로 된 음식을 만들 수 없습니다. 무슨 요리를 할 것인가에 따라 재료가 달라지듯이, 포토샵 작업을 할 때도 목적에 맞는 이미지를 사용해야 합니다.

예쁜 장미꽃 사진으로 애인에게 고백하는 이미지를 만들려고 합니다. 그런데 애인이 햄버거를 좋아한다고 고백을 위한 이미지에 햄버거 사진을 넣는다면 어떨까요? 물론 애인의 성격이 특이하다면 더 좋아할지도 모르겠습니다만, 이미지를 디자인할 때는 누구나 알 수 있게 전하려는 메시지가 분명하게 드러나는 것이 좋습니다.

목적에 맞는 이미지를 사용하면 결과물을 얻기가 한결 수월해집니다. 필자가 여기에서 목적에 맞는 이미지 사용에 관해 강조하는 이유는, 그저 보기 좋은 이미지만 잔뜩 가져와 의도조차 알 수 없는 결과물을 만드는 경우를 많이 보았기 때문입니다.

세상에는 맛있는 재료가 넘쳐나지만, 맛있다고 이것저것 섞어버리면 결국 먹을 수 없는 음식이 됩니다. 마찬가지로 멋진 이미지가 있다고 해서 무조건 용도에 맞지 않게 사용하면 결국 작업을 망치는 지름길이 될 것입니다.

CHAPTER 05

드로잉과 페인팅

흔히 포토샵을 이미지를 보정하고 변형하는 프로그램 정도로 생각하지만, 포토샵의 드로잉과 페인팅 관련 기능을 잘 활용하면 이미지에 색다른 느낌을 더할 수 있습니다. 이번 장에서는 각종 브러시 툴을 사용하여 드로잉과 페인팅을 하는 다양한 방법을 배워봅니다. 또 페인트 버킷 툴로 2차원 오브젝트를, 3D 머티리얼 드롭 툴로 3차원 오브젝트를 채색하는 방법도 배워봅니다.

CONTENTS

Section 33 / 브러시 툴, 연필 툴

Section 34 / 컬러 리플레이스먼트 툴

Section 35 / 믹서 브러시 툴

Section 36 / 히스토리 브러시 툴, 아트 히스토리 브러시 툴

Section 37 / 지우개 툴, 백그라운드 지우개 툴, 매직 지우개 툴

Section 38 / 그레디언트 툴

Section 39 / 페인트 버킷 툴

Section 40 / 3D 머티리얼 드롭 툴

Section 41 / 블러 툴, 샤픈 툴, 스머지 툴

Section 42 / 닷지 툴, 번 툴, 스펀지 툴

SECTION

33

브러시 툴, 연필 툴

• 단축키 B

브러시 툴과 연필 툴은 선을 그리는 데 사용하는 가장 기본적인 툴로, 직선과 점선을 그릴 수 있으며 패턴을 등록하여 브러시로 사용할 수도 있습니다. 또 여러 가지 옵션을 이용하여 선의 모양, 크기, 흐림 정도 등을 다양하게 표현할 수 있습니다.

브러시 툴과 연필 툴의 기능

브러시 툴(Brush Tool,)과 연필 툴(Pencil Tool,)은 직선과 점선을 그릴 때 사용합니다. Shift를 누른 채 드래그하면 수직선, 수평선, 45° 각도의 선을 그릴 수 있으며, 패턴이나 특정 이미지를 브러시로 등록하여 사용할 수 있습니다. 또 포토샵에서 기본으로 제공하는 브러시 외에도 외부 브러시를 불러와 사용할 수 있습니다.

브러시 툴의 옵션

❶ **툴 프리셋** 자주 사용하는 브러시를 저장해두고 필요할 때 바로 꺼내 사용합니다.

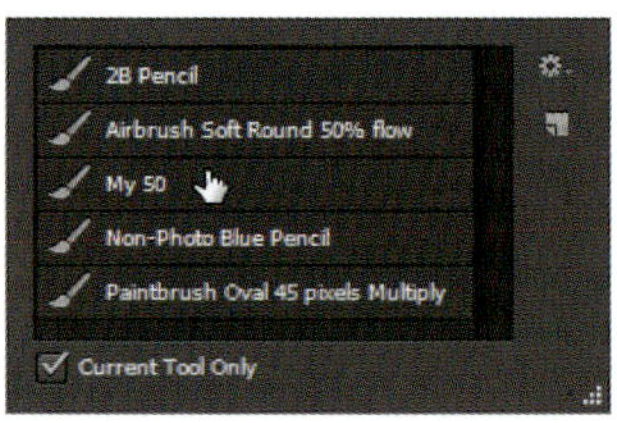

❷ **브러시 프리셋** 브러시의 크기와 가장자리의 선명한 정도를 조절합니다.

- Size 브러시의 크기를 조절합니다.
- Hardness 브러시 가장자리의 선명한 정도를 조절합니다. 수치가 클수록 선명합니다.

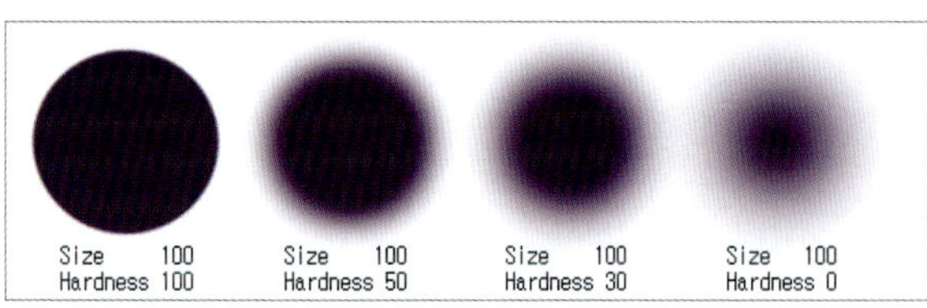

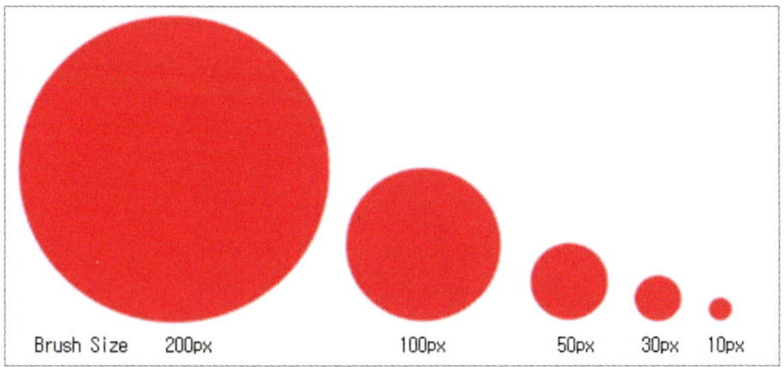

❸ **브러시 패널** 브러시의 다양한 옵션을 조절합니다. 자신만의 브러시를 만들어 사용할 경우 브러시 패널 창에서 여러 옵션을 조절하여 사용할 수 있습니다.

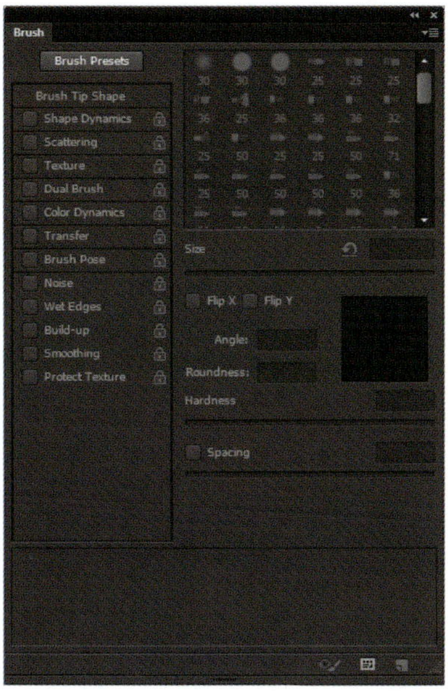

❹ **Mode** 브러시의 모드를 선택합니다. 모드에 대해서는 Section 50에서 자세히 배웁니다.

❺ **Opacity** 브러시 색상의 투명도를 조절합니다.

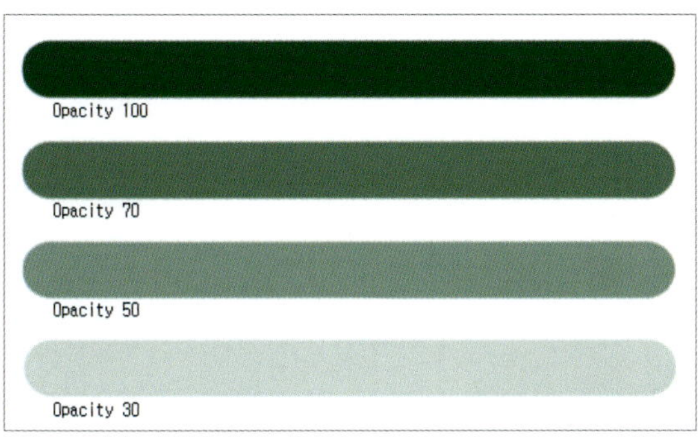

❻ **Flow** 입력된 수치의 크기에 따라 브러시 흐름의 불투명도 양을 조절합니다.

❼ **에어브러시 모드** 실제 에어브러시를 사용하는 것과 같이 마우스를 클릭하고 있으면 브러시 주위로 번짐이 커집니다.

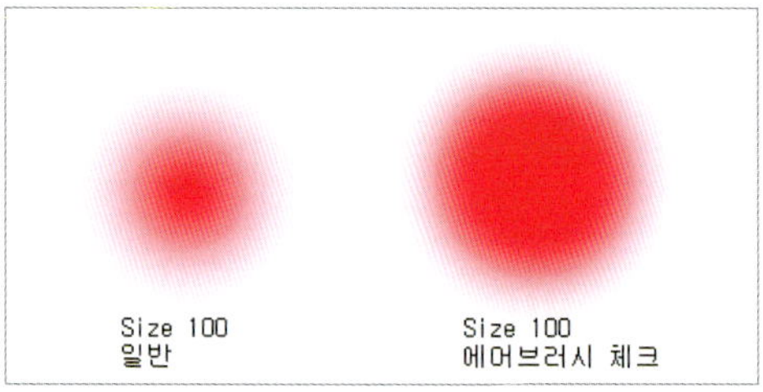

연필 툴의 옵션

연필 툴은 브러시 툴과 사용 방법이 비슷하지만 Hardness 조절이 안됩니다. Auto Erase를 체크하고 연필 툴로 그린 부분을 드래그하면 전경색으로 칠해지며, 다시 클릭하여 드래그하면 배경색으로 칠해집니다. 즉 연필 툴로 그린 부분을 클릭할 때마다 전경색과 배경색이 번갈아가며 칠해집니다.

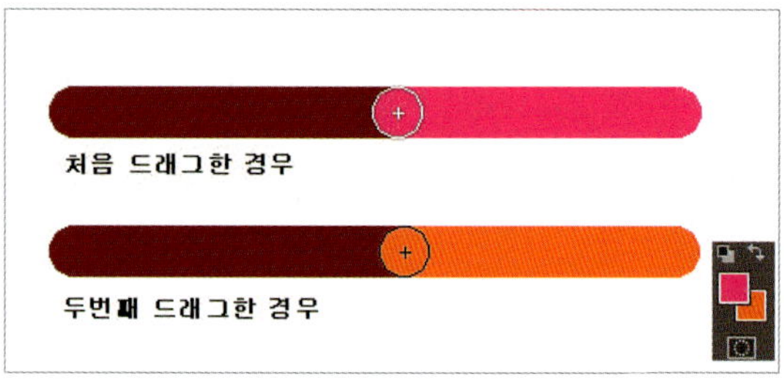

따라하기 체크무늬 패턴 만들기

브러시 툴로 수직선과 수평선 그리는 연습을 해보고 투명도를 조절하여 체크무늬 패턴을 만들어봅니다.

△ 완성 이미지

△ 응용 이미지

01 [File]–[New] 메뉴 또는 Ctrl+N을 눌러 옵션 창에서 너비와 높이를 각각 500Pixels, 해상도를 72Pixels/Inch로 설정한 후 〈OK〉를 클릭해 새 문서를 만듭니다.

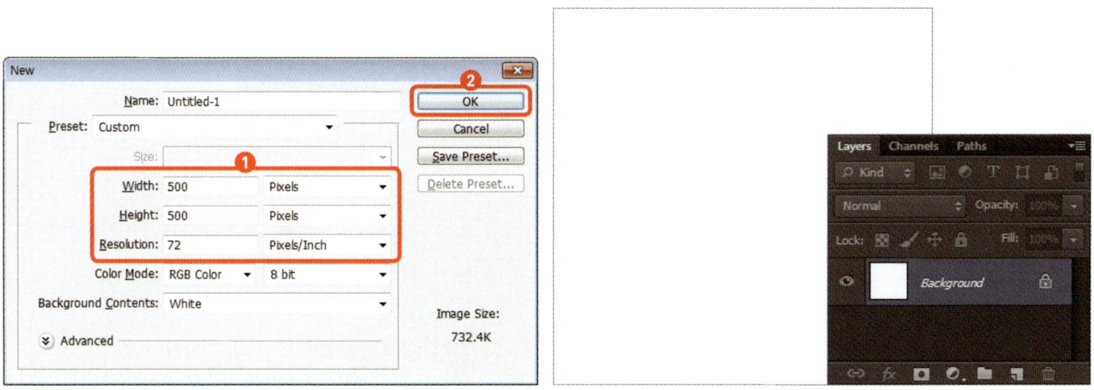

02 Swatches 패널에서 선호하는 색을 선택하여 전경색으로 지정합니다.

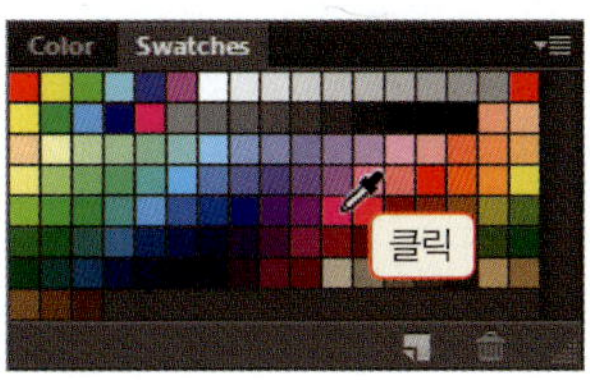

Tip Swatches 패널에 없는 색을 지정하고 싶다면 툴 박스에서 전경색을 클릭합니다. 옵션 창이 열리면 스펙트럼 부분을 클릭하거나 슬라이드 바를 조절하여 원하는 지점의 색상을 클릭합니다.

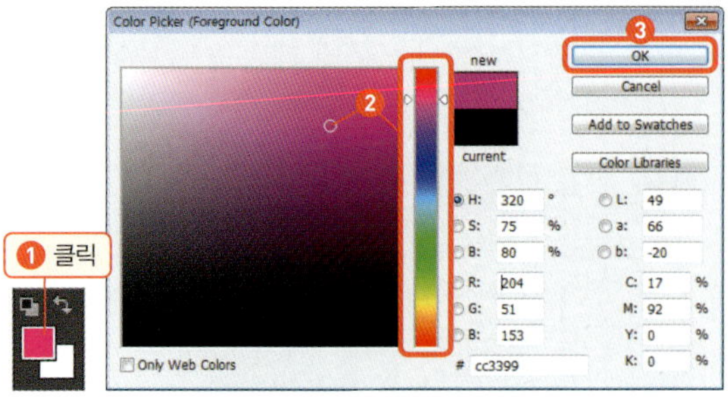

03 브러시 툴()을 선택하고 옵션 바에서 Size 30pt, Hardness 100%로 설정합니다. 그리고 Opacity는 선이 교차하는 지점을 알 수 있도록 50%로 지정합니다.

04 시작지점을 클릭한 상태에서 Shift를 누른 채 오른쪽으로 드래그하여 수평선을 그립니다. Shift에서 손을 뗀 후 다음 라인의 시작지점을 클릭하고 Shift를 누른 채 드래그하여 수평선을 추가합니다. 같은 방법으로 나머지 수평선과 수직선을 간격을 적당히 맞춰가며 아래와 같이 그립니다.

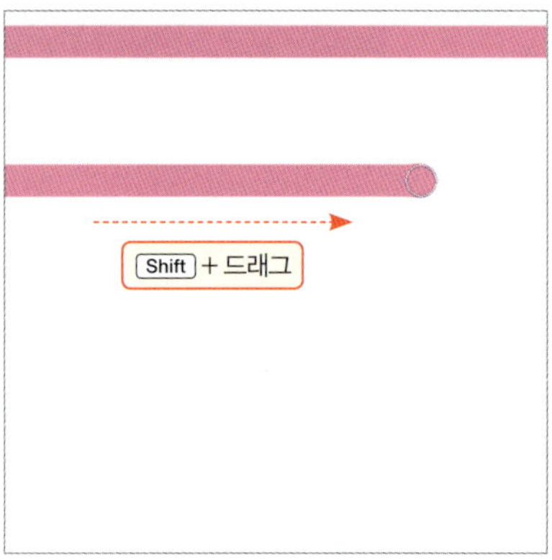

Tip Shift 를 누른 채 드래그하면 수평선, 수직선, 45° 선이 그려지지만 Shift 를 누른 채 다음 지점을 클릭하면 현재 지점과 다음 지점이 연결됩니다. 오른쪽 그림에서 겹쳐진 부분이 Shift 를 누른 채 클릭한 지점입니다.

05 Swatches 패널에서 다른 색상을 선택한 후, 브러시 툴( )의 옵션 바에서 Size 20pt, Hardness 100%로 설정합니다. 이때 Opacity는 50%로 유지해도 되고 취향에 따라 조절해도 됩니다. 브러시 옵션을 설정했으면 04단계를 반복하여 아래와 같이 수평선과 수직선을 나란히 그립니다.

06 다시 브러시 색상을 변경하고 크기를 10pt로 바꾼 후, 아래와 같이 수평선과 수직선을 추가해 패턴을 완성합니다.

07 간격을 눈대중으로 맞추다보면 자로 잰 듯 규칙적으로 만들기 어렵습니다. 이미 만들어진 패턴을 좀 더 규칙적으로 만들어 보겠습니다. 사각형 선택 툴(▦)을 선택하고 Shift를 누른 채 아래와 같이 드래그하여 정사각형의 선택 영역을 지정합니다.

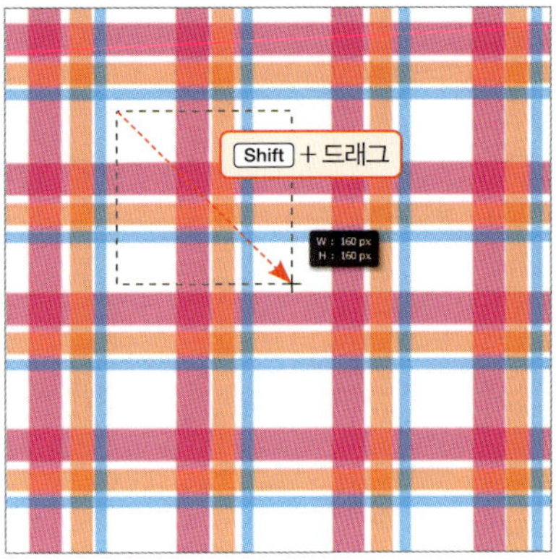

08 선택한 영역을 패턴으로 등록하기 위해 [Edit]–[Define Pattern] 메뉴를 선택하고 옵션 창에서 패턴 이름을 입력한 뒤 〈OK〉를 클릭합니다.

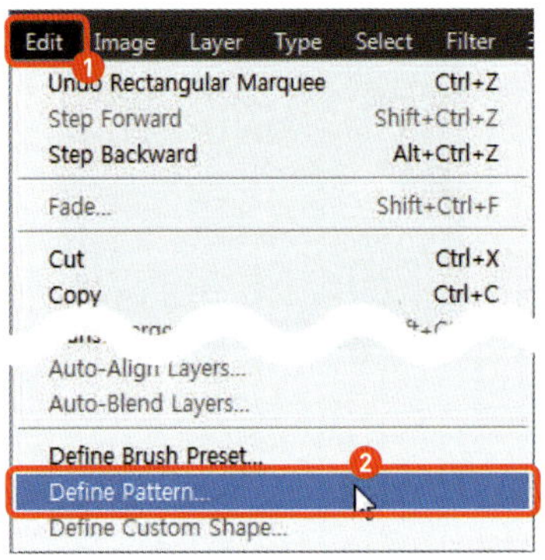

09 화면 전체에 패턴을 적용하기 위해 Ctrl+A를 눌러 전체 영역을 선택합니다.

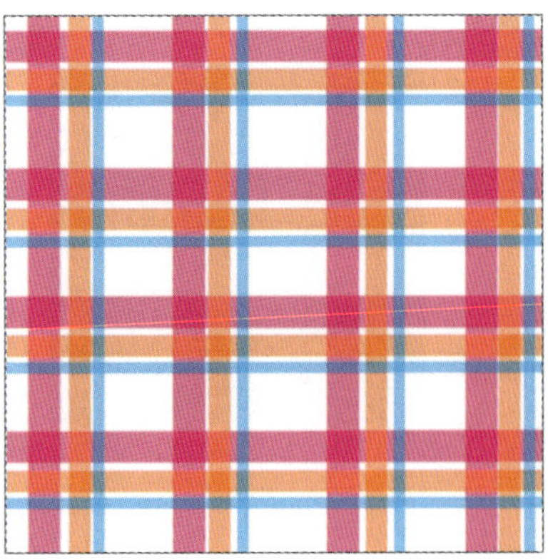

10 [Edit]-[Fill] 메뉴를 선택하여 Use를 Pattern으로 설정하고, Custom Pattern의 썸네일을 클릭해 등록한 패턴을 선택합니다. 설정이 끝나면 〈OK〉를 클릭해 규칙적인 패턴으로 화면을 채워줍니다.

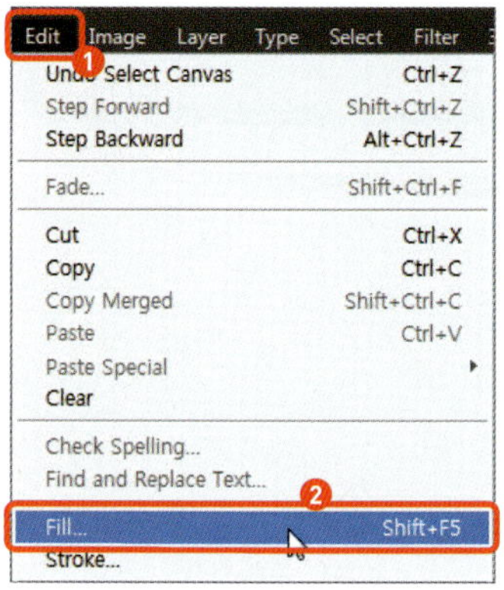

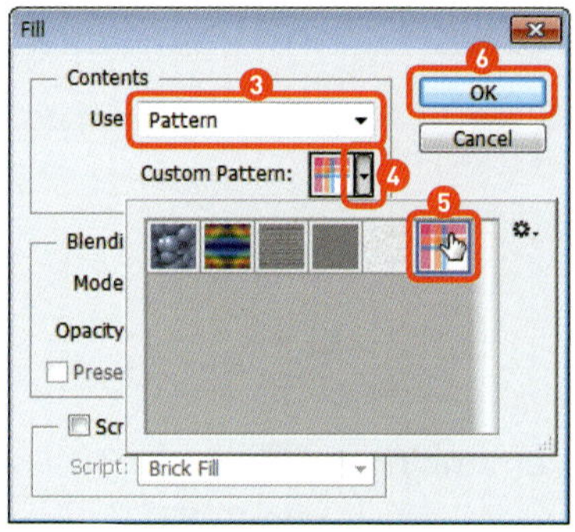

11 Ctrl+D를 눌러 선택 영역을 해제하고 패턴을 완성합니다.

SECTION 34

컬러 리플레이스먼트 툴

• 단축키 B

컬러 리플레이스먼트 툴은 이미지의 질감은 그대로 살리면서 색상만 변경할 때 사용합니다.

컬러 리플레이스먼트 툴의 기능

컬러 리플레이스먼트 툴(Color Replacement Tool,)은 이미지의 질감은 그대로 둔 채 색상만 변경할 때 사용합니다. 원하는 영역을 브러시로 칠하여 손쉽게 색상을 변경할 수 있으며, 이미지의 전체 또는 일부만 색상을 변경할 수도 있습니다.

△ 질감은 유지한 채 색상만 변경

컬러 리플레이스먼트 툴의 옵션

❶ Mode 변경할 색상 모드를 선택합니다.

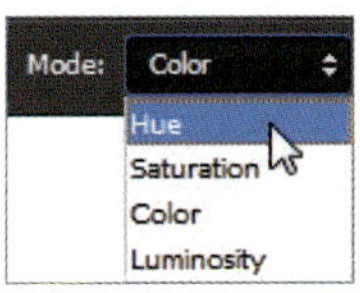

- Hue 색조를 바꾸기 위한 옵션입니다.
- Saturation 채도를 바꾸기 위한 옵션입니다.
- Color 색상을 바꾸기 위한 옵션입니다.
- Luminosity 이미지의 색과 전경색을 합성하기 위한 옵션입니다.

❷ Sampling 이미지의 어느 부분에 적용할지 선택합니다.

- Continuous() 드래그를 시작하여 끝나는 지점까지 채색합니다.
- Once() 처음 클릭한 부분과 비슷한 색상 Level에만 적용합니다.
- Background Swatch() 배경색과 비슷한 색상 Level에만 적용합니다.

❸ Limits 이미지에 적용될 색상의 범위를 선택합니다.

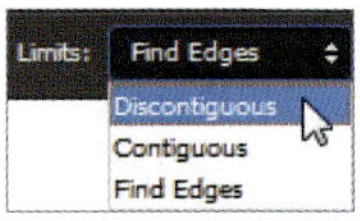

- Discontiguous 색상 경계를 포함한 다른 부분의 색상까지 포함합니다.
- Contiguous 경계에 근접한 부분을 부드럽게 포함합니다.
- Find Edges 가장자리 경계를 인식하여 뚜렷하게 나타냅니다.

• **준비파일** Baby color.psd • **완성파일** Baby color_result.psd

따라하기 **눈과 입술에 포인트 주기**

△ 원본 이미지

△ 완성 이미지

01 Ch 05 ▸ Section 34 ▸ Baby color.psd 파일을 불러옵니다. 컬러 리플레이스먼트 툴( )의 브러시 사이즈를 눈동자 크기에 맞게 조절합니다. 눈동자의 색상을 변경하기 위해 Swatches 패널에서 원하는 색상을 클릭한 후 눈동자 부분을 드래그합니다.

02 입술 색을 변경하기 위해 Swatches 패널에서 전경색을 선택한 후 입술을 드래그해주면 완성입니다.

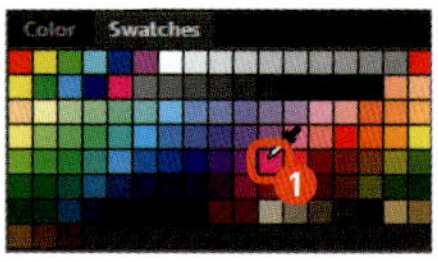

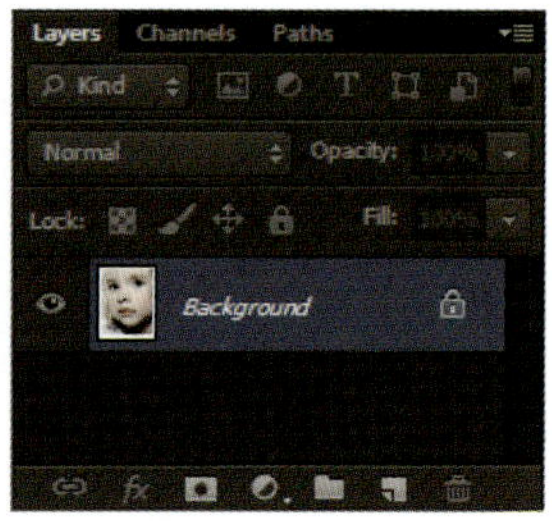

혼자 해보기 | 꽃잎 색상 변경하기

• **준비파일** Color2.psd • **완성파일** Color2_result.psd

△ 원본 이미지

△ 완성 이미지

SECTION
35

믹서 브러시 툴

• 단축키
B

믹서 브러시 툴은 브러시의 다양한 효과를 믹스하여 이미지를 회화 느낌이 나도록 만듭니다. 브러시의 크기와 종류에 따라 다양한 채색 효과를 낼 수 있습니다.

믹서 브러시 툴의 기능

믹서 브러시 툴(Mixer Brush Tool,)은 브러시의 페인팅 색과 이미지의 배경색을 믹스하여 이미지를 회화적으로 만드는 데 사용합니다. 이 툴을 사용하면 수채화, 유화 등의 느낌이 나도록 다양한 채색 효과를 낼 수 있습니다.

△ 이미지를 회화적으로 표현

믹서 브러시 툴의 옵션

❶ **컬러와 소스** 페인팅 소스의 상태를 보여주는 곳으로, 일반적으로 전경색을 페인팅 소스로 사용하지만 Alt 를 누른 채 이미지를 클릭하면 클릭한 부분의 이미지를 페인팅 소스로 사용할 수 있습니다.

❷ **브러시 믹스** 선택된 상태에서는 브러시의 색상과 이미지의 색상이 믹스됩니다. 선택되지 않으면 해당 이미지의 색상만 사용합니다.

❸ **색상 믹스** 선택된 상태에서는 브러시를 한 번 사용할 때마다 지정된 색상으로 초기화됩니다. 선택되지 않으면 브러시를 사용할 때마다 색상이 믹스되어 색상이 점점 탁해집니다.

❹ **Custom 옵션** ❺, ❻, ❼, ❽번의 옵션을 조절하여 페인팅 소스와 이미지가 믹스되는 정도를 자주 사용하는 설정 조합으로 만들어둔 옵션입니다. Dry할수록 소스 색상이 짙으며 배경 이미지와는 믹스되지 않은 건조한 느낌이고, Wet할수록 소스 색상이 흐리며 배경 이미지와 함께 믹스되는 무른 느낌입니다.

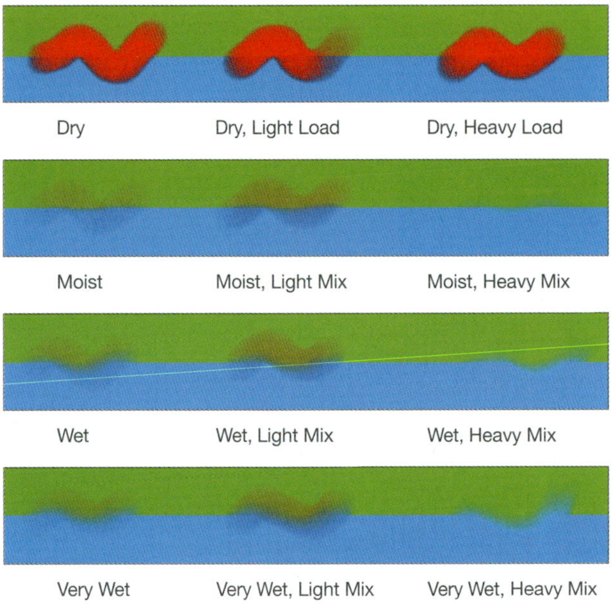

❺ **Wet** 페인팅 소스의 양을 조절하는 옵션으로, 수치가 낮을수록 페인팅 소스의 색상이 많이 묻어나고 수치가 높을수록 배경 이미지의 색상 믹스가 커집니다.

❻ **Load** 불러오는 페인팅 소스의 양을 조절합니다.

❼ **Mix** 페인팅 소스와 이미지의 비율을 조절하며, 수치가 낮을수록 페인팅 소스의 양이 늘어납니다.

❽ **Flow** 브러시 흐름의 강약을 보여주는 옵션으로, 수치가 낮을수록 투명한 느낌이 납니다.

❾ **에어브러시** 에어브러시 효과를 나타내며 마우스를 누르고 있는 동안 브러시가 점점 번져 나갑니다.

❿ **Sample All Layers** 체크한 경우 모든 레이어에 효과가 적용되며, 체크하지 않은 경우 현재 활성화되어 있는 레이어에만 적용됩니다.

⓫ **Pressure** 타블렛 사용 시 압력을 감지합니다.

따라하기 | 장미 사진을 유화 작품으로 바꾸기

믹서 브러시 툴로 장미 사진을 유화 느낌의 이미지로 만들어봅니다.

△ 원본 이미지

△ 완성 이미지

01 Ch 05 ▸ Section 35 ▸ Rose Mixer.psd 파일을 불러옵니다. 스포이드 툴(　)을 선택하고 장미의 붉은 부분을 클릭하여 클릭한 지점을 전경색으로 지정합니다.

02 믹서 브러시 툴(　)을 선택합니다. 옵션 바를 보면 소스로 사용할 색이 방금 지정한 전경색으로 지정된 것을 알 수 있습니다. 브러시 종류 옵션을 클릭해 Chalk 36px을 선택하고, Sample All Layers에 체크합니다. 그리고 레이어 패널에서 새 레이어를 추가합니다.

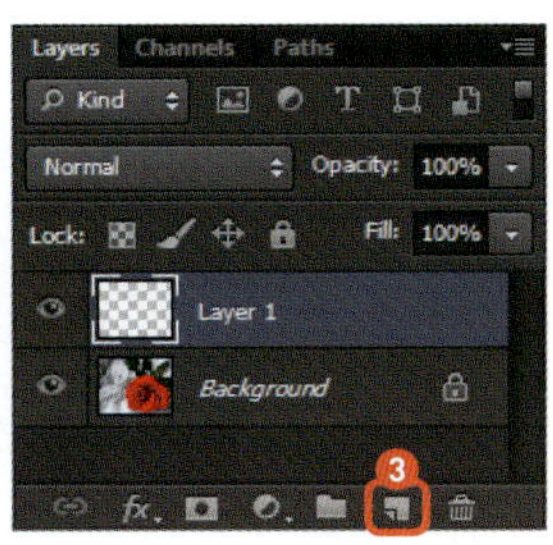

Tip Sample All Layers를 반드시 체크해야 아래쪽의 장미 이미지에 영향을 줍니다.

Tip 비슷한 모양의 브러시가 많기 때문에 브러시의 종류를 선택할 때는 브러시에 마우스를 올리고 2~3초간 기다려 브러시 이름을 보고 선택합니다. 브러시 모양 아래에 적힌 숫자는 브러시의 크기를 의미합니다.

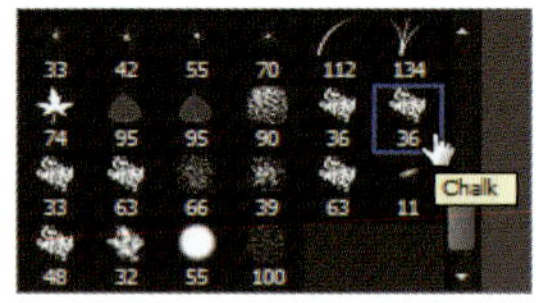

03 Layer 1이 선택된 상태에서 꽃잎 경계 부분을 드래그하여 거칠게 만듭니다.

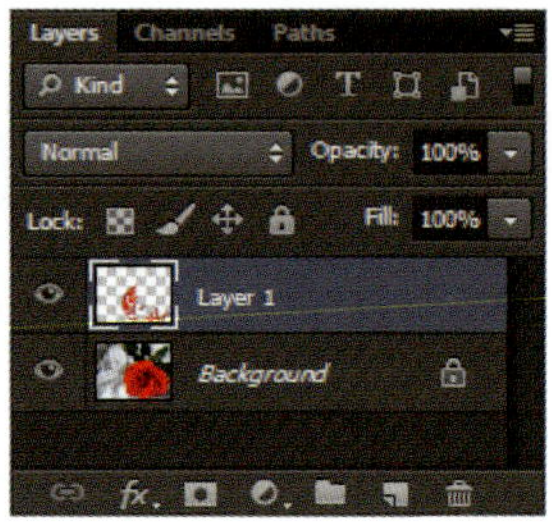

04 옵션 바에서 브러시 패널()을 클릭해, Angle –145°, Roundness 36%로 설정합니다. Angle과 Roundness는 각각 브러시의 방향과 굵기를 나타냅니다.

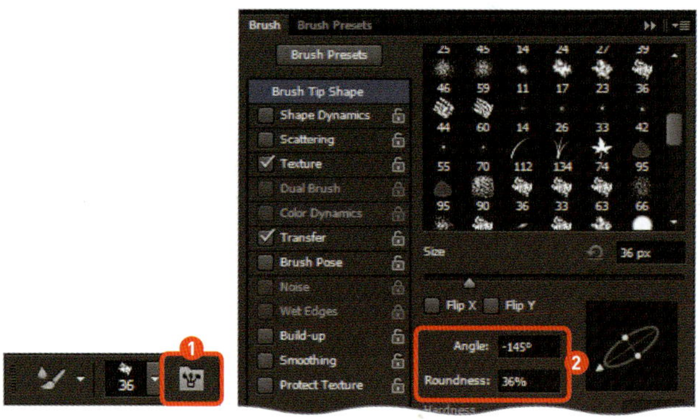

Tip Angle과 Roundness는 오른쪽의 화살표가 있는 원을 드래그하여 직관적으로 조절할 수도 있습니다.

05 브러시의 방향이 변경된 것을 확인하고, 다음과 같이 드래그하여 꽃잎의 나머지 부분도 거칠게 만듭니다.

06 잎사귀 부분에 스케치 효과를 내기 위해 스포이드 툴( )로 초록색 부분을 클릭합니다. 믹서 브러시 툴( )을 선택하고 옵션 바에서 다시 Chalk 브러시를 선택합니다.

07 잎사귀의 가장자리를 드래그하여 거친 느낌으로 만듭니다.

08 지금까지는 스포이드 툴( )로 단색을 지정해 사용했지만, Alt 를 누르고 이미지의 특정 지점을 클릭하면 클릭한 지점의 이미지를 페인트 브러시로 사용할 수 있습니다. 믹서 브러시가 선택된 상태에서 Alt 를 누른 채 흰색 천 부분을 클릭합니다. 옵션 바를 확인해 보면 흰색 천이 소스 이미지로 지정된 것을 알 수 있습니다.

09 Chalk 브러시로 천의 결 방향대로 드래그하여 거칠게 만듭니다. 브러시를 처음 칠할 때는 단순히 가장자리가 거친 느낌이었지만, 완성하고 보니 자연스러운 유화 느낌의 이미지가 되었습니다.

• **준비파일** 없음 • **완성파일** Circle_bokeh_result.psd

따라하기 **부드럽고 화려한 보케 이미지 만들기**

브러시의 다양한 옵션을 이용해 부드럽고 화려한 보케 이미지를 만들어봅니다.

△ 완성 이미지

△ 응용 이미지

Tip 보케(Bokeh)란 초점이 맞지 않아 뿌옇게 보이는 효과를 말합니다.

01 [File]-[New] 메뉴 또는 Ctrl+N을 눌러 너비와 높이를 각각 500Pixels, 해상도를 72Pixels/Inch로 설정한 후 〈OK〉를 클릭해 새 문서를 만듭니다.

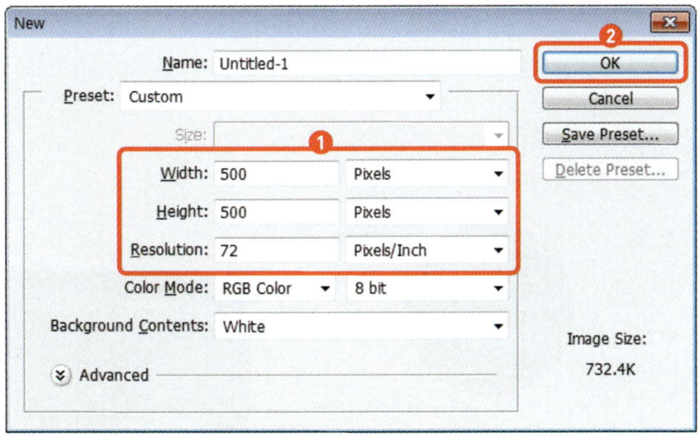

02 D를 눌러 전경색과 배경색을 기본색인 검은색과 흰색으로 설정한 후, Alt+Delete를 눌러 화면을 검은색으로 채웁니다.

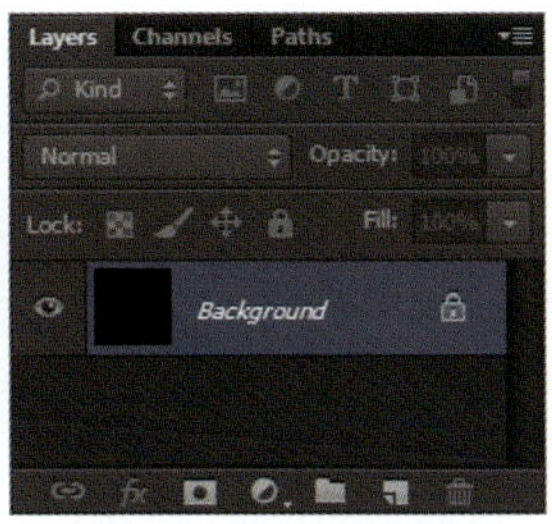

03 새 레이어를 추가한 후 Background 레이어의 눈 부분을 클릭하여 Layer 1만 보이도록 합니다.

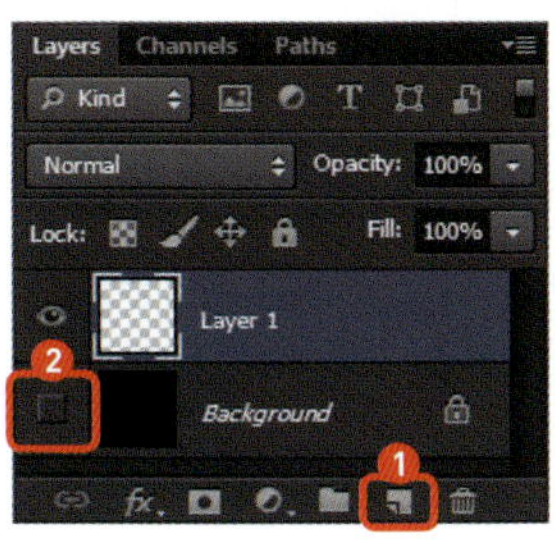

04 원형 선택 툴( )을 선택하고 Shift를 누른 채 드래그하여 정원을 그립니다. 그리고 Alt + Delete를 눌러 검은색으로 채웁니다.

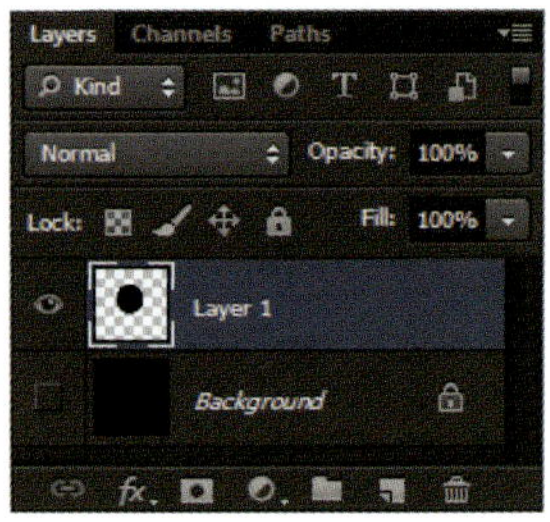

05 레이어의 Fill 옵션을 50%로 변경하고 Ctrl + D를 눌러 선택 영역을 해제합니다.

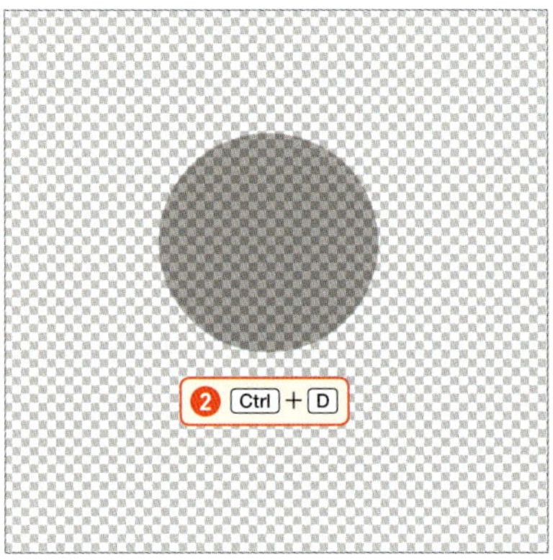

06 레이어 패널 하단의 레이어 스타일 추가(fx)를 클릭해 [Stroke]를 선택합니다. 옵션 창에서 Size를 5px, Position을 Inside로 설정한 후 〈OK〉를 클릭해 테두리를 만듭니다.

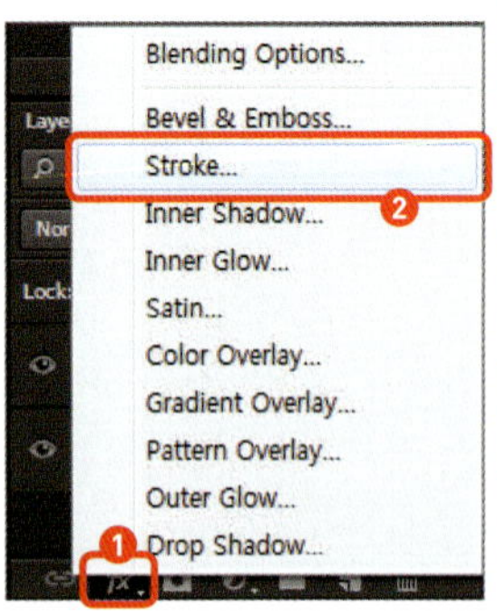

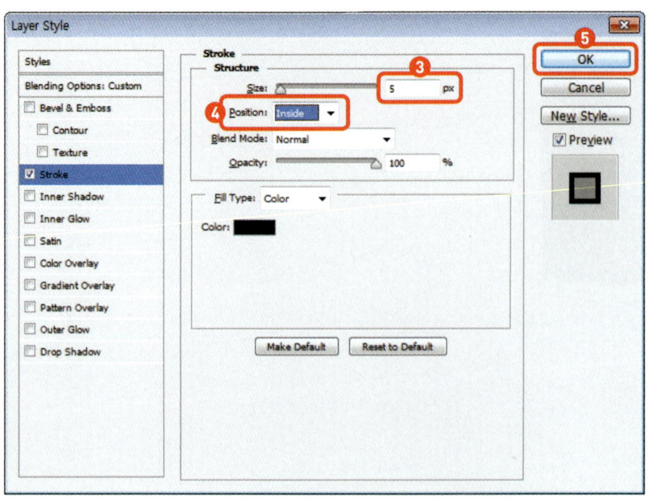

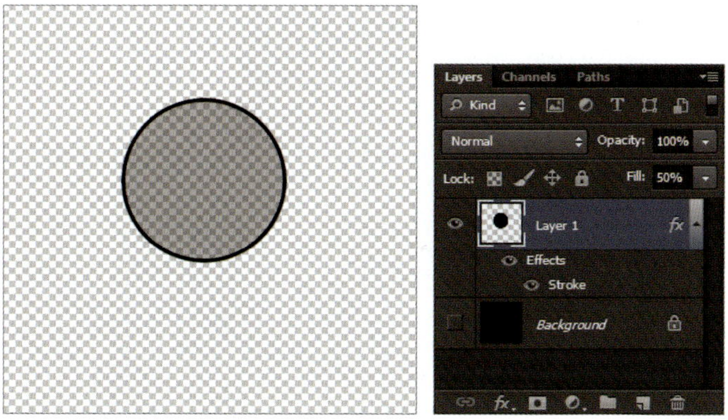

07 Ctrl 을 누른 채 Layer 1의 썸네일을 클릭하여 선택 영역을 만듭니다.

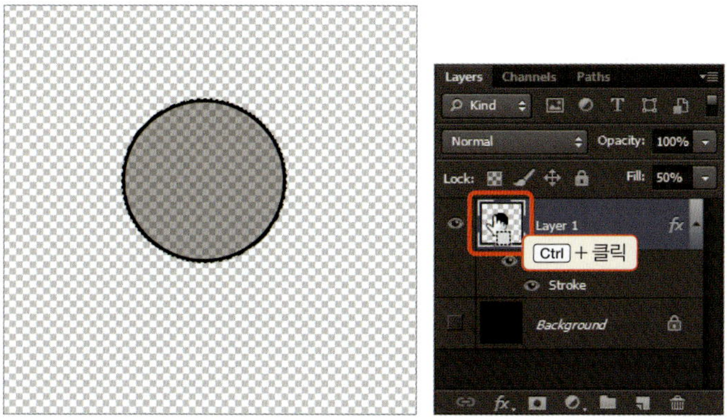

08 [Edit]–[Define Brush Preset] 메뉴를 선택합니다. 옵션 창에서 브러시 이름을 입력하고 〈OK〉를 클릭하면 선택 영역이 브러시로 등록됩니다.

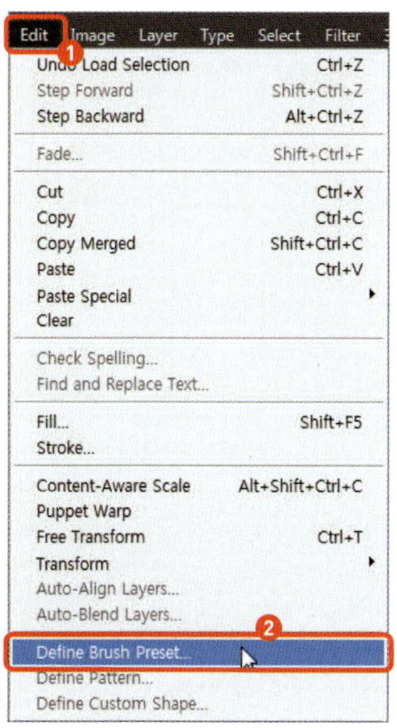

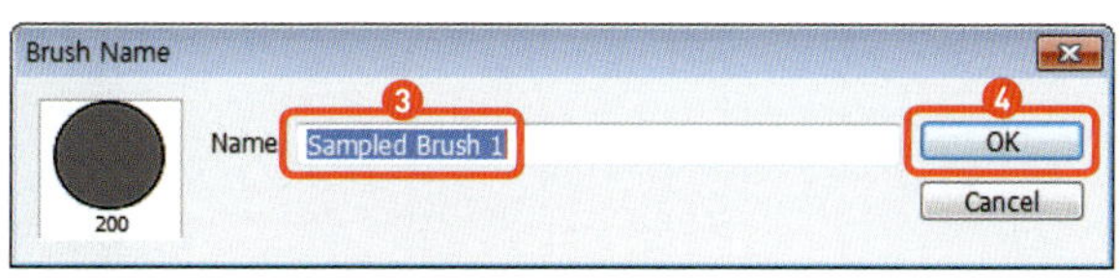

09 Ctrl+D를 눌러 선택 영역을 해제하고 레이어 패널 하단의 휴지통()을 클릭해 Layer 1을 삭제합니다.

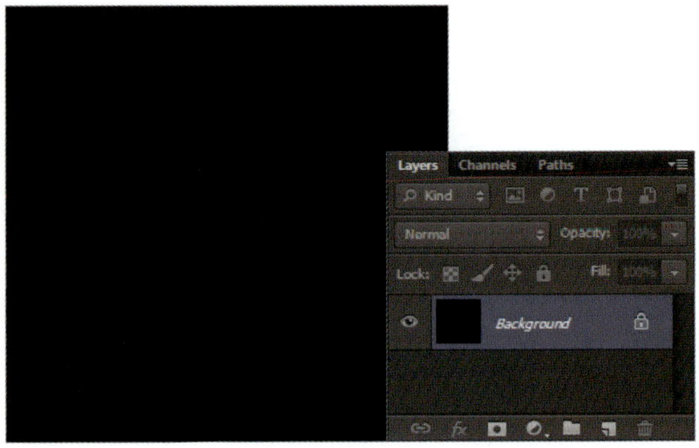

10 브러시 툴()을 선택하고 옵션 바에서 브러시 패널()을 클릭합니다. 브러시 패널 창에서 [Brush Tip Shape]를 선택하고 방금 등록한 브러시를 클릭한 후, Size 150px, Spacing 100%로 조절합니다. Size는 브러시의 크기를 나타내며, Spacing은 브러시의 간격을 나타냅니다.

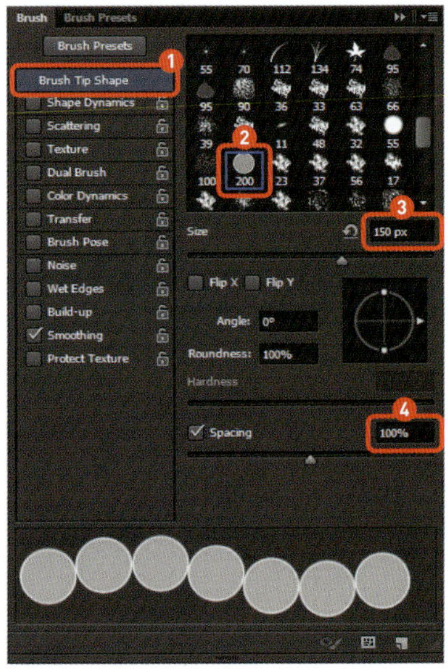

Tip 브러시 패널 창 아래에서 브러시 모양을 미리 볼 수 있습니다.

11 [Shape Dynamics]를 선택하여 Size Jitter 100%, Minimum Diameter 20%로 조절합니다. Size Jitter는 브러시의 사이즈를 확대 또는 축소하여 불규칙한 간격을 만들며, Minimum Diameter는 축소된 브러시의 최소 사이즈를 지정합니다.

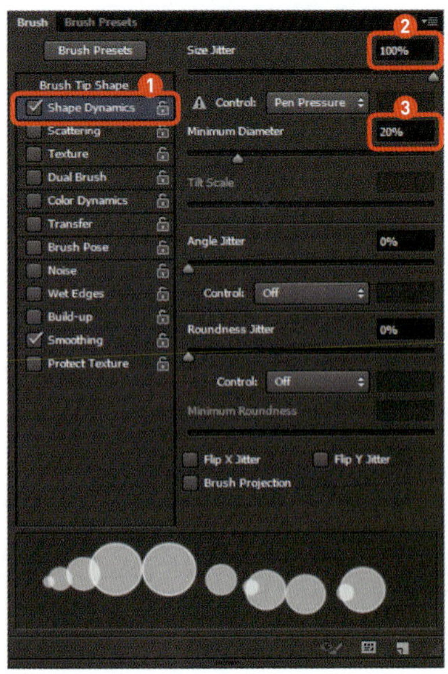

12 [Scattering]을 선택하고 Scatter 500%, Count 3으로 조절합니다. Scatter의 수치가 높을수록 브러시 패턴이 분산되며, Count는 붓 자국의 간격을 조절합니다.

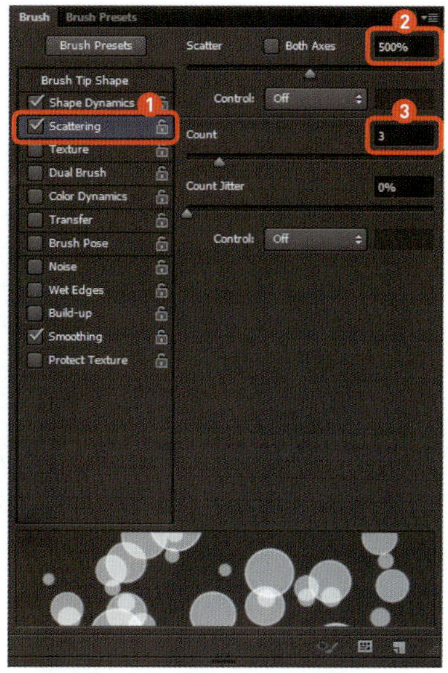

13 마지막으로 [Transfer]를 선택하여 Opacity Jitter와 Flow Jitter를 각각 50%로 지정하여 브러시의 불투명한 정도를 조절합니다.

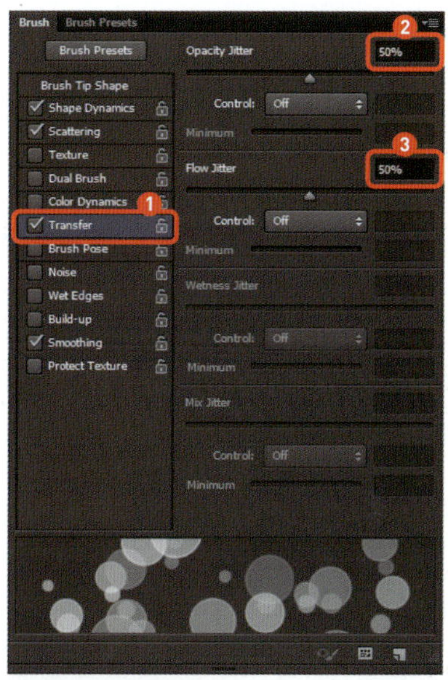

Tip 브러시 패널 창을 닫으려면 탭의 오른쪽 끝(▾≡)을 클릭하고 [Close]를 선택합니다.

14 레이어 패널에서 새 레이어를 추가하고 전경색을 흰색으로 지정합니다. 브러시 툴(🖌)을 선택한 다음 오른쪽 그림과 같이 드래그합니다.

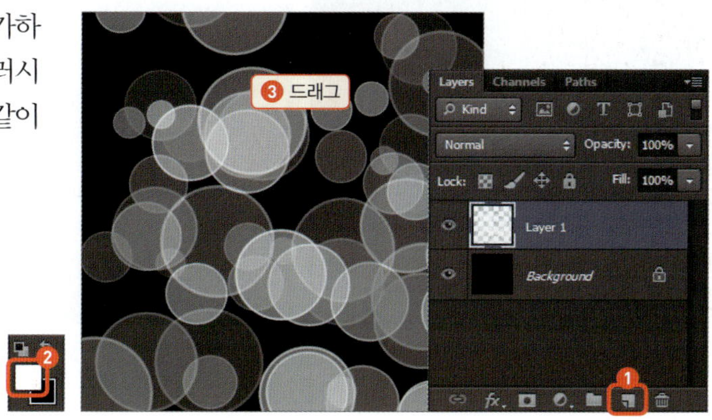

15 [Filter]-[Blur]-[Gaussian Blur] 메뉴를 선택하고, 옵션 창에서 Radius를 6으로 입력한 후 〈OK〉를 클릭합니다. 브러시의 형태가 흐릿하게 변하였습니다.

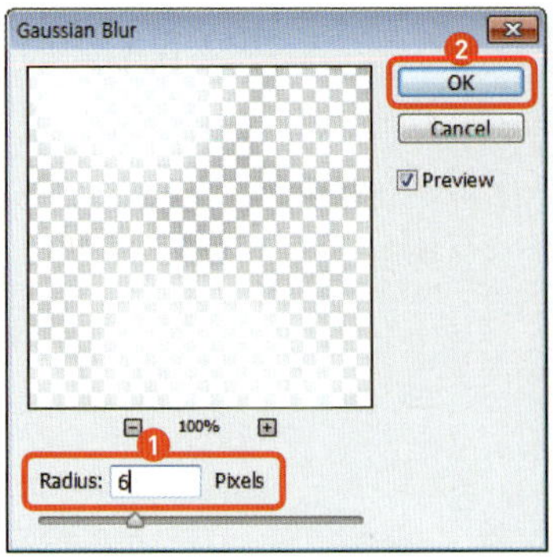

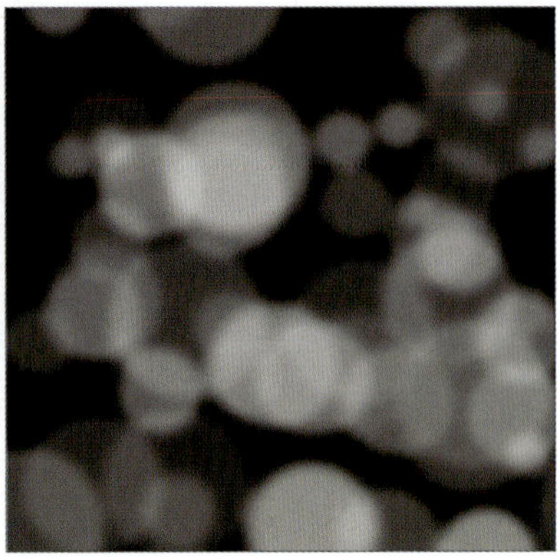

16 레이어 패널 하단의 레이어 스타일 추가( )를 클릭해 [Gradient Overlay]를 선택합니다. 옵션 창에서 Gradient( )를 클릭해 Spectrum을 선택하고 Angle을 45°로 조절한 후 〈OK〉를 클릭합니다. Layer 1의 브러시에 컬러가 적용되었습니다.

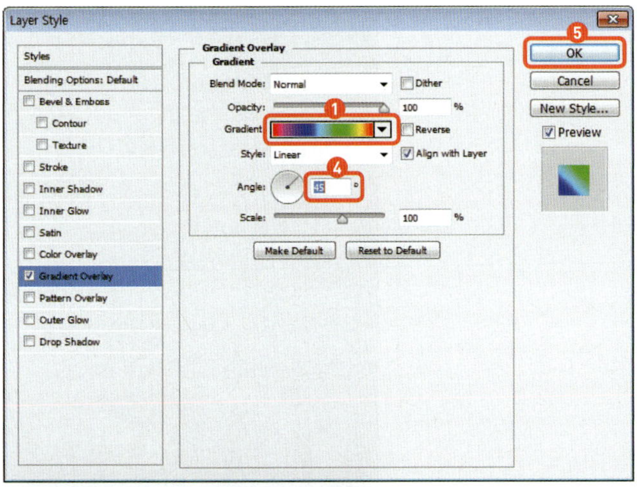

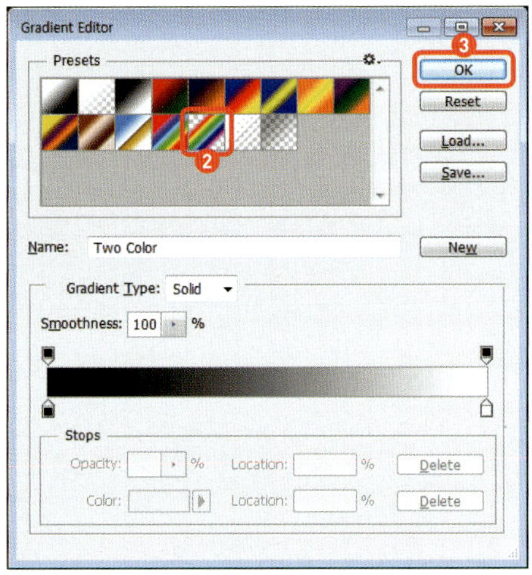

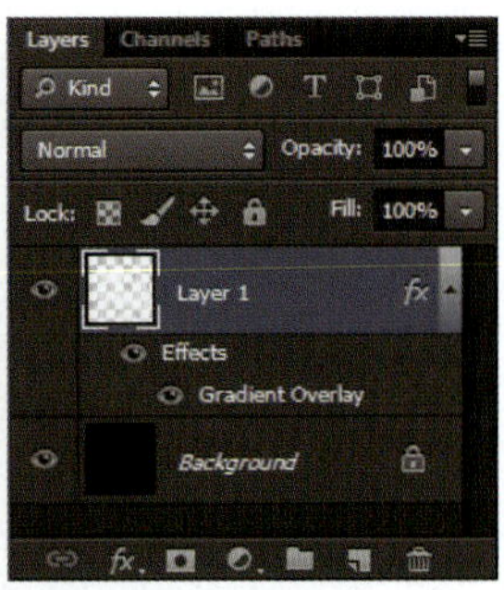

17 레이어 패널에서 새 레이어를 추가하고, 브러시 툴( )로 화면을 드래그하여 브러시 이미지를 추가합니다.

18 [Filter]–[Blur]–[Gaussian Blur] 메뉴를 선택하고, 옵션 창에서 Radius를 3으로 입력한 후 〈OK〉를 클릭합니다. 브러시의 형태가 약간 흐릿하게 변하였습니다.

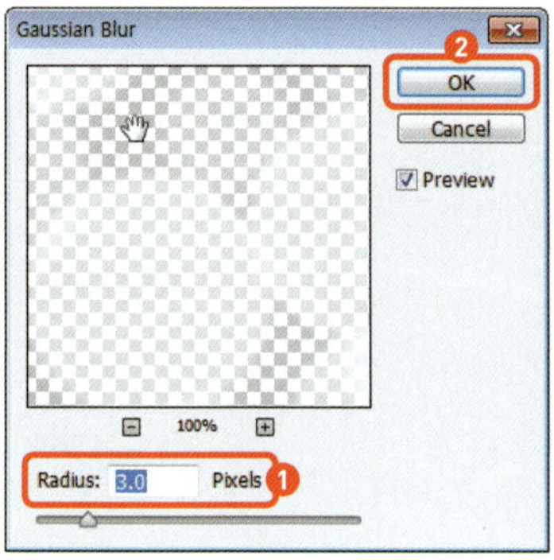

19 Layer 1의 이름 부분에서 마우스 오른쪽 버튼을 눌러 [Copy Layer Style]을 선택합니다. 다시 Layer 2의 이름 부분에서 마우스 오른쪽 버튼을 눌러 [Paste Layer Style]을 선택해, Layer 1에 적용한 레이어 스타일을 Layer 2에도 적용합니다.

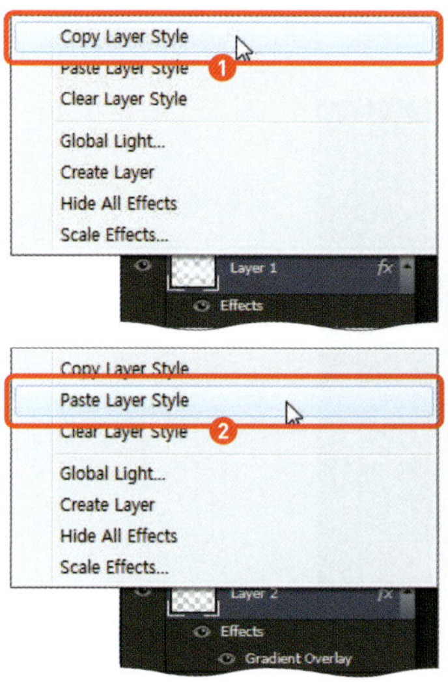

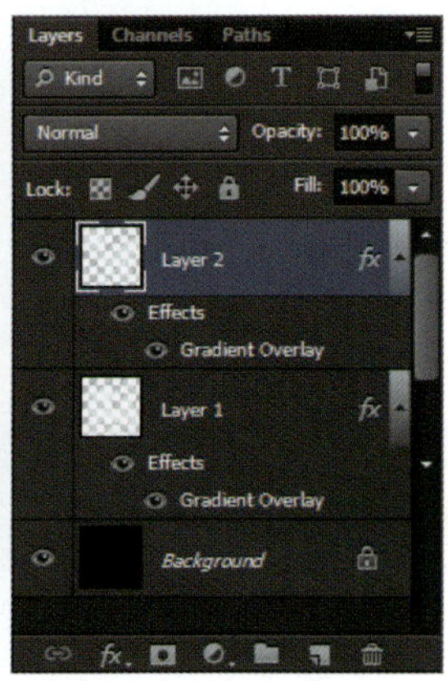

20 레이어 패널에서 새 레이어를 추가한 후, 브러시 툴(🖌)로 화면을 드래그하여 다시 한 번 브러시 이미지를 추가합니다.

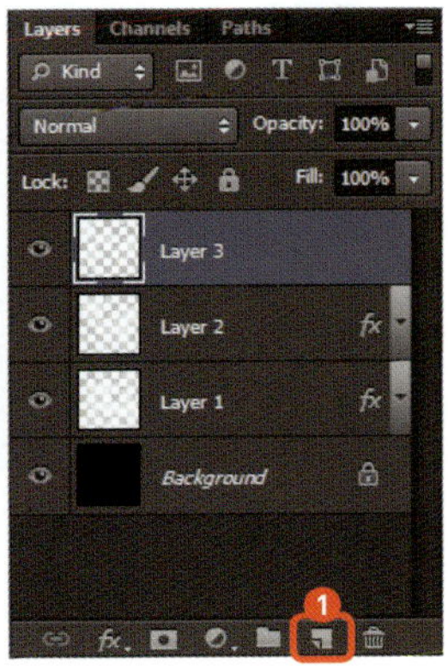

21 Layer 3의 레이어 이름 부분에서 마우스 오른쪽 버튼을 눌러 19단계에서 복사해 두었던 레이어 스타일을 붙여넣습니다.

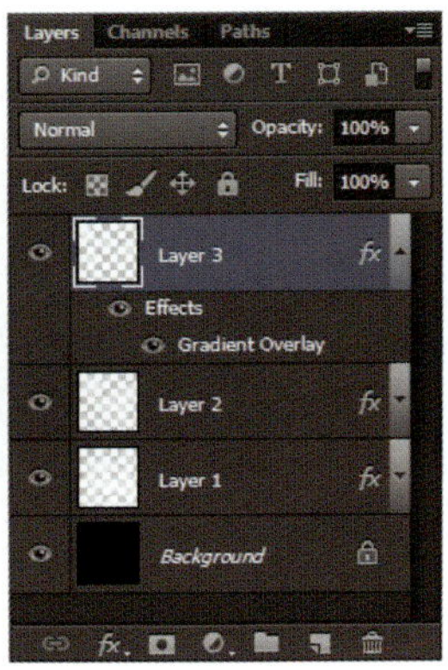

22 레이어 패널에서 새 레이어를 추가한 후 옵션 바에서 브러시 크기를 100으로 변경합니다. 화면을 드래그하여 기존보다 작은 사이즈의 브러시 이미지를 추가하여 이미지를 완성합니다.

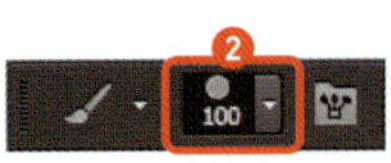

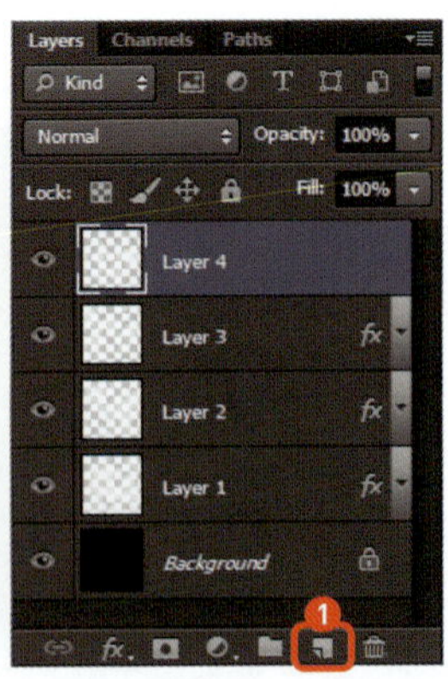

따라하기 | 잔디 느낌의 이미지 만들기

브러시 옵션을 조절하면 동물의 털이나 사람의 헤어 같은 질감을 표현할 수 있습니다. 브러시 옵션을 조절하여 자연스러운 잔디 느낌의 이미지를 만들어봅니다.

△ 원본 이미지

△ 완성 이미지

01 Ch 05 ▸ Section 35 ▸ Leaf.psd 파일을 불러옵니다. 브러시 툴( )을 선택하고 옵션 바에서 브러시 패널( )을 클릭합니다. 브러시 패널 창에서 [Brush Tip Shape]를 선택하고 Hard Round 30 브러시를 선택한 후 Size를 5px로 조절합니다.

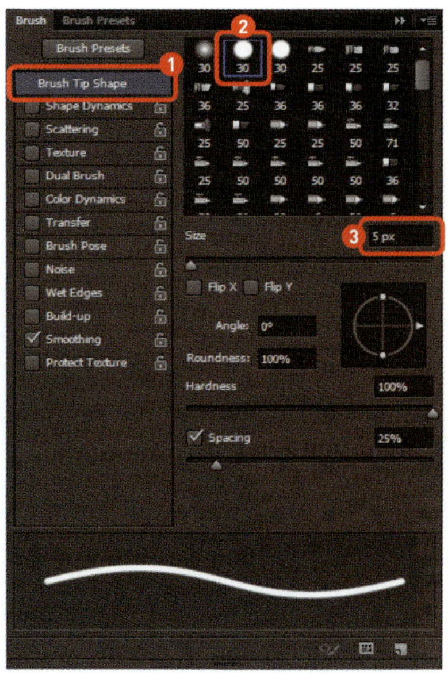

Tip 브러시 패널 창의 설정을 초기화하려면 탭의 오른쪽 끝( )을 클릭하고 [Clear Brush Controls]를 선택합니다.

02 [Shape Dynamics]를 선택하고 다음과 같이 설정합니다. 이어서 [Color Dynamics]를 선택하고 Apply Per Tip에 체크한 후 Control을 Fade, 50으로 변경하여 브러시 옵션 설정을 완료합니다.

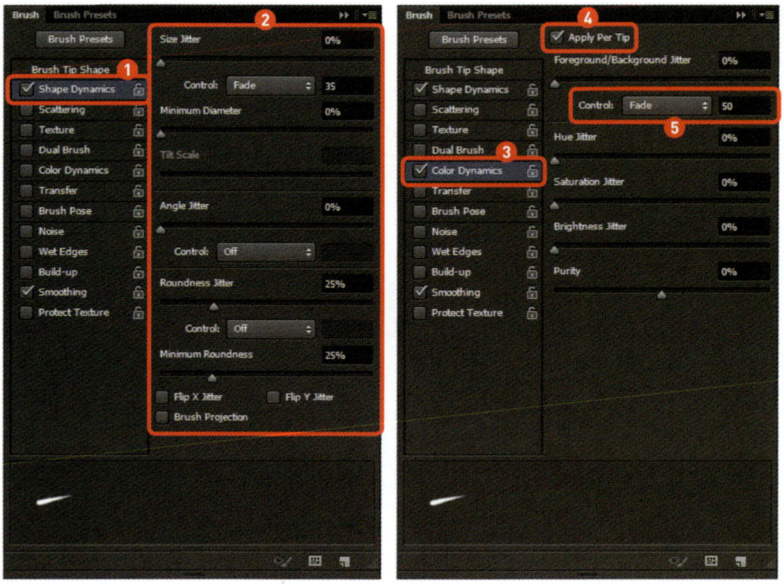

03 전경색과 배경색을 아래와 같이 전경색을 배경색보다 짙은 초록색으로 설정합니다. 새 레이어를 추가하고 나뭇잎 가장자리를 브러시 툴로 드래그합니다. 이때 클릭한 지점은 굵고 끝나는 지점은 뾰족하게 그려지니, 방향을 잘 조절하여 자연스러운 잔디 느낌이 나도록 그립니다.

04 전경색을 다시 클릭하여 조금 더 짙게 만들고, 배경색은 조금 더 밝게 만듭니다. 새 레이어를 추가하고 나뭇잎 안쪽을 브러시 툴로 드래그합니다.

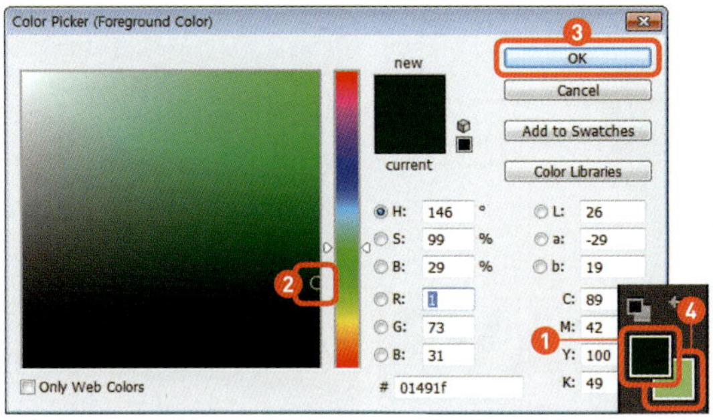

05 다시 새 레이어를 추가하고, 전경색과 배경색을 약간씩 밝거나 어둡게 만듭니다. 나머지 부분을 브러시 툴로 드래그합니다.

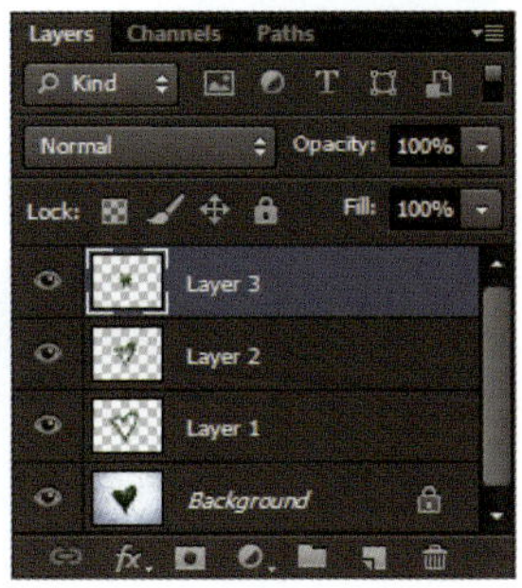

06 지금까지 사용한 브러시를 자주 사용하는 브러시로 등록하기 위해 브러시 툴의 옵션 바에서 툴 프리셋의 작은 삼각형을 클릭합니다. 옵션 창이 나타나면 New Tool Preset(▣)을 클릭하고 Include Color에 체크한 후 〈OK〉를 클릭합니다.

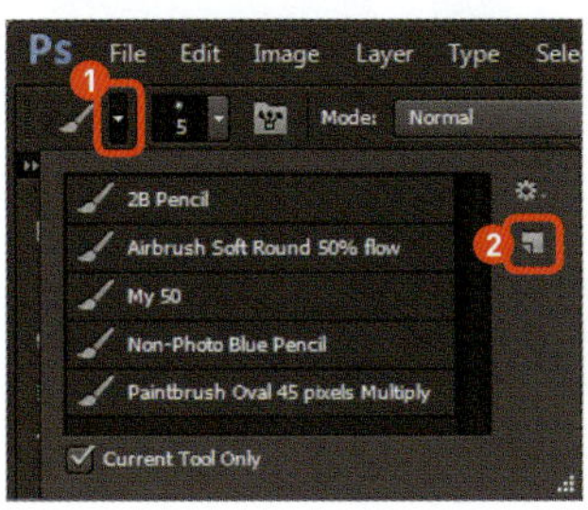

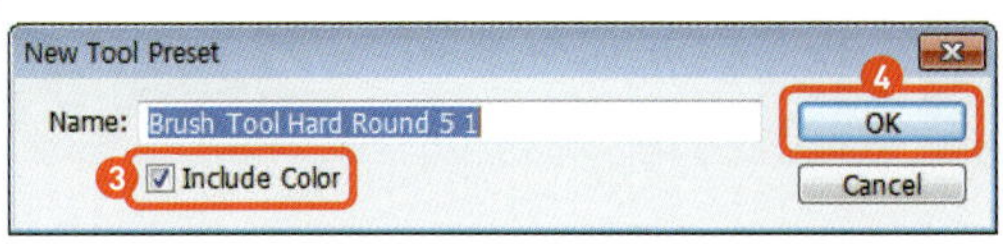

07 브러시 프리셋의 작은 삼각형을 클릭하고, Size 15px, Hardness 100%인 브러시를 지정합니다. 레이어 패널에서 새 레이어를 추가한 후 화면에 'SAVE'를 그립니다.

08 브러시 툴의 옵션 바에서 방금 등록한 잔디 브러시를 선택하고, 텍스트 위로 잔디 느낌이 잘 살도록 드래그합니다.

09 새 레이어를 추가하고 브러시의 크기를 4px로 줄인 후, 텍스트의 잔디를 조금 더 세밀하게 드래그해 이미지를 완성합니다.

브러시 패널 자세히 보기

Brush Tip Shape

❶ **Size** 브러시의 크기를 조절합니다.

❷ **Angle** 브러시의 각도로 방향을 조절합니다.

❸ **Roundness** 브러시의 모양을 정형이 아닌 상태로 조절합니다.

❹ **Hardness** 브러시 테두리의 형태를 조절합니다.

❺ **Spacing** 브러시의 간격을 조절합니다.

Shape Dynamics

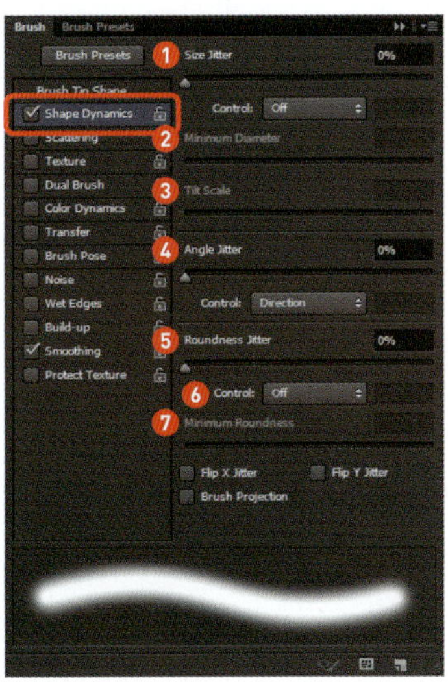

❶ **Size Jitter** 브러시를 확대 또는 축소하여 불규칙한 간격을 만듭니다.

❷ **Minimum Diameter** Jitter 과정에서 가장 작게 축소될 브러시의 크기를 지정합니다.

❸ **Tilt Scale** 타블릿 사용 시 압력 감지를 통해 브러시의 크기를 조절합니다.

❹ **Angle Jitter** 브러시의 방향을 불규칙하게 조절합니다.

❺ **Roundness Jitter** 브러시 외곽 부분의 변화를 조절합니다.

❻ **Control** 각 항목에 있는 옵션으로 타블릿의 압력을 감지하고 희미한 정도를 조절합니다.

❼ **Minimum Roundness** 외곽 부분의 변화 시 가장 작은 단위를 설정합니다.

■ Scattering

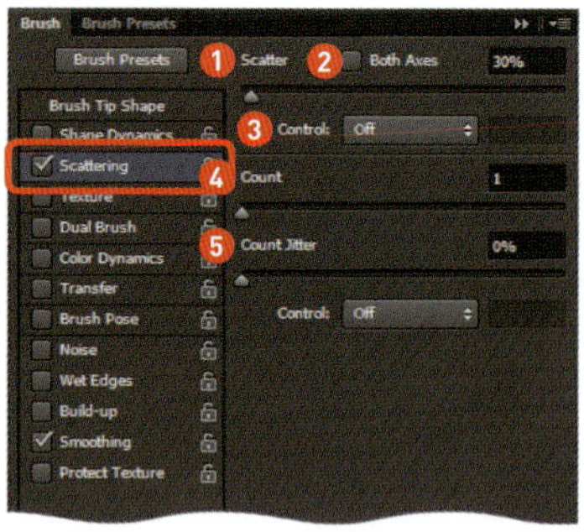

❶ Scatter 브러시의 흐트러짐을 조절하여 분산시킵니다.

❷ Both Axes 축을 중심으로 분사되도록 합니다.

❸ Control 각 항목에 있는 옵션으로, 타블릿의 압력을 감지하고 희미한 정도를 조절합니다.

❹ Count 브러시의 간격을 조절합니다.

❺ Count Jitter 브러시의 빈도를 조절합니다.

■ Texture

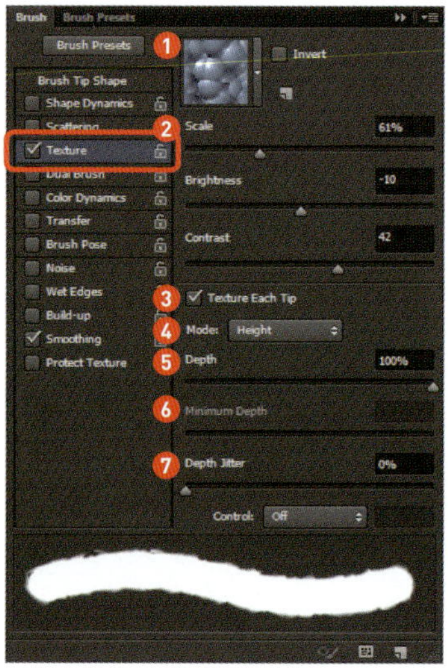

❶ Invert 질감을 반전시킵니다.

❷ Scale 질감의 크기를 확대 또는 축소합니다.

❸ Texture Each Tip 반복되는 질감을 각각 설정합니다.

❹ Mode 브러시와 합성 방법에 대한 브랜딩 모드를 설정합니다.

❺ Depth 질감의 깊이를 조절합니다.

❻ Minimum Depth 가장 낮은 정도의 깊이를 지정합니다.

❼ Depth Jitter 질감의 깊이를 불규칙하게 반복시킵니다.

■ Dual Brush

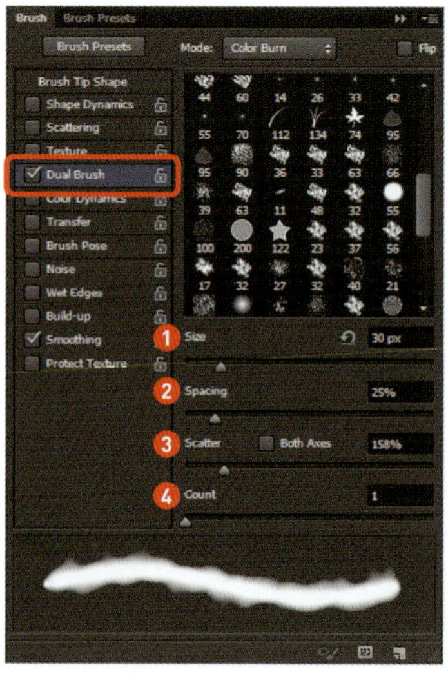

❶ Size 추가할 브러시의 크기를 조절합니다.

❷ Spacing 추가할 브러시의 간격을 조절합니다.

❸ Scatter 추가할 브러시의 흐트러짐을 조절합니다.

❹ Count 추가할 브러시의 밀집 수준을 지정합니다.

Color Dynamics

❶ **Foreground/Background Jitter** 전경색과 배경색이 사용되는 빈도를 지정합니다.

❷ **Hue Jitter** 색조 사용의 빈도를 조절하는데, 수치가 높으면 다른 색조가 많이 믹스됩니다.

❸ **Saturation Jitter** 채도를 조절합니다.

❹ **Brightness Jitter** 명도를 조절합니다.

❺ **Purity** 순수 색상의 정도를 조절합니다.

Transfer

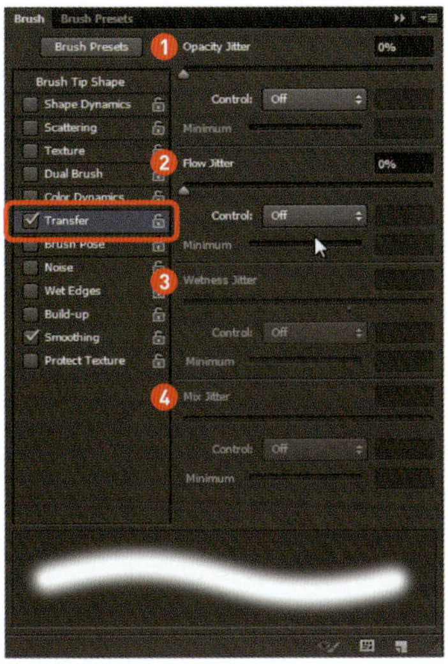

❶ **Opacity Jitter** 브러시의 불투명도에 대한 빈도를 조절합니다.

❷ **Flow Jitter** 브러시의 색상 사용에 대한 흐름을 조절합니다.

❸ **Wetness Jitter** 젖은 느낌의 빈도를 조절합니다.

❹ **Mix Jitter** 브러시 옵션의 빈도를 조절합니다.

Brush Pose

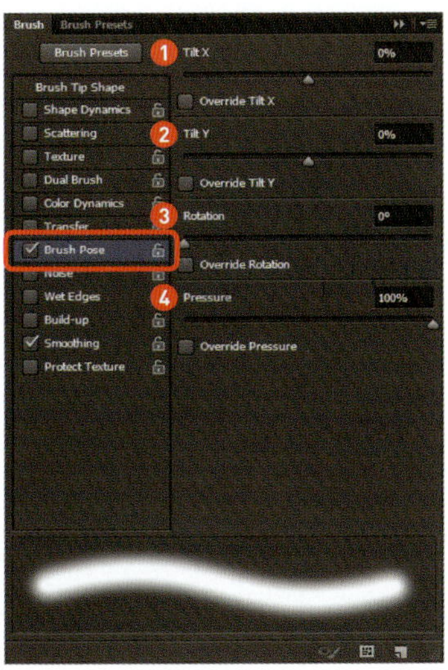

❶ **Tilt X** 브러시를 X 방향으로 기울입니다.

❷ **Tilt Y** 브러시를 Y 방향으로 기울입니다.

❸ **Rotation** 브러시의 회전을 조절합니다.

❹ **Pressure** 브러시의 압력 감지를 조절합니다.

■ Noise, Wet Edges, Build-Up, Smoothing, Protect Texture

❶ **Noise** 브러시의 외곽을 거칠게 만듭니다.

❷ **Wet Edges** 브러시 외곽을 번지게 만듭니다.

❸ **Build-Up** 에어브러시 기능을 설정합니다.

❹ **Smoothing** 브러시 모양을 부드럽게 합니다.

❺ **Protect Texture** 브러시 질감을 일정하게 사용합니다.

■ Brush Preview, Preset Manager, Create New Brush

❶ **Brush Preview** 사용하고 있는 브러시를 확대하여 브러시 창에 보여줍니다.

❷ **Preset Manager** 브러시를 불러오고 등록하는 등의 관리를 합니다.

❸ **Create New Brush** 옵션을 조절한 브러시를 새 브러시로 등록합니다.

SECTION 36

히스토리 브러시 툴, 아트 히스토리 브러시 툴

• 단축키 Y

히스토리 브러시 툴은 작업한 이미지의 일부를 원본 상태로 되돌려주며, 아트 히스토리 브러시 툴은 이미지에 재미난 아티스틱 효과를 적용합니다.

히스토리 브러시 툴의 기능

히스토리 브러시 툴(History Brush Tool,)은 작업한 이미지를 부분적으로 되돌려줍니다. 히스토리 패널과의 차이점은 히스토리 패널은 작업한 순서를 기억해 단계적으로 되돌려주지만, 히스토리 브러시는 드래그한 영역을 원본 상태로 복원한다는 점입니다.

△ 원본 이미지

△ 필터 적용 후 일부만 복원한 이미지

아트 히스토리 브러시 툴의 기능

아트 히스토리 브러시 툴(Art History Brush Tool,)은 이미지를 회화 느낌으로 만듭니다. Style 옵션에 따라 유화 느낌이 나기도 하고, 추상적인 느낌이 나기도 합니다.

△ 원본 이미지

△ Style 옵션을 적용한 이미지

따라하기 원하는 부분의 색상만 살리기

히스토리 브러시 툴은 작업한 이미지를 단계적으로 되돌리는 것이 아니라, 드래그한 영역을 원본 상태로 만듭니다. 히스토리 브러시 툴을 이용하여 흑백 이미지의 일부를 컬러로 만들어봅니다.

△ 원본 이미지

△ 완성 이미지

01 Ch 05 ▸ Section 36 ▸ Red.psd 파일을 불러온 후, [Image]–[Adjustments]–[Desaturate] 메뉴를 선택하여 이미지 전체를 흑백으로 전환합니다.

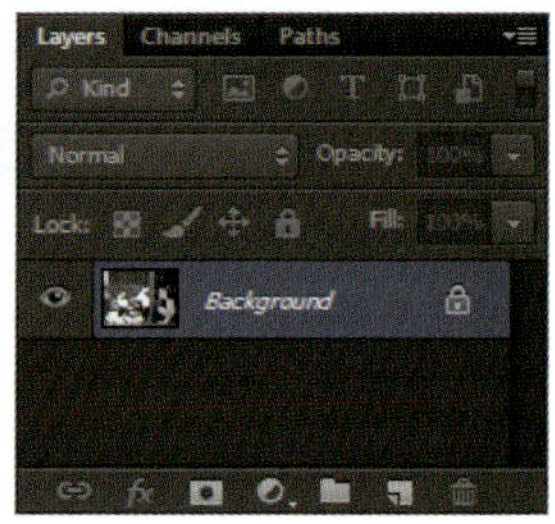

02 히스토리 브러시 툴( )을 선택하고 아이 전체를 드래그하여 아이만 원본 상태로 되돌립니다. 조금 더 포인트를 주기 위해 토끼의 티셔츠도 드래그하여 이미지를 완성합니다.

SECTION 37

지우개 툴, 백그라운드 지우개 툴, 매직 지우개 툴

• 단축키 E

지우개 툴은 이름 그대로 지우개와 같이 드래그한 영역을 지워줍니다. 세 가지 종류의 지우개 툴을 용도에 맞게 사용하는 방법을 알아봅니다.

지우개 툴의 기능

지우개 툴(Eraser Tool,)은 이미지에서 드래그한 영역을 지워줍니다. 지울 때 Background 레이어 상태에서 화면을 드래그하면 지워진 부분이 배경색으로 채워지며, 일반 레이어 상태에서 화면을 드래그하면 지워진 부분이 투명해집니다.

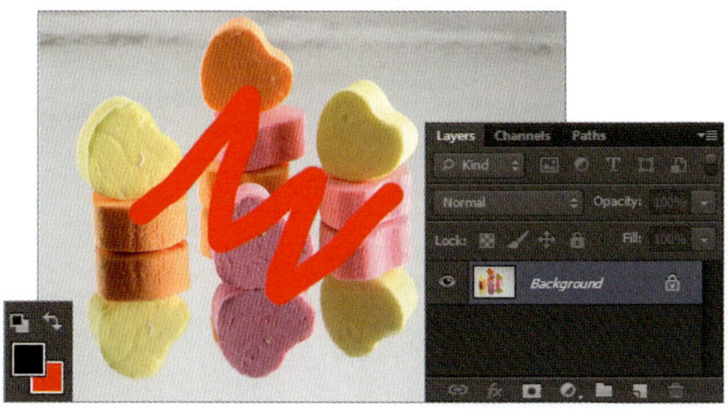

△ Background 레이어 상태에서 지우기

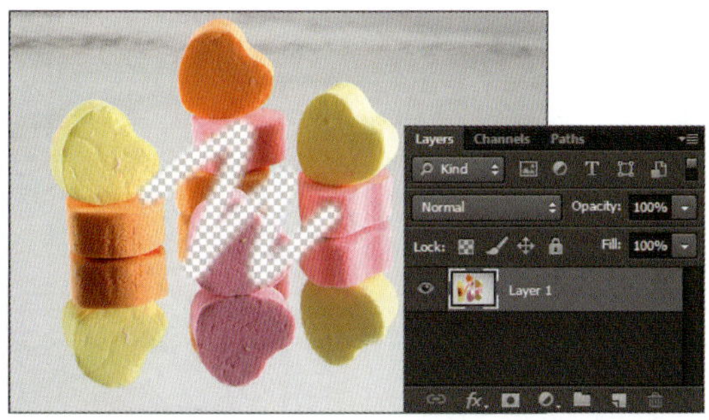

△ 일반 레이어 상태에서 지우기

백그라운드 지우개 툴의 기능

백그라운드 지우개 툴(Background Eraser Tool,)은 이미지에서 드래그한 영역을 지우는데, Background 레이어 상태에서 지워도 지운 부분이 투명해집니다. 이때 레이어 성질이 Background 레이어에서 Layer 0으로 바뀝니다.

△ Background 레이어 상태

△ 백그라운드 지우개 툴로 지우기

매직 지우개 툴의 기능

매직 지우개 툴(Magic Eraser Tool,)은 클릭한 지점을 중심으로 비슷한 컬러 영역을 한 번에 지웁니다. 마술봉 툴과 사용법이 비슷한데 Tolerance 옵션에 따라 지워지는 영역의 크기가 달라집니다. 레이어의 성질도 Background 레이어에서 Layer 0으로 바뀝니다.

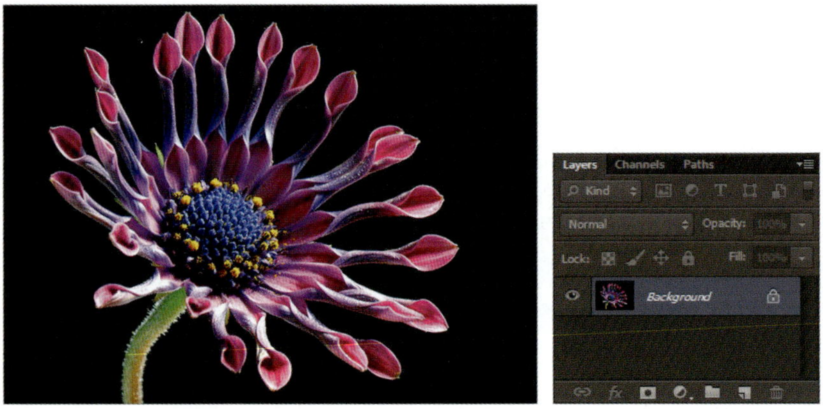

△ Background 레이어 상태

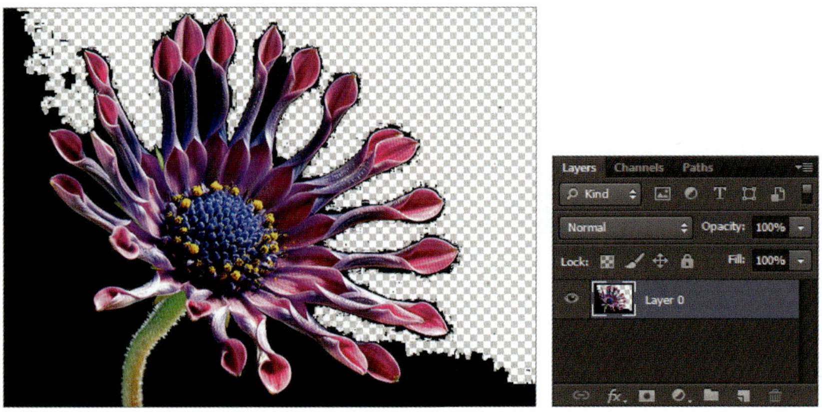

△ Tolerance 값을 10으로 지정하고 클릭한 경우

△ Tolerance 값을 32로 지정하고 클릭한 경우

SECTION 38

그레디언트 툴

• 단축키 G

그레디언트 툴은 선택 영역을 다양한 색상으로 순차적으로 부드럽게 채워줍니다.

그레디언트 툴의 기능

그레디언트 툴(Gradient Tool,)은 단일 색상을 채우거나 단계적으로 부드러운 색의 변화를 만드는 데 사용합니다. 전경색과 배경색을 지정한 후 드래그하면 처음 클릭한 지점이 전경색에서 시작하여 마지막 손을 뗀 지점이 배경색으로 부드럽게 채워집니다.

드래그한 영역이 짧을 경우 클릭한 지점의 이전은 전경색으로, 마우스에서 손을 뗀 지점의 이후는 배경색으로 채워집니다. 또 Shift를 누른 채 드래그하면 수직 또는 수평 그라데이션을 만들 수 있습니다. 아래 그림은 드래그한 방향과 영역에 따른 그라데이션 효과를 나타낸 것입니다.

△ 수직으로 드래그한 경우

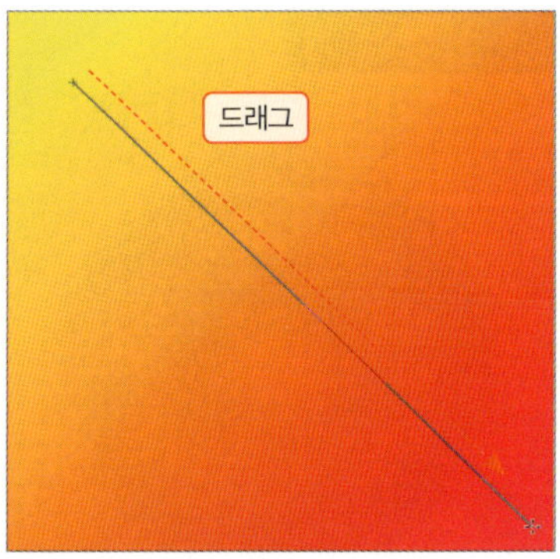

△ 대각선 방향으로 드래그한 경우

△ 드래그한 영역이 짧은 경우

그레디언트 툴의 옵션

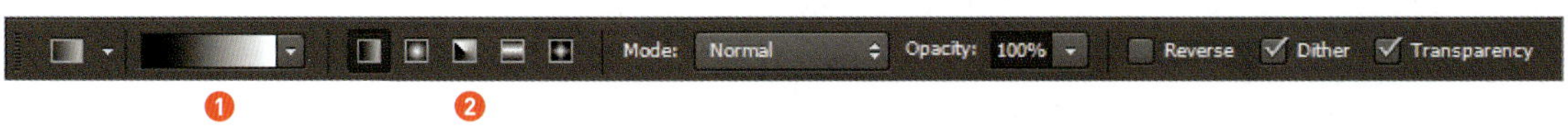

❶ **그레디언트 스타일** 현재 지정된 전경색과 배경색에 따라 그레디언트 스타일이 표시됩니다. 그레디언트 편집 창에서는 다양한 색상으로 그레디언트를 만들어 사용하거나 저장할 수 있습니다.

△ 그레디언트 스타일 선택

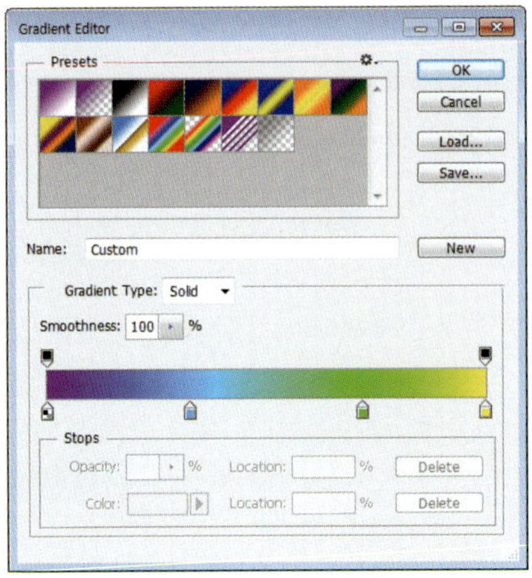

△ 그레디언트 편집 창

❷ **그레디언트 모양** 다양한 모양의 그레디언트를 적용할 수 있습니다.

△ 직선 그레디언트

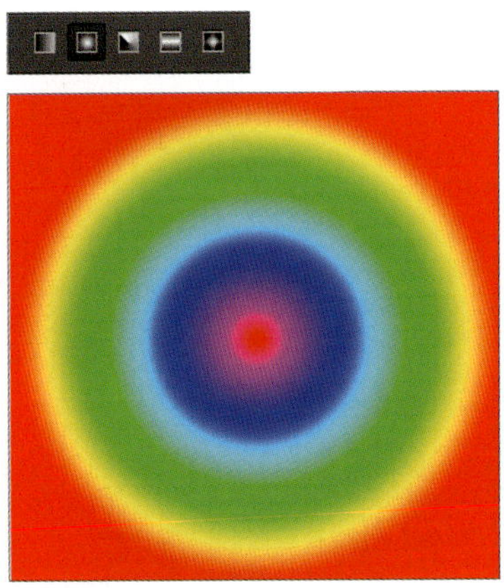

△ 원형 그레디언트

△ 각 그레디언트

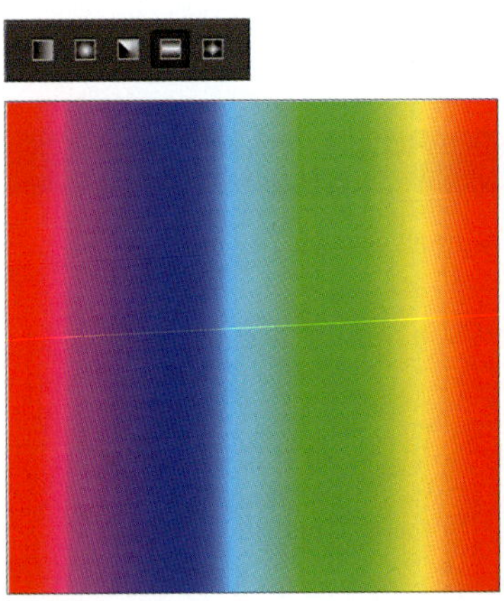

△ 반사 그레디언트

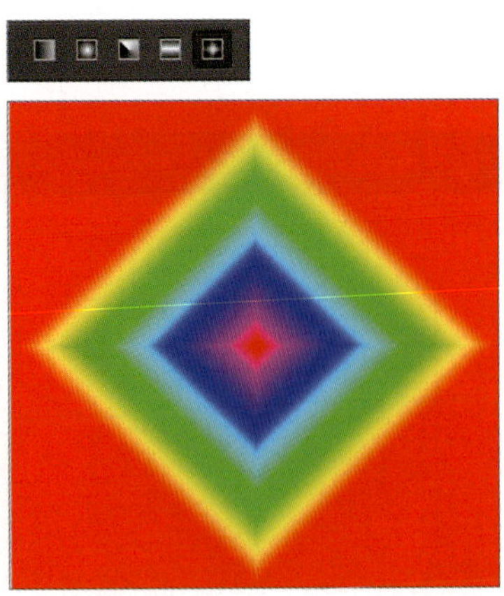

△ 다이아몬드 그레디언트

• **준비파일** 없음 • **완성파일** ipod_result1.psd

따라하기 아이팟 만들기

△ 완성 이미지 △ 응용 이미지1 △ 응용 이미지2

01 [File]-[New] 메뉴 또는 Ctrl+N을 눌러 너비와 높이를 각각 500Pixels, 해상도를 72Pixels/Inch로 설정하여 새 문서를 만듭니다.

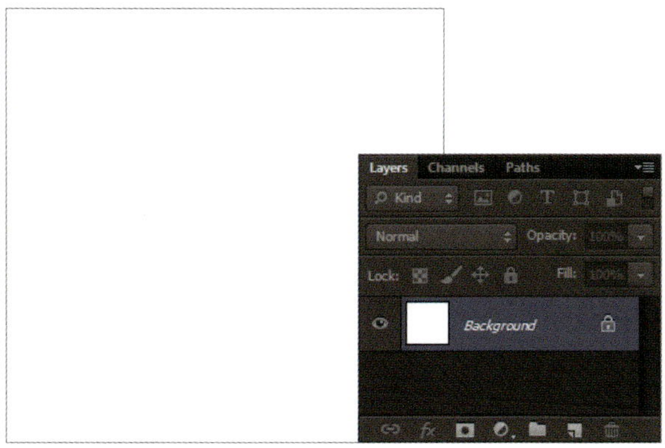

02 그레디언트 툴(■)을 선택하고 옵션 바에서 그레디언트 부분을 클릭합니다. 그레디언트 편집 창이 열리면 슬라이드 바 왼쪽의 집 모양(▲)을 더블클릭한 후 Color Picker 창에서 색상을 '#710034'로 입력하고 〈OK〉를 클릭합니다.

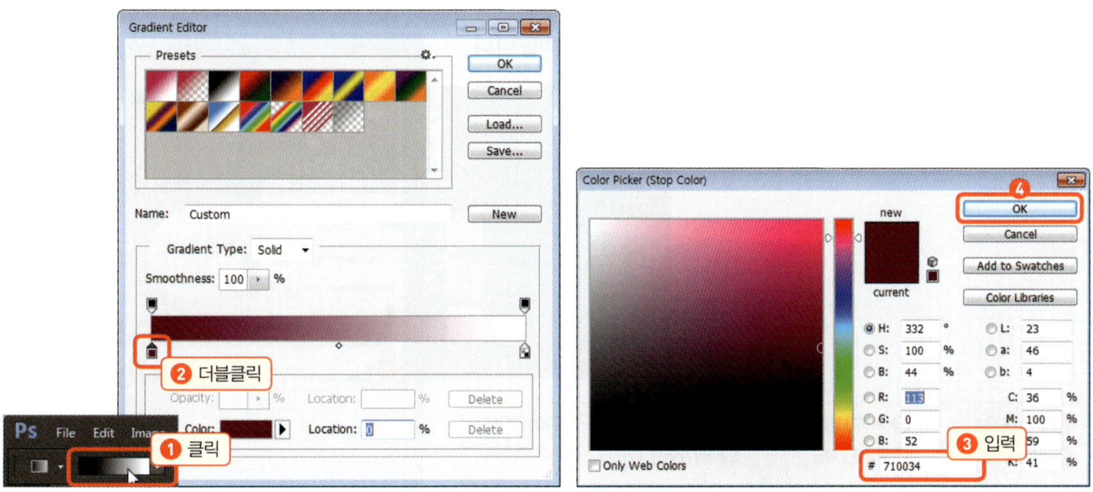

09 다시 원형 선택 툴(◙)로 작은 원을 만든 후, Delete를 눌러 선택 영역을 삭제합니다.

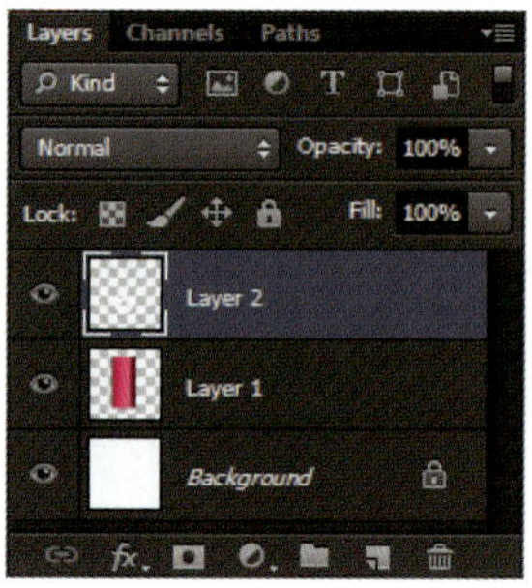

10 Ctrl+D를 눌러 선택 영역을 해제하고 새 레이어를 추가한 후, 전경색을 검은색으로 지정합니다. 가장자리가 둥근 사각형 쉐이프 툴(▢)을 선택하고 툴 옵션을 Pixels로 설정한 후, 다음과 같이 액정 부분에 드래그합니다.

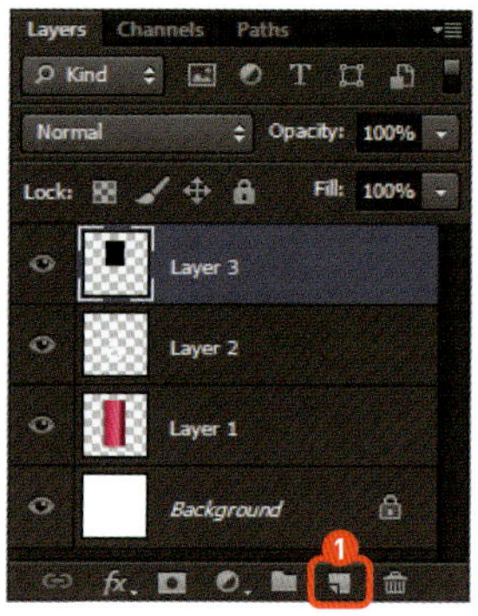

11 그레디언트 툴(▣)을 선택하고 옵션 바에서 그레디언트 부분을 클릭합니다. 그레디언트 편집 창이 열리면 다음과 같이 설정합니다.

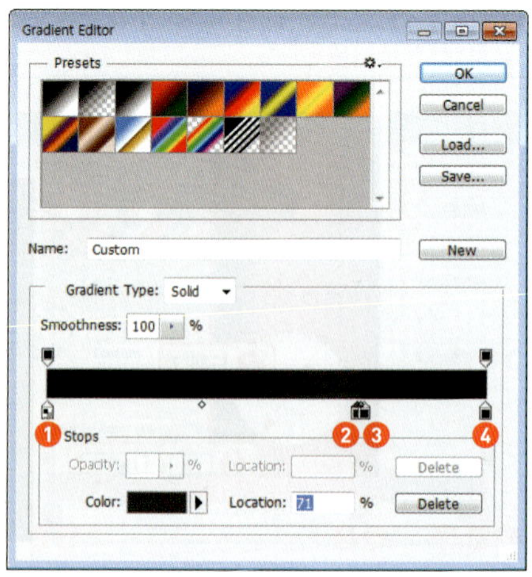

❶ #000000	❷ #393939	❸ #000000	❹ #000000

Tip 슬라이드 바의 집 모양을 제거하려면 집 모양을 선택하고 슬라이드 바로 드래그하면 됩니다.

12 Ctrl를 누른 상태에서 Layer 3의 썸네일을 클릭하여 방금 만든 사각형을 선택 영역으로 만든 후, 그레디언트 툴( )로 드래그합니다. 이때 2/3 지점의 라인이 바디와 같은 위치에 올 수 있도록 드래그합니다.

13 새 레이어를 추가하고 사각형 선택 툴( )로 액정 내부를 다음과 같이 선택한 후, 검은색으로 채웁니다.

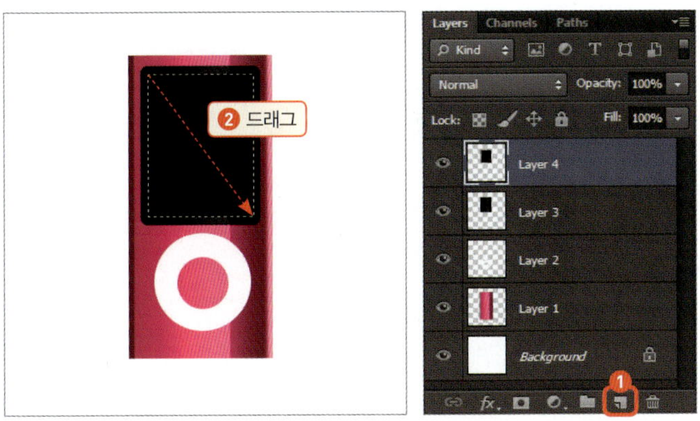

14 전경색을 흰색으로 바꾼 후 [Edit]–[Stroke] 메뉴를 선택합니다. 옵션 창에서 Width는 1px, Location은 Inside로 설정한 후 〈OK〉를 클릭해 선택 영역 안쪽에 1픽셀의 가는 선을 그립니다. 그리고 레이어 패널의 Opacity를 50%로 조절합니다.

15 바디를 입체감 있게 표현하기 위해 그림자 효과를 넣어보겠습니다. Layer 1을 선택하고 레이어 스타일 추가(fx)을 클릭한 후 [Drop Shadow]를 선택합니다. 옵션 창이 열리면 다음과 같이 설정하고 〈OK〉를 클릭합니다.

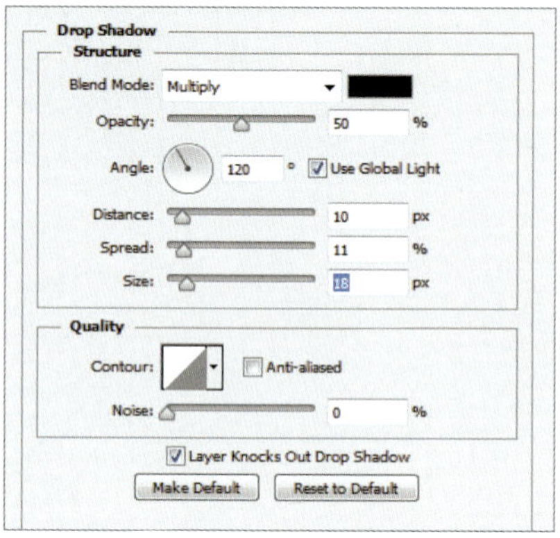

16 그레디언트 툴( )을 선택하고 옵션 바에서 그레디언트 부분을 클릭합니다. 그레디언트 편집 창이 열리면 Gradient Type을 Noise로 바꾼 후 Restrict Colors에 체크하고, 붉은 색상으로 채워진 그라데이션이 나올 때까지 〈Randomize〉 버튼을 여러 번 클릭합니다.

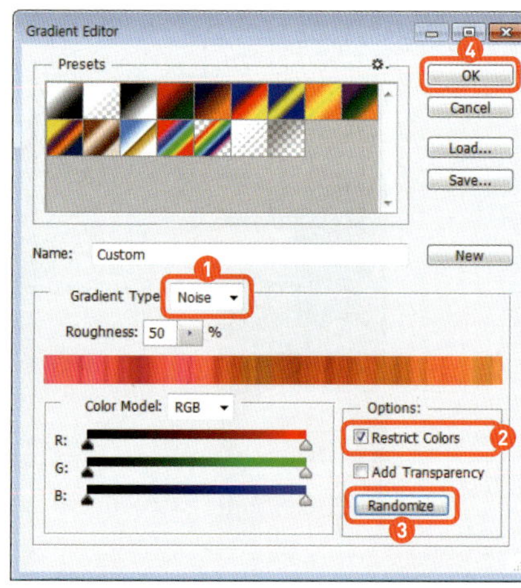

17 Background 레이어를 선택하고 다음과 같이 드래그하여 직선 그레디언트를 적용하면 이미지가 완성됩니다.

Tip 웹에서 아이팟 사진을 찾아 애플 마크를 복사해서 붙여 넣으면 더욱 좋습니다.

SECTION
39 페인트 버킷 툴

• 단축키 G

페인트 버킷 툴은 2차원 공간의 선택 영역을 단색으로 채워줍니다.

페인트 버킷 툴(Paint Bucket Tool,)은 클릭 한 번으로 선택 영역에 색상을 채워줍니다. 색상은 전경색으로 채워지며, Tolerance 옵션에 따라 채색되는 영역이 달라집니다.

△ Tolerance 값을 10으로 지정하고 클릭

△ Tolerance 값을 60으로 지정하고 클릭

• 준비파일 없음 • 완성파일 Mondrian.psd

따라하기 몬드리안 작품 따라잡기

닫힌 공간을 만들고, 그 내부를 선택 영역 없이 페인트 버킷 툴로 채워봅니다.

△ 완성 이미지

01 [File]–[New] 메뉴 또는 Ctrl+N을 눌러 너비와 높이를 각각 500Pixels, 해상도를 72Pixels/Inch의 새 문서를 만듭니다.

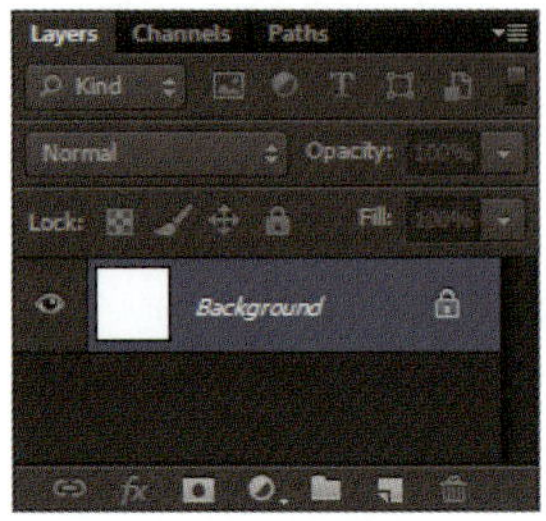

02 새 레이어를 추가하고 연필 툴()을 선택한 후 옵션 바에서 Size 5px, Hardness 0%로 설정합니다. 전경색을 검은색으로 선택하고 그림과 같이 몬드리안 느낌이 나도록 선을 그려줍니다. Shift를 누른 채 드래그하면 수평선과 수직선을 그릴 수 있습니다.

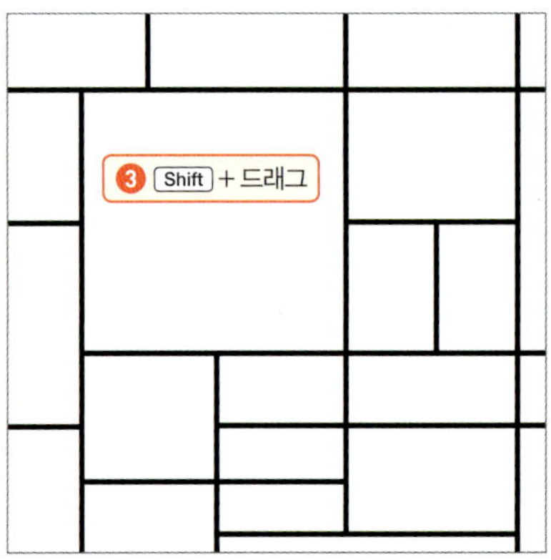

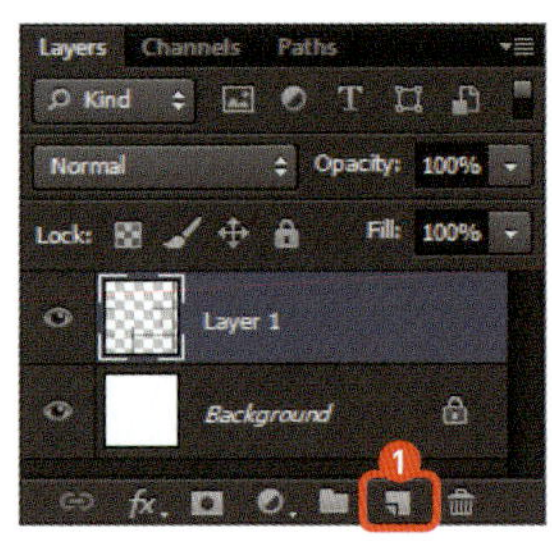

03 전경색을 붉은색으로 변경하고 페인트 버킷 툴()을 선택합니다. 면이라고 생각되는 부분에 클릭하면 색상이 채워집니다.

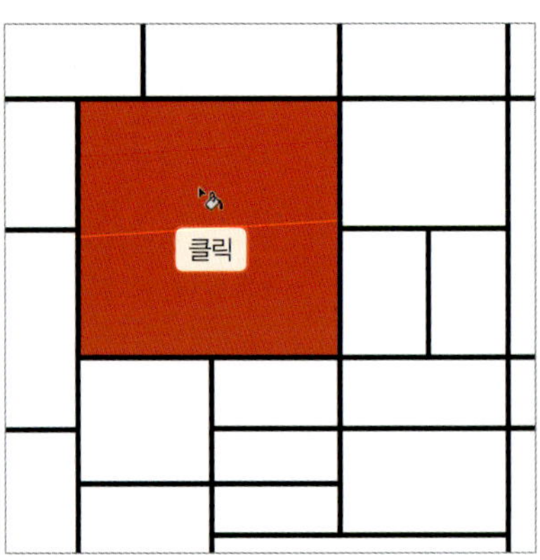

04 다시 전경색을 노란색으로 변경하고, 다른 부분을 클릭하여 면을 채웁니다.

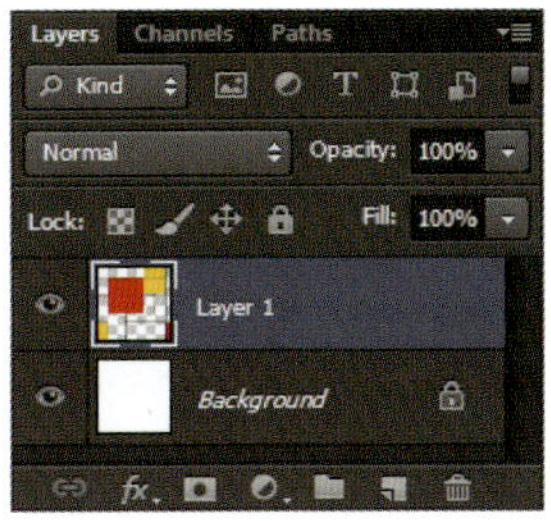

05 같은 방법으로 전경색을 변경해가며 몬드리안 작품의 느낌이 나도록 색상을 채워줍니다.

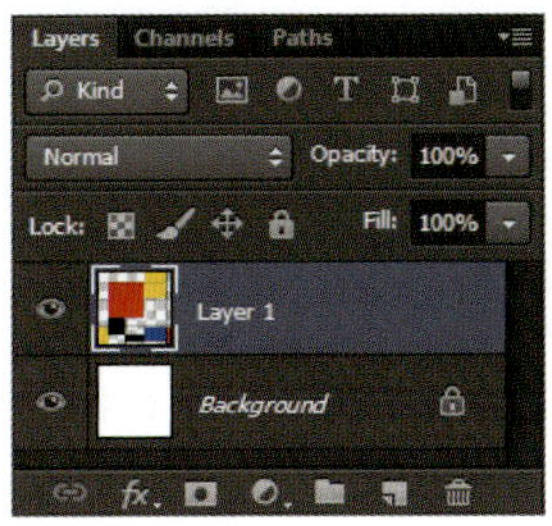

04 Layer 1 아래쪽의 Sphere_Material–Default Texture를 더블클릭하면 자동으로 Layer 1.psd 창이 열립니다. Layer 1.psd 화면에서 매핑 소스로 사용할 이미지를 그리기 위해 [Window]–[Workspace]–[Essentials] 메뉴를 선택해 작업 환경을 전환한 후, Alt + Delete 를 눌러 배경에 다음과 같은 하늘색을 채워줍니다.

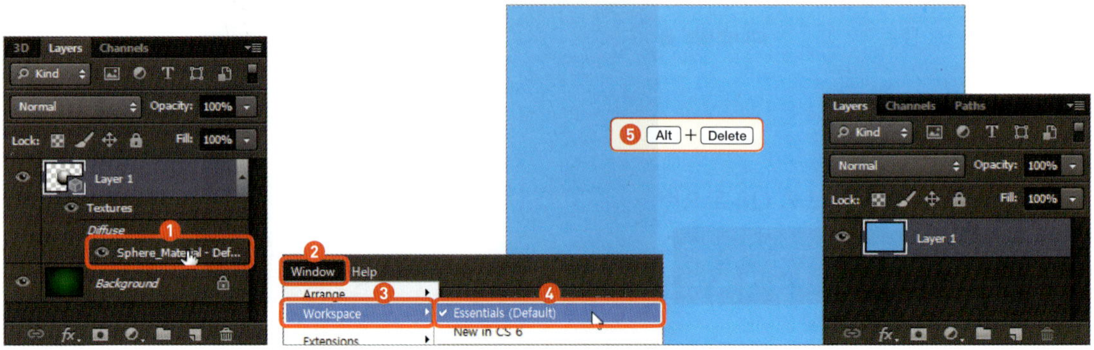

05 커스텀 셰이프 툴( )을 선택하고 Shape 옵션에서 별 모양을 선택합니다. 전경색을 흰색으로 지정한 뒤 다음과 같이 크기를 달리하여 화면에 흰색 별을 채웁니다. 작업이 끝나면 [File]–[save] 메뉴 또는 Ctrl + S 를 눌러 저장합니다.

Tip Shape 옵션에서 별 모양이 보이지 않을 경우, 톱니바퀴 모양( )를 클릭해 [All]을 선택합니다.

06 작업 중이던 3D 화면으로 돌아오면 방금 저장한 패턴으로 입체 원이 매핑된 것을 알 수 있습니다.

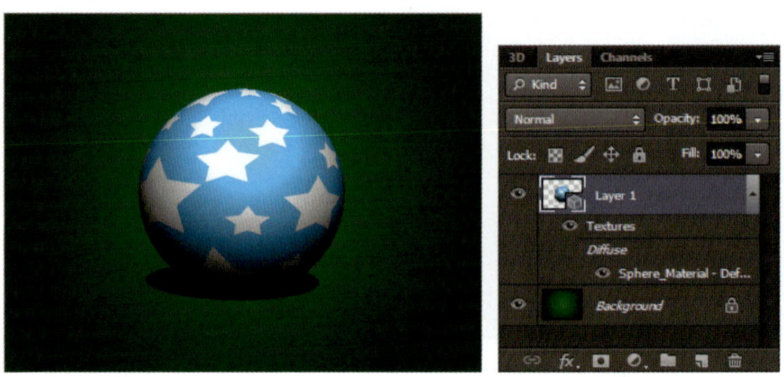

07 레이어 패널 옆의 3D 패널을 클릭한 후, Sphere_Material을 클릭하면 3D 패널 윗부분의 Properties 창이 Materials 옵션으로 바뀝니다. 이때 다음과 같이 조그만 삼각형을 클릭해 Material 옵션 창에서 오른쪽의 톱니바퀴 모양을 클릭해 [New Material]을 선택합니다. 지금 등록한 이미지 소스를 새 재료로 등록하는 과정입니다.

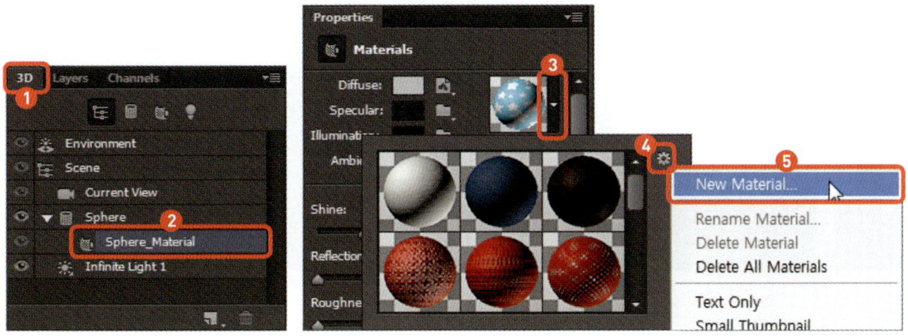

08 3D 패널에서 이번에는 Current View를 클릭해 Properties 창의 옵션이 바뀌면, Orthographic을 클릭하여 그림자가 보이지 않도록 합니다.

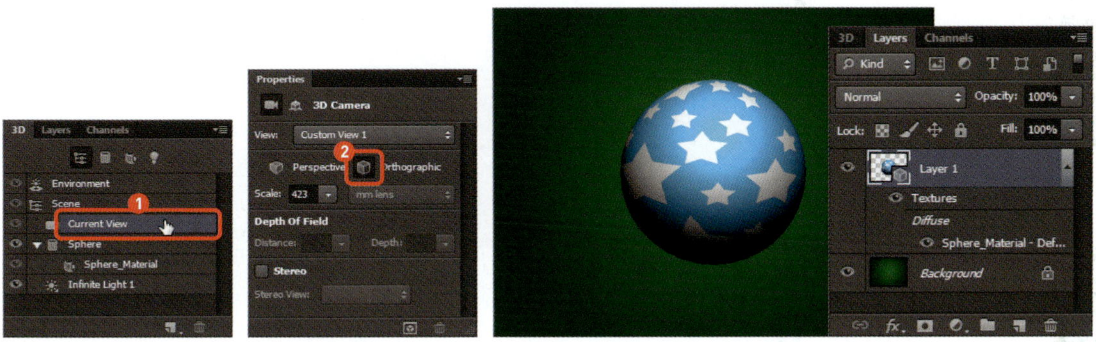

09 레이어 패널에서 새 레이어를 추가하고 다시 [3D]-[New Mesh from Layer]-[Mesh Preset]-[Sphere] 메뉴를 선택해 입체 원을 새 레이어에 추가합니다.

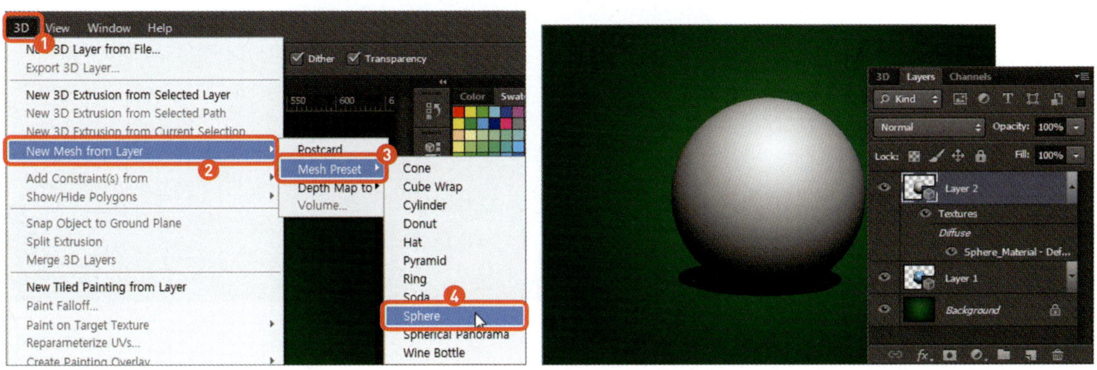

10 3D 머티리얼 드롭 툴( )을 선택하고 옵션 바에서 07단계에서 저장한 문양을 선택한 후 화면의 입체 원을 클릭합니다. 문양이 입체 원에 자동으로 매핑됩니다.

11 08단계를 반복하여 Layer 2의 입체 원에서도 그림자가 보이지 않도록 합니다.

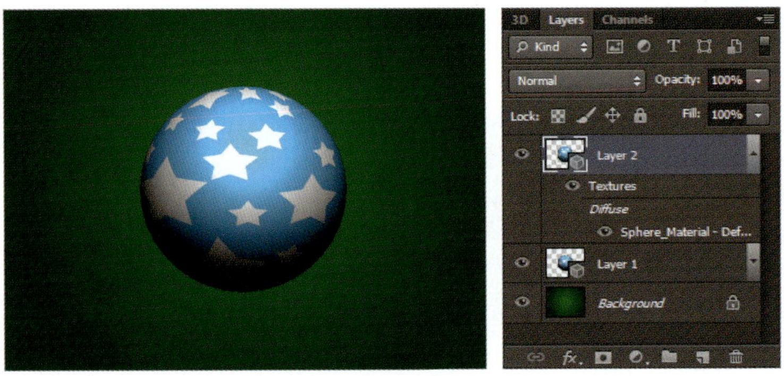

12 [Edit]-[Transform]-[Scale] 또는 Ctrl+T를 누르면 3D 레이어를 스마트 오브젝트 레이어로 전환하는지 묻는 메시지가 뜹니다. 이때 〈Convert〉를 클릭해 스마트 오브젝트 레이어로 전환한 후, 다음과 같이 원의 크기를 줄여줍니다.

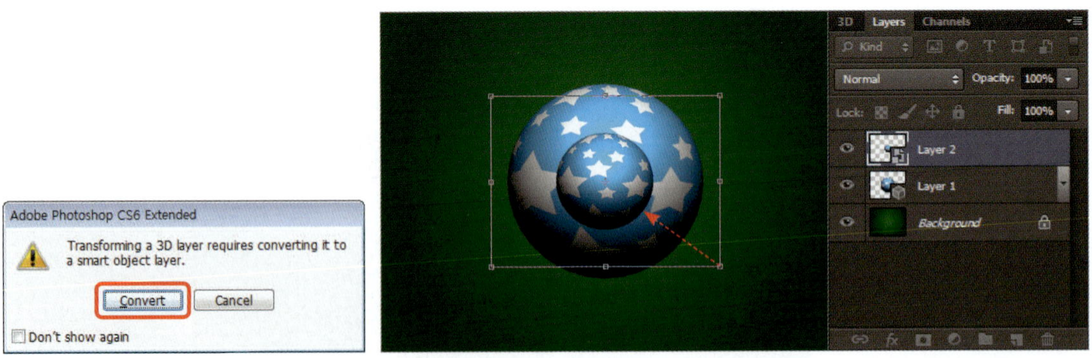

13 지금까지의 과정을 반복하여 입체 원을 여러 색상과 다양한 크기로 만든 후, 다음과 같이 트리 모양으로 배치하고 새 레이어를 추가합니다.

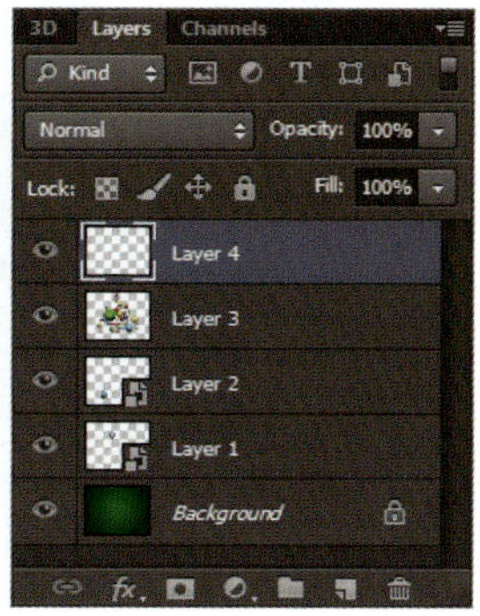

Tip 같은 색상의 입체 원은 Ctrl+J를 눌러 레이어를 복제하고 크기만 줄여 사용합니다. 레이어가 많아지면 Ctrl+E를 눌러 병합해줍니다. 왼쪽 그림은 레이어를 병합한 상태입니다.

14 브러시 툴(![])을 선택하고 브러시 프리셋에 톱니바퀴 모양을 클릭하여 [Assorted Brushes]를 선택합니다. 방금 불러온 브러시 중에서 빛나는 모양의 브러시를 선택하고 전경색을 흰색으로 지정한 후 입체 볼에 클릭합니다. 크리스마스 느낌이 나도록 브러시의 크기나 종류를 바꿔가며 이미지를 완성합니다.

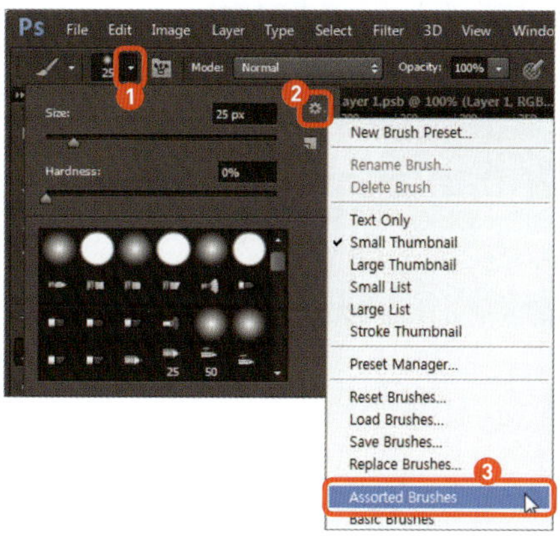

Tip 3D 작업이 끝나면 다음 작업을 위해 [Window]–[Workspace]–[Essentials] 메뉴를 선택하여 패널 모드를 기본 상태로 되돌려줍니다.

SECTION 41

블러 툴, 샤픈 툴, 스머지 툴

블러 툴은 이미지를 흐릿하게 만들고, 샤픈 툴은 선명하게 만듭니다. 그리고 스머지 툴은 이미지의 색상으로 페인팅되어 회화 느낌을 주거나 작은 오염을 보정합니다.

블러 툴의 기능

블러 툴(Blur Tool,)은 이미지를 흐릿하고 부드럽게 만듭니다. 주변 영역을 흐리게 만들어 아웃포커싱 느낌을 줄 수도 있습니다.

△ 원본 이미지

△ 블러 툴을 적용한 이미지

샤픈 툴의 기능

샤픈 툴(Sarpen Tool,)은 이미지를 선명하게 만듭니다. 과도하게 사용하면 이미지가 훼손될 수 있으니 주의하여 사용합니다.

△ 원본 이미지

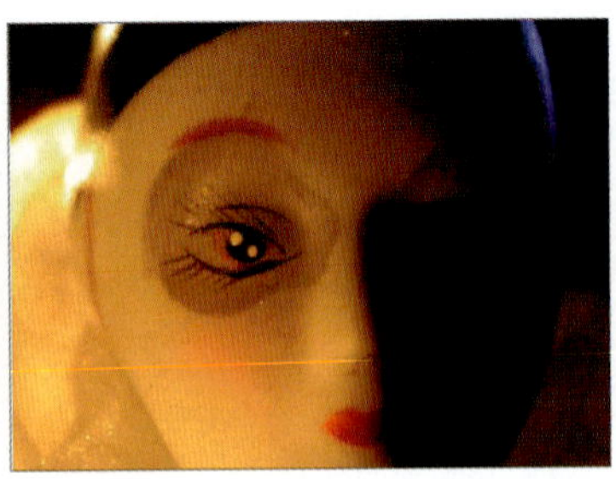

△ 샤픈 툴을 적용한 이미지

△ 샤픈 툴을 과도하게 적용한 이미지

스머지 툴의 기능

스머지 툴(Smudge Tool,)은 이미지의 색상으로 뿌옇게 칠해주는 기능을 합니다. 이미지에 회화 느낌을 주거나 작은 오염을 보정할 때 사용합니다. Strength 옵션을 조절하면 스머지의 길이를 조절할 수 있으며, Finger Painting 옵션을 체크하면 전경색이 클릭한 지점에 묻어 나옵니다.

△ 원본 이미지

△ 스머지를 적용한 이미지

△ Finger Painting 옵션을 적용한 이미지

SECTION 42

닷지 툴, 번 툴, 스펀지 툴

• 단축키 O

닷지 툴은 이미지의 밝기를 조절해주고, 번 툴은 불에 그을린 듯한 느낌을 주며, 스펀지 툴은 채도를 조절해줍니다.

닷지 툴의 기능

닷지 툴(Dodge Tool,)은 명도를 조절하여 이미지를 밝게 만듭니다. 드래그한 영역을 밝게 만드는데 마우스에서 손을 떼기 전까지는 여러 번 적용해도 한 번 적용한 것과 같습니다. 따라서 얼룩지지 않게 하기 위해서는 원하는 영역을 한 번에 전부 드래그하여 밝기를 조절하고, 더 밝게 하고 싶으면 닷지 툴을 원하는 만큼 여러 번 적용하면 됩니다.

△ 원본 이미지

△ 닷지 툴을 적용한 이미지

번 툴의 기능

번 툴(Burn Tool,)은 색상을 선명하게 만들어 명암을 두드러지게 합니다. 번 툴을 이용하여 색상을 짙게 만들면 손쉽게 명암을 조절할 수 있지만 좋으나 과도하게 사용하면 불에 그을린 듯 검게 변합니다.

△ 원본 이미지

△ 번 툴을 적용한 이미지

△ 번 툴을 과도하게 적용한 이미지

스펀지 툴의 기능

스펀지 툴(Sponge Tool,)은 채도를 조절해줍니다. Mode에 따라 결과가 다르게 나타나는데, Desaturate 모드에서는 드래그한 영역의 채도가 감소하여 색이 사라지고, Saturate 모드에서는 채도가 증가하여 생동감 있는 색이 됩니다.

△ 원본 이미지

△ Desaturate 모드

△ Saturate 모드

CHAPTER

06

도형과 텍스트

포토샵은 비트맵 기반의 프로그램이지만 도형과 텍스트는 벡터 기반으로 만들 수 있습니다. 잘 그려진 도형과 멋지게 만들어진 텍스트는 이미지를 돋보이게 할 뿐만 아니라, 그 자체가 하나의 이미지가 되기도 합니다. 이번 장에서는 펜 툴과 쉐이프 툴을 이용하여 도형을 만들어 변형하는 방법과 텍스트 툴로 텍스트를 삽입하고 효과를 적용하는 방법을 배워봅니다.

CONTENTS

Section 43 / 펜 툴
Section 44 / 프리폼 펜 툴
Section 45 / 앵커 포인트 추가/제거 툴
Section 46 / 포인트 전환 툴
Section 47 / 패스 선택 툴, 직접 선택 툴
Section 48 / 텍스트 툴
Section 49 / 쉐이프 툴

SECTION 43

펜 툴

• 단축키 P

펜 툴은 직선이나 곡선을 그리는 데 사용하는 드로잉 툴로, 선과 선을 연결하여 벡터 이미지를 만듭니다.

펜 툴의 기능

펜 툴(Pen Tool,)은 포인트와 포인트를 연결하여 패스를 만드는 툴입니다. 다른 대부분의 툴이 페인팅에 사용되는 것과는 달리, 펜 툴은 드로잉에 사용되며 벡터 방식의 도형을 만듭니다.

아래 그림은 펜 툴을 사용해 만든 다양한 형식의 패스입니다. 직선 패스는 시작지점을 클릭한 후 다른 지점을 클릭하여 그리고, 곡선 패스는 시작지점을 클릭한 후 다른 지점을 클릭한 상태로 손을 떼지 않고 드래그하여 그립니다. 곡선 패스를 그리다가 방향을 바꾸려면, Alt를 누른 채 마지막 클릭 지점의 앵커 포인트를 클릭하여 핸들러를 제거한 후 다시 드래그합니다.

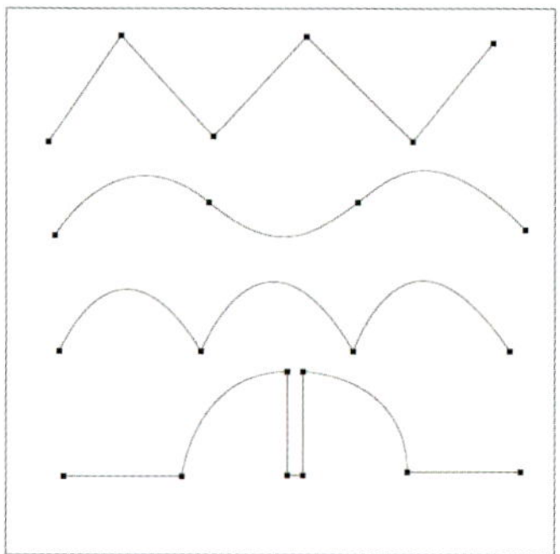

△ 다양한 형식의 패스

Tip 앵커 포인트는 직선이나 곡선 패스를 그릴 때 기준이 되는 점을 말하고, 핸들러는 앵커 포인트를 기준으로 양쪽에 생긴 선을 말합니다.

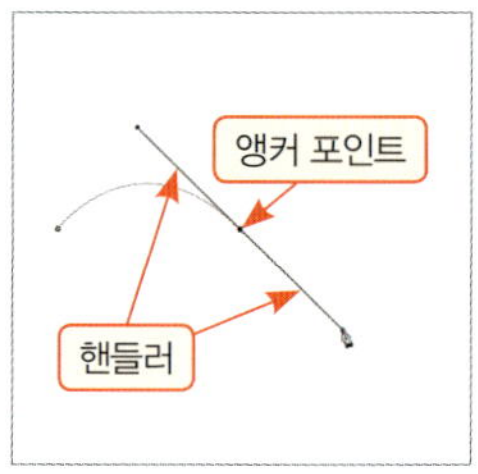

펜 툴의 옵션

Shape 옵션은 패스와 함께 면이 전경색으로 채워지며, Shape 레이어가 추가됩니다.

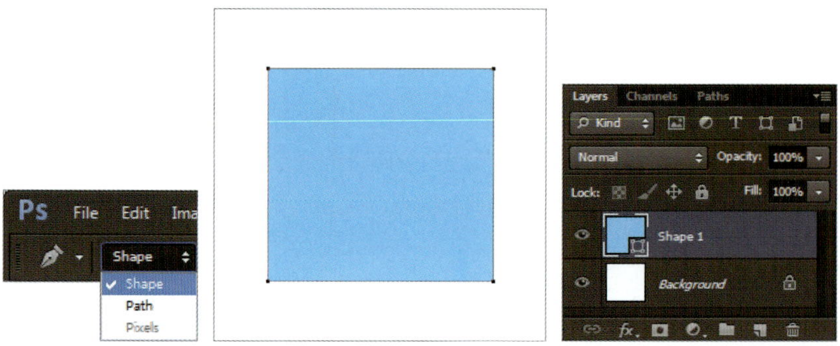

△ Shape 옵션

Path 옵션은 패스의 형태만 나타내며, 레이어에는 아무것도 나타나지 않습니다. 패스의 형태는 Paths 패널에서 확인할 수 있습니다.

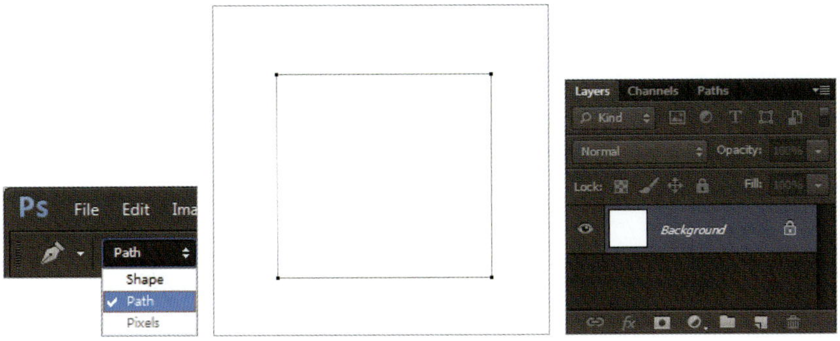

△ Path 옵션

Pixels 옵션은 형태를 따라 색상만 채워주며, 패스는 만들지 않습니다.

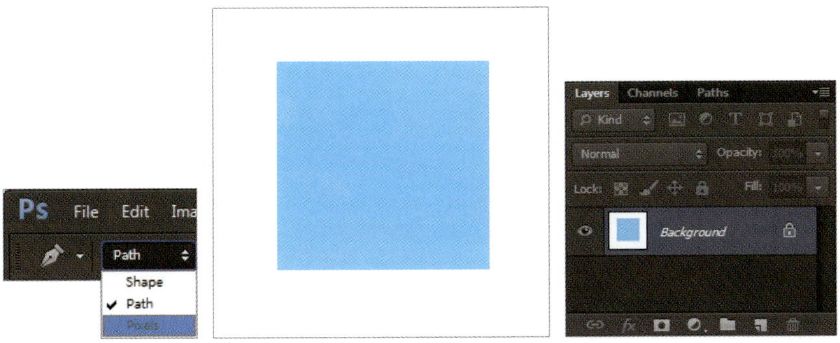

△ Pixels 옵션

Shape Stroke 옵션은 포토샵 CS6 버전에 새롭게 추가된 옵션으로, 패스로 만든 도형의 가장자리에 다양한 선 스타일을 적용합니다.

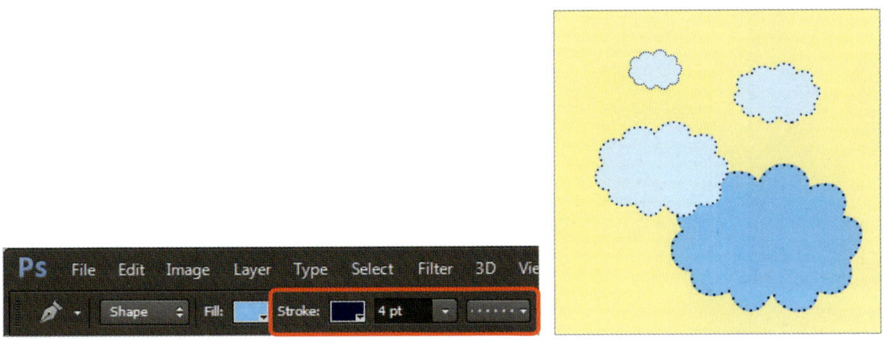

△ Shape Stroke 옵션

SECTION 44

프리폼 펜 툴

• 단축키 P

프리폼 펜 툴은 연필을 사용하듯 자유롭게 드로잉하여 패스를 만드는 툴입니다.

프리폼 펜 툴(Freeform Pen Tool,)은 마우스의 움직임대로 패스를 만드는 툴입니다. 시작지점을 클릭하여 드래그하면 패스가 그려지고, 마우스에서 손을 떼면 패스가 완료됩니다.

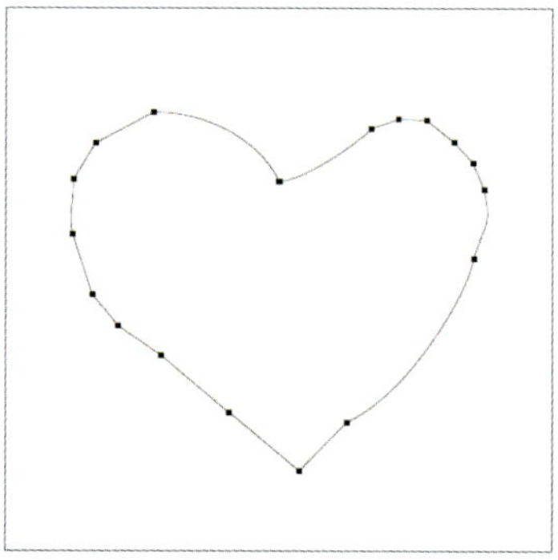

△ 프리폼 펜 툴로 드로잉

옵션 바에서 Magnetic 옵션을 체크한 후 드래그하면, 이미지의 테두리를 따라 패스를 쉽게 그릴 수 있습니다.

△ Magnetic 옵션을 적용하여 드로잉

SECTION 45

앵커 포인트 추가/제거 툴

• 단축키 P

앵커 포인트 추가/제거 툴은 패스를 클릭하여 앵커 포인트를 추가하거나 제거하는 툴입니다.

앵커 포인트 추가 툴(Add Anchor Point Tool,)은 클릭한 지점에 앵커 포인트를 추가하고, 앵커 포인트 제거 툴(Remove Anchor Point Tool,)은 클릭한 지점의 앵커 포인트를 제거합니다.

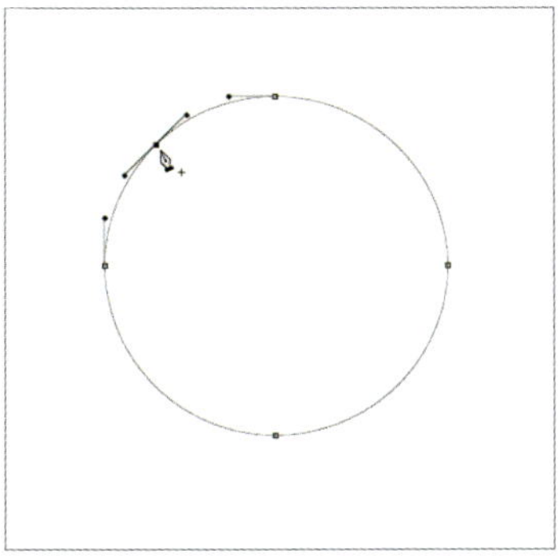

△ 앵커 포인트 추가

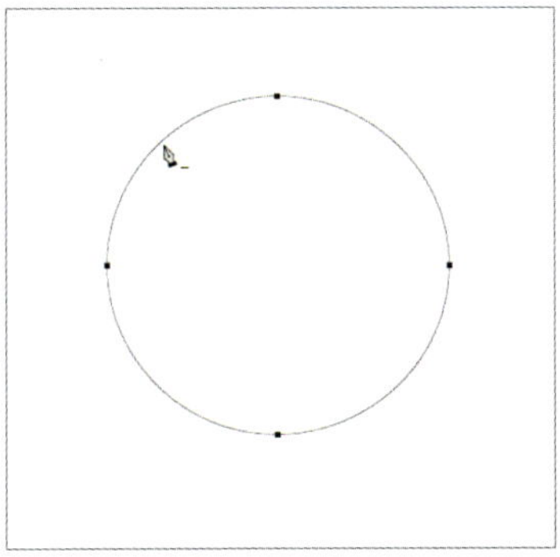

△ 앵커 포인트 제거

앵커 포인트 추가 툴로 앵커를 추가하면 항상 곡선형 앵커가 생깁니다. 따라서 직선을 만들고 싶다면 다음 섹션에서 설명하는 포인트 전환 툴로 앵커 포인트를 클릭하여 직선형 앵커로 변경한 후 사용해야 합니다.

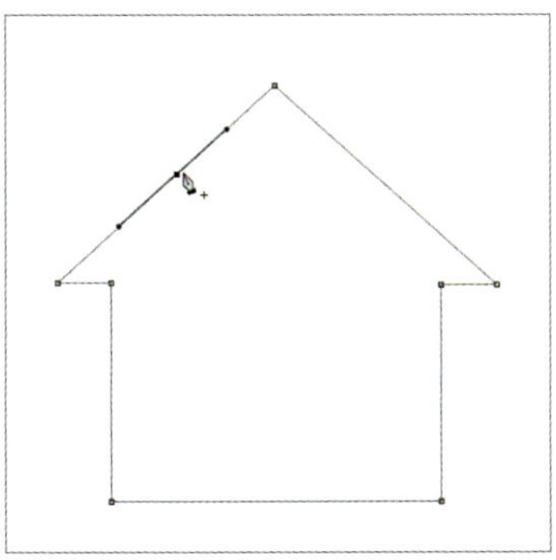

△ 곡선형 앵커

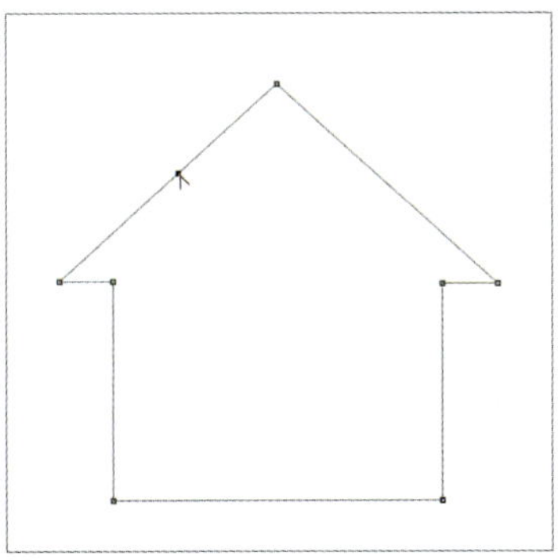

△ 직선형 앵커로 변경

SECTION 46

포인트 전환 툴

• 단축키 P

포인트 전환 툴은 곡선을 직선으로 전환시키고, 직선을 곡선으로 전환시키는 툴입니다.

포인트 전환 툴(Convert Point Tool, ▶)은 곡선이나 직선 형태의 패스를 그 반대로 전환시키는 툴입니다. 포인트 전환 툴로 곡선 패스의 앵커 포인트를 클릭하면 직선으로 전환되고, 직선 패스의 앵커 포인트를 클릭한 상태로 드래그하면 곡선으로 전환됩니다.

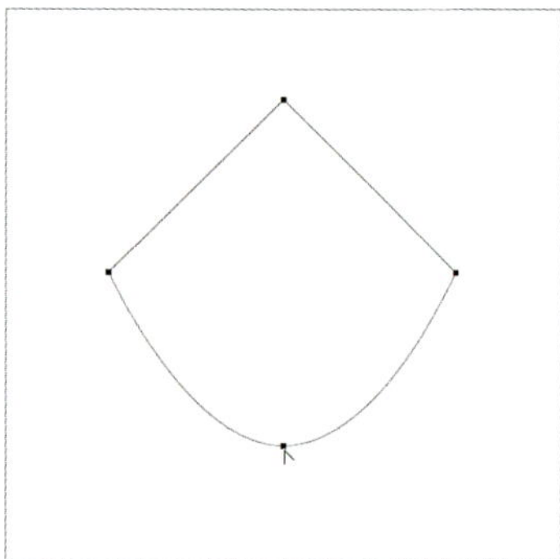

△ 곡선 패스의 앵커 포인트 클릭

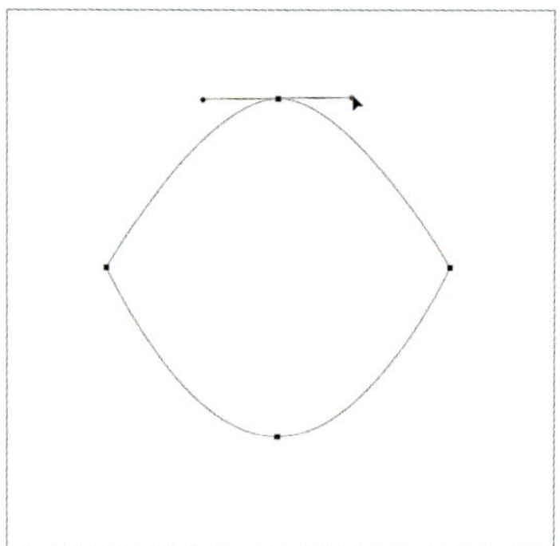

△ 직선 패스의 앵커 포인트 드래그

포인트 전환 툴로 곡선을 직선으로 바꾸는 것은 쉽지만, 직선을 곡선으로 바꾸어 원형을 만드는 것은 쉽지 않습니다. 이런 경우에는 도형 툴로 원형을 다시 그리는 것이 좋습니다.

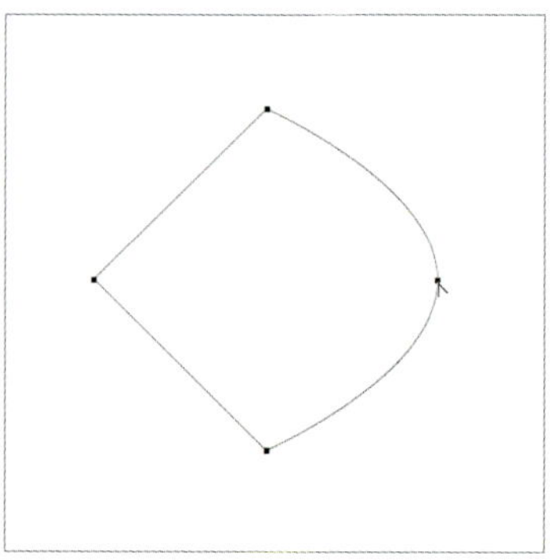

△ 곡선을 직선으로 전환

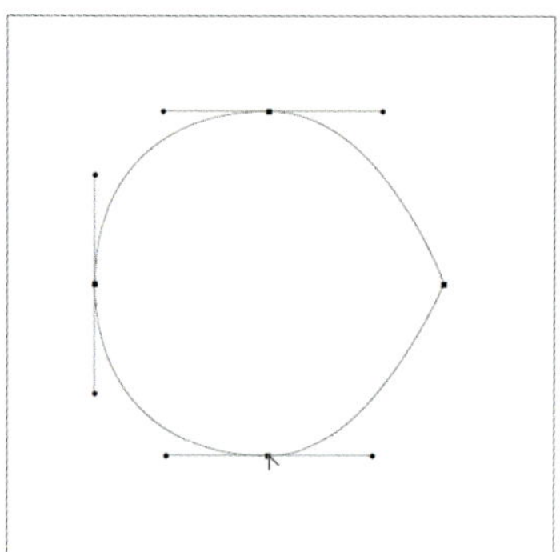

△ 직선을 곡선으로 전환

SECTION 47

패스 선택 툴, 직접 선택 툴

• 단축키 A

패스 선택 툴은 선과 면을 선택하여 이미지를 이동시키는 툴이고, 직접 선택 툴은 개별 앵커 포인트를 선택하여 이미지를 이동시키거나 변형시키는 툴입니다.

패스 선택 툴의 기능

패스 선택 툴(Path Selection Tool, ▶)은 전체 패스의 선과 면을 선택하는 툴입니다. 선택된 선과 면을 드래그하면 벡터 이미지를 자유롭게 이동시킬 수 있습니다.

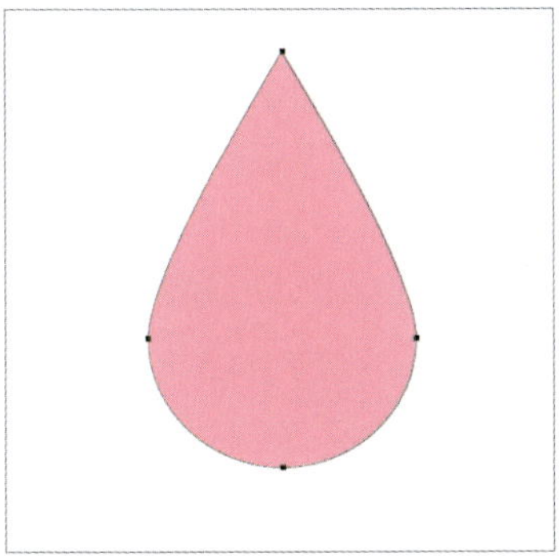

△ 전체 패스 선택

직접 선택 툴의 기능

직접 선택 툴(Direct Selection Tool, ▶)은 개별 앵커 포인트 또는 패스를 선택하는 툴입니다. 앵커 포인트를 하나만 클릭하여 원하는 위치로 옮길 수 있고, 핸들러를 조절하여 곡선의 각도도 조절할 수 있습니다.

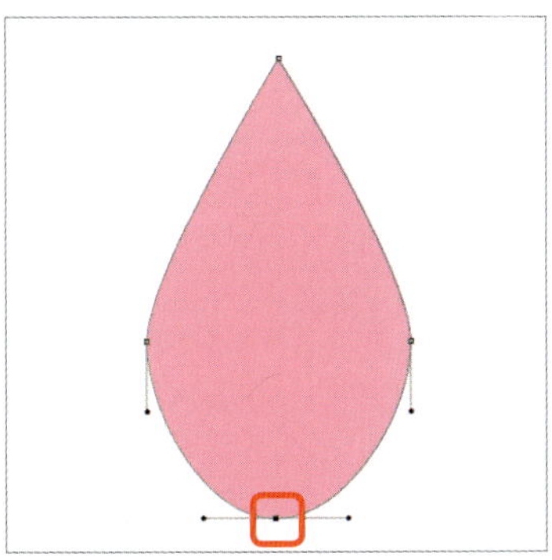

△ 개별 앵커 포인트 선택

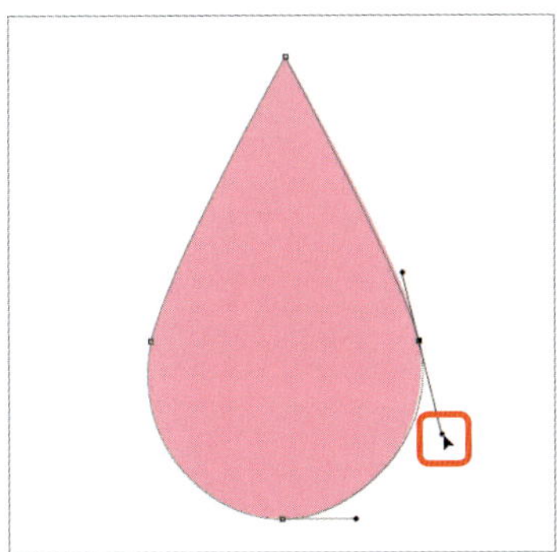

△ 핸들러 조절

펜 툴의 사용법

펜 툴을 처음 사용하면 생각대로 그려지지 않아 어렵습니다. 펜 툴로 다양한 형태의 패스를 그려보고, 반복함으로써 익숙해지도록 합니다.

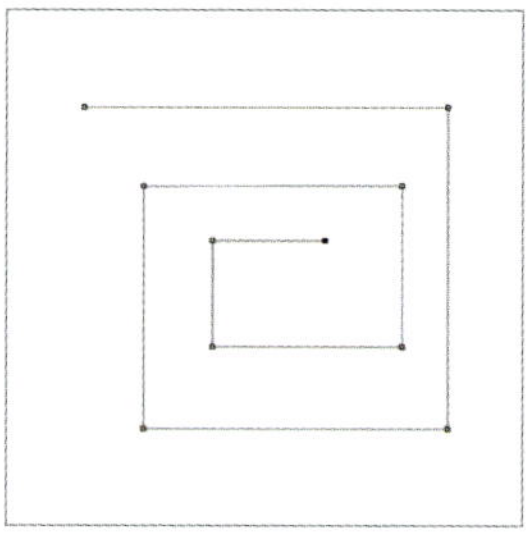
△ 직선 만들기

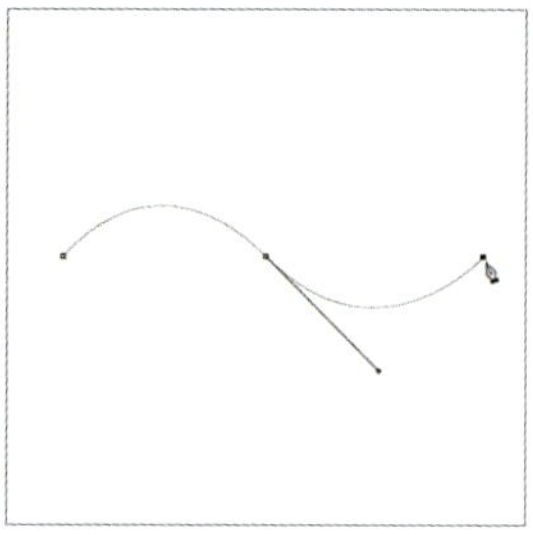
△ 곡선 만들기

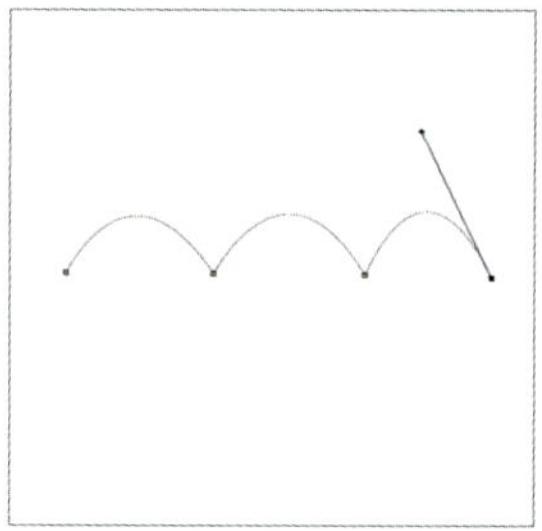
△ 방향 바꾸기

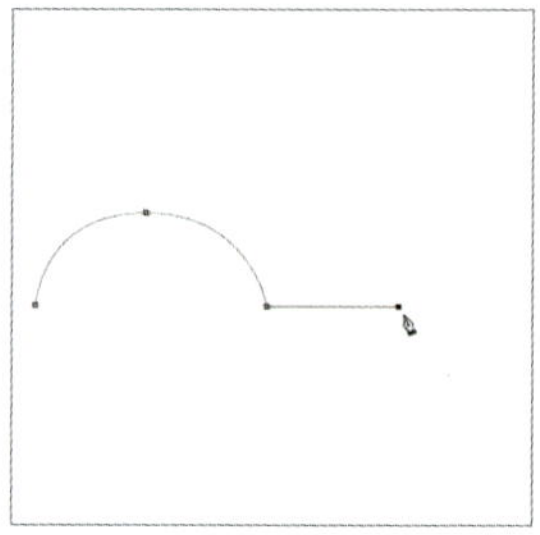
△ 곡선에 직선 연결하기

01 **직선 만들기** [File]-[New] 메뉴를 선택해 너비와 높이를 각각 500Pixels, 해상도를 72Pixels/Inch로 설정하여 새 문서를 만듭니다.

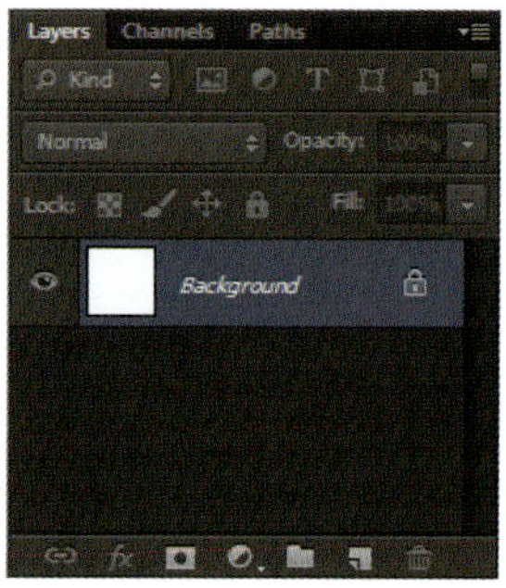

02 펜 툴(✒)을 선택하고 시작지점을 클릭한 후, 오른쪽의 빈 공간에 다시 한 번 클릭합니다. 앵커 포인트와 앵커 포인트가 연결되면서 패스가 생깁니다.

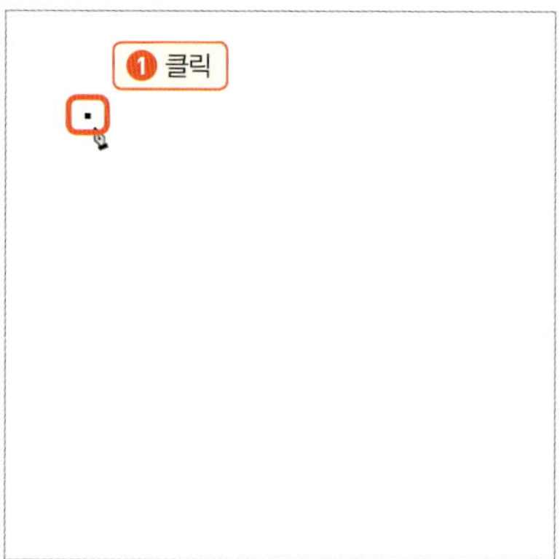

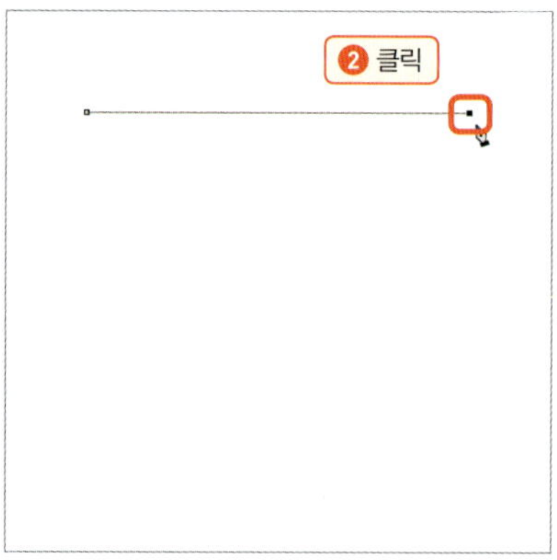

Tip Shift 를 누른 채 다음 지점을 클릭하면 수평선, 수직선, 45° 방향 대각선을 만들 수 있습니다.

03 같은 방법으로 다음 지점을 클릭하여 직선을 그립니다. 여기서 앵커 포인트가 생성된 지점이 펜 툴로 클릭한 지점입니다.

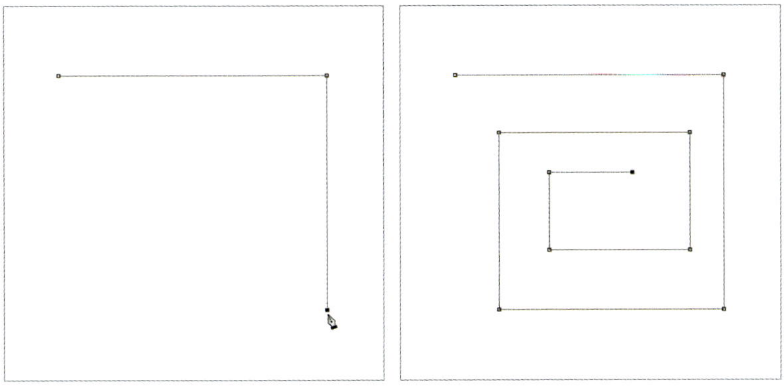

Tip 패스를 삭제하려면 패스 선택 툴( )로 패스를 선택한 후 Delete를 누르거나, Paths 패널에서 패스 레이어를 삭제합니다.

04 **곡선 만들기** 펜 툴( )로 시작지점을 클릭한 후, 두 번째 지점을 클릭한 상태로 드래그합니다. 드래그하면서 생성되는 곡선의 크기와 방향을 잘 보면서 원하는 형태가 되면 마우스에서 손을 뗍니다. 이때 앵커 포인트의 양쪽에는 핸들러가 생성됩니다.

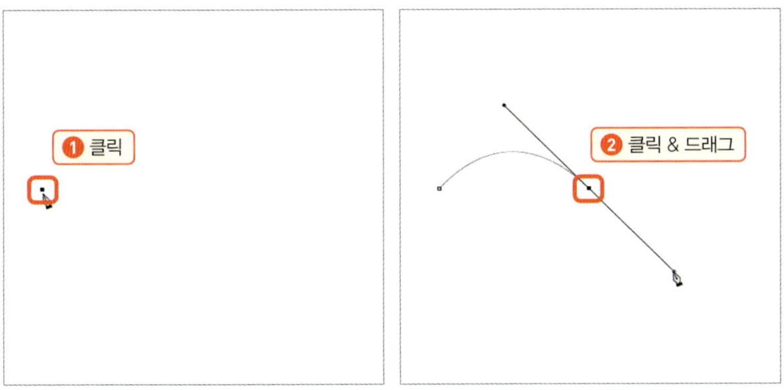

05 앵커 포인트의 양쪽으로 핸들러가 있는 상태에서 다음 지점을 클릭하면, 자동으로 곡선이 만들어 집니다.

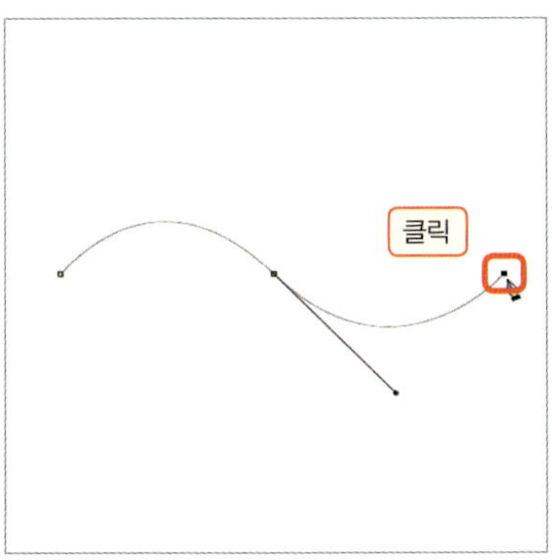

06 **방향 바꾸기** 펜 툴( )로 시작지점을 클릭하고 다음 지점을 클릭한 상태로 드래그하여 곡선을 만듭니다. Alt 를 누른 채 두 번째 앵커 포인트를 클릭하면 진행 방향의 핸들러 하나가 사라집니다.

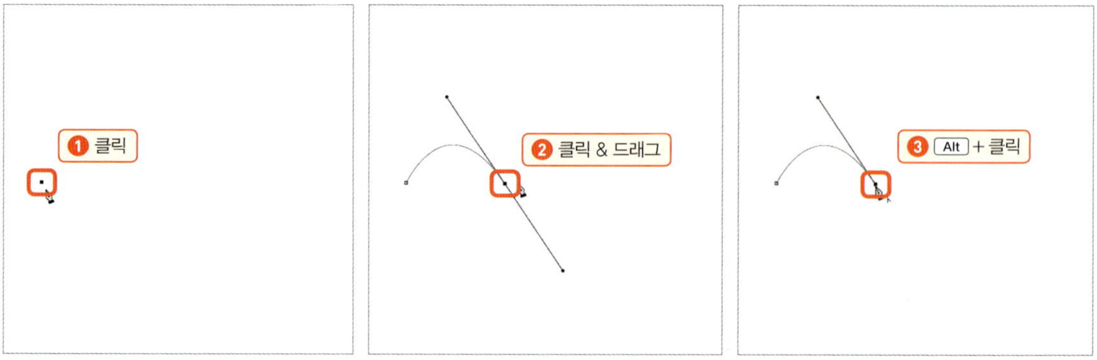

07 다음 지점을 클릭한 상태로 드래그하여 곡선을 그리고, 다시 Alt 를 누른 채 앵커 포인트를 클릭하여 핸들러를 삭제합니다. 같은 방법으로 다음 지점을 드래그하여 곡선을 그려줍니다.

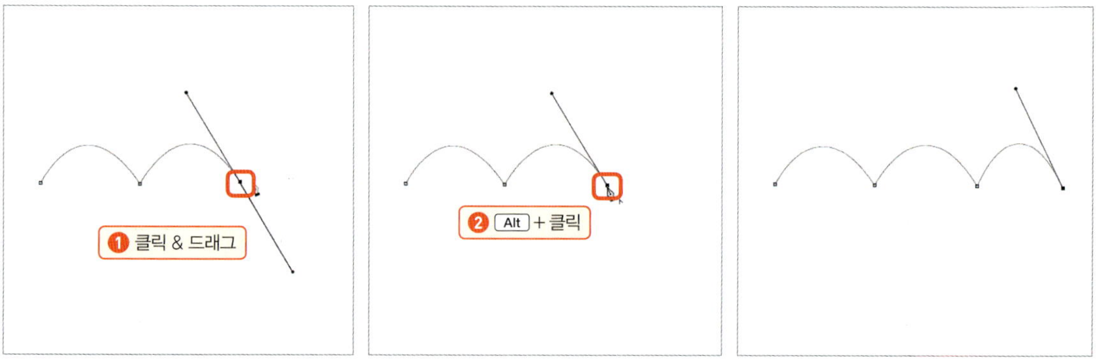

Tip 핸들러를 삭제한 후 다음 지점을 클릭하면 직선으로 연결되고, 다음 지점을 클릭한 상태로 드래그하면 곡선으로 연결됩니다.

08 직접 선택 툴( )을 선택하여 앵커 포인트 하나를 클릭한 상태로 드래그합니다. 선택된 앵커 포인트의 위치만 이동합니다. 핸들러의 끝부분을 드래그하면 곡선의 크기나 방향을 수정할 수도 있습니다.

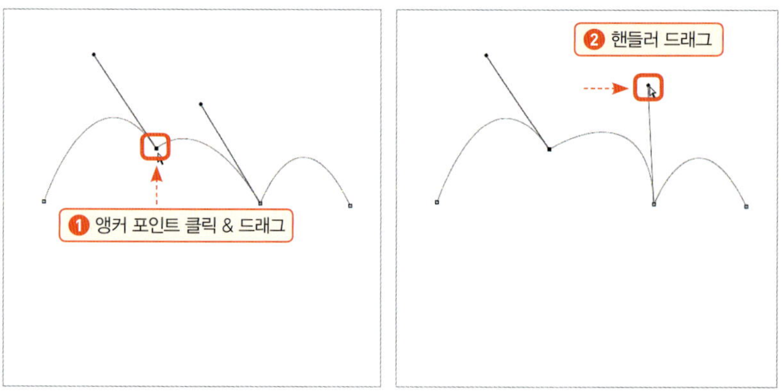

09 곡선에 직선 연결하기 펜 툴( )로 시작지점을 클릭하고 다음 지점을 클릭한 상태로 드래그하여 곡선 패스를 만듭니다.

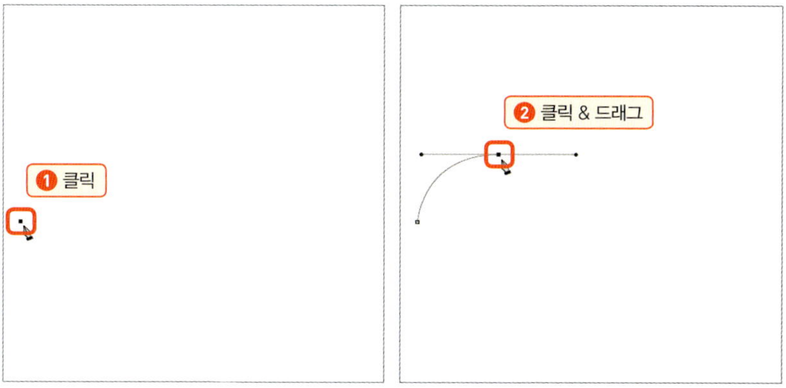

10 그림과 같이 다음 지점을 클릭하면 곡선이 자연스럽게 연결됩니다. 이제 다음 지점을 클릭하면 직선으로 연결됩니다.

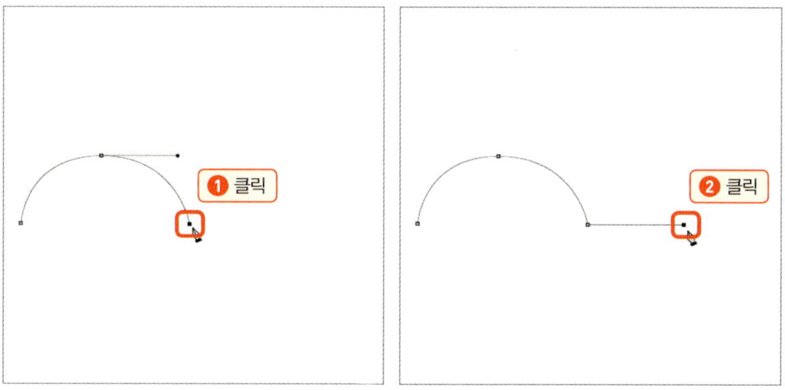

Tip 핸들러가 앵커 포인터를 중심으로 양쪽에 있는 경우 다음 지점을 클릭하면 진행 방향의 핸들러 쪽으로 곡선이 만들어지고, 핸들러가 한 쪽만 있는 경우 다음 지점을 클릭하면 직선이 만들어집니다.

11 앵커 포인트 추가하기 그림과 같이 패스를 만들고, 앵커 포인트 추가 툴( )로 앵커 포인트와 앵커 포인트 사이를 클릭하면 새로운 앵커 포인트가 추가됩니다.

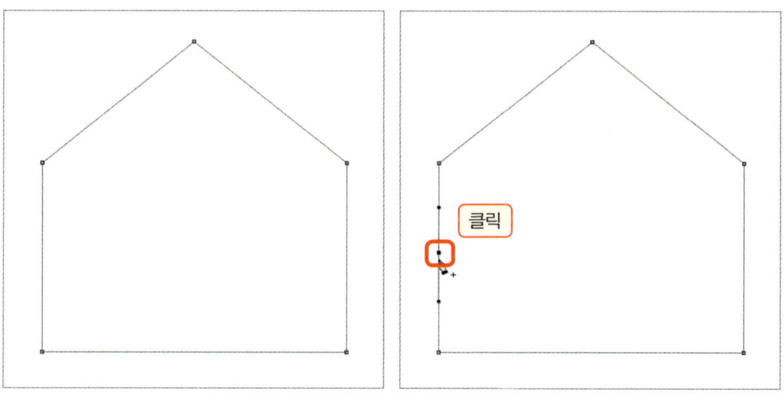

12 앵커 포인트 제거하기 직접 선택 툴()로 추가된 앵커 포인트를 드래그해보면 곡선을 만드는 핸들러가 포함되어 있는 것을 알 수 있습니다. 앵커 포인트 제거 툴()로 앵커 포인트를 클릭하면, 클릭한 지점의 앵커 포인트가 사라지며 양쪽 앵커 포인트가 직선으로 연결됩니다.

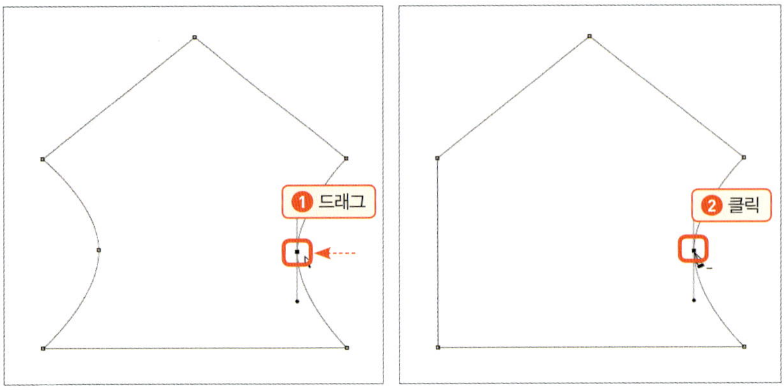

13 패스 전환하기 포인트 전환 툴()로 직선 패스의 앵커 포인트를 드래그하면 곡선으로 전환됩니다. 또 곡선 패스의 앵커 포인트를 클릭하면 다시 직선으로 전환됩니다.

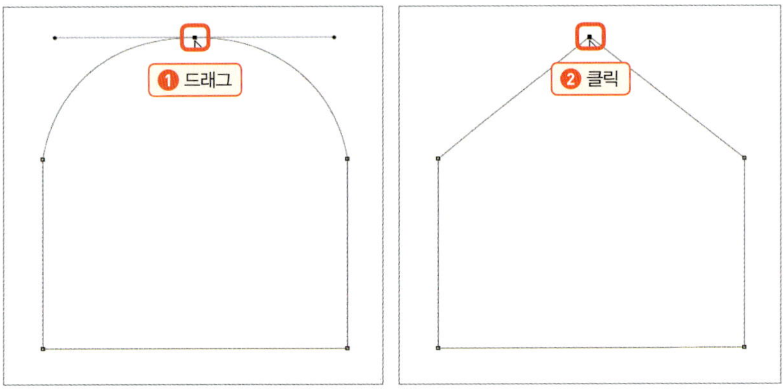

• **준비파일** Lego.psd • **완성파일** Lego_result.psd

따라하기 레고 블록 복제하기

패스 툴을 사용해 이미지에서 원하는 영역을 추출하여 복제해봅니다.

△ 원본 이미지

△ 완성 이미지

01 Ch 06 ▸ Section 47 ▸ Lego.psd 파일을 불러옵니다. 펜 툴( )을 선택하여 다음과 같이 직선 부분을 클릭해가며 패스를 만듭니다.

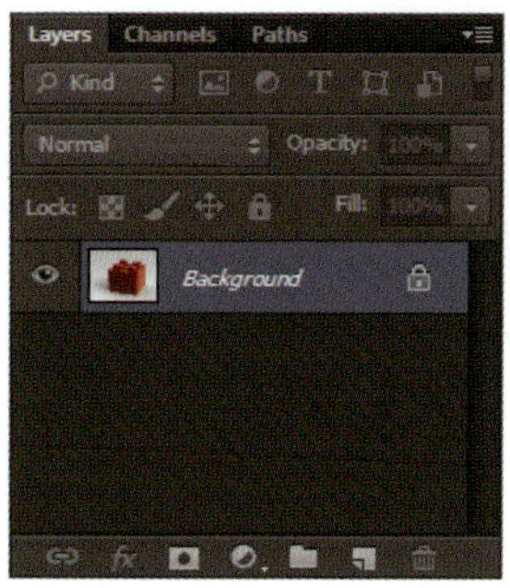

02 곡선 부분은 드래그하여 패스를 만듭니다. 이때 진행 방향을 자유롭게 조절하기 위해 Alt를 누른 채 마지막 지점의 앵커 포인트를 클릭하여 한쪽 방향의 핸들러를 제거해줍니다.

03 계속해서 직선 부분은 클릭하여 패스를 연결해 나가고, 곡선 부분은 드래그하여 패스를 연결해 나갑니다.

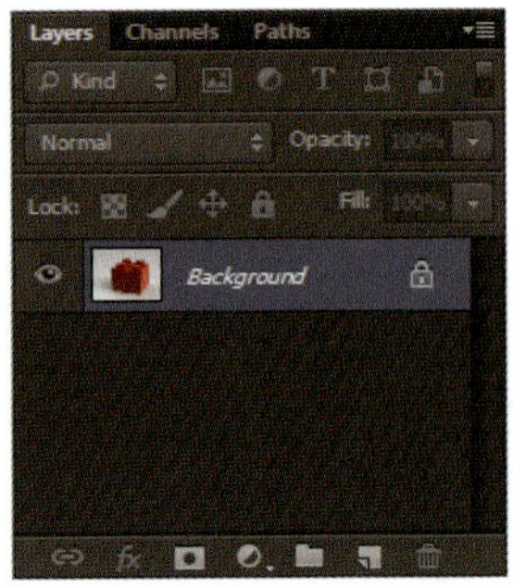

04 처음 시작한 지점으로 돌아오면 펜 툴 옆에 조그만 동그라미가 생기는데, 이때 시작지점을 클릭하여 패스를 닫힌 상태로 만듭니다.

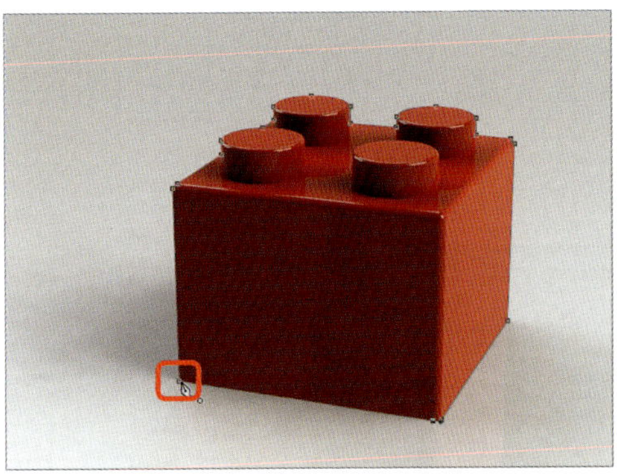

05 옵션 바에서 Make를 Selection으로 선택하고 〈OK〉를 클릭합니다. 패스가 선택 영역으로 만들어집니다.

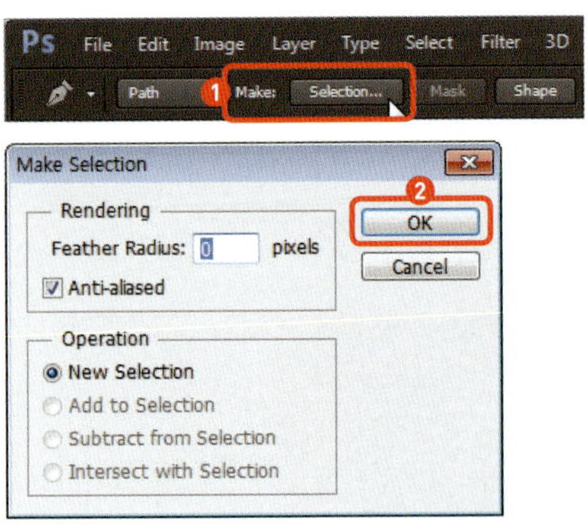

06 Ctrl+J를 눌러 선택 영역을 새 레이어로 복제합니다.

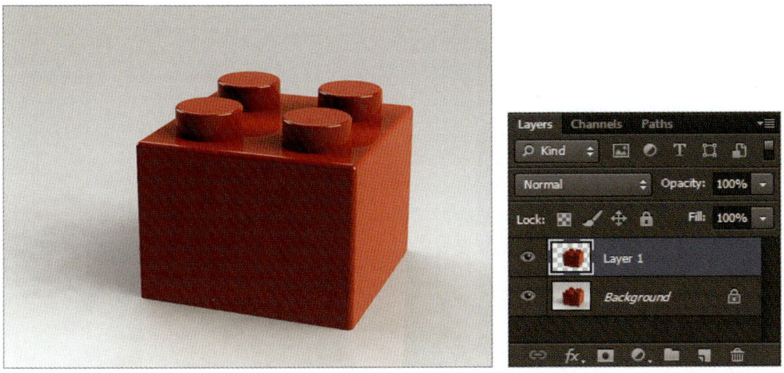

07 Layer 1을 선택하고 Ctrl+T를 눌러 바운딩 박스가 나타나면 다음과 같이 크기를 줄여줍니다.

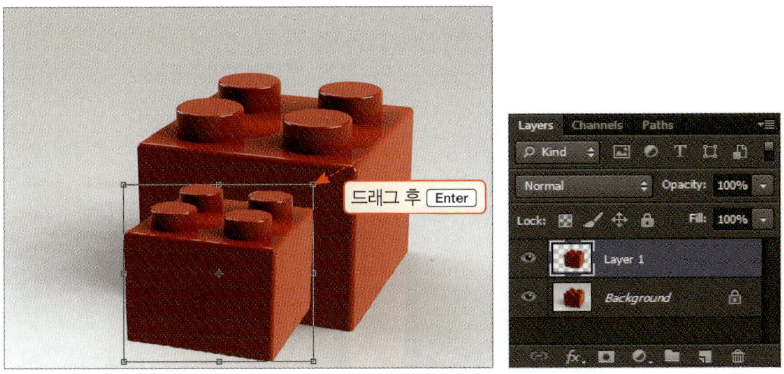

08 Ctrl을 누른 채 Layer 1의 썸네일을 클릭하여 축소한 레고 블록을 선택 영역으로 만듭니다.

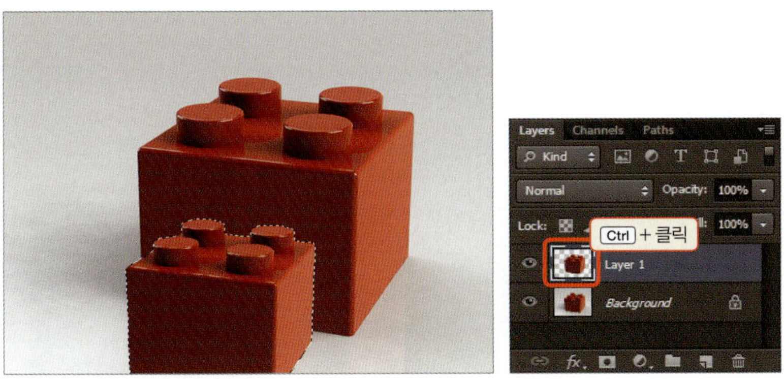

09 Adjustments 패널에서 Hue/Saturation(▦)을 클릭하고, 옵션 창에서 Hue 옵션에 +100을 입력합니다.

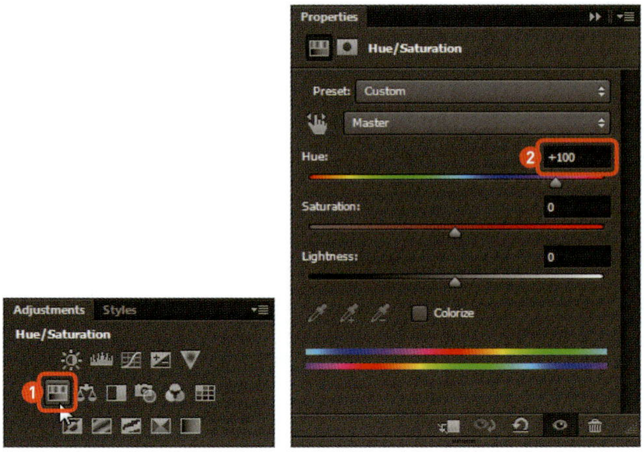

10 Layer 1의 레고 블록이 연두색으로 변하고, Adjustments 레이어가 생성되었습니다.

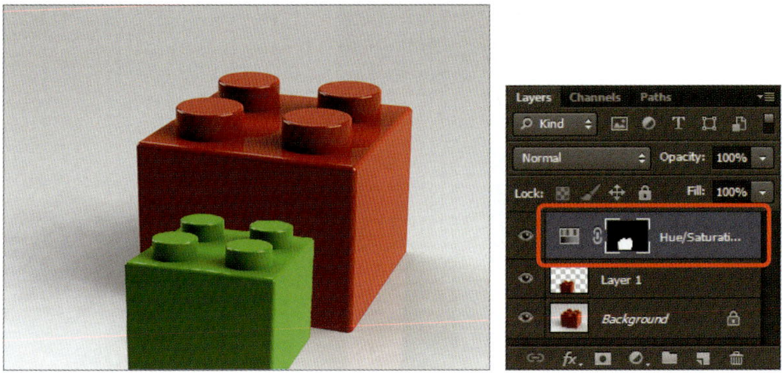

Tip Hue/Saturation은 [Image]–[Adjustments] 메뉴에서도 설정할 수 있습니다. 그러나 Adjustments 패널에서 설정한 것과는 달리 추후에 파일을 열어 설정한 내용을 수정할 수 없으며, Adjustments 레이어도 생성되지 않습니다.

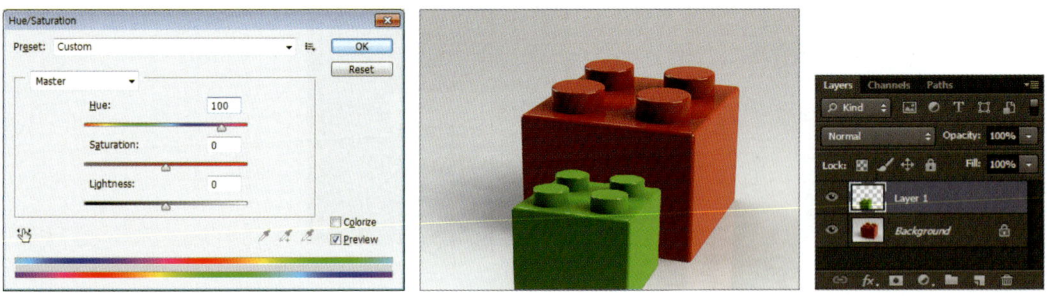

△ [Image]–[Adjustments] 메뉴에서 Hue/Saturation을 적용한 결과

SECTION 48

텍스트 툴

• 단축키 T

텍스트 툴은 이미지에 텍스트를 입력하는 툴로, 텍스트의 정렬 방식이나 색상, 폰트 등을 다양하게 설정할 수 있습니다.

텍스트 툴의 기능

텍스트 툴은 이미지에 텍스트를 입력하는 툴로, 작업화면을 클릭하여 입력하거나 드래그하여 바운딩 박스에 입력합니다. 텍스트 툴은 텍스트가 입력되는 방향에 따른 가로 텍스트 툴(Horizontal Type Tool, T), 세로 텍스트 툴(Vertical Type Tool, IT)이 있으며, 텍스트 형태의 선택 영역을 만드는 가로 텍스트 마스크 툴(Horizontal Type Mask Tool, T), 세로 텍스트 마스크 툴(Vertical Type Mask Tool, IT)이 있습니다.

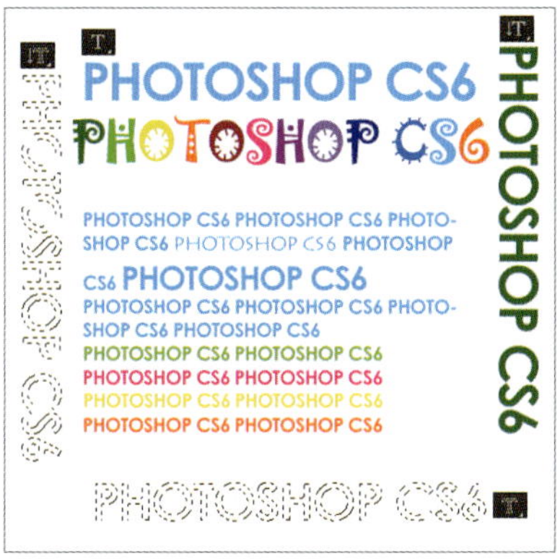

△ 각 텍스트 툴로 텍스트를 입력한 상태

텍스트 툴의 옵션

❶ **텍스트 입력 방향 변경** 텍스트 툴을 변경하지 않은 채 텍스트의 입력 방향을 가로나 세로로 변경합니다.

❷ **폰트 선택** 다양한 폰트를 선택합니다.

❸ **텍스트 굵기와 기울기** 텍스트의 굵기와 기울기를 조절합니다.

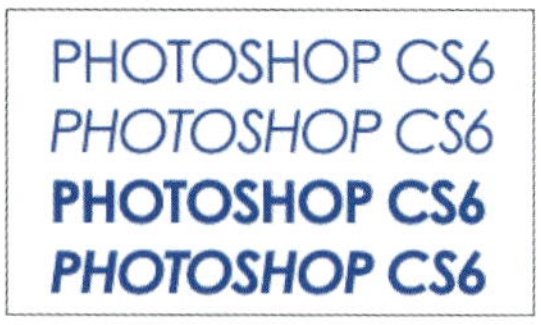

Tip 이 옵션은 설치된 폰트에 따라 제공되지 않을 수도 있습니다.

❹ **텍스트 크기** 텍스트의 크기를 조절합니다.

❺ **안티앨리어싱** 외곽선을 부드럽게 보이게 해주는 안티앨리어싱을 조절합니다. 안티앨리어싱을 적용하지 않으면 가장자리 부분에 계단현상이 나타납니다.

❻ **정렬** 텍스트의 정렬 방향을 설정합니다.

❼ **텍스트 색상** 텍스트 전체 또는 낱글자의 색상을 변경합니다.

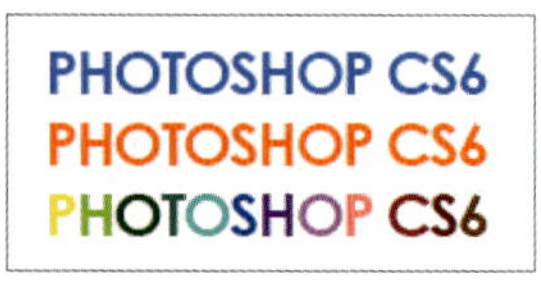

❽ **워프** 텍스트를 구부리거나 휩니다.

❾ **텍스트 패널** 텍스트 패널을 열어 글자의 자간, 행간, 너비, 높이 등을 조절합니다.

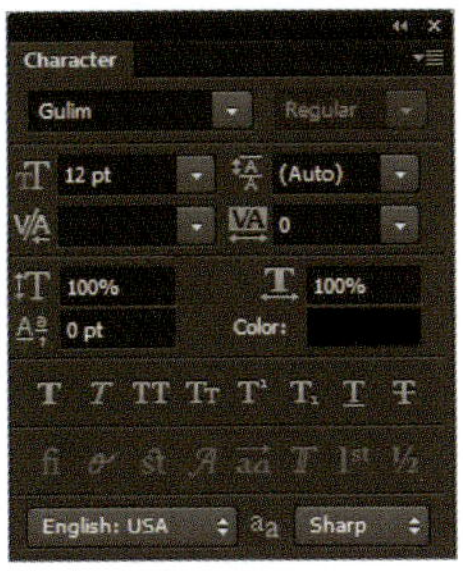

❿ **취소, 적용** 텍스트 입력을 취소하거나 적용합니다.

⓫ **3D 전환** 입력한 텍스트를 3D로 전환합니다.

• **준비파일** 없음 • **완성파일** Text_result.psd

따라하기 특정 문자 강조하기

텍스트를 입력하고 텍스트의 색상, 크기, 간격 등을 변경해봅니다.

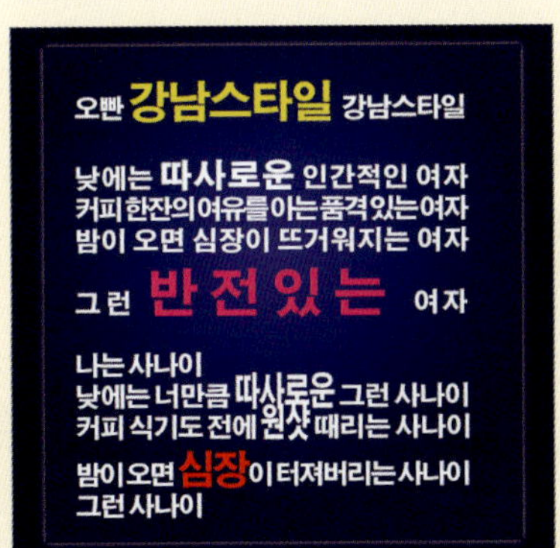

△ 완성 이미지

01 [File]–[New] 메뉴를 선택해 너비와 높이를 각각 500Pixels, 해상도를 72Pixels/Inch로 설정하여 새 문서를 만듭니다.

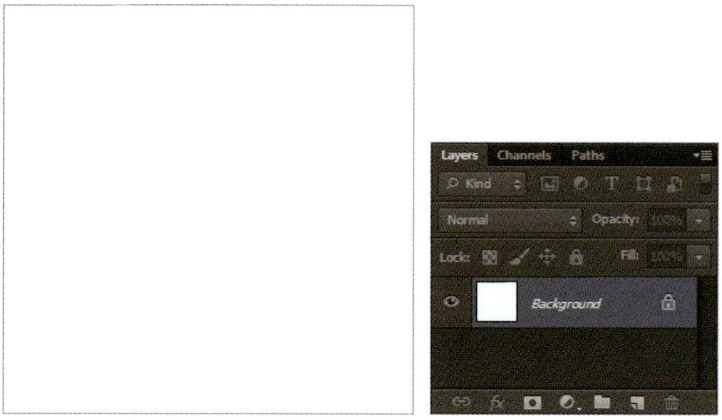

02 그레디언트 툴(■)을 선택하고 전경색을 청색, 배경색을 짙은 청색으로 설정합니다. 옵션 바에서 원형 그레디언트(■)를 선택하고 화면에 드래그하여 다음과 같은 배경을 만듭니다.

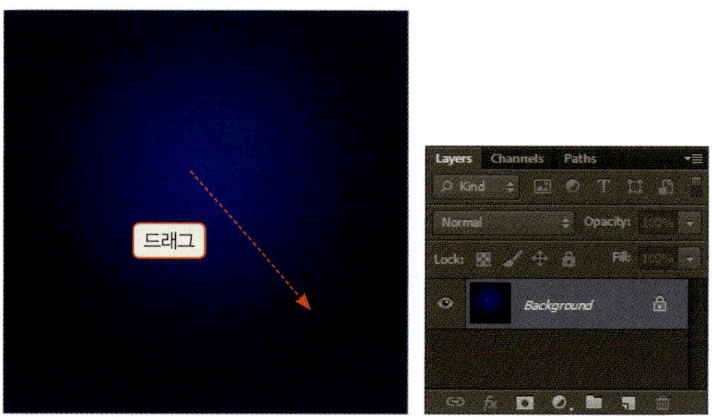

03 텍스트 툴(T)을 선택하고 옵션 바에서 색상을 흰색으로 지정한 후, 화면을 클릭하여 다음과 같이 입력합니다.

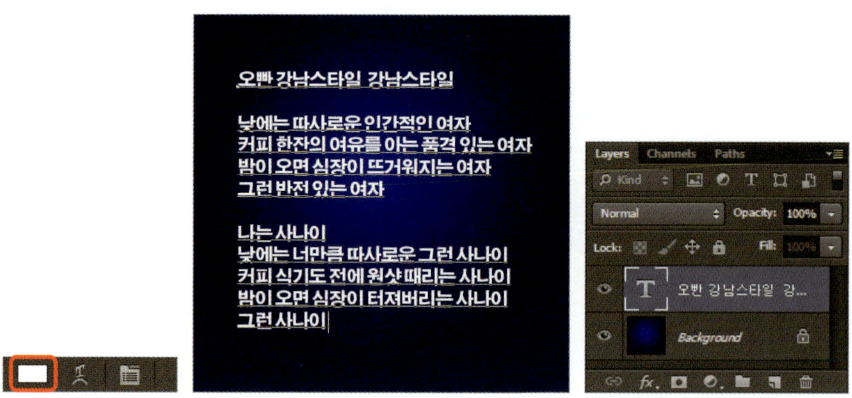

04 '강남스타일' 부분만 드래그한 후 옵션 바에서 텍스트 패널(▤)을 클릭합니다. 해당 텍스트를 강조하기 위해 크기를 40pt, 컬러를 노란색으로 변경합니다.

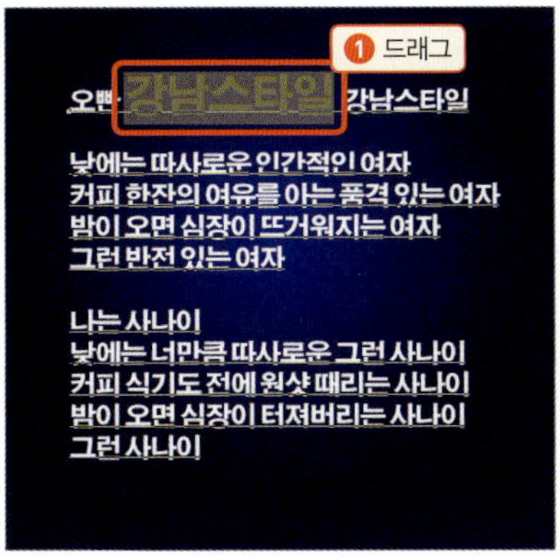

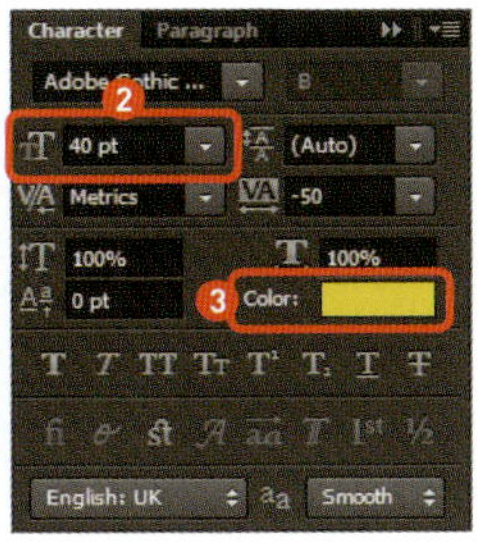

05 같은 방법으로 '따사로운' 부분을 드래그한 후 텍스트 패널에서 크기를 30pt, 자간을 25로 조절합니다. 자간의 수치가 높으면 글자 간의 간격이 넓어지고, 낮으면 좁아집니다.

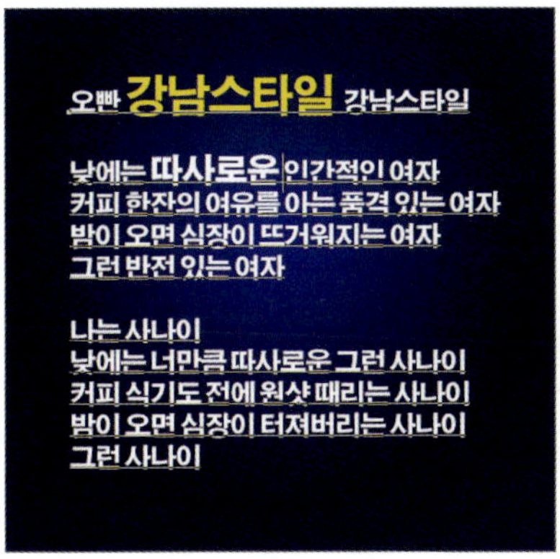

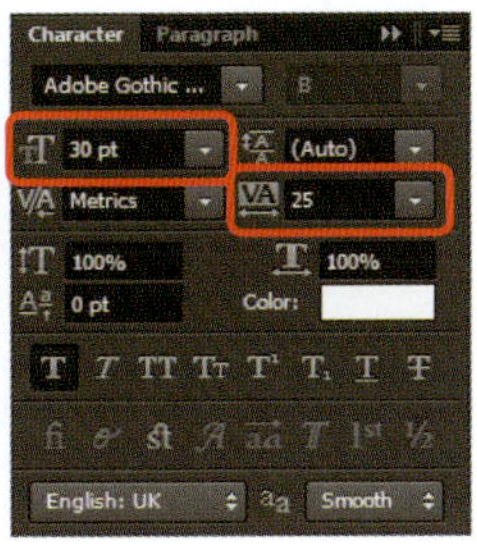

06 세 번째 행을 드래그한 후 텍스트 패널에서 자간을 조절하여 길이를 다른 행과 비슷하게 만듭니다. 네 번째 행도 같은 방법으로 조절합니다.

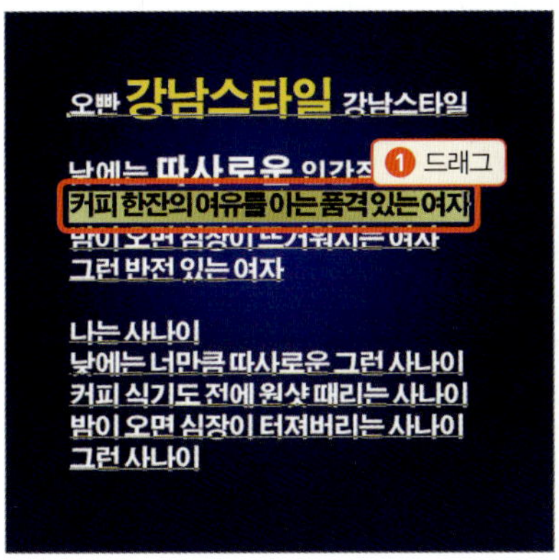

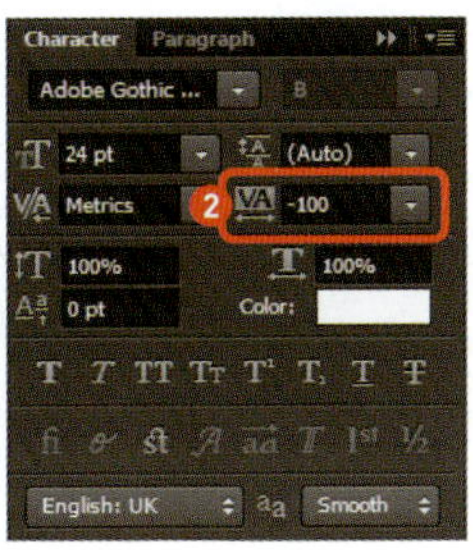

07 일부 단어를 선택해 크기와 색상을 변경합니다. 자간도 함께 조정하여 길이를 다른 행과 비슷하게 만듭니다.

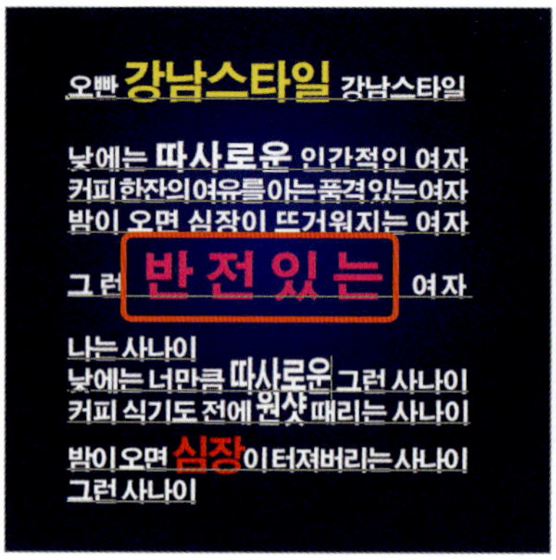

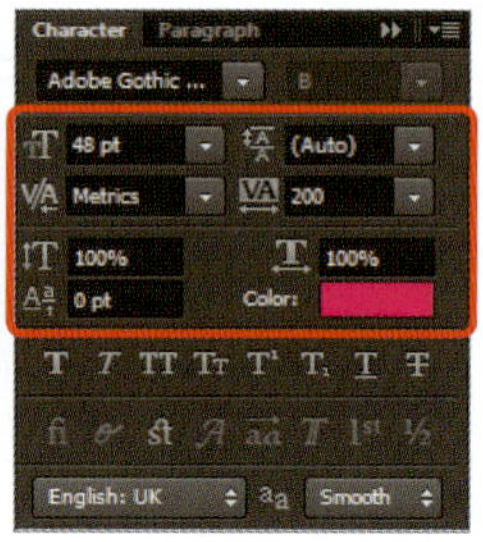

08 새 레이어를 추가하고 사각형 선택 툴( )로 화면의 텍스트를 모두 가리도록 선택 영역을 만듭니다. 전경색을 흰색으로 설정하고 Alt + Delete 를 눌러 흰색으로 채워줍니다.

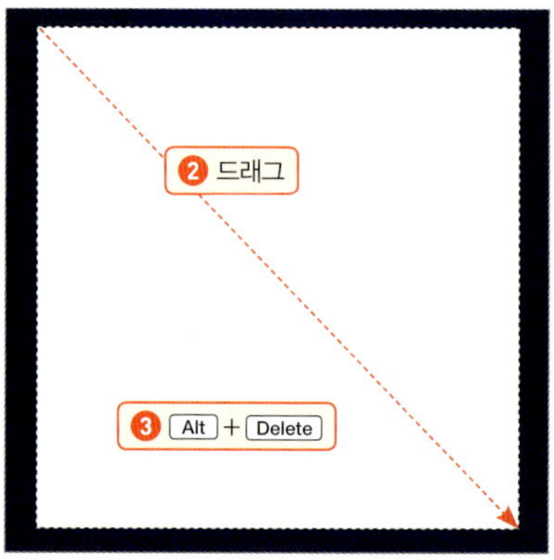

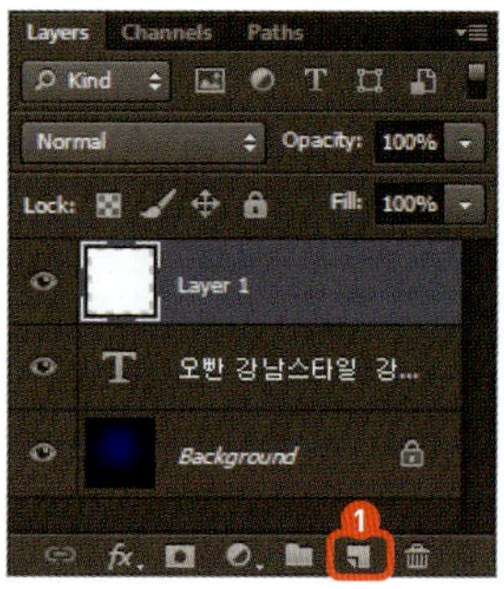

09 Layer 1이 선택된 상태에서 Fill 옵션을 10%로 조절하여 텍스트가 보이도록 합니다.

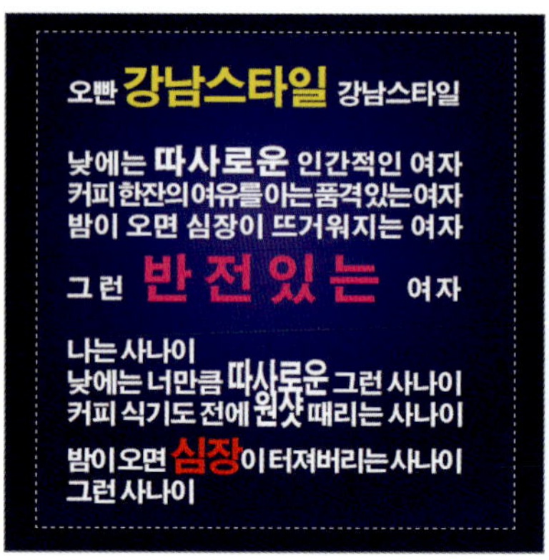

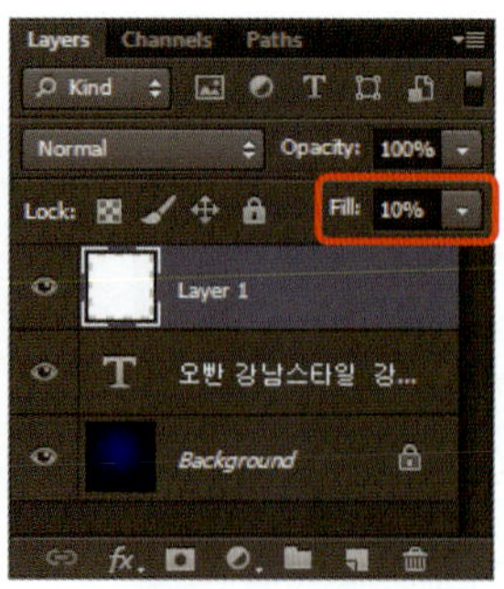

10 사각형 테두리에 번짐 효과를 주기 위해 레이어 스타일 추가(fx)를 클릭하고 [Outer Glow]를 선택합니다. 옵션 창에서 Opacity, Spread, Size 옵션을 다음과 같이 설정한 후 〈OK〉를 클릭합니다. Ctrl + D 를 눌러 선택 영역을 해제하면 이미지가 완성됩니다.

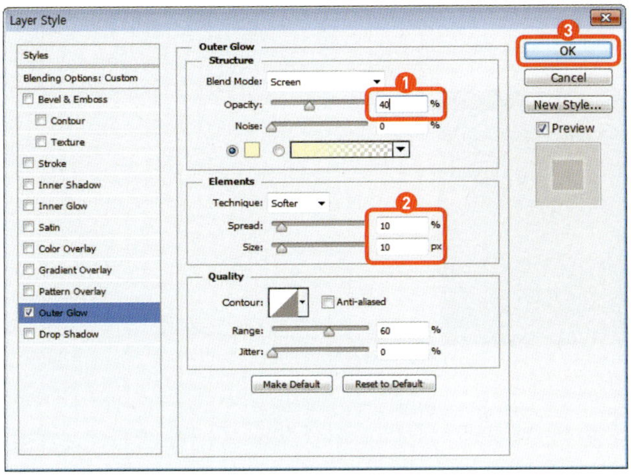

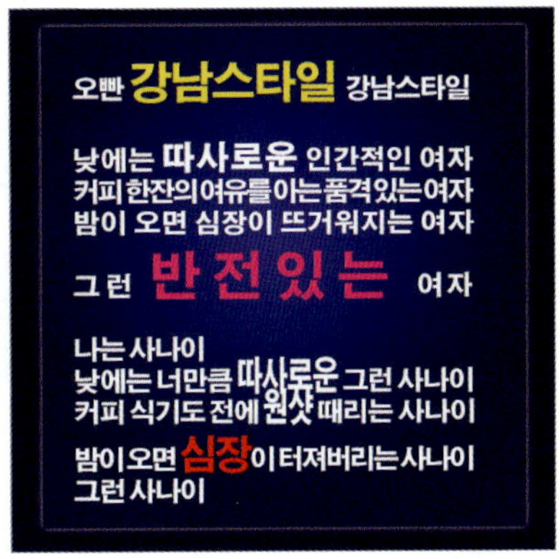

• **준비파일** 없음 • **완성파일** Pattern_result.psd

따라하기 문자에 화려한 패턴 입히기

텍스트를 입력하고 클리핑 마스크로 화려한 패턴을 입힌 후, 레이어 스타일로 입체 느낌을 가미해봅니다.

△ 완성 이미지

01 [File]–[New] 메뉴를 선택해 너비와 높이를 각각 500Pixels, 해상도를 72Pixels/Inch로 설정하여 새 문서를 만듭니다.

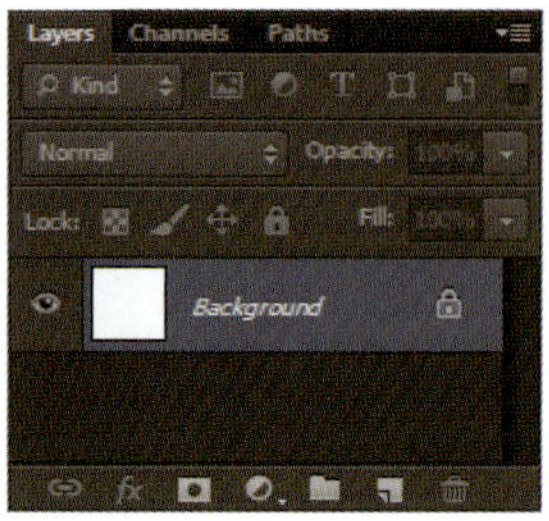

02 그레디언트 툴(■)을 선택하고 전경색을 흰색, 배경색을 회색으로 설정합니다. 옵션 바에서 원형 그레디언트(■)를 선택하고 화면에 드래그하여 다음과 같은 배경을 만듭니다.

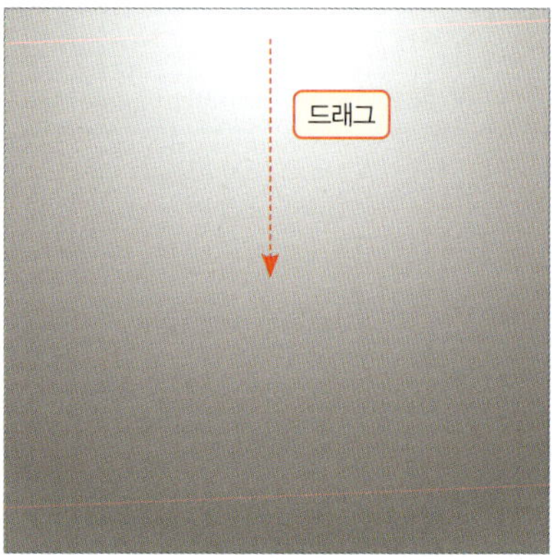

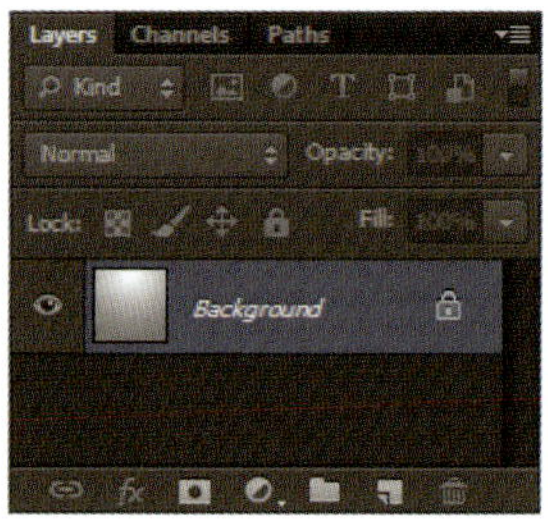

03 텍스트 툴(T)을 선택하고 화면을 클릭하여 다음과 같이 입력합니다. 이때 폰트는 조금 굵은 것으로 선택합니다.

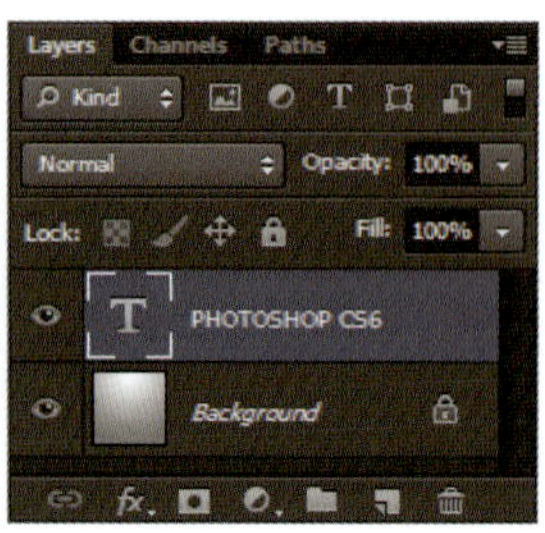

04 새 레이어를 추가하고 브러시 툴( )의 옵션 바에서 Square 10px의 브러시를 선택합니다.

Tip 만일 Square 브러시가 없다면, 톱니바퀴 모양( )을 클릭하여 [Square Brushs]를 선택합니다.

05 전경색을 바꿔가며 아래쪽으로 나란히 찍어 다음과 같이 만듭니다.

06 Ctrl을 누른 채 Layer 1의 썸네일을 클릭하여 바로 전에 완성한 부분을 선택 영역으로 만듭니다. 그리고 [Edit]-[Define Pattern] 메뉴를 선택해 패턴으로 등록합니다.

07 Layer 1이 선택된 상태에서 Ctrl+A를 눌러 전체 화면을 선택합니다. [Edit]-[Fill] 메뉴를 선택하여 등록한 패턴을 선택하고 〈OK〉를 클릭해 패턴으로 화면을 채웁니다.

08 [Filter]-[Distort]-[Twirl] 메뉴를 선택하고 Angle 옵션에 93을 입력하여 이미지를 비틀어줍니다.

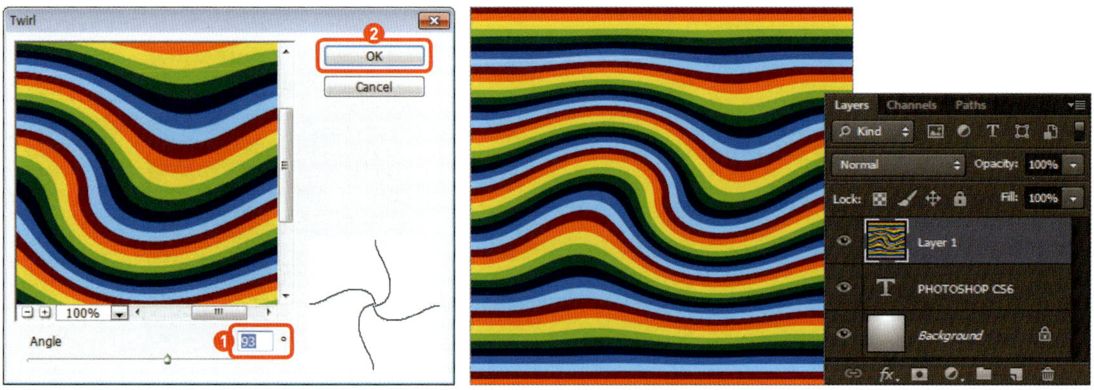

09 Alt를 누른 상태에서 Layer 1과 텍스트 레이어 사이에 마우스를 가져가면 마우스 포인터가 ↓□ 모양으로 바뀝니다. 이때 레이어 사이 선 부분을 클릭하여 클리핑 마스크를 적용합니다. 위쪽 레이어가 아래쪽 레이어의 오브젝트 형태만큼 적용됩니다.

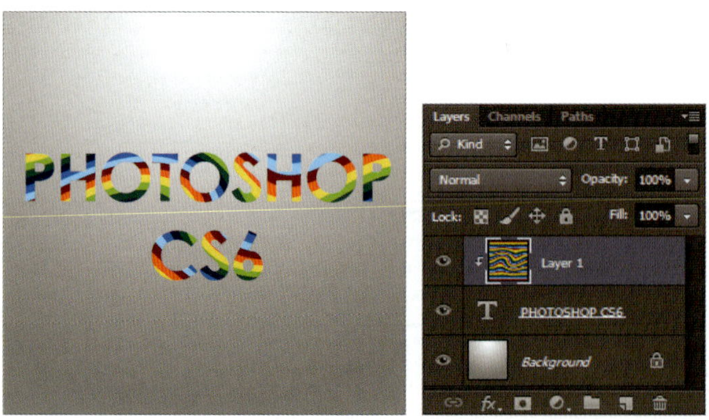

Tip Ctrl+Alt+G를 눌러도 클리핑 마스크가 적용됩니다.

10 텍스트에 입체 효과를 주기 위해 레이어 스타일을 적용해보겠습니다. 텍스트 레이어를 선택한 후 레이어 스타일 추가(fx.)를 클릭하고 [Stroke]를 선택합니다. 옵션 창에서 다음과 같이 설정하여 텍스트 가장자리에 라인을 만듭니다.

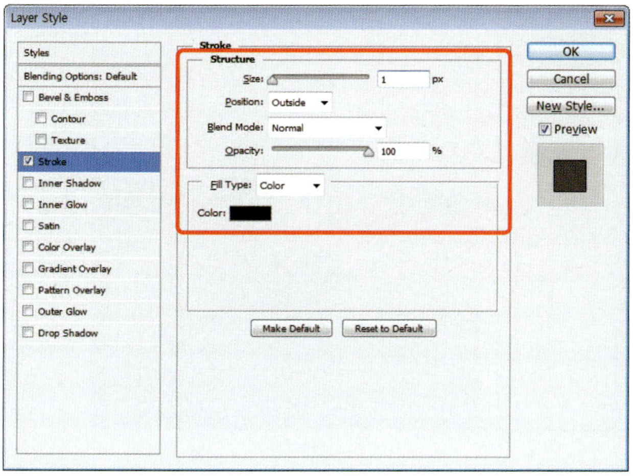

11 이어서 [Inner Shadow]를 선택하고 다음과 같이 설정합니다. 텍스트 내부에 약한 그림자가 생겨 입체감이 살아납니다.

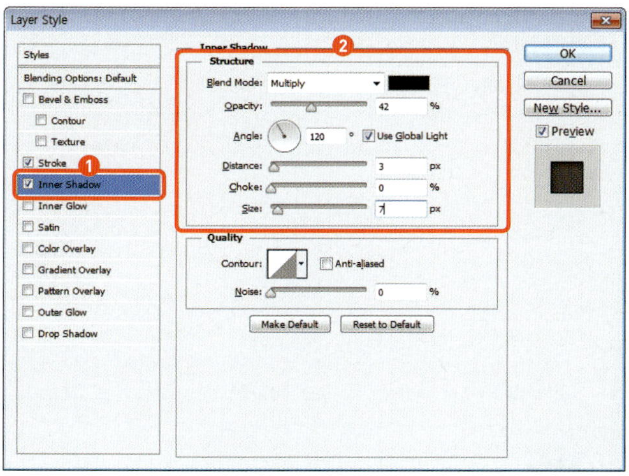

12 마지막으로 [Drop Shadow]를 선택하고 다음과 같이 설정합니다. 바탕과 텍스트 사이에 그림자가 생겨 입체감이 더욱 살아납니다. 옵션 설정을 완료하면 〈OK〉를 클릭해 이미지를 완성합니다.

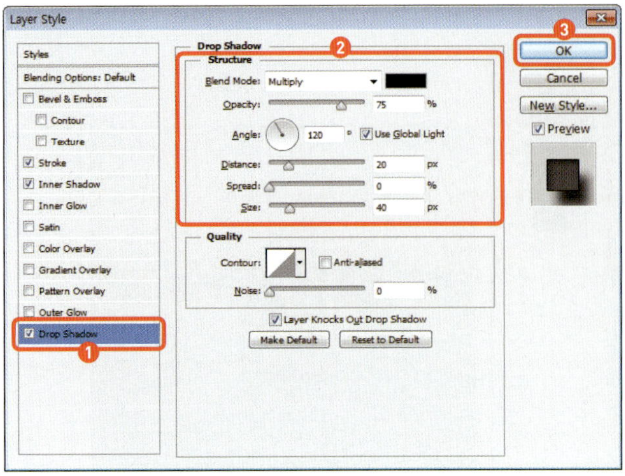

혼자 해보기 | **문자에 화려한 패턴 입히기2**

• **준비파일** Flower_pattern.jpg • **완성파일** Flower_pattern_result.psd

△ 소스 이미지

△ 완성 이미지

따라하기 3D 문자 만들기

텍스트를 입력하고 3D로 전환하여 크기, 방향, 깊이 등을 조절해봅니다.

△ 원본 이미지

△ 완성 이미지

01 Ch 06 ▸ Section 48 ▸ 3D.psd 파일을 불러옵니다. 전경색을 꽃 색상과 비슷하게 지정하고, 텍스트 툴(T)로 화면 왼쪽 부분을 클릭하여 텍스트를 입력합니다.

02 텍스트 툴(T)이 선택된 상태에서 옵션 바 오른쪽의 3D 전환(3D)을 클릭합니다. 3D 작업화면으로 전환된다는 메시지가 뜨면 〈Yes〉를 클릭합니다.

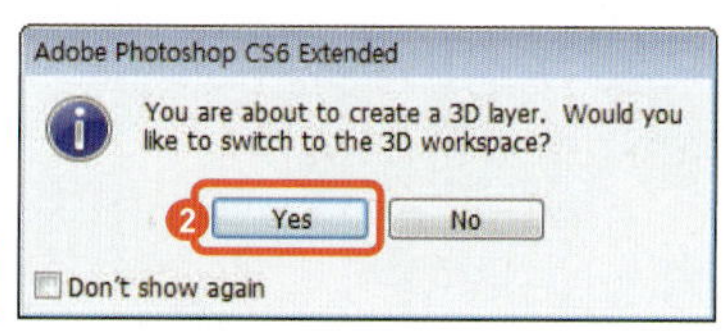

03 3D 패널에서 Current View가 선택되었는지 확인하고, 옵션 바에서 3D 오브젝트 회전 툴(◼)을 클릭합니다. 그리고 텍스트를 드래그하여 꽃과 같은 방향이 되도록 회전시킵니다.

04 이번에는 3D 오브젝트 굴림 툴(◼)을 클릭하고 텍스트의 방향을 약간 비틀어줍니다.

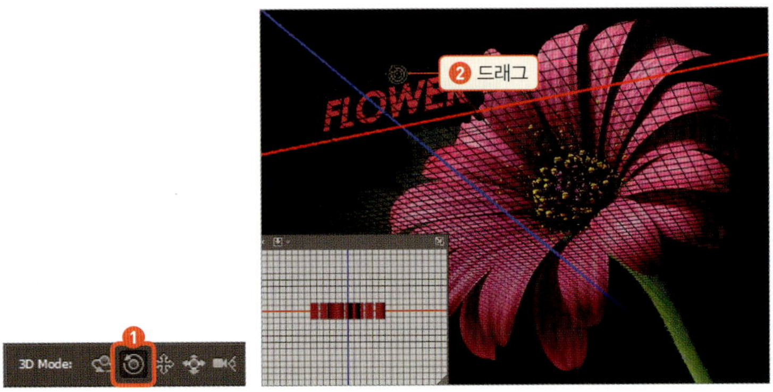

05 Properties 패널의 FOV 옵션을 60으로 조절하여 텍스트를 조금 더 앞으로 나오게 합니다.

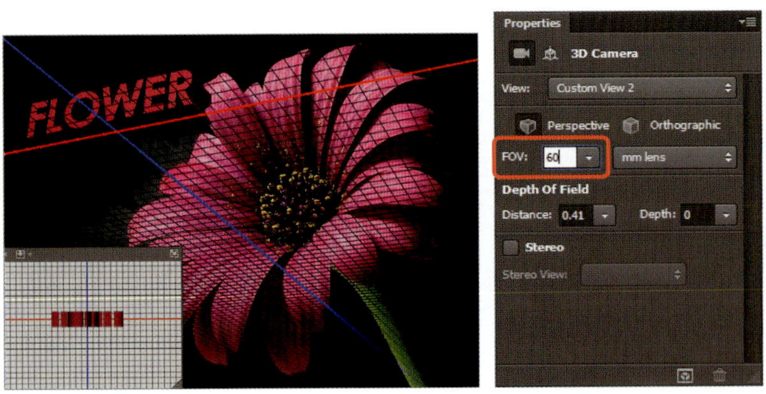

06 3D 패널에서 FLOWER 텍스트를 선택하고, Properties 패널에서 Extrusion Depth를 20으로 조절합니다. 3D 텍스트의 두께가 줄어듭니다.

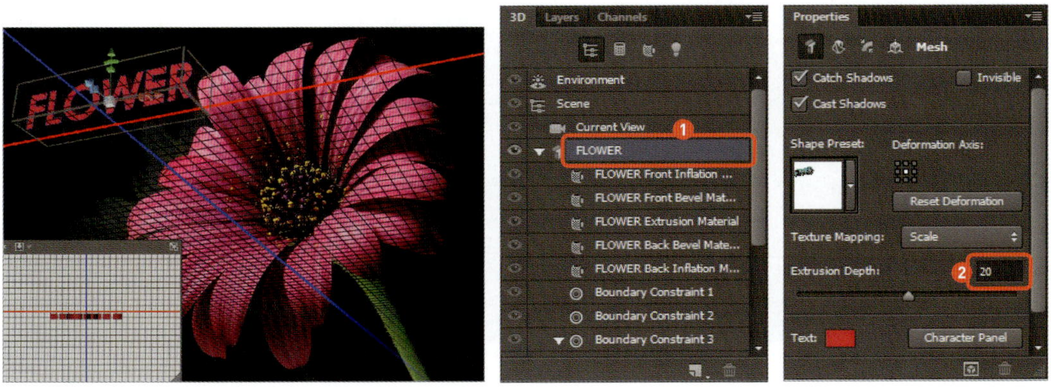

07 옵션 바의 3D 드래그 툴(✥)을 선택하여 오브젝트의 위치를 조절하고, 3D 슬라이드 툴(✥)을 선택하여 오브젝트의 깊이를 조절합니다. 두 개의 툴을 적절히 사용하여 3D 텍스트의 위치를 잡습니다.

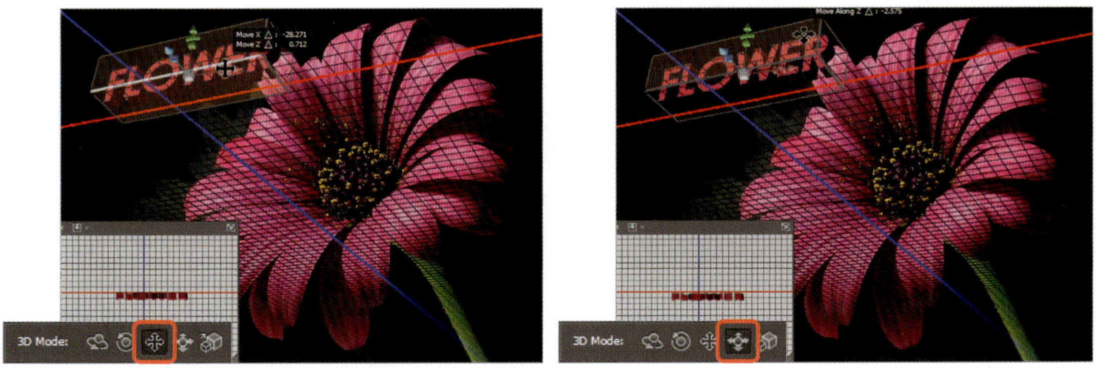

08 계속해서 3D 크기 조절 툴(▣)로 텍스트 가장자리 부분을 드래그하여 크기를 조절합니다.

09 3D 패널에서 Infinite Light 1을 선택하여 조명의 위치를 조절합니다.

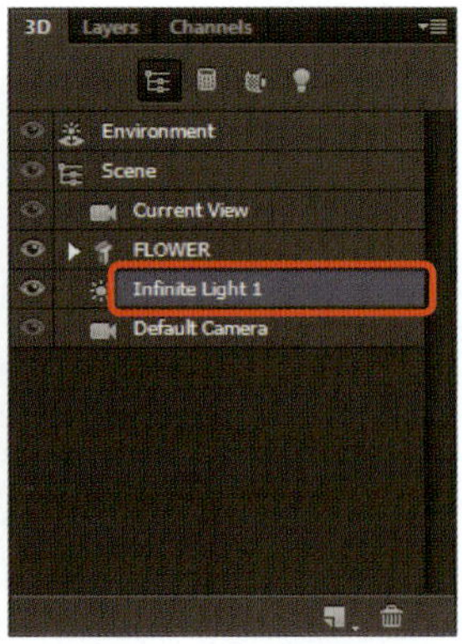

10 Background 레이어를 클릭해 결과를 확인하면 텍스트 가장자리가 거칠어 보입니다.

11 다시 3D 패널로 돌아가 Properties 패널 아래의 Render( )를 클릭하여 3D 텍스트를 렌더링합니다. 렌더링이 끝나면 거칠었던 가장자리가 깔끔하게 정리됩니다.

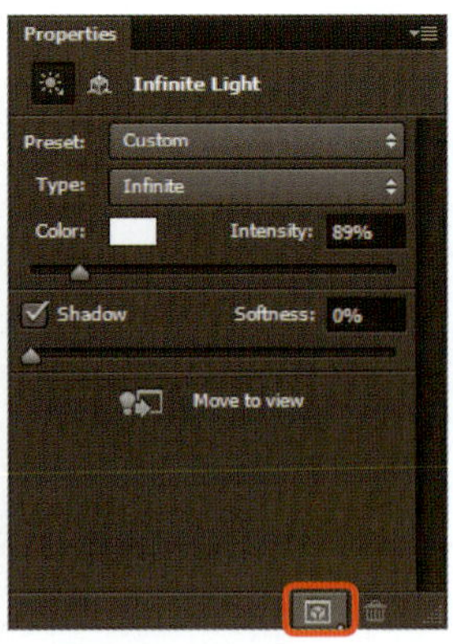

SECTION 49

쉐이프 툴

• 단축키 U

쉐이프 툴은 사각형, 원형, 다각형, 기호 등 정형화된 벡터 이미지를 만드는 툴입니다.

쉐이프 툴의 기능

쉐이프 툴은 펜 툴과 함께 포토샵에서 벡터 이미지를 만드는 툴입니다. 화면을 드래그하여 도형을 그리는데, 옵션에 따라 Shape, Path, Pixels 형태로 그릴 수 있습니다. 또 드래그하면서 Space Bar 를 눌러 도형의 위치를 변경할 수 있습니다.

쉐이프 툴은 형태에 따른 사각형 쉐이프 툴(Rectangle Tool,), 둥근 사각형 쉐이프 툴(Rounded Rectangle Tool,), 원형 쉐이프 툴(Ellipse Tool,), 다각형 쉐이프 툴(Polygonal Tool,), 선 쉐이프 툴(Line Tool,), 커스텀 쉐이프 툴(Custom Shape Tool,)이 있습니다.

쉐이프 툴의 옵션

Shape 옵션은 패스 내부의 면이 색으로 채워지며, 가장자리에 선이 만들어집니다.

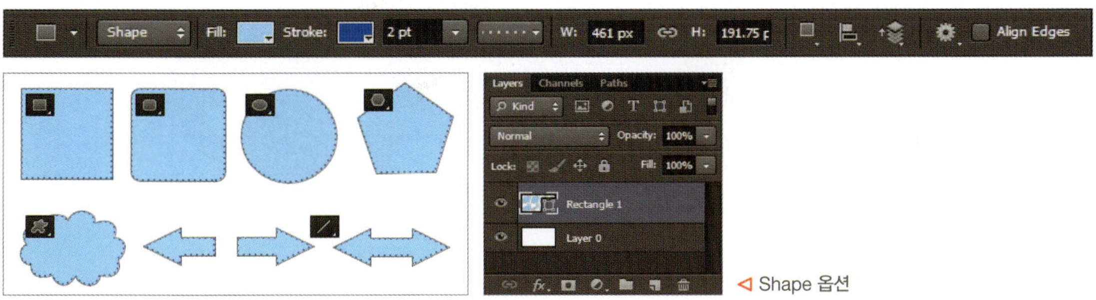

◁ Shape 옵션

Path 옵션은 패스를 따라 선이 생기며, 직접 선택 툴처럼 패스의 형태를 변경할 수 있습니다.

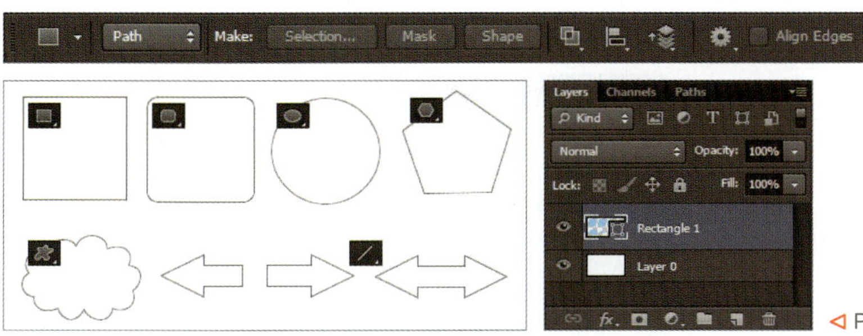

◁ Path 옵션

Pixels 옵션은 패스는 생성되지 않으며, 면이 전경색으로 채워집니다.

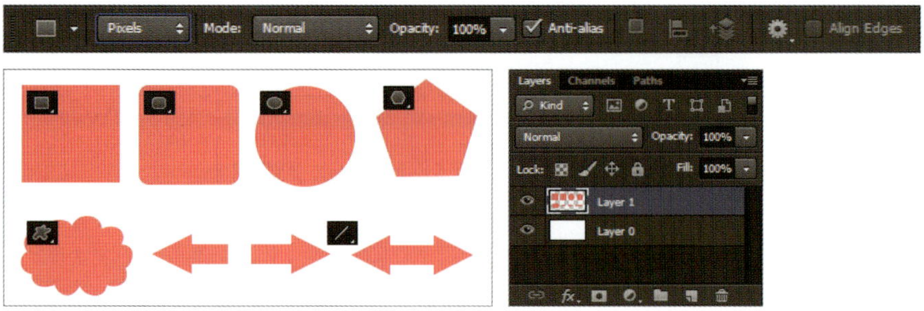

△ Pixels 옵션

• **준비파일** Merry.psd • **완성파일** Merry_result.psd

따라하기 **점선 말풍선 만들기**

쉐이프 툴의 Shape 옵션과 Pixels 옵션의 차이를 알아봅니다.

△ 원본 이미지

△ 완성 이미지

01 Ch 06 ▸ Section 49 ▸ Merry.psd 파일을 불러옵니다.

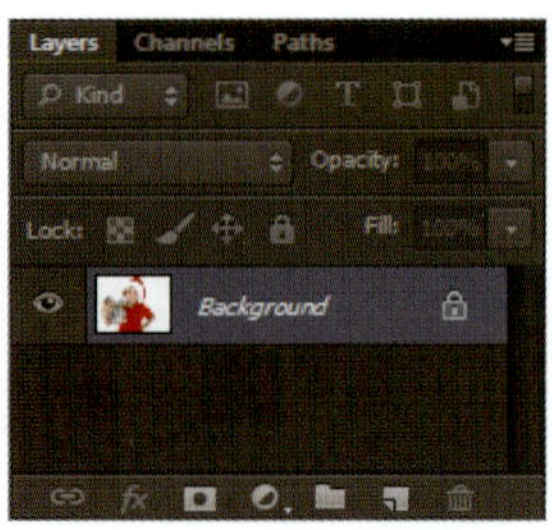

02 커스텀 쉐이프 툴( )을 선택하고 옵션 바에서 Shape를 선택합니다. 그리고 Fill의 색상을 Stroke보다 밝게 지정한 후 Stroke의 굵기는 3pt, 타입은 점선, Shape는 말풍선 모양으로 선택합니다. 설정이 끝나면 화면에 드래그하여 말풍선을 그립니다.

03 Ctrl + T 를 눌러 바운딩 박스가 나타나면 약간 회전시키고 Enter 를 누릅니다.

04 텍스트 툴( )을 선택하여 말풍선 안쪽을 클릭한 후 다음과 같이 입력합니다.

05 레이어 패널에서 레이어 스타일 추가(fx)를 클릭해 [Gradient Overlay]를 선택한 후 다음과 같이 설정합니다.

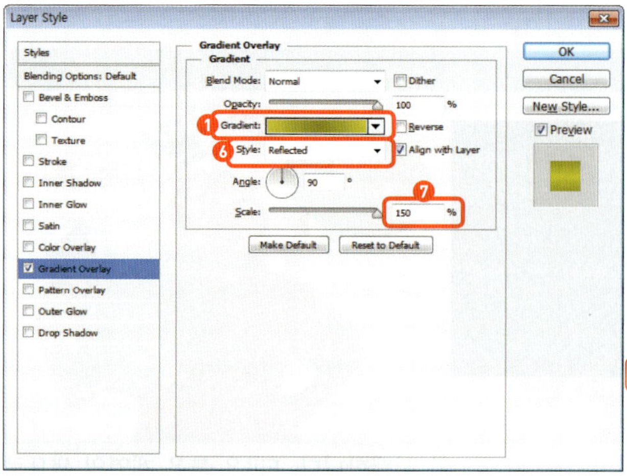

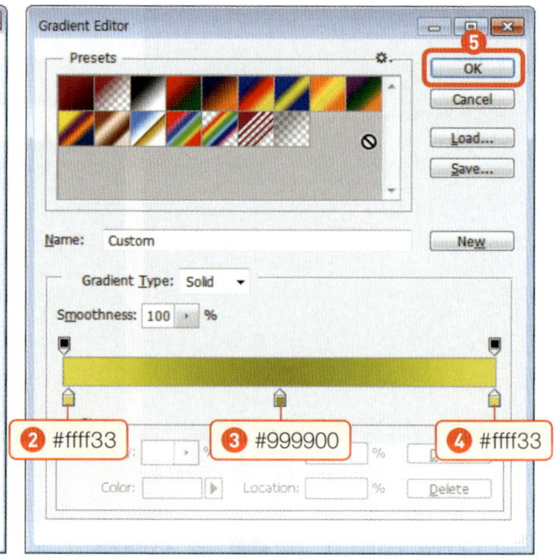

06 이어서 광택 느낌을 추가하기 위해 [Satin]을 선택하고 다음과 같이 설정합니다.

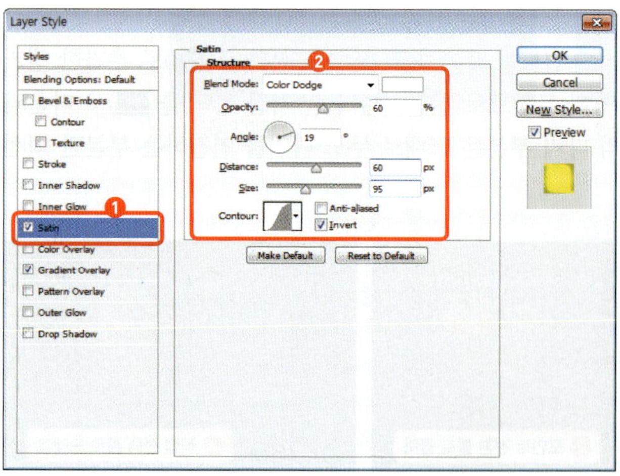

07 마지막으로 [Stroke]를 선택하고 다음과 같이 설정하여, 패스 외부에 밝은 선을 만듭니다.

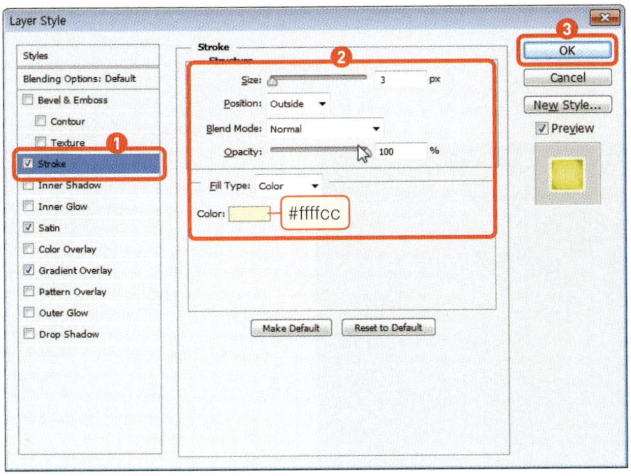

08 Polygon 1 레이어를 선택하고 Ctrl+J를 눌러 레이어를 복제합니다. 복제한 레이어의 이름 위에서 마우스 오른쪽 버튼을 누르고 [Clear Layer Style]을 선택해 적용된 레이어 스타일을 제거합니다.

09 Ctrl+T를 눌러 복제한 별의 크기를 약간 줄여줍니다.

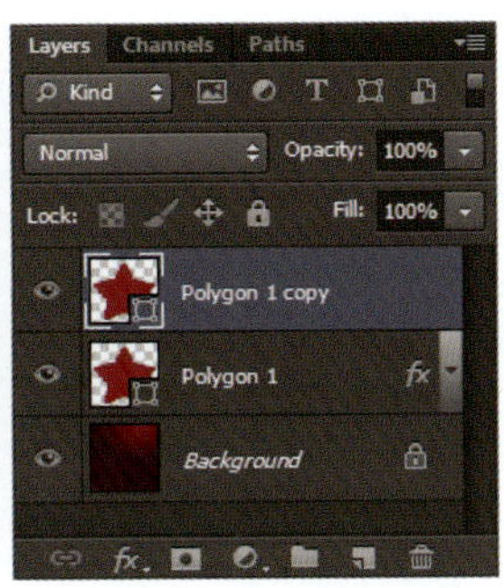

10 레이어 스타일 추가(fx)를 클릭해 [Bevel and Emboss]를 선택합니다. 옵션 창에서 다음과 같이 설정하여 입체감이 느껴지도록 만들어줍니다.

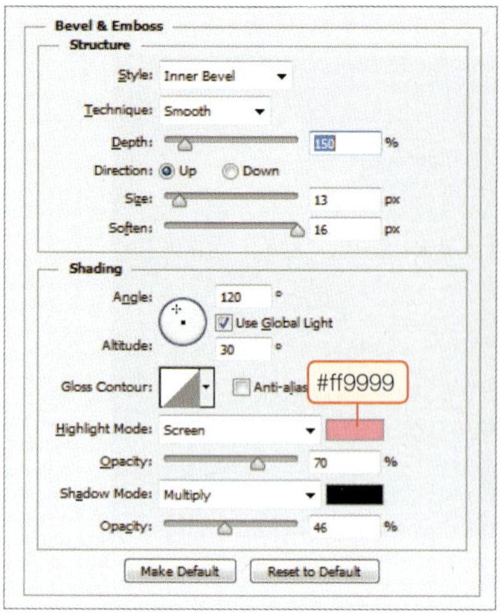

11 [Inner Shadow]를 선택하고 다음과 같이 설정하여, 밝은 부분을 좀 더 밝게 합니다.

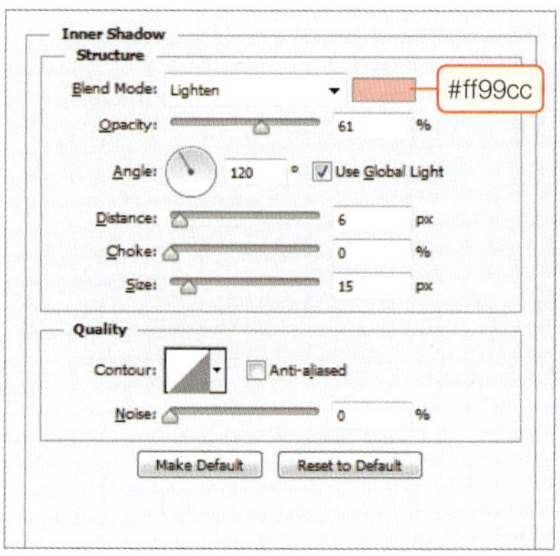

12 [Inner Glow]를 선택하고 다음과 같이 설정하여, 밝은 부분이 좀 더 빛나게 해줍니다.

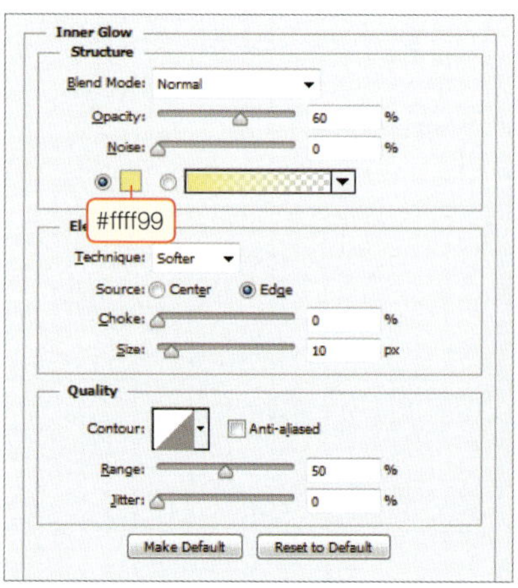

13 마지막으로 [Satin]을 선택하고 다음과 같이 설정하여, 형광빛을 띠게 해줍니다.

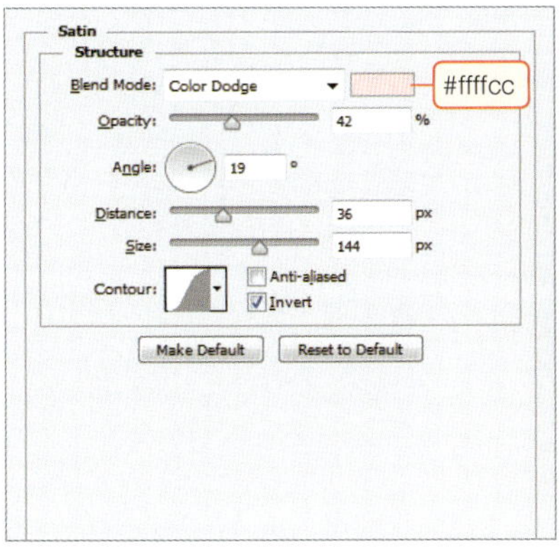

14 새 레이어를 추가하고 브러시 툴( )로 흰색 점을 추가합니다. 스머지 툴( )로 흰색 점을 문질러 별에 광택을 줍니다.

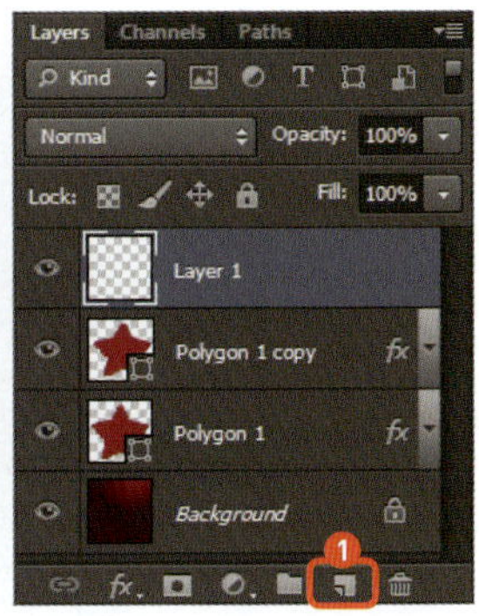

15 Shift를 누른 채 Background 레이어를 제외한 나머지 레이어를 선택하고 Ctrl+J를 눌러 복제합니다. 복제한 레이어가 모두 선택된 상태에서 Ctrl+T를 눌러 별의 크기를 한꺼번에 줄여줍니다.

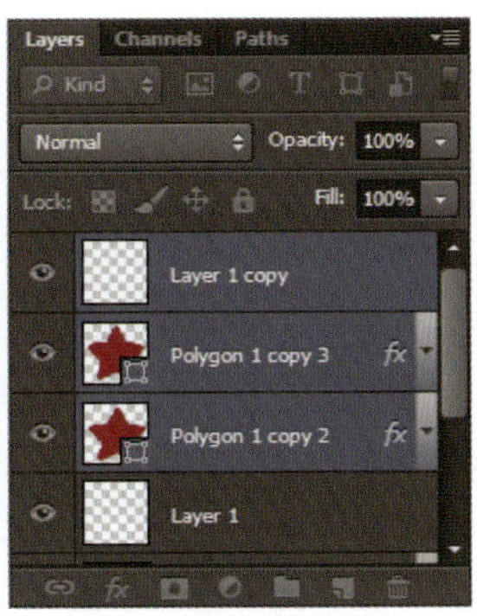

16 Polygon 1 copy 3 레이어의 이름 부분에서 마우스 오른쪽 버튼을 눌러 [Rasterize Layer]를 선택하면, 벡터 이미지가 비트맵 이미지로 전환됩니다.

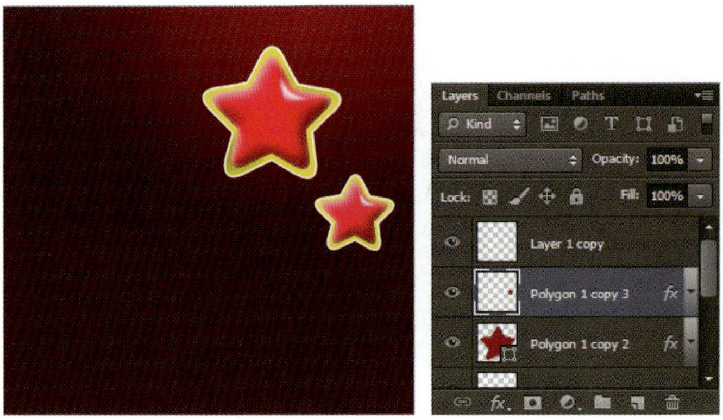

17 Adjustments 패널에서 Hue/Saturation(▦)을 클릭하여 효과가 바로 아래 레이어에만 적용되도록 옵션 창 하단의 ▣를 클릭하고, 다음과 같이 옵션을 설정하여 별의 색상을 변경합니다.

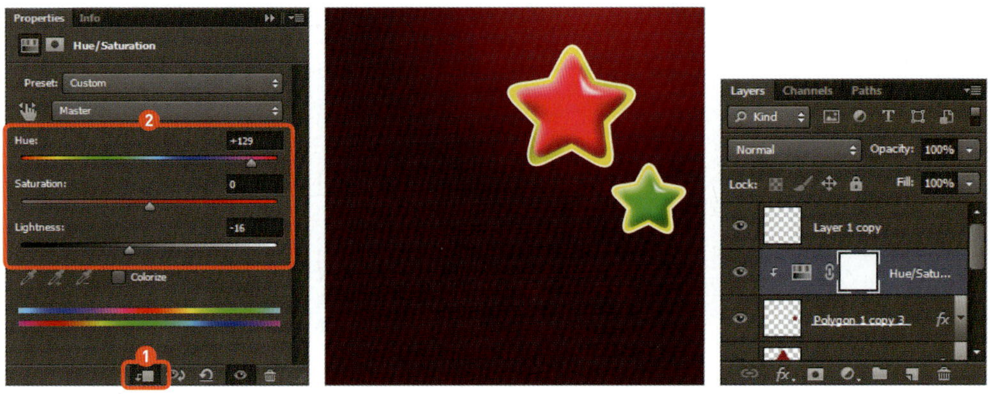

18 Shift를 누른 상태에서 초록색 별과 관련된 레이어를 클릭하여 모두 선택한 후, Ctrl+J를 눌러 다시 복제합니다.

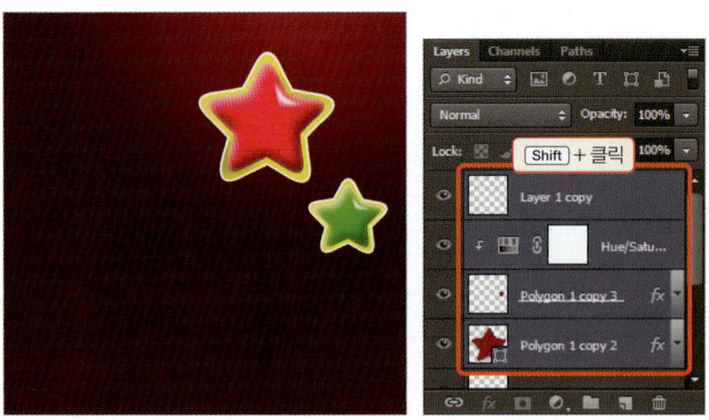

19 복제된 레이어가 모두 선택된 상태에서 이동 툴( )로 별의 위치를 옮긴 후, Hue/Saturation 썸네일을 더블클릭하여 옵션 창에서 별의 색상을 변경합니다.

20 새 레이어를 추가하고 선 쉐이프 툴( )을 선택한 후 옵션 바에서 Pixels를 선택합니다. 그리고 다음과 같이 별 꼭지 부분에 선을 그려주면, 이미지가 완성됩니다.

• **준비파일** 없음 • **완성파일** Love_result.psd

따라하기 | 패스 내부를 채우는 텍스트와 패스를 따라 흐르는 텍스트 만들기

△ 완성 이미지

△ 응용 이미지

01 [File]–[New] 메뉴를 선택해 너비와 높이를 각각 500Pixels, 해상도를 72Pixels/Inch로 설정하여 새 문서를 만듭니다.

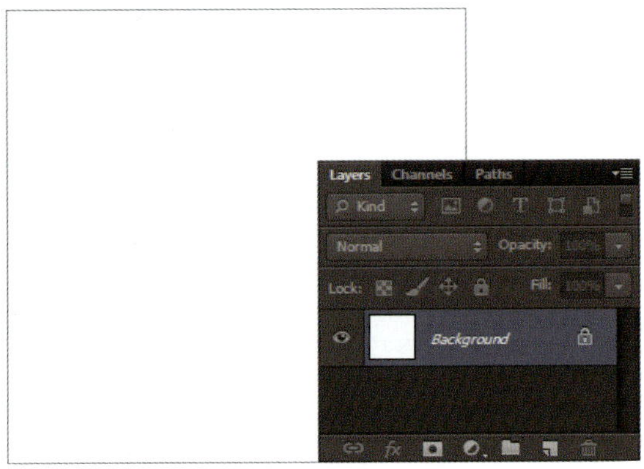

02 그레디언트 툴(■)을 선택하고 전경색을 붉은색, 배경색을 짙은 붉은색으로 설정합니다. 옵션바에서 원형 그레디언트(■)를 선택하고 화면에 드래그하여 다음과 같은 배경을 만듭니다.

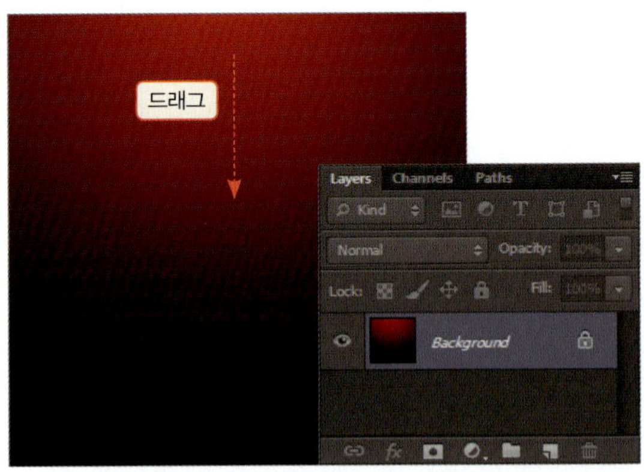

03 커스텀 쉐이프 툴( )을 선택하고 옵션 바에서 Path를 선택합니다. 그리고 Shape에서 하트 모양을 선택하여 화면에 드래그합니다.

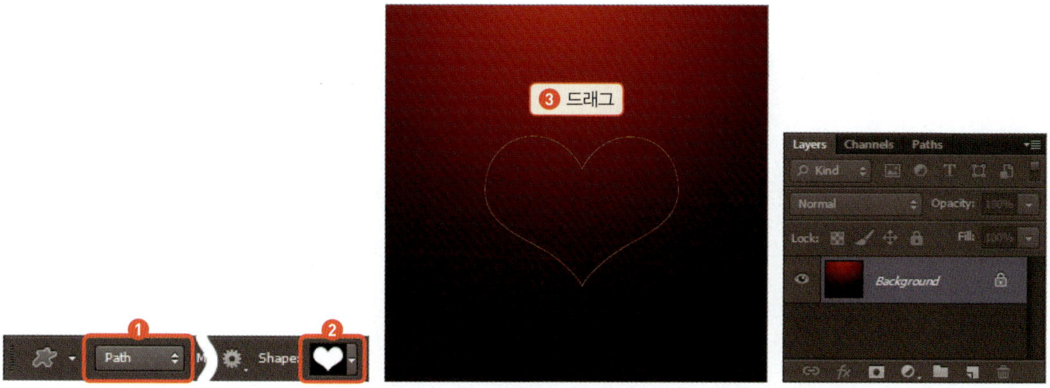

04 전경색을 흰색으로 지정하고 텍스트 툴( )을 선택한 후, 패스 안쪽으로 가져가면 마우스 포인터가 ( ) 모양으로 바뀝니다. 이때 패스의 내부를 클릭하여 다음과 같이 입력합니다.

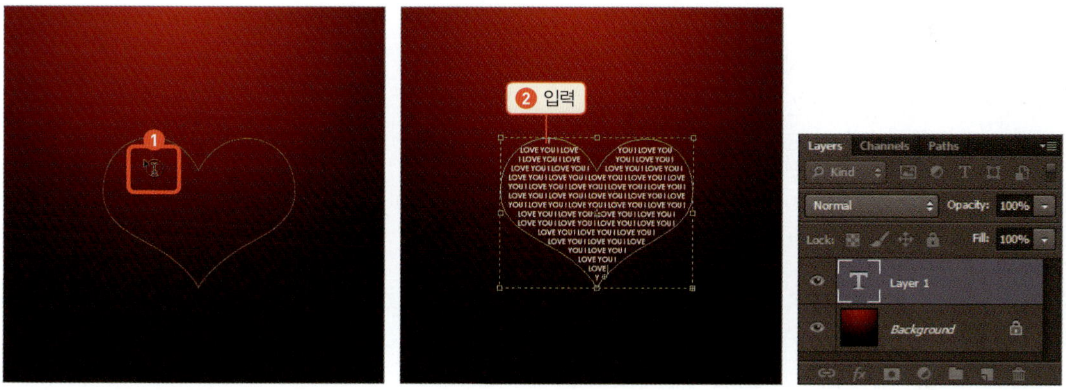

05 Background 레이어를 선택하고, 다시 한 번 커스텀 쉐이프 툴( )로 방금 완성한 하트보다 조금 더 큰 하트를 그립니다.

06 다시 텍스트 툴(T)을 선택하고 패스에 가져가면, 이번에는 마우스 포인터가 모양으로 바뀝니다. 이때 패스를 클릭하여 하트 내부에 입력한 글자보다 더 큰 크기의 텍스트를 입력합니다. 텍스트가 패스 라인을 따라 입력됩니다.

07 띄어쓰기를 조절하여 텍스트가 겹쳐진 부분을 자연스럽게 만들어줍니다.

08 다시 Background 레이어를 선택하고 커스텀 쉐이프 툴()의 옵션 바에서 Shape를 선택합니다. Fill과 Stroke 옵션을 색 없음으로 지정한 후, 텍스트 라인보다 더 큰 하트를 그립니다. 그리고 직접 선택 툴()로 하트의 형태를 조절합니다.

09 가장자리에 조명 효과를 주기 위해 레이어 스타일 추가(fx)를 클릭하고 [Outer Glow]를 선택합니다. 옵션 창에서 Size를 95px로 지정한 후 〈OK〉를 클릭해 이미지를 완성합니다.

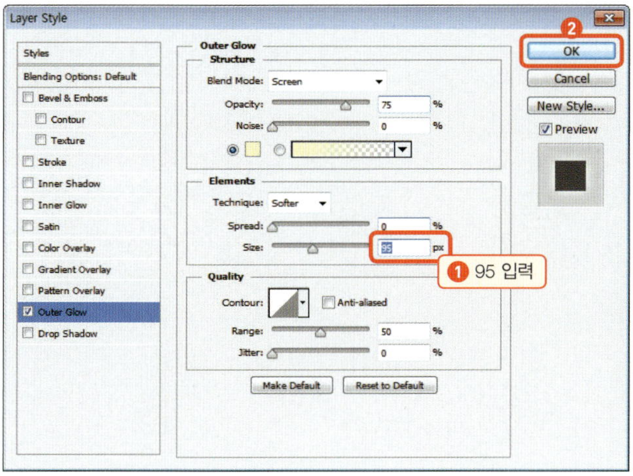

CHAPTER

07

레이어와 채널

포토샵에서 레이어와 채널은 작업을 편리하게 하는 중요한 요소입니다. 레이어와 채널의 개념을 충분히 이해하지 못하면 포토샵을 활용하는 데 한계가 있습니다. 이번 장에서는 레이어와 채널의 개념을 이해하고 각각의 구성 요소와 주요 기능을 살펴봅니다.

CONTENTS

Section 50 / 레이어의 개념과 구조

Section 51 / 채널의 이해

SECTION
50

레이어의 개념과 구조

레이어는 이미지를 오리고 붙이고 이동하는 것에 있어, 이미지를 가장 손쉽게 보존해주는 포토샵의 핵심 요소입니다. 2장에서 레이어에 대한 기본적인 설명을 했지만, 그 외에도 많은 기능들이 있습니다. 이 절에서는 레이어의 다양한 기능을 살펴보고, 그 활용법을 연습해봅니다.

레이어의 개념

레이어는 투명한 필름 위에 그림을 그리는 것과 같은 원리입니다. 따라서 새로 추가되는 레이어의 위치가 아래쪽인지 위쪽인지에 따라 보이는 이미지가 달라집니다.

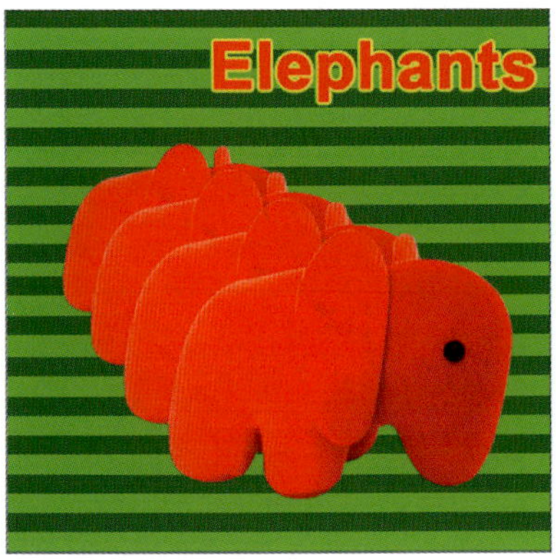

△ 보이는 이미지

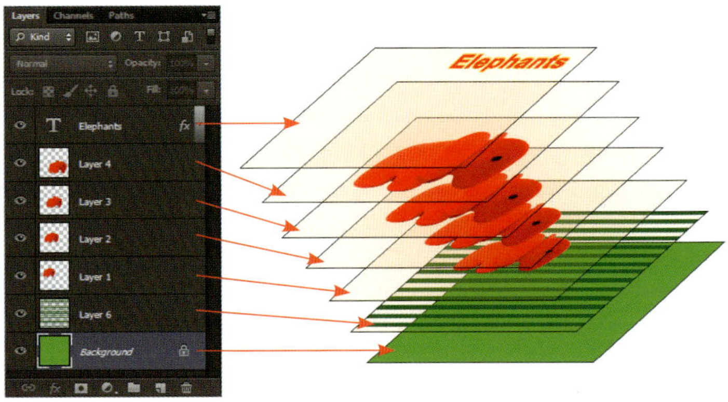

△ 레이어의 개념도

이미지를 불러오거나 새 문서를 만들면 Background 레이어가 자동으로 생성됩니다. Background 레이어의 오른쪽 끝 부분에 자물쇠 표시가 있는데, 이는 다른 레이어와 달리 불투명한 작업화면이라고 이해하면 됩니다.

△ Background 레이어

❶ **레이어 보이기 표시** 눈 표시를 켜고 끔에 따라 해당 레이어를 보이게 하거나 보이지 않게 합니다.

❷ **썸네일** 해당 레이어의 오브젝트를 작은 화면으로 보여줍니다.

❸ **레이어 이름** 더블클릭하여 해당 레이어의 이름을 변경할 수 있습니다.

Tip 레이어 오른쪽 상단의 작은 삼각형 부분을 클릭해 [Panel Options]를 선택하면 썸네일의 크기를 조절할 수 있습니다.

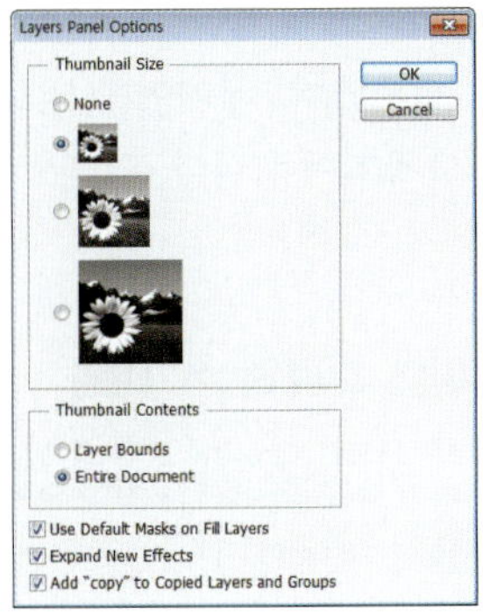

레이어 패널의 구성

레이어 패널의 구성은 다음과 같습니다.

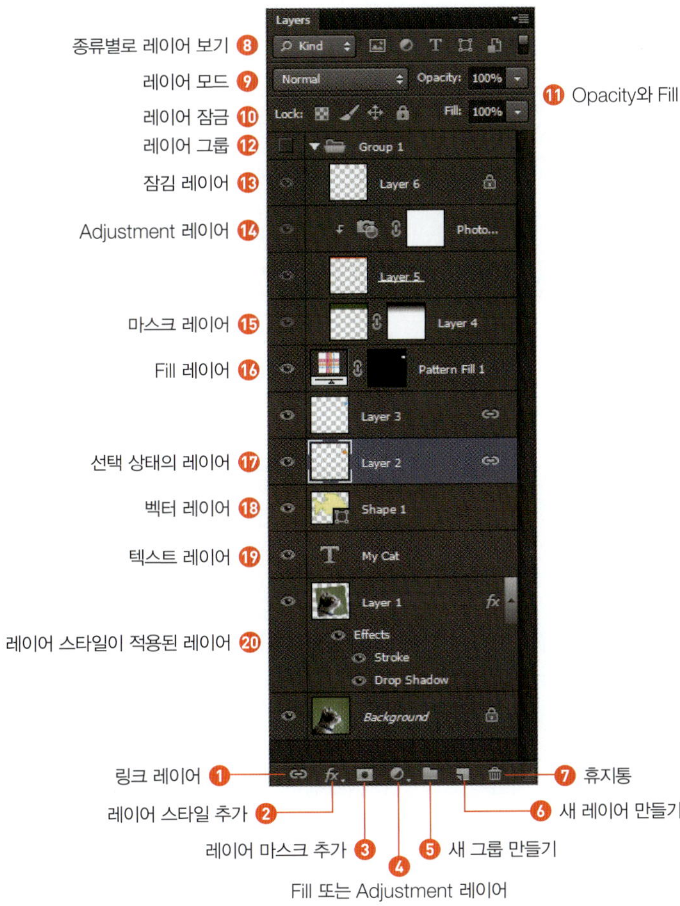

링크 레이어

두 개 이상의 레이어를 연결합니다. 연결된 레이어들은 위치를 옮기거나 크기를 변경하는 등의 작업이 동시에 적용됩니다. 앞의 그림에서 Layer 2와 Layer 3이 링크 레이어가 적용된 것입니다.

레이어 스타일 추가

원본 이미지를 훼손하지 않고 다양한 효과를 적용합니다. 효과가 적용된 레이어 하단에는 적용된 효과 목록이 나타납니다. 효과 목록의 눈 부분을 켜고 끔에 따라 효과가 적용된 상태와 제거된 상태를 바로바로 비교할 수 있으며, 효과 이름을 더블클릭하여 효과를 수정할 수도 있습니다. 또 마우스 오른쪽 버튼을 눌러 [Clear Layer Style]을 선택하면 효과를 제거할 수도 있습니다.

레이어 스타일 미리보기

원본 이미지

Bevel & Emboss
내부 또는 외부 방향으로 입체적인 느낌을 만듭니다.

Stroke
가장자리에 테두리를 만듭니다.

Inner Shadow
내부에 그림자 효과를 적용합니다.

Inner Glow
내부에 빛나는 효과를 적용합니다.

Satin
금속 광택 느낌이 나도록 합니다.

Color Overlay
색상을 채웁니다.

Gradient Overlay
그레디언트를 적용합니다.

Pattern Overlay
패턴을 채웁니다.

Outer Glow
외부에 빛 퍼짐 효과를 적용합니다.

Drop Shadow
그림자 효과를 적용합니다.

레이어 마스크 추가

원본을 훼손하지 않고 이미지의 일부를 투명한 상태로 보여줍니다. 레이어 마스크 추가( )를 클릭하면 마스크 레이어가 생기는데, 마스크 레이어에는 검은색과 회색 그리고 흰색만 적용됩니다. 검은색은 이미지를 투명하게 보여주고, 흰색은 불투명으로 보여주며, 회색은 그 정도에 따라 반투명 상태로 보여줍니다.

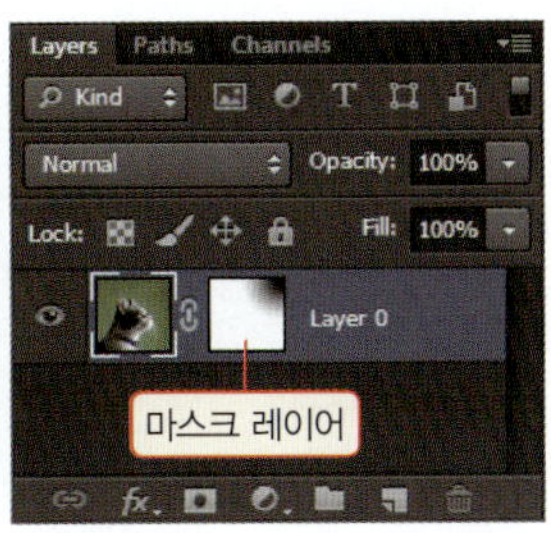

Tip 마스크 레이어는 투명한 부분을 통해 아래쪽 레이어의 이미지와 자연스럽게 합성할 수 있습니다.

Fill 또는 Adjustment 레이어

[아이콘]를 클릭하면 아래와 같은 옵션 목록이 나타납니다. 옵션에 따라 Adjustment 레이어를 생성하는데, 생성된 레이어는 모두 마스크 레이어를 포함하고 있습니다. 마스크 레이어의 검은색과 회색으로 Adjustment 레이어가 적용되는 범위의 투명도를 조절할 수 있습니다.

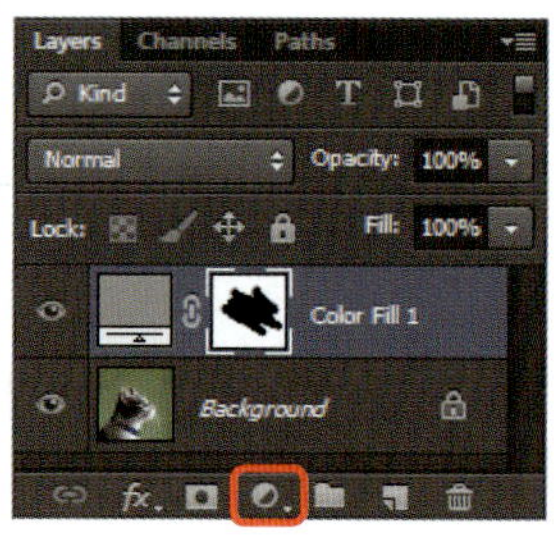

Fill 또는 Adjustment 레이어 옵션 미리보기

Solid Color
단일색으로 채웁니다.

Gradient
그레디언트를 적용합니다.

Pattern
패턴으로 채웁니다.

Brightness/Contrast
명도와 대비를 조절합니다.

Levels
밝기와 대비차를 이용해 명암을 조절합니다.

Curves
곡선 형태의 커브를 그려, 보다 세밀하고 자유롭게 명암을 조절합니다.

Exposure
빛의 노출을 조절합니다.

Vibrance
색상과 채도 조절로 계조의 손실을 최소화하여 채도를 올립니다.

Hue/Saturation
색상, 채도, 명도를 조절해 색상을 변경합니다.

Color Balance
색상 추가를 통해 원본의 색상과 추가된 색상이 혼합되어 나타납니다.

Black & White
색상을 흑백으로 변환하여 흑백 모드를 조절합니다.

Photo Filter
카메라의 색상 필터와 같은 조절을 합니다.

Channel Mixer
채널 조합을 통해 색상을 조절합니다.

Color Lookup
색상 검색을 통해 사진에 새로운 색감을 로드하며, 이를 조절합니다.

Inverse
색상을 반전시킵니다.

Posterize
각 채널당 사용할 색상 수를 입력하여 이미지에 사용될 색상 수를 정합니다.

Threshold
이미지에 고대비를 적용해 검은색과 흰색으로 이루어진 이미지를 만듭니다.

Gradient Map
이미지에 그레디언트를 덧씌웁니다.

Selective Color
특정 색을 강조하거나 약하게 만들 때 사용합니다.

새 그룹 만들기

레이어가 많아지면 관리하기 어려우므로, 그룹을 만들어 쉽게 레이어를 관리합니다.

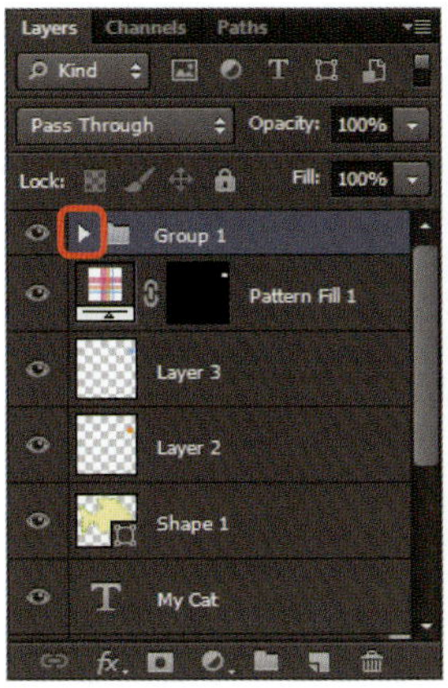

△ 그룹이 닫힌 상태

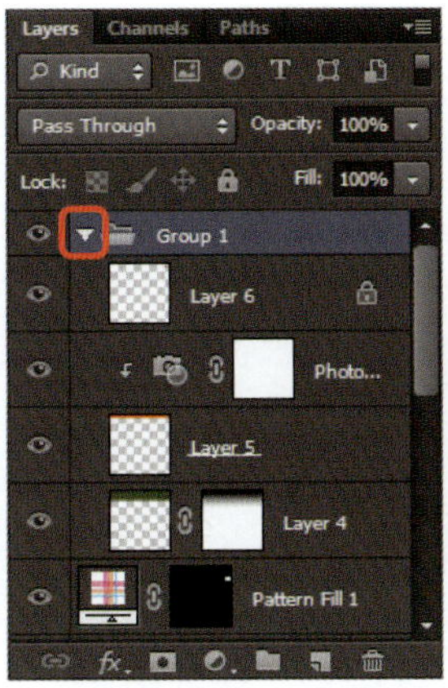

△ 그룹이 열린 상태

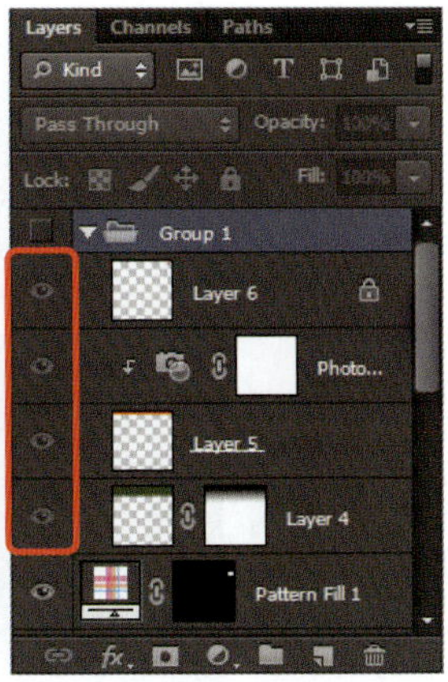

△ 그룹 내 레이어를 안 보이게 한 상태

새 레이어 만들기

새 레이어를 추가합니다.

휴지통

레이어를 삭제합니다. 해당 레이어를 선택하고 휴지통( )을 클릭하거나 휴지통으로 드래그하여 삭제합니다.

종류별로 레이어 보기

레이어 이름, 레이어 스타일, 텍스트 레이어 등 특정 레이어만 선별하여 보여줍니다.

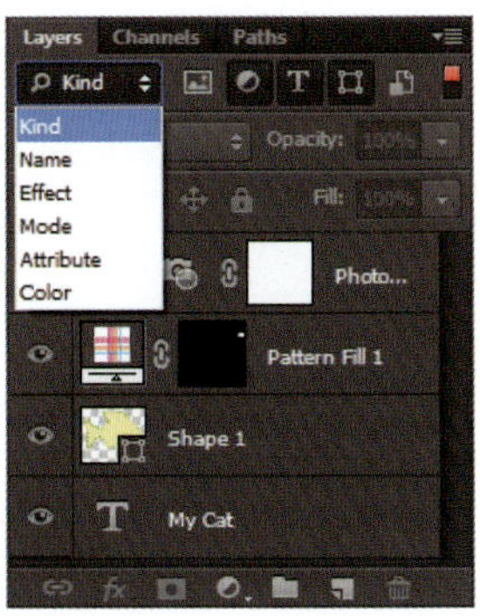

△ 특정 레이어만 선별한 상태

레이어 모드

위쪽 레이어가 아래쪽 레이어의 색상에 반응하여 합성하는 모드입니다. 단, 검은색과 흰색에서는 반응하지 않습니다.

레이어 모드 미리보기

다음과 같은 상황에서 각 모드별로 어떻게 나타나는지 살펴봅니다.

△ 아래쪽 레이어

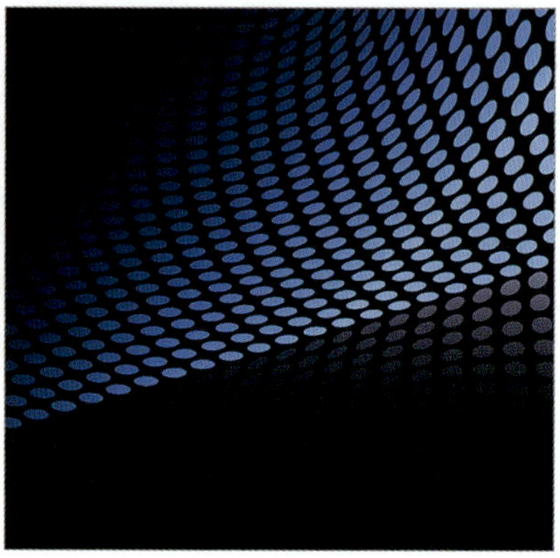

△ 위쪽 레이어

Dissolve
위쪽 레이어의 Opacity를 낮추면 점을 뿌린듯 거칠게 나타납니다.

Darken
위쪽 레이어의 밝은 부분은 투명으로 표현돼 아래쪽 이미지가 그대로 나타나고, 어두운 부분은 색과 명도가 혼합돼 더욱 어둡게 나타납니다.

Multiply
레이어의 색상과 명도를 겹치게 하여, 전체 이미지를 어둡게 하거나 하이라이트와 중간 톤 부분의 농도를 짙게 합니다.

Color Burn
두 레이어의 흰색과 검은색을 제외한 부분의 대비를 강조하여 이미지를 어둡게 표현합니다.

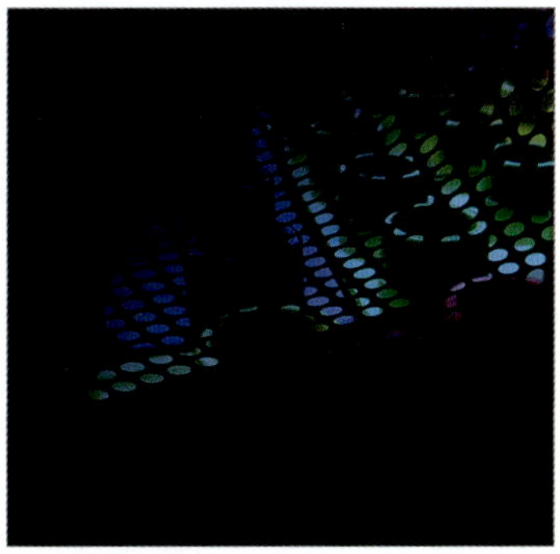

Linear Burn
아래쪽 레이어와 겹쳐진 부분의 명도를 낮춰서 합성합니다. 이미지가 전체적으로 어두워집니다.

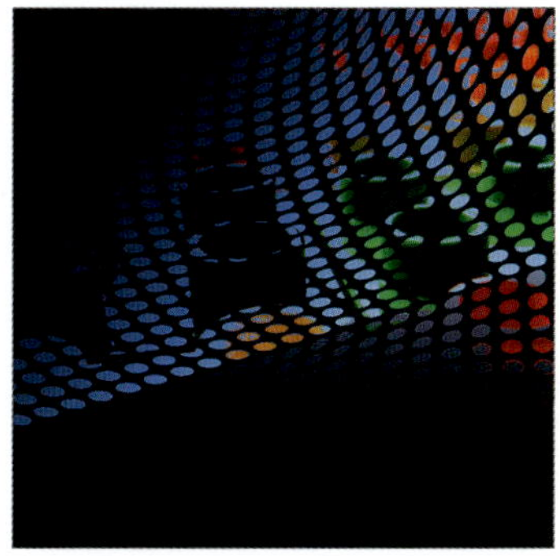

Darker Color
혼합 색상과 기본 색상에 대한 모든 채널 값의 총합을 비교하여, 더 낮은 값의 색상을 표시합니다.

Lighten
두 레이어의 밝은 색상을 더욱 부각시키고 어두운 부분을 제거하여 이미지를 밝게 합니다.

Screen
두 레이어의 색상을 반전시켜 곱하는 형태로 합성합니다. 합성 결과 색상은 항상 더 밝아집니다.

Color Dodge
각 채널의 색상 정보의 대비를 감소시켜 전체적인 명도를 밝게 표현합니다.

Linear Dodge(Add)
Color Dodge보다 전체적으로 고른 밝기를 표현합니다.

Lighter Color
채널 값의 총 합을 비교하여 더 높은 값의 색상으로 합성합니다.

Overlay
위쪽 레이어의 가장 어두운 부분과 밝은 부분을 보호한 채 합성합니다.

Soft Light
채도 50%를 기준으로 밝은 부분은 더욱 밝게, 어두운 부분은 더욱 어둡게 빛을 확산시켜 합성합니다.

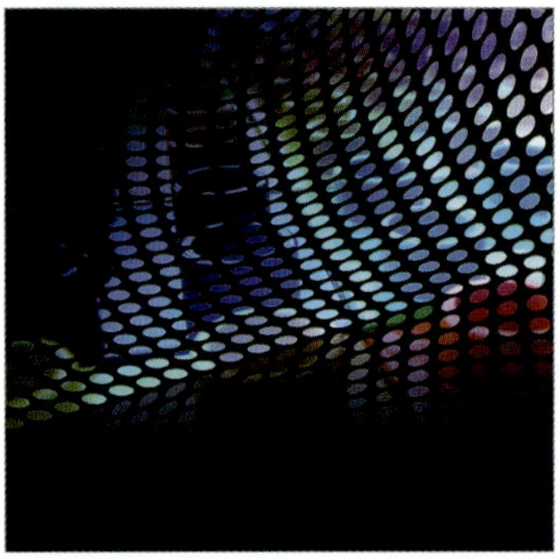

Hard Light
채도 50%를 기준으로 밝은 부분은 Screen이 적용된 것처럼, 어두운 부분은 Multiply가 적용된 것처럼 표현합니다.

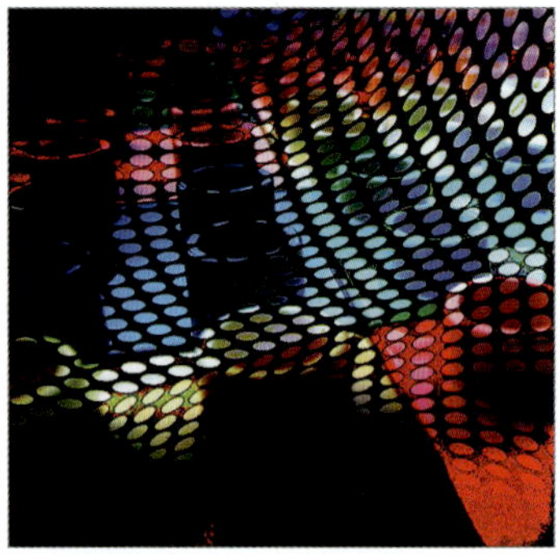

Vivid Light
Burn이나 Dodge를 적용한 것처럼 이미지의 대비를 크게 보여줍니다.

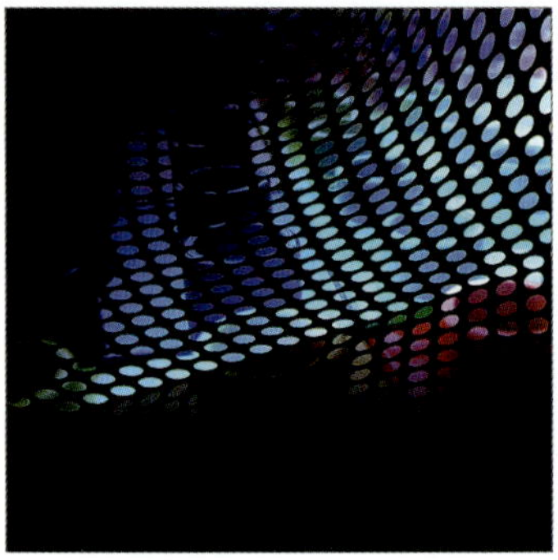

Linear Light
채도 50%를 기준으로 밝기를 증가시키거나 감소시켜 밝은 부분은 더 밝게, 어두운 부분은 더욱 어둡게 합성합니다.

Pin Light
채도 50%를 기준으로 이미지의 밝기에 따라 어두운 부분의 색상이 다른 색상으로 변화되어 나타납니다.

Hard Mix
이미지에 빨간색, 녹색, 파란색이 추가되어 합성됩니다.

Difference
겹쳐진 부분의 어두운 부분을 보색으로 반전시켜 합성합니다.

Exclusion
이미지의 대조가 적은 상태로 합성합니다.

Subtract
어두운 부분의 색상을 빼고 합성합니다.

Devide
어두운 부분의 색상을 빼고 단순화시켜 합성합니다. 나머지 부분은 흰색으로 합성합니다.

Hue
겹쳐진 레이어의 채도와 명도가 위쪽 레이어의 색상에만 합성되어 나타납니다.

Saturation
겹쳐진 레이어의 채도와 명도가 위쪽 레이어의 채도에만 합성되어 나타납니다.

Color
겹쳐진 레이어의 채도와 명도가 위쪽 레이어의 색상과 채도에 합성되어 나타납니다.

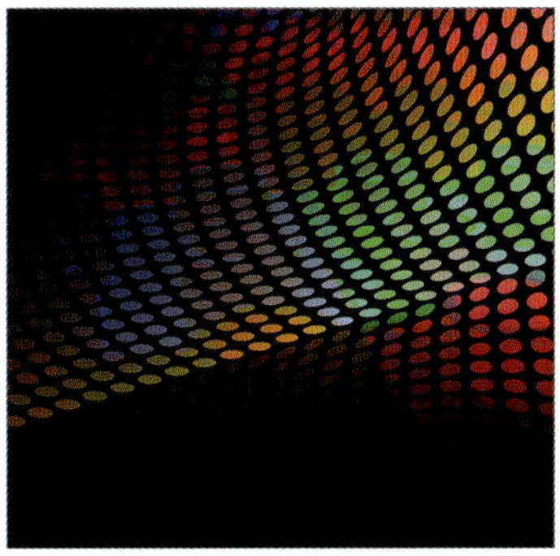

Luminosity
아래쪽 레이어의 색상과 채도가 위쪽 레이어의 명도에 반영되어 나타납니다.

레이어 잠금

이미지에서 투명한 영역을 보호하거나, 추가 이미지의 입력 및 이동에 관여하여 레이어를 보호합니다.

레이어 잠금 모드 미리보기

일반 레이어 모드에서 이미지를 추가한 경우와 비교하여, 잠금 모드별로 어떤 차이가 있는지 살펴봅니다.

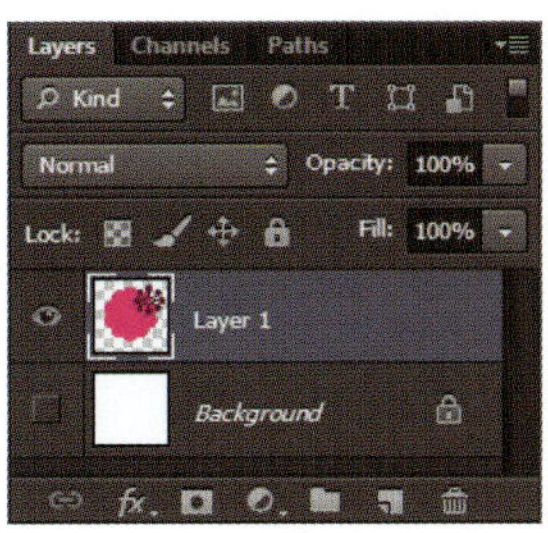

◁ 일반 레이어 모드에서 이미지를 추가한 경우

투명 레이어 잠금
새 이미지를 추가할 때 투명한 부분이 보호됩니다.

이미지 픽셀 잠금
이미지를 추가할 수 없지만, 이미 그려진 이미지의 이동은 가능합니다.

이동 잠금
이미지를 이동시킬 수는 없지만, 이미지를 추가하는 것은 가능합니다.

레이어 잠금
이미지의 추가 및 이동이 불가능합니다.

Opacity와 Fill

두 옵션은 비슷한 역할을 합니다. Opacity 옵션은 이미지뿐만 아니라 레이어 스타일까지 투명도를 적용하고, Fill 옵션은 이미지에만 투명도를 적용합니다.

Opacity와 Fill 옵션 미리보기

다음은 Layer 1에 Stroke와 Drop Shadow 효과가 적용된 모습입니다. 사각형 부분의 외곽선과 그림자에 주의하여, Opacity와 Fill 옵션의 차이를 살펴봅니다.

△ Opacity : 100%, Fill : 100%

Opacity : 50%, Fill : 100%
이미지와 효과 모두 투명도 50%가 적용됩니다.

Opacity : 100%, Fill : 50%
이미지에만 투명도 50%가 적용됩니다.

Opacity : 20%, Fill : 100%
이미지와 효과 모두 투명도 20%가 적용됩니다.

Opacity : 100%, Fill : 20%
이미지에만 투명도 20%가 적용됩니다.

기타 구성 요소

- **레이어 그룹** 새 그룹 만들기( )를 클릭해 만든 그룹 폴더입니다.
- **잠김 레이어** 레이어 잠금 모드( ) 중 하나라도 선택이 되면, 레이어 오른쪽에 자물쇠 모양이 나타납니다.

- **Adjustment 레이어** Fill 또는 Adjustment 레이어( )를 클릭하거나 Adjustments 패널을 실행하면 나타납니다.
- **마스크 레이어** 레이어 마스크 추가( )를 클릭하면 나타나는 레이어로, 원본 사진을 보호하면서 투명도를 조절합니다.
- **Fill 레이어** Fill 또는 Adjustment 레이어( )를 클릭하면 나타납니다.
- **선택 상태의 레이어** 수 많은 레이어 중 현재 선택된 레이어를 표시합니다.
- **벡터 레이어** 펜 툴이나 쉐이프 툴 등의 벡터 오브젝트를 사용하면 나타납니다.
- **텍스트 레이어** 텍스트를 입력하면 나타납니다.
- **레이어 스타일이 적용된 레이어** 레이어 스타일 추가(fx.)를 클릭하면 나타납니다.

• **준비파일** Baby.psd, Mom.psd • **완성파일** Mom_result.psd

따라하기 톤이 다른 이미지 합성하기

레이어의 여러 속성을 이용해, 톤이 다른 두 이미지를 합성하는 방법을 알아봅니다.

△ 원본 이미지1

△ 원본 이미지2

△ 완성 이미지

01 Ch 07 ▸ Section 50 ▸ Baby.psd, Mom.psd 파일을 불러옵니다.

02 Baby 이미지에서 [Image]-[Adjustments]-[Match Color] 메뉴를 선택합니다. 옵션 창에서 Source를 Mom.psd 파일로 지정하면 자동으로 두 이미지의 톤이 비슷해집니다.

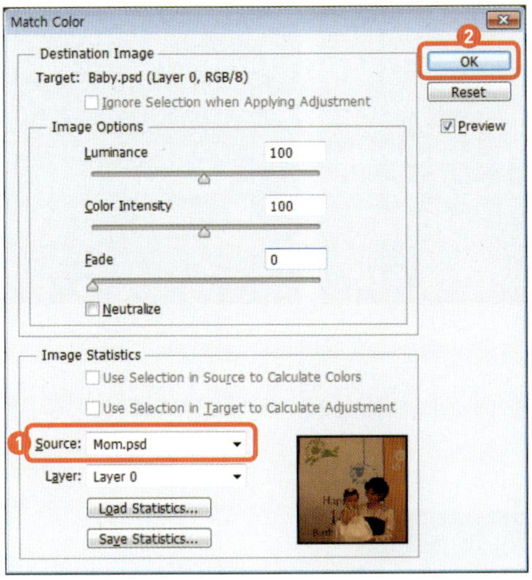

03 이제 두 이미지를 합성하기 위해 Mom 이미지에서 [Image]-[Canvas Size] 메뉴를 선택합니다. 옵션 창에서 왼쪽으로 빈 공간을 만들기 위해 다음과 같이 설정합니다.

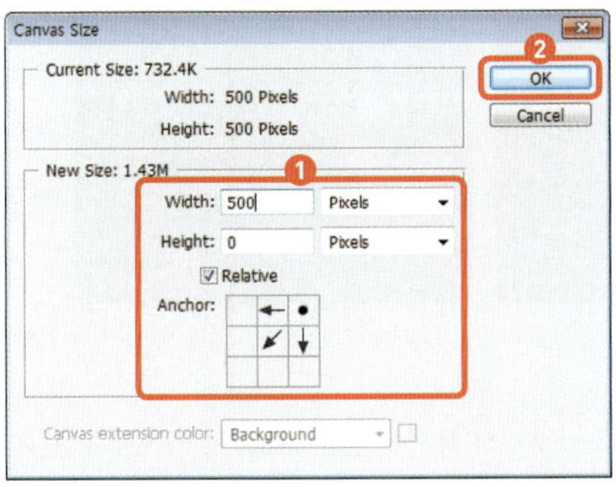

Tip Width에 500을 입력하는 이유는 Baby 이미지의 너비가 500픽셀이기 때문입니다.

04 새 레이어를 추가하고 레이어의 위치를 제일 아래로 변경한 후, 오렌지색 계열로 화면을 채웁니다.

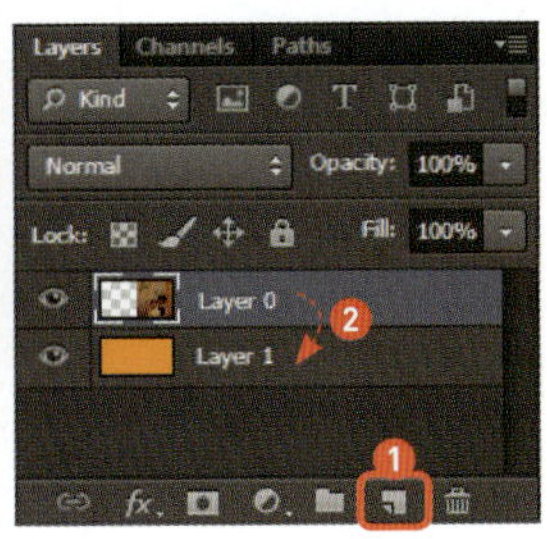

05 Baby 이미지에서 Ctrl+A를 눌러 전체 선택한 후, Ctrl+C를 눌러 복사합니다. Mom 이미지로 돌아와 Ctrl+V를 눌러 붙여넣기합니다.

06 새 레이어를 추가하고 커스텀 쉐이프 툴( )의 옵션을 Pixels, Shape를 꽃 모양으로 설정한 후 아기의 얼굴 부분에 맞춰 드래그합니다.

07 Layer 3을 Layer 2 아래로 옮긴 후, Alt를 누른 상태에서 두 레이어 사이를 클릭하여 클리핑 마스크를 적용합니다. 아기의 얼굴이 방금 만든 꽃 모양 속으로만 보입니다.

08 오른쪽의 이미지와의 경계 부분을 흐릿하게 만들기 위해, Layer 0을 선택하고 레이어 마스크 추가(■)를 클릭하여 마스크 레이어를 만듭니다.

09 마스크 레이어에서는 전경색과 배경색의 색상이 자동으로 검은색과 흰색으로 전환됩니다. 이제 그레디언트 툴(■)을 선택하고 이미지의 경계 부분을 약간 드래그합니다. 그레디언트가 적용된 부분이 반투명으로 바뀌며 경계가 부드러워집니다.

10 텍스트 툴로 화면을 클릭하여 텍스트를 입력합니다.

11 옵션 바에서 워프()를 선택하고, Style 옵션을 다음과 같이 설정합니다.

12 아기 사진의 위치를 이동시키기 위해 Shift를 누른 상태로 Layer 2와 Layer 3을 선택하고, 이동 툴()로 아기의 위치를 이동시켜 이미지를 완성합니다.

따라하기 | 직접 찍은 사진을 수채화 작품으로 바꾸기

직접 찍은 사진을 좀 더 운치 있게 만들고 싶을 때, 레이어 효과를 적용하면 수채화 느낌으로 만들 수 있습니다.

△ 원본 이미지

△ 완성 이미지

01 Ch 07 ▸ Section 50 ▸ Water.psd 파일을 불러옵니다. Background 레이어가 선택된 상태에서 Ctrl + J를 두 번 눌러 레이어를 두 개 복제합니다.

02 레이어 패널에서 Fill or Adjustment 레이어( )를 클릭해 [Black & White]를 선택합니다. 옵션 창이 나타나면 다음과 같이 조정하여 이미지를 조금 밝게 만듭니다.

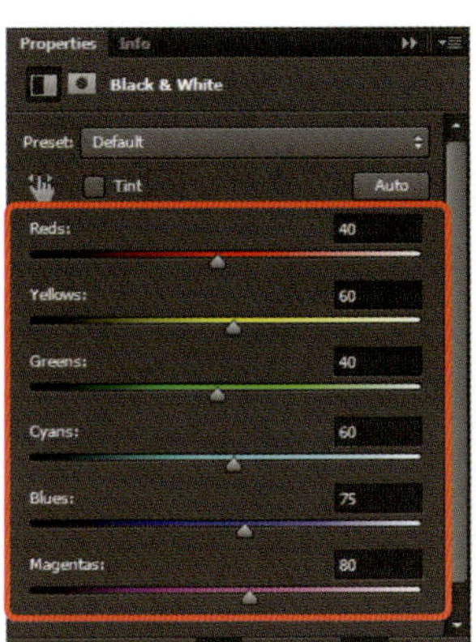

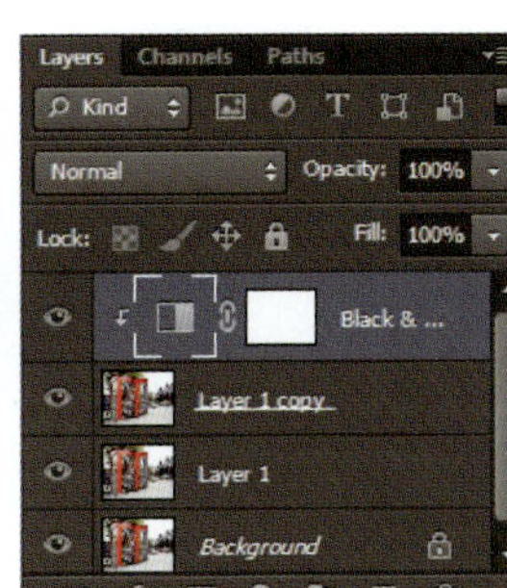

03 Ctrl + E를 눌러 아래쪽에 있는 Layer 1 copy와 병합합니다.

04 [Filter]−[Stylize]−[Find Edges] 메뉴를 선택하여 가장자리 라인을 선명하게 만듭니다.

05 레이어 모드를 [Overlay]로 변경하여 Layer 1의 색상이 보이도록 합니다.

06 Layer 1 copy가 선택된 상태에서 [Filter]−[Blur]−[Smart Blur] 메뉴를 선택합니다. 라인이 살짝 흐려지도록 다음과 같이 설정한 후 〈OK〉를 클릭합니다.

07 Layer 1을 선택하고 [Filter]−[Noise]−[Median] 메뉴를 선택합니다. 이미지가 흐려지도록 다음과 같이 설정한 후 〈OK〉를 클릭합니다. 이때 너무 많이 번지면 이미지의 형태를 알아보기 어려우니 가장자리가 번지는 정도로만 조절합니다.

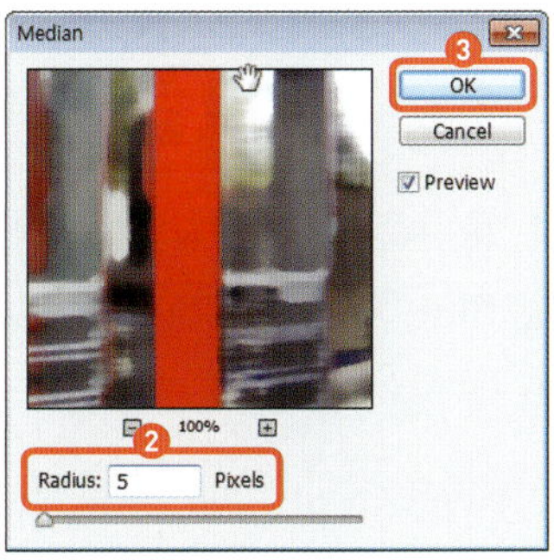

08 거의 다 완성했지만 검정 부분이 너무 진하다고 느낄 수 있습니다. 다시 Layer 1 copy를 선택하고 레이어 마스크 추가(◘)를 클릭합니다. 마스크 레이어가 생기면 브러시의 옵션을 Opacity 30% 이하로 조절한 후 검은색으로 눈에 거슬리는 부분을 드래그하여 이미지를 완성합니다.

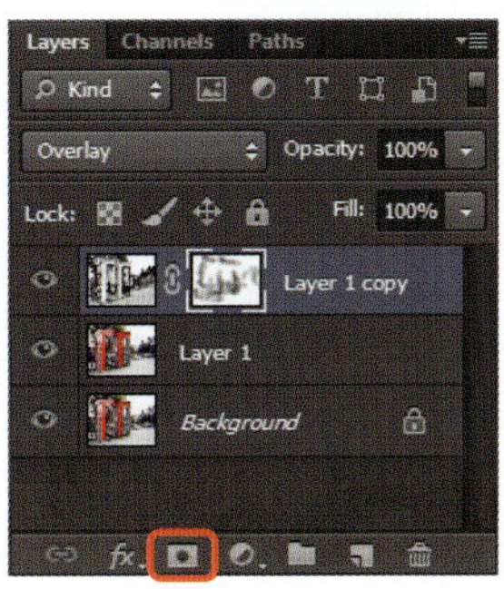

Tip 마스크 레이어에서 검정으로 칠해진 부분은 투명하게 바뀌어 아래쪽 레이어의 이미지가 보입니다.

SECTION 51

채널의 이해

채널은 종류에 따라 이미지의 색상을 조절하고, 이미지의 특정 영역을 선택 영역으로 저장하며, 별색을 지정하는 역할을 합니다. 이 절에서는 각 채널의 기능과 사용법에 대해 알아봅니다.

채널의 종류

채널은 색상 채널, 스팟 채널, 알파 채널로 구성됩니다.

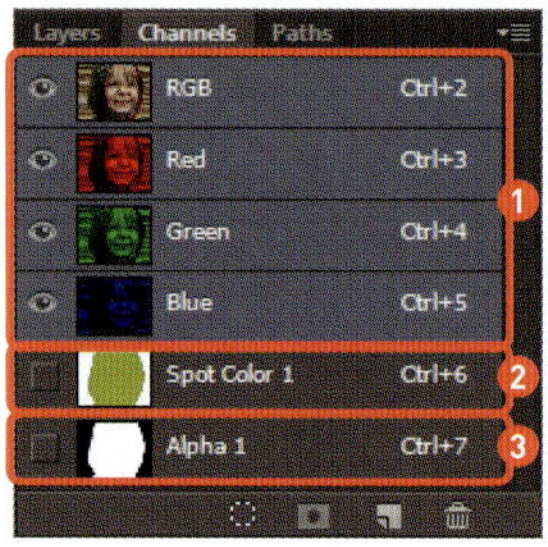

❶ **색상 채널** 이미지를 구성하는 색상 정보를 담고 있습니다.

❷ **알파 채널** 이미지의 특정 영역을 선택 영역으로 저장합니다.

❸ **스팟 채널** 별색 인쇄를 위한 별도의 채널을 만듭니다.

색상 채널의 이미지 모드

색상 채널의 이미지 모드는 RGB 모드와 CMYK 모드로 나눌 수 있습니다. RGB 모드는 모든 색을 빨간색, 초록색, 파란색을 혼합하여 만들며, 채널은 Red 채널, Green 채널, Blue 채널, 그리고 이들을 합친 RGB 채널로 이루어져 있습니다. 주로 영상 이미지의 색상을 처리하는 데 사용합니다.

CMYK 모드는 모든 색을 청록색, 자홍색, 노란색, 검은색을 혼합하여 만들며, 채널은 Cyan 채널, Magenta 채널, Yellow 채널, Black 채널 그리고 이들을 합친 CMYK 채널로 이루어져 있습니다. 주로 출력용 색상을 처리하는 데 사용합니다.

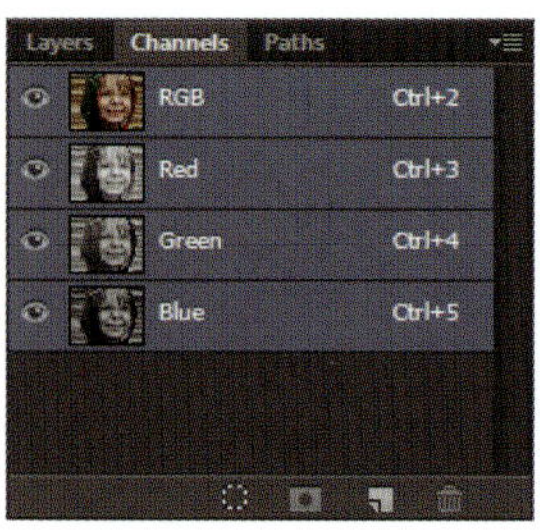

△ RGB 모드

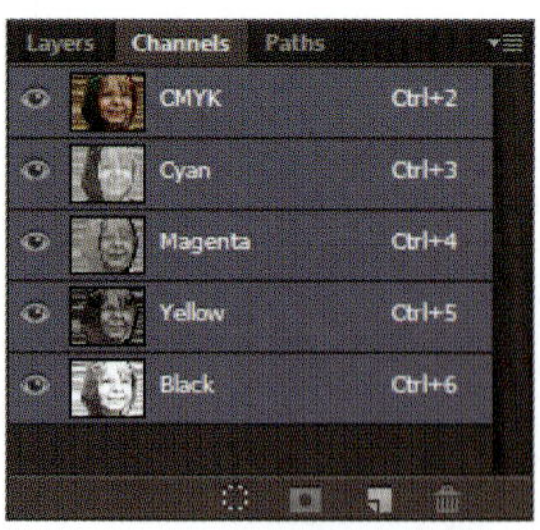

△ CMYK 모드

채널의 기본 화면은 흑백 모드이기 때문에 색상으로 표시된 채널을 보고 싶다면 [Edit]-[Preferences]-[Interface] 메뉴를 선택하여 옵션 창에서 'Show Channels in Color'에 체크해주어야 합니다.

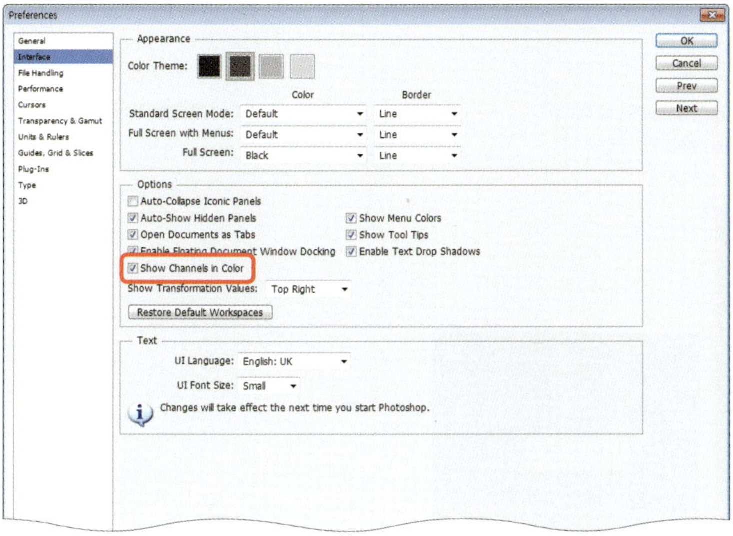

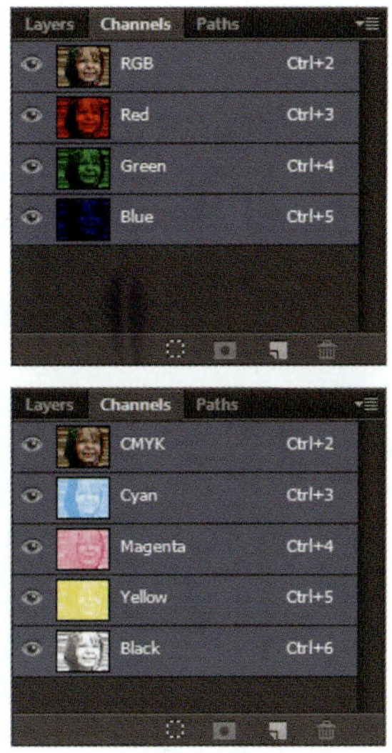

△ 각각의 색상으로 표시된 채널 레이어

각 채널을 클릭하여 눈 부분을 켜주면 화면을 색상별로 볼 수 있습니다.

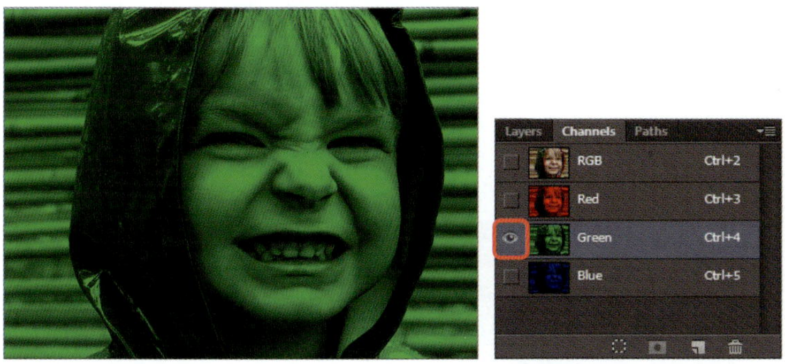

△ 각 색상별 채널 보기

그리고 여러 채널을 클릭하여 동시에 눈 부분을 켜주면, 화면을 혼합된 색상으로 볼 수 있습니다.

△ 여러 색상 채널 같이 보기

색상 채널로 사진 보정하기

디지털 카메라로 사진을 찍다보면 간혹 색상이 전체적으로 노란빛이나 푸른빛을 띨 때가 있습니다. 이런 경우 색상 채널을 이용해 사진의 색상을 보정합니다.

01 **Red 색상 조절하기** Ch 07 ▸ Section 51 ▸ Blue Face.psd 파일을 불러옵니다. 채널 패널에서 Red 채널을 선택한 후, Ctrl 을 누른 채 썸네일을 클릭하여 선택 영역을 만듭니다.

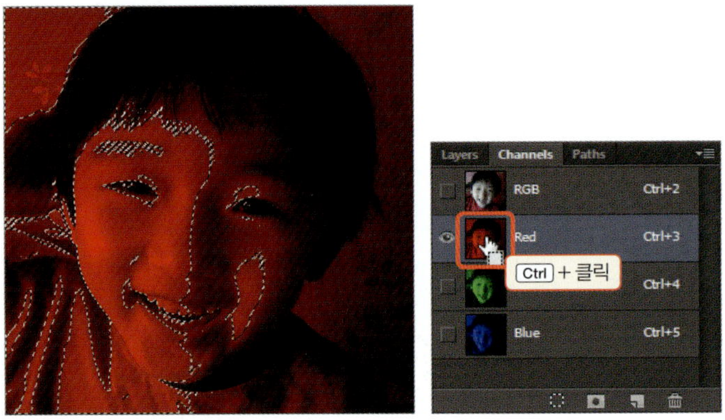

02 지우개 툴( )의 옵션 바에서 Opacity를 30% 미만으로 조절한 후, 화면을 드래그하여 Red 색상 정보를 밝게 지워줍니다.

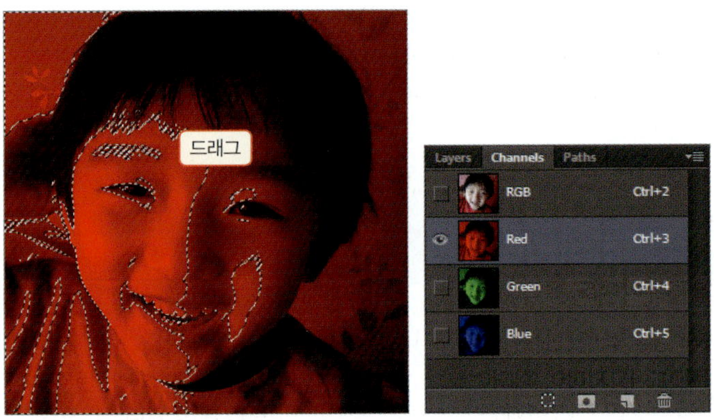

Tip 화면의 변화를 보면서 지우려면, RGB 채널의 눈 부분을 켜주면 됩니다.

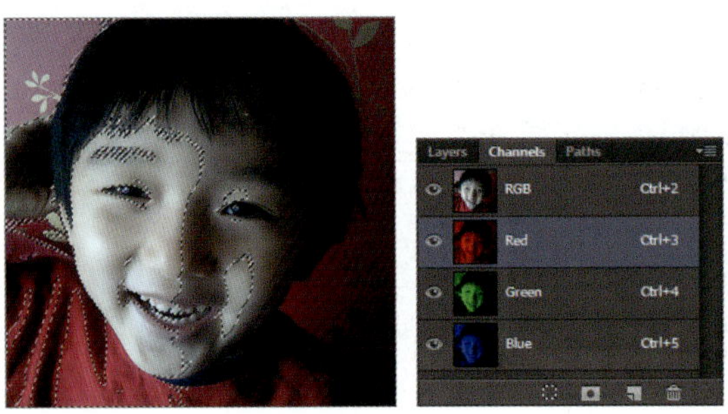

03 **Green 색상 조절하기** 이번에는 Green 채널을 선택하고 Ctrl 을 누른 채 썸네일을 클릭하여 선택 영역을 변경합니다. 다시 지우개 툴()의 Opacity를 30% 미만으로 조절한 후, 화면을 드래그하여 Green 색상 정보를 밝게 지워줍니다.

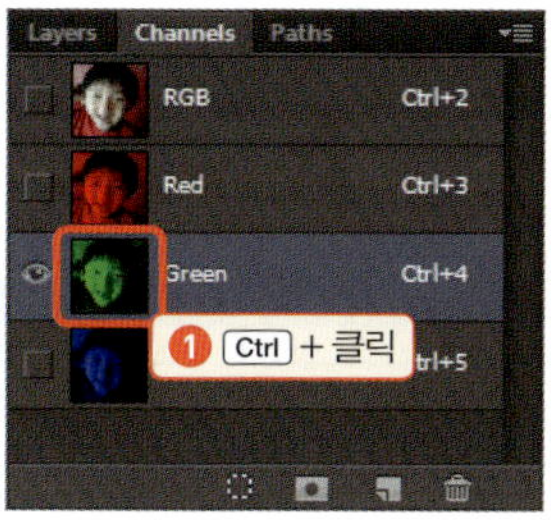

04 **Blue 색상 조절하기** 마지막으로 Blue 채널을 선택하고 Ctrl 을 누른 채 썸네일을 클릭하여 선택 영역을 변경합니다. 그리고 번 툴()의 옵션 바에서 Exposure를 30% 미만으로 조절한 후, 화면을 드래그하여 Blue 색상 정보를 더해 조금 어둡게 합니다.

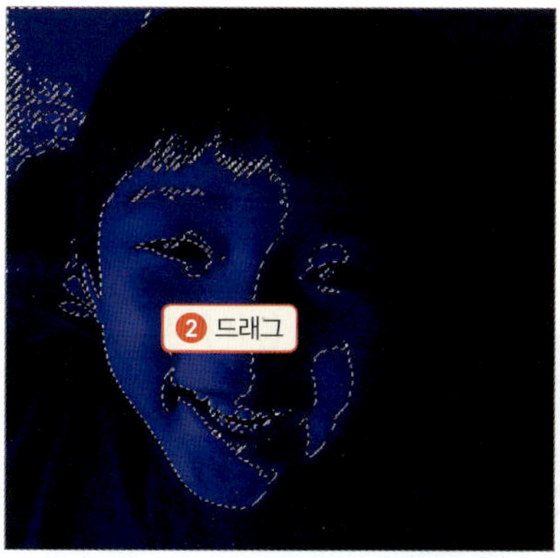

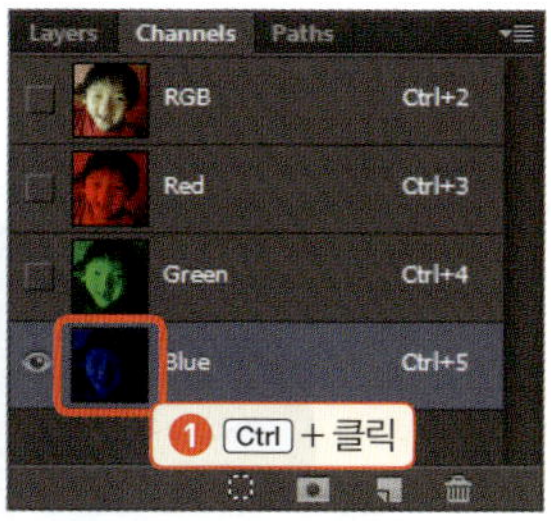

05 레이어 패널로 돌아와 확인하면 색상이 보정되었음을 알 수 있습니다.

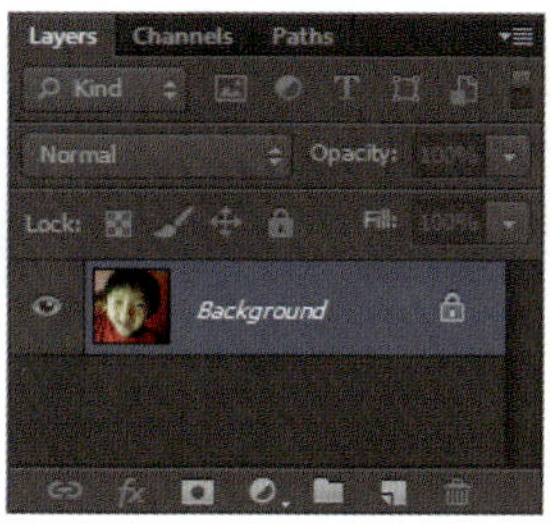

Tip 만일 보정하려는 이미지가 노란빛이나 붉은빛을 띤다면 Green 채널을 번 툴()로 짙게 만들어 초록색의 색상 정보를 더해주고, 다른 채널은 지우개 툴()로 색상 정보를 지워줍니다.

02 **스팟 채널 만들기** 채널 패널 오른쪽 상단의 조그만 삼각형을 클릭해 [New Spot Channel]을 선택합니다. 옵션 창이 열리면 Solidity를 100%로 설정하고 〈OK〉를 클릭해 새 스팟 채널을 만듭니다.

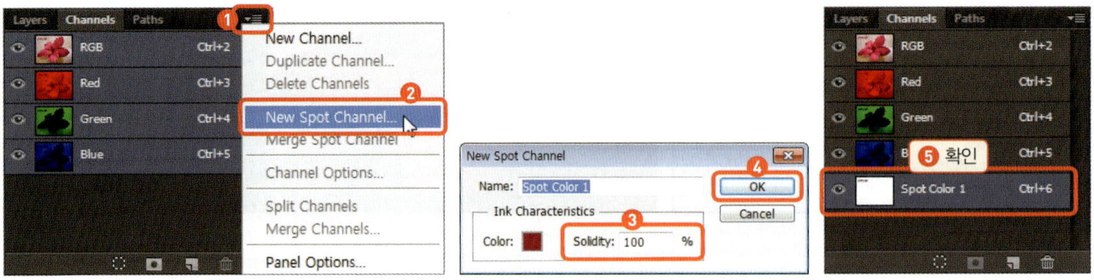

Tip [New Spot Channel] 옵션 창에서 컬러는 중요하지 않습니다. 스팟 채널은 컴퓨터나 인쇄용 잉크에서 일반적으로 표현할 수 없는 색상의 인쇄 필름을 만들기 위해 생성하는 채널이기 때문에, 인쇄될 색상의 Solidity 값으로 별색의 농도를 몇 %로 할 것인지만 지정합니다.

03 **포맷 지정하여 저장하기** [File]−[Save As] 메뉴를 선택합니다. 파일의 분판 출력을 위해 저장할 때는 반드시 Format을 'Photoshop DCS 2.0(*.EPS)'로 지정하고 Spot Colors 옵션이 체크되었는지 확인합니다. 확인이 끝나면 〈저장〉을 클릭합니다.

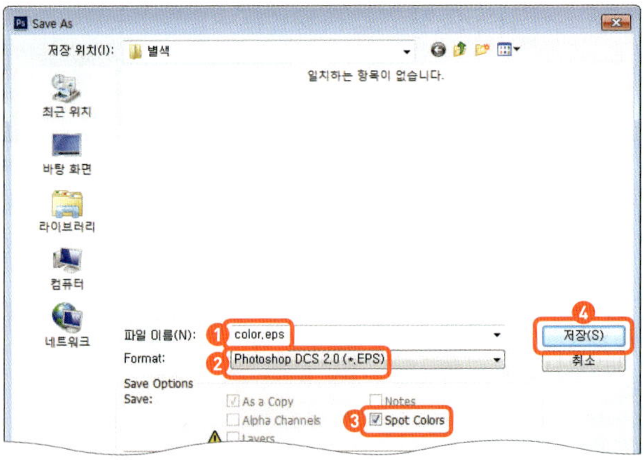

04 DCS 2.0 Format의 옵션을 다음과 같이 설정하고 〈OK〉를 클릭하면 6개의 파일이 저장되는데, 이 중에 color.5가 별색 필름입니다.

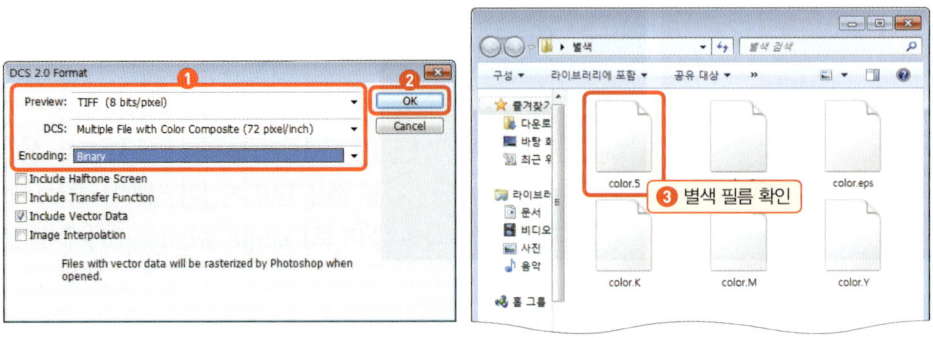

Tip 인쇄소에 따라 설정되는 옵션이 다를 수 있으므로 옵션은 인쇄소에 다시 한 번 문의하는 것이 좋습니다.

따라하기 흔들린 사진 선명하게 보정하기

사진을 찍다 보면 초점이 맞지 않거나 카메라의 흔들림 때문에 이미지가 선명하지 못한 경우가 있습니다. 흔들린 사진을 보정하는 방법 중 채널을 사용해 보정하는 방법을 배워봅니다.

△ 원본 이미지

△ 완성 이미지

01 Ch 07 ▸ Section 51 ▸ Shake.psd 파일을 불러옵니다. Green 채널을 선택하고 마우스 오른쪽 버튼을 눌러 [Duplicate Channel]을 선택하면 Green 채널이 복제됩니다.

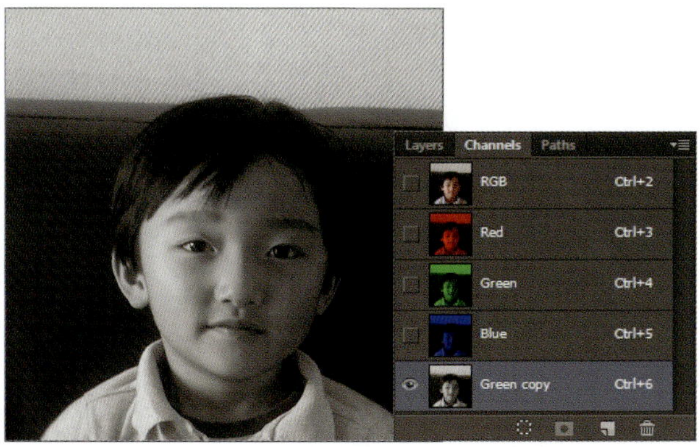

02 [Filter]–[Filter Gallery] 메뉴를 선택하여 옵션 창에서 [Stylize]–[Glowing Edges]를 선택합니다. 다음과 같이 가장자리 라인이 선명하도록 설정한 후 〈OK〉를 클릭합니다.

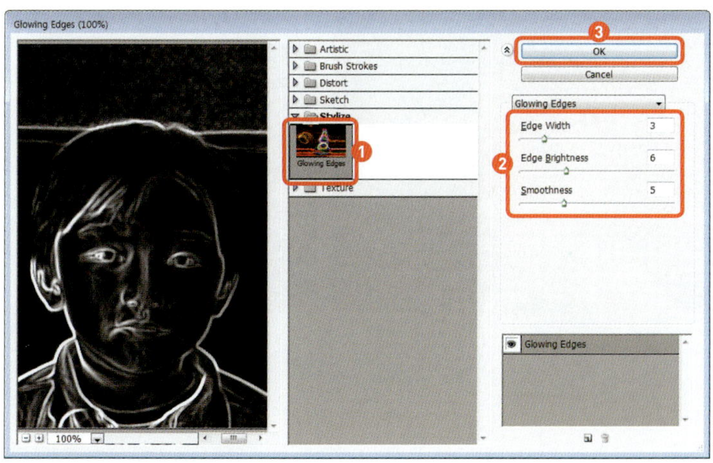

03 Green Copy 채널이 선택된 상태에서 [Image]-[Adjustments]-[Levels] 메뉴를 선택합니다. 옵션 창에서 다음과 같이 설정하여 흰 영역을 늘여준 후 〈OK〉를 클릭합니다.

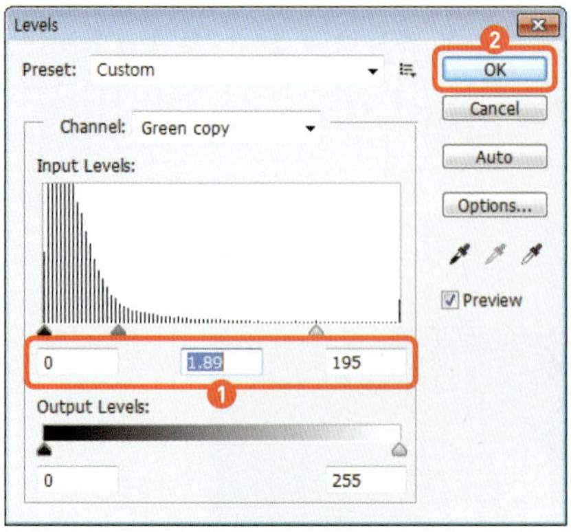

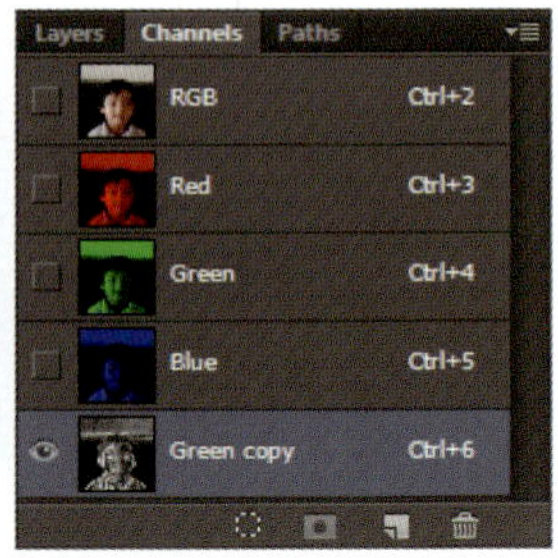

04 Ctrl 을 누른 채 Green Copy 채널의 썸네일을 클릭해 선택 영역을 만듭니다.

Tip 채널 패널의 선택 영역 로드( )를 클릭해도 됩니다.

05 RGB 채널을 클릭하여 이미지의 색상 채널이 다 보이도록 합니다.

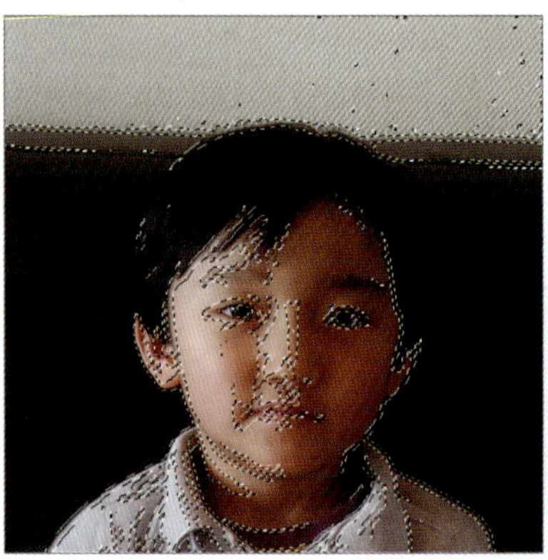

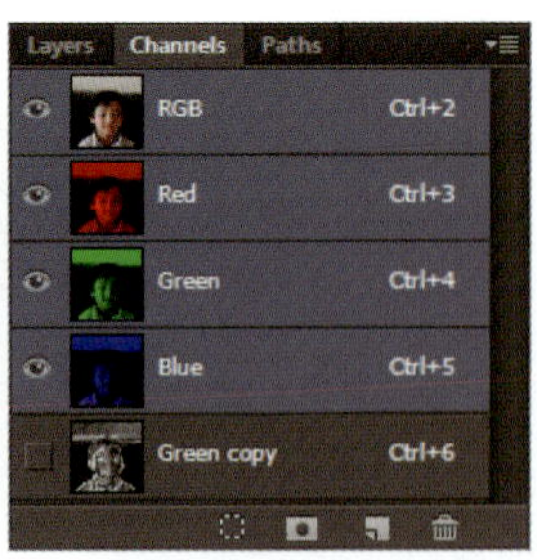

06 레이어 패널로 돌아와 Ctrl+J를 눌러 선택 영역을 복제합니다.

07 Layer 1이 선택된 상태에서 [Filter]-[Sharpen]-[Smart Sharpen] 메뉴를 선택합니다. 옵션 창에서 이미지를 보면서 다음과 같이 설정한 후 〈OK〉를 클릭합니다.

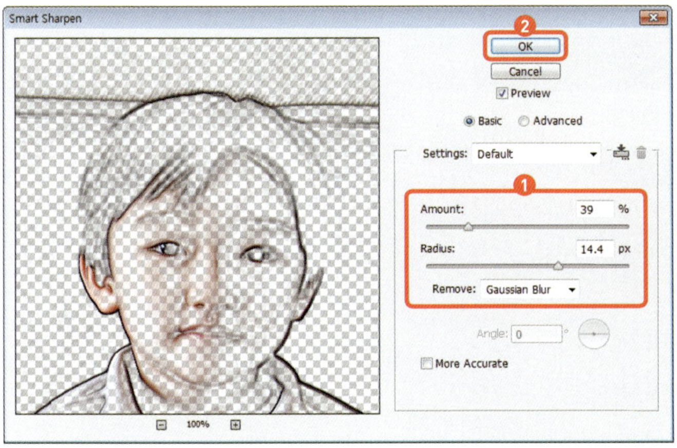

08 다시 Layer 1이 선택된 상태에서 [Filter]-[Sharpen]-[Unsharp Mask] 메뉴를 선택합니다. 옵션 창에서 이미지를 보면서 다음과 같이 설정한 후 〈OK〉를 클릭합니다. Layer 1의 이미지가 선명하게 조절되면서 흔들린 이미지가 보정되었습니다.

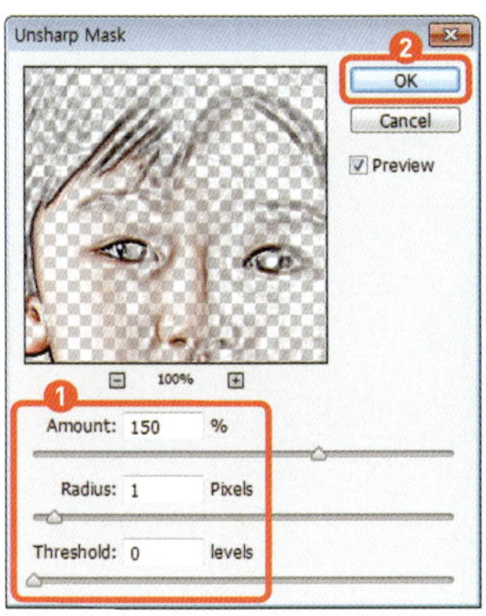

Design Tip 색을 사용하기 어려워요

색을 사용하는 데 어려움을 느끼는 분들이 많습니다. 포토샵 작업을 할 때는 목적에 맞는 색을 사용하는 것이 중요한데, 특히 상식에 맞는 색을 사용하는 것이 중요합니다. 예를 들어, 돌잔치 초대장에 검은색과 회색을 사용한다면 보기에 좋지 않겠지요.

색을 사용하는 가장 쉬운 방법은 색상 톤을 유지하며 사용하는 것입니다. 색상 톤이라는 개념이 어렵게 느껴질 수도 있을 텐데, 아래의 이미지를 보면 이해하기 쉽습니다.

△ 청색의 색상 톤

△ 초록색의 색상 톤

△ 붉은색의 색상 톤

△ 보라색의 색상 톤

위와 같은 배색 방법을 '동일 톤 배색'이라고 합니다. 동일 톤 배색은 한 가지 색에 흰색을 섞어 점점 밝은 느낌을 내는 배색 방법입니다. 이와 비슷한 배색 방법으로는 '유사색 배색'이 있습니다. 유사색 배색은 유사한 색상을 묶어서 사용하는 방법으로, 노란색과 연두색 또는 노란색과 오렌지색처럼 서로 유사한 느낌이 나는 색상을 함께 사용하는 것입니다.

△ 동일 톤 배색

△ 유사색 배색

유사색 배색은 일상 생활에서 자주 찾아볼 수 있는데, 특히 상품 로고에 많이 사용됩니다.

△ 따뜻한 느낌의 유사색

△ 차가운 느낌의 유사색

△ 던킨 도넛의 유사색

반면 색을 사용하는 데 별로 권하고 싶지 않은 배색 방법은 반대색이나 보색을 사용하는 것입니다. 반대색이나 보색은 주로 이미지에 강렬한 느낌을 주거나 강조할 때 사용합니다. 그러나 색상환에서 반대쪽에 위치하고 있는 색상을 적절하게 사용하기란 쉽지 않은 일입니다. 굳이 사용하고 싶다면 유사한 사례를 찾아 따라 해보는 것이 좋습니다. 그리고 회색조의 무채색을 메인 색상으로 사용하면서 유채색을 사용하면 반대색이나 보색을 사용하지 않고도 색상의 강조를 구사할 수 있습니다.

△ 무채색 배경에 유채색을 사용하여 이미지를 강조한 사례

CHAPTER

08

색상 보정과 이미지의 변형

포토샵은 밝기 조절, 색상 조절, 흑백 조절 메뉴 등을 통해 색상을 손쉽게 보정할 수 있고, 필터 메뉴를 통해 몇 번의 클릭만으로 마법 같은 효과를 만들 수도 있습니다. 포토샵을 더욱 흥미롭게 하는 이런 요소들은 특히 사진 작업에 유용하게 사용됩니다. 이번 장에서는 색상 보정을 위한 다양한 조절 메뉴와 이미지 변형을 위한 필터에 대해 알아보고, 핵심 필터를 실습을 통해 연습해봅니다.

CONTENTS

Section 52 / 밝기 조절을 위한 메뉴

Section 53 / 색상 조절을 위한 메뉴

Section 54 / 흑백 조절을 위한 메뉴

Section 55 / 필터 갤러리

Section 56 / Adaptive Wide Angle로 볼록한 사진 보정하기

Section 57 / Lens Correction으로 비네팅 효과 만들기

Section 58 / Lens Correction으로 가까이 들이대기

Section 59 / Oil Paint로 유화 느낌의 이미지 만들기

Section 60 / Liquify로 얼굴 크기 줄이기

Section 61 / Vanishing Point로 원근감을 살려 합성하기

Section 62 / Field Blur로 원하는 부분만 흐릿하게 만들기

Section 63 / Iris Blur로 흐릿하게 만들 영역 지정하기

Section 64 / Tilt-Shift로 선형으로 흐릿하게 만들기

SECTION 52

밝기 조절을 위한 메뉴

포토샵은 이미지의 밝기를 조절할 수 있는 여러 메뉴를 제공합니다. 밝기를 조절할 때는 이미지의 밝고 어두운 정도나 색상에 따라 한 가지 또는 여러 메뉴를 같이 사용하는 것이 좋습니다.

[Image] 메뉴에서 바로 조절하기

Ch 08 ▸ Section 52 ▸ Light.psd 파일을 불러옵니다. 다음은 [Image] 메뉴를 선택하여 바로 적용 가능한 Auto Tone, Auto Contrast, Auto Color의 결과입니다.

△ 원본 이미지

△ Auto Tone을 적용한 이미지

△ Auto Contrast를 적용한 이미지

△ Auto Color를 적용한 이미지

Brightness/Contrast

[Image]–[Adjustments]–[Brightness/Contrast] 메뉴를 선택하여 적용합니다. Brightness/Contrast는 밝기와 대비를 조절하는 메뉴로, 직접 수치를 입력하거나 슬라이드 바를 움직여 조절합니다.

△ Brightness/Contrast를 적용한 이미지

옵션 창에서 Preview를 체크하면 수치의 변화에 따른 이미지의 변화를 직접 확인하면서 조절할 수 있습니다. Use Legacy는 어도비사의 제품군 중에서 CS 버전 이전의 효과를 의미합니다. 차이점은 아래 그림과 같습니다.

△ Brightness 100

△ Use Legacy Brightness 100

△ Contrast 100

△ Use Legacy Contrast 100

Levels

[Image]–[Adjustments]–[Levels] 메뉴를 선택하여 적용합니다. Levels는 이미지의 빛과 색의 농도를 표현해 놓은 히스토그램으로, Input Levels 히스토그램 아래의 작은 삼각형 세 개를 움직여 빛과 색의 농도를 조절합니다. 삼각형을 오른쪽으로 움직이면 화면이 어두워지고, 왼쪽으로 움직이면 화면이 밝아집니다. Channel 옵션에서 Red, Green, Blue 채널별로 농도를 조절하는 것도 가능합니다.

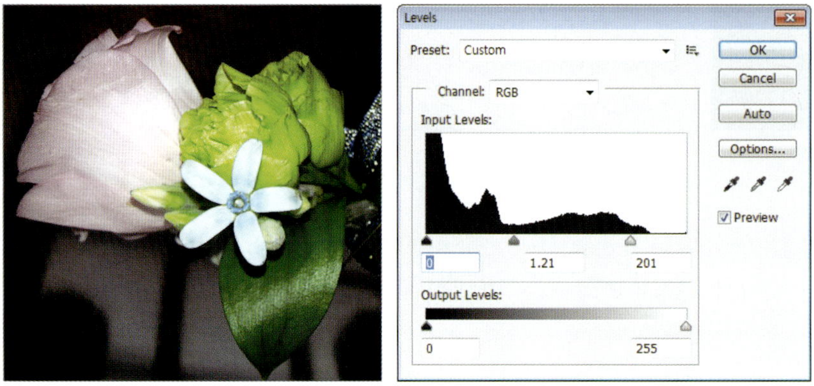

△ Levels를 적용한 이미지

Curves

[Image]–[Adjustments]–[Curves] 메뉴를 선택하여 적용합니다. Curves는 Levels과 비슷하게 빛과 색의 농도를 조절하는 역할을 하지만, 그 중에서도 대비와 하이라이트를 조절합니다. 옵션 창에서 그래프 안쪽의 사선을 드래그하면 드래그한 부분에 앵커 포인트가 생기는데, 앵커 포인트를 사선의 왼쪽 방향으로 이동하면 대비가 늘어 화면이 밝아지고, 반대로 이동하면 대비가 줄어 화면이 어두워집니다.

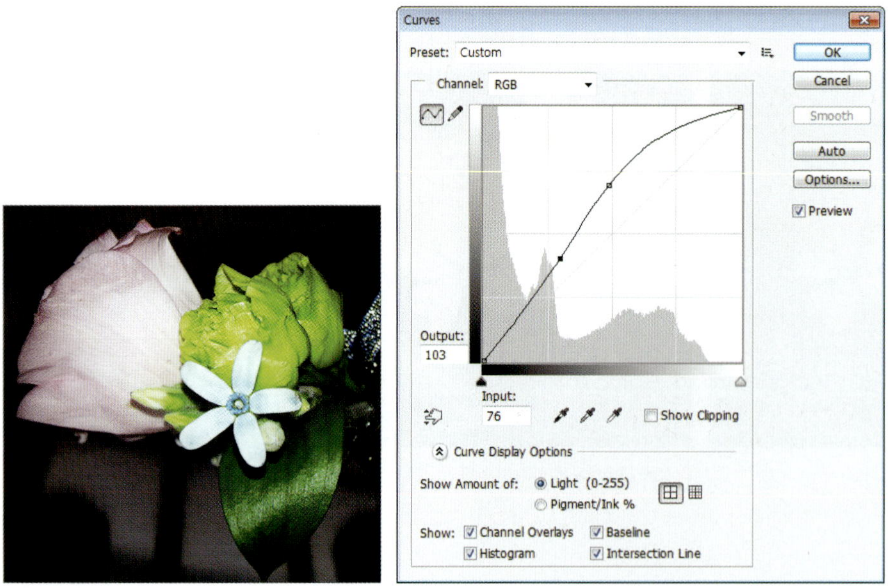

△ Curves를 적용한 이미지

Exposure

[Image]-[Adjustments]-[Exposure] 메뉴를 선택하여 적용합니다. Exposure는 필름에 적당한 빛을 주어 노출을 조절합니다. 옵션 창에서 Exposure는 빛의 양을 조절하며, Offset은 중간톤의 대비를 강하게 또는 약하게 조절합니다. Gamma는 명암 대비를 조절합니다. 사진의 색상에 따라 수치가 약간만 변해도 변화가 크게 나타나므로 수치를 조금씩 수정하여 사용합니다.

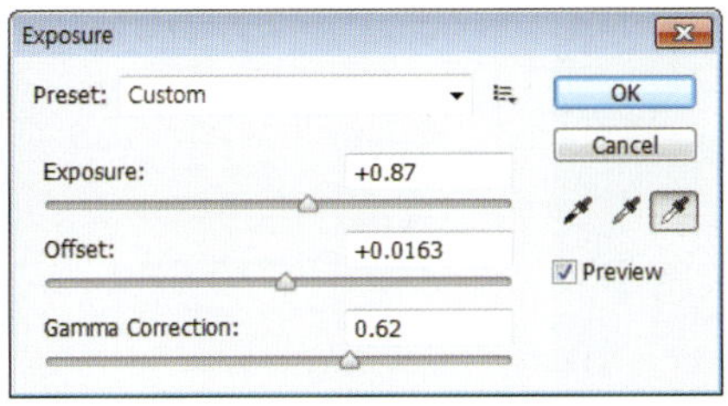

△ Exposure를 적용한 이미지

Shadow/Highlights

[Image]-[Adjustments]-[Shadow/Highlights] 메뉴를 선택하여 적용합니다. Shadow/Highlights는 이미지의 전체가 아닌 어두운 부분과 밝은 부분을 조절합니다.

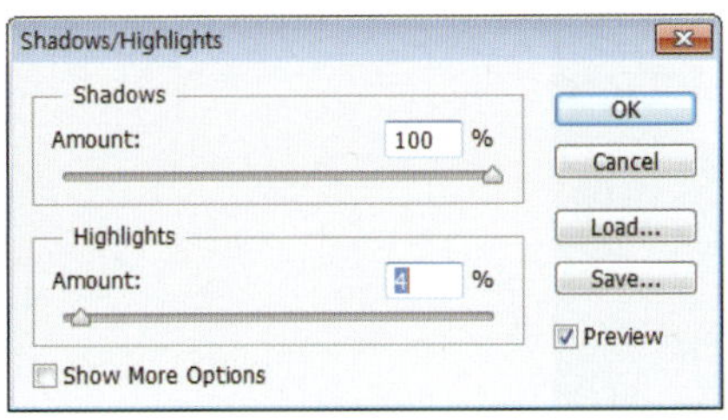

△ Shadow/Highlights를 적용한 이미지

HDR Toning

[Image]-[Adjustments]-[HDR Toning] 메뉴를 선택하여 적용합니다. High Dynamic Range의 약자인 HDR은 이미지의 가장 밝고 가장 어두운 부분의 농도차를 조절합니다.

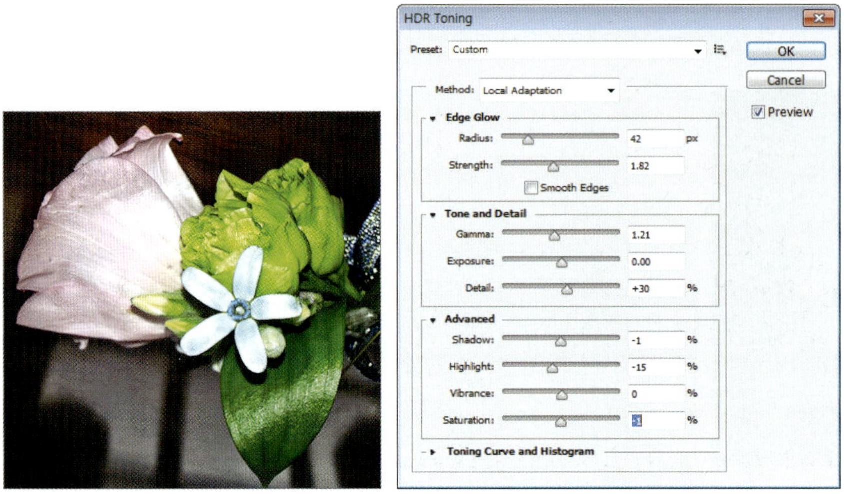

△ HDR Toning을 적용한 이미지

Equalize

[Image]-[Adjustments]-[Equalize] 메뉴를 선택하여 적용합니다. Equalize는 자동으로 평균값의 밝기와 어둡기를 조절합니다.

△ Equalize를 적용한 이미지

따라하기 밝기 조절로 생기있는 사진 만들기

Levels 메뉴를 이용해 이미지의 밝기를 조절해보고, 스포이드 옵션의 사용법도 알아봅니다.

△ 원본 이미지

△ 완성 이미지

01 Ch 08▸Section 52▸Bright.psd 파일을 불러옵니다. [Image]–[Adjustments]–[Levels] 메뉴를 선택해 옵션 창에서 세 개의 스포이드 중 오른쪽 스포이드를 선택하고 사진의 밝은 부분을 클릭합니다.

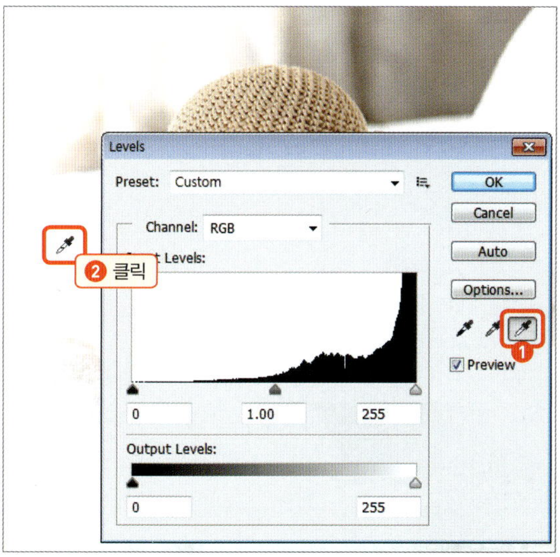

Tip 왼쪽 스포이드는 선택한 부분이 이미지에서 가장 어두운 곳이 되며, 중간 스포이드는 중간 톤이 됩니다. 여기서 선택한 오른쪽 스포이드는 이미지에서 가장 밝은 곳을 설정합니다.

02 다이어그램 하단의 왼쪽 삼각형을 오른쪽으로 밀어 가장 어두운 부분의 농도를 줄여줍니다. 이미지가 좀 더 선명해집니다.

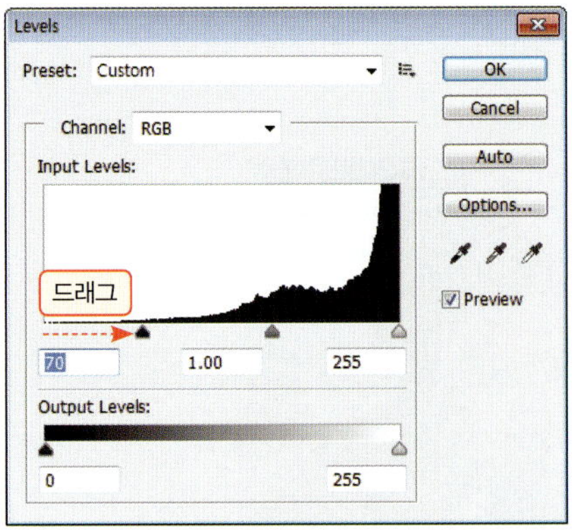

03 중간 삼각형을 오른쪽으로 밀어 중간 톤도 함께 조절합니다.

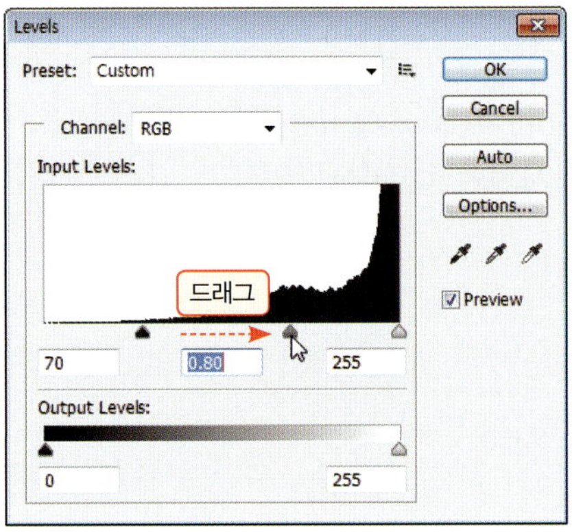

04 Channel 옵션을 Red로 바꾸고 다음과 같이 슬라이드를 조절하여 Red 채널의 농도를 높입니다. 아기의 피부톤이 건강해 보이면 〈OK〉를 클릭해 이미지를 완성합니다.

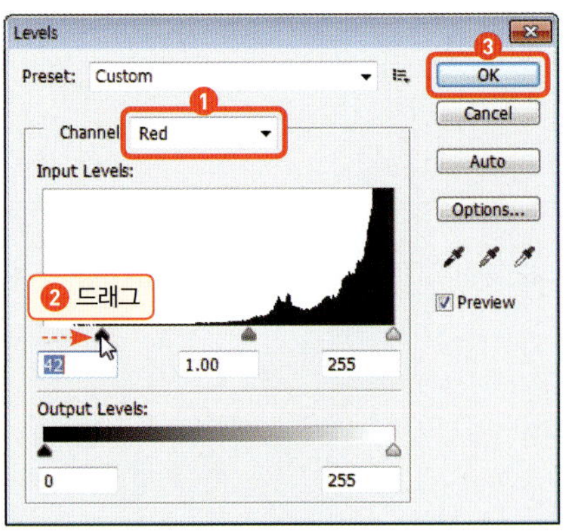

SECTION 53

색상 조절을 위한 메뉴

포토샵을 사용하는 즐거움 중 하나는 이미지의 색상을 몇 번의 클릭만으로 자유롭게 조절할 수 있다는 것입니다. 이 절에서는 색상 조절을 위한 메뉴를 살펴보고, 용도와 목적에 맞게 사용하는 방법을 배워봅니다.

Vibrance

Ch 08 ▸ Section 53 ▸ Coloring.psd 파일을 불러옵니다.

△ 원본 이미지

[Image]–[Adjustments]–[Vibrance] 메뉴를 선택하면, [Vibrance] 옵션 창이 열립니다. Vibrance는 순색이 되도록 채도를 조절하는 기능으로, 자연스러운 채도를 유지하면서 전문적인 교정을 할 수 있습니다.

△ Vibrance를 적용한 이미지

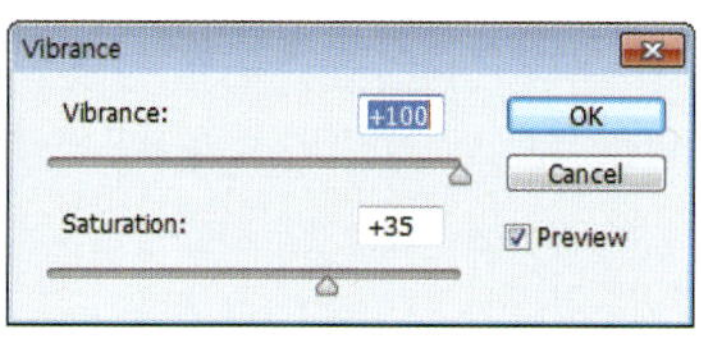

Hue/Saturation

[Image]–[Adjustments]–[Hue/Saturation] 메뉴를 선택하여 적용합니다. 옵션 창에서는 슬라이드 바를 움직여 색상, 채도, 명도를 조절할 수 있으며, Master에서 옵션의 색상만 변경할 수도 있습니다. Colorize를 체크하면 전경색의 색상이 적용됩니다.

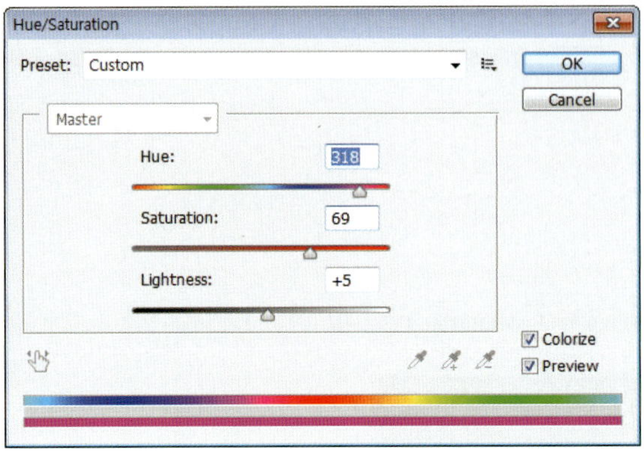

△ Hue/Saturation을 적용한 이미지

Color Balance

[Image]–[Adjustments]–[Color Balance] 메뉴를 선택하여 적용합니다. 옵션 창의 Color Balance에서 세 가지 상태로 색상 조절이 가능하며, Preserve Luminosity를 체크하면 발광을 유지한 채 색상만 변경됩니다.

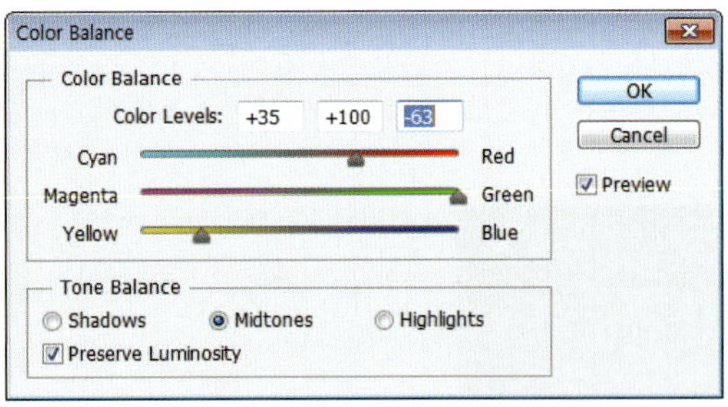

△ Color Balance를 적용한 이미지

Photo Filter

[Image]−[Adjustments]−[Photo Filter] 메뉴를 선택하여 적용합니다. Photo Filter는 카메라에 사용하는 필터 효과를 적용하는 기능으로, 옵션 창의 Filter에서 필터 효과를 선택하고, Color에서 원하는 색상을 골라 적용합니다.

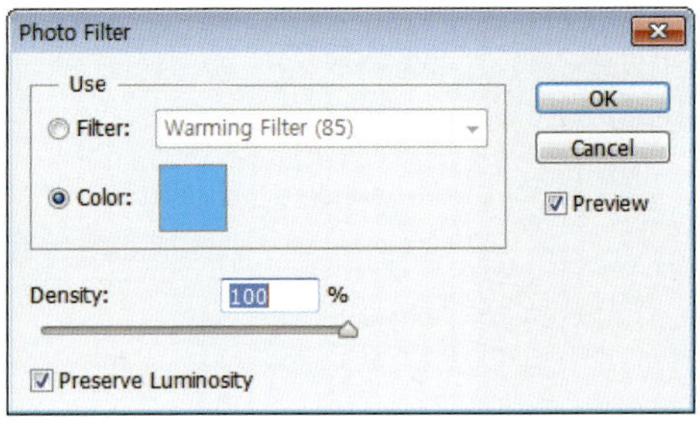

△ Photo Filter를 적용한 이미지

Channel Mixer

[Image]−[Adjustments]−[Channel Mixer] 메뉴를 선택하여 적용합니다. 옵션 창에서는 각각의 색상 채널을 조절할 수 있으며, Preset에서 여러 채널을 섞어 놓은 채널을 골라 적용할 수도 있습니다.

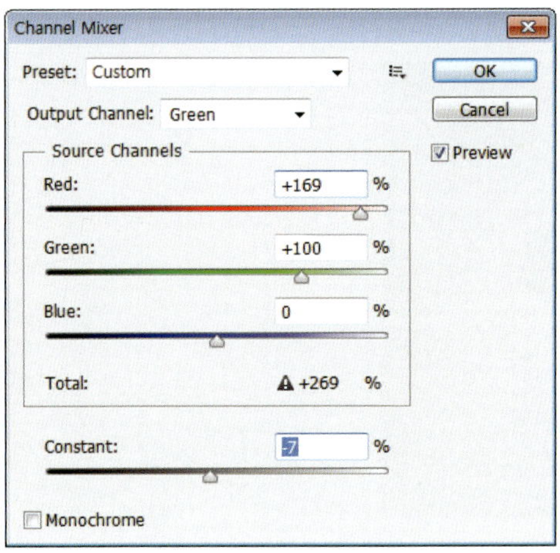

△ Channel Mixer를 적용한 이미지

Color Lookup

[Image]-[Adjustments]-[Color Lookup] 메뉴를 선택하여 적용합니다. Color Lookup은 주로 사진 전문가들이 많이 사용하는 메뉴입니다. 옵션 창에서 3DLUT File은 서로 다른 소프트웨어에서 동일한 색상을 적용하기 위해 사용하는 옵션이며, Abstract와 Device Link는 서로 다른 시스템에서 색의 보정을 일관되게 수행할 수 있도록 표준 규격을 선택하는 옵션입니다.

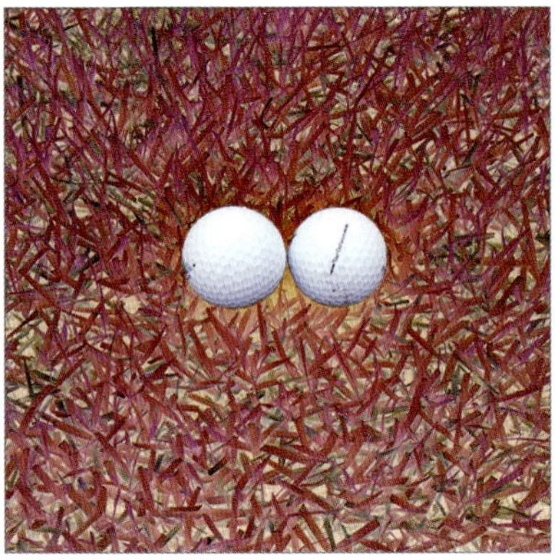

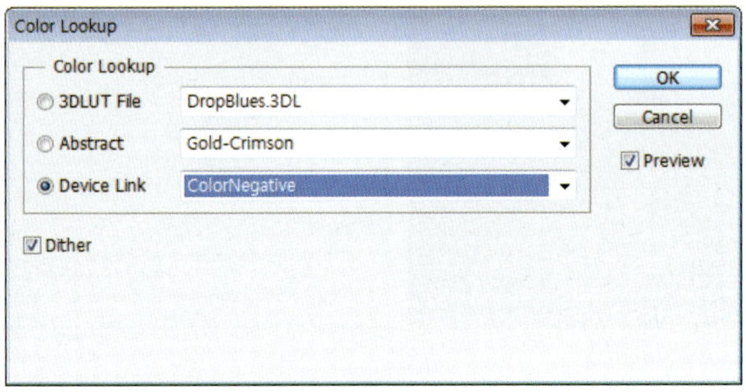

△ Color Lookup을 적용한 이미지

Invert

[Image]-[Adjustments]-[Invert] 메뉴를 선택하여 적용합니다. Invert는 별다른 옵션 없이 바로 실행되는데, 네거티브 필름에서의 명암을 짙음과 옅음을 반전시켜 보여줍니다.

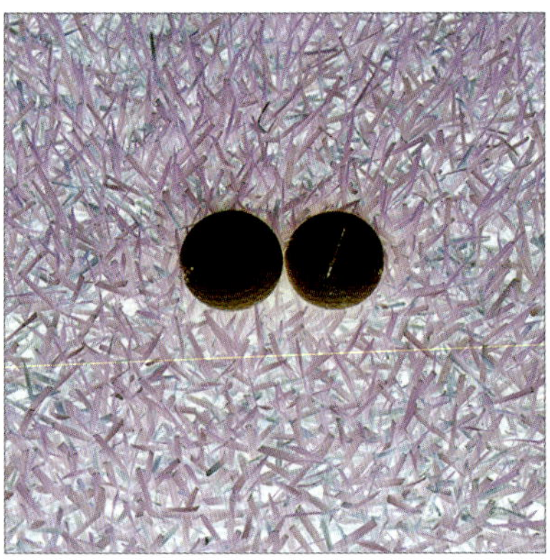

△ Invert를 적용한 이미지

Posterize

[Image]-[Adjustments]-[Posterize] 메뉴를 선택하여 적용합니다. 옵션 창에서 Levels의 수치를 조절하면 화면에 나타나는 색상 수가 조절되면서 이미지가 단순해집니다.

△ Posterize를 적용한 이미지

Gradient Map

[Image]-[Adjustments]-[Gradient Map] 메뉴를 선택하여 적용합니다. Gradient Map을 적용하면 그레디언트가 이미지 전체에 골고루 분포되는 것이 아니라, 이미지의 명암에 따라 다르게 적용됩니다.

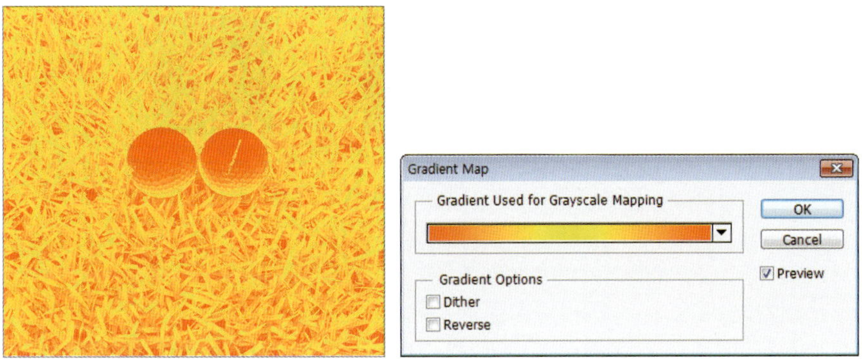

△ Gradient Map을 적용한 이미지

Selective Color

[Image]-[Adjustments]-[Selective Color] 메뉴를 선택하여 적용합니다. Selective Color는 색을 CMYK 색상으로 보정합니다.

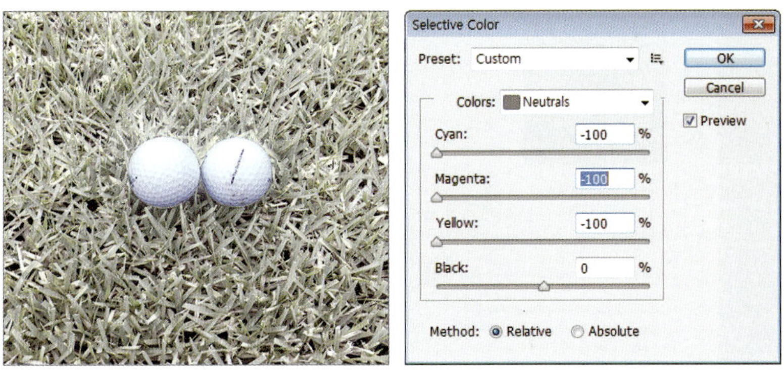

△ Selective Color를 적용한 이미지

Variations

[Image]-[Adjustments]-[Variations] 메뉴를 선택하여 적용합니다. 옵션 창에서 맨 위의 왼쪽 이미지가 원본 이미지고, 오른쪽 이미지가 수정된 이미지입니다. 아래의 왼쪽 이미지들을 클릭하면 색상을 변경할 수 있고, 오른쪽 이미지들을 클릭하면 밝기를 변경할 수 있습니다.

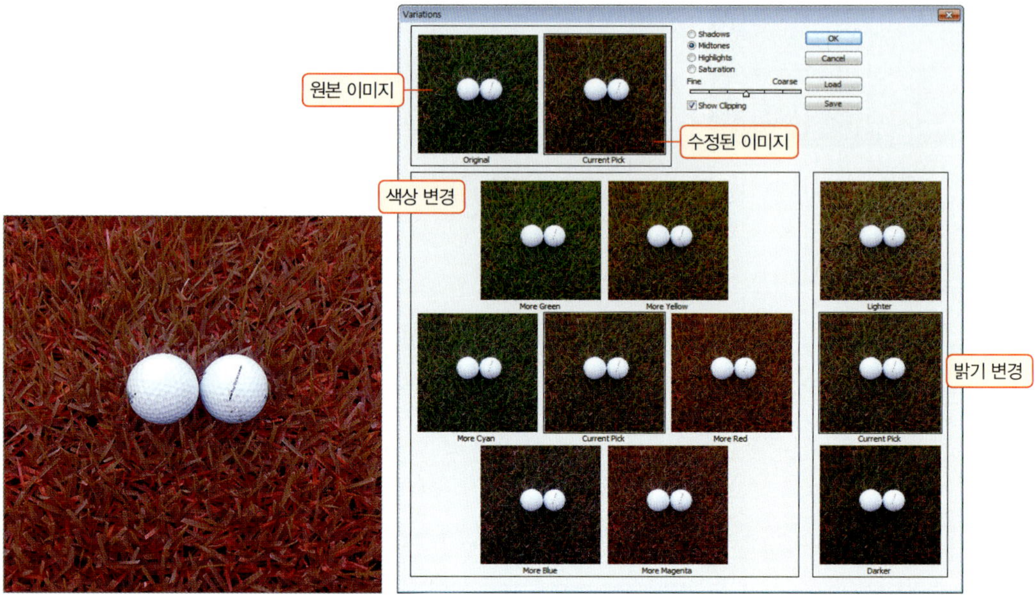

△ Variations를 적용한 이미지

Replace Color

[Image]-[Adjustments]-[Replace Color] 메뉴를 선택하여 적용합니다. 옵션 창에서 스포이드로 이미지의 특정 부분을 클릭하여 색상을 추출하고, Fuzziness를 조절하여 색상 영역을 지정한 뒤 Result를 클릭하여 색상을 변경합니다.

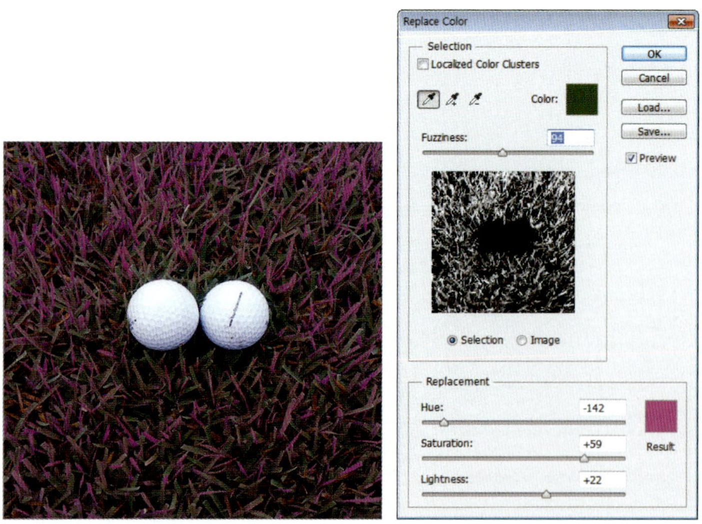

△ Replace Color를 적용한 이미지

따라하기 얼굴만 간편하게 선택하기

포토샵 CS6에서는 Color Range 메뉴에 Skin Tones 옵션이 추가되어 피부색을 편리하게 추출할 수 있습니다. Skin Tones 옵션을 사용하여 피부색을 추출하는 방법을 알아봅니다.

△ 원본 이미지

△ 완성 이미지

01 Ch 08 ▸ Section 53 ▸ Face.psd 파일을 불러와 [Select]-[Color Range] 메뉴를 선택합니다. 옵션 창에서 Select를 Skin Tones로 선택하고 Detect Faces에 체크합니다. 그리고 Fuzziness를 조절하고 오른쪽의 Invert를 체크하여 얼굴 부분이 검은색으로 보이도록 합니다. 〈OK〉를 클릭하면 얼굴 이외의 부분이 선택됩니다.

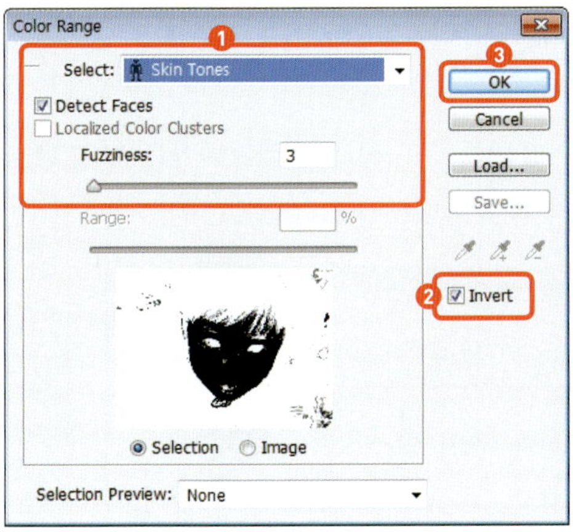

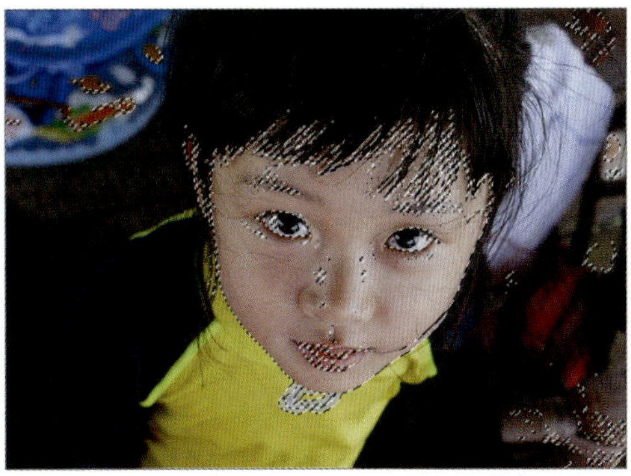

02 올가미 툴(🔘)을 선택하고 [Alt]를 누른 채 얼굴 부분의 선택 영역을 드래그하여 선택 영역에서 제외합니다.

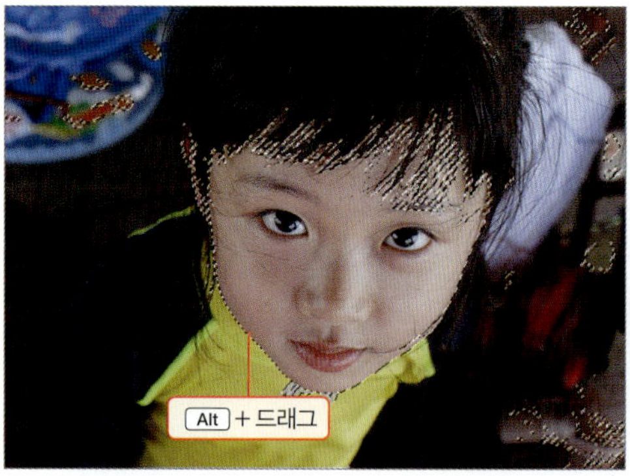

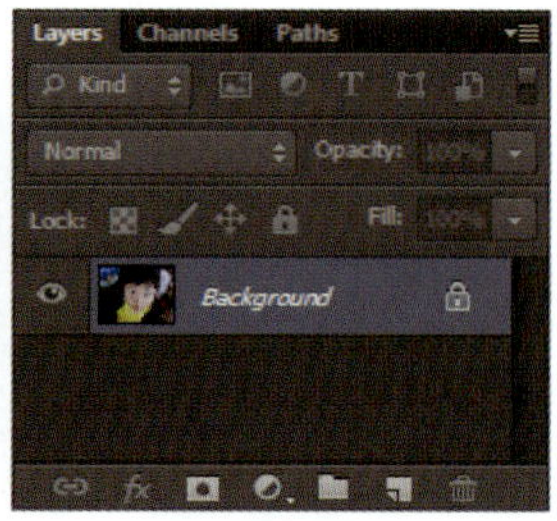

03 이번에는 [Shift]를 누른 채 얼굴 이외의 부분을 드래그하여 선택 영역으로 포함시킵니다.

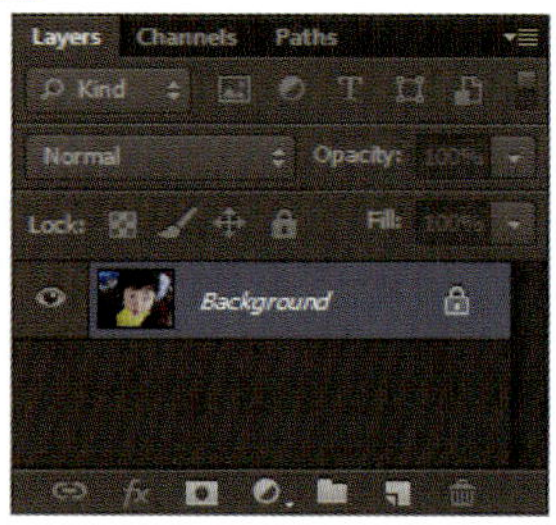

04 선택 영역이 유지된 상태로 [Image]–[Adjustments]–[Hue/Saturation] 메뉴를 선택하여 다음과 같이 설정합니다. 얼굴을 제외한 나머지 부분의 색상만 변경됩니다.

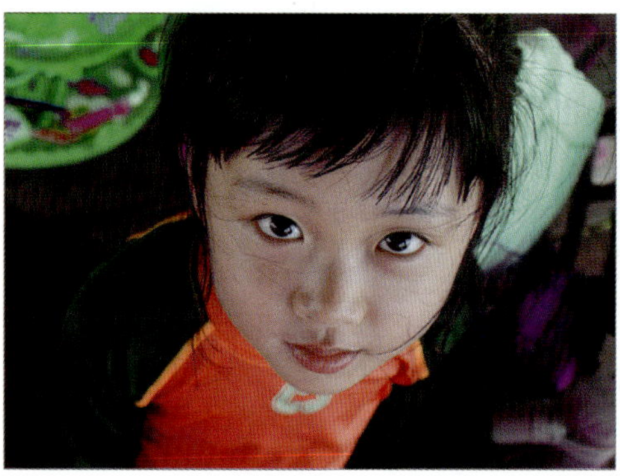

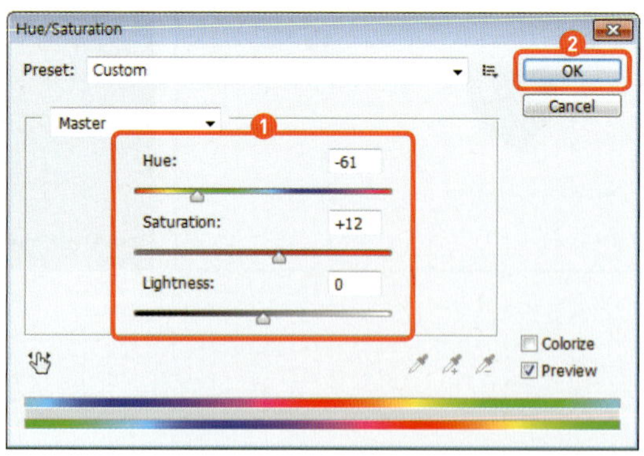

SECTION 54

흑백 조절을 위한 메뉴

포토샵은 이미지를 흑백으로 만들 수 있는 여러 메뉴를 제공합니다. 각 메뉴는 같은 흑백 이미지라도 색감을 조금씩 다르게 표현하는데, 이 절에서는 이러한 메뉴를 이용하여 흑백 이미지를 만드는 방법을 알아봅니다.

Vibrance

Ch 08 ▸ Section 54 ▸ Baby.psd 파일을 불러옵니다.

△ 원본 이미지

[Image]−[Adjustments]−[Vibrance] 메뉴는 색감을 조절하기도 하지만 채도를 떨어뜨려 흑백 이미지를 만들기도 합니다. 옵션 창에서 Saturation을 −100으로 설정하면 흑백 이미지를 만들 수 있으며, Vibrance 옵션에 따라 흑백 이미지에 미묘한 변화를 줄 수도 있습니다.

△ Vibrance를 적용하여 만든 흑백 이미지

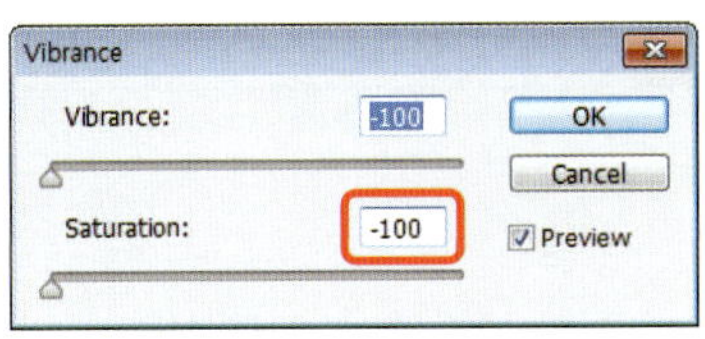

Hue/Saturaton

[Image]–[Adjustments]–[Hue/Saturaton] 메뉴에서도 흑백 이미지를 만들 수 있습니다. 옵션 창에서 Saturation을 –100으로 조절하면 흑백 이미지를 만들 수 있으며, Lightness를 조절하여 흑백 이미지의 농도도 조절할 수 있습니다.

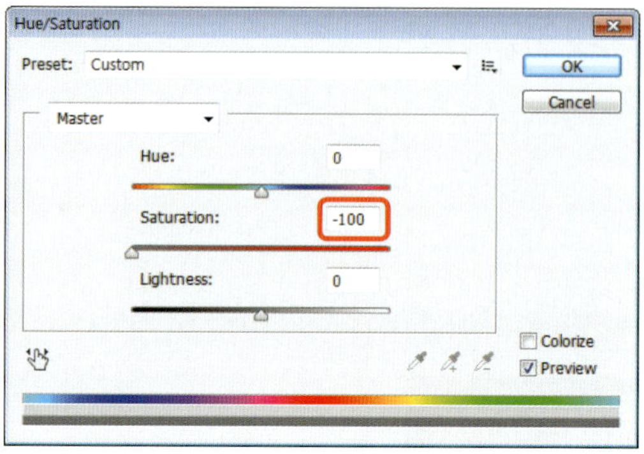

△ Hue/Saturation을 적용하여 만든 흑백 이미지

Black & White

[Image]–[Adjustments]–[Black & White] 메뉴를 선택하면 이미지가 자동으로 흑백으로 바뀝니다. 옵션 창에서 색상별 옵션은 원본 이미지의 색상에 따라 흑백의 정도를 조절합니다. 예를 들어 Reds의 슬라이드 바를 오른쪽으로 옮기면 붉은색 부분이 흰색으로 바뀌고, 왼쪽으로 옮기면 검은색으로 바뀝니다.

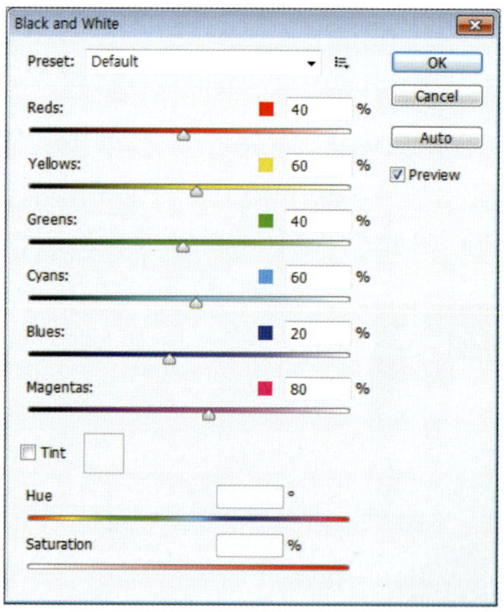

△ Black & White를 적용한 이미지

또 다음과 같이 Tint를 적용하면 흑백 이미지에 Tint의 색상이 적용되어 마치 듀오톤 느낌의 이미지가 만들어집니다.

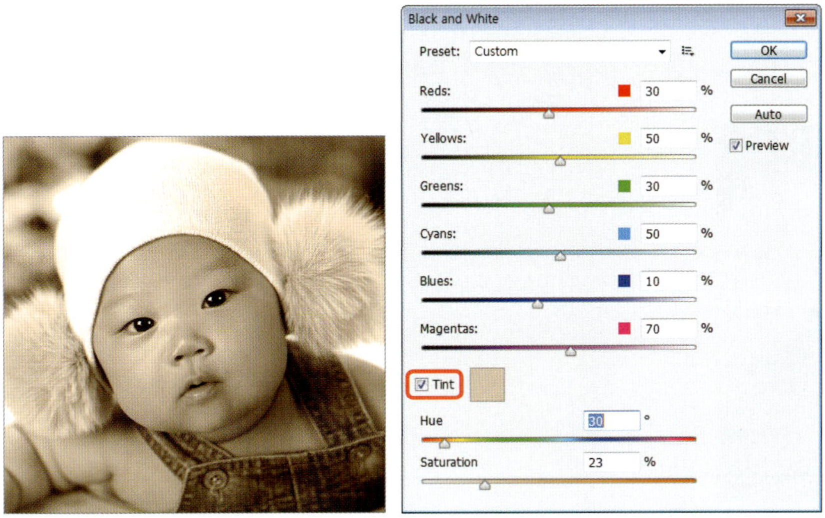

△ Tint를 적용하여 듀오톤 느낌으로 만든 이미지

Threshold

[Image]−[Adjustments]−[Threshold] 메뉴를 선택하여 흑백 이미지를 만드는 방법도 있습니다. Threshold는 RGB를 검은색과 흰색으로만 구분하며, 구분된 영역은 Threshold Level의 수치에 따라 달라집니다.

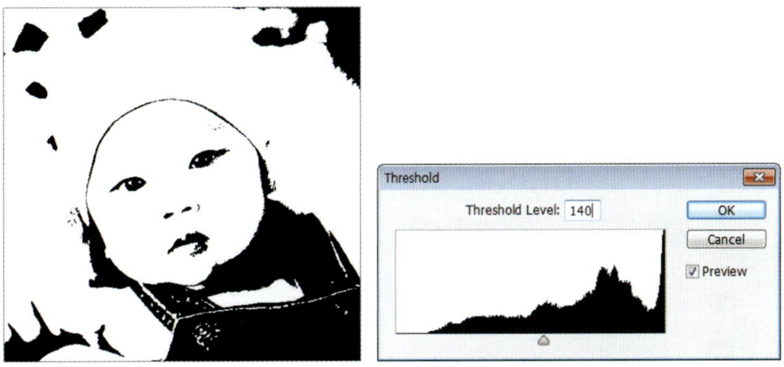

△ Threshold를 적용한 이미지

Desaurate

[Image]−[Adjustments]−[Desaurate] 메뉴를 선택하면 이미지가 자동으로 흑백으로 전환됩니다.

△ Desaurate를 적용한 이미지

Grayscale

[Image]–[Mode]–[Grayscale] 메뉴 역시 이미지를 자동으로 흑백으로 전환시킵니다.

△ Grayscale 모드를 적용한 이미지

Tip Grayscale 모드에서는 이미지의 색상 정보가 모두 사라지고 오로지 검은색과 흰색만 사용할 수 있습니다. 반면 지금까지의 살펴본 다른 메뉴들은 화면에 보이는 이미지만 흑백으로 변경시킬 뿐 색상에 관한 정보를 모두 지니고 있어 다시 색을 사용할 수 있습니다.

여기서 잠깐! **Grayscale 모드에서만 활성화되는 메뉴 보기**

[Image]–[Mode]–[Bitmap] 메뉴는 Grayscale 모드에서만 활성화됩니다. 1인치의 크기 속에 들어갈 픽셀의 개수를 지정함으로써 화면은 흑백의 망점으로 보입니다. 그리고 [Image]–[Mode]–[Duotone] 메뉴 역시 Grayscale 모드에서만 활성화됩니다. 듀오톤은 최대 네 가지의 색상을 믹스해서 사용할 수 있지만, 대부분 듀오톤으로 흑백의 색감을 풍성하게 보이고자 할 때 사용합니다.

△ 비트맵으로 보기

△ 듀오톤으로 보기

SECTION 55

필터 갤러리

필터는 한 번의 클릭으로 재미나고 특별한 효과를 만들어줍니다. 이 절에서는 필터 갤러리를 이용해 여러 필터를 동시에 적용하는 방법을 알아봅니다.

필터 갤러리의 사용

필터는 개별적으로 하나씩 사용할 수 있으나, 필터 갤러리를 이용하면 여러 필터를 추가해 사용할 수 있습니다.

01 Ch 08 ▸ Section 55 ▸ Gallery.psd 파일을 불러옵니다. [Filter]−[Filter Gallery] 메뉴를 선택하여 [Artistic] 폴더의 Dry Brush를 적용합니다.

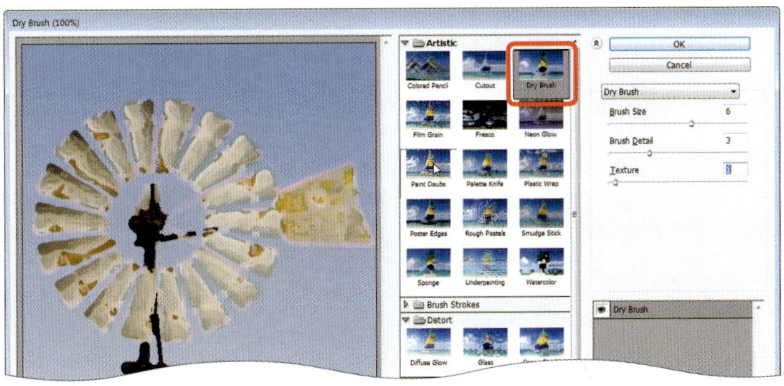

02 오른쪽 하단에 있는 새 필터 적용( )을 클릭하고 다른 필터를 적용하면, 이미지에 여러 필터를 함께 사용할 수 있습니다. 또 휴지통( )을 클릭하면 적용한 필터가 제거됩니다.

필터 갤러리 미리보기

❶ Artistic

△ Colored Pencil

△ Cutout

△ Dry Brush

△ Film Grain

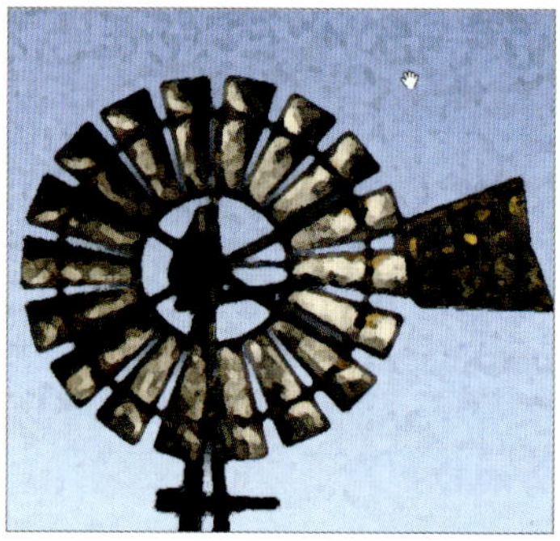
△ Fresco

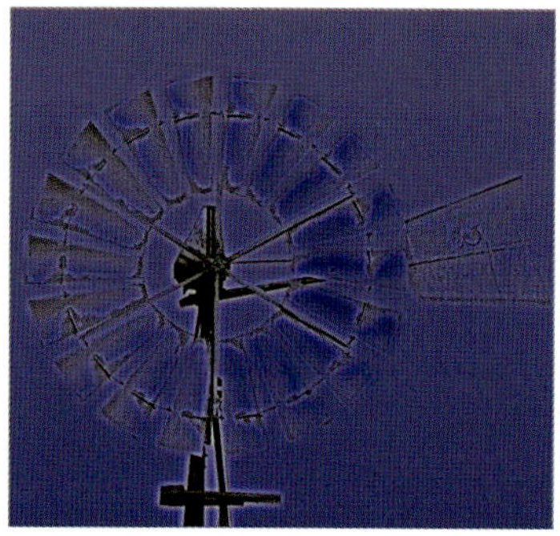
△ Neon Glow

△ Paint Daubs

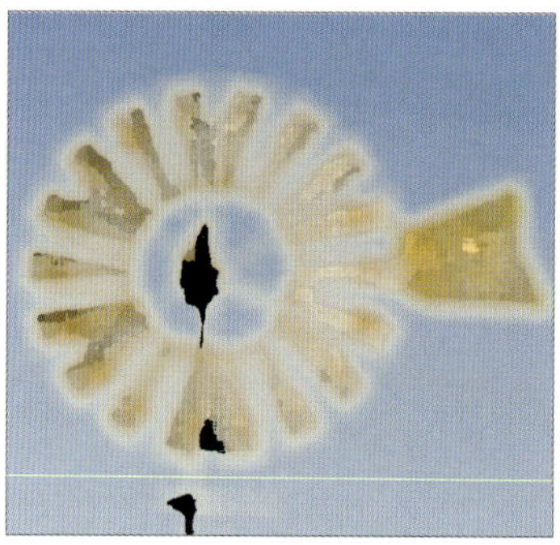
△ Palette Knife

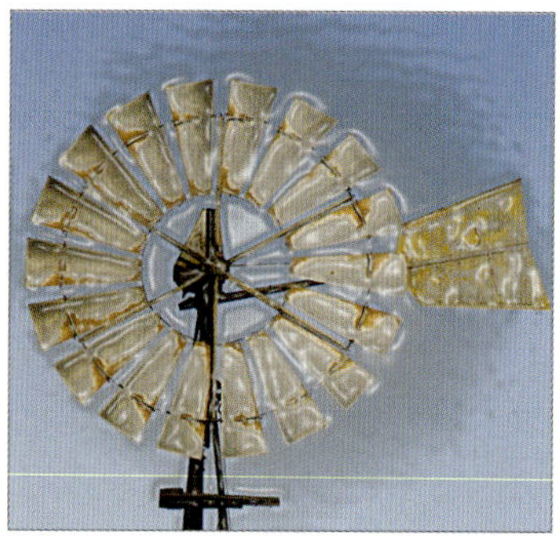
△ Plastic Warp

△ Poster Edges

△ Rough Pastels

△ Smudge Stick

△ Sponge

△ Underpainting

△ Watercolor

❷ Brush Strokes

△ Accented Edges

△ Angle Strokes

△ Crosshatch

△ Dark Strokes

△ Ink Outlines

△ Spatter

△ Sprayed Strokes

△ Sumi-e

❸ Distort

△ Diffuse Glow

△ Glass

△ Ocean Ripple

❹ Sketch/Stylize

△ Bas Relief

△ Chalk & Charcoal

△ Charcoal

△ Chrome

△ Conte Crayon

△ Graphic Pen

△ Halftone Pattern

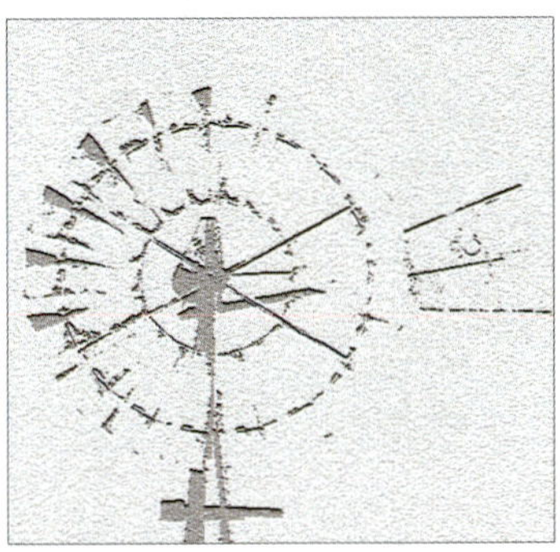

△ Note Paper

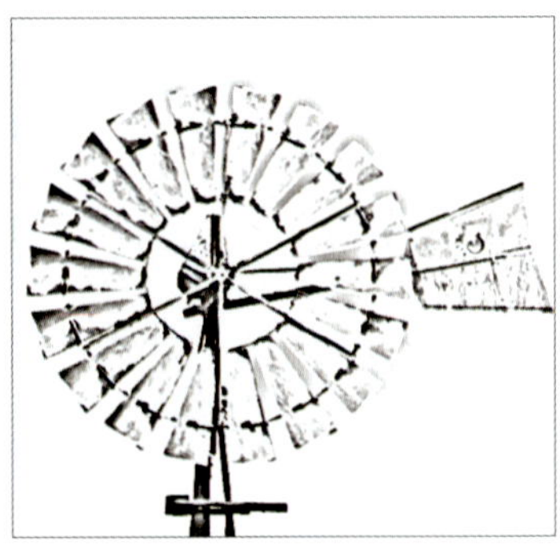

△ Photocopy

△ Plaster

△ Reticulation

△ Stamp

△ Torn Edges

△ Water Paper

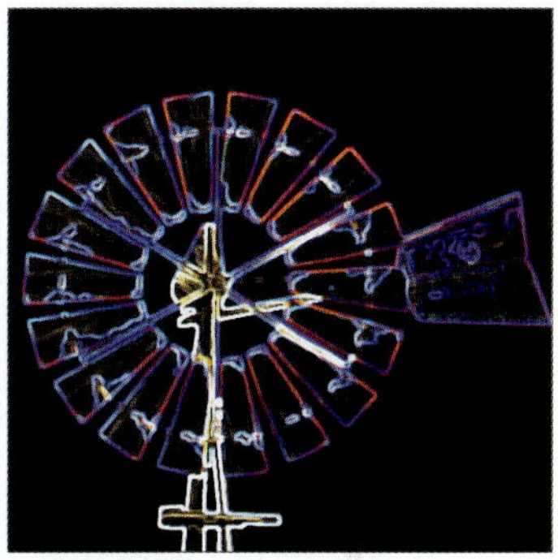

△ Growing Edges

⑤ Texture

△ Craquelure

△ Grain

△ Mosaic Tiles

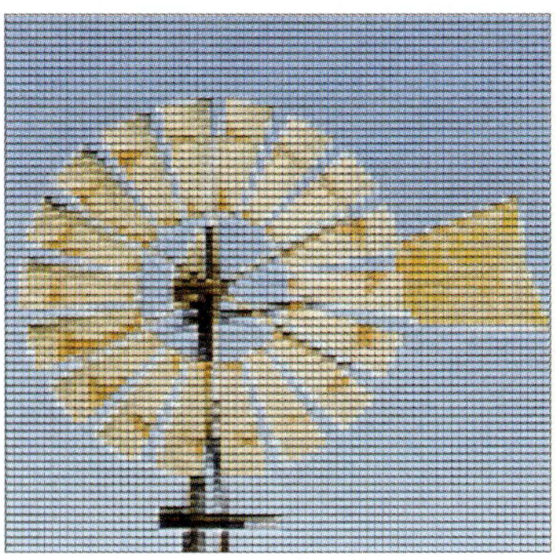

△ Patchwork

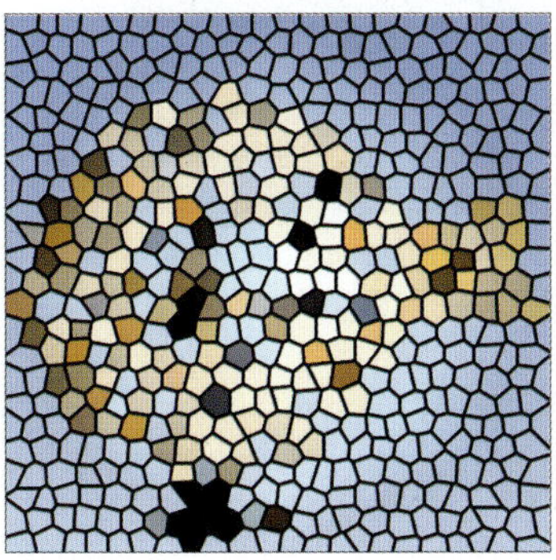

△ Stained Glass

△ Texturizer

SECTION 56

Adaptive Wide Angle로 볼록한 사진 보정하기

• **준비파일** Fisheye.psd • **완성파일** Fisheye_result.psd

Adaptive Wide Angle 필터는 어안 렌즈로 찍은 사진처럼 화면이 볼록하거나 오목한 이미지를 바로잡아 보정하는 데 사용합니다.

△ 원본 이미지

△ 완성 이미지

01 Ch 08 ▸ Section 56 ▸ Fisheye.psd 파일을 불러옵니다.

02 Layer 1이 선택된 상태로 [Filter]–[Adaptive Wide Angle] 메뉴를 선택합니다. 옵션 창에서 그림과 같이 설정하여 중심 라인이 수평이 되도록 조절합니다.

03 왼쪽 상단의 Constraint 툴(아이콘)을 선택하고 곡선 부분의 왼쪽을 클릭한 후, 마우스를 움직여보면 선이 따라 다닙니다. 오른쪽 끝을 클릭해주면 자동으로 둥근 부분이 수평으로 펴집니다.

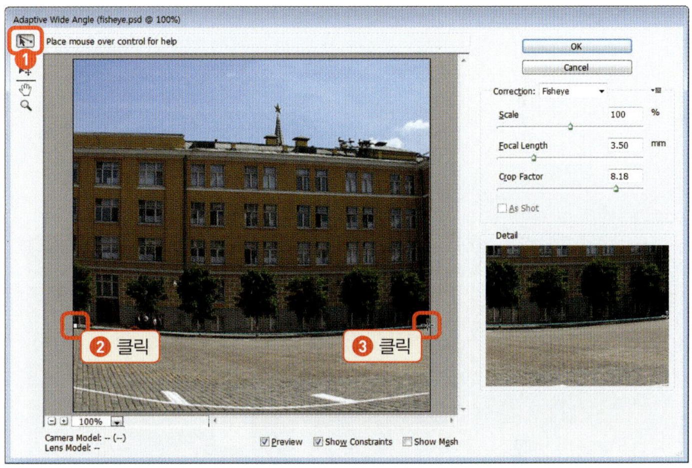

04 아래쪽을 보면 여전히 휘어 있습니다. 다시 한 번 Constraint 툴(아이콘)로 곡선 부분의 왼쪽과 오른쪽을 클릭합니다.

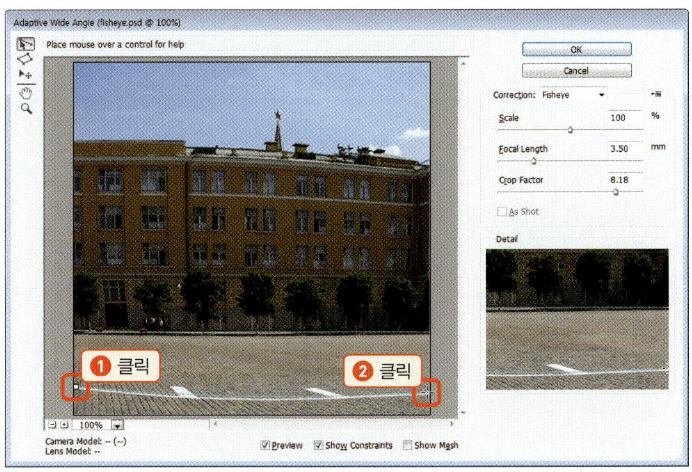

05 클릭한 라인으로 마우스를 가져가면 앵커 포인트가 생기고, 중심 앵커 포인트를 클릭하면 그림과 같이 원이 생깁니다. 그 상태에서 원의 양끝에 있는 앵커 포인트를 움직이면 이미지를 회전시킬 수 있습니다.

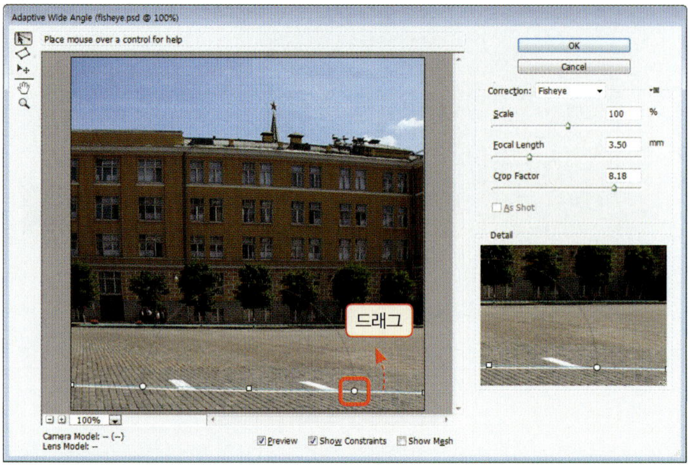

06 수평이 어느 정도 조절되면 〈OK〉를 클릭해 이미지를 완성합니다.

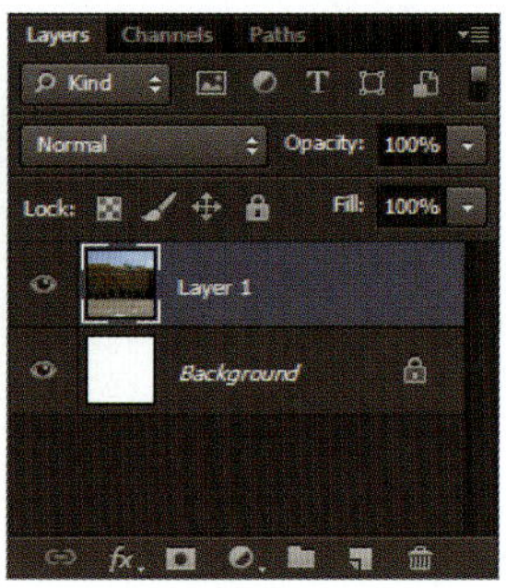

SECTION 57

Lens Correction으로 비네팅 효과 만들기

• **준비파일** Lens.psd • **완성파일** Lens_result.psd

Lens Correction 필터는 카메라 기종에 따른 촬영 결과를 보여주는 필터로, 옵션 창에서 카메라 종류를 선택하여 효과를 적용할 수 있습니다. 또한 사용자가 옵션을 조절하여 로모 카메라로 찍은 듯한 비네팅 효과도 손쉽게 표현할 수 있습니다. 비네팅(Vignetting)이란 주변부의 광량 저하로 이미지의 모서리나 외곽 부분이 어두워지거나 검게 가려지는 현상으로, 원치 않는 경우 이런 효과가 나타나면 곤란하겠지만 이미지의 주목도를 높이기 위해 일부러 사용하는 경우도 많습니다.

△ 원본 이미지

△ 완성 이미지

01 Ch 08 ▸ Section 57 ▸ Lens.psd 파일을 불러옵니다.

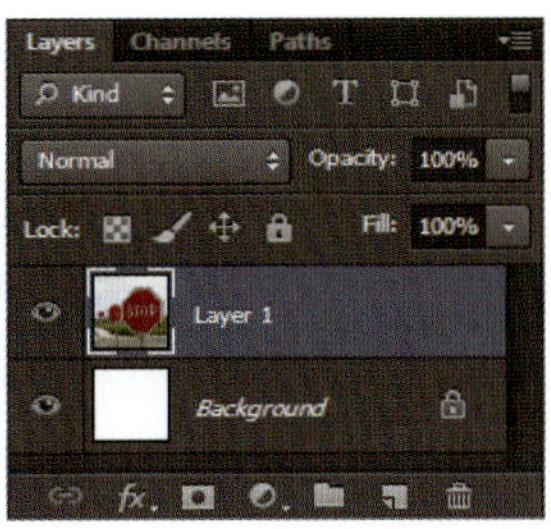

02 [Filter]–[Lens Correction] 메뉴를 선택하여 옵션 창에서 [Custom] 탭을 선택합니다. Vignette를 다음과 같이 설정하여 이미지의 크기에 맞게 가장자리 부분을 어둡게 합니다.

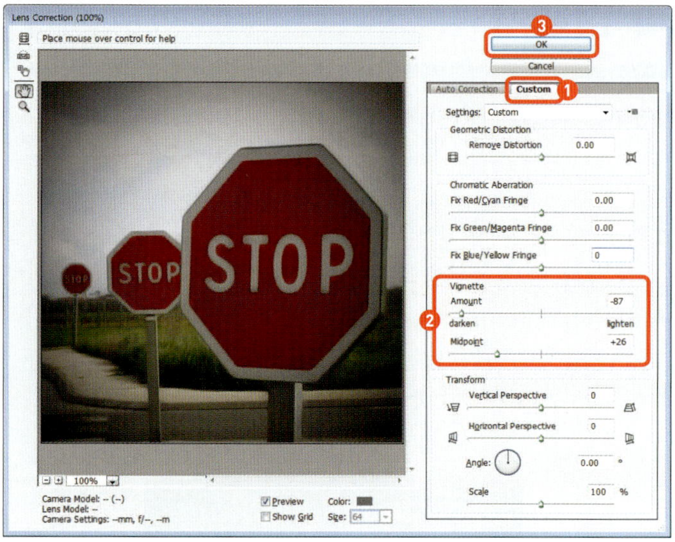

Tip [Auto Correction] 탭에서는 카메라 기종에 따른 촬영 결과를 확인할 수 있도록 옵션을 설정합니다.

03 〈OK〉를 클릭하면 로모 카메라로 찍은 것 같이 비네팅 효과가 적용됩니다.

SECTION 58 Lens Correction으로 가까이 들이대기

• **준비파일** Cat.psd • **완성파일** Cat_result.psd

Lens Correction 필터는 이미지에 볼록한 느낌이나 오목한 느낌을 표현하고 원근감의 방향을 조절해 줍니다. 이 필터를 이용하면 손쉽게 이미지의 왜곡을 만들 수 있습니다.

△ 원본 이미지

△ 완성 이미지

01 Ch 08 ▸ Section 58 ▸ Cat.psd 파일을 불러옵니다.

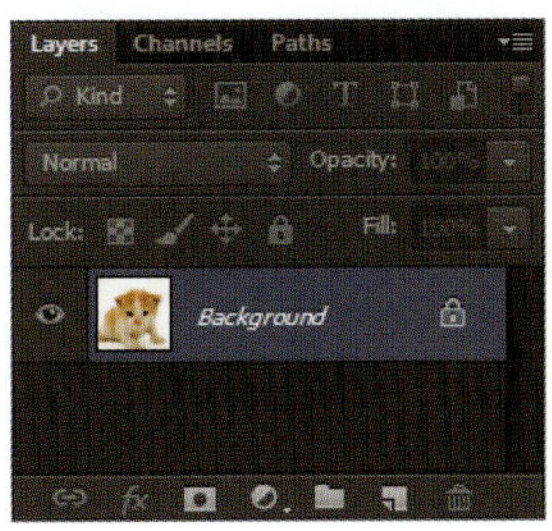

02 [Filter]–[Lens Correction] 메뉴를 선택하여 옵션 창에서 [Custom] 탭을 선택합니다. 그리고 Geometric Distortion을 다음과 같이 조절합니다. 슬라이드 바를 왼쪽으로 이동하면 이미지가 볼록렌즈에 비친 것처럼 바뀌며, 반대로 오른쪽으로 이동하면 오목렌즈에 비친 것처럼 바뀝니다. 아래의 Transform 옵션도 다음과 같이 조절합니다. 원근법에 따른 소실점이 변형됩니다.

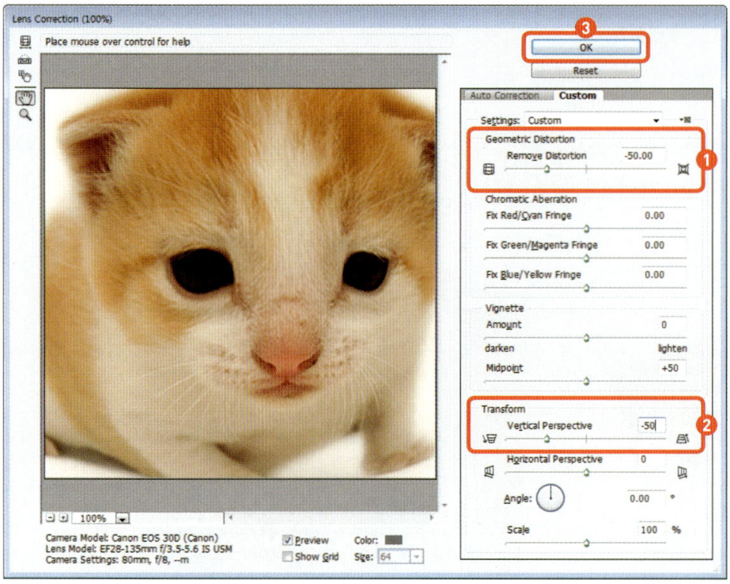

03 〈OK〉를 클릭하면 카메라에 바짝 다가온 듯한 이미지가 완성됩니다.

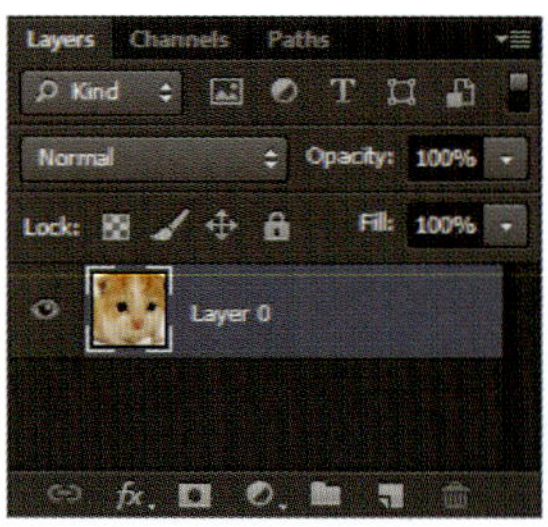

SECTION 59

Oil Paint로 유화 느낌의 이미지 만들기

• **준비파일** Red.psd • **완성파일** Red_result.psd

Oil Paint 필터를 이용하면 이미지를 손쉽게 유화 느낌으로 만들 수 있습니다.

△ 원본 이미지

△ 완성 이미지

01 Ch 08 ▸ Section 59 ▸ Red.psd 파일을 불러옵니다. [Filter]–[Oil Paint] 메뉴를 선택하여 옵션 창에서 다음과 같이 설정합니다.

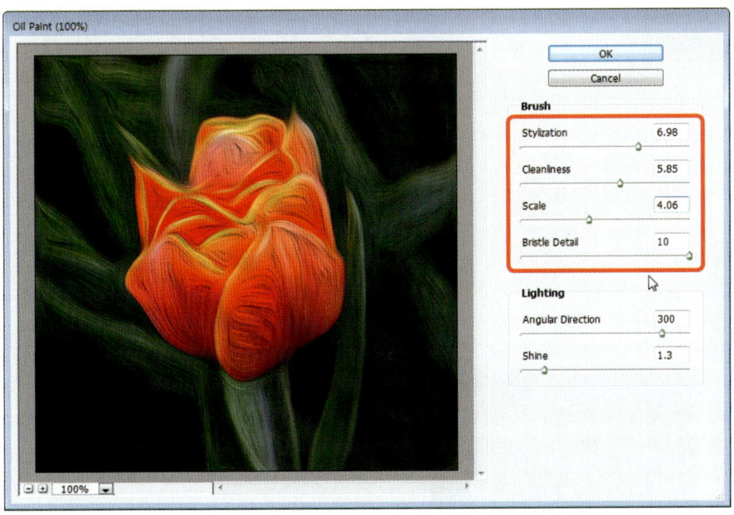

02 Lighting 옵션의 Shine 수치가 작을수록 유화 이미지가 부드러워지며, 수치가 클수록 붓 터치가 거칠어집니다.

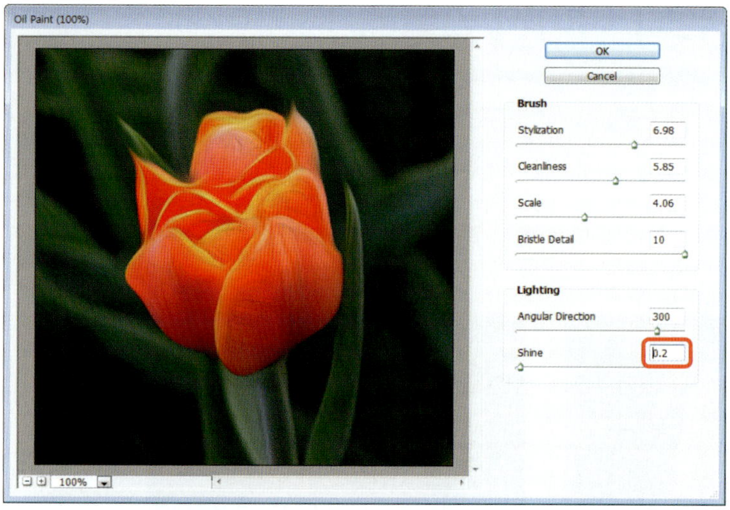

03 설정이 끝나면 〈OK〉를 클릭해 이미지를 완성합니다.

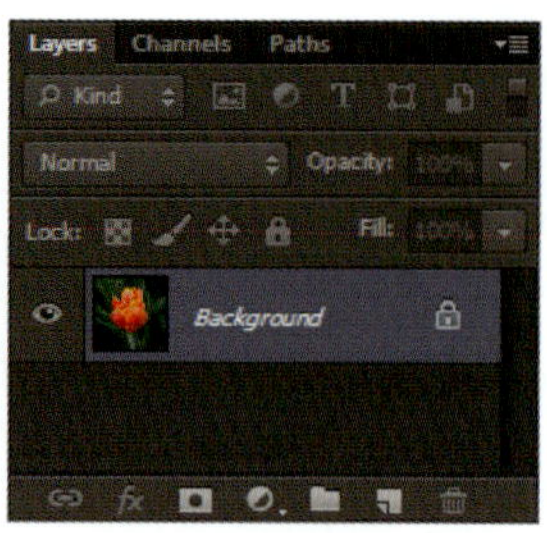

SECTION
60

Liquify로 얼굴 크기 줄이기

• **준비파일** Liquify.psd • **완성파일** Liquify_result.psd

Liquify 필터는 얼굴이나 몸매를 보정하는 데 많이 사용하는 필터로, 몸매, 얼굴의 형태, 눈 크기 등을 늘이거나 줄일 수 있습니다.

△ 원본 이미지

△ 완성 이미지

01 Ch 08 ▸ Section 60 ▸ Liquify.psd 파일을 불러옵니다. [Filter]–[Liquify] 메뉴를 선택하여 브러시의 크기를 조절한 후 Bloat 툴(◈)로 눈 부분을 클릭하여 눈을 확대합니다.

02 다시 브러시 크기를 조절한 후 Forward Warp 툴( )로 턱선을 밀어넣듯이 안쪽으로 드래그합니다.

Tip 브러시의 크기만큼 움직이므로 브러시의 크기를 조절하는 것은 아주 중요하며 많은 연습이 필요합니다.

03 다시 브러시의 크기를 조절하여 입꼬리를 살짝 올려줍니다.

04 설정이 끝나면 〈OK〉를 클릭해 이미지를 완성합니다.

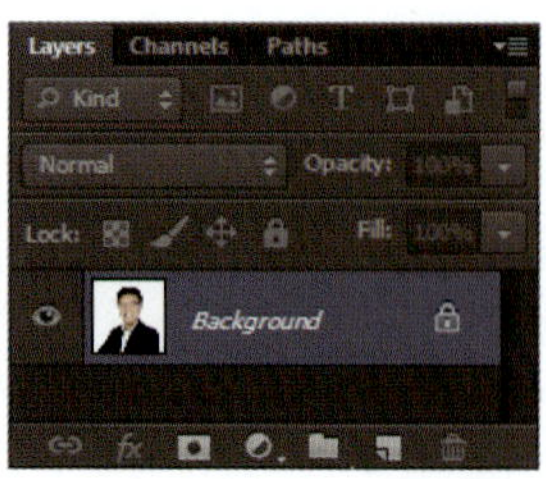

SECTION 61

Vanishing Point로 원근감을 살려 합성하기

• **준비파일** Vanish.psd, Vanish_source.psd • **완성파일** Vanish_result.psd

Vanishing Point는 소실점이라 하여, 원근감을 살린 합성을 하는 데 사용합니다. 이 필터를 이용하면 여러 번 꺾인 면도 한 번에 합성할 수 있습니다.

△ 원본 이미지

△ 소스 이미지

△ 완성 이미지

01 Ch 08 ▸ Section 61 ▸ Vanish.psd, Vanish_source.psd 파일을 불러옵니다.

02 Vanish_source 이미지의 일부를 사각형 선택 툴(▣)로 선택한 후, Ctrl+C를 눌러 복제합니다.

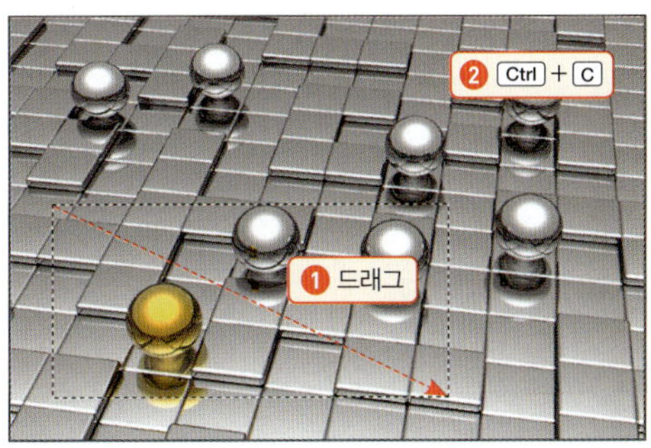

03 Vanish 이미지로 돌아와 [Filter]–[Vanishing Point] 메뉴를 선택합니다.

04 옵션 창에서 plane 툴(![icon])로 소스 이미지를 입힐 영역을 클릭하여 다음과 같이 지정합니다. 붉은선으로 라인이 완성되면 원근법에 맞지 않는 선이 만들어졌다는 의미입니다.

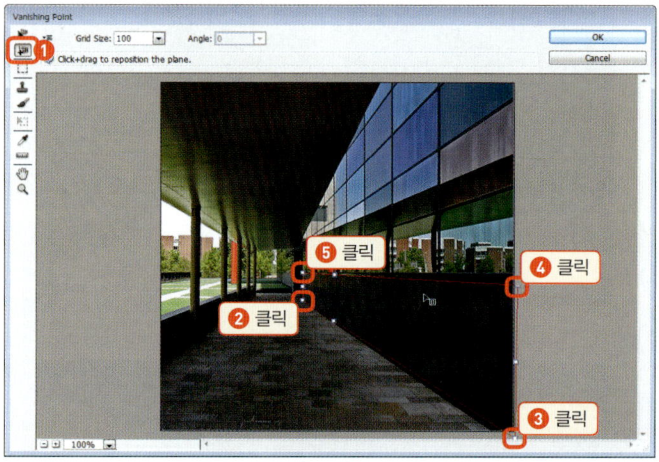

Tip 푸른선으로 라인이 완성되면 05단계는 거치지 않아도 됩니다.

05 Plane 편집 툴(![icon])로 가장자리 부분의 앵커 포인트를 조절하여 푸른 선이 나오도록 합니다.

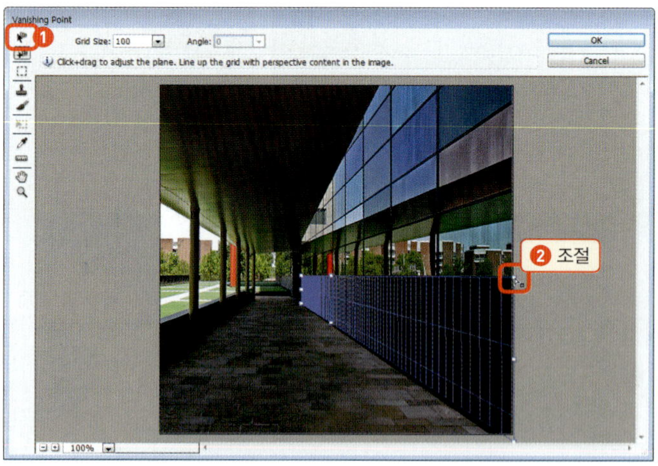

06 Ctrl+V를 눌러 Vanish_source 이미지에서 복제했던 부분을 붙여넣기 한 다음, 이미지를 푸른 선 안쪽으로 드래그합니다.

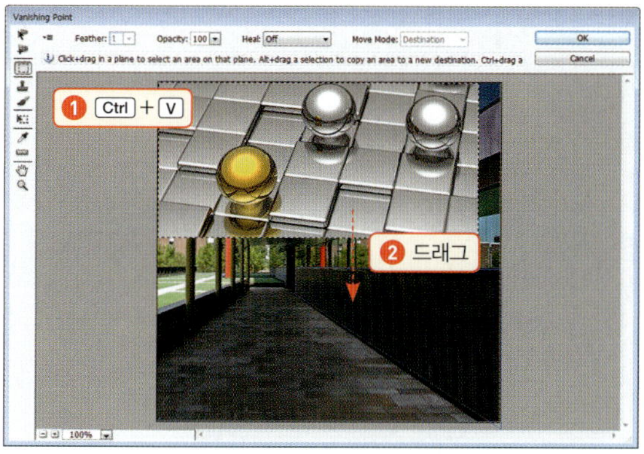

07 Transform 툴(▣)로 이미지를 이동시키고 크기를 늘여 푸른선 안에 꽉 차도록 만듭니다.

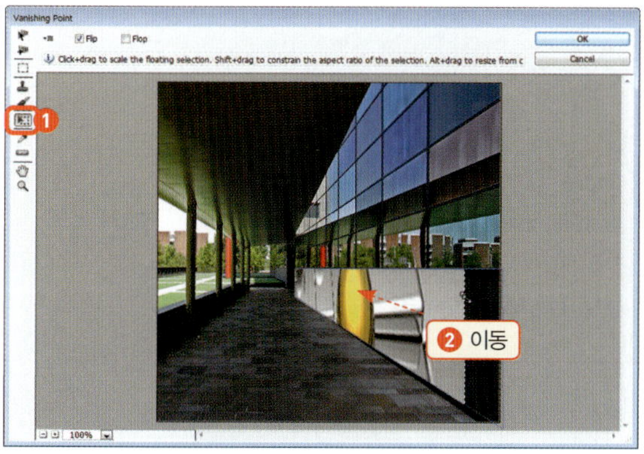

08 〈OK〉를 클릭해 이미지를 완성합니다.

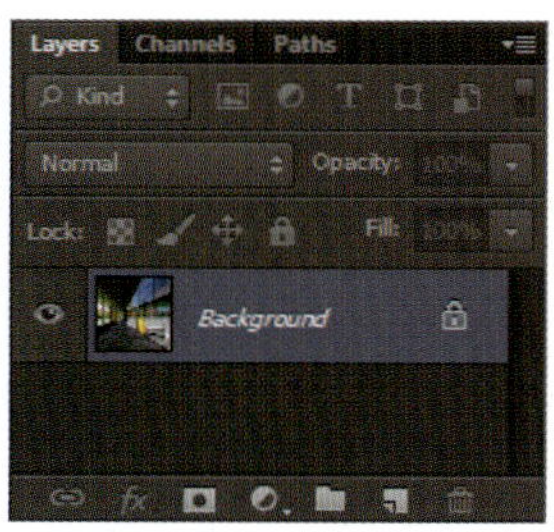

SECTION
62

Field Blur로 원하는 부분만 흐릿하게 만들기

• **준비파일** Cake.psd • **완성파일** Cake_result1.psd

Blur 필터는 이미지의 초점을 흐리게 만드는 필터로, 부드러운 분위기를 연출하거나 경계를 흐리게 하여 속도감 있는 이미지를 만들 때 사용합니다. 특히 Field Blur는 이미지에서 원하는 부분만 흐릿하게 만듭니다.

△ 원본 이미지

△ Field Blur를 적용한 이미지

01 Ch 08 ▸ Section 62 ▸ Cake.psd 파일을 불러옵니다. [Filter]–[Blur]–[Field Blur] 메뉴를 선택하면, 블러 영역을 지정하는 원이 나타납니다. 서클을 클릭한 후 드래그하면 위치를 옮길 수 있고, 다른 지점을 클릭하면 점이 생깁니다.

02 각 지점을 선택하고 오른쪽 옵션에서 흐릿한 정도를 조절합니다. 원하는 영역과 흐릿한 정도의 조절이 완료되면 〈OK〉를 클릭해 이미지를 완성합니다.

SECTION
63 Iris Blur로 흐릿하게 만들 영역 지정하기

• **준비파일** Cake.psd • **완성파일** Cake_result2.psd

Iris Blur는 도형 모양의 포인트를 이용하여 흐릿하게 만들 영역을 지정한 후, 흐림 효과를 적용할 수 있습니다.

△ 원본 이미지

△ Iris Blur를 적용한 이미지

01 Ch 08 ▸ Section 63 ▸ Cake.psd 파일을 불러옵니다. [Filter]−[Blur]−[Iris Blur] 메뉴를 선택하면 그림과 같이 커다란 서클 모양이 나타납니다.

02 외부의 사각형을 드래그하면 흐릿하게 만들 영역을 원형 또는 사각형 형태로 조절할 수 있습니다.

03 원형 앵커 포인트를 드래그하면 흐릿하게 만들 영역을 조절할 수 있습니다.

04 외부의 작은 원을 드래그하면 원의 크기와 형태를 조절할 수 있습니다.

05 중앙의 원을 클릭하면 오른쪽의 옵션에서 흐릿한 정도를 조절할 수 있습니다.

06 흐릿한 정도가 완성되면 〈OK〉를 클릭해 이미지를 완성합니다.

SECTION 64

Tilt-Shift로 흐릿하게 만들 영역 선형으로 지정하기

• **준비파일** Cake.psd • **완성파일** Cake_result3.psd

Tilt-Shift는 수평선과 점선의 간격을 조절하여 흐릿하게 만들 영역을 선형으로 지정합니다.

△ 원본 이미지

△ Tilt-Shift를 적용한 이미지

01 Ch 08 ▸ Section 64 ▸ Cake.psd 파일을 불러옵니다. [Filter]–[Blur]–[Tilt–Shift] 메뉴를 선택하면 그림과 같이 수평선과 점선이 나타납니다.

02 수평선의 원형 앵커 포인트를 드래그하면 선을 회전시킬 수 있습니다.

03 수평선으로 마우스를 가져가면 마우스 포인터가 화살표로 바뀝니다. 이때 선을 드래그하면 선 간의 간격을 조절할 수 있습니다. 점선의 간격은 유지된 채 수평선만 이동합니다.

04 점선으로 마우스를 가져가서 드래그하면 점선 간의 간격을 조절할 수 있습니다. 수평선과 점선을 이동해 흐릿한 간격을 조절한 후 〈OK〉를 클릭하면 이미지가 완성됩니다.

• **준비파일** Cupcake.psd • **완성파일** Cupcake_result.psd

따라하기 속도감 있는 텍스트 만들기

필터를 사용하여 속도감 있는 텍스트를 만들어봅니다.

△ 원본 이미지

△ 완성 이미지

01 Ch 08 ▸ Section 64 ▸ Cupcake.psd 파일을 불러옵니다. 텍스트 툴(T)을 선택하고 옵션 바에서 폰트는 Century Gothic, Bold, 크기는 100pt로 설정한 후 화면을 클릭하여 텍스트(HAPPY)를 입력합니다.

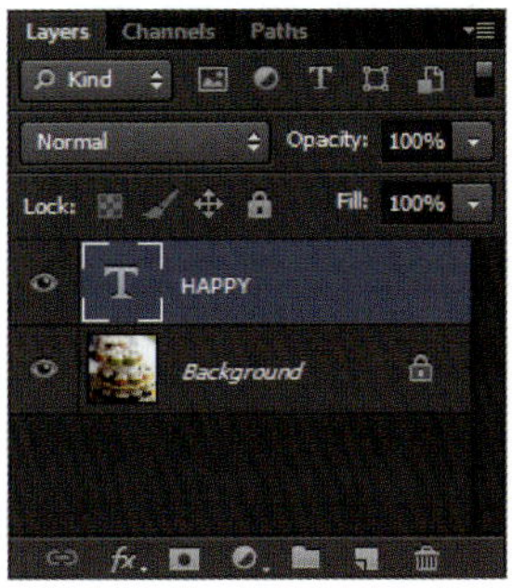

02 레이어 스타일 추가(fx)를 클릭해 [Gradient Overlay]를 선택하고, 다음과 같이 설정합니다.

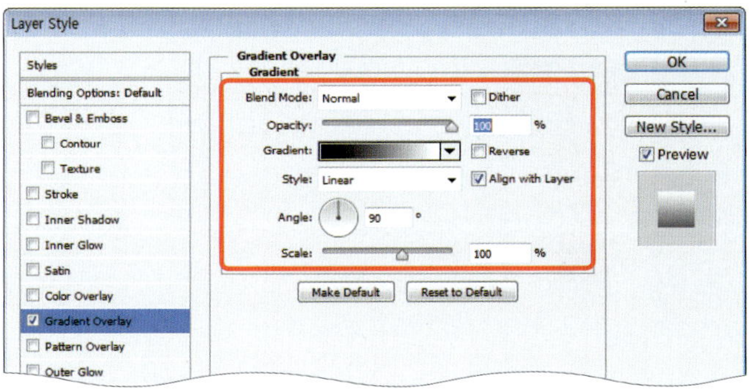

03 이어서 [Bevel & Emboss]를 선택하고 Style을 Pillow Emboss, Size를 3px로 설정한 후 〈OK〉를 클릭합니다. 텍스트 가장자리에 입체감이 더해진 것을 볼 수 있습니다.

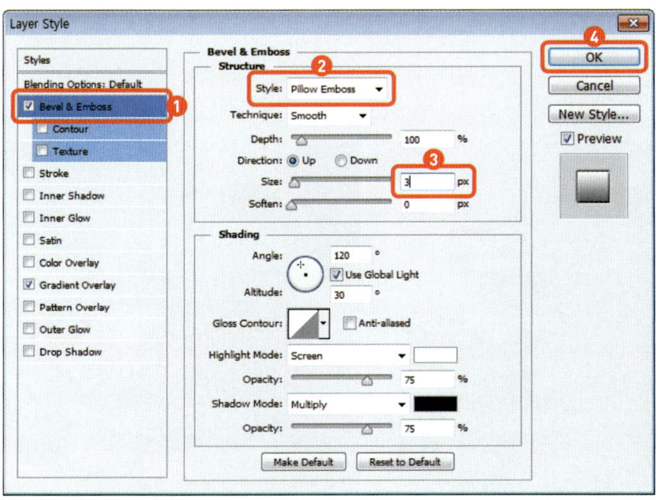

04 텍스트 툴(T)을 선택하고 옵션 바에서 전경색은 붉은색, 옵션은 Bold로 설정한 후 화면을 클릭하여 텍스트(BIRTHDAY)를 입력합니다.

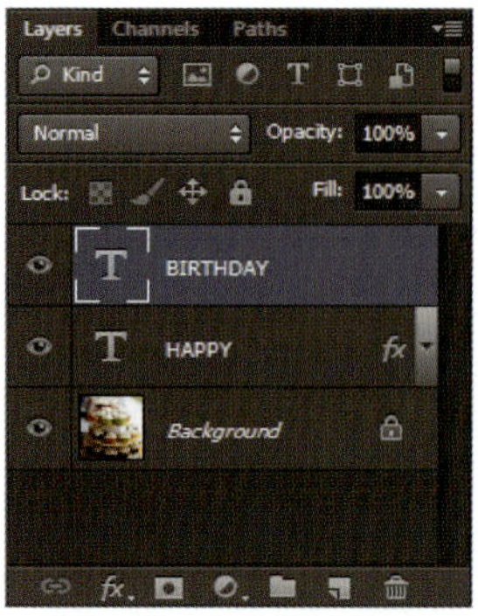

05 텍스트에 두께감을 더해 주기 위해 레이어 스타일 추가(fx)를 클릭해 [Stroke]를 선택합니다. 옵션 창에서 색상은 텍스트와 같은 붉은색으로 지정하고 〈OK〉를 클릭합니다. 그리고 BIRTHDAY 레이어에서 마우스 오른쪽 버튼을 눌러 [Rasterize Layer Style]을 선택합니다.

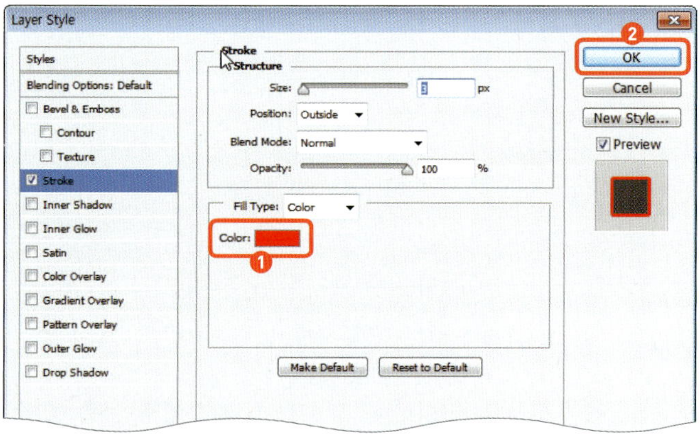

Tip Rasterize Layer Style을 클릭하면 텍스트도 함께 픽셀로 바뀝니다.

06 [Filter]–[Stylize]–[Wind] 메뉴를 선택하여 다음과 같이 설정하고 〈OK〉를 클릭합니다. Ctrl+F를 눌러 방금 적용한 필터를 한 번 더 적용합니다.

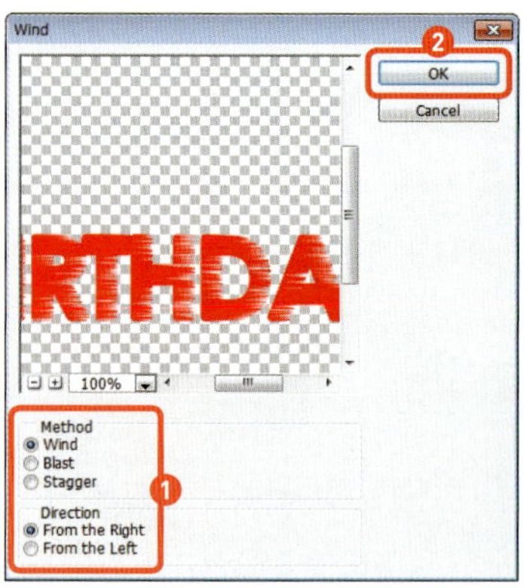

07 [Filter]–[Blur]–[Motion Blur] 메뉴를 선택하여 다음과 같이 설정하고 〈OK〉를 클릭합니다. 문자가 좀 더 흩날리는 느낌으로 바뀝니다.

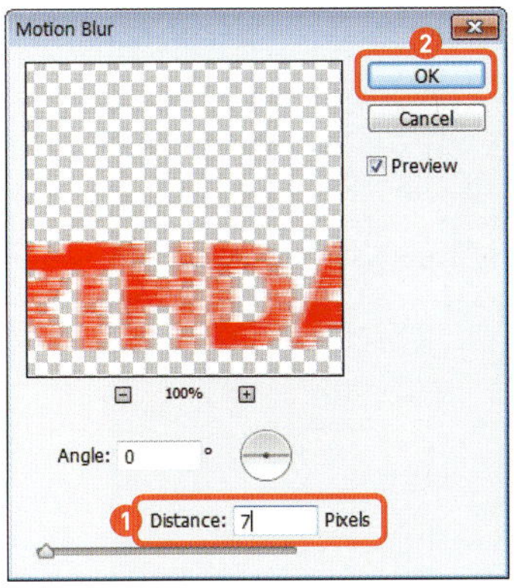

08 텍스트 툴(T)을 선택하고 옵션 바에서 전경색을 노란색, 옵션은 Regular로 설정한 후 다시 한 번 텍스트(BIRTHDAY)를 입력합니다. 레이어 스타일 추가(fx)를 클릭해 [Stroke]를 선택하고, 옵션 창에서 색상을 주황색으로 지정한 후 〈OK〉를 클릭합니다.

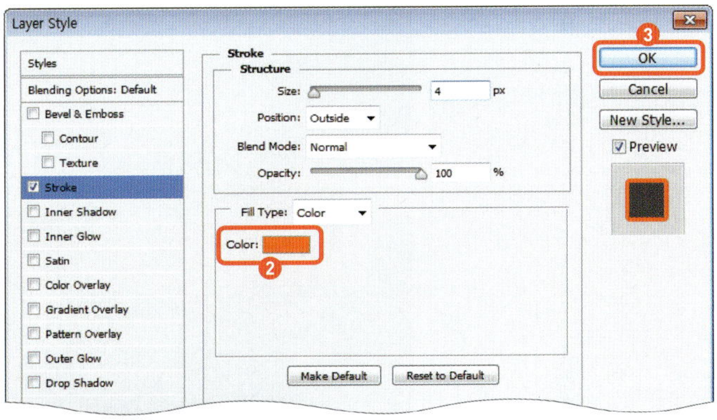

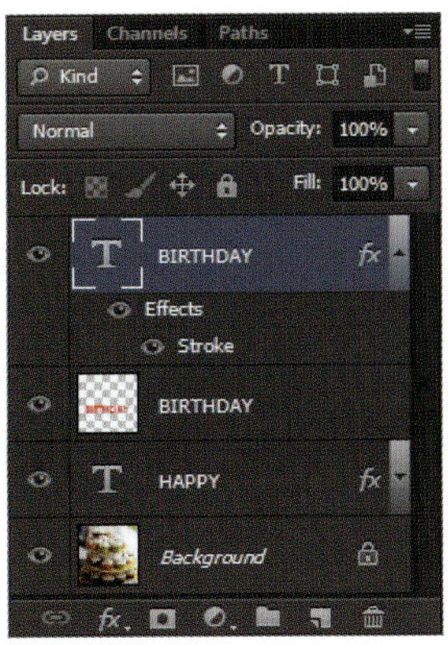

09 새로 만든 텍스트 레이어에서 마우스 오른쪽 버튼을 눌러 [Rasterize Layer Style]을 선택합니다. 그리고 [Filter]–[Stylize]–[Wind] 메뉴를 선택해 다음과 같이 설정하고 〈OK〉를 클릭합니다.

10 텍스트 툴(T)로 다시 한 번 텍스트(BIRTHDAY)를 입력합니다. 새로 만든 텍스트 레이어에서 마우스 오른쪽 버튼을 눌러 [Rasterize Type]을 선택합니다. 그리고 [Filter]–[Blur]–[Gaussian Blur] 메뉴를 선택해 텍스트 레이어를 약간 흐릿하게 만듭니다.

11 바로 아래 레이어를 선택하고 [Image]–[Adjustments]–[Hue/Saturation] 메뉴를 선택합니다. 옵션 창에서 다음과 같이 설정하여 조금 더 붉은빛이 나도록 합니다.

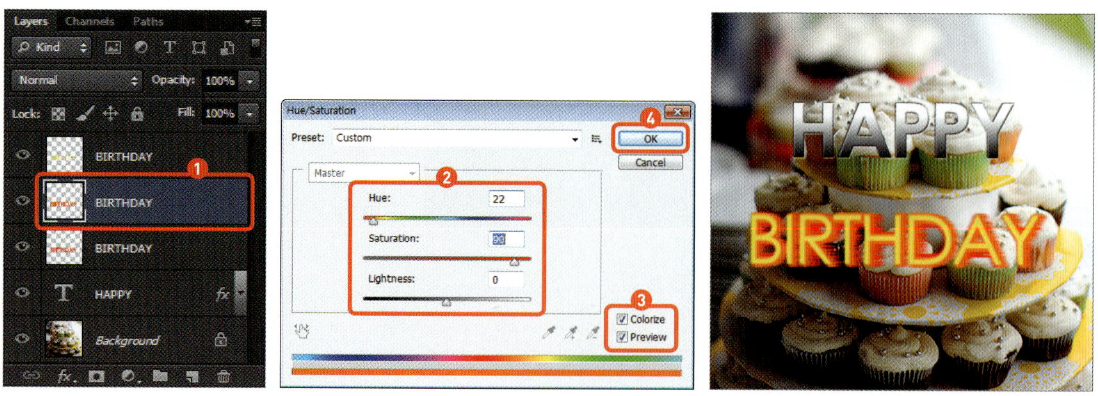

12 텍스트가 조금 더 도드라져 보이도록 Background 레이어를 선택하고 [Filter]−[Blur]−[Surface Blur] 메뉴를 선택합니다. 옵션 창에서 다음과 같이 설정하여 이미지를 완성합니다.

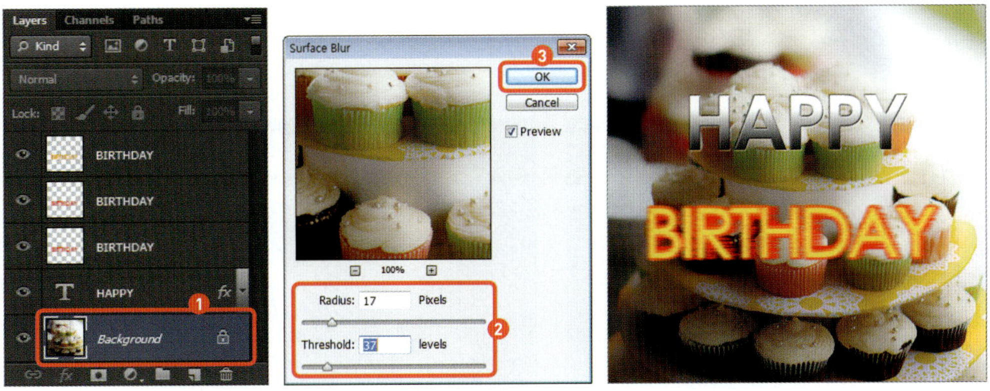

혼자 해보기 | **속도감 있는 텍스트 만들기2**

• **준비파일** Starwars.psd • **완성파일** Starwars_result.psd

△ 원본 이미지

△ 완성 이미지

따라하기 퍼펫 비틀기로 오브젝트의 움직임 조절하기

퍼펫 비틀기를 통해 오브젝트의 움직임을 자유롭게 조절해봅니다.

△ 원본 이미지

△ 완성 이미지

01 Ch 08 ▸ Section 64 ▸ Puppet.psd 파일을 불러옵니다. 레이어 패널을 보면 파란색 바탕과 꽃이 분리되어 있습니다.

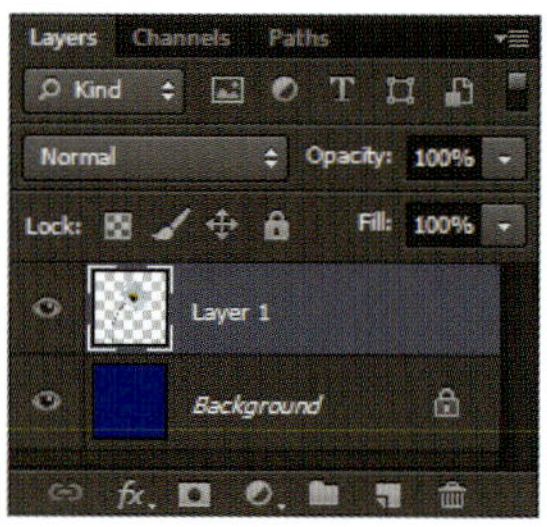

Tip 만일 오브젝트와 배경이 붙어 있는 상태라면, 선택 툴로 오브젝트를 선택한 후 Ctrl+J를 눌러 배경과 분리해야 합니다.

02 Layer 1이 선택된 상태에서 [Edit]-[Puppet Warp] 메뉴를 선택합니다. 오브젝트를 따라 다각형의 그물망이 생깁니다.

03 그물망 안쪽을 클릭하면 원형 앵커 포인트가 생깁니다. 약간의 간격을 두고 그림과 같이 클릭하여 앵커 포인트를 만듭니다.

04 꽃의 가장자리에 있는 앵커 포인트를 드래그하여 꽃을 움직여봅니다. 꽃과 줄기를 연결하는 앵커 포인트는 위치가 고정된 채 방향 전환을 지지하는 역할을 하는 것을 알 수 있습니다.

05 줄기 가운데 앵커 포인트를 드래그하여 줄기의 방향을 전환합니다. 역시 줄기의 양쪽에 있는 앵커 포인트는 위치가 고정된 채 움직임을 지지하는 역할을 하는 것을 알 수 있습니다.

Tip 움직임을 주는 앵커 포인트와 연결된 양쪽의 앵커 포인트는 위치가 고정됩니다.

06 원하는 형태로 움직임이 완성되면 Enter 를 눌러 퍼펫 비틀기를 완성합니다.

Design Tip 이미지의 비율 유지는 디자인의 첫걸음

4장의 디자인 팁에서는 포토샵 작업을 음식 만드는 것에 비유해 보았습니다. 음식을 만들 때 무엇보다 중요한 것은 신선한 재료의 선택입니다. 그렇다면 포토샵에서 신선한 재료는 무엇일까요? 바로 알맞은 크기의 선명한 이미지입니다.

아래의 원본 이미지는 선명하여 보기 좋습니다. 하지만 큰 이미지를 과도하게 줄이면 무엇인지 알아보기 힘들 정도로 뭉개지고, 또 작은 이미지를 과도하게 확대하면 흐릿하게 변합니다.

△ 원본 이미지

△ 큰 이미지를 축소한 이미지

△ 작은 이미지를 확대한 이미지

Tip 큰 이미지를 축소한 이미지에서 보이는 계단현상은 이미지를 확대하여 나타나는 현상입니다.

이런 이미지들을 소위 '이미지가 깨졌다'라고 말합니다. 예를 들어 너비와 높이가 1000픽셀인 이미지를 50픽셀로 줄여 모바일 아이콘을 만들면 그 누구도 알아보기 힘들겠지요. 반대로 아주 작은 크기의 이미지를 큰 포스터에 넣기 위해 확대한다면 이미지가 너무 흐려져서 알아보기 힘들 것입니다.

신선한 재료만 있다고 맛있는 음식이 만들어지진 않습니다. 요리를 시작하기 전에 재료를 잘 다듬는 것 또한 아주 중요합니다. 만일 깍두기를 담그는 데 무를 통으로 사용한다면 먹을 수 없거나 먹기 힘든 깍두기가 될 것입니다.

포토샵 작업을 하면서 내가 만든 이미지가 왠지 촌스러워 보이거나 의도한 바와 전혀 다른 느낌이 난다면, 이미지의 비율을 제대로 지켰는지 확인해보기 바랍니다. 필자가 제일 강조하고 싶은 것은 이미지의 비율을 마음대로 조절해서는 안 된다는 것입니다.

대부분의 오류는 내가 채우고 싶은 공간과 소스 이미지의 크기가 달라서 일어납니다. 아래 그림은 빈 공간을 채우기 위해 원본 이미지의 비율을 무시하고 늘린 경우와, 이미지의 비율을 유지하는 대신 패턴으로 채운 경우입니다. 어떤 이미지가 더 좋아 보이나요? 당연히 비율을 유지한 이미지가 훨씬 좋아 보입니다. 이는 비단 인물 사진에만 해당하는 것이 아니니 우리가 인지하는 사물의 비율은 반드시 지켜주도록 합시다.

△ 원본 이미지

△ 이미지의 비율을 무시한 이미지

△ 이미지의 비율을 유지한 이미지

CHAPTER

09

텍스트 효과

텍스트에 여러 가지 효과를 주는 것은 작품에 미치는 효과나 활용도 측면에서 무척 흥미로운 일입니다. 텍스트 효과는 주로 필터, 레이어 스타일, 레이어 모드를 적용하여 만듭니다. 이번 장에서는 레이어 모드를 적용하여 문자에 입체감과 투명함을 부여해보고, 필터를 적용하여 패턴이 들어간 문자를 만들어봅니다.

CONTENTS

Section 65 / 아크릴 문자 만들기

Section 66 / 반사되는 투명 문자 만들기

Section 67 / 메탈 패턴 문자 만들기

Section 68 / 아이스 느낌의 문자 만들기

Section 69 / 문양이 들어간 3D 느낌의 문자 만들기

SECTION 65

아크릴 문자 만들기

• **준비파일** 없음 • **완성파일** Acrilic1.psd

레이어 스타일을 이용해 배경을 투영하는 느낌의 아크릴 문자를 만들어봅니다. 문자에 레이어 스타일을 적용할 때는 입력하는 문자의 종류와 크기에 따라 수치를 조금씩 변경하여 사용하는 것이 좋습니다.

△ 완성 이미지

△ 응용 이미지

Tip 아크릴 문자는 밝은 배경에 사용하면 더욱 효과적입니다.

01 [File]-[New] 메뉴를 선택하고 너비와 높이를 각각 500Pixels, 해상도를 72Pixels/Inch로 설정하여 새 문서를 만듭니다.

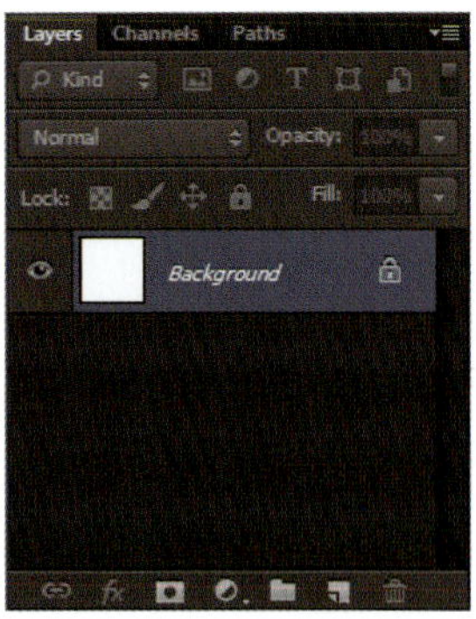

02 전경색과 배경색을 파스텔 톤으로 설정하고, [Filter]-[Render]-[Cloulds] 메뉴를 선택하여 필터를 적용합니다.

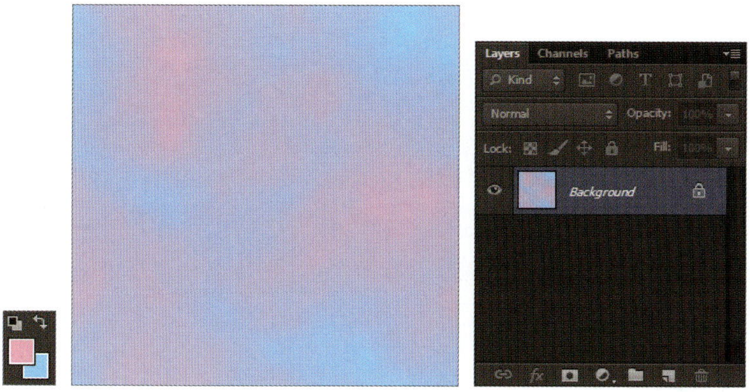

Tip Clouds 필터는 이름처럼 전경색과 배경색이 혼합된 구름 문양을 만들어줍니다.

03 Adjustments 패널에서 Posterlize 조절 레이어 추가(▨)를 클릭해 Levels를 15로 조절합니다.

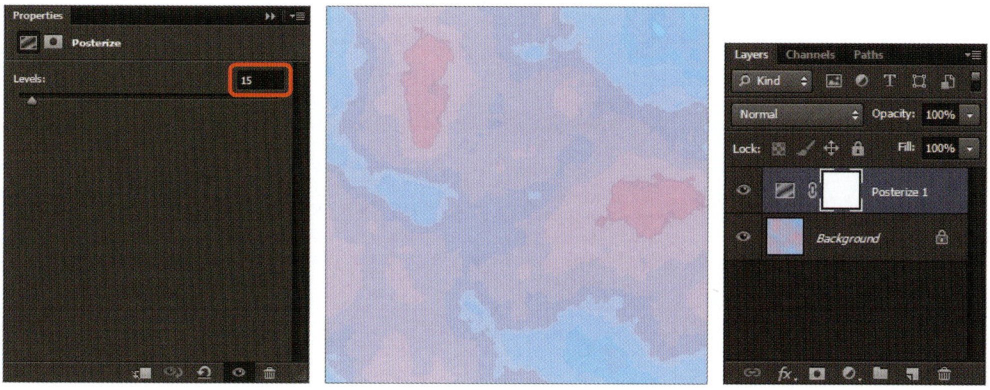

04 Background 레이어를 선택하고 [Filter]-[Blur]-[Gaussian Blur] 메뉴를 선택합니다. 옵션 창에서 Radius의 수치를 12로 조절한 후 〈OK〉를 클릭하면 이미지의 경계가 부드러워집니다. 레이어 패널에서 Posterize 1을 선택한 후 Ctrl+E를 눌러 아래쪽 레이어와 병합합니다.

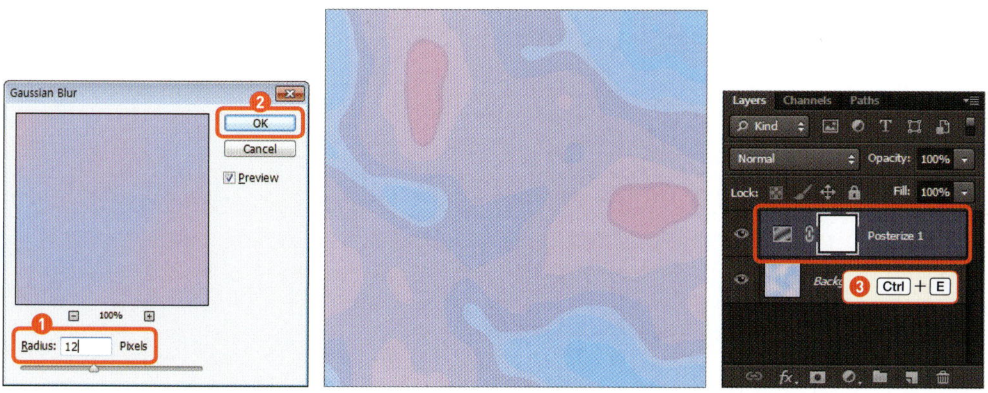

05 전경색을 흰색으로 설정한 후 텍스트 툴(T)을 선택합니다. 옵션 바에서 폰트는 Herrington, 크기는 180pt, strong으로 설정하고 화면을 클릭하여 다음과 같이 입력합니다.

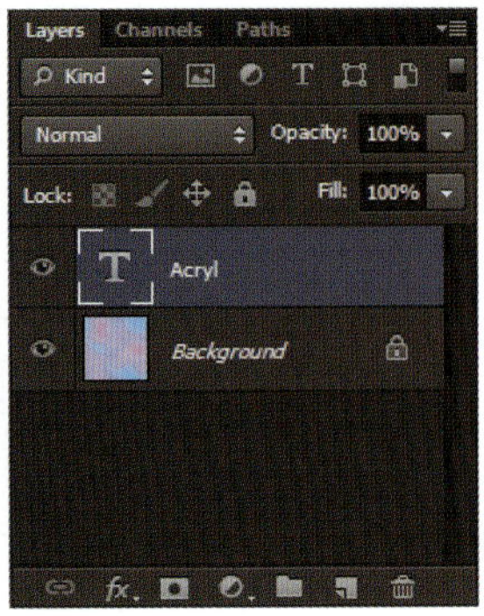

06 텍스트 레이어가 선택된 상태에서 레이어 스타일 추가(fx)를 클릭해 [Inner Shadow]를 선택합니다. 옵션 창에서 다음과 같이 설정합니다. 특히 색상은 배경과 잘 어울릴만한 짙은 색상으로 변경합니다.

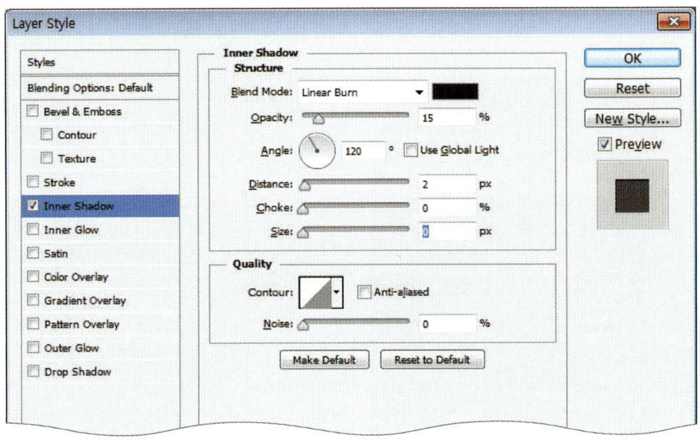

07 이어서 [Bevel & Emboss]를 선택하고 다음과 같이 설정합니다. 이때 반드시 Gloss Contour를 변경하고 Anti-aliased에 체크해주어야 합니다. 설정이 끝나면 〈OK〉를 클릭하고 레이어의 Fill 옵션을 0%로 지정합니다.

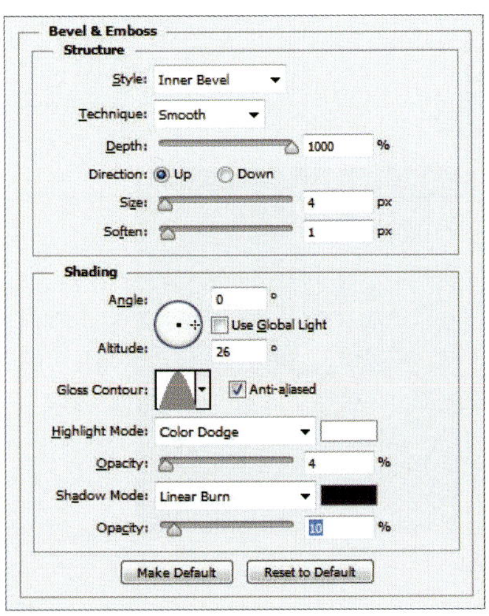

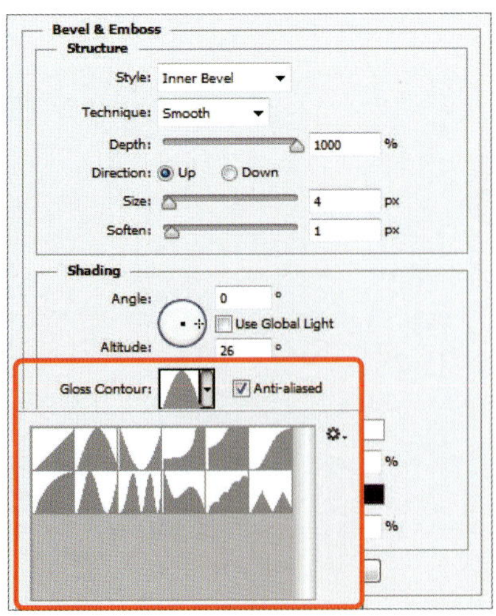

08 텍스트 레이어를 선택한 상태에서 Ctrl+J를 눌러 텍스트 레이어를 복제합니다. 복제된 레이어에서 마우스 오른쪽 버튼을 눌러 [Clear Layer Style]을 선택해 레이어 스타일을 제거합니다.

09 레이어 스타일 추가(fx)를 클릭해 [Inner Shadow]를 선택하고 다음과 같이 설정합니다.

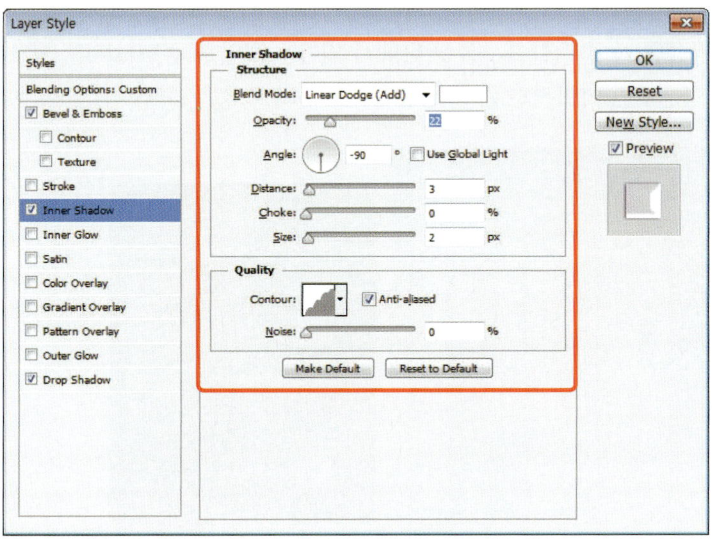

10 이어서 [Bevel & Emboss]를 선택하고, 오른쪽과 같이 설정해 이미지에 입체감을 살려줍니다.

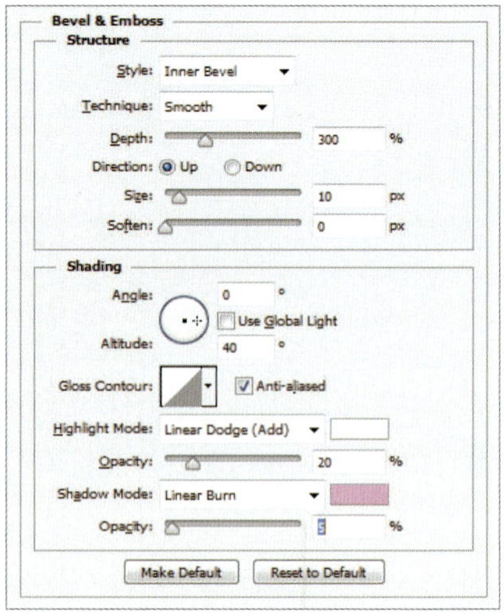

11 마지막으로 [Drop Shadow]를 선택하고, 다음과 같이 설정해 그림자를 넣어줍니다. 설정이 끝나면 〈OK〉를 클릭하고 레이어의 Fill 옵션을 0%로 지정합니다.

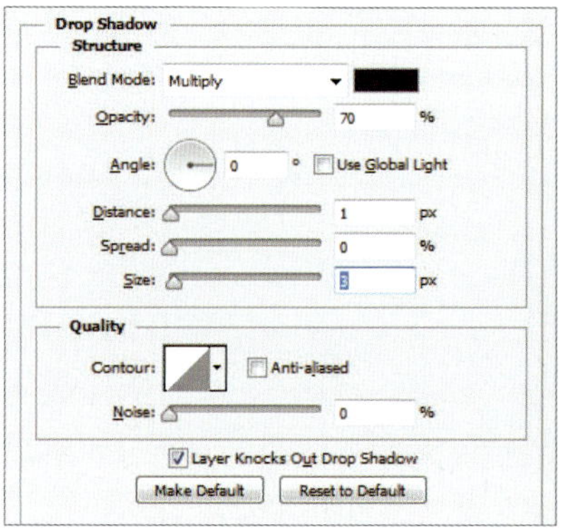

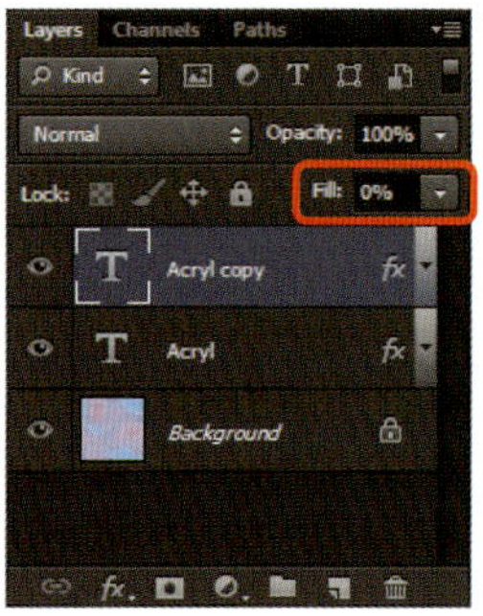

12 새 레이어를 추가하고 브러시 툴(🖌)을 선택한 후, 옵션 바에서 빛나는 모양을 선택합니다. 텍스트 상단에 클릭하여 빛나는 느낌을 추가해주면 이미지가 완성됩니다.

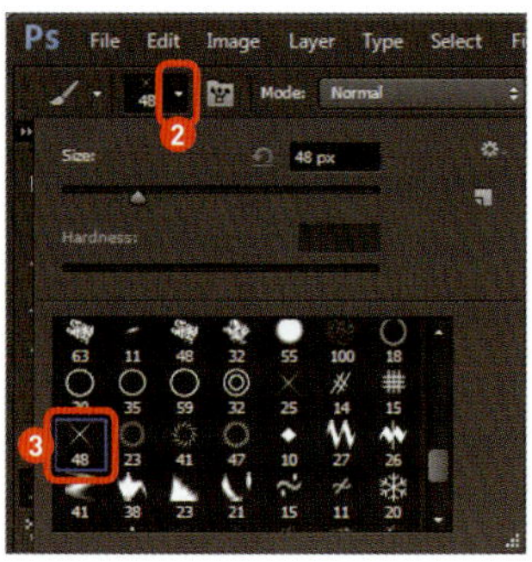

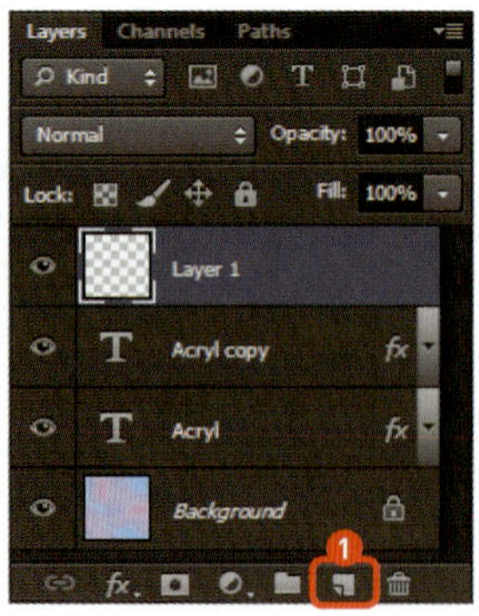

Tip 빛나는 모양의 브러시가 보이지 않을 때는 톱니바퀴 모양(⚙)을 클릭한 후 [Assorted Brushs]를 선택합니다.

SECTION 66 반사되는 투명 문자 만들기

• **준비파일** 없음 • **완성파일** Glass1.psd

레이어 스타일을 이용해 투명 문자를 만들고 마스크를 이용해 반사되는 느낌을 추가해봅니다.

△ 완성 이미지

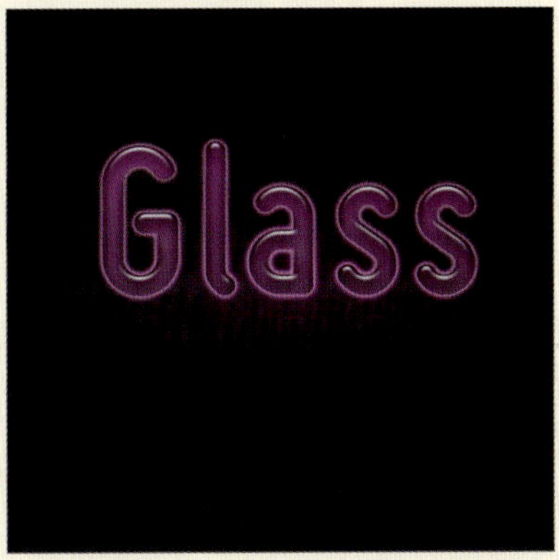

△ 응용 이미지

Tip 투명 문자는 앞에서 배운 아크릴 문자와는 달리 배경이 어두울수록 보기 좋습니다.

01 [File]–[New] 메뉴를 선택하고 너비와 높이를 각각 500Pixels, 해상도를 72Pixels/Inch로 설정하여 새 문서를 만듭니다. 전경색과 배경색을 검은색과 흰색으로 설정하고 [Filter]–[Render]–[Clouds] 메뉴를 선택하여 필터를 적용합니다.

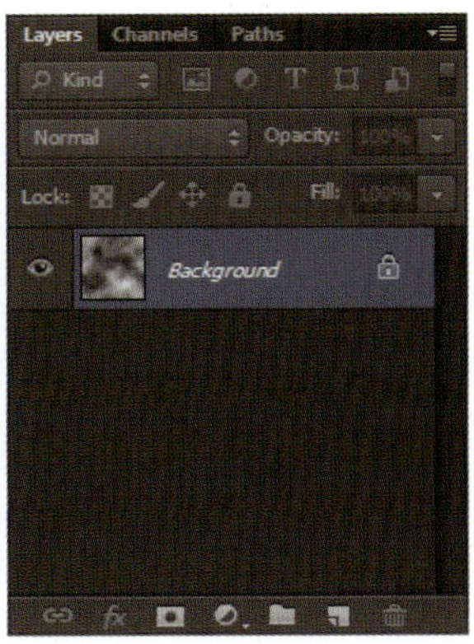

02 [Filter]–[Blur]–[Motion Blur] 메뉴를 선택하고, 다음과 같이 수평으로 옵션을 설정한 후 〈OK〉를 클릭합니다.

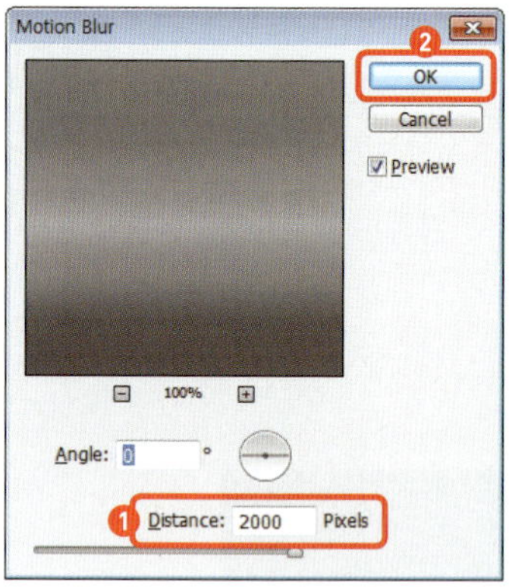

03 새 레이어를 추가하고 화면을 짙은 푸른색으로 채웁니다.

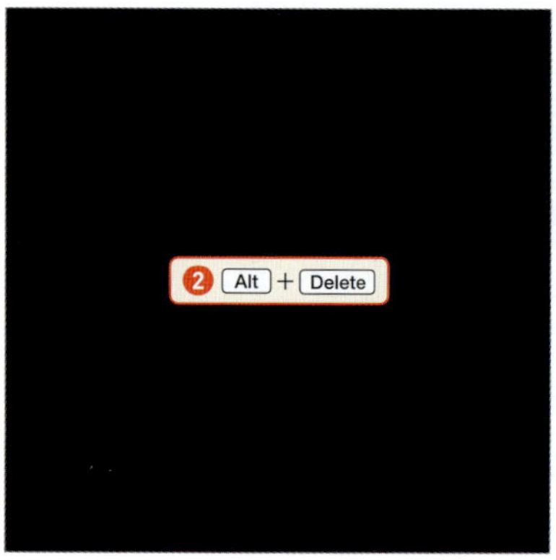

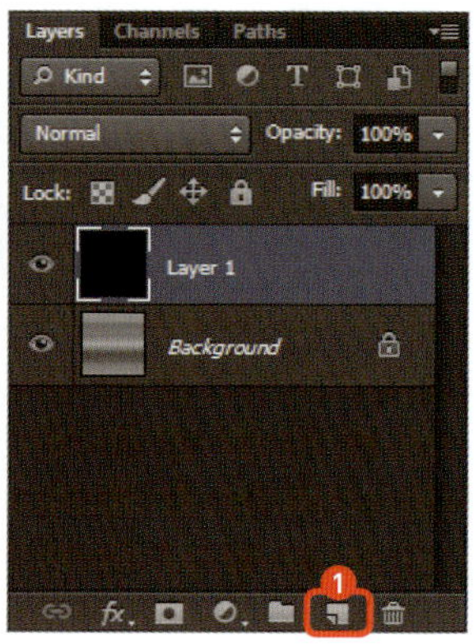

04 레이어 모드를 [Multiply]로 변경하고, Ctrl + E를 눌러 Background 레이어와 병합합니다.

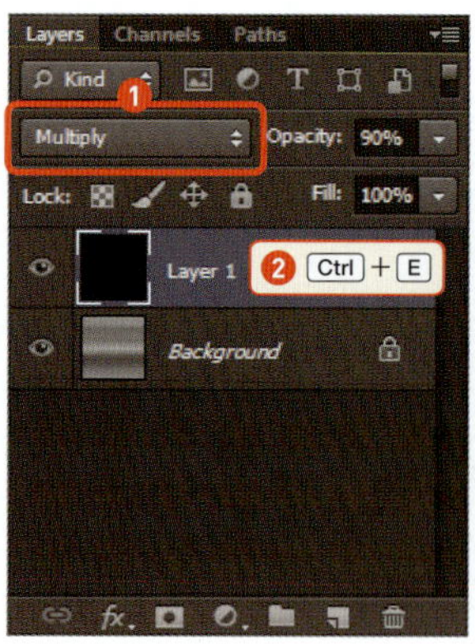

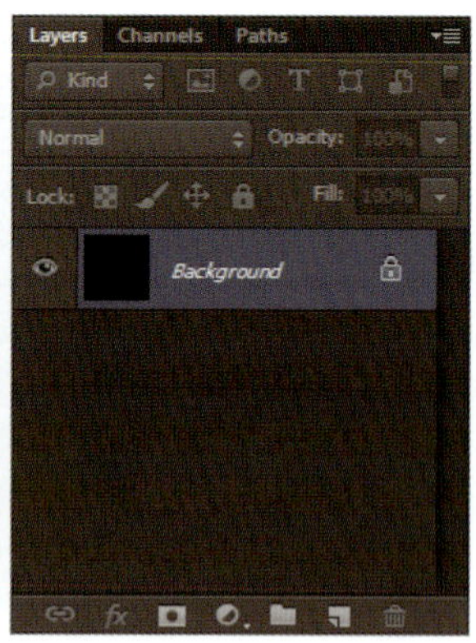

05 [Filter]−[Render]−[Lighting Effects] 메뉴를 선택하여 다음과 같이 설정한 후 〈OK〉를 클릭합니다. 배경의 중앙 부분이 밝게 보입니다.

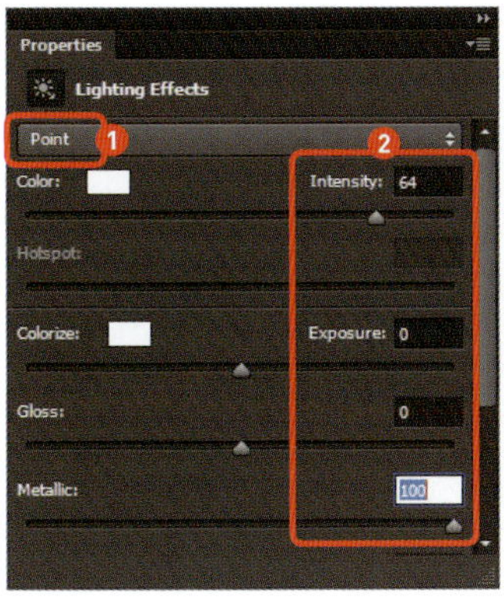

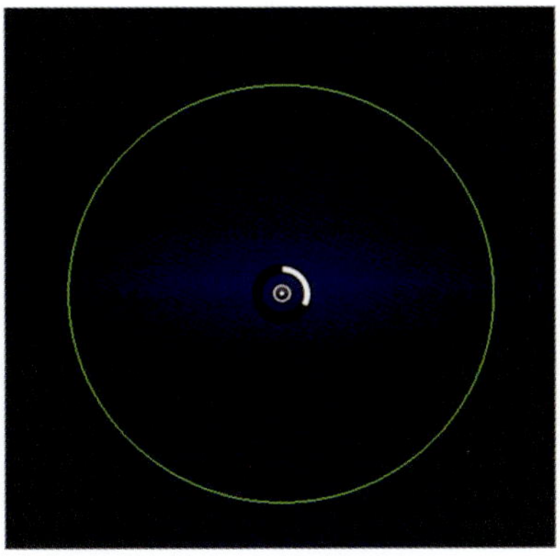

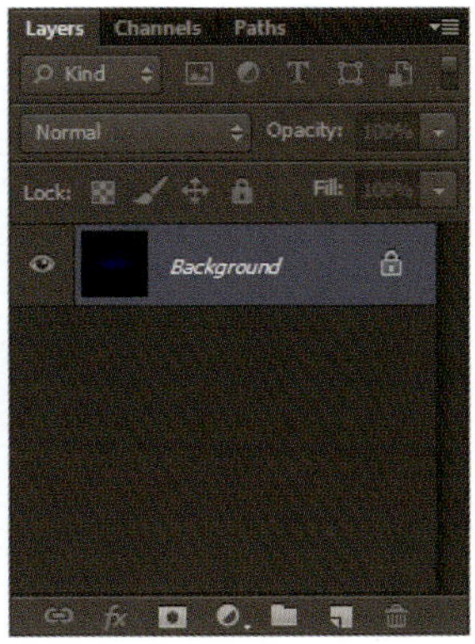

Tip 원의 크기가 작게 나오는 경우는 옵션 바에서 Reset current light( )를 클릭하면 됩니다.

06 전경색을 흰색으로 설정하고 텍스트 툴( )을 선택한 후 화면을 클릭하여 다음과 같이 입력합니다. 폰트와 크기는 자유롭게 선택합니다.

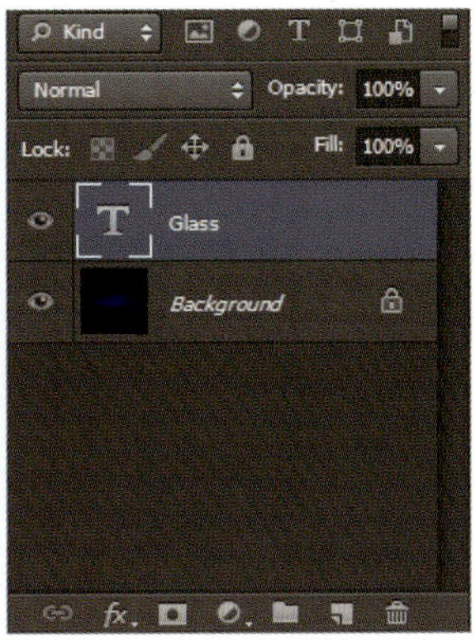

Tip 여기에서는 폰트는 Miso, 크기는 200pt로 설정하였습니다.

07 레이어 스타일 추가( )를 클릭해 [Gradient Overlay]를 선택한 후 다음과 같이 설정합니다. 텍스트에 그레디언트가 적용됩니다.

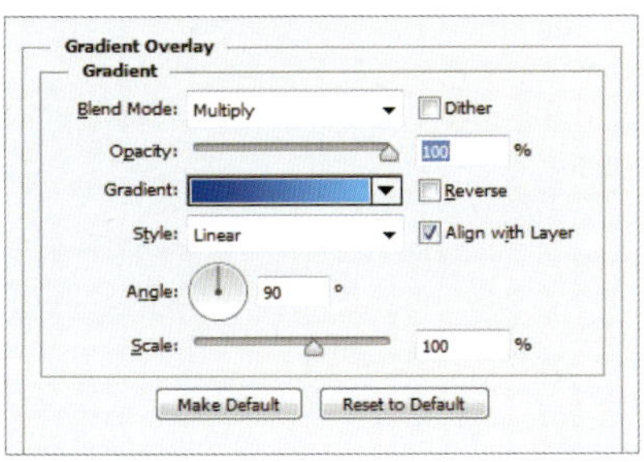

08 이어서 [Inner Glow]를 선택하고, 다음과 같이 설정하여 그레디언트 내부를 부드럽게 만듭니다.

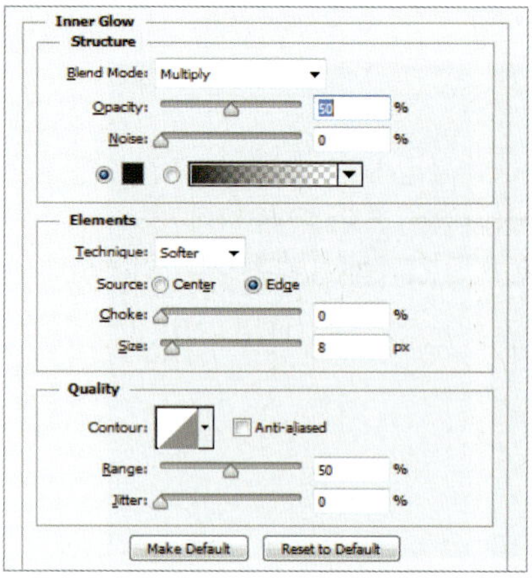

09 [Inner Shadow]를 선택하고, 다음과 같이 설정하여 텍스트 내부에 그림자 효과를 줍니다. 그림자의 색상은 짙은 푸른색으로 설정합니다.

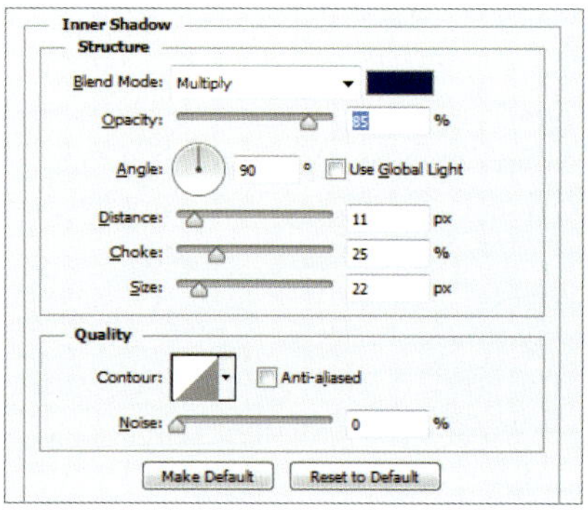

10 [Bevel & Emboss]를 선택하고, 다음과 같이 설정하여 이미지에 입체감과 투명감을 살려줍니다.

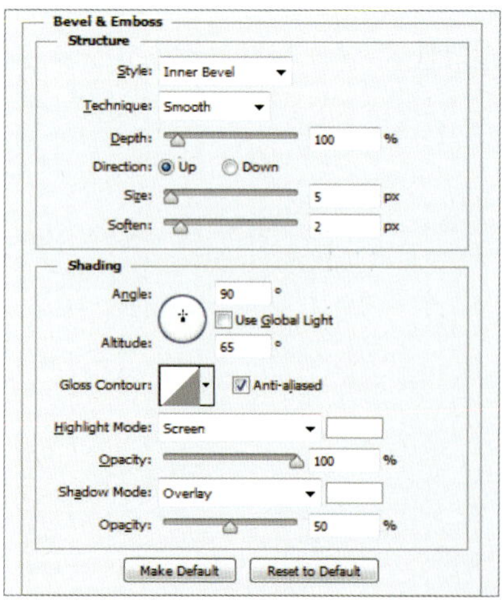

11 마지막으로 [Outer Glow]를 선택하고, 다음과 같이 설정하여 텍스트 가장자리가 빛나도록 만듭니다. 설정이 끝나면 〈OK〉를 클릭하고 레이어의 Fill 옵션을 85%로 지정합니다.

12 Ctrl+J를 눌러 레이어를 복제합니다.

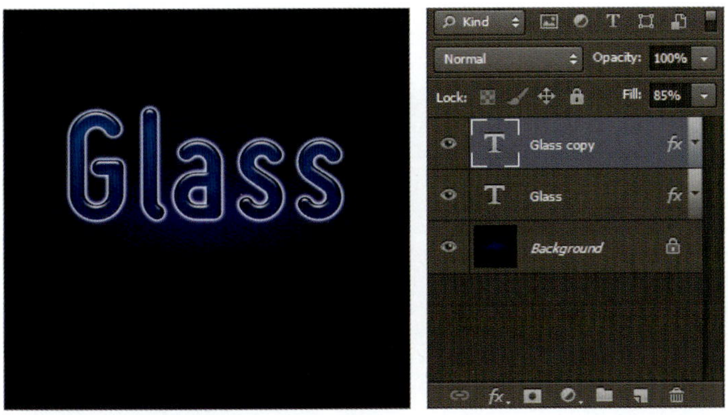

13 복제된 레이어에서 마우스 오른쪽 버튼을 눌러 [Rasterize Layer Style]을 선택합니다. 그리고 [Edit]–[Transform]–[Flip Vertical] 메뉴를 선택하여 텍스트의 방향을 뒤집습니다. 텍스트끼리 맞닿도록 위치를 이동한 후, 레이어의 Opacity를 15%로 조절해 흐리게 보이도록 합니다.

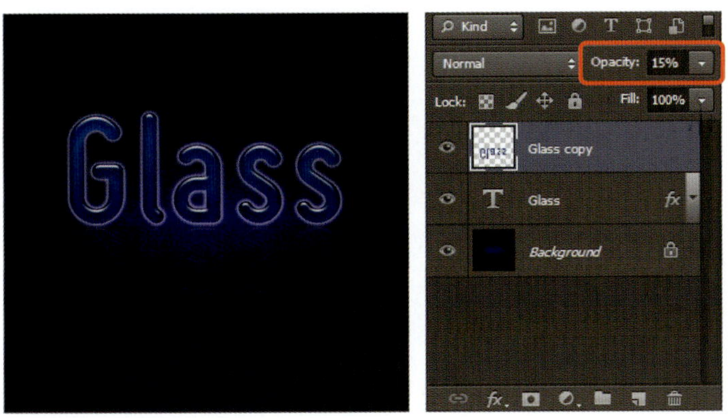

14 레이어 마스크 추가(◘)를 클릭해 마스크 레이어를 추가합니다. 마스크 레이어가 선택된 상태에서 그레디언트 툴(◘)로 다음과 같이 드래그하여 그림자의 일부가 보이지 않도록 합니다.

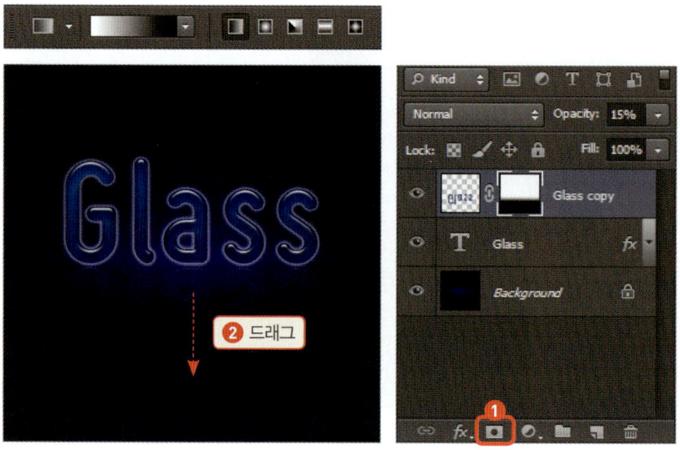

15 Glass copy 레이어의 이미지를 선택하고 [Edit]-[Transform]-[Perspective] 메뉴를 선택합니다. 조절점을 드래그하여 그림자 부분이 퍼져 보이게 수정한 후 Enter를 눌러 이미지를 완성합니다.

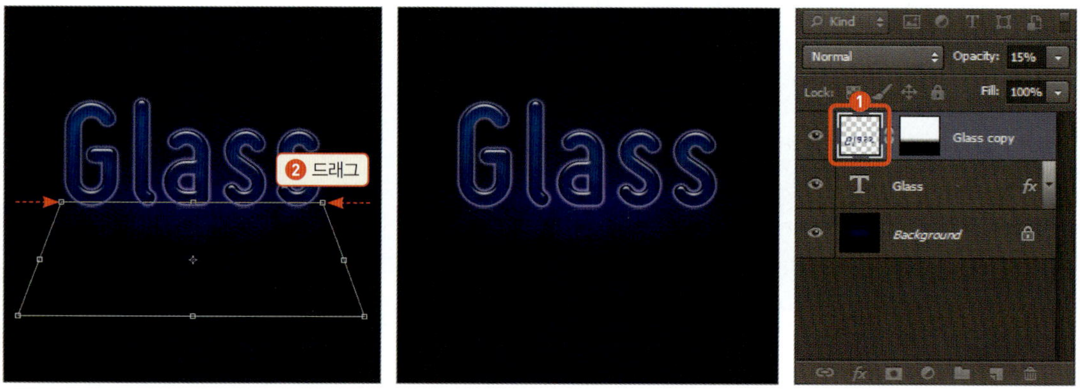

SECTION 67 메탈 패턴 문자 만들기

• **준비파일** 없음 • **완성파일** Metal1.psd

메탈 패턴 문자는 한때 유행했던 보석 문자와 비슷한 느낌입니다. 필터와 레이어 스타일을 이용해 입체적인 메탈 패턴을 만들어봅니다.

△ 완성 이미지

△ 응용 이미지1

△ 응용 이미지2

01 [File]−[New] 메뉴를 선택하고 너비와 높이를 각각 500Pixels, 해상도를 72Pixels/Inch로 설정하여 새 문서를 만듭니다. 전경색과 배경색을 보라색 계열로 설정하고, 그레디언트 툴( )의 원형 그레디언트( )로 다음과 같이 드래그하여 배경을 채웁니다.

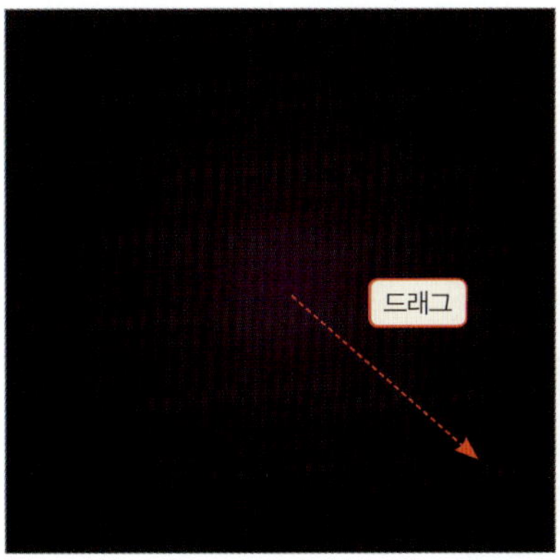

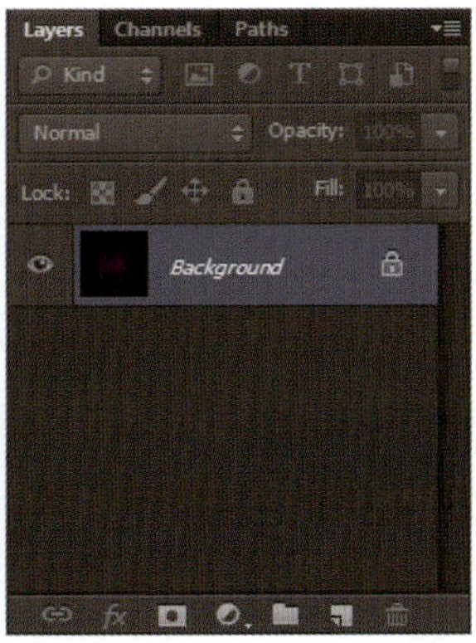

02 전경색을 흰색으로 설정하고 텍스트 툴( )을 선택한 후 옵션 바에서 폰트는 Georgia, Bold, 크기는 200pt로 설정합니다. 화면을 클릭하여 다음과 같이 입력합니다.

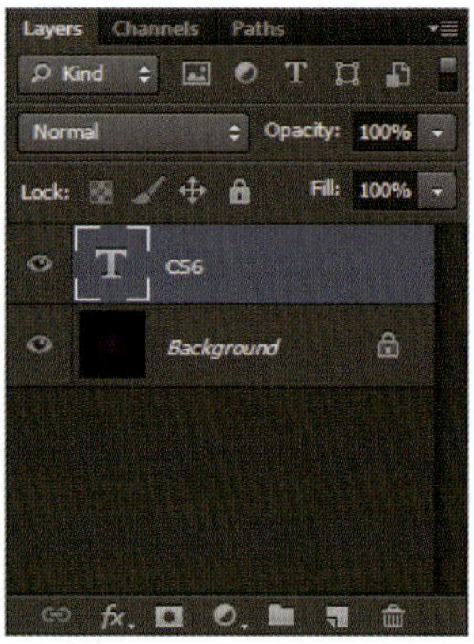

03 레이어 스타일 추가( )를 클릭해 [Bevel & Emboss]를 선택한 후 다음과 같이 설정합니다.

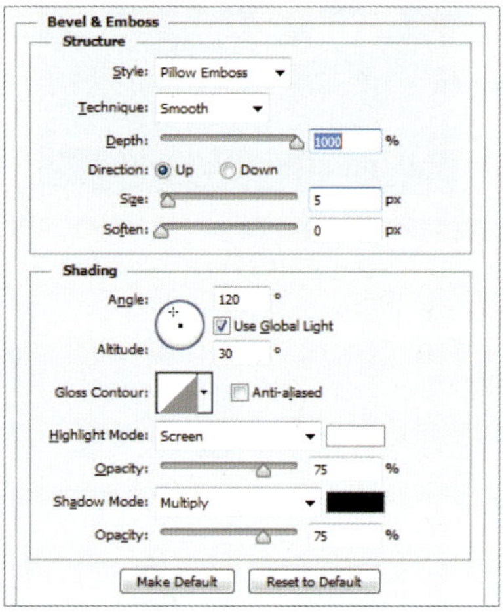

04 이어서 [Outer Glow]를 선택하고 다음과 같이 설정하여 텍스트 가장자리가 빛나도록 만들어줍니다. 설정이 끝나면 〈OK〉를 클릭합니다.

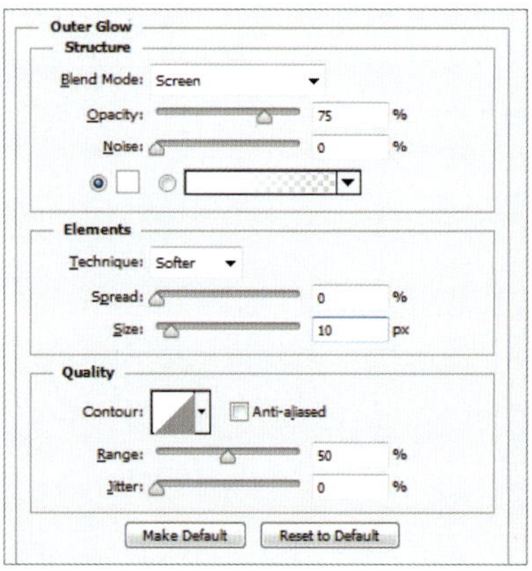

05 새 레이어를 추가하고 Ctrl을 누른 상태에서 텍스트 레이어의 썸네일을 클릭하여 텍스트를 선택 영역으로 만듭니다. 그리고 Alt+Delete를 눌러 흰색으로 채웁니다.

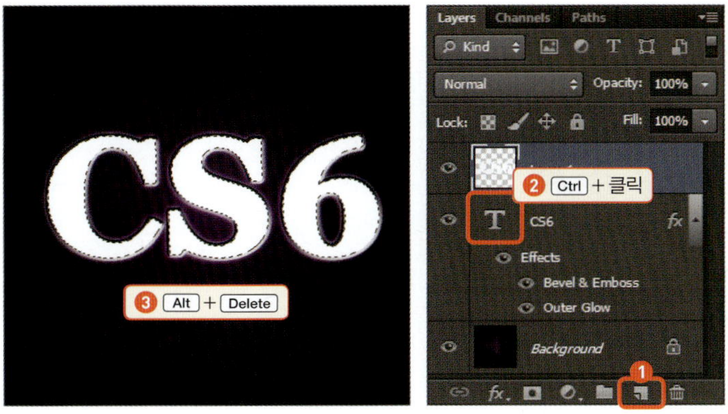

06 선택 영역이 유지된 상태에서 전경색은 검은색, 배경색은 흰색으로 설정합니다. [Filter]–[Render]–[Clouds] 메뉴를 선택해 필터를 적용합니다.

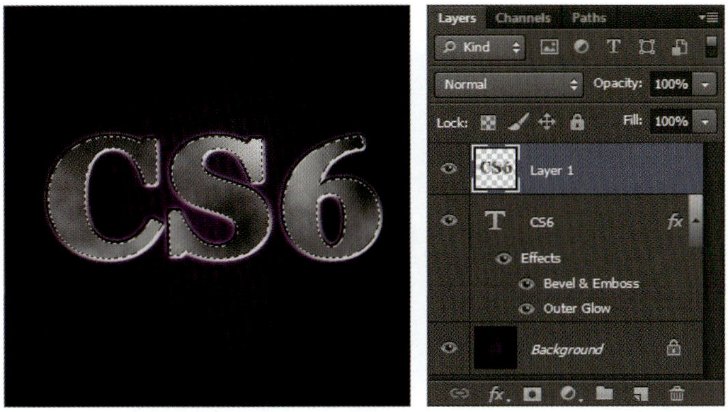

07 [Filter]–[Filter Gallery] 메뉴를 선택합니다. 옵션 창에서 [Distort] 폴더의 Glass를 선택하고 다음과 같이 설정하여 패턴을 만들어줍니다.

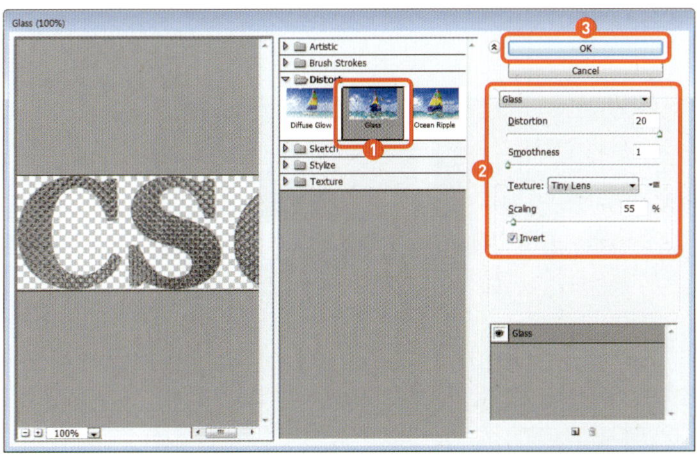

08 [Image]–[Adjustments]–[Brightness/Contrast] 메뉴를 선택합니다. 옵션 창에서 Contrast 값을 100으로 설정하여 대비가 강해지도록 합니다.

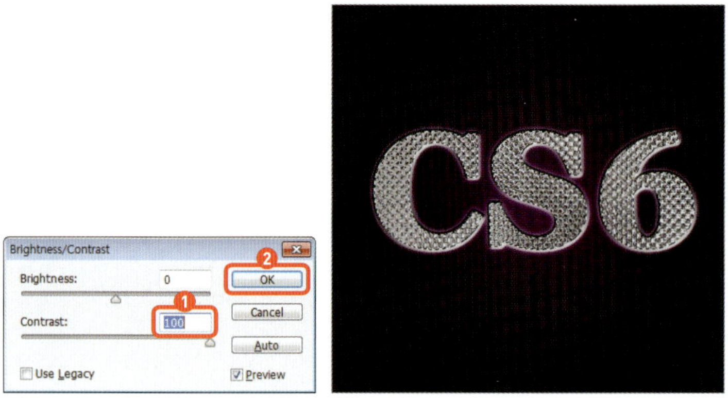

09 Layer 1이 선택된 상태에서 Ctrl+J를 눌러 레이어를 복제합니다. 복제된 Layer 2의 레이어 모드를 [Overlay]로 변경한 후, Ctrl+E를 눌러 다시 Layer 1과 병합합니다. 입체감을 좀 더 살리기 위해 텍스트의 위치를 약간 왼쪽으로 이동시켜 아래쪽 레이어가 보이도록 합니다.

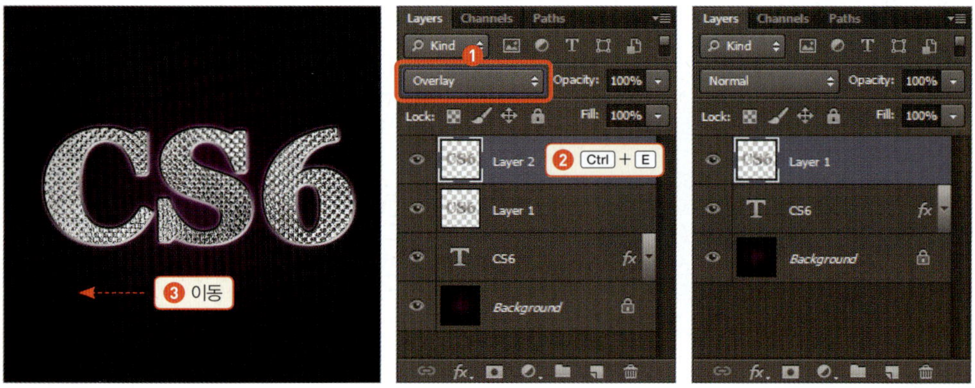

10 Adjustments 패널에서 Hue/Saturation(아이콘)을 클릭하고, 옵션 창에서 Colorize에 체크한 후 다음과 같이 색상을 조절합니다. 색상 조절이 끝나면 옵션 창 하단의 아래 레이어에만 적용(아이콘)을 클릭해 이미지를 완성합니다.

SECTION 68

아이스 느낌의 문자 만들기

• **준비파일** 없음 • **완성파일** Coldtext_result1.psd

필터를 이용해 아이스 느낌이 나는 문자를 만들어봅니다. 필터를 적용하는 횟수에 따라 효과의 깊이를 조절할 수 있습니다.

△ 완성 이미지

△ 응용 이미지

01 [File]-[New] 메뉴를 선택하고 너비와 높이를 각각 500Pixels, 해상도를 72Pixels/Inch로 설정하여 새 문서를 만듭니다.

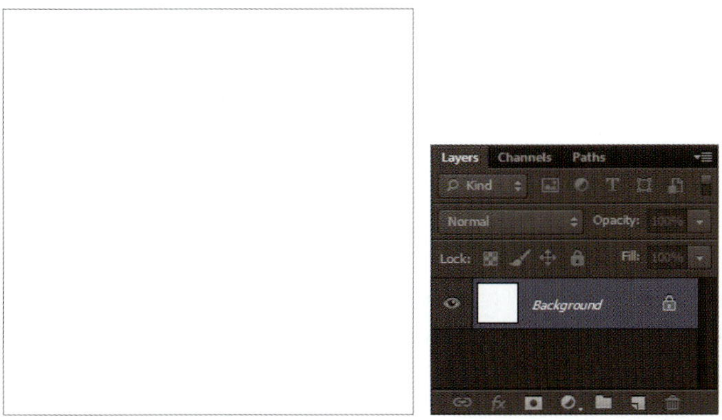

02 전경색과 배경색을 검은색과 흰색으로 설정하고, [Filter]−[Render]−[Clouds] 메뉴를 선택합니다. Clouds 필터는 컴퓨터의 연산 작용으로 랜덤한 문양이 나오기 때문에 아래 그림과 똑같지 않습니다. 원하는 문양이 나올 때까지 Ctrl+F를 눌러 Clouds 필터를 여러 번 적용합니다.

03 가로 텍스트 마스크 툴(T)로 화면을 클릭한 후 다음과 같이 입력합니다. 옵션 바의 적용(✓)을 클릭하면 텍스트 형태의 선택 영역이 만들어집니다.

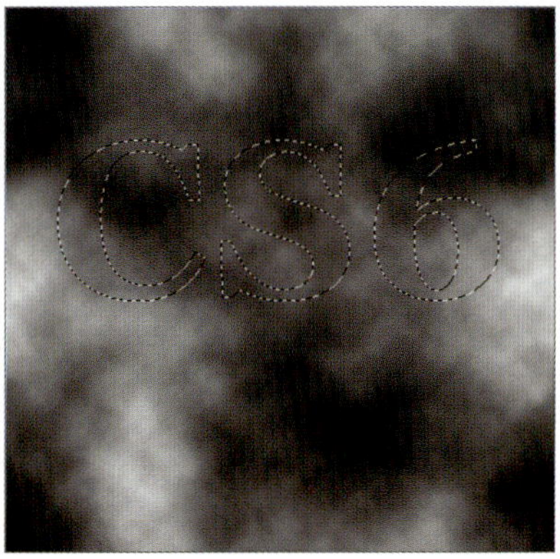

Tip 가로 텍스트 마스크 툴(T)로 화면을 클릭하면 화면이 붉게 변합니다. 이는 마스크가 적용되어 선택 영역이 만들어진다는 의미입니다.

04 [Select]−[Modify]−[Feather] 메뉴를 선택하고, 선택 영역의 가장자리가 부드러워지도록 1을 입력한 후 〈OK〉를 클릭합니다.

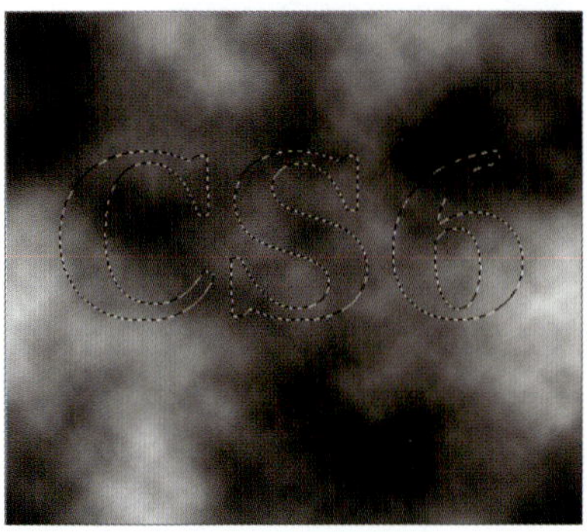

05 전경색과 배경색을 중간 톤의 회색과 흰색으로 설정하고, [Filter]－[Render]－[Clouds] 메뉴를 선택합니다. 텍스트의 선택 영역 내부에 구름 문양이 적용됩니다.

06 [Image]－[Image Rotation]－[90° CW] 메뉴를 선택하여 이미지를 시계 방향으로 90° 회전시킵니다.

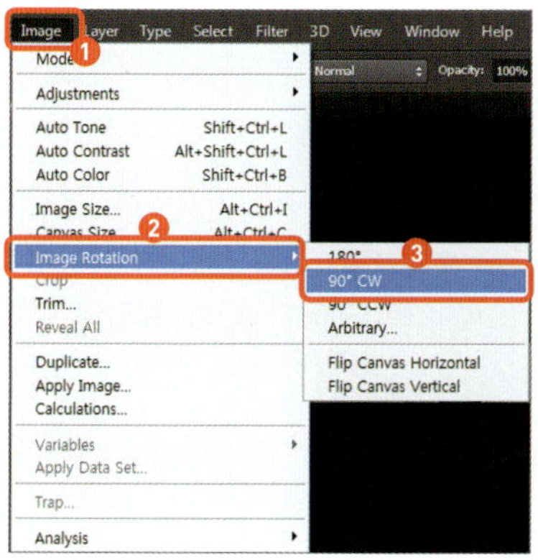

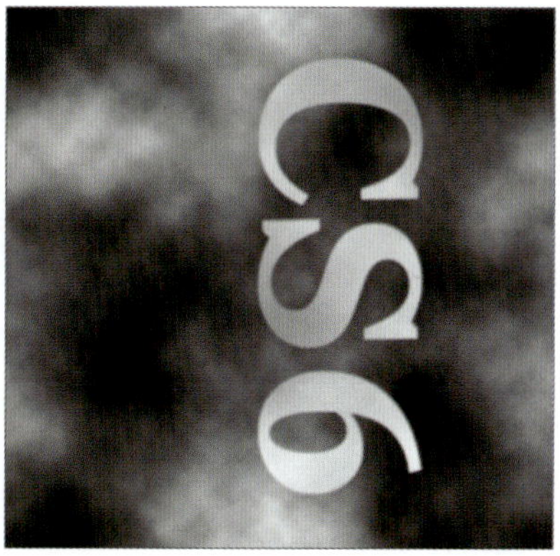

07 [Filter]－[Stylize]－[Wind] 메뉴를 선택하고 다음과 같이 설정한 후 〈OK〉를 클릭합니다. Ctrl＋F 를 계속 눌러 Wind 필터를 20회 정도 적용하면, 텍스트의 깊이가 깊어집니다.

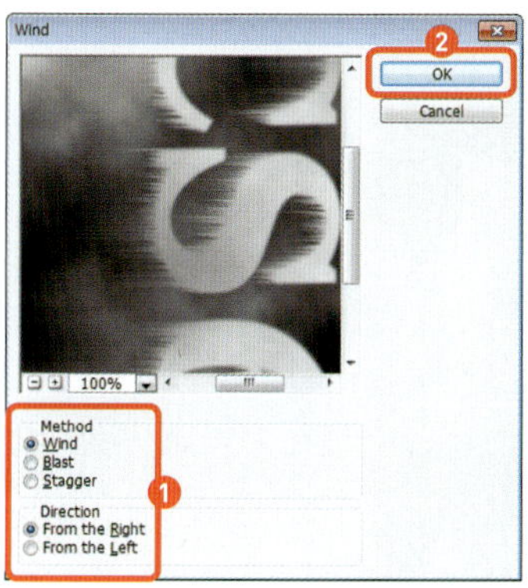

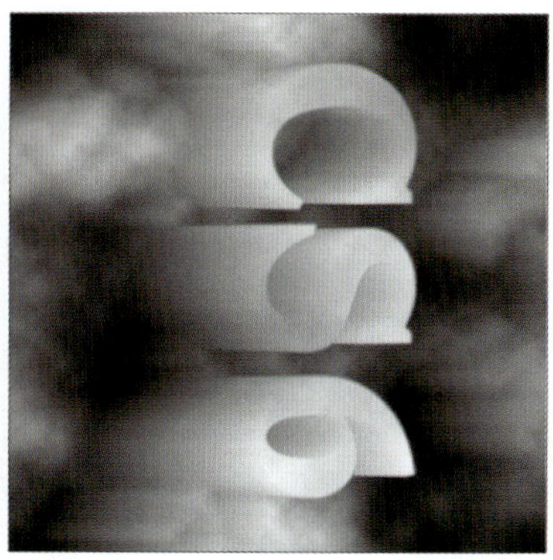

08 [Image]–[Image Rotation]–[90° CCW] 메뉴를 선택하여 이미지를 반시계 방향으로 90° 회전시킵니다.

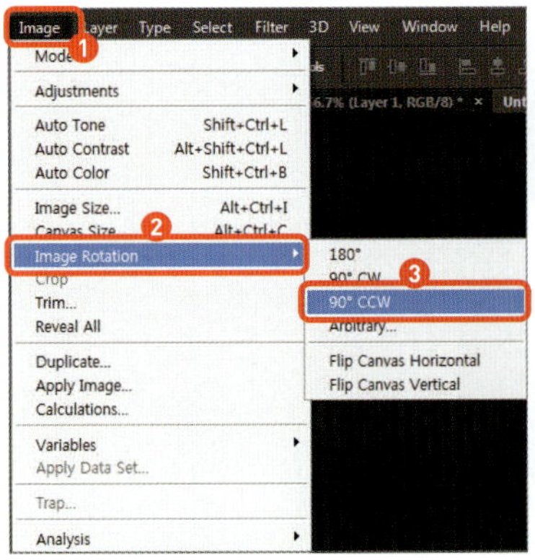

09 [Filter]–[Sharpen]–[Unsharpen Mask] 메뉴를 선택하고 다음과 같이 설정한 후 〈OK〉를 클릭합니다. 이미지가 선명해집니다.

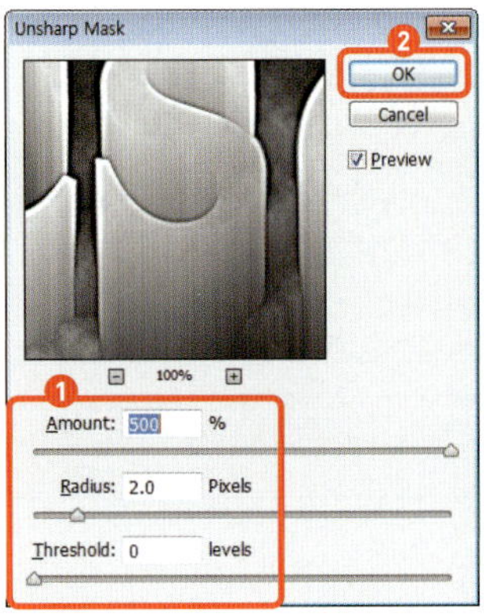

10 [Image]–[Adjustments]–[Hue/Saturation] 메뉴를 선택합니다. 옵션 창에서 Colorize에 체크한 후, 슬라이드 바를 움직여 원하는 색상으로 지정합니다. 색상은 차가운 느낌을 강조해 지정합니다.

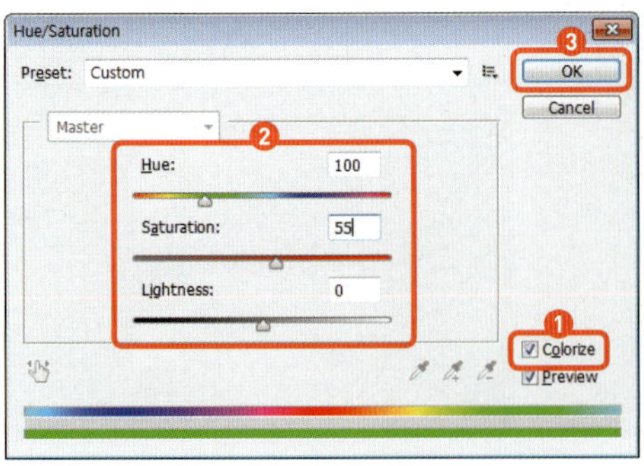

SECTION 69

문양이 들어간 3D 느낌의 문자 만들기

• **준비파일** floral.abr • **완성파일** Flower 3D_result1.psd

포토샵에서 제공하는 3D 메뉴를 사용하지 않고, 비트맵 이미지의 특성을 이용해 3D 문자를 만들어봅니다. 완성된 문자에 문양을 넣으면 독특한 분위기를 연출할 수도 있습니다.

△ 완성 이미지

△ 응용 이미지1

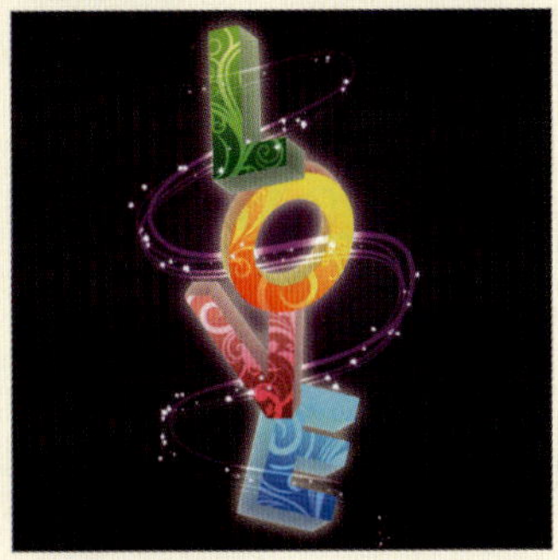

△ 응용 이미지2

01 [File]–[New] 메뉴를 선택하고 너비와 높이를 각각 500Pixels, 해상도를 72Pixles/Inch로 설정하여 새 문서를 만듭니다. 전경색과 배경색을 보라색 계열로 설정하고, 그레디언트 툴()의 원형 그레디언트()로 다음과 같이 드래그하여 배경을 채웁니다.

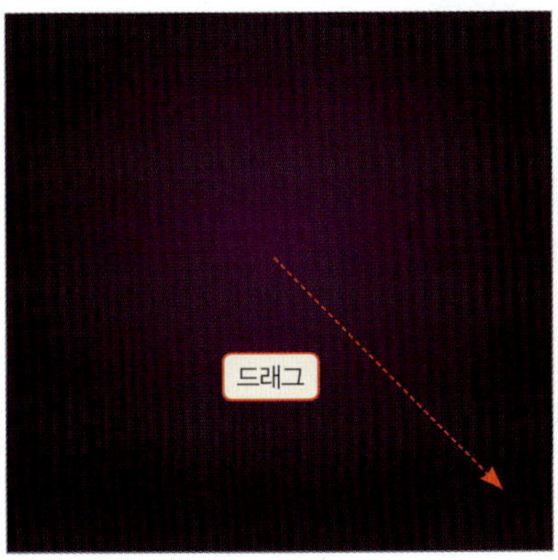

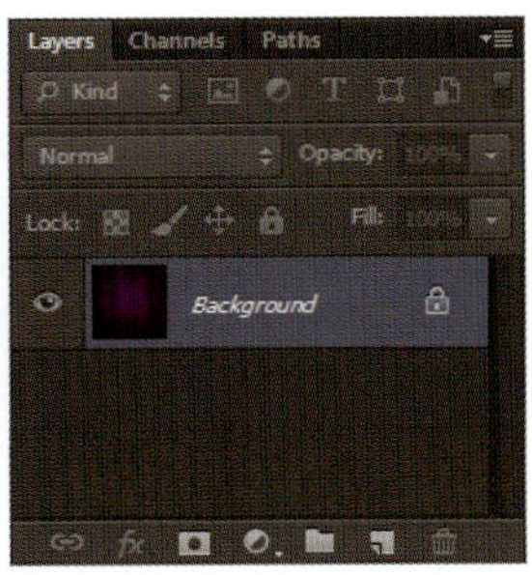

02 새 레이어를 추가하고 가로 텍스트 마스크 툴(🅃)로 화면을 클릭한 후, 두께가 두꺼운 폰트로 대문자 L을 입력합니다. 옵션 바의 적용(✔)을 클릭하면 대문자 L모양의 선택 영역이 만들어집니다.

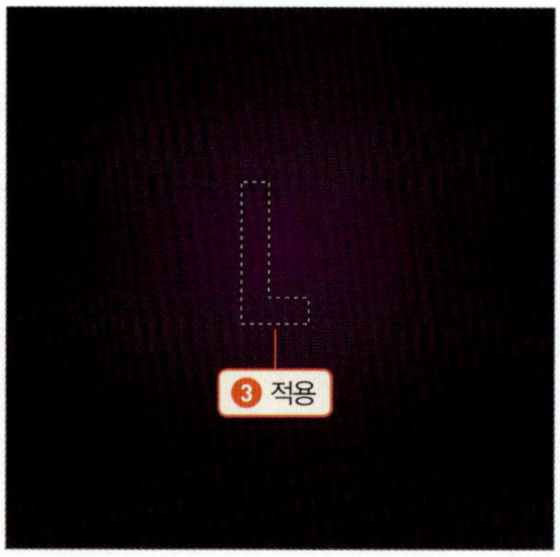

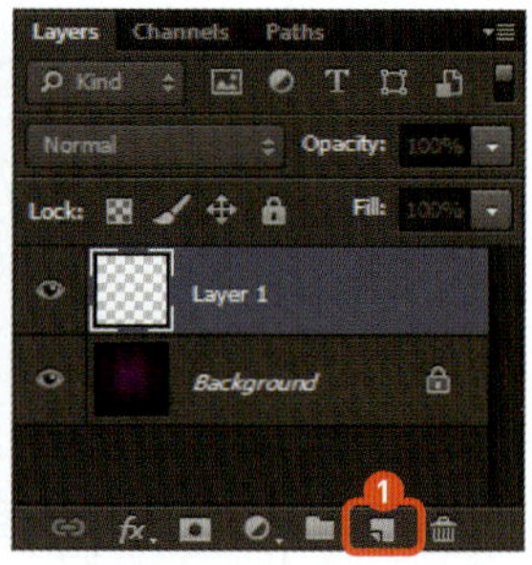

03 전경색을 흰색으로 설정한 후, Alt + Delete 를 눌러 Layer 1을 흰색으로 채웁니다. 다시 전경색을 회색으로 설정한 후, [Edit]-[Stroke] 메뉴를 선택해 Location을 Center로 지정하고 〈OK〉를 클릭합니다. 화면을 확대해 보면, 가장자리에 1픽셀의 회색 라인이 생긴 것을 알 수 있습니다.

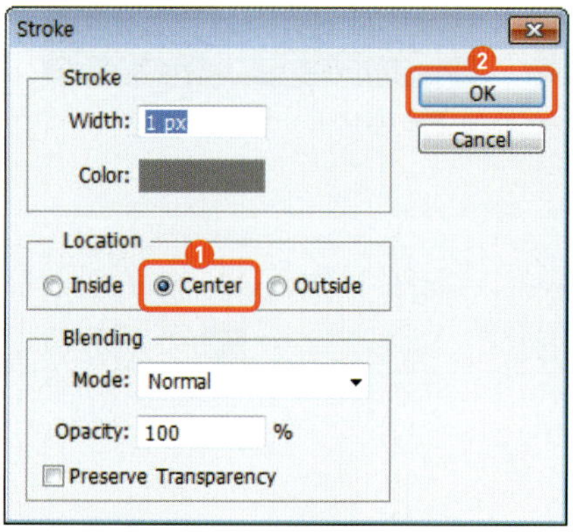

04 Layer 1이 선택된 상태에서 선택 영역을 그대로 유지한 채 이동 툴(▶)을 선택합니다. Alt 를 누른 상태로 키보드의 왼쪽 화살표(←)와 위쪽 화살표(↑)를 번갈아가며 눌러 선택 영역을 복제합니다. 이때 Alt 에서 손을 떼면 안 됩니다.

Tip 이동 툴(▶)을 선택하고 Alt 를 누른 채 키보드의 상하좌우 화살표를 누르면 1픽셀씩 이동 복제됩니다. 복제된 선택 영역을 크게 확대해보면 선택 영역 밖으로 밝은 회색의 계단 현상이 나타나는 것을 알 수 있습니다. 이는 포토샵이 비트맵 프로그램이기 때문에 나타나는 현상으로, [Stroke] 옵션 창에서 Location을 Center로 설정했기 때문에 선택 영역의 외부에 있는 밝은 회색의 잔상이 1픽셀씩 복제되면서 연결되어 3D 문자처럼 보이는 것입니다.

05 Ctrl+D를 눌러 선택 영역을 해제하고 새 레이어를 추가합니다 이번에는 가로 텍스트 마스크 툴()로 화면을 클릭하여 대문자 O를 입력하고 적용(✓)을 클릭합니다. 그리고 앞의 03~04단계를 반복하여 문자를 입체적으로 만듭니다. 이때 키보드는 오른쪽 화살표(→)와 아래쪽 화살표(↓)를 번갈아가며 누릅니다.

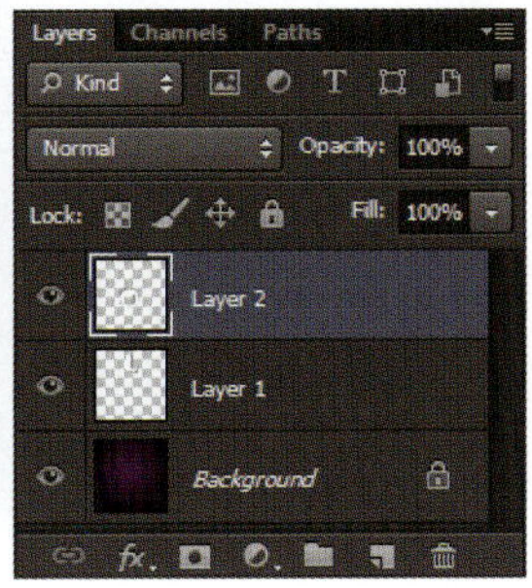

Tip 상하좌우 화살표를 어느 쪽으로 움직이느냐에 따라 입체의 방향이 달라집니다.

06 같은 방법으로 대문자 V도 만듭니다. 이때 키보드는 왼쪽 화살표(←)와 아래쪽 화살표(↓)를 번갈아가며 누릅니다.

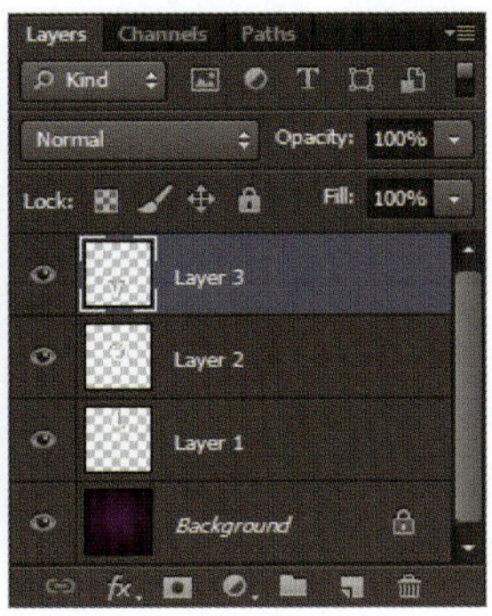

07 같은 방법으로 대문자 E도 만듭니다. 이때 키보드는 오른쪽 화살표(→)와 위쪽 화살표(↑)를 번갈아가며 누릅니다.

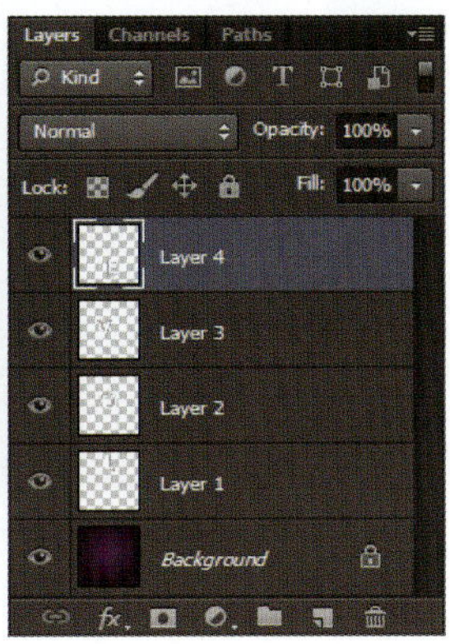

08 레이어의 위치를 L, O, V, E의 순서로 정렬하고 레이어의 이름을 더블클릭하여 각 영문 이니셜로 변경합니다.

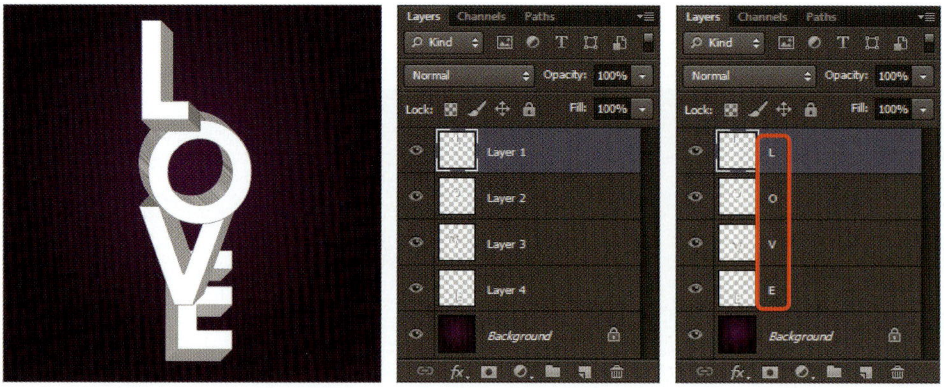

09 L 레이어가 선택된 상태로 [Edit]–[Transform]–[Skew] 메뉴를 선택합니다. 바운딩 박스가 나타나면 Alt 를 누른 상태에서 왼쪽 방향으로 조금 비틀어줍니다. 그리고 Ctrl + T 를 눌러 크기를 조절합니다. 원하는 크기와 방향이 완성되면 Enter 를 눌러 완료합니다.

10 같은 방법으로 각각의 레이어를 아래 그림과 같이 비틀고, 크기도 조절합니다.

11 E 레이어를 선택하고 마술봉 툴()을 선택합니다. 옵션 바에서 Tolerance 값을 5로 지정한 후 E 부분을 클릭하여 선택 영역을 만들고, Ctrl+J를 눌러 선택 영역을 복제합니다.

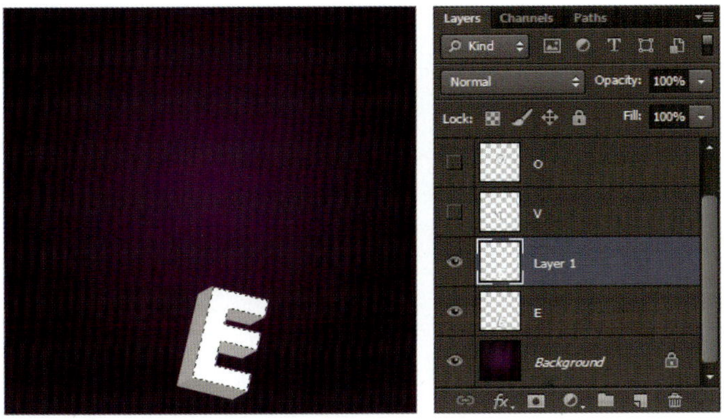

12 나머지 레이어들도 같은 방법으로 입체 부분을 제외한 영문 부분만 복제합니다.

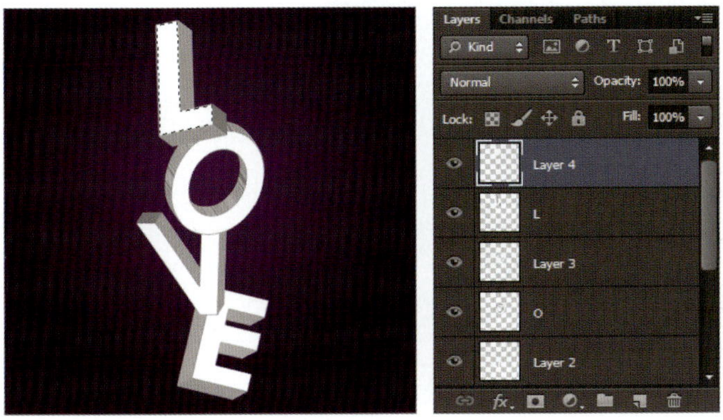

13 Layer 4를 선택하고 Ctrl을 누른 채 썸네일을 클릭하여 선택 영역을 만듭니다. [Select]-[Modify]-[Expand] 메뉴를 선택하여 옵션을 1로 지정하면, 선택 영역이 1픽셀 커집니다. 전경색과 배경색을 녹색 계열로 설정한 후, 그레디언트 툴()로 다음과 같이 드래그합니다.

14 L 레이어를 선택하고 레이어 스타일 추가(fx)를 클릭해 [Gradient Overlay]를 선택합니다. 옵션 창에서 다음과 같이 설정하여 입체 부분에도 색상을 적용합니다.

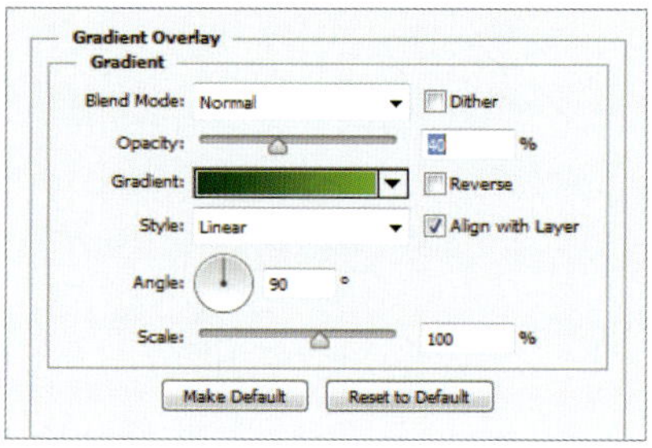

15 [Inner Glow]를 선택하고, 다음과 같이 설정하여 입체의 일부분을 밝게 만듭니다. 설정을 완료하면 〈OK〉를 클릭합니다.

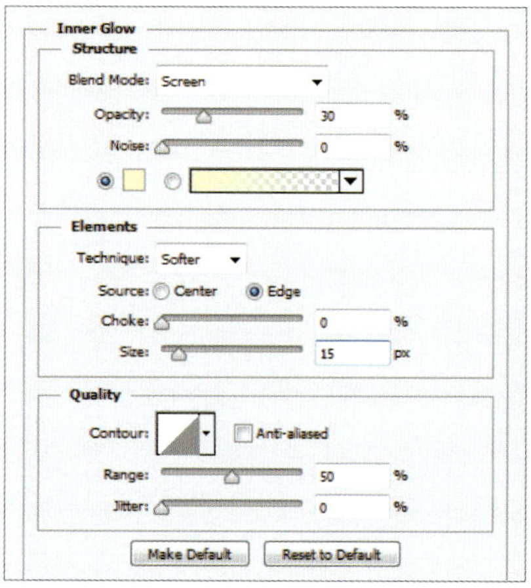

16 Layer 3을 선택하고 Ctrl 을 누른 채 썸네일을 클릭하여 선택 영역을 만듭니다. 그리고 [Select]-[Modify]-[Expand] 메뉴를 선택하여 선택 영역이 1픽셀 커지도록 설정합니다. 전경색과 배경색을 주황색 계열로 설정한 후, 그레디언트 툴(■)로 다음과 같이 드래그합니다.

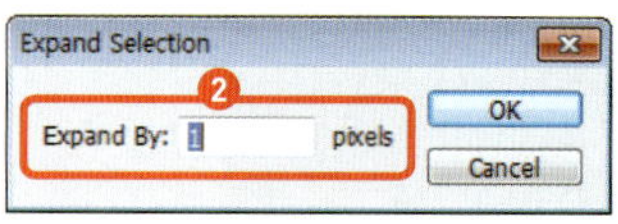

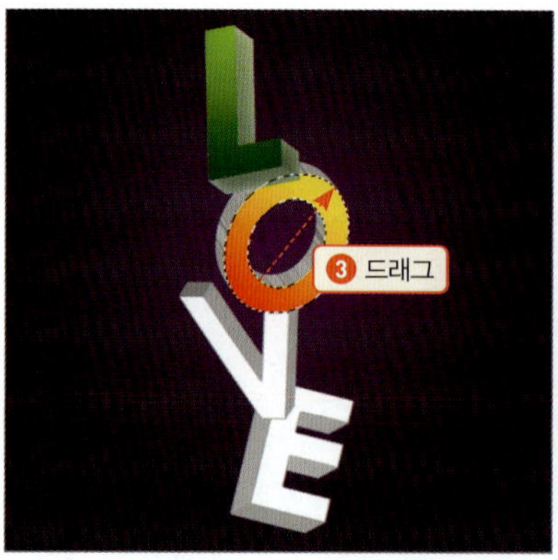

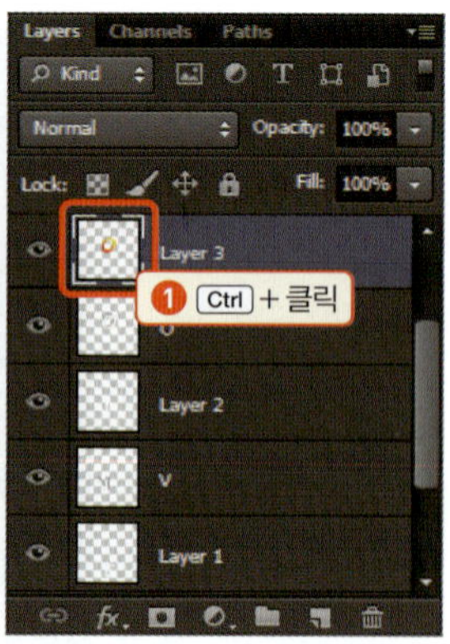

17 O 레이어를 선택하고 레이어 스타일을 다음과 같이 설정합니다.

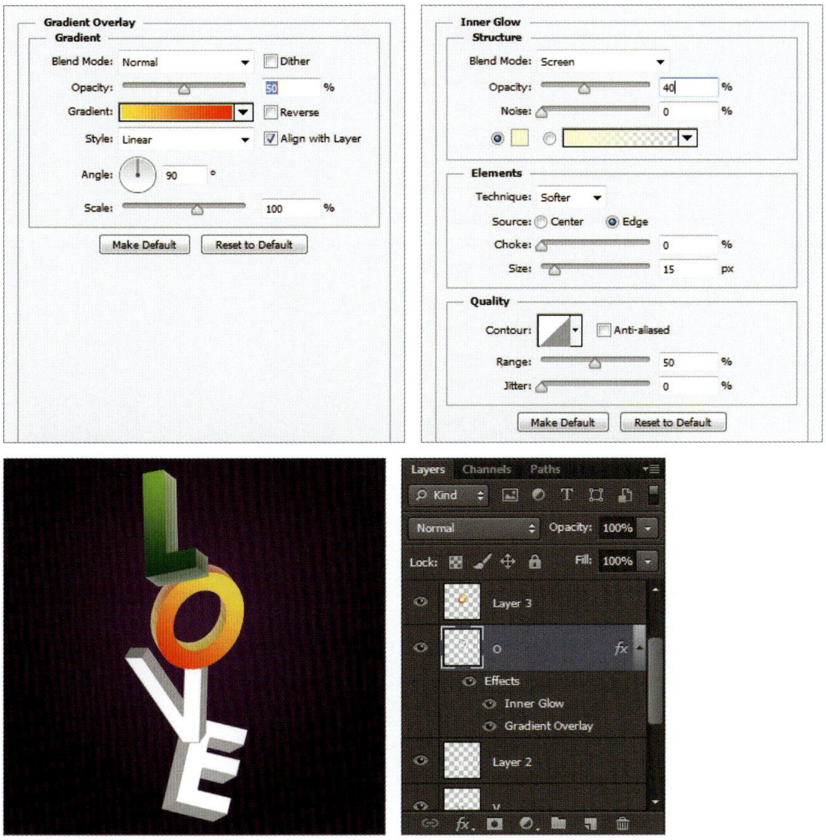

18 Layer 2를 선택하고 Ctrl을 누른 채 썸네일을 클릭하여 선택 영역을 만듭니다. [Select]-[Modify]-[Expand] 메뉴를 선택하여 선택 영역이 1픽셀 커지도록 설정합니다. 전경색과 배경색을 붉은색 계열로 설정하고, 그레디언트 툴(■)로 다음과 같이 드래그합니다.

19 V 레이어를 선택하고 레이어 스타일을 다음과 같이 설정합니다.

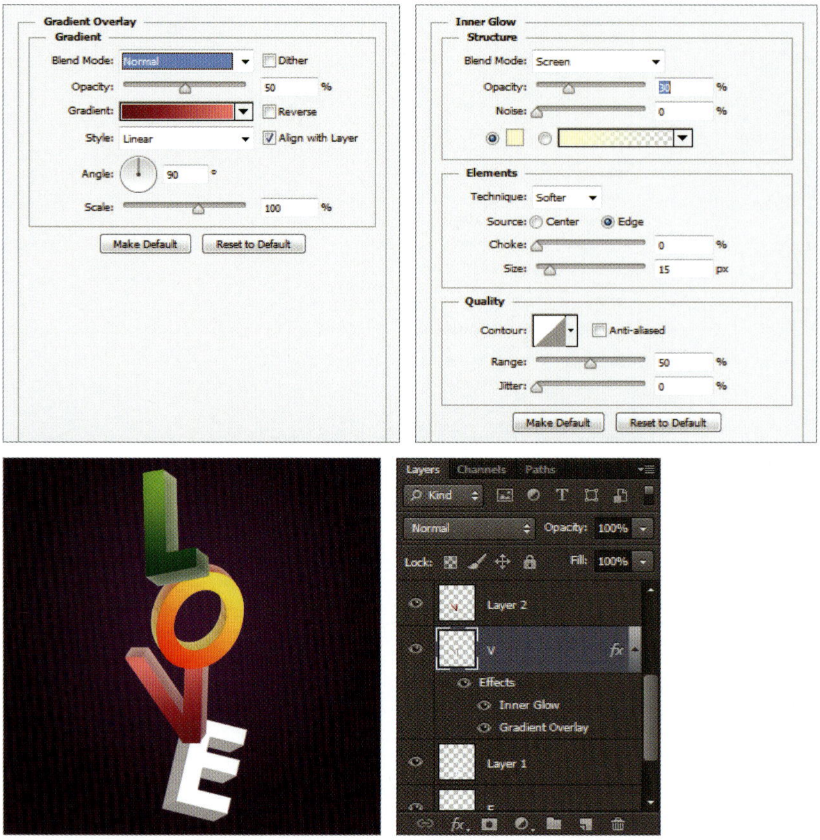

20 Layer 1을 선택하고 Ctrl 을 누른 채 썸네일을 클릭하여 선택 영역을 만듭니다. [Select]-[Modify]-[Expand] 메뉴를 선택하여 선택 영역이 1픽셀 커지도록 설정합니다. 전경색과 배경색을 파란색 계열로 설정한 후, 그레디언트 툴(■)로 다음과 같이 드래그합니다.

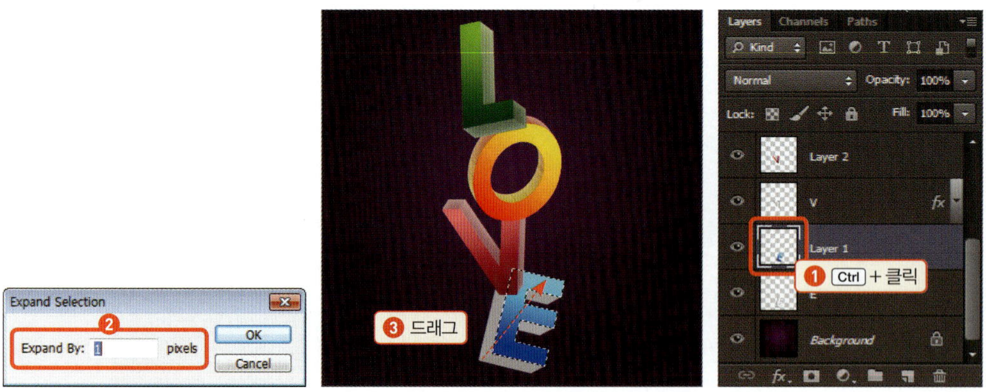

21 E 레이어를 선택하고 레이어 스타일을 다음과 같이 설정합니다.

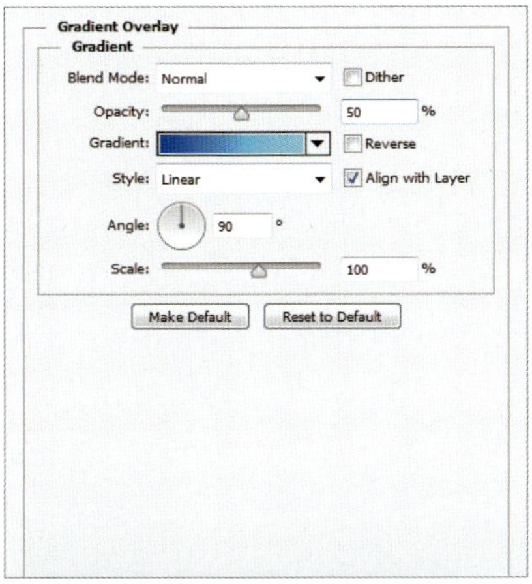

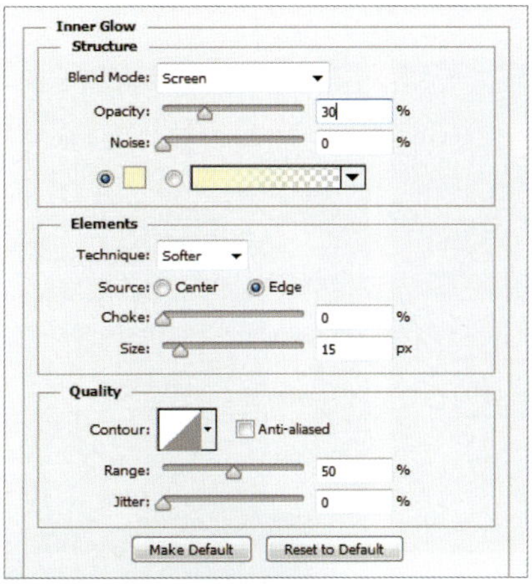

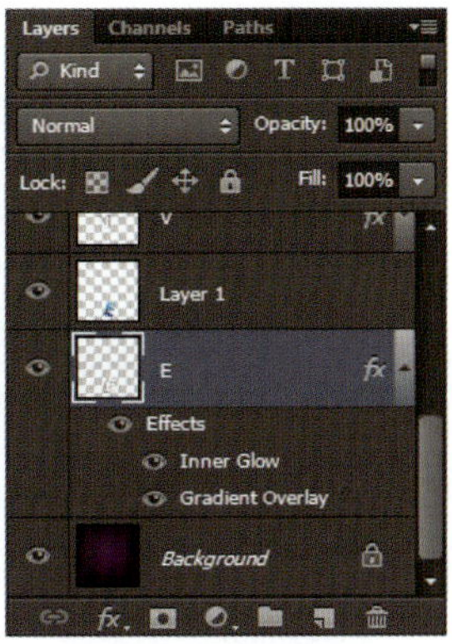

22 브러시 툴(🖌)을 선택하고 브러시 프리셋의 톱니바퀴 모양(⚙)을 클릭하여 [Load Brushes]를 선택합니다. [Load] 대화상자가 나타나면 Ch 09 ▸ Section 69 ▸ floral.abr 파일을 불러옵니다. 새로운 브러시 목록에서 1044 브러시를 선택하고 Size를 180px로 설정합니다.

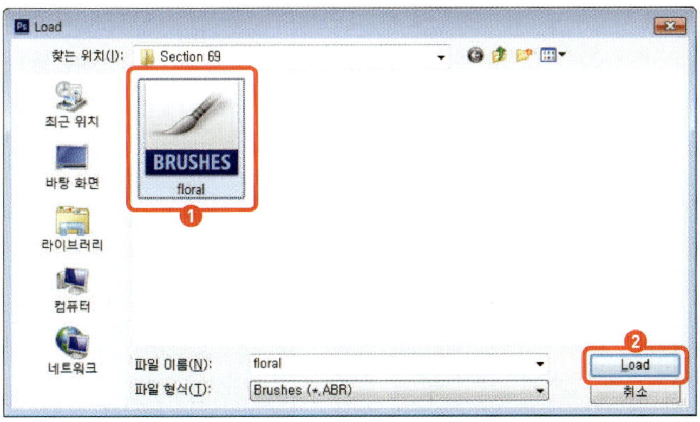

23 Layer 4 위에 새 레이어를 추가하고 전경색을 흰색으로 설정합니다. 그리고 화면의 L 텍스트 위에서 클릭하여 브러시를 적용하고, 레이어 모드를 [Overlay]로 변경합니다.

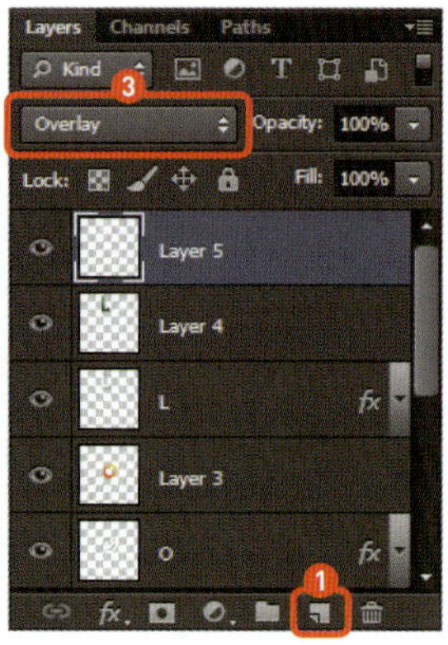

24 Layer 5가 선택된 상태로 Ctrl을 누른 채 Layer 4의 썸네일을 클릭하여 L 형태의 선택 영역을 만듭니다. Ctrl+Shift+I를 눌러 선택 영역을 반전시킨 후 Delete를 눌러 텍스트 외부에 적용된 브러시 영역을 삭제합니다. 그리고 Ctrl+E를 눌러 아래의 Layer 4와 병합합니다.

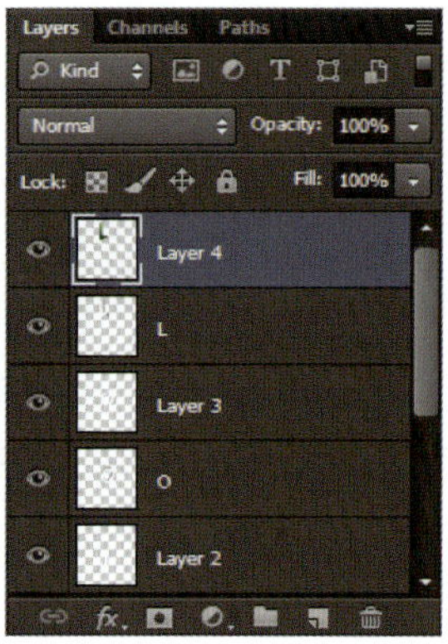

25 Layer 3, Layer 2, Layer 1 위에도 새 레이어를 추가한 후, 23~24단계를 반복하여 각각의 영문 이니셜에 꽃 문양을 적용합니다.

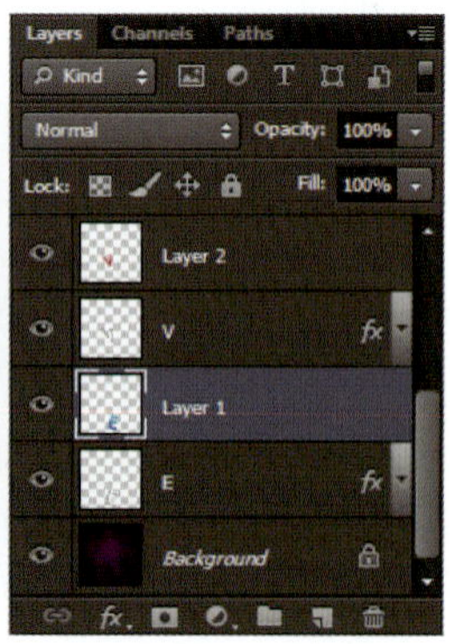

26 Ctrl을 누른 채 L 레이어의 썸네일을 클릭하여 선택 영역을 만듭니다. 다른 영문 이니셜도 선택 영역으로 합치기 위해 Ctrl+Shift를 누른 채 O 레이어, V 레이어, E 레이어의 썸네일을 클릭합니다.

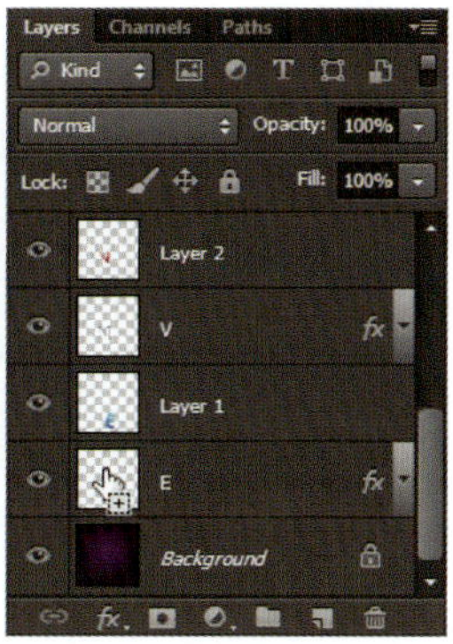

27 Background 레이어 위에 새 레이어를 추가하고 선택 영역에 흰색을 채웁니다. 레이어 스타일 추가(fx)를 클릭해 [Outer Glow]를 선택한 후 다음과 같이 설정하면 텍스트 외부에 빛나는 효과가 만들어집니다. 설정이 끝나면 〈OK〉를 클릭하여 3D 느낌이 나는 텍스트를 완성합니다.

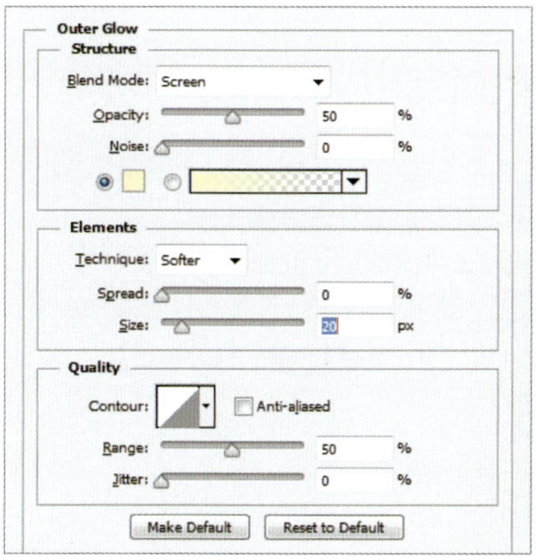

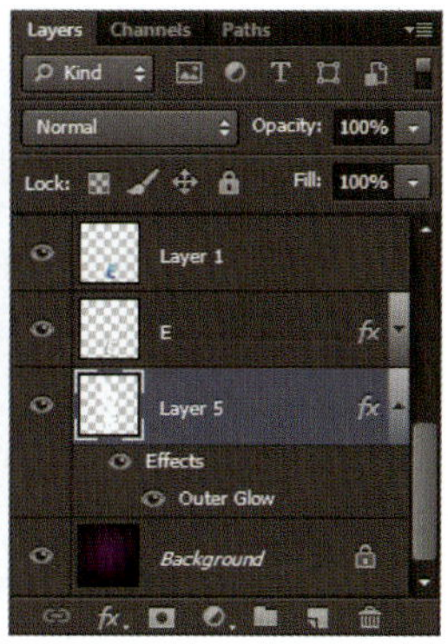

Design Tip 문자를 사용하기 어려워요

패션에도 트렌드가 있듯이 폰트에도 트렌드가 있습니다. 국내에서 제공되는 한글 폰트의 경우 얼마 전까지만 하더라도 그 종류와 수가 한정적이어서 어떤 디자이너들은 직접 만들어 사용하기도 했으나, 현재는 많은 폰트 업체들의 노력으로 다양한 서체가 제공되고 있습니다. 대표적인 예로 한글상상마당과 윤 디자인이 한글 폰트의 독립을 외치며 한글 상상체를 무료로 배포하고 있고, 네이버도 나눔 글씨체를 무료로 배포하고 있습니다. 이러한 폰트들은 포털 사이트에서 무료 한글 글꼴을 검색하면 구할 수 있습니다.

나눔고딕

Regular	부드러운 굴림체에 한국적인 조형미를 더해 현대적 미감을 살려낸 글꼴
Bold	**부드러운 굴림체에 한국적인 조형미를 더해 현대적 미감을 살려낸 글꼴**
Extra Bold	**부드러운 굴림체에 한국적인 조형미를 더해 현대적 미감을 살려낸 글꼴**

나눔명조

Regular	현대적이고 남성적인 명조체를 바탕으로 한 명쾌하고 직선적인 느낌의 글꼴
Bold	**현대적이고 남성적인 명조체를 바탕으로 한 명쾌하고 직선적인 느낌의 글꼴**
Extra Bold	**현대적이고 남성적인 명조체를 바탕으로 한 명쾌하고 직선적인 느낌의 글꼴**

나눔손글씨

붓체	친근감과 자유로움을 주면서도 절제된 생동감과 리듬감이 살아있는 글꼴
펜체	깔끔한 선처리로 안정된 가독성을 가지는 명랑한 느낌의 글꼴

나눔고딕라이트

Light	부드러운 굴림체에 한국적인 조형미를 더해 현대적 미감을 살려낸 글꼴 나눔고딕라이트는 디자이너용으로 굵기의 대비를 주기 위해 개발되었으며 한글에서 제일 많이 쓰이는 2350자와 영문 94자, 약물 986자를 포함하고 있습니다. 개발되지 않은 글자는 기본 글꼴로 표기됩니다

△ 나눔 글씨체

이미지에서 문자의 크기와 위치를 정하는 일은 폰트를 선택하는 일만큼 중요합니다. 예를 들어 청첩장에서 "초대합니다."라는 문구를 신랑이나 신부의 얼굴 위에 배치하면 안 되겠지요.

다음의 포스터는 제품의 종류와 특징에만 집착하여 브랜드를 돋보이게 하지 못한 경우로, 무엇을 말하는 것인지 한눈에 알아보기 힘듭니다. 이는 어떤 음식을 만들 것인지 정하지 않고 모든 재료를 섞어 음식을 만든 경우라 할 수 있습니다. 문자가 규칙적으로 정렬되어 있다고 해서 무조건 좋은 디자인은 아니며, 목적에 맞는 폰트와 크기를 선택해야 합니다.

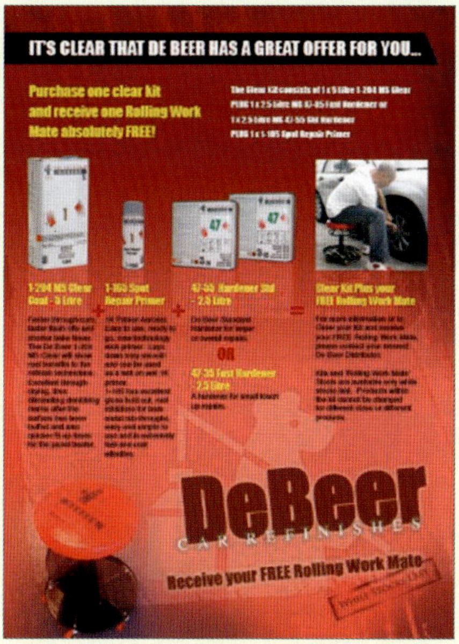

△ 목적이 한눈에 파악되지 않게 문자를 활용한 사례

다음의 이미지는 제품보다 문구를 강조하여 제품을 돋보이게 한 예입니다. 이미지를 더 자세히 볼까요? 강조된 문구 아래에 작은 문자로 설명글을 넣었는데, 멀리서 보면 마치 밑줄을 친 것처럼 보여 문구가 강조되고 있습니다. 문자를 본연의 목적인 의미 전달뿐만 아니라 디자인의 일부로 활용한 사례입니다.

△ 디자인의 일부로 문자를 활용한 사례

한 가지 팁을 더 드리면, 한 화면 속에 3~4개 이상의 폰트를 사용하는 것은 좋지 않다는 것입니다. 굳이 여러 폰트를 사용해야 한다면 비슷한 느낌의 폰트를 사용하고, 제목 같이 강조해야 할 부분은 문자의 크기, 굵기, 기울기, 색상 같은 요소를 달리하여 사용하는 것이 좋습니다. 여러 폰트를 함께 사용하는 것보다 훨씬 깔끔하고 정돈된 효과를 줄 것입니다.

CHAPTER

10

응용력을 키우는 테크니컬 디자인

포토샵의 다양한 기능을 이용하면 여러 가지 테크닉을 구사할 수 있습니다. 필터를 이용하면 멋진 배경을 만들 수 있고, 쉐이프 툴과 브러시 툴을 이용하면 원하는 모양의 개체를 삽입할 수 있습니다. 그리고 레이어 모드나 레이어 스타일을 이용하면 이미지에 입체감을 더할 수 있습니다. 이번 장에서는 지금까지 익힌 툴과 메뉴를 이용해 필요한 오브젝트를 직접 만들어봅니다.

CONTENTS

Section 70 / 투명 볼에 비친 볼록한 이미지 만들기

Section 71 / 깔끔한 커튼 스타일 배경 만들기

Section 72 / 노트 배경과 플래그 만들기

Section 73 / 접힌 이미지 만들기

Section 74 / 하이라이트 배경의 투명 버튼 만들기

SECTION 70

투명 볼에 비친 볼록한 이미지 만들기

• **준비파일** Cute.psd • **완성파일** Cute_result.psd

레이어 스타일을 이용해 투명한 볼을 만들고 그 안으로 볼록하게 비치는 느낌을 완성해봅니다.

△ 원본 이미지 △ 완성 이미지

01 Ch 10 ▸ Section 70 ▸ Cute.psd 파일을 불러옵니다. 원형 선택 툴( )을 선택하고 Shift 를 누른 채 아이의 얼굴 부분을 드래그하여 정원의 선택 영역을 만듭니다.

Tip 선택 영역의 위치가 맘에 들지 않으면, 원형 선택 툴로 선택 영역 안쪽을 클릭한 후 원하는 방향으로 드래그합니다.

02 새 레이어를 추가하고 선택 영역을 아래 그림과 비슷한 색상으로 채워줍니다.

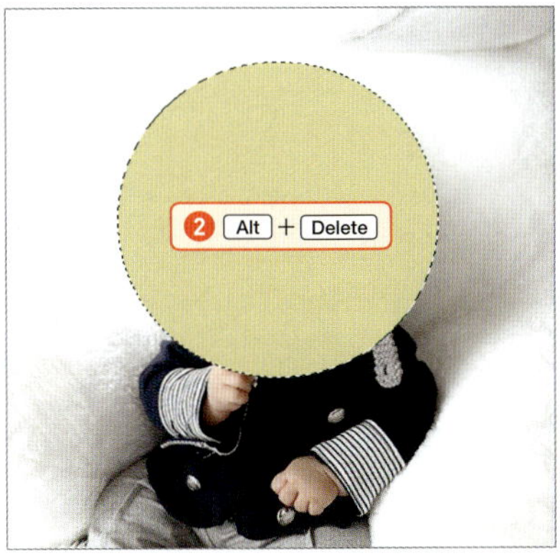

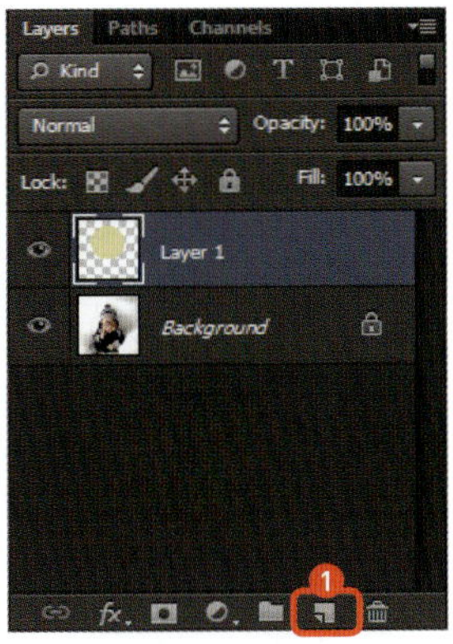

03 Layer 1이 선택된 상태로 레이어 스타일 추가(fx)를 클릭해 [Inner Shadow]를 선택합니다. 옵션 창에서 다음과 같이 설정하고 〈OK〉를 클릭합니다.

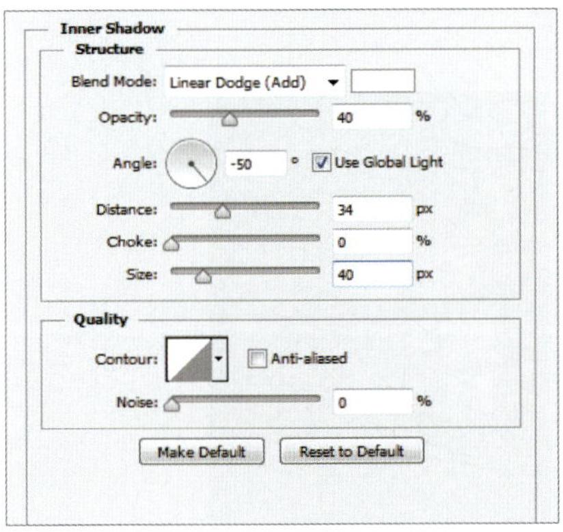

04 새 레이어를 추가하고 Layer 2에서 마우스 오른쪽 버튼을 누른 후 [Create Clipping Mask]를 선택합니다.

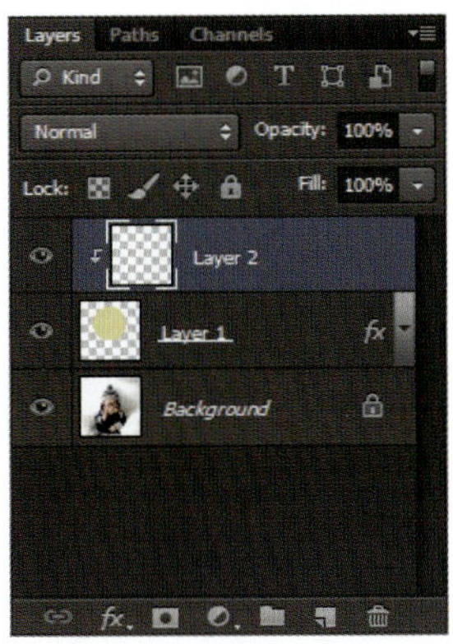

05 전경색을 회색, 배경색을 흰색으로 설정합니다. 그레디언트 툴(■)의 옵션을 다음과 같이 지정하고, 선택 영역의 내부를 드래그합니다.

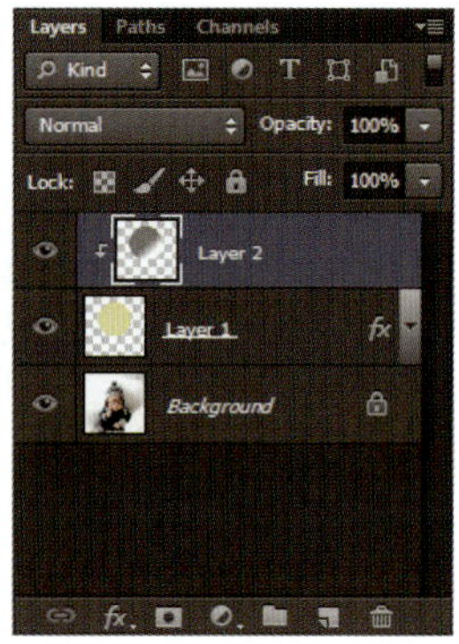

06 Ctrl+Shift+I를 눌러 선택 영역을 반전시킨 후, Layer 2가 선택된 상태로 레이어 마스크 추가(■)를 클릭해 마스크 레이어를 추가합니다. 그레디언트 툴(■)의 옵션을 다음과 같이 설정하고, 선택 영역의 내부를 드래그합니다.

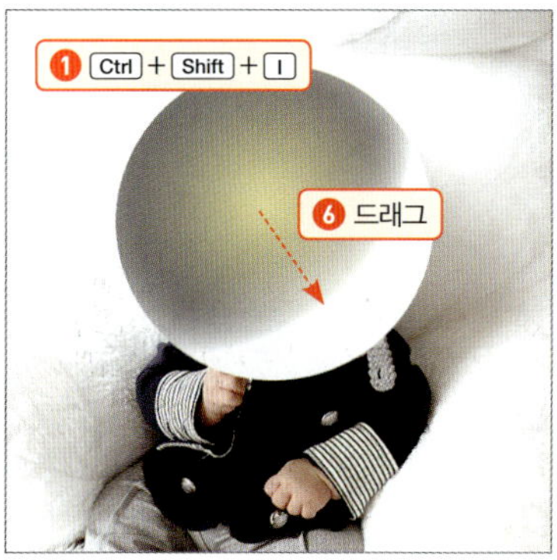

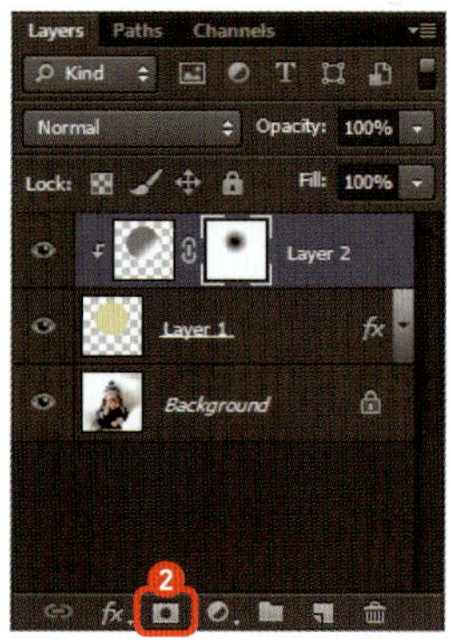

Tip 여기서 노란색이 보이는 이유는 마스크 레이어의 검정 부분이 투명을 나타내어, 아래 레이어가 비치기 때문입니다.

07 Layer 1을 선택하고 레이어 스타일 추가(fx)를 클릭해 [Inner Glow]를 선택합니다. 옵션 창이 열리면 다음과 같이 설정하고 〈OK〉를 클릭합니다.

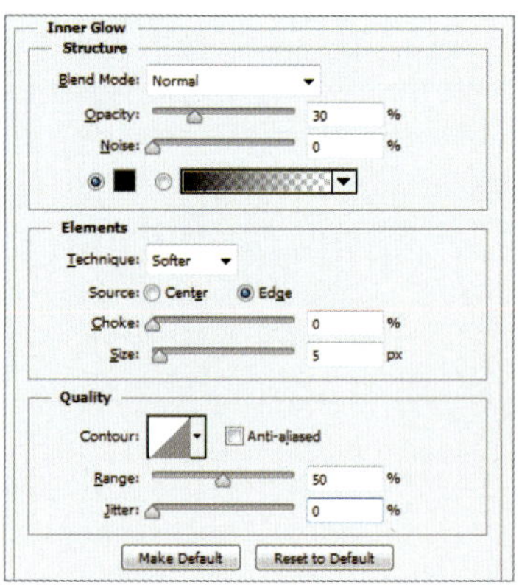

08 Layer 1의 Opacity를 25%로 줄여 아래쪽 레이어가 비치도록 합니다.

09 Layer 2 위에 새 레이어를 추가하고 Ctrl 을 누른 상태로 Layer 1의 썸네일을 클릭해, 원을 선택 영역으로 만듭니다. Alt 를 누른 채 원형 선택 툴( )로 다음과 같이 드래그하여 선택 영역의 일부분을 제거합니다.

10 [Select]–[Modify]–[Contract] 메뉴를 선택하여 5를 입력하고 〈OK〉를 클릭합니다. 선택 영역의 크기가 5픽셀만큼 줄어든 것을 알 수 있습니다.

11 전경색을 흰색으로 지정하고 그레디언트 툴(■)의 옵션을 다음과 같이 설정한 후, 선택 영역에 드래그합니다.

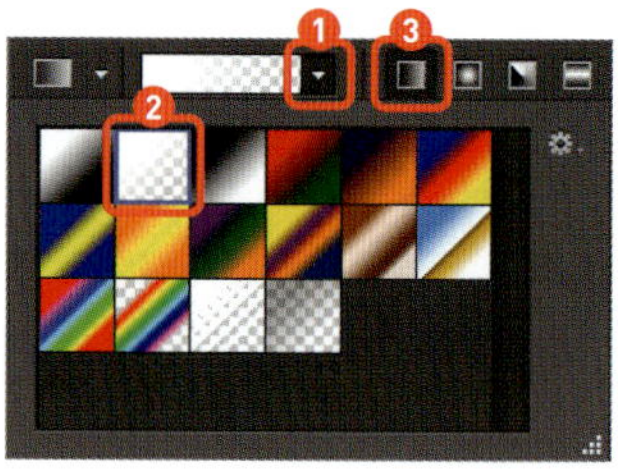

12 Ctrl 을 누른 상태로 Layer 1의 썸네일을 클릭해 원을 선택 영역으로 만듭니다.

13 Background 레이어를 선택하고 [Filter]−[Distort]−[Spherize] 메뉴를 선택합니다. 옵션 창에서 다음과 같이 설정하고 〈OK〉를 클릭하면, 아기의 얼굴이 투명한 볼에 비쳐 볼록하게 보입니다.

SECTION 71

깔끔한 커튼 스타일 배경 만들기

• **준비파일** 없음 • **완성파일** Back1.psd

필터를 이용해 깔끔한 커튼 스타일의 배경을 만들어봅니다.

△ 완성 이미지

△ 응용 이미지

01 [File]–[New] 메뉴를 선택하고 너비와 높이를 각각 500Pixels, 해상도를 72Pixels/Inch로 설정하여 새 문서를 만듭니다. 전경색과 배경색을 검은색과 흰색으로 설정하고, [Filter]–[Render]–[Clouds] 메뉴를 선택해 필터를 적용합니다.

02 [Filter]−[Pixelate]−[Mezzotint] 메뉴를 선택해, Type 옵션을 다음과 같이 설정합니다.

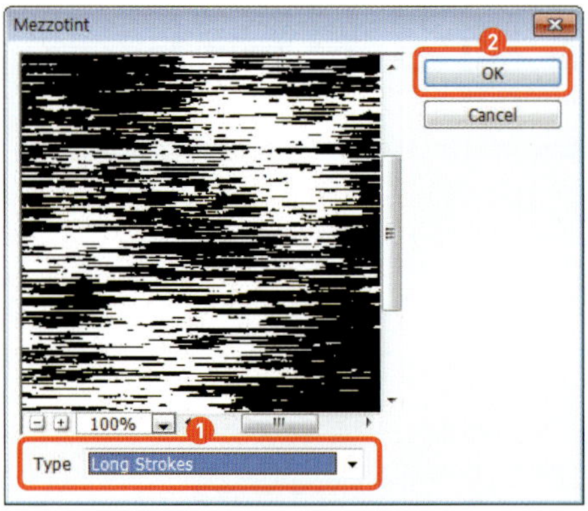

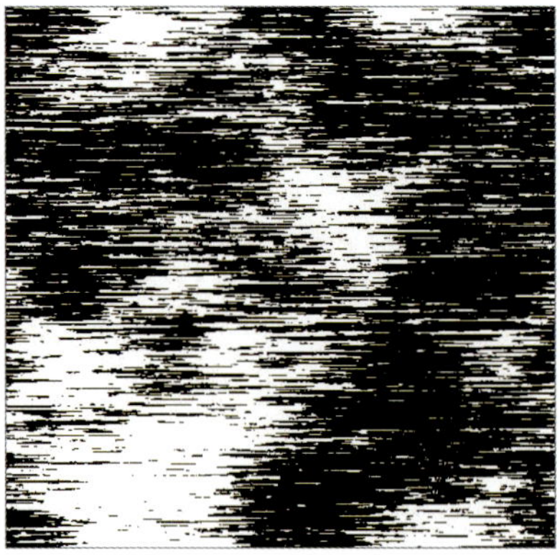

03 [Filter]−[Blur]−[Motion Blur] 메뉴를 선택해 다음과 같이 설정합니다.

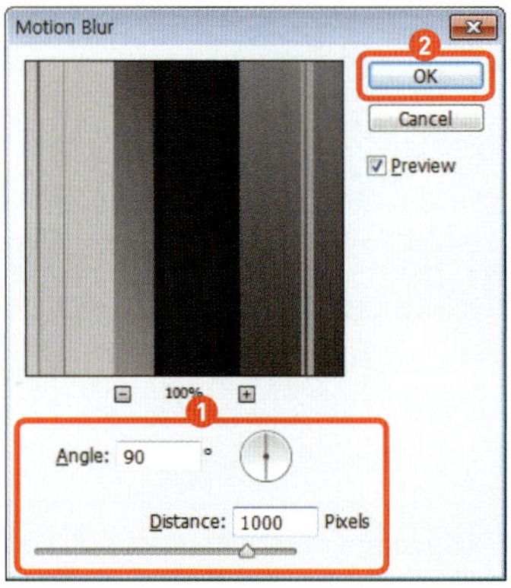

04 그레디언트 툴( )을 선택하고 옵션 바에서 그레디언트 편집( )을 클릭합니다. 옵션 창에서 Gradient Type을 Noise로 설정한 후, 원하는 색상이 나올 때까지 〈Randomize〉 버튼을 여러 번 누릅니다. 설정이 끝나면 〈OK〉를 클릭하고 새 레이어를 추가하여 왼쪽에서 오른쪽으로 드래그합니다.

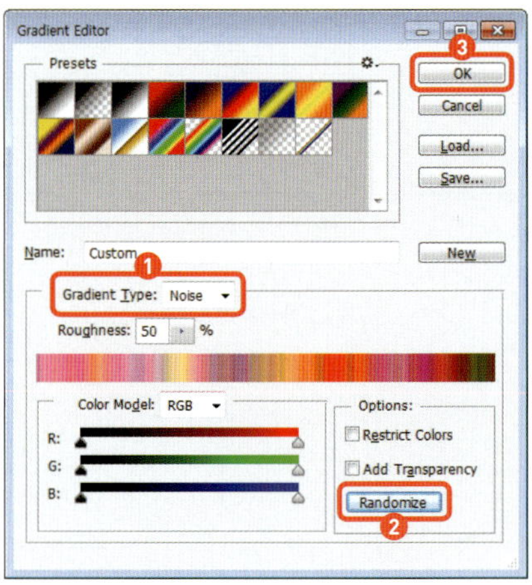

05 Layer 1의 레이어 모드를 [Linear Burn]으로 변경합니다.

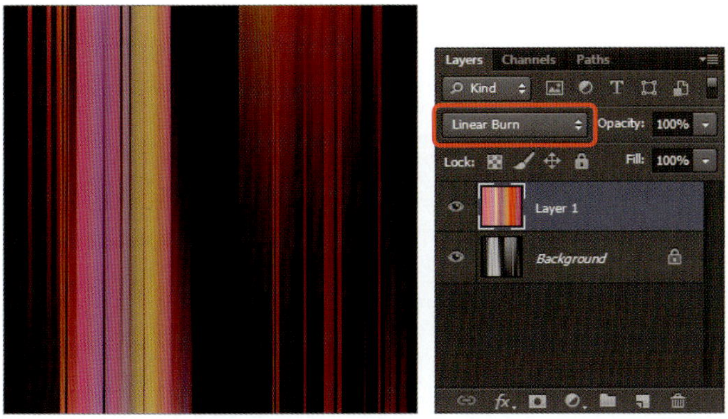

06 Background 레이어를 선택하고 [Image]−[Adjustments]−[Brightness/Contrast] 메뉴를 선택합니다. 옵션을 다음과 같이 설정하여 색상을 환하게 조절한 후 〈OK〉를 클릭합니다. 다시 Layer 1을 선택하고 Ctrl+E를 눌러 아래쪽 레이어와 병합합니다.

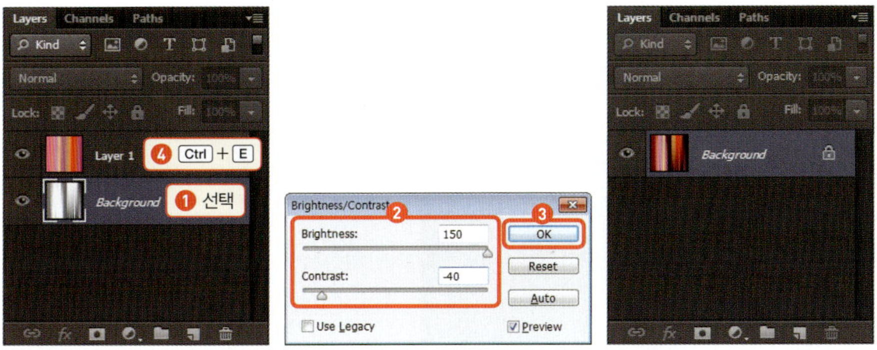

07 새 레이어를 추가하고 사각형 선택 툴(▣)로 텍스트를 입력할 크기만큼 드래그하여 선택 영역을 만든 후, 흰색으로 채웁니다. 그리고 레이어의 Opacity를 40%로 줄여줍니다.

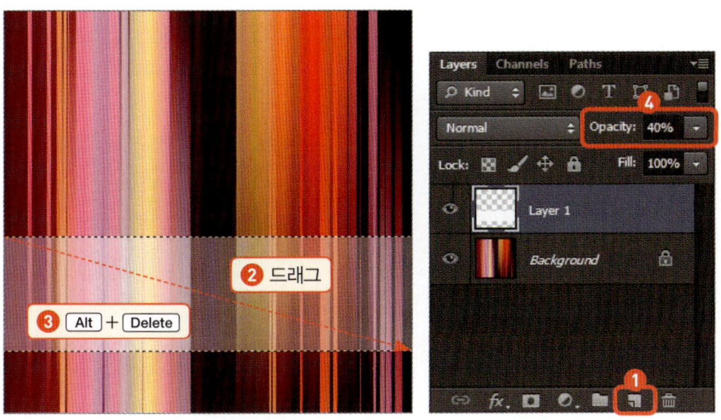

08 Ctrl+D를 눌러 선택 영역을 해제하고 새 레이어를 추가합니다. 연필 툴(✎)의 Size를 1px로 설정한 후 Shift를 누른 채 드래그하여 다음과 같이 가느다란 선을 그려줍니다. 그리고 Ctrl+E를 눌러 아래쪽 레이어와 병합합니다.

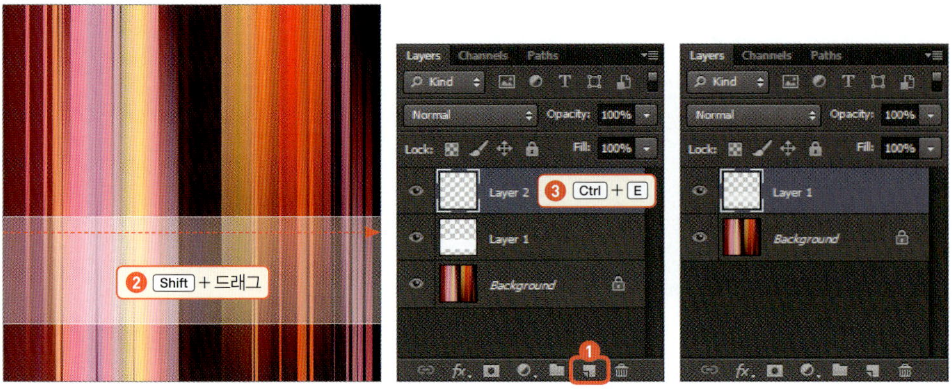

09 텍스트 툴(T)을 선택하고 옵션 바에서 폰트는 HYnamL, 크기는 50pt, 색상은 흰색으로 설정한 후 다음과 같이 입력합니다.

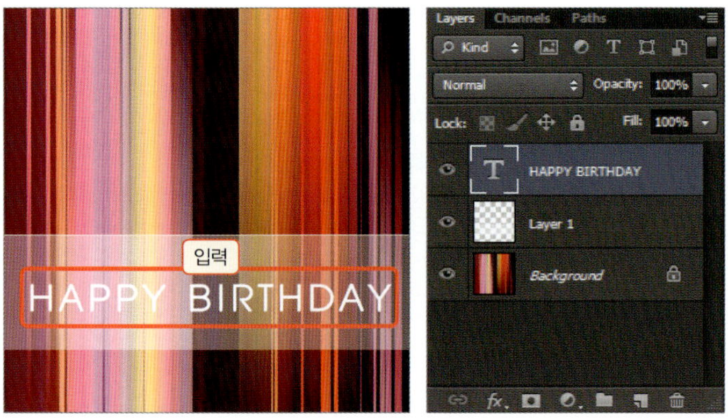

10 텍스트의 크기를 16pt로 조절한 후, 다음과 같이 입력합니다. Ctrl+J를 눌러 앞에서 만든 텍스트 레이어를 복제한 후, 이동 툴(▶)을 이용하여 텍스트를 아래에도 배치하면 이미지가 완성됩니다.

SECTION 72

노트 배경과 플래그 만들기

• **준비파일** 없음 • **완성파일** Paper1.psd

필터와 레이어 모드를 이용해 노트 배경과 플래그를 만들고, 브러시 옵션을 이용해 형광펜으로 그은 듯한 느낌을 추가해봅니다.

△ 완성 이미지

△ 응용 이미지

01 [File]−[New] 메뉴를 선택해 너비와 높이를 각각 500Pixles, 해상도를 72Pixels/Inch로 설정하여 새 문서를 만듭니다. 그리고 새 레이어를 추가하여 흰색으로 채워줍니다.

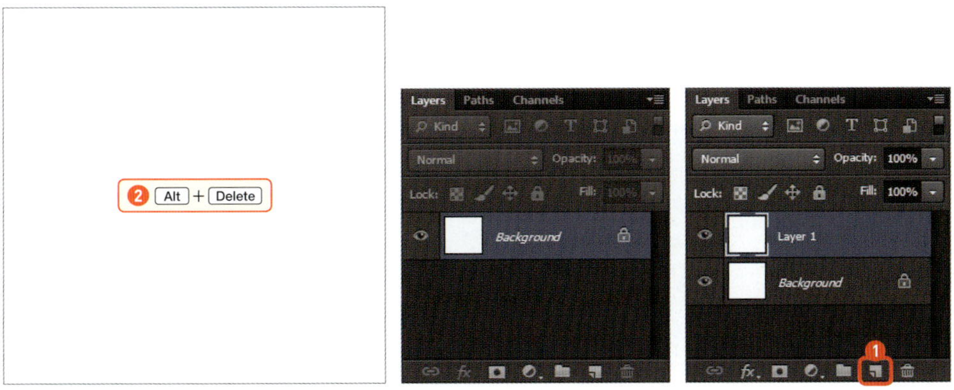

02 Layer 1에서 [Filter]–[Noise]–[Add Noise] 메뉴를 선택해 다음과 같이 설정합니다.

03 새 레이어를 추가하고, 전경색을 연한 노란색으로 설정한 후 화면을 채웁니다.

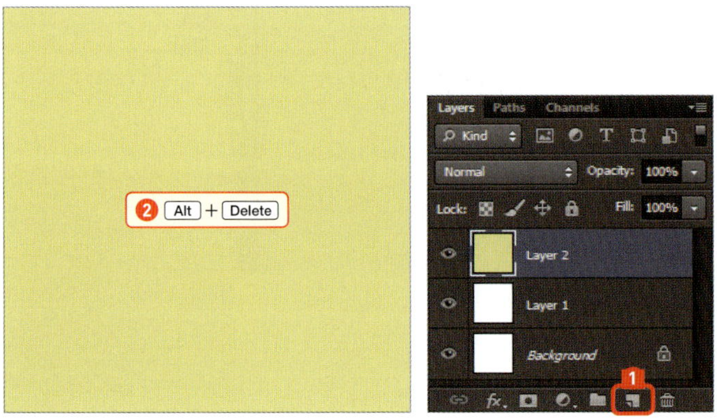

04 Layer 2의 레이어 모드를 [Multiply]로 변경하여 Layer 1의 노이즈가 보이게 합니다.

05 Layer 2를 선택한 상태에서 Ctrl+E를 눌러 아래쪽 레이어와 병합합니다.

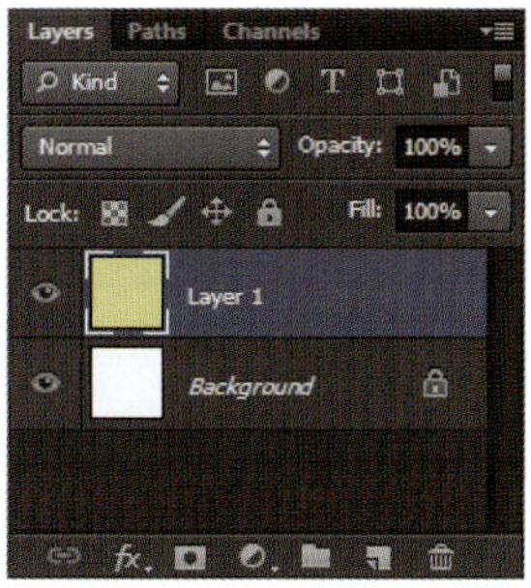

06 연필 툴()의 Size를 1px로 설정하고 새 레이어를 추가합니다. 전경색을 회색으로 설정하고 노트의 라인을 일정한 간격으로 그립니다.

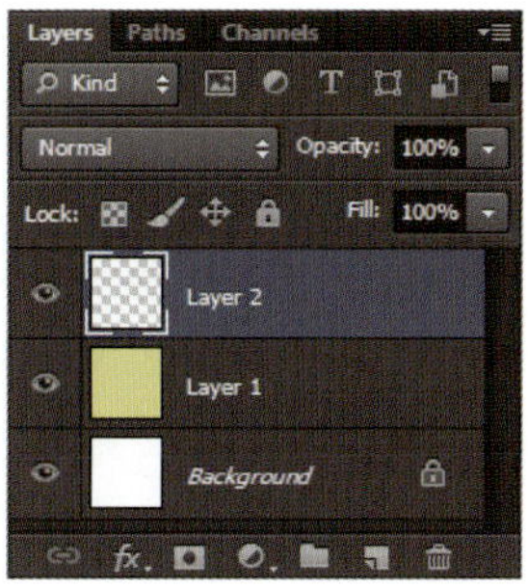

Tip Shift를 누른 채 드래그하면 손쉽게 수평선을 그릴 수 있습니다.

07 Layer 2를 선택한 상태에서 Ctrl+E를 눌러 다시 아래쪽 레이어와 병합합니다.

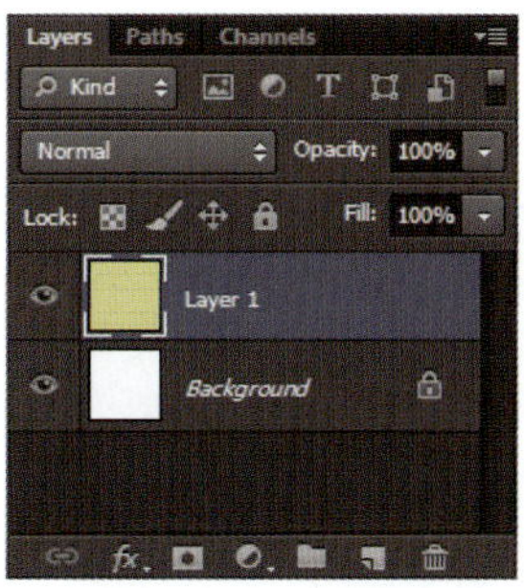

08 이동 툴(▶)로 Layer 1의 노트 배경을 왼쪽 아래로 이동시켜 오른쪽 부분에 약간의 여백을 만듭니다.

09 Layer 1에서 레이어 스타일 추가(fx)를 클릭해 [Drop Shadow]를 선택합니다. 옵션 창에서 다음과 같이 설정하여 그림자를 만든 후 〈OK〉를 클릭합니다.

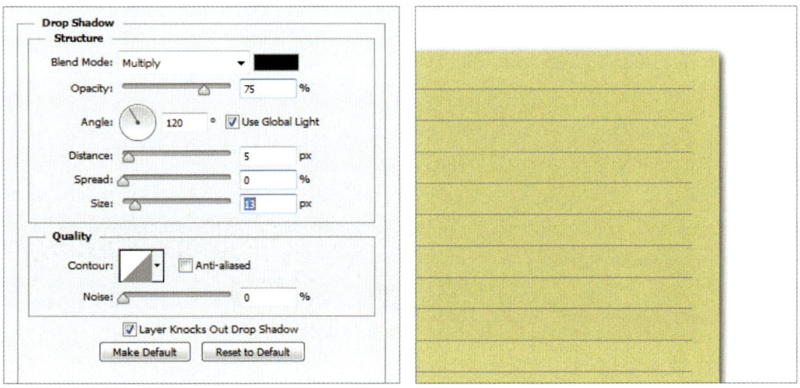

10 새 레이어를 추가하고 사각형 선택 툴(▦)로 작은 포스트 잇으로 사용할 사각형을 만듭니다. 그리고 다음과 같이 색상을 채워줍니다.

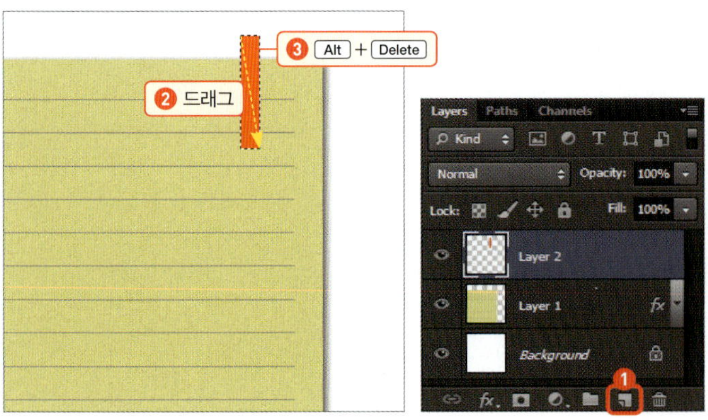

11 Ctrl+D를 눌러 선택 영역을 해제하고, [Filter]−[Distort]−[Shear] 메뉴를 선택합니다. 옵션 창에서 패스를 다음과 같이 드래그하여 휘게 만들어줍니다.

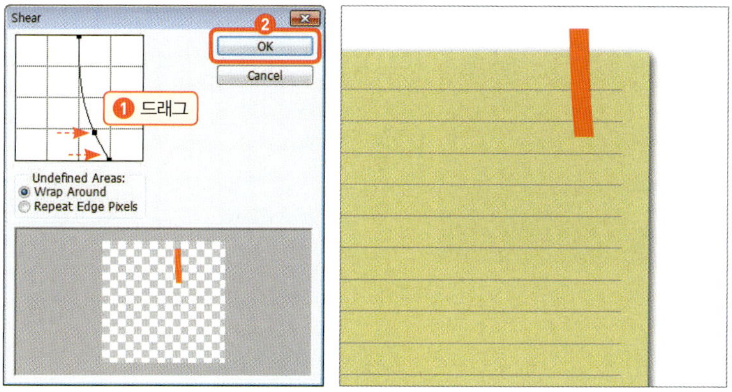

12 [Edit]−[Transform]−[Rotate 90° CW] 메뉴를 선택하여 Layer 2만 90° 회전시킵니다.

13 Ctrl을 누른 채 Layer 2의 썸네일을 클릭하여 선택 영역을 만든 후, Alt을 누른 채 다각형 올가미 툴( )로 노트에서 튀어 나온 부분만 선택하여 제거합니다. 그리고 남은 선택 영역을 흰색으로 채워줍니다.

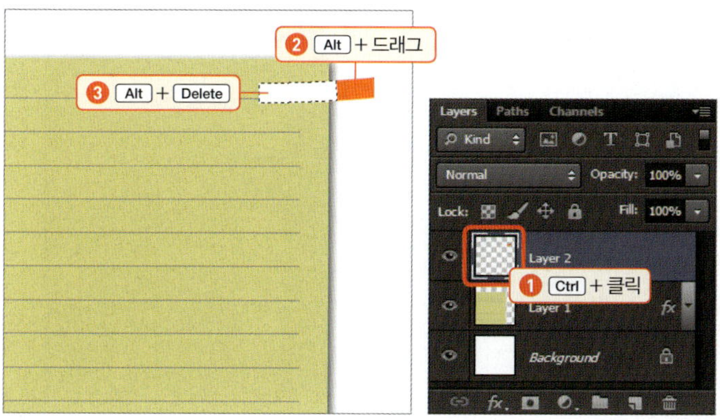

14 Layer 2의 Fill 옵션을 80%로 줄여 투명한 느낌을 더해줍니다.

15 텍스트 툴(T)로 화면을 클릭한 후 원하는 내용을 입력합니다.

16 새 레이어를 추가하고 브러시 툴(🖌)을 선택한 후 브러시 패널(▣)을 클릭하여 다음과 같이 설정합니다. 옵션 바에서 Opacity를 30%로 조절한 후 원하는 전경색을 지정하여 텍스트 부분을 드래그하면 형광펜으로 그은 듯한 느낌이 연출됩니다. 이때 처음과 맨 끝을 살짝 클릭해주면 힘주어 그은 듯한 느낌이 살아납니다.

Tip 이 단계에서 사용한 브러시는 브러시 프리셋에서 톱니바퀴 모양(⚙)을 클릭해 [Calligraphic Brushes]를 선택하면 볼 수 있습니다.

SECTION 73

접힌 이미지 만들기

• **준비파일** 없음 • **완성파일** Fold1.psd

쉐이프 툴을 이용해 스티커를 만들고, 이미지를 잘라 회전시킨 후 입체감을 살려 뒤집힌 모양으로 만들어봅니다.

△ 완성 이미지

△ 응용 이미지

01 [File]–[New] 메뉴를 선택하고 너비와 높이를 각각 500Pixels, 해상도를 72 Pixels/Inch로 설정하여 새 문서를 만듭니다. 그리고 화면을 분홍 계열의 색상으로 채웁니다.

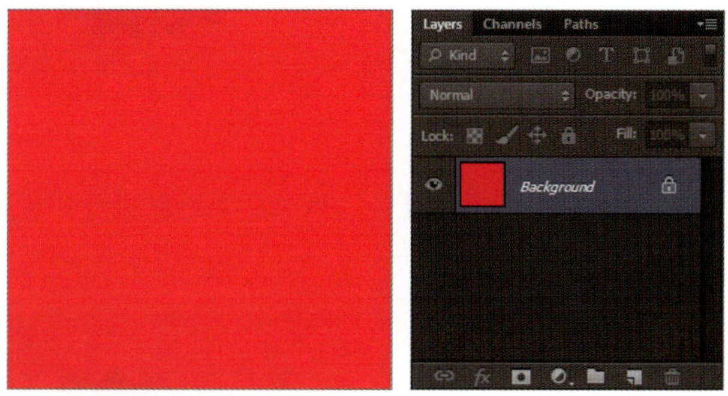

02 조금 밝은 분홍색을 전경색으로 설정한 후, 연필 툴( )로 점을 하나 만듭니다. 사각형 선택 툴( )로 점을 포함하여 가로, 세로 24px의 크기로 선택한 후 [Edit]–[Define Pattern] 메뉴를 선택하여 패턴으로 등록합니다.

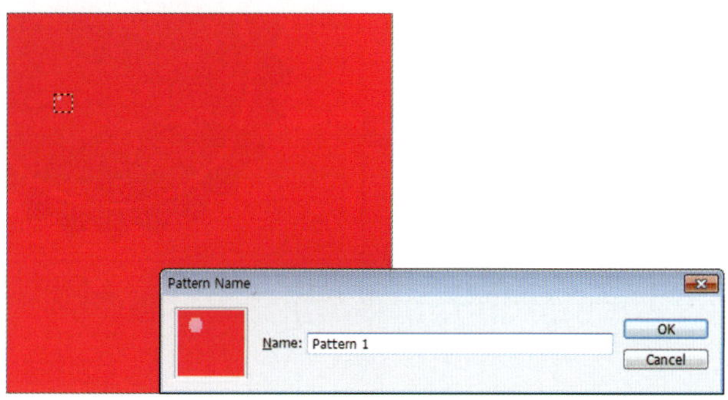

03 Ctrl+A를 눌러 화면 전체를 선택한 후, [Edit]–[Fill] 메뉴를 선택하여 다음과 같이 설정합니다. Background 레이어가 앞서 저장한 패턴으로 채워집니다.

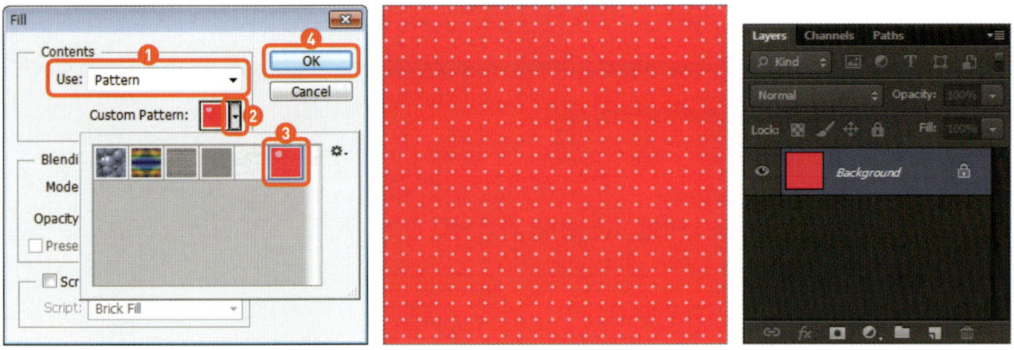

04 다각형 쉐이프 툴(■)의 옵션을 다음과 같이 설정한 후, 화면을 클릭하면 옵션 창이 열립니다. 옵션 창에서 다음과 같이 설정한 후 〈OK〉를 클릭하면 다각형이 만들어집니다.

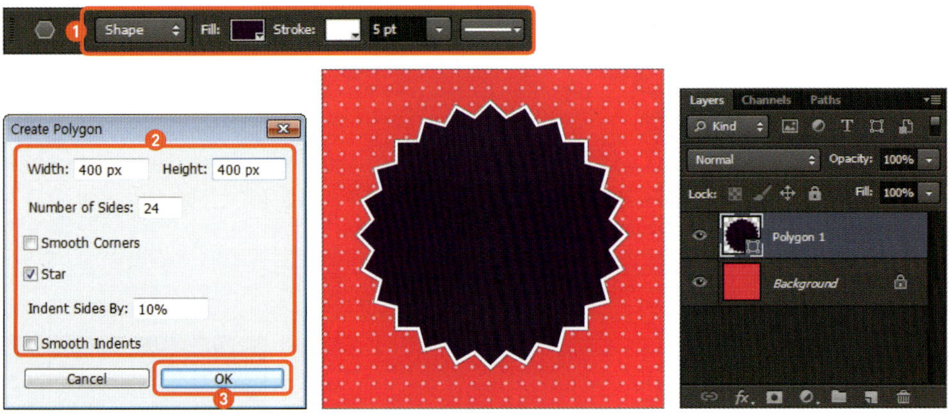

05 원형 쉐이프 툴(■)을 선택하고 화면을 클릭하여 옵션 창이 열리면 너비와 높이를 300px로 지정하고 〈OK〉를 클릭합니다.

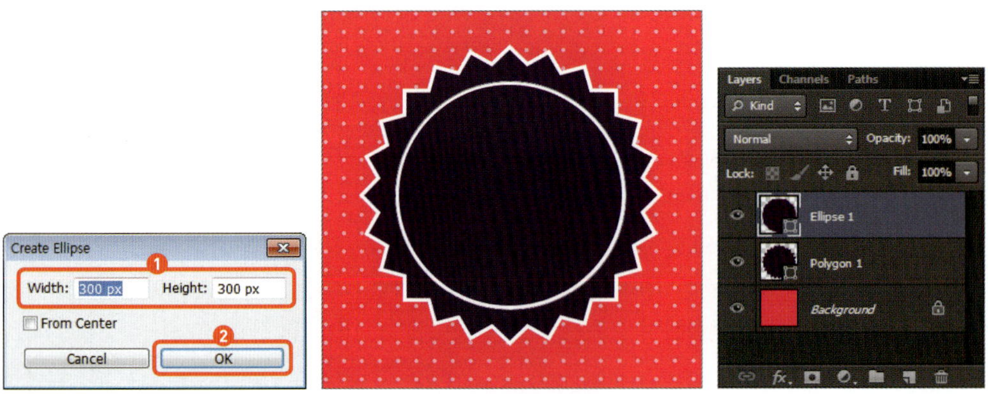

06 패스 선택 툴(▶)로 앞에서 그린 원형 쉐이프를 선택하고, 옵션을 다음과 같이 변경하여 내부의 색상과 가장자리에 변화를 줍니다.

07 원형 쉐이프 툴(⬭)의 옵션을 Path로 지정하고 다음과 같이 드래그하여 패스 라인만 그려줍니다.

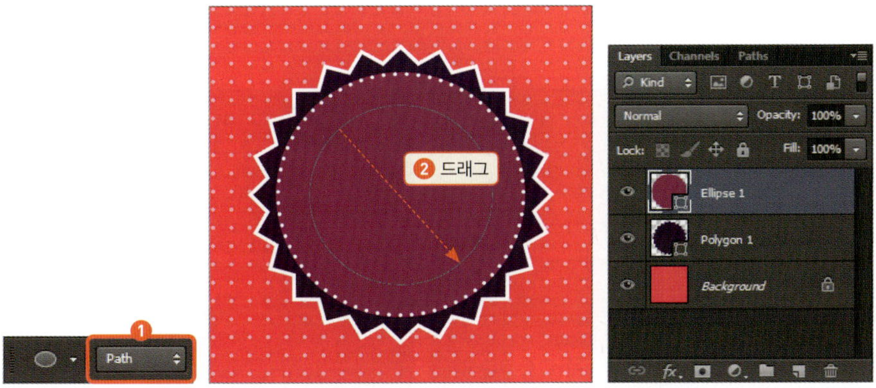

08 전경색을 연한 분홍색으로 변경합니다. 텍스트 툴(T)을 선택하고 마우스를 패스 라인으로 가져가면 패스를 따라 텍스트를 입력할 수 있도록 마우스 포인터가 ⌶ 모양으로 변경됩니다. 패스 라인을 클릭하여 다음과 같이 입력합니다.

09 Polygon 1 레이어를 선택하고 레이어 스타일 추가(fx)를 클릭해 [Drop Shadow]를 선택합니다. 옵션 창에서 다음과 같이 설정하고 〈OK〉를 클릭하면 그림자가 만들어집니다.

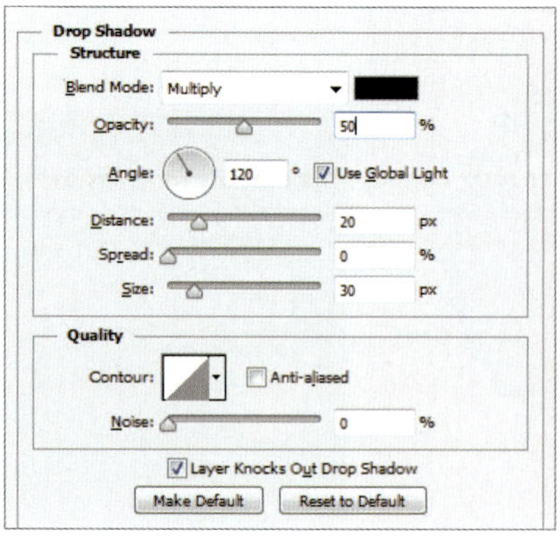

10 Shift를 눌러 Background 레이어를 제외한 나머지 레이어를 모두 선택한 다음, Ctrl+E를 눌러 병합합니다.

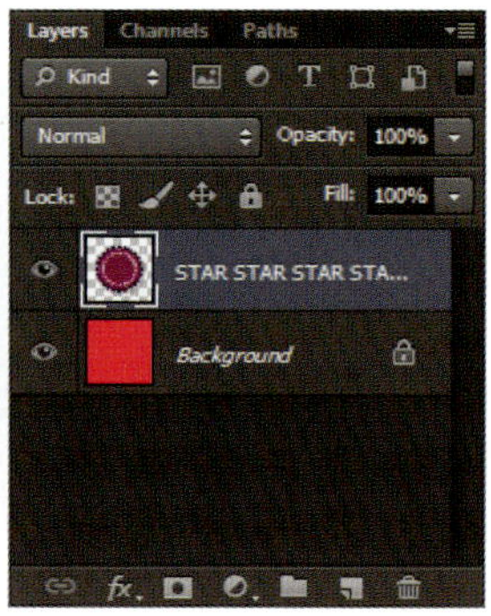

11 다각형 올가미 툴( )로 뒤집을 부분을 선택합니다.

12 Ctrl+X를 눌러 선택 영역을 잘라낸 후, Ctrl+Shift+V를 눌러 잘라낸 위치에 새 레이어로 붙여넣습니다.

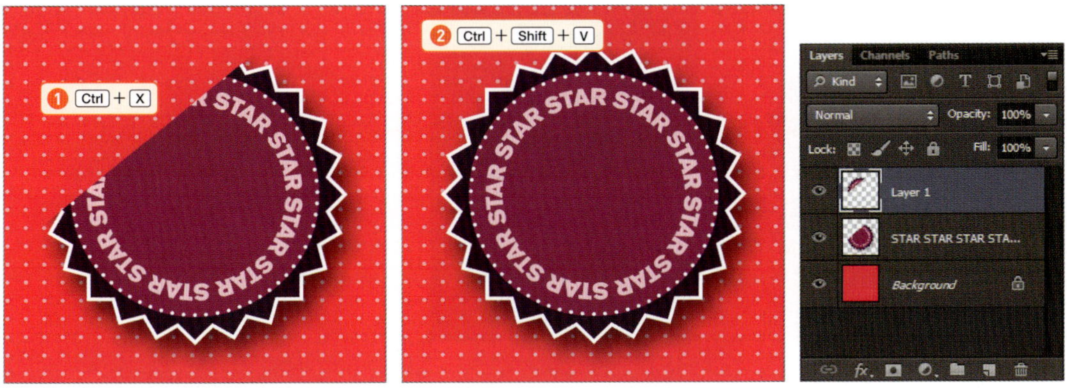

Tip Ctrl+V는 화면의 중앙에 붙여넣기하지만, Ctrl+Shift+V는 잘라낸 위치에 붙여넣기합니다.

13 Layer 1을 선택하고 [Edit]-[Transform]-[Rotate 180°] 메뉴를 선택하여 이미지를 180° 회전시킵니다.

14 Layer 1 가장자리의 그림자를 없애기 위해 Ctrl을 누른 채 Layer 1의 썸네일을 클릭해 선택 영역을 만듭니다. Ctrl+Shift+I를 눌러 선택 영역을 반전시킨 후 Delete를 누르면 그림자가 삭제됩니다.

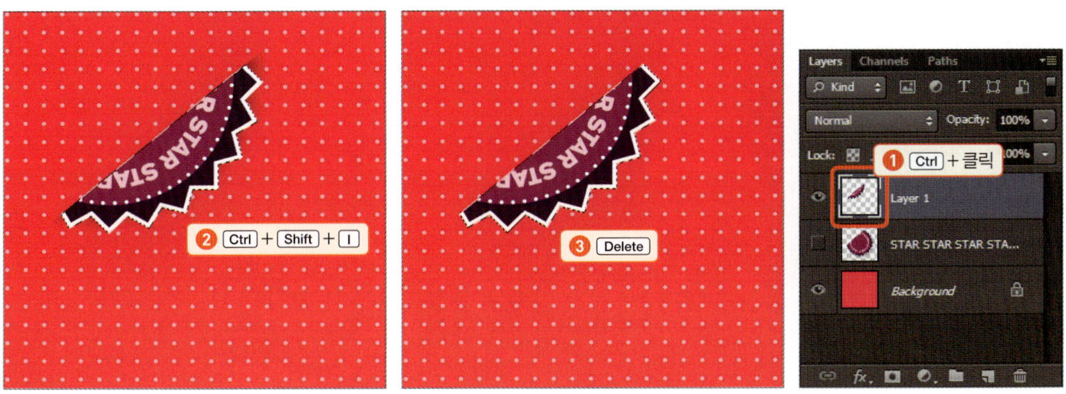

15 다시 Ctrl+Shift+I를 눌러 선택 영역을 반전시킨 후, 밝은 분홍색으로 선택 영역을 채웁니다.

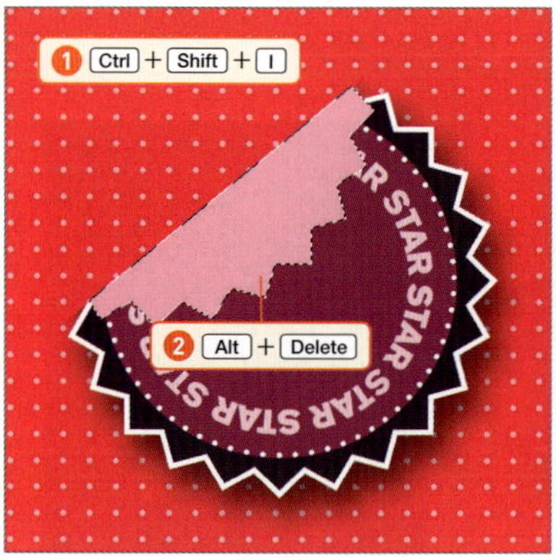

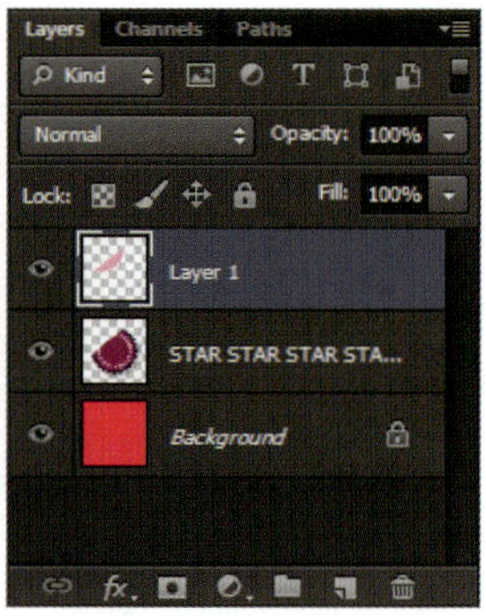

16 선택 영역이 유지된 상태로 [Edit]–[Stroke] 메뉴를 선택합니다. 옵션 창이 열리면 다음과 같이 설정하여 뒤집힌 부분의 가장자리에도 선이 생기도록 합니다.

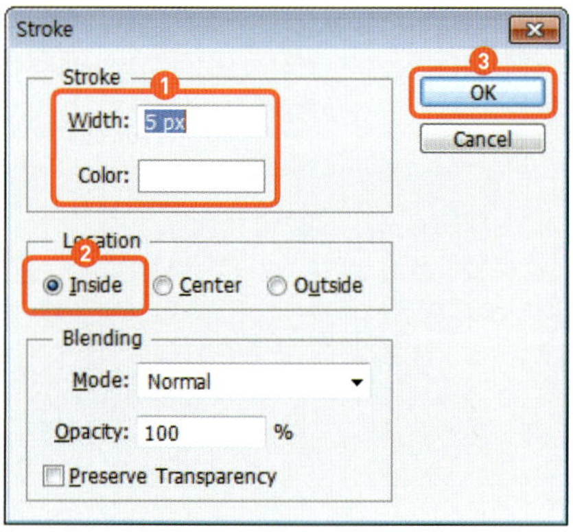

17 접힌 부분의 라인을 제거하기 위해 전경색을 뒤집힌 부분과 같은 색상으로 설정하고, 연필 툴()로 접힌 부분의 경계를 드래그합니다.

18 번 툴( )을 선택하고 접힌 부분의 경계를 드래그하여 어둡게 만들어줍니다.

19 Layer 1에서 레이어 스타일 추가( )를 클릭해 [Drop Shadow]를 선택하고, 다음과 같이 설정해 입체감을 살려줍니다.

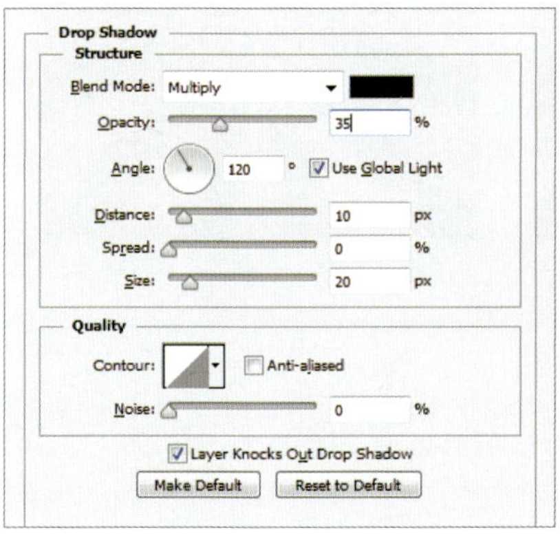

20 Ctrl을 누른 채 아래쪽 레이어의 썸네일을 클릭하여 선택 영역을 만든 후 Ctrl+Shift+I를 눌러 선택 영역을 반전시킵니다. 그리고 지우개 툴( )로 접힌 부분의 가장자리에 어색한 그림자 부분을 지워 이미지를 완성합니다.

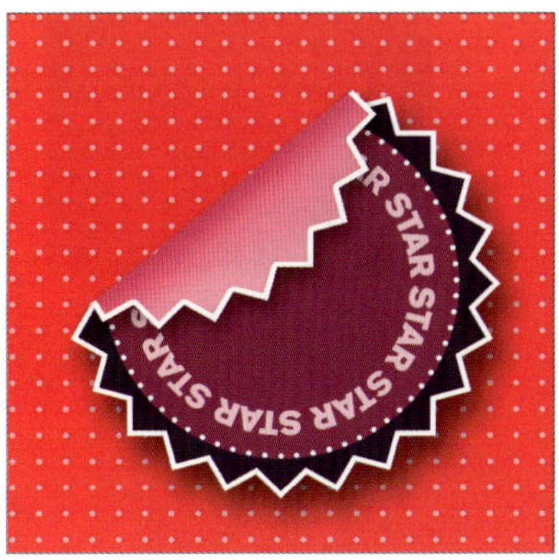

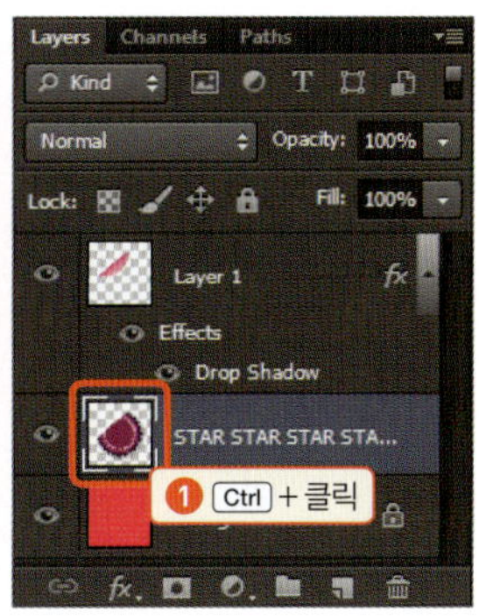

SECTION 74

하이라이트 배경의 투명 버튼 만들기

• **준비파일** 없음 • **완성파일** Button1.psd

필터를 이용해 하이라이트 배경을 만들고, 레이어 스타일을 이용해 투명 젤리 버튼을 만들어봅니다.

△ 완성 이미지

△ 응용 이미지1

△ 응용 이미지2

01 [File]-[New] 메뉴를 선택해 너비와 높이를 각각 500Pixels, 해상도를 72Pixels/Inch로 설정하여 새 문서를 만듭니다.

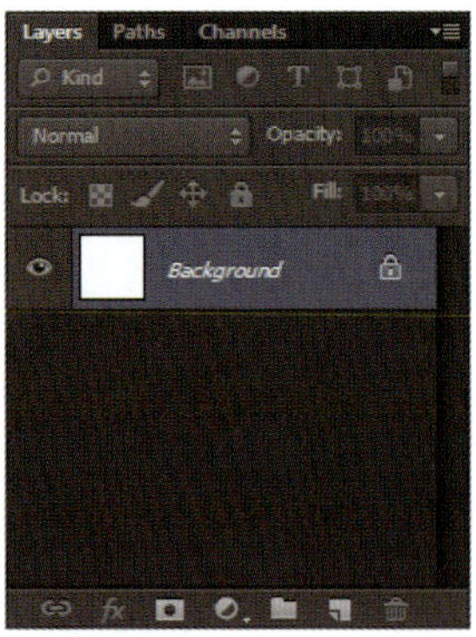

02 사각형 선택 툴( )로 가로, 세로 20픽셀 정도의 사각형을 그려 연두색으로 채웁니다. 바로 옆에 사각형을 하나 더 그리고 초록색으로 채웁니다. 두 사각형을 모두 선택하여 [Edit]-[Define Pattern] 메뉴를 선택해 패턴으로 등록합니다.

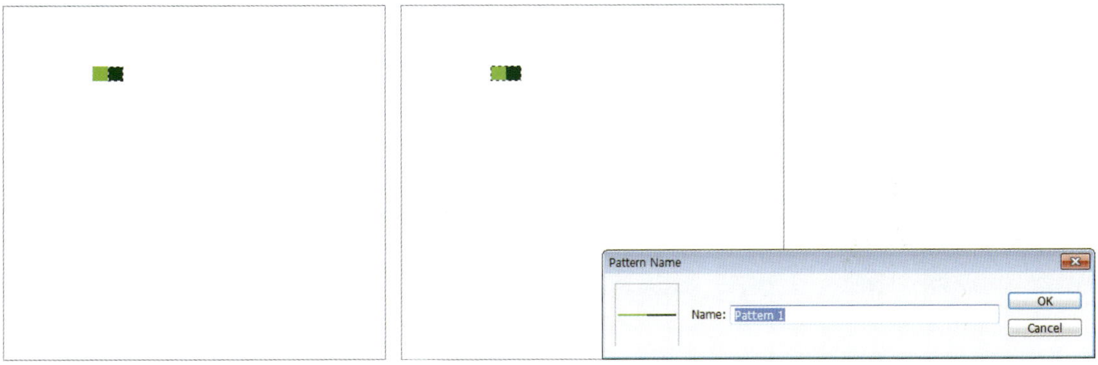

03 Ctrl+A를 눌러 화면 전체를 선택한 후 [Edit]-[Fill] 메뉴를 선택해 다음과 같이 설정하고 〈OK〉를 클릭합니다. 화면이 패턴으로 채워집니다.

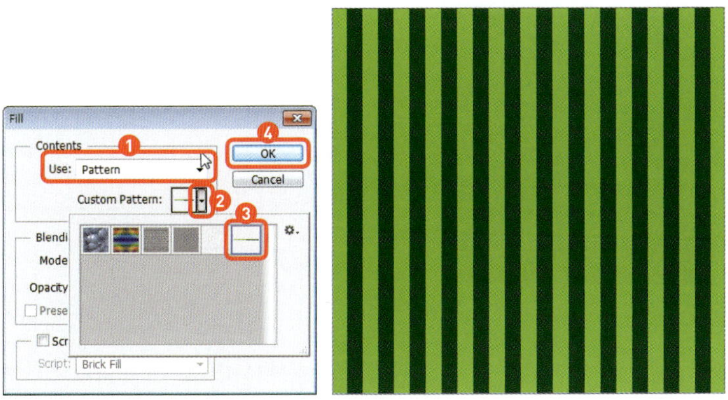

04 [Filter]-[Distort]-[Polar Coordinates] 메뉴를 선택하여 설정을 확인하고 〈OK〉를 클릭합니다. 스트라이프 패턴이 방사형으로 바뀌어 하이라이트 느낌의 배경이 만들어집니다.

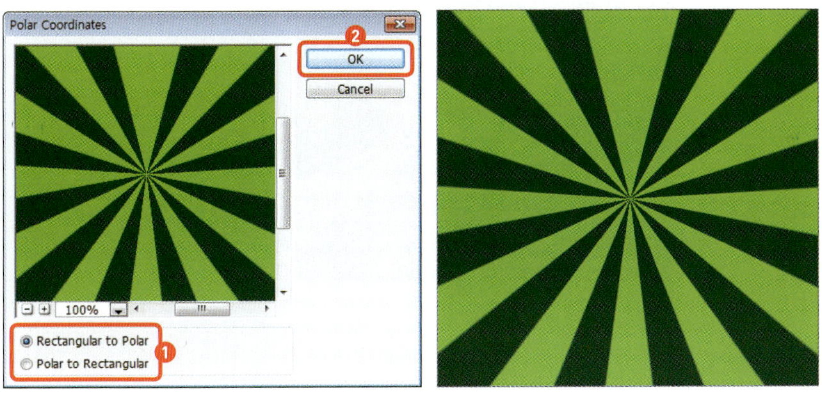

05 새 레이어를 추가하고 원형 선택 툴( )로 Shift 를 누른 채 드래그하여 원을 그립니다.

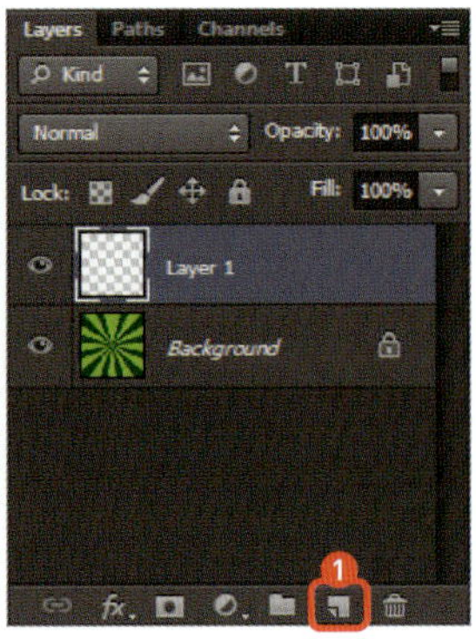

06 전경색을 흰색, 배경색을 회색으로 설정한 후, 그레디언트 툴( )로 다음과 같이 드래그합니다.

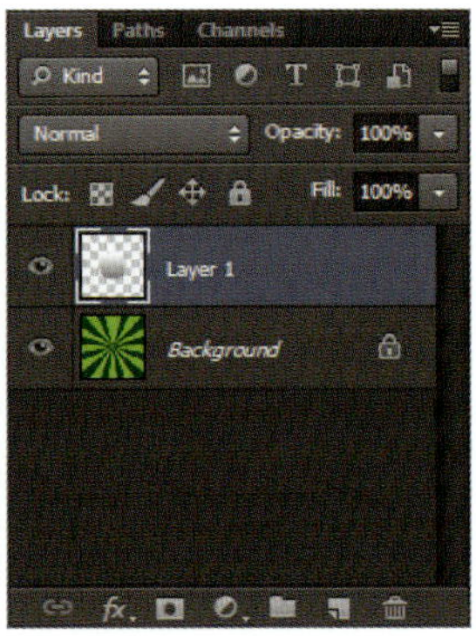

07 Layer 1에서 레이어 스타일 추가( )를 클릭해 [Drop Shadow]를 선택합니다. 다음과 같이 설정하여 선택 영역 외부에 그림자 효과를 적용한 후 〈OK〉를 클릭합니다.

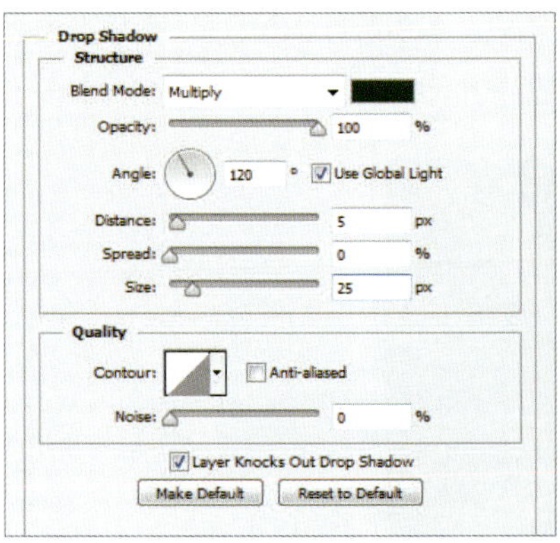

08 새 레이어를 추가하고 [Select]-[Modify]-[Contract] 메뉴를 선택합니다. 옵션 창에서 10을 입력하고 〈OK〉를 클릭하면 선택 영역의 크기가 줄어듭니다.

09 전경색을 노란색, 배경색을 초록색으로 설정하고, 그레디언트 툴(■)의 옵션을 다음과 같이 설정한 후, 선택 영역에 드래그합니다.

10 Layer 2에서 레이어 스타일 추가(fx)를 클릭해 [Stroke]를 선택하고, 다음과 같이 설정합니다.

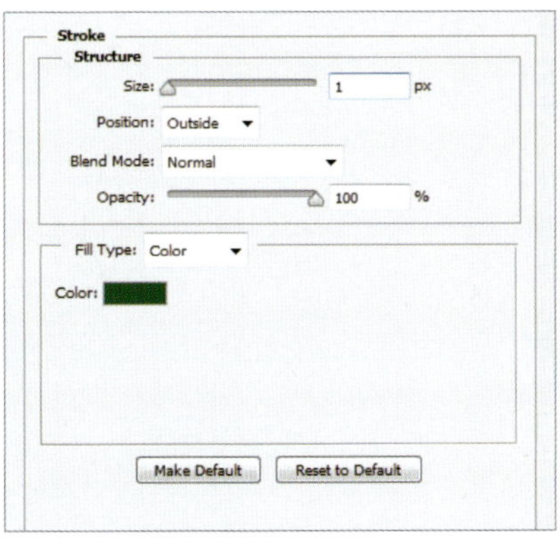

11 이어서 [Inner Shadow]를 선택하고 다음과 같이 설정합니다. 내부 그림자가 생겨 이미지의 입체감이 도드라집니다. 설정이 완료되면 〈OK〉를 클릭합니다.

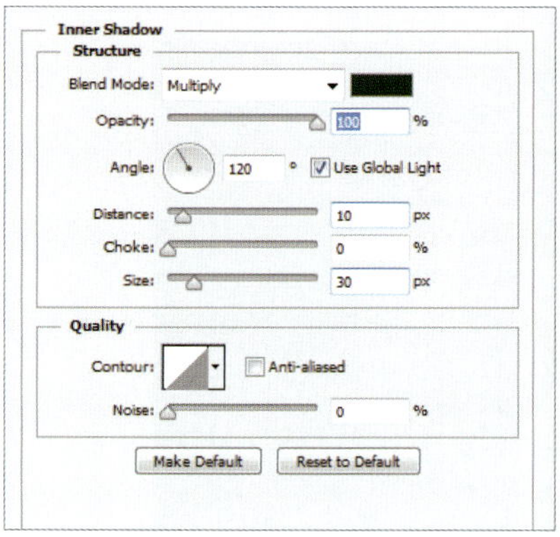

12 새 레이어를 추가하고 원형 선택 툴( )로 Alt 를 누른 채 다음과 같이 드래그하여 겹쳐진 부분의 선택 영역을 제거합니다.

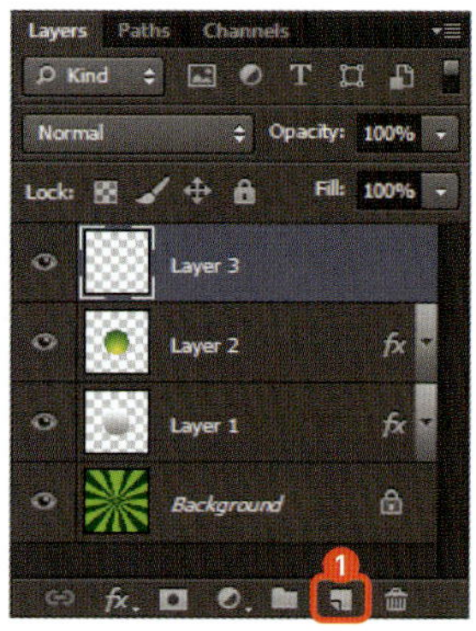

13 [Select]–[Modify]–[Contract] 메뉴를 선택하고 5를 입력하여 선택 영역의 크기를 줄여줍니다.

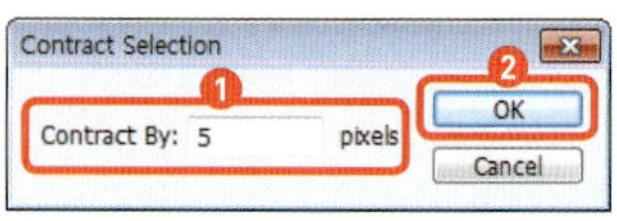

14 전경색을 흰색으로 지정하고, 그레디언트 툴(■)의 옵션을 다음과 같이 설정한 뒤, 선택 영역에 드래그합니다.

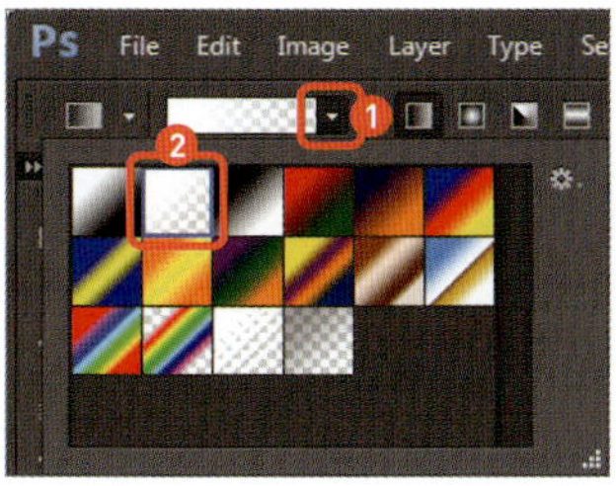

15 새 레이어를 추가하고 커스텀 쉐이프 툴(■)의 옵션을 Pixels, Shape를 별 모양으로 설정합니다. 원 안에 드래그하여 별 모양을 버튼 중앙에 위치시킵니다.

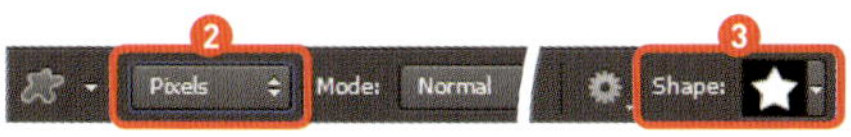

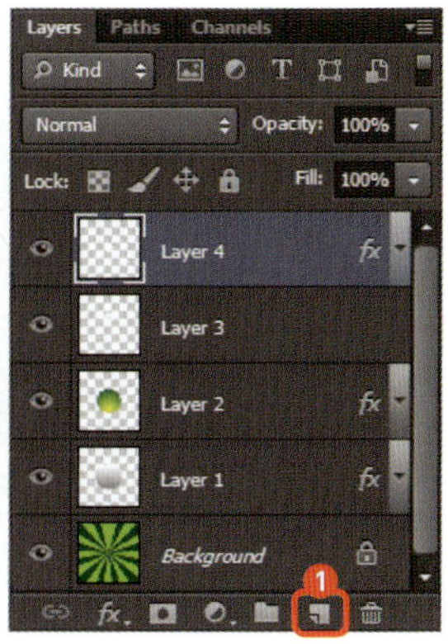

16 Layer 4에서 레이어 스타일 추가(fx)를 클릭해 [Drop Shadow]를 선택합니다. 옵션 창에서 다음과 같이 설정하여 투명한 버튼에 그림자가 비친 것처럼 만들어 이미지를 완성합니다.

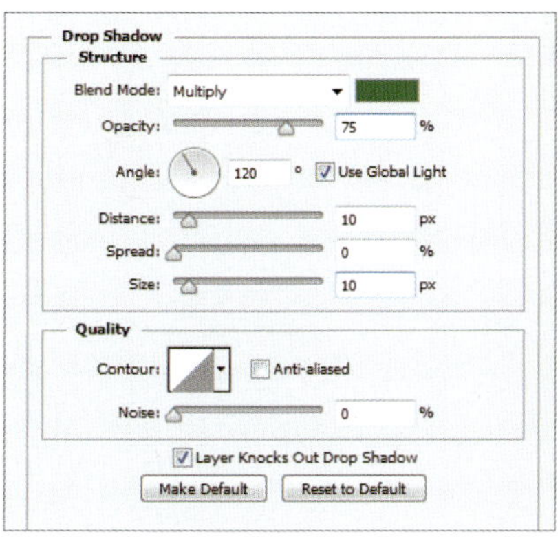

CHAPTER

11

환상적인 느낌의 이펙트 디자인

포토샵의 기본 기능을 익힌 후에는 '포토샵의 여러 기능을 사용할 수 있다'라는 관점보다는, '작품 하나를 만들 수 있다'라는 관점으로 연습해보는 것이 응용력을 기르는 데 좋습니다. 이번 장에서는 포토샵의 여러 기능을 종합적으로 사용하여, 빛과 관련된 특수 효과를 적용한 환상적이고 몽환적인 느낌의 이미지를 만들어 봅니다. 그리고 반복 작업들을 스타일 패널에 저장해두고 사용하는 방법도 배워봅니다.

CONTENTS

Section 75 / 네온 발광 UFO 만들기

Section 76 / 빛나는 원자 형태의 오브젝트 만들기

Section 77 / 별빛으로 이미지를 강조하기

Section 78 / 입체 구름 무지개 만들기

Section 79 / 아바타 나비족으로 변신시키기

SECTION 75

네온 발광 UFO 만들기

• **준비파일** 없음 • **완성파일** UFO1.psd

도트 모양의 네온 발광 UFO를 만들고, 원근감을 달리하여 자유롭게 배치해봅니다.

△ 완성 이미지

△ 응용 이미지

01 [File]-[New] 메뉴를 선택하고 너비와 높이를 각각 500Pixels, 해상도를 72Pixels/Inch로 설정하여 새 문서를 만듭니다. 전경색을 남색, 배경색을 검은색으로 설정하고 그레디언트 툴(■)의 원형 그레디언트(■)를 선택하여 다음과 같이 드래그합니다.

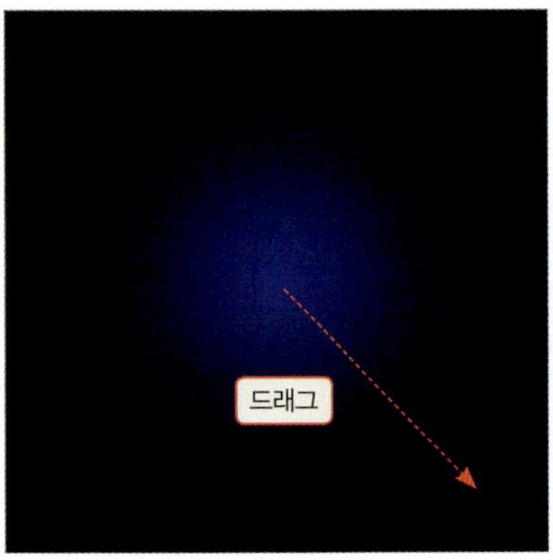

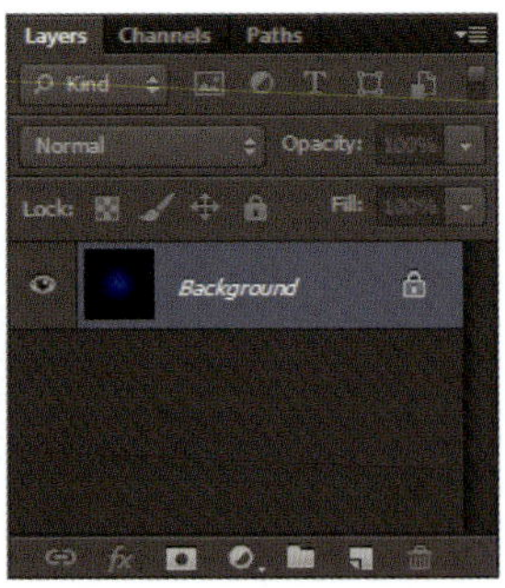

02 새 레이어를 추가하고 흰색으로 화면을 채웁니다.

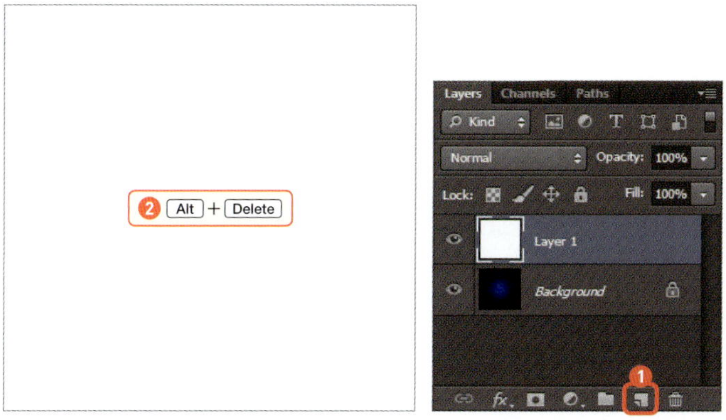

03 전경색과 배경색을 흰색과 검은색으로 설정하고, [Filter]-[Render]-[Clouds] 메뉴를 선택하여 필터를 적용합니다. Clouds 필터는 실행할 때마다 문양이 랜덤하게 나오기 때문에 아래 그림과 똑같이 만들어지지는 않습니다.

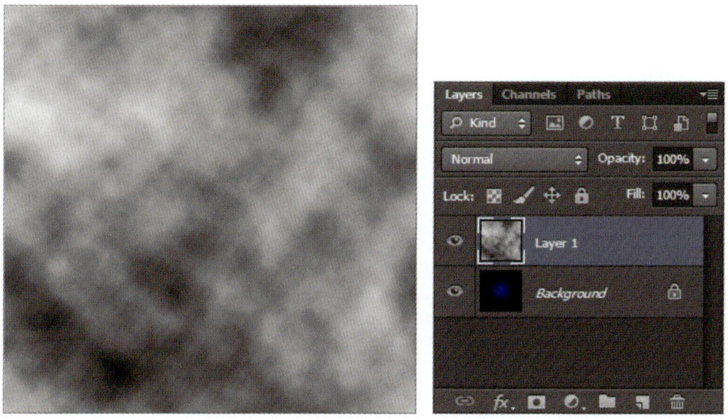

Tip Ctrl+F를 누르면 직전에 실행한 필터를 반복 적용할 수 있습니다.

04 Layer 1의 레이어 모드를 [Multiply]로 변경합니다.

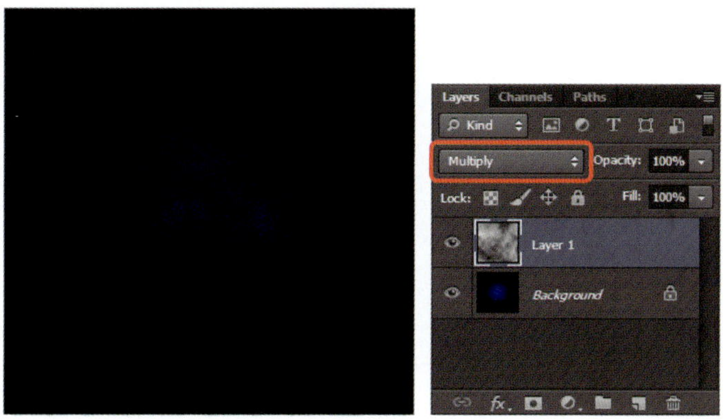

05 원형 쉐이프 툴(◉)의 옵션을 다음과 같이 설정하고, Stroke Options 창에서 〈More Options〉를 클릭해 Dash Line의 옵션을 조절합니다. 설정이 끝나면 화면을 드래그하여 점선으로 된 원을 만듭니다.

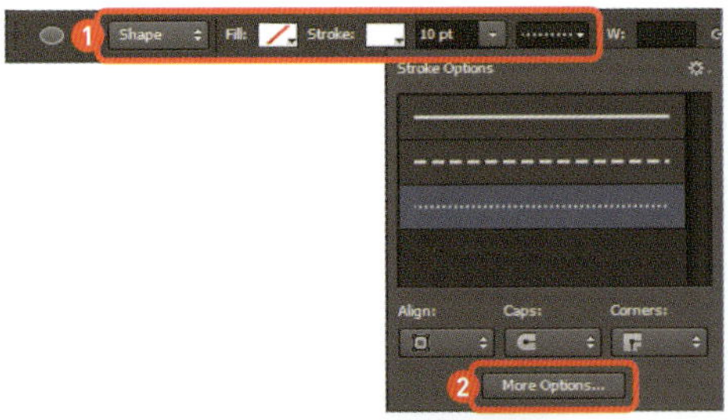

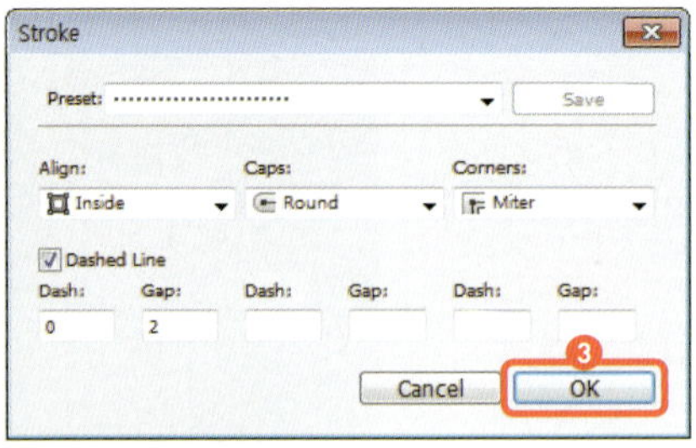

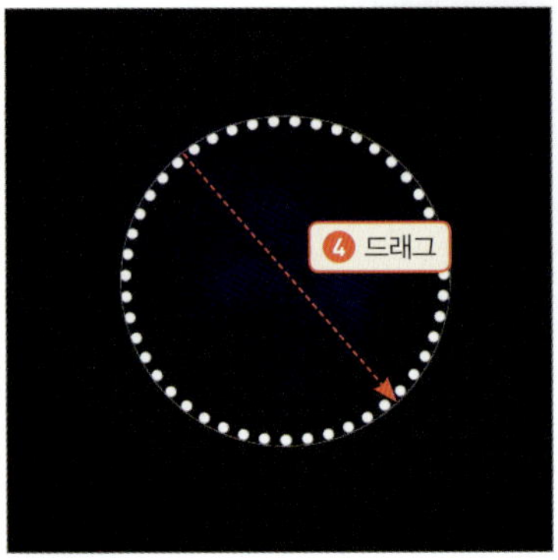

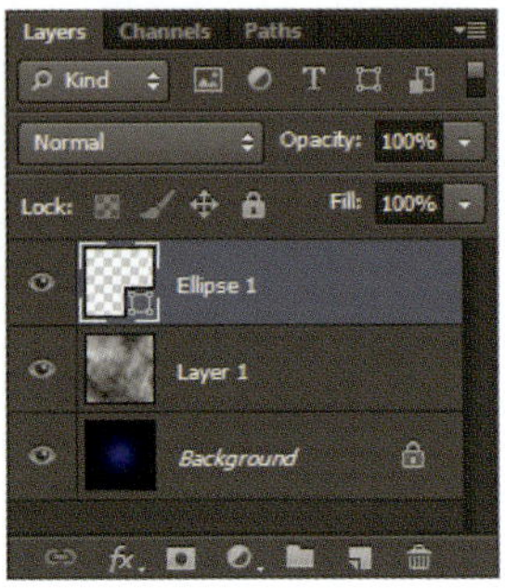

06 다시 원형 쉐이프 툴(◉)로 더 작은 원을 하나 더 만듭니다.

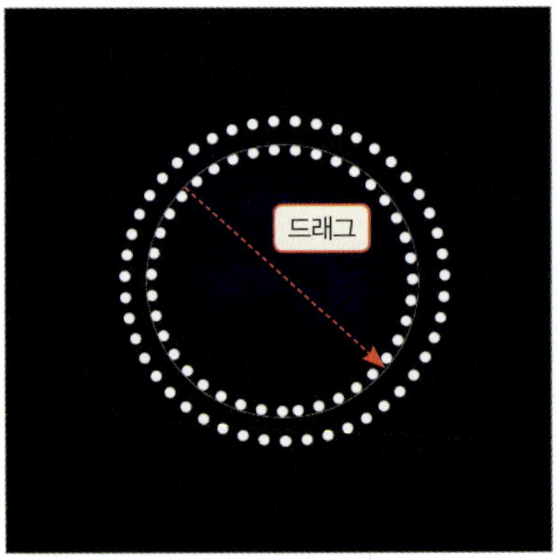

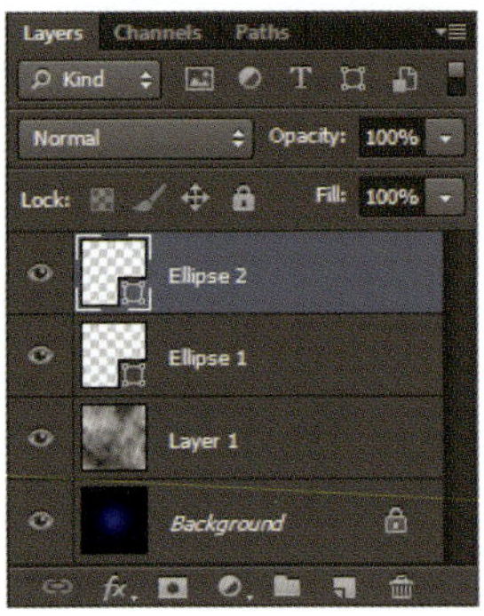

07 같은 방법으로 다음과 같이 세 개의 원을 더 만듭니다.

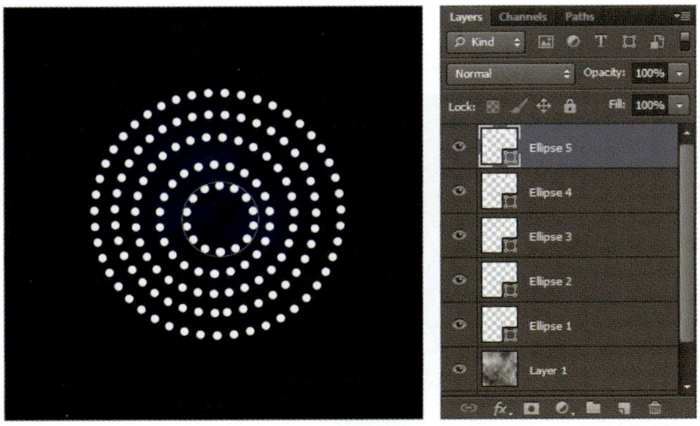

08 Shift 를 누른 채 Ellipse 1~Ellipse 5를 모두 선택하고, 이동 툴( )의 옵션 바에서 가로 중앙 정렬과 세로 중앙 정렬을 클릭해 원을 화면 가운데로 정렬시킵니다.

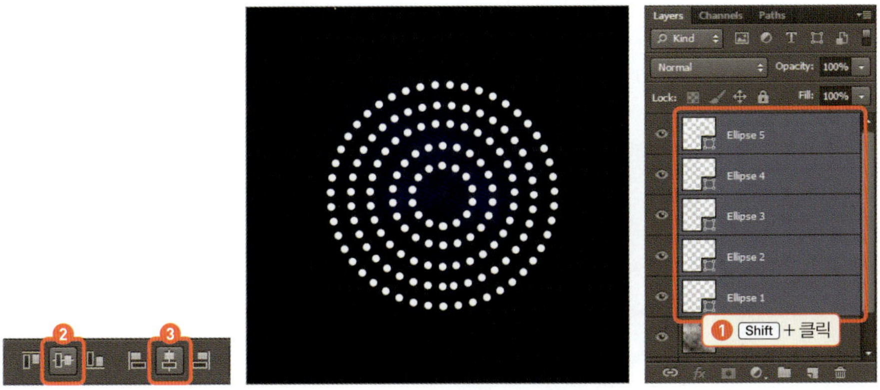

09 Ellipse 1~Ellipse 5가 모두 선택된 상태에서 마우스 오른쪽 버튼을 눌러 [Rasterize Layers]를 선택하여 벡터 이미지를 픽셀 이미지로 전환시킵니다. 그리고 Ctrl + E 를 눌러 하나의 레이어로 병합합니다.

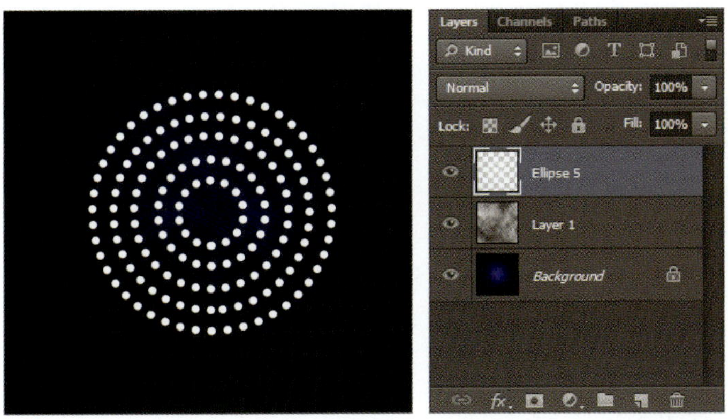

10 병합된 Ellipse 5 레이어에서 레이어 스타일 추가(fx)를 클릭해 [Outer Glow]를 선택합니다. 옵션 창에서 다음과 같이 설정하여 발광 느낌이 나게 만든 후 〈OK〉를 클릭합니다.

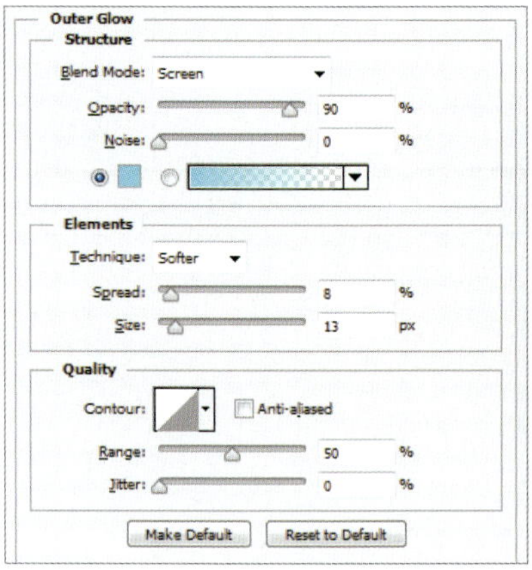

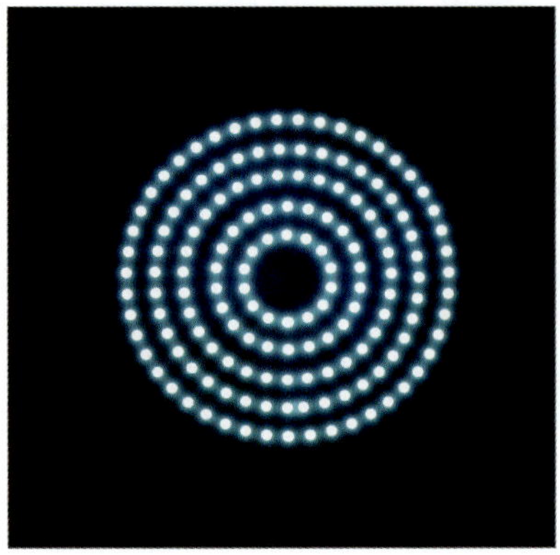

11 Layer 1 위에 새 레이어를 추가하고, Ctrl 을 누른 채 Ellipse 5의 썸네일을 클릭해 선택 영역을 만듭니다. 그리고 전경색을 발광색과 비슷한 색상으로 설정한 후 선택 영역을 채웁니다. 결과를 확인하기 위해 Ellipse 5의 눈 부분을 클릭해 레이어를 잠시 꺼둡니다.

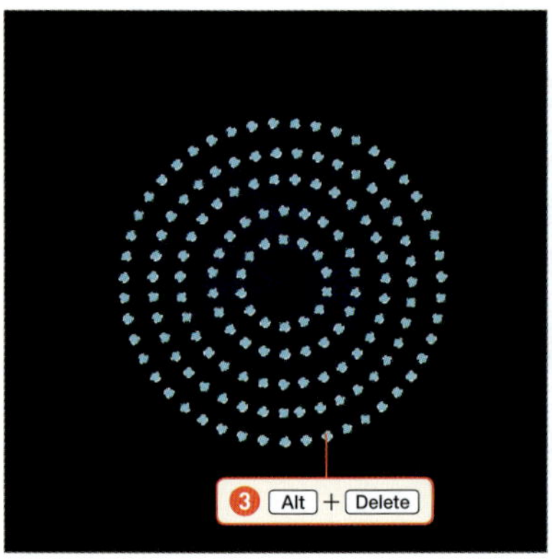

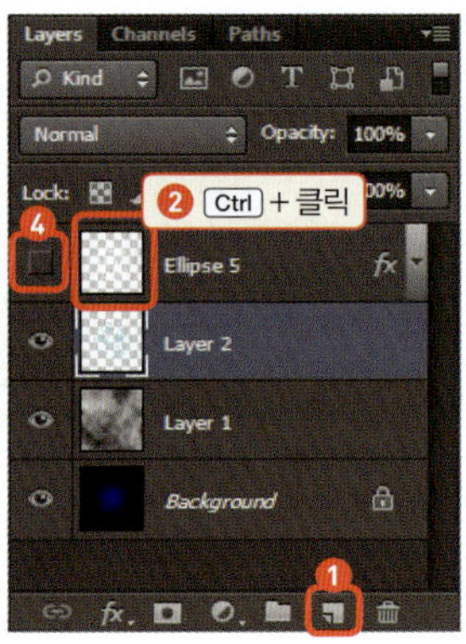

12 Ctrl + D 를 눌러 선택 영역을 해제하고, [Filter]-[Blur]-[Motion Blur] 메뉴를 선택해 다음과 같이 설정합니다.

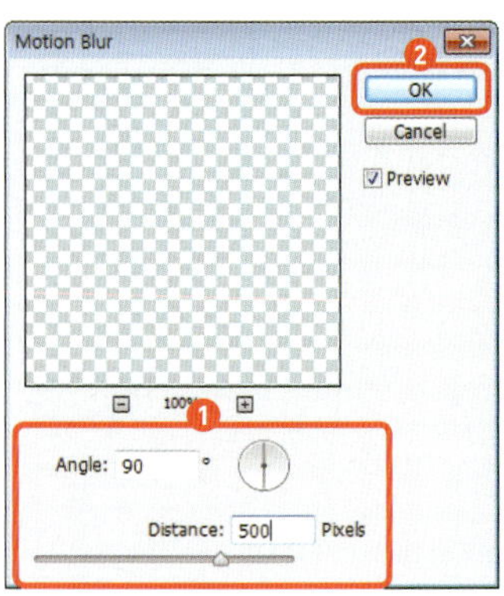

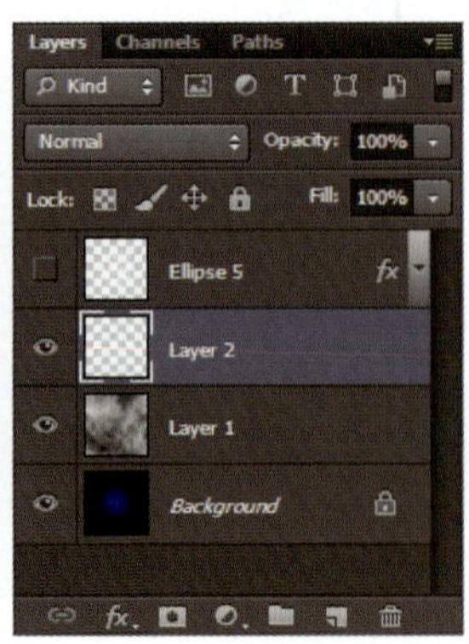

13 Ellipse 5를 선택하고 [Edit]–[Transform]–[Perspective] 메뉴를 선택하여 다음과 같이 원의 윗부분을 줄여줍니다. 이어서 [Edit]–[Transform]–[Scale] 메뉴를 선택하여 전체적인 모양을 납작한 타원형으로 만든 후 Enter를 눌러 변형을 완료합니다.

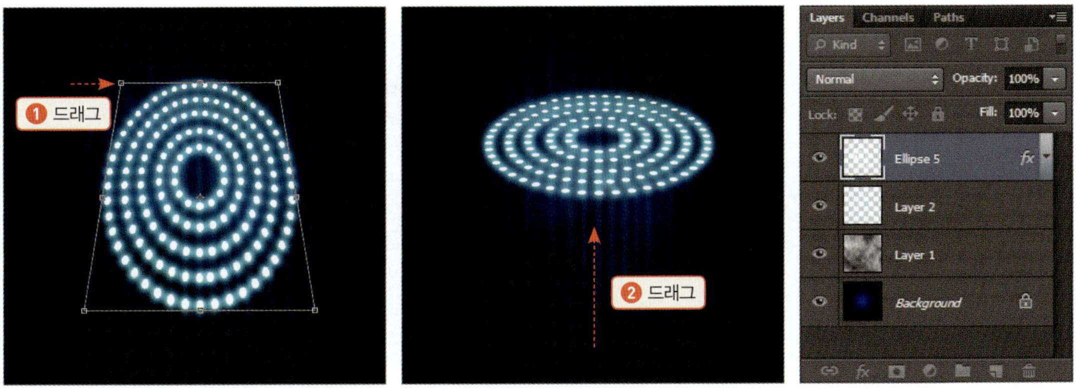

14 지우개 툴( )의 브러시 옵션을 Size 250px, Hardness 0%, Opacity 30%로 설정합니다. Layer 2를 선택하고 원 위의 광선을 부드럽게 지운 후, 레이어 Opcity를 70%로 줄여줍니다.

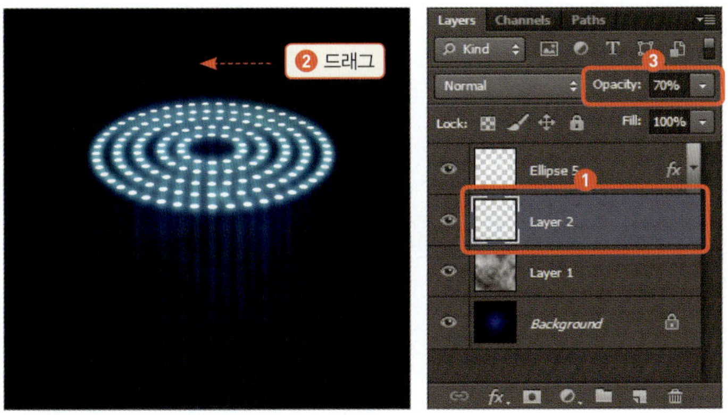

15 텍스트 툴( )의 옵션 바에서 폰트는 HYcysM, 크기는 72pt, 색상은 흰색으로 설정하고 다음과 같이 입력합니다.

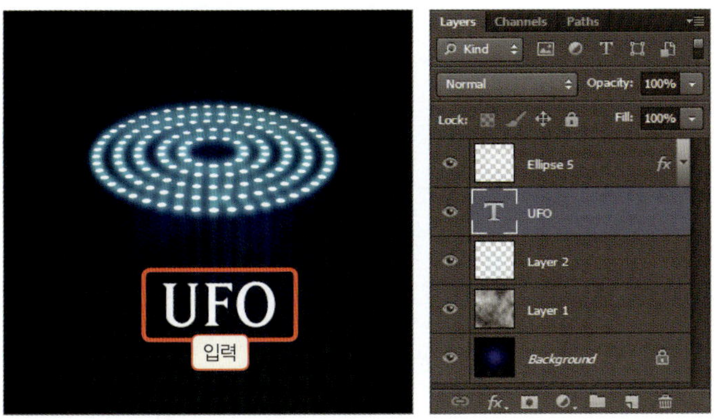

16 옵션 바에서 워프( )를 클릭한 후, Style 옵션을 다음과 같이 설정합니다. 그리고 레이어 스타일 추가( )를 클릭해 [Outer Glow]를 선택하고, 다음과 같이 설정한 후 〈OK〉를 클릭합니다.

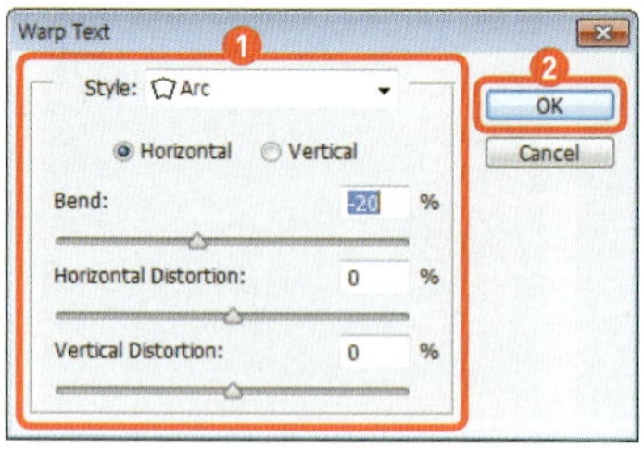

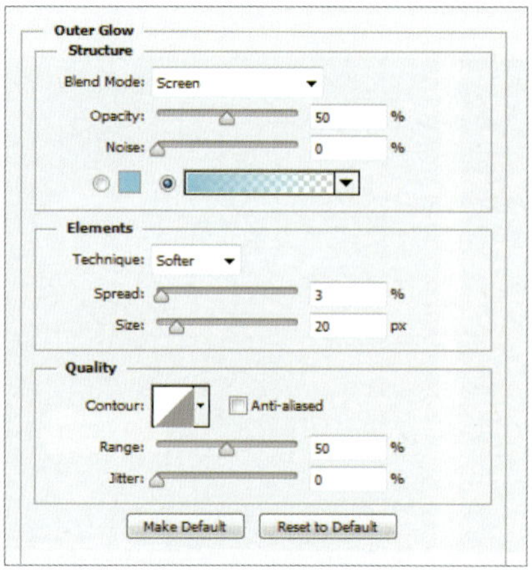

17 레이어 모드를 [Overlay]로 변경하여 이미지를 완성합니다.

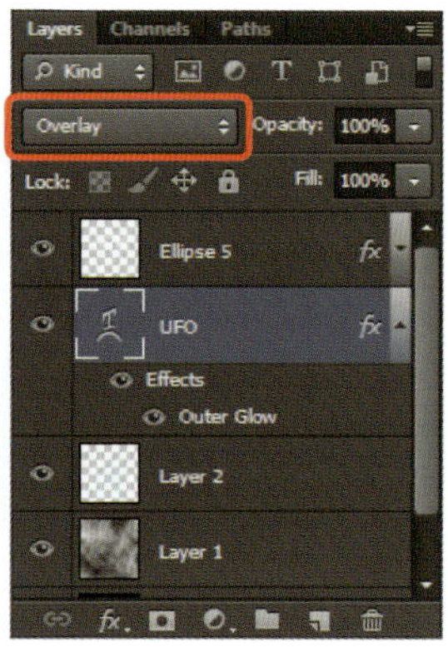

SECTION 76 빛나는 원자 형태의 오브젝트 만들기

• **준비파일** 없음 • **완성파일** Atom1.psd

필터와 트랜스폼 기능을 이용해 빛나는 원자 형태의 오브젝트를 만들어봅니다.

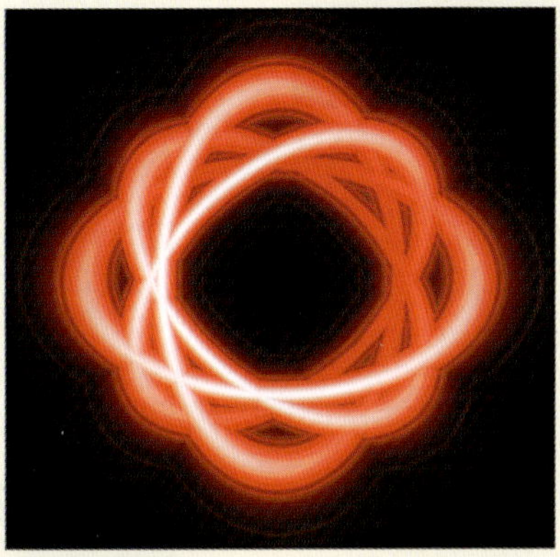

△ 완성 이미지

△ 응용 이미지

01 [File]–[New] 메뉴를 선택하고 너비와 높이를 각각 500Pixels, 해상도를 72Pixels/Inch로 설정하여 새 문서를 만듭니다. 그리고 Backgroung 레이어를 검은색으로 채웁니다.

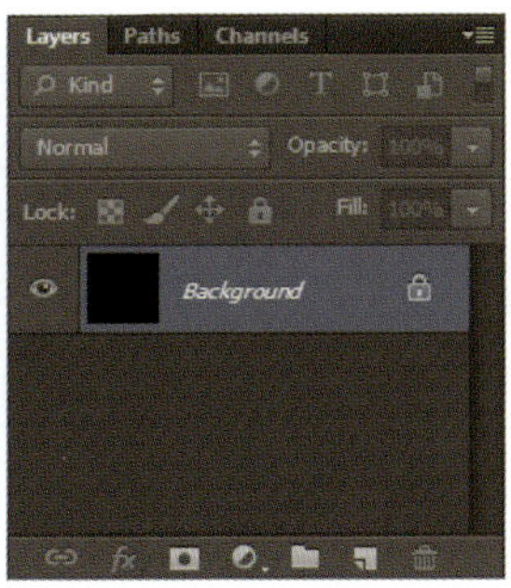

02 [Filter]−[Render]−[Lens Flare] 메뉴를 선택해 빛이 중앙으로 모이도록 위치를 맞춘 후 〈OK〉를 클릭합니다.

03 Background 레이어를 더블클릭하여 레이어의 이름을 Layer 0으로 바꿉니다. 자물쇠 모양이 없어지면서 잠겨있던 배경이 열립니다.

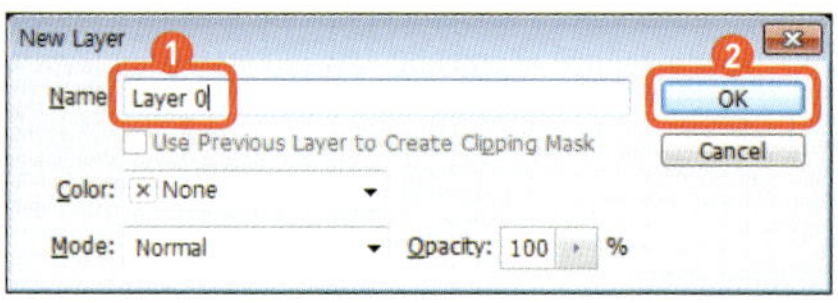

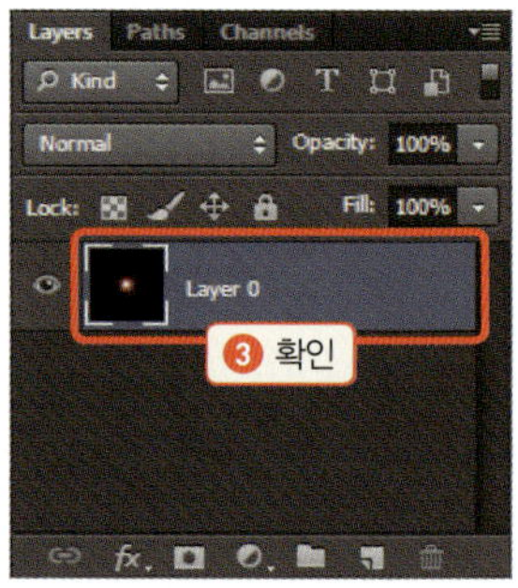

04 Ctrl+T를 눌러 바운딩 박스가 나타나면, 옵션 바에 다음과 같이 입력하여 옆으로 길게 늘린 후 실행(✓)을 클릭합니다.

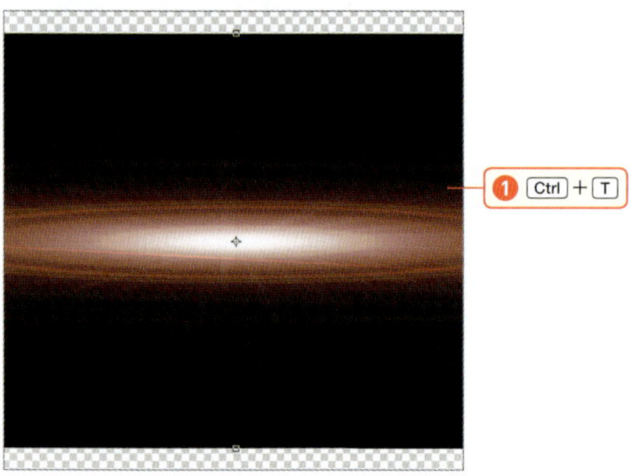

05 Ctrl+A를 눌러 화면 전체를 선택한 후, [Filter]–[Distort]–[Polar Coordinates] 메뉴를 선택해 다음과 같이 적용합니다.

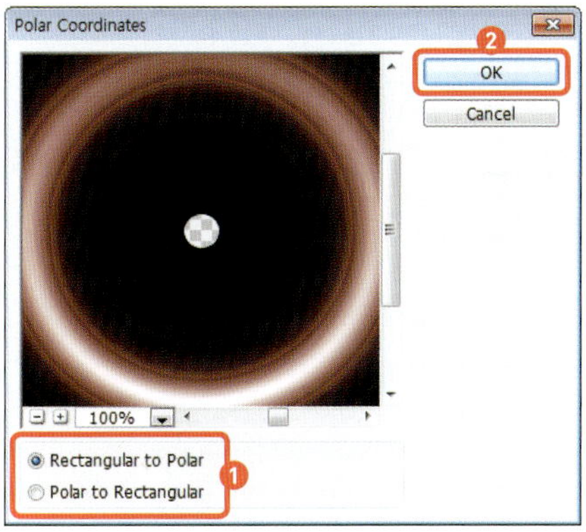

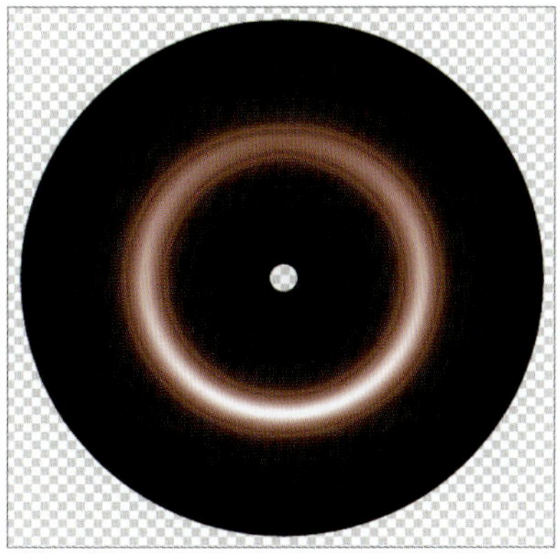

06 Ctrl+T를 누르고, 옵션 바에 다음과 같이 입력하여 타원형으로 만든 후 실행(✓)을 클릭합니다.

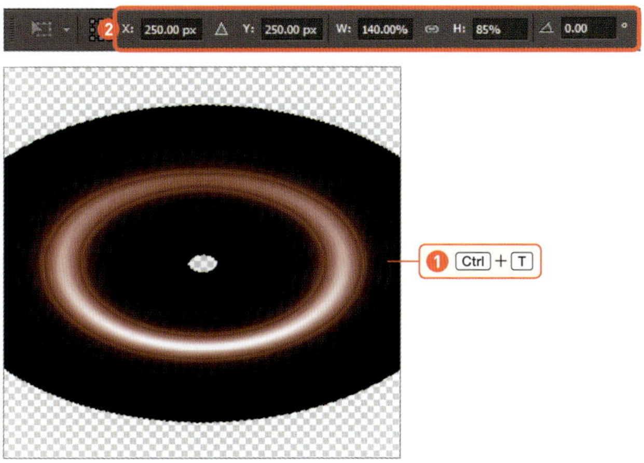

07 Layer 0이 선택된 상태에서 Ctrl+J를 눌러 레이어를 복제합니다.

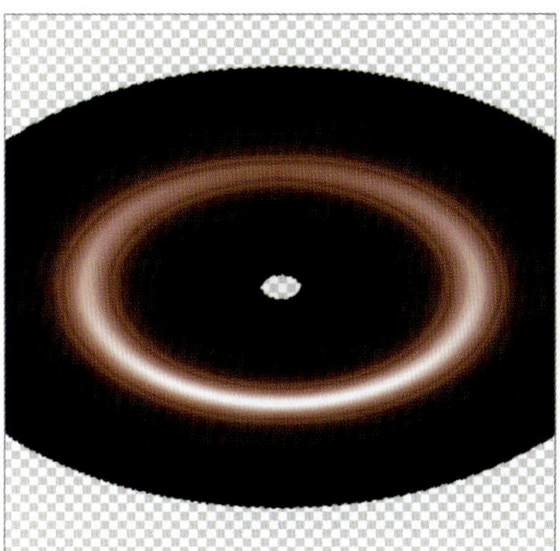

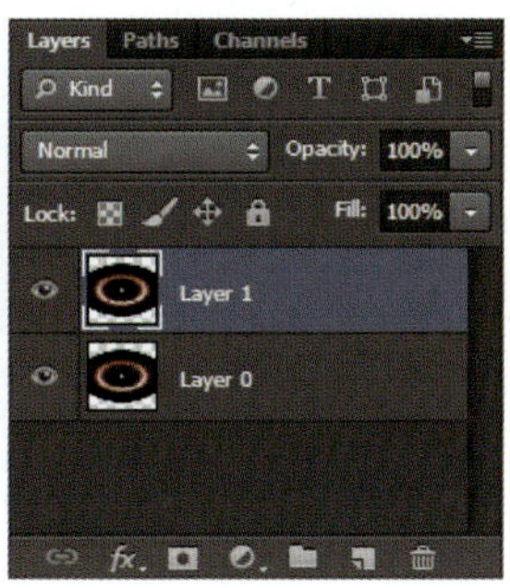

08 Layer 1을 선택하고 [Edit]–[Transform]–[Rotate 90° CW] 메뉴를 선택하여 Layer 1만 시계 방향으로 90° 회전시킵니다.

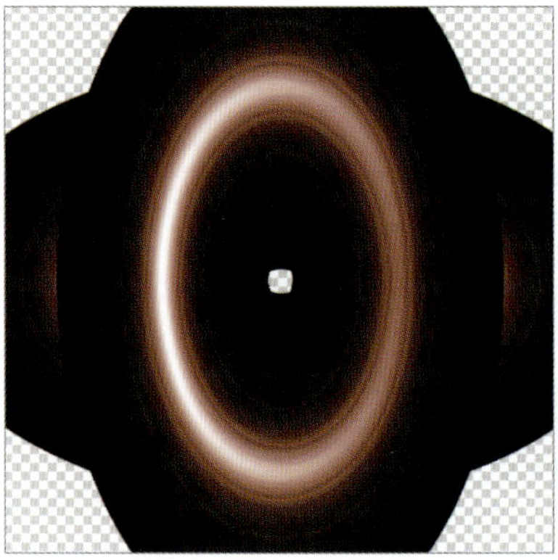

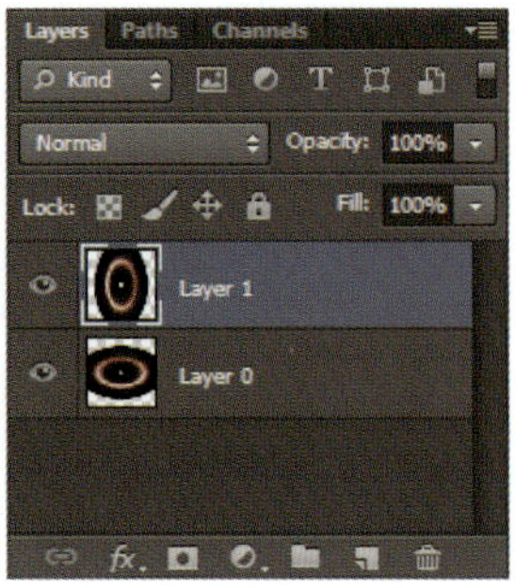

09 Layer 1의 레이어 모드를 [Lighten]으로 변경합니다.

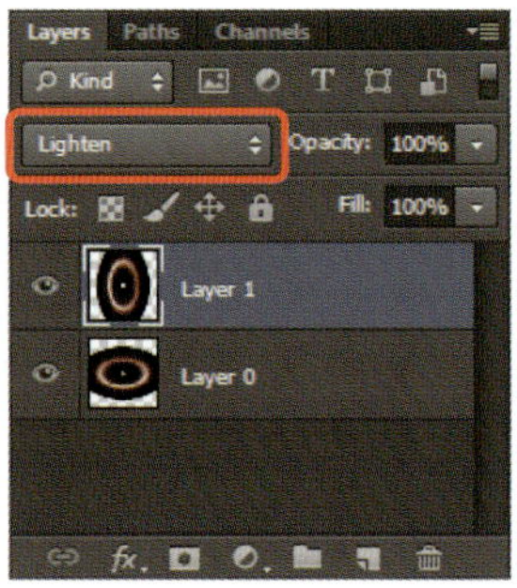

10 Layer 1이 선택된 상태에서 Ctrl+E를 눌러 Layer 0과 병합한 후, 다시 Ctrl+J를 눌러 병합한 레이어를 복제합니다.

11 Layer 0 copy가 선택된 상태에서 Ctrl+T를 누르고 옵션 바에 다음과 같이 입력합니다. 오브젝트의 크기가 약간 줄어들고 45° 회전합니다.

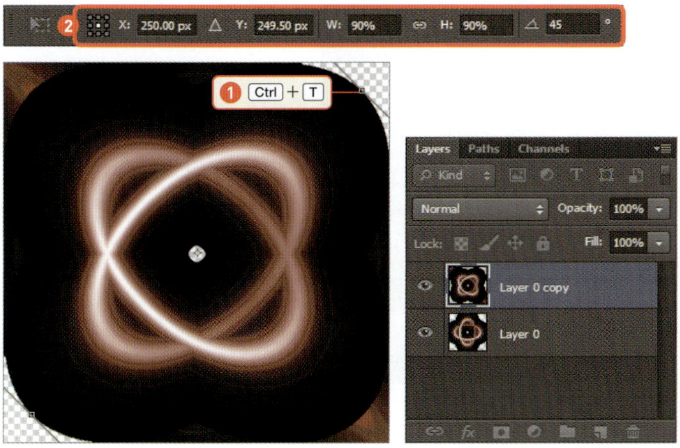

12 Layer 0 copy의 레이어 모드를 [Lighten]으로 변경한 후, Ctrl+E를 눌러 아래쪽 레이어와 병합합니다.

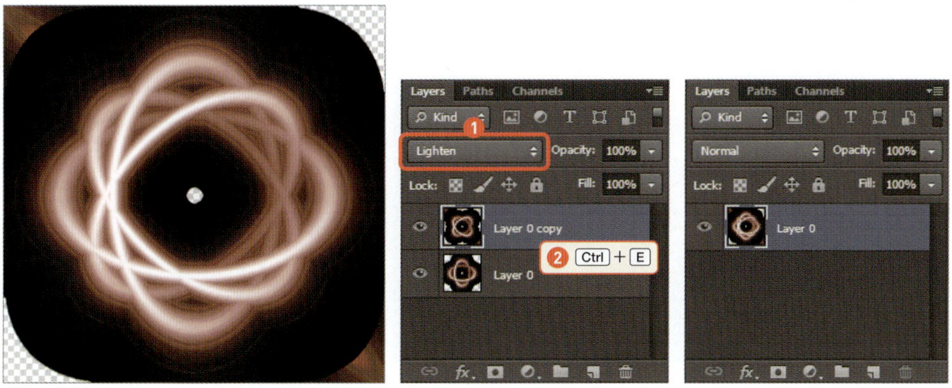

13 새 레이어를 추가하고 검은색으로 배경을 채운 후 Layer 0 아래쪽으로 옮깁니다.

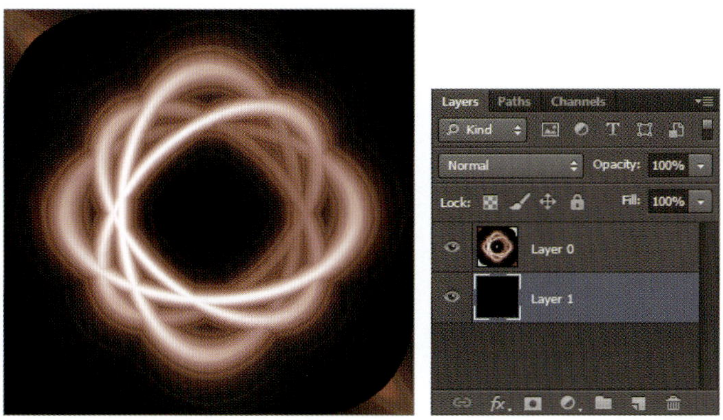

14 Layer 0에서 원형 선택 툴( )로 다음과 같이 드래그하여 선택 영역을 지정합니다. Ctrl + Shift + I 를 눌러 선택 영역을 반전시킨 후, Delete 를 눌러 불필요한 부분을 삭제합니다.

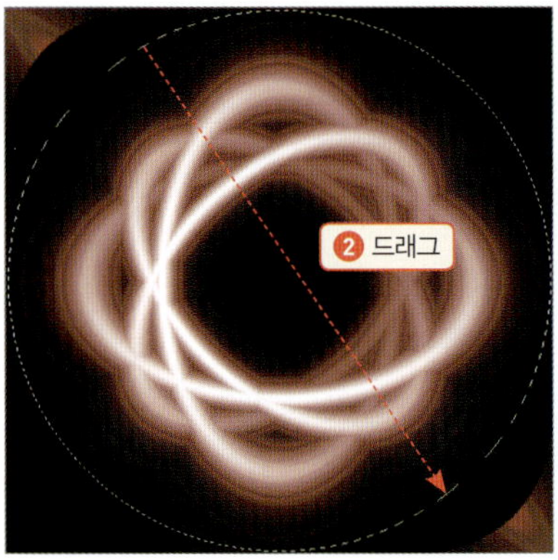

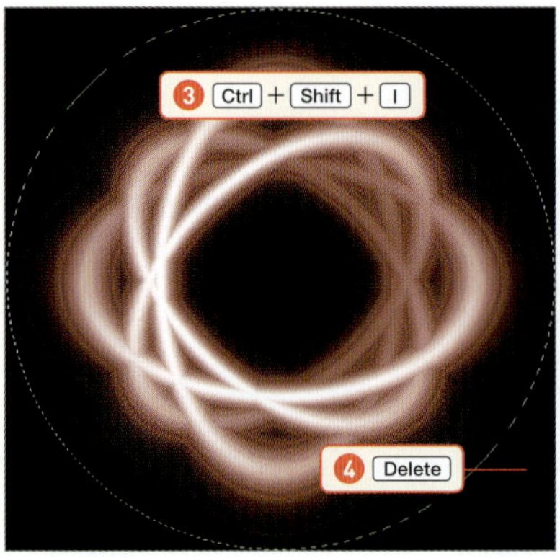

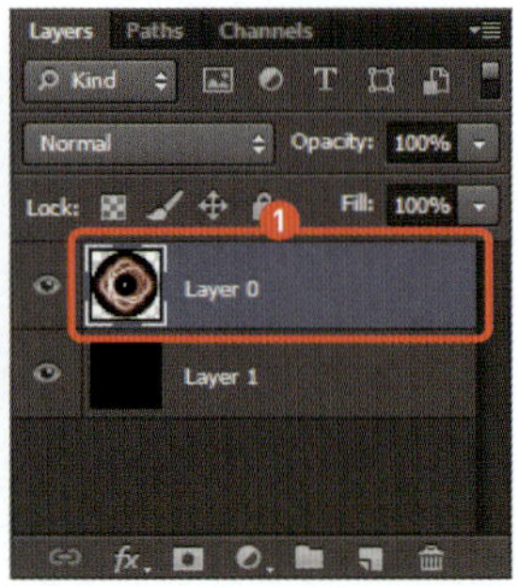

15 Ctrl + D 를 눌러 선택 영역을 해제하고 Adjustments 패널에서 Hue/Saturation( )을 선택합니다. 옵션 창에서 다음과 같이 설정하여 색상을 변경하면, 빛나는 원자 형태의 오브젝트가 완성됩니다.

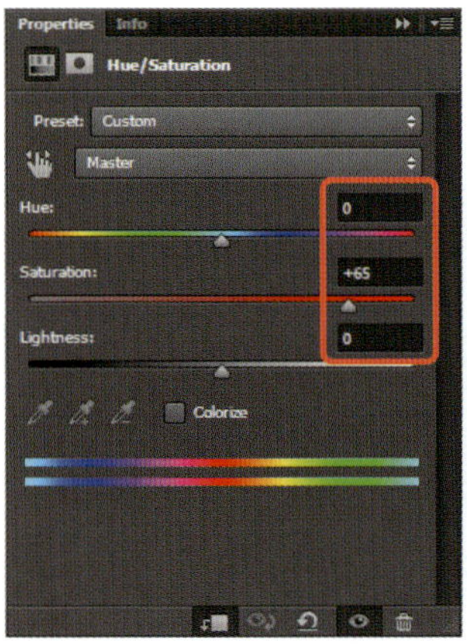

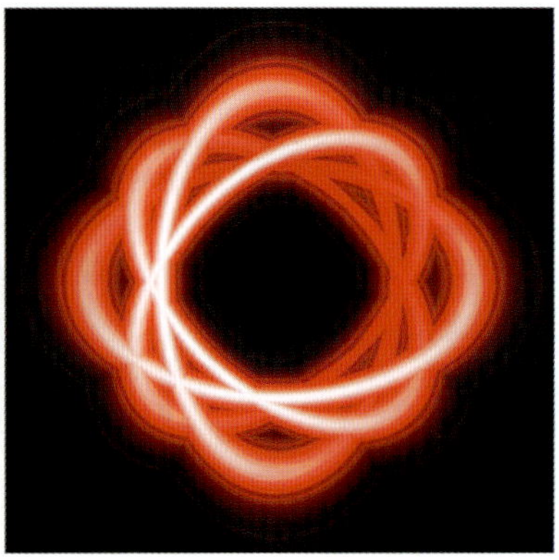

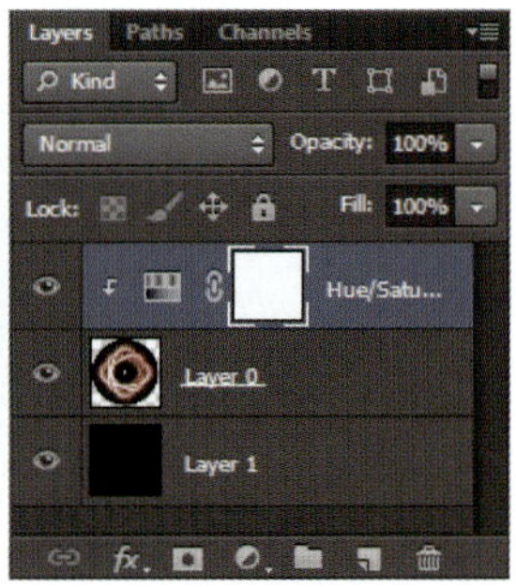

Tip Adjustments 패널이 보이지 않으면 [Window]–[Adjustments] 메뉴를 선택합니다.

SECTION
77 별빛으로 이미지를 강조하기

• **준비파일** Sister.psd, Star_brush.abr • **완성파일** Sister_result.psd

펜 툴과 브러시 툴을 이용해 환상적인 별빛 효과로 오브젝트를 강조하는 작품을 만들어봅니다.

△ 원본 이미지

△ 완성 이미지

01 Ch 11 ▸ Section 77 ▸ Sister.psd 파일을 불러옵니다.

02 선택 툴이나 올가미 툴로 Layer 1에서 인물만 따로 선택한 후, Ctrl+J를 눌러 복제합니다.

Tip 이 단계는 편의상 준비파일에 반영되어 있습니다.

03 Layer 1을 선택하고 [Filter]-[Blur]-[Motion Blur] 메뉴를 선택하여, 다음과 같이 배경의 형태가 보이지 않도록 설정합니다.

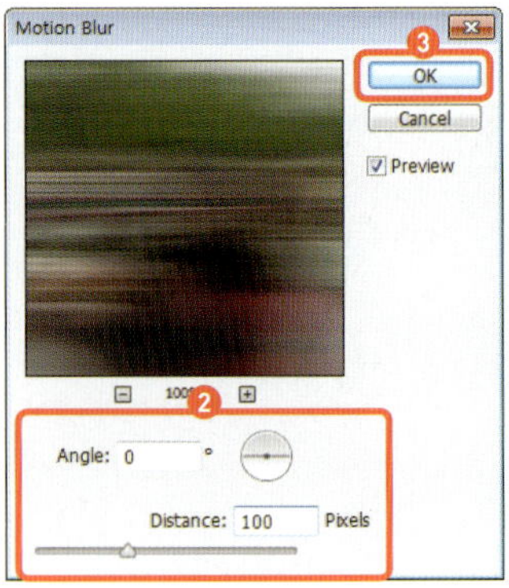

04 Layer 2를 선택하고 Ctrl+T를 눌러, 이미지를 약간 키워준 후 Enter를 누릅니다.

05 Layer 2가 선택된 상태에서 레이어 스타일 추가(fx)를 클릭해 [Outer Glow]를 선택합니다. 옵션 창에서 다음과 같이 설정한 후 〈OK〉를 클릭하면 인물의 가장자리가 빛납니다.

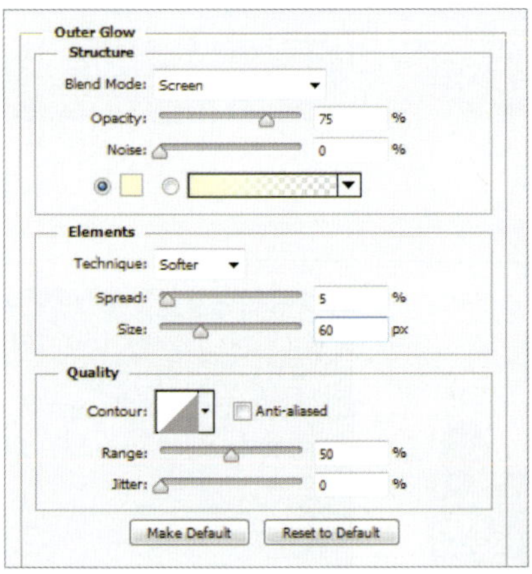

06 Layer 1을 선택하고 [Image]–[Adjustments]–[Brightness/Contrast] 메뉴를 선택해, 다음과 같이 배경을 조금 어둡게 설정합니다.

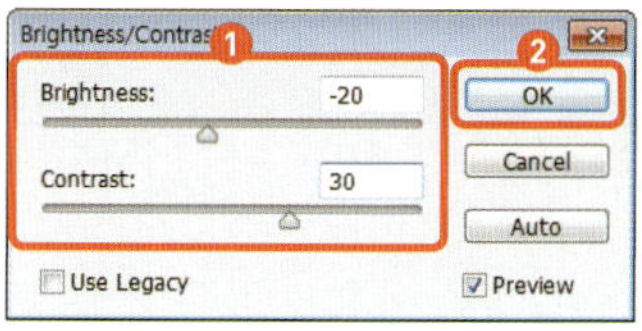

Tip 배경을 어둡게 하면 인물이 훨씬 도드라져 보입니다.

07 브러시 툴( )을 선택하고 브러시 프리셋의 톱니바퀴 모양( )을 클릭해 [Load Brushes]를 선택합니다. [Load] 대화상자가 열리면 Ch 11 ▸ Section 77 ▸ Star_brush.abr을 선택합니다.

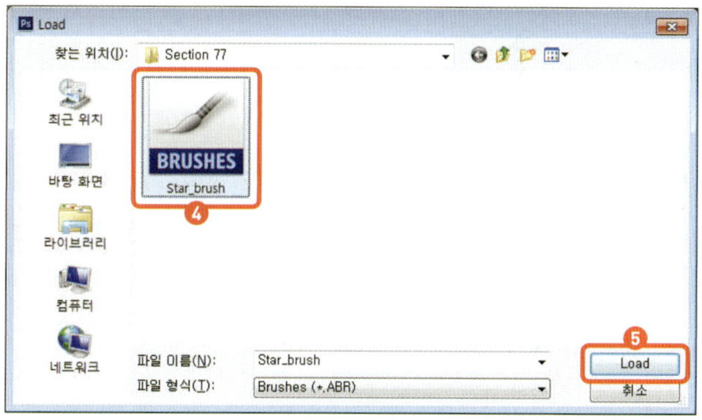

08 브러시 프리셋의 맨 마지막에 추가된 브러시를 선택하고, 브러시 패널( )을 클릭해 Size 70px, Spacing 100%로 설정합니다.

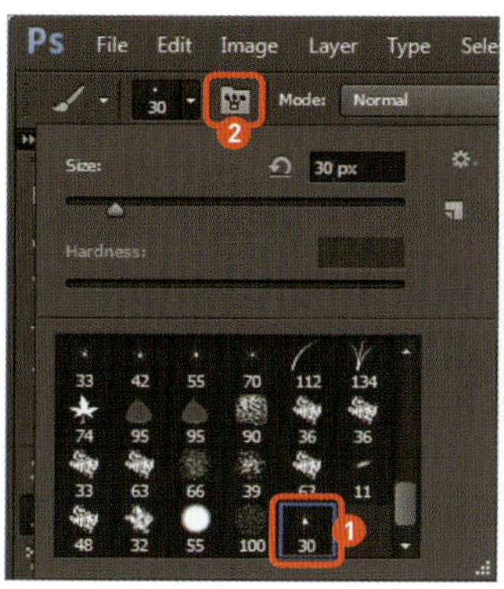

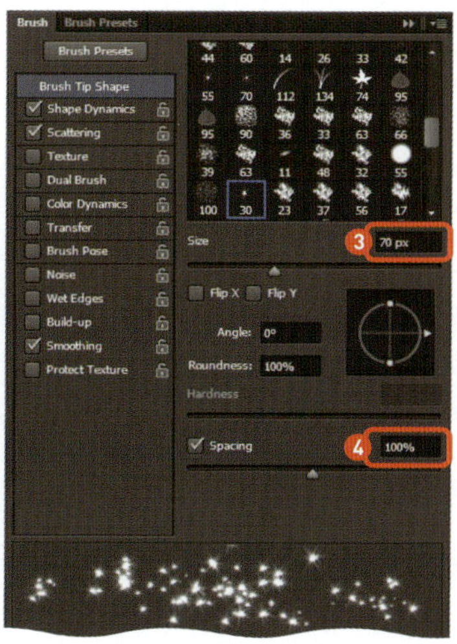

09 Layer 2 위쪽에 새 레이어를 추가하고 펜 툴()로 다음과 같이 패스를 그립니다.

10 패스가 완성되면 전경색을 흰색으로 설정하고 Paths 패널의 Work Path에서 마우스 오른쪽 버튼을 눌러 [Stroke Path]를 선택합니다. 옵션 창에서 Tool을 브러시로 선택하고 〈OK〉를 클릭하면 화면의 패스를 따라 지정한 브러시가 적용됩니다.

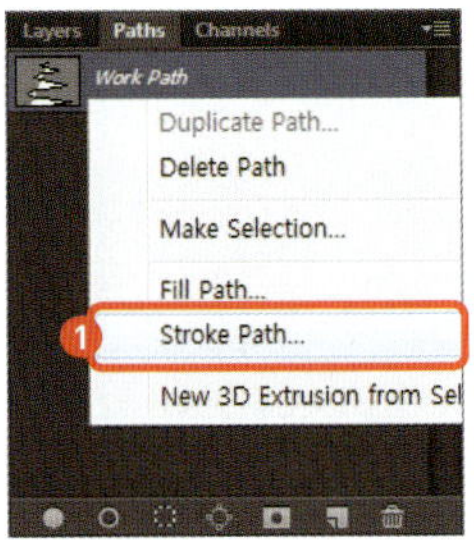

11 새 레이어를 추가하고 브러시 툴()을 선택하여 옵션 바에서 Size 5px, Hardness 100%의 기본 브러시를 선택합니다. 그리고 다시 Paths 패널의 Work Path에서 마우스 오른쪽 버튼을 눌러 [Stroke Path]를 다음과 같이 설정합니다. 이때 반드시 Simulate Pressure를 체크해야 시작 부분과 끝 부분이 가늘어집니다.

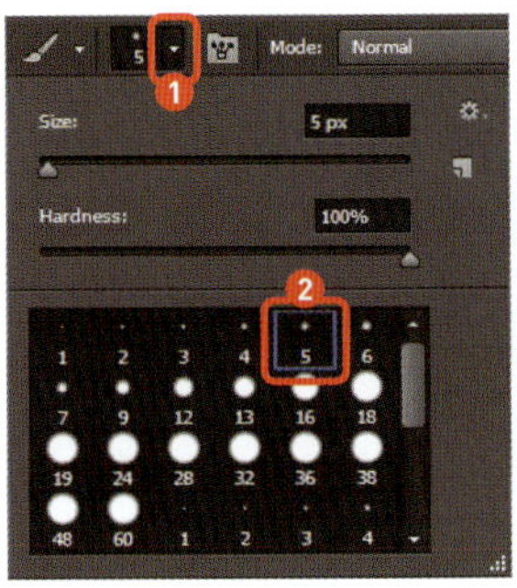

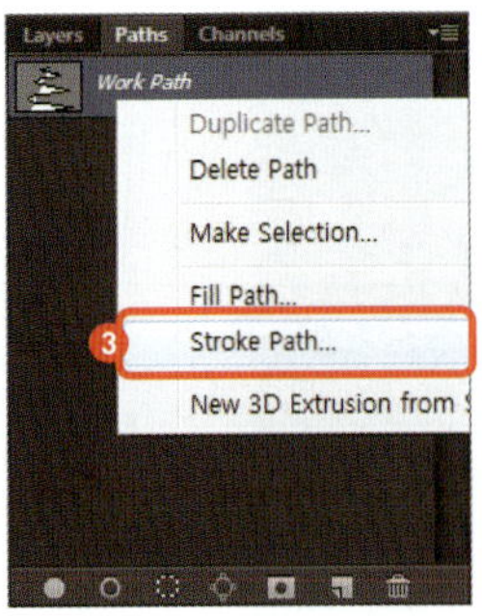

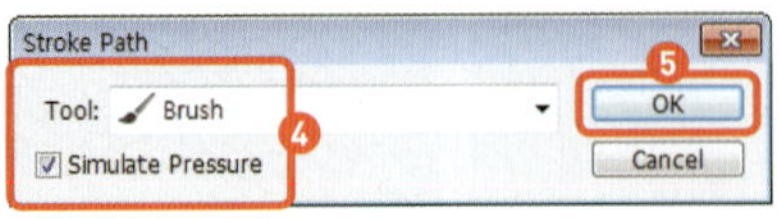

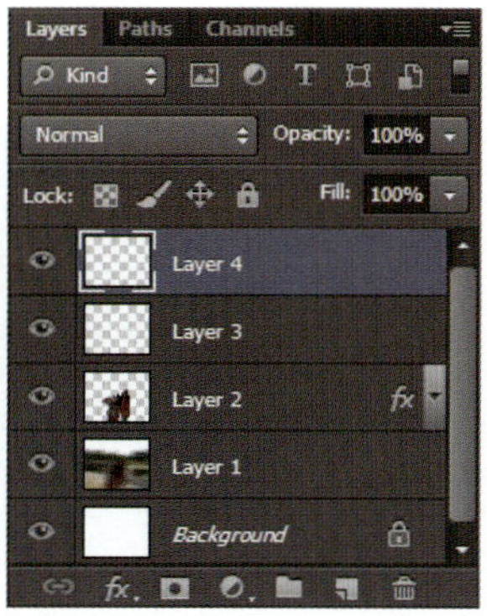

12 직접 선택 툴(▶)로 패스를 드래그하여 기존의 흰 선과 겹치지 않도록 조절합니다.

13 새 레이어를 추가하고 브러시 툴(🖌)의 옵션 바에서 Size 3px, Hardness 100%의 기본 브러시를 선택합니다. 그리고 다시 Paths 패널의 Work Path에서 마우스 오른쪽 버튼을 눌러 [Stroke Path]를 설정합니다. 이때도 Simulate Pressure를 반드시 체크해야 합니다.

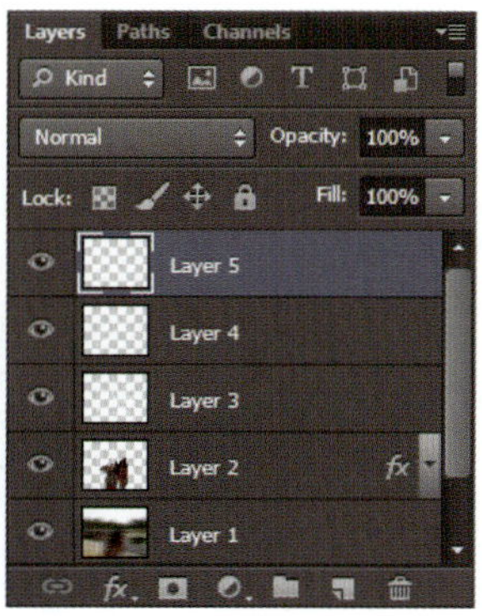

14 Layer 4와 Layer 5의 레이어 모드를 [Overlay]로 변경하여 아래쪽 그림이 보이도록 합니다.

15 Ctrl을 누른 채 Layer 2의 썸네일을 클릭하여 인물을 선택 영역으로 만듭니다.

16 지우개 툴( )의 옵션 바에서 Size 30px, Hardness 0%, Opacity 30%로 설정하고 Layer 3, Layer 4, Layer 5의 선과 별을 지워줍니다. 이때 선택 영역 내부의 모든 부분을 지우는 것이 아니라 선이 인물을 감싸고 있는 듯이 보이도록 아래 그림과 같이 지워줍니다.

17 Layer 5 위에 새 레이어를 추가하고 사각형 선택 툴(■)로 직사각형의 선택 영역을 만듭니다. 그레디언트 툴(■)의 옵션을 다음과 같이 설정하여 선택 영역을 채워줍니다.

18 지우개 툴(■)로 선택 영역의 가장자리를 아래 그림처럼 부드럽게 지워줍니다.

19 Ctrl+T를 눌러 선택 영역을 비스듬하게 회전시키고 위치를 옮깁니다.

20 Layer 6의 레이어 모드를 [Overlay]로 변경합니다.

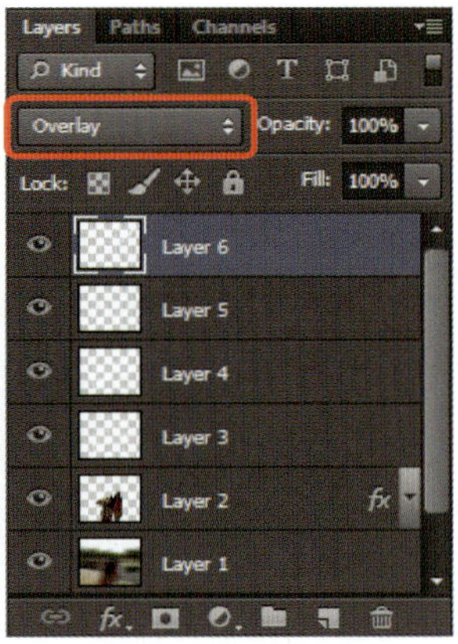

21 Layer 6의 사각형을 복제하고 크기와 위치를 조절하여 이미지를 완성합니다.

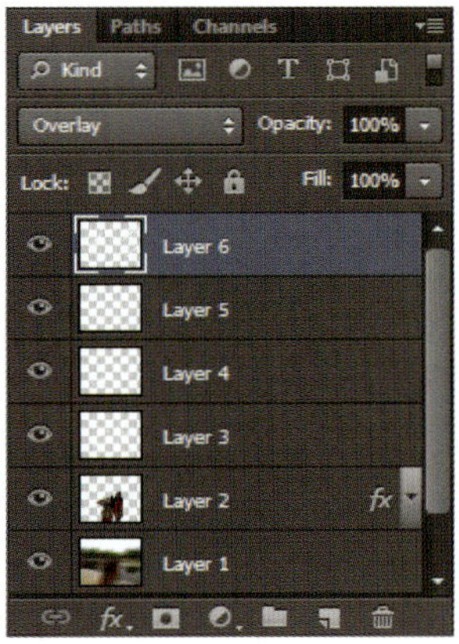

SECTION 78

입체 구름 무지개 만들기

• **준비파일** 없음 • **완성파일** Rainbow_result1.psd

레이어 스타일을 이용해 입체감이 살아 있는 오브젝트를 만든 뒤, 반복 작업을 스타일 패널에 저장해두고 필요할 때마다 꺼내 쓰는 방법을 배워봅니다.

△ 완성 이미지

△ 응용 이미지

01 [File]-[New] 메뉴를 선택하고 너비와 높이를 각각 500Pixels, 해상도를 72Pixels/Inch로 설정하여 새 문서를 만듭니다. 전경색과 배경색을 진한 파란색 계열로 설정한 후, 그레디언트 툴(■)의 원형 그레디언트(■)로 다음과 같이 채워줍니다.

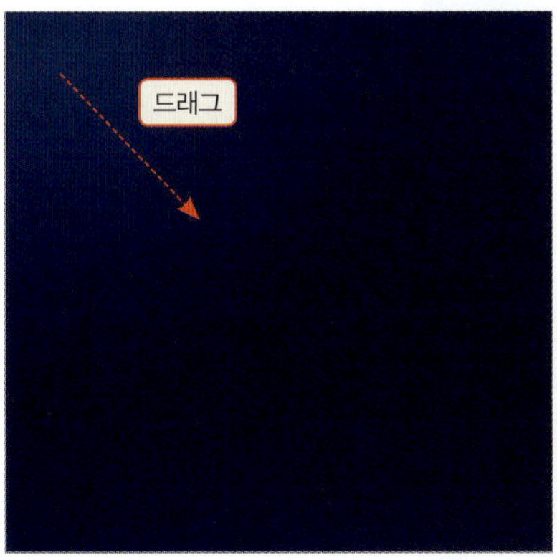

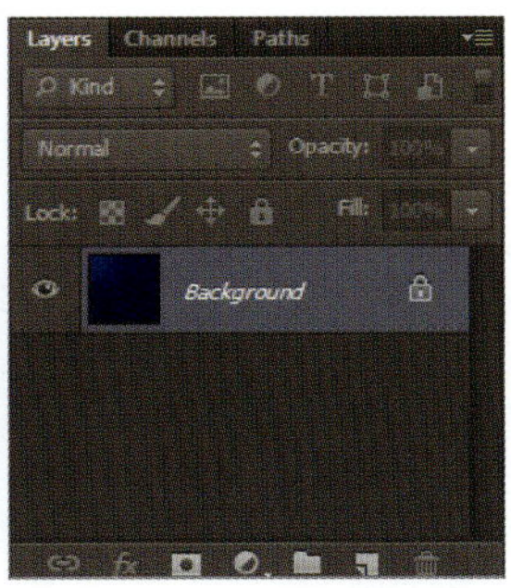

02 새 레이어를 추가하고 원형 선택 툴(◯)로 정원을 그린 후 흰색으로 채웁니다.

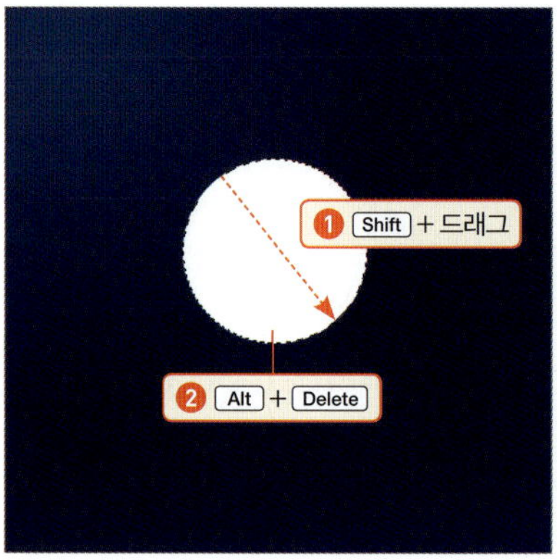

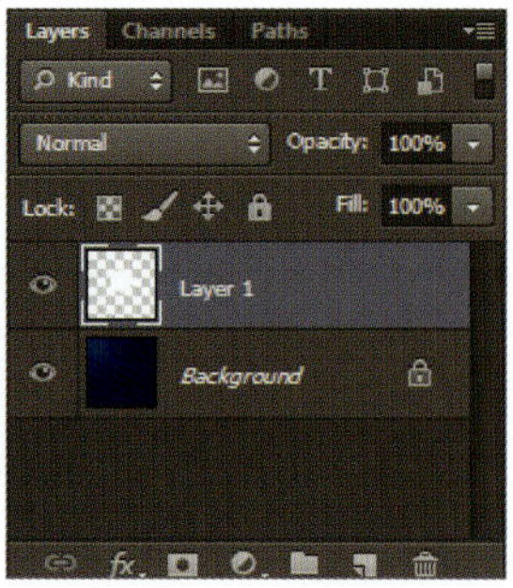

Tip Shift 를 누른 채 드래그하면 정원을 그릴 수 있습니다.

03 레이어 스타일 추가(fx)를 클릭해 [Bevel & Emboss]를 선택하고, 다음과 같이 설정하여 입체감을 살려줍니다.

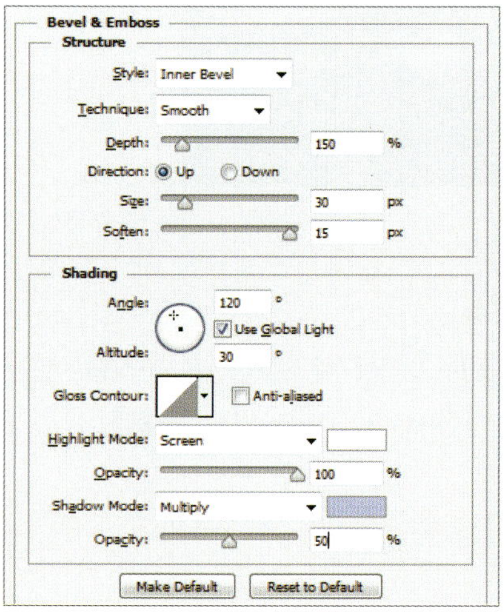

04 이어서 [Gradient Overlay]를 선택하여 색상을 파란색 계열로 변경합니다.

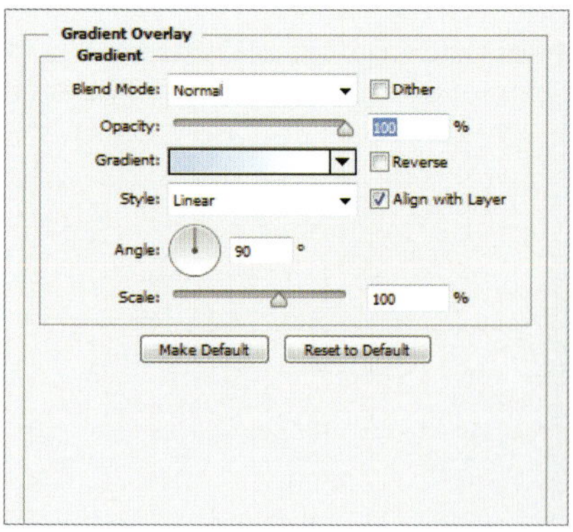

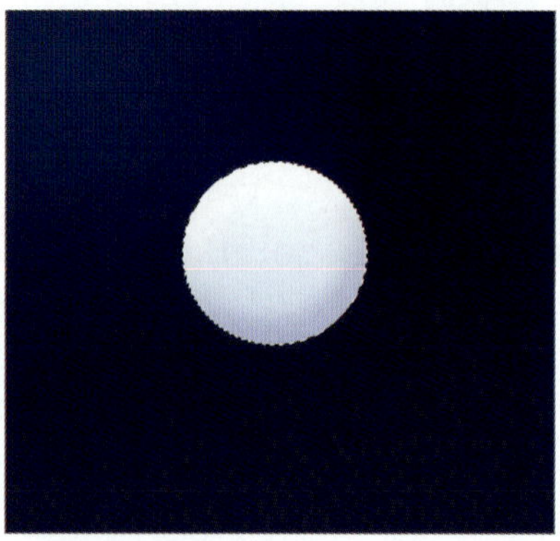

05 [Inner Glow]를 선택하고 다음과 같이 설정하여 내부에 살짝 빛나는 느낌을 살려줍니다.

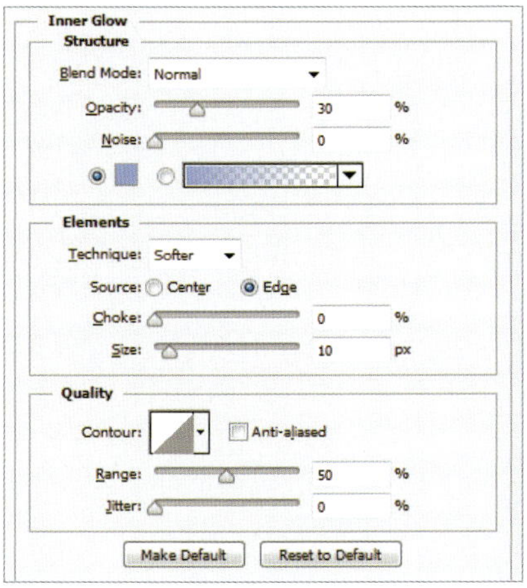

06 마지막으로 가장자리가 부드럽게 빛나도록 [Outer Glow]를 선택하고 다음과 같이 설정한 후 〈OK〉를 클릭합니다.

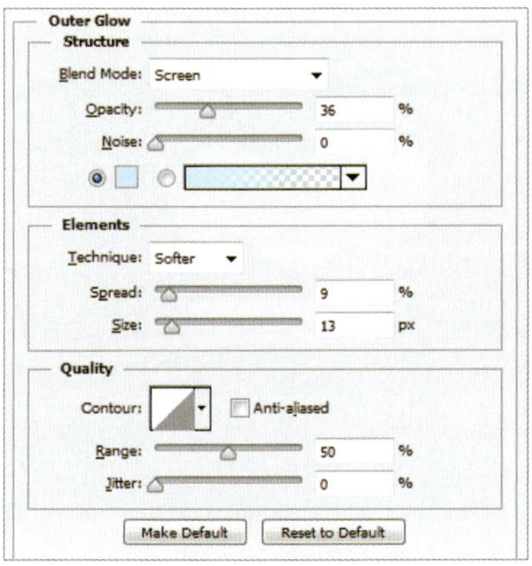

07 Styles 패널에서 새 스타일 추가(아이콘)를 클릭해 레이어에 적용된 스타일을 등록합니다. 그리고 Delete 를 눌러 Layer 1을 삭제합니다.

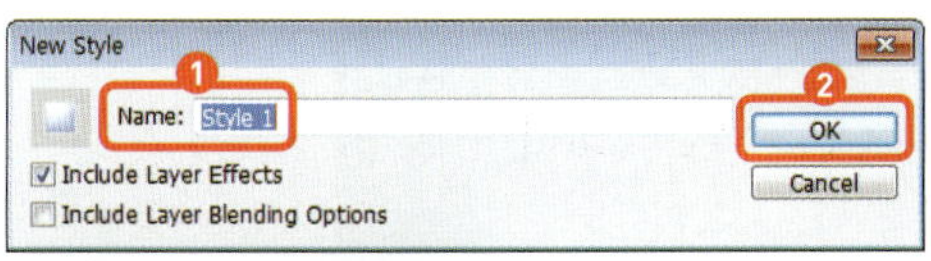

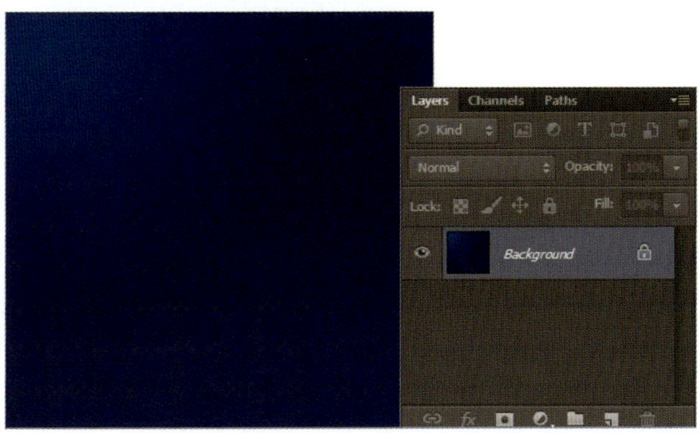

08 새 레이어를 추가하고 원형 선택 툴(◯)을 선택합니다. Shift를 누른 채 다음과 같이 드래그하여 구름 모양의 선택 영역을 만듭니다.

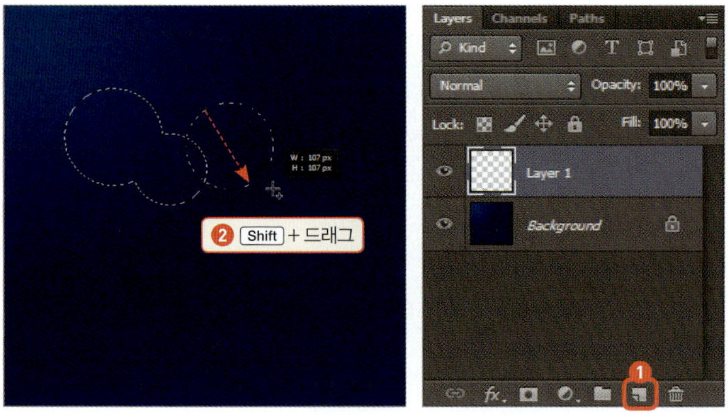

09 [Select]-[Modify]-[Smooth] 메뉴를 선택하고 5를 입력한 후 〈OK〉를 클릭합니다. 선택 영역의 꺾이는 부분이 부드러워집니다. 전경색을 흰색으로 지정하고, Alt+Delete를 눌러 선택 영역을 채웁니다.

10 Styles 패널에서 방금 등록한 스타일을 클릭합니다. 자동으로 레이어에 스타일이 적용됩니다.

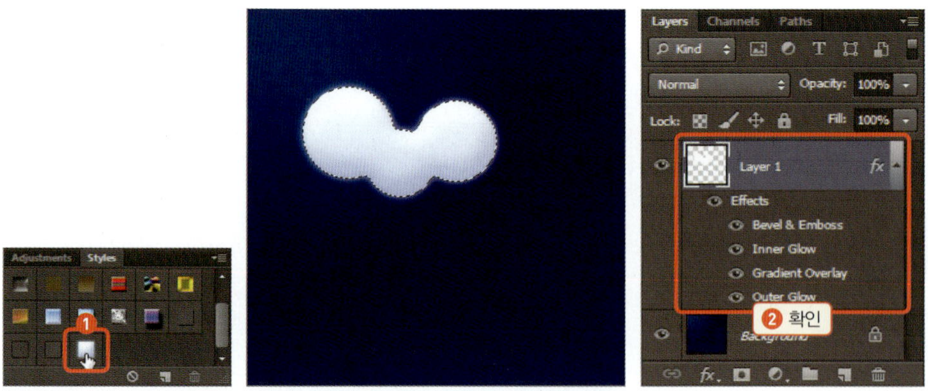

11 새 레이어를 추가하고 원형 선택 툴(◯)로 정원을 그린 후 흰색으로 채웁니다. 그리고 Styles 패널에서 방금 등록한 스타일을 적용합니다.

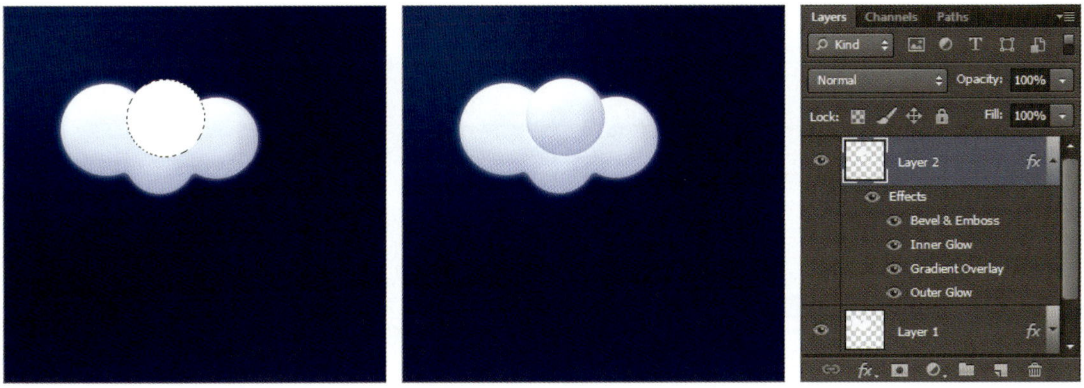

12 레이어 패널에서 Layer 1과 Layer 2의 위치를 바꿔주면 큰 구름이 앞에 오고 작은 구름이 뒤로 갑니다. Shift를 누른 상태로 Layer 1과 Layer 2를 선택하고 Ctrl+T를 눌러 한꺼번에 크기를 줄입니다.

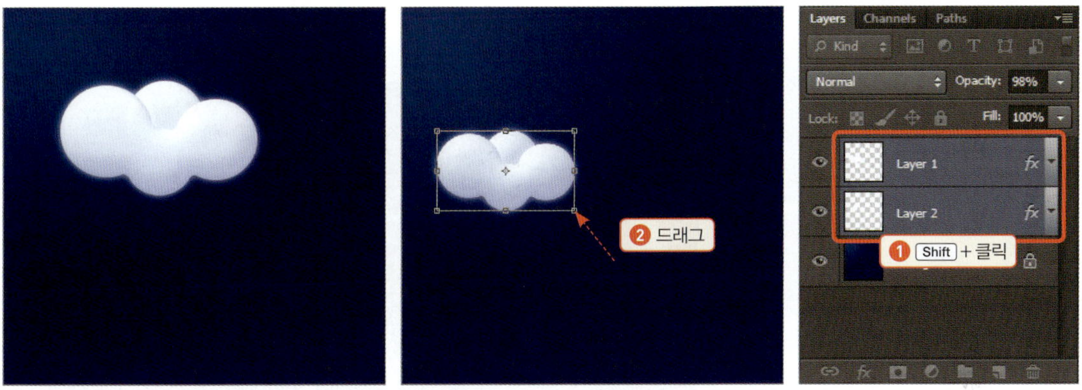

13 새 레이어를 추가하고 Shift를 누른 상태로 원형 선택 툴(◯)을 이용하여 구름을 하나 더 만듭니다. 선택 영역을 흰색으로 채우고 Styles 패널에서 등록한 스타일을 클릭해 적용합니다.

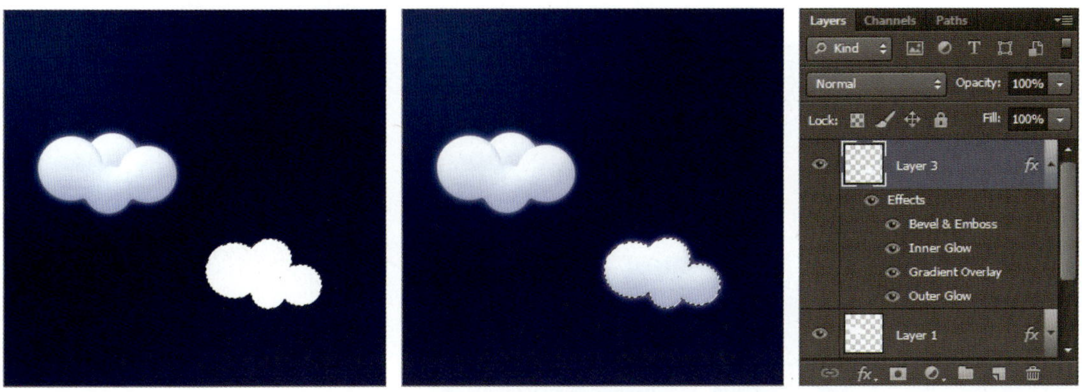

14 그레디언트 툴(■)의 그레디언트 편집 창을 열어 가장자리가 투명인 무지개를 선택합니다. 집 모양의 아이콘을 중앙으로 나란히 모은 후 〈OK〉를 클릭합니다.

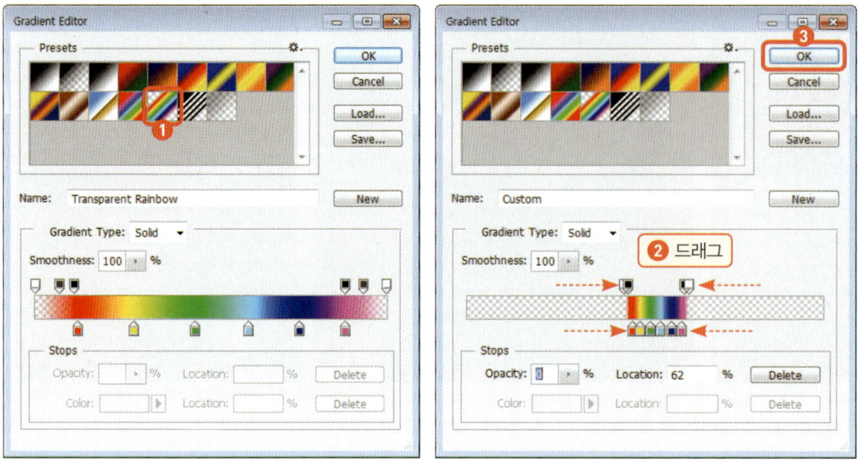

15 그레디언트 옵션 바에서 원형 그레디언트(■)를 선택합니다. 새 레이어를 추가하고 화면의 중앙에서 밖으로 드래그하면 원형의 무지개가 생깁니다.

16 Layer 4를 Layer 2 위로 드래그하여 무지개를 구름 뒤로 옮깁니다.

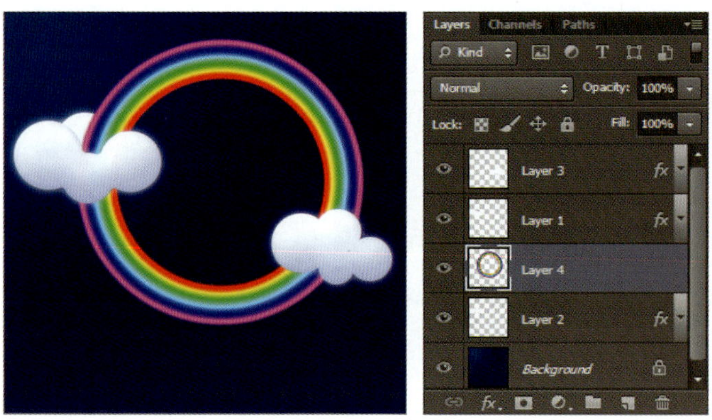

17 Layer 4가 선택된 상태에서 다각형 올가미 툴()로 구름 하단의 무지개 부분을 선택 영역으로 만든 후, Delete 를 눌러 삭제합니다.

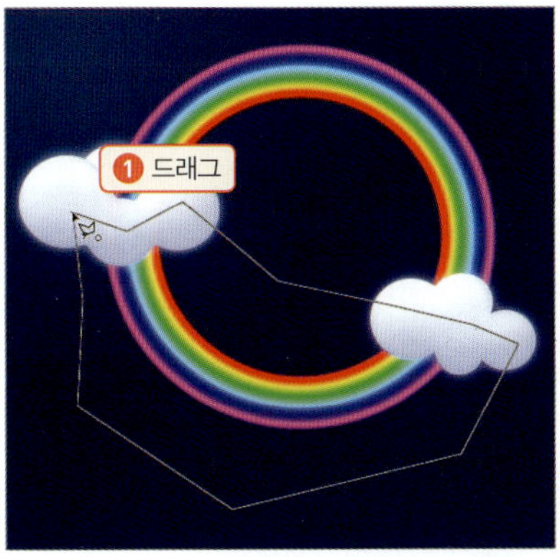

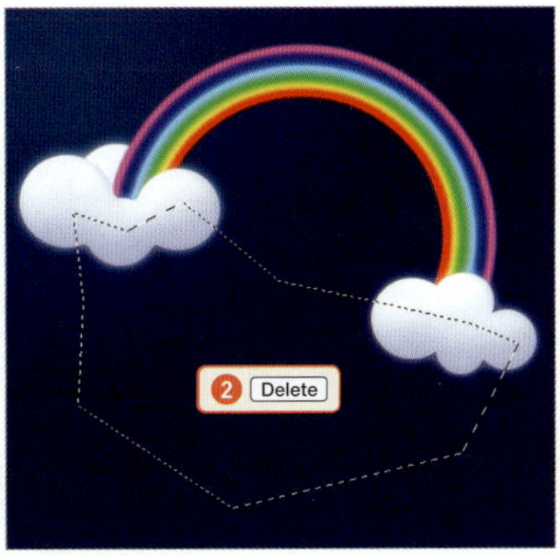

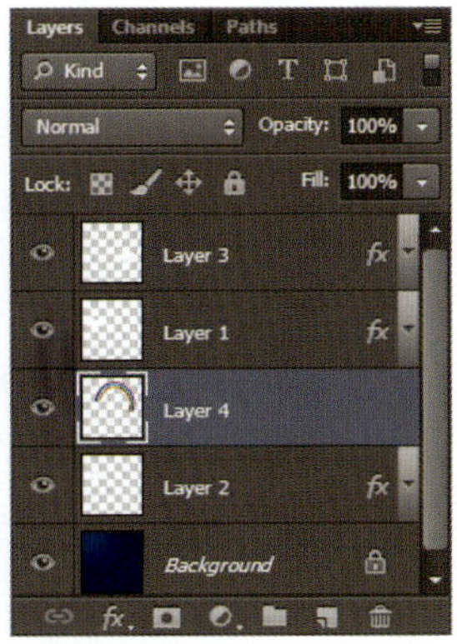

18 Ctrl + D 를 눌러 선택 영역을 해제합니다. Shift 를 누른 채 Layer 1~Layer 4를 선택하고 이동 툴()로 전체 이미지의 위치를 중앙으로 옮겨 구름 무지개를 완성합니다.

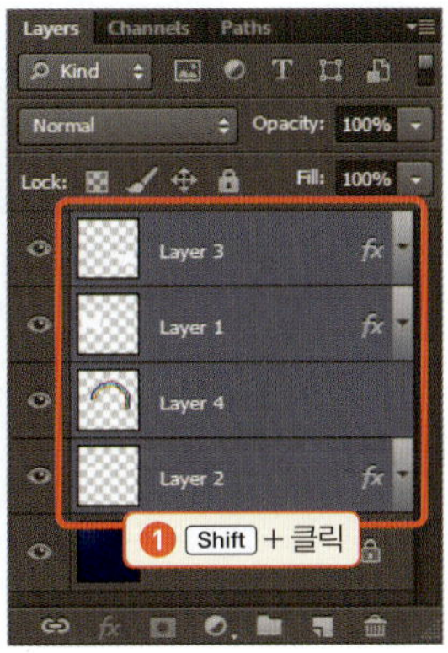

SECTION 79

아바타 나비족으로 변신시키기

• **준비파일** Avatar.psd, Na-vi1.psd, Na-vi2.psd • **완성파일** Avatar_result.psd

포토샵의 여러 기능을 이용해 사람 얼굴을 영화 아바타의 나비족으로 변신시켜봅니다.

△ 원본 이미지

△ 완성 이미지

01 Ch 11 ▸ Section 79 ▸ Avatar.psd 파일을 불러온 후, Ctrl+J를 눌러 Background 레이어를 복제합니다.

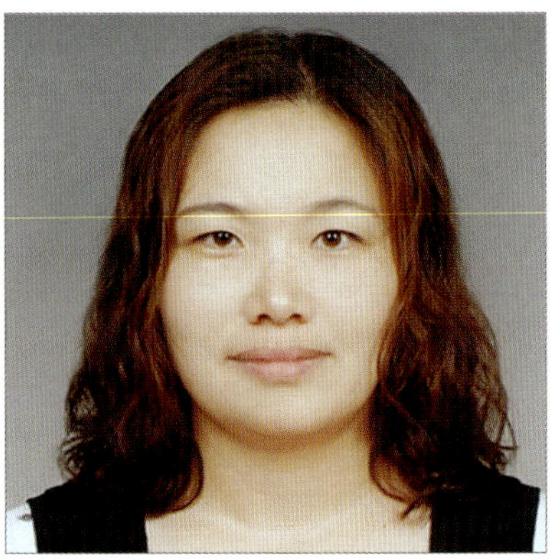

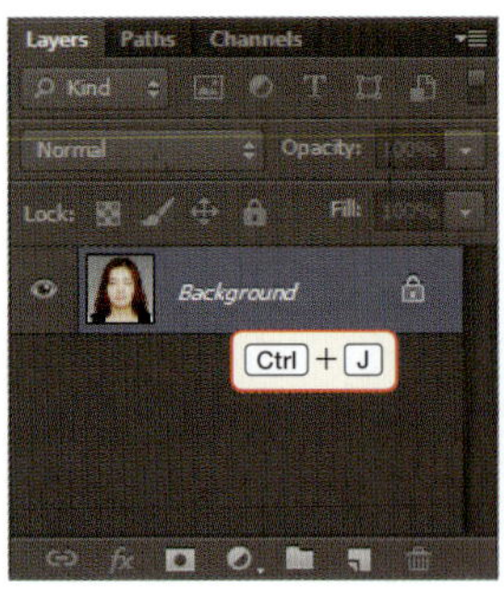

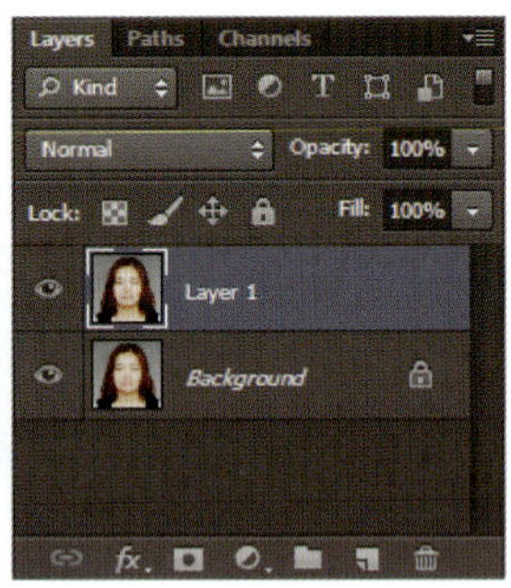

02 새 레이어를 추가하고 짙은 청색으로 화면을 채웁니다. 아래의 인물이 비치게끔 레이어의 모드를 [Hard Light]로 변경합니다. Layer 2가 당분간 보이지 않도록 눈 부분을 클릭해 레이어를 꺼둡니다.

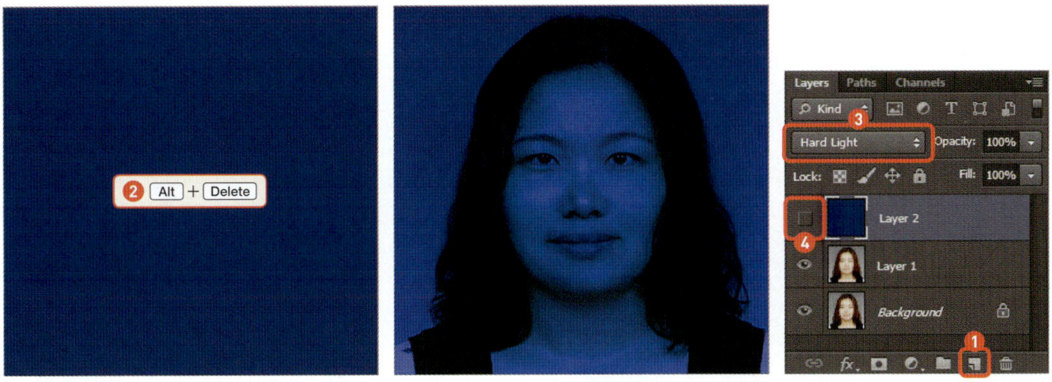

03 Layer 1을 선택하고, 선택 툴로 코 부분을 선택한 후 Ctrl+J를 눌러 복제합니다. 복제된 Layer 3에서 [Edit]–[Transform]–[Skew] 메뉴를 선택하여 다음과 같이 코의 윗부분을 늘여줍니다.

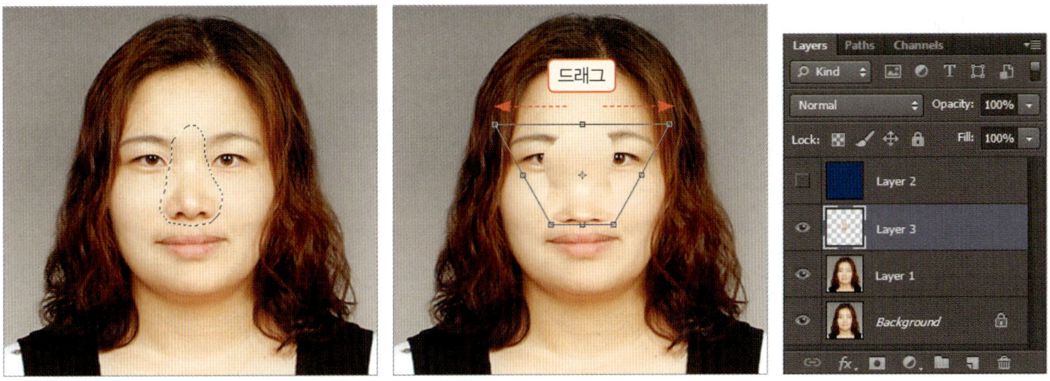

04 스머지 툴( )의 옵션 바에서 Strength를 50% 조절하여 코의 윗부분이 넓어지도록 펴줍니다. 코 부분만 따로 보았을 때 이미지는 다음과 같습니다.

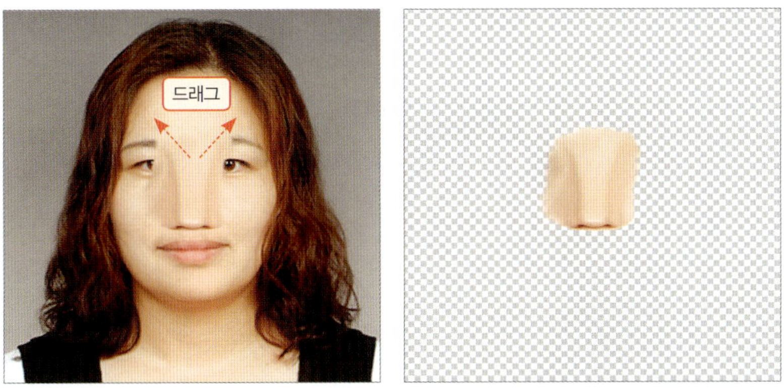

05 다시 Layer1에서 선택 툴로 눈과 눈썹을 여유 있게 선택하고 Ctrl+J를 눌러 복제합니다. 이때 눈은 각각 따로 복제합니다. 그런 다음 복제된 눈 레이어(Layer 4, Layer 5)를 선택하고 Ctrl+T를 눌러 눈 꼬리가 위로 향하도록 회전시키고, 크기도 눈 꼬리의 끝이 얼굴 윤곽까지 오도록 키워줍니다.

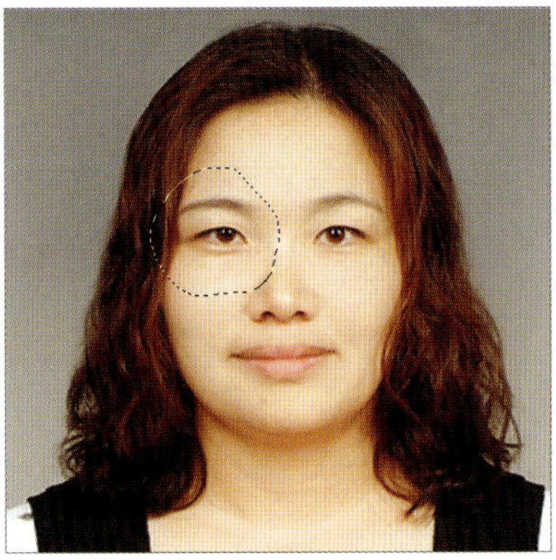

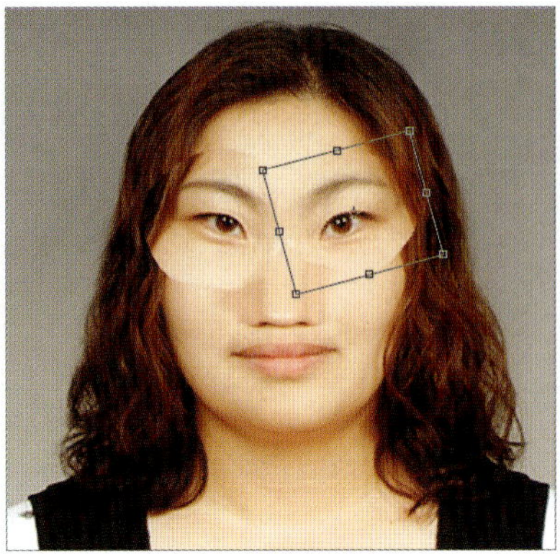

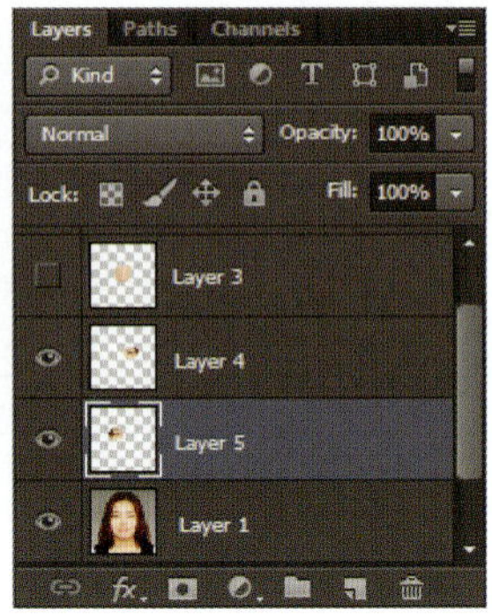

06 코 레이어인 Layer 3을 Layer 5 아래로 옮깁니다. 눈 레이어인 Layer 4와 Layer 5는 각각 [Filter]–[Liquify] 메뉴를 선택하여 Bloat 툴(아이콘)로 눈의 크기를 키워줍니다.

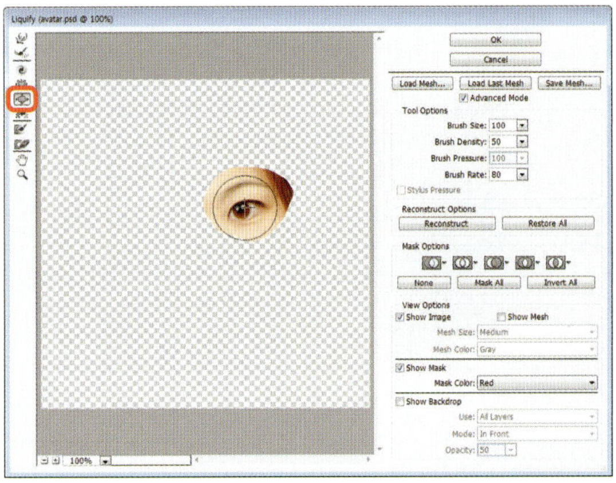

07 지우개 툴(아이콘)을 선택하고 옵션 바에서 Size 30px, Hardness 0%, Opacity 50%로 설정합니다. 얼굴과 자연스럽게 어우러지도록 눈의 가장자리를 지웁니다.

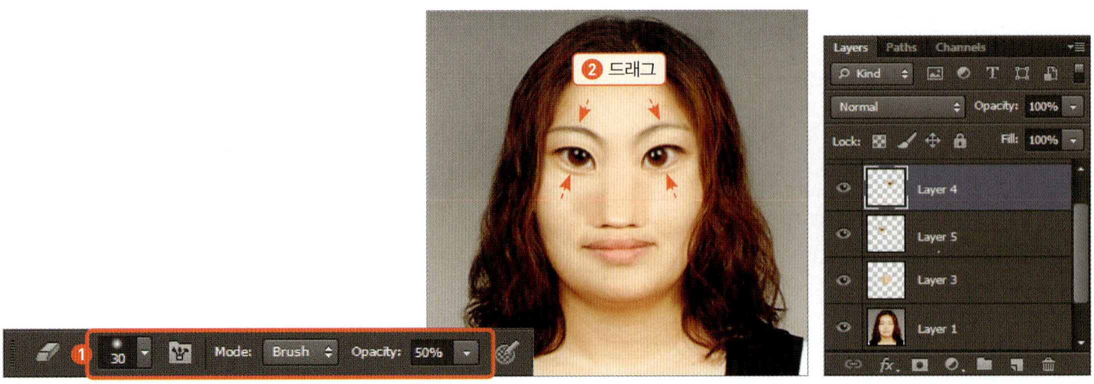

08 Ctrl 을 누른 채 Layer 1, Layer 4, Layer 5를 선택하고 Ctrl + E 를 눌러 레이어를 병합합니다.

09 Layer 4가 선택된 상태로 [Filter]-[Liquify] 메뉴를 선택하여 Forward Warp 툴( )과 Bloat 툴( )로 미간을 넓게 밀어줍니다. 이때 눈동자도 조금 더 크고 둥글게 조절합니다.

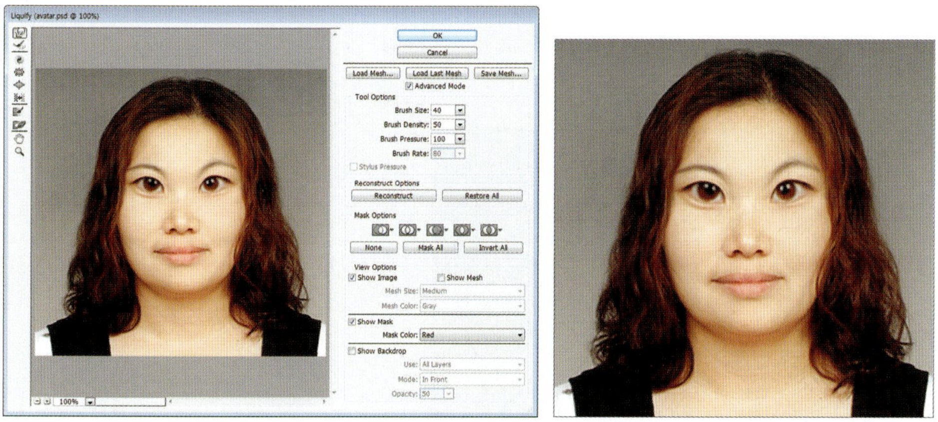

10 코 레이어인 Layer 3을 Layer 4 위로 옮기고, 눈과 코가 자연스럽게 연결되도록 지우개 툴( )로 불필요한 부분을 지웁니다.

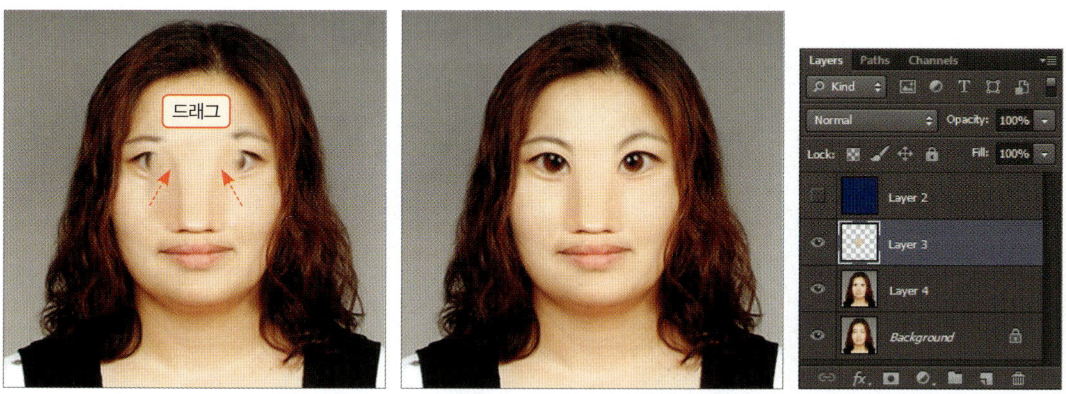

11 Layer 4를 선택하고 눈동자의 검은자와 흰자를 모두 선택 영역으로 지정한 후, Ctrl+J를 눌러 왼쪽과 오른쪽 눈동자를 각각 복제합니다.

12 다시 Layer 4를 선택한 상태에서 Ctrl을 누른 채 Layer 6의 썸네일을 클릭하여 복제된 눈동자를 선택 영역으로 만듭니다. 그리고 Shift+Ctrl을 누른 채 Layer 5의 썸네일을 클릭하여 나머지 눈동자도 선택 영역으로 추가한 후 Delete를 눌러 Layer 4의 눈동자를 삭제합니다.

13 Layer 5와 Layer 6에서 각각 [Image]–[Adjustments]–[Brightness/Contrast] 메뉴를 선택하여 다음과 같이 설정합니다. 눈동자가 더 선명해집니다.

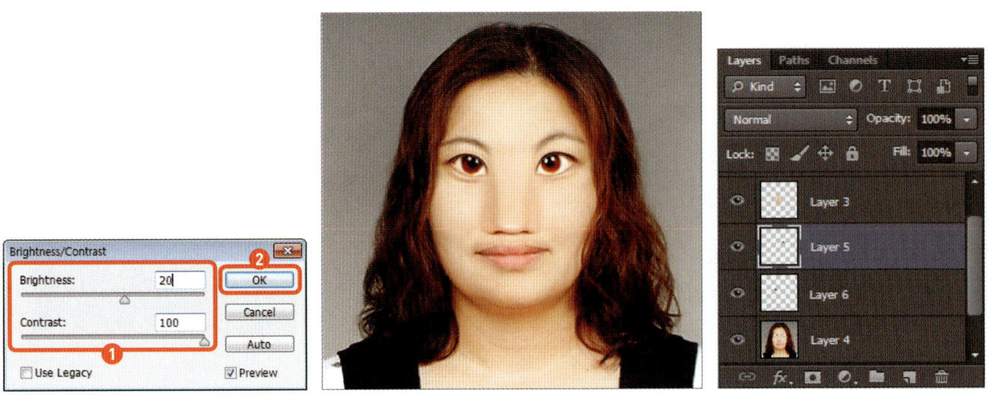

14 Layer 5와 Layer 6에서 각각 [Image]-[Adjustments]-[Hue/Saturation] 메뉴를 선택하여 다음과 같이 설정합니다. 그리고 Layer 4를 Layer 5 위로 옮겨 눈동자를 인물의 뒤쪽에 위치시키고, Ctrl+T를 눌러 눈동자가 눈 안에 가득차도록 키워줍니다.

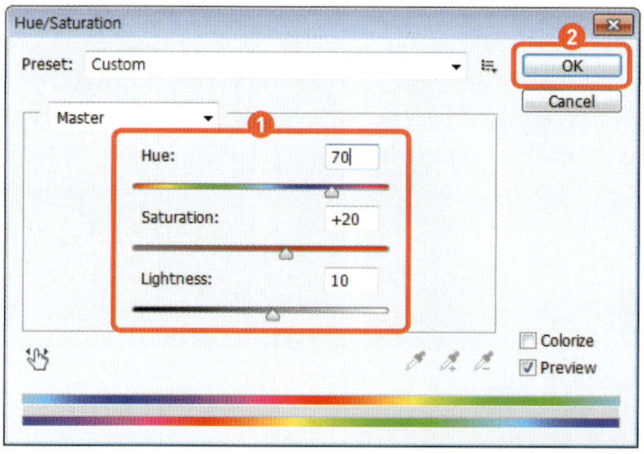

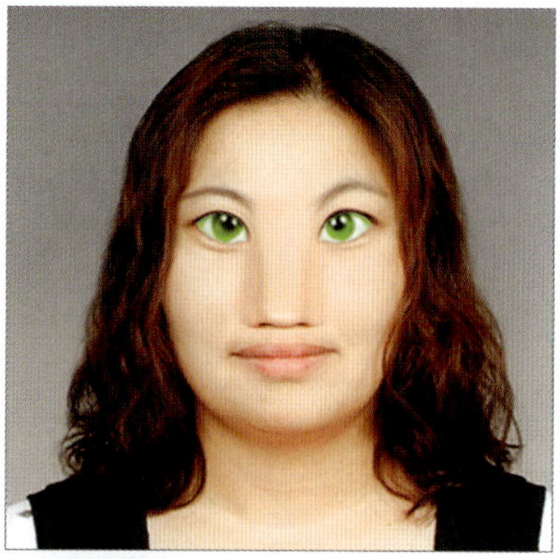

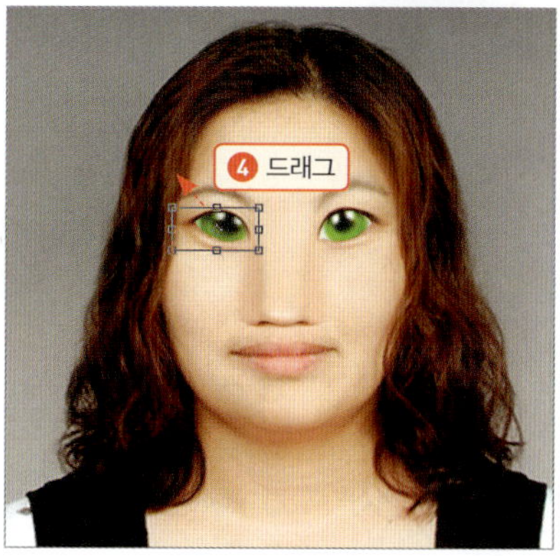

15 Shift를 누른 채 Layer 3, Layer 4, Layer 5, Layer 6을 모두 선택하고, Ctrl+E를 눌러 하나의 레이어로 병합합니다.

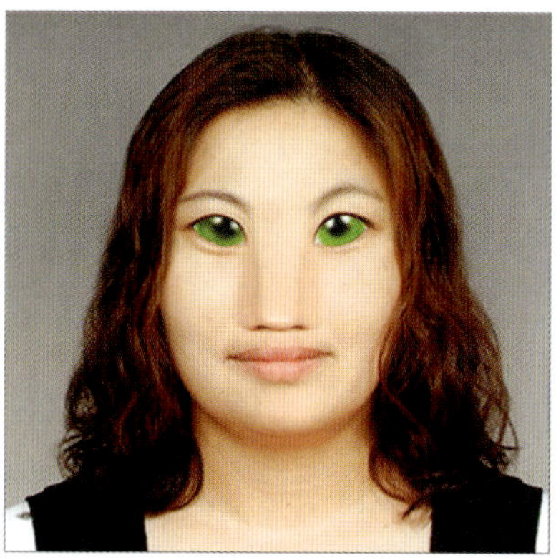

16 전경색을 노란색으로 설정한 후, 브러시 툴( )의 Mode를 [Color]로 변경합니다. 눈동자 아랫부분에 드래그하여 눈동자가 좀 더 입체적이고 투명해 보이도록 합니다.

17 새 레이어를 추가하고 흰색으로 채웁니다.

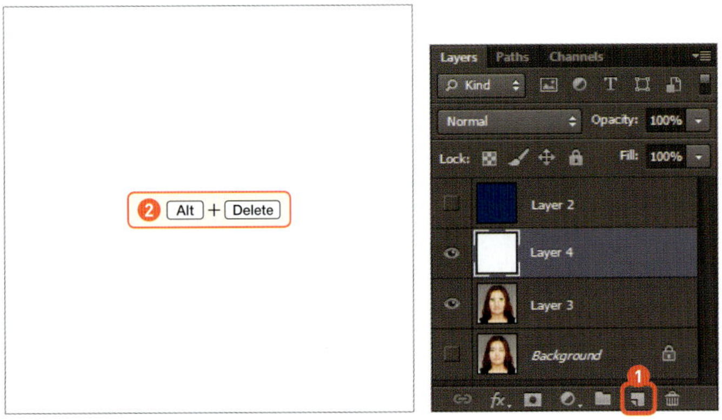

18 Layer 4가 선택된 상태로 [Filter]−[Noise]−[Add Noise] 메뉴를 선택하여 다음과 같이 설정한 후 〈OK〉를 클릭합니다. 레이어 모드를 [Multiply]로 변경하여 이미지 전반에 노이즈 효과를 준 후 Ctrl + E를 눌러 아래쪽 레이어와 병합합니다.

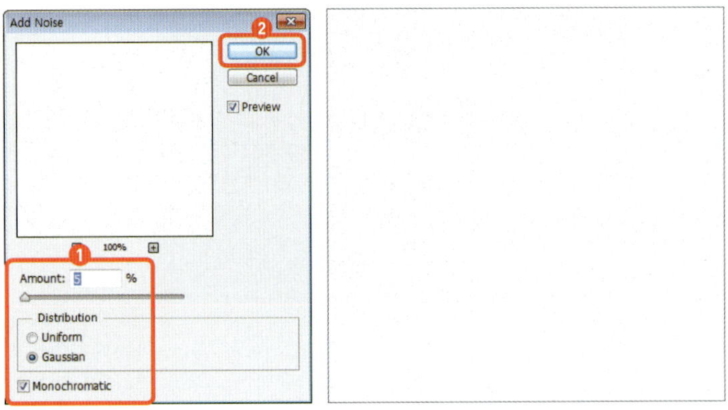

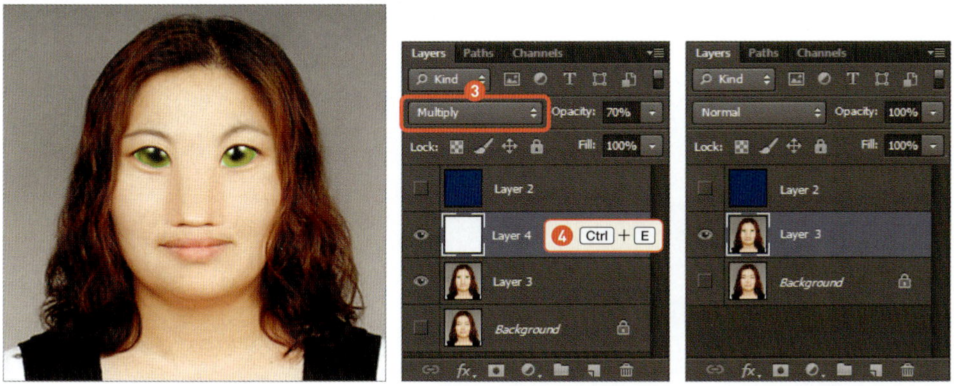

19 번 툴( )의 옵션 바에서 Hardness 0%, Exposure 50%로 설정하고 다음과 같이 코와 눈이 이어지는 부분과 코의 아랫 부분을 짙게 만들어 입체감을 살려줍니다.

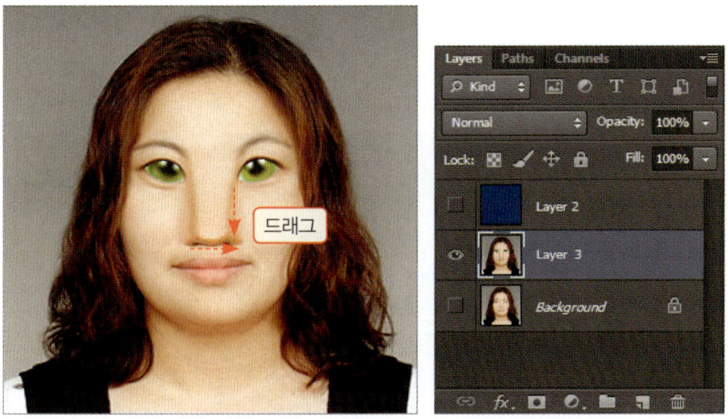

20 맨 처음에 만들어 두었던 Layer 2를 선택하고, Layer 3의 눈동자 부분을 선택 툴로 선택합니다. Layer 2에서 Delete를 누르면 선택한 눈동자 부분만 푸른색이 삭제됩니다. 그런 후 Ctrl+E를 눌러 Layer 3과 병합합니다.

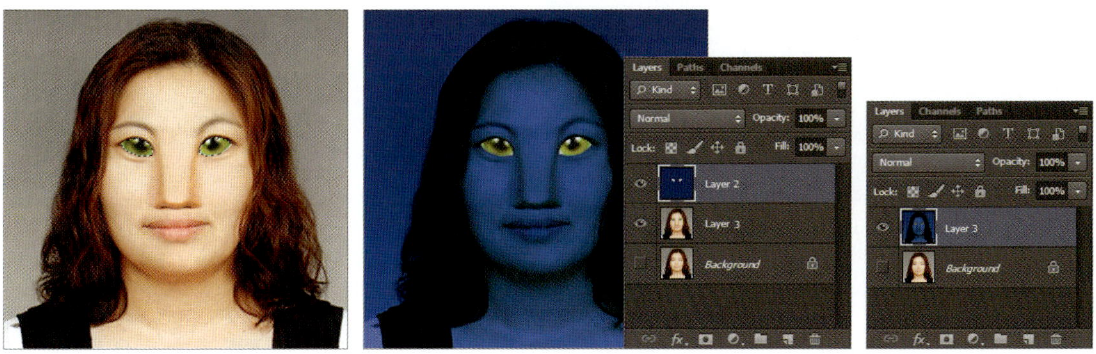

21 코 아랫 부분과 입술을 선택 영역으로 만든 후, 브러시 툴( )의 Opacity를 50% 이하로 설정하고 분홍색으로 칠해줍니다. 그리고 Ctrl+J를 눌러 레이어를 복제합니다.

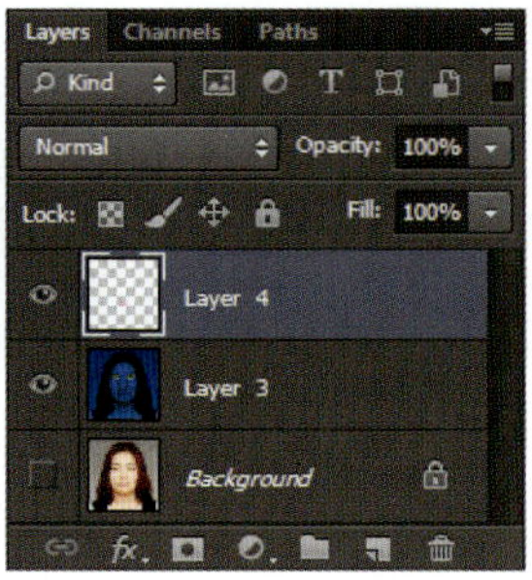

22 [Image]-[Adjustments]-[Hue/Saturation] 메뉴를 선택하여 다음과 같이 설정합니다. 선택 영역인 코 아랫 부분과 입술이 강조됩니다. 색상을 변경한 후 Ctrl+E를 눌러 아래쪽 레이어와 병합합니다.

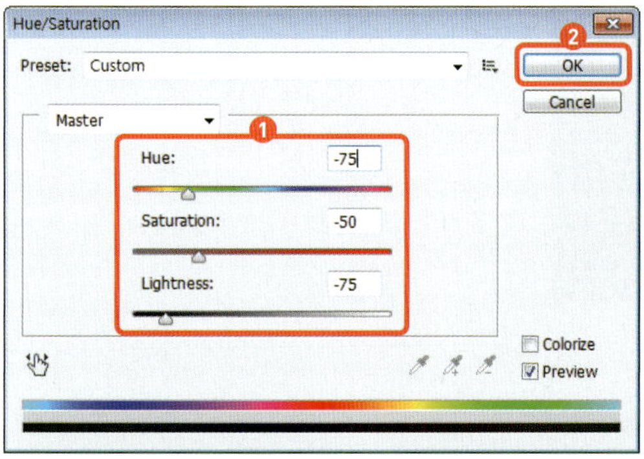

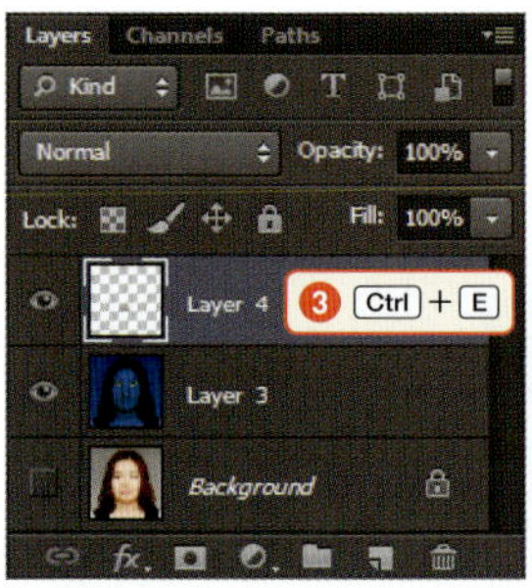

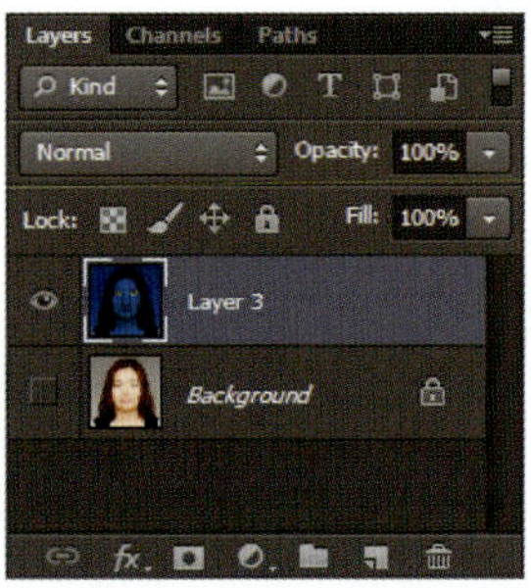

Tip 배경의 푸른 정도에 따라 Hue/Saturations 옵션을 다르게 설정해도 됩니다.

23 새 레이어를 추가하고, 가이드라인을 얼굴의 중앙에 위치시킨 후 펜 툴( )로 다음과 같이 얼굴 문양으로 사용될 패스를 그립니다.

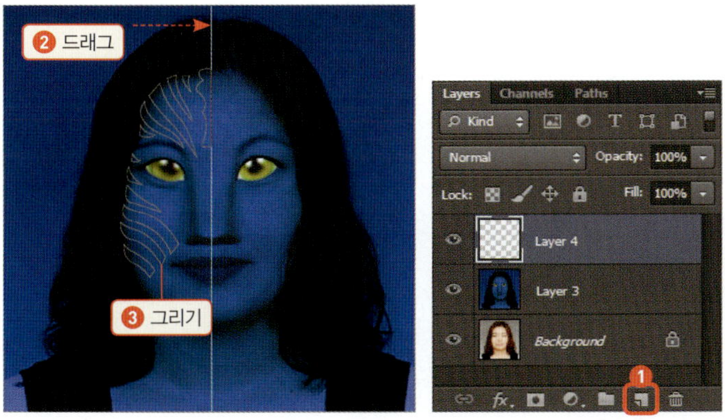

Tip 가이드라인은 출력 시 나타나지 않습니다. Ctrl+R을 누르면 화면의 바깥에 자가 나타나는데, 이 부분을 클릭한 채 화면으로 드래그하면 가이드라인이 생깁니다. 가이드라인은 개수에 상관없이 추가할 수 있으며, 삭제하고 싶으면 이동 툴(▶+)로 화면 밖으로 드래그하면 됩니다.

24 문양으로 사용될 패스 형태가 만들어지면 Paths 패널에서 선택 영역으로 전환하기(⬚)를 클릭하여 패스를 선택 영역으로 전환합니다.

25 레이어 패널로 돌아가 Layer 4가 선택된 상태에서 얼굴보다 조금 짙은 푸른색으로 선택 영역을 채운 후 Opacity를 25%로 줄입니다. 가이드라인은 이동 툴(▶+)로 화면 밖으로 드래그하여 제거합니다.

26 스머지 툴()의 Strength를 50%로 설정하고, Layer 4의 문양의 가장자리를 문질러 울퉁불퉁하게 만듭니다. Ctrl+J를 눌러 Layer 4를 복제하고 [Edit]-[Transform]-[Flip Horizontal] 메뉴를 선택하여 이미지를 반전시킵니다. 반전된 레이어의 문양은 이동 툴()을 이용하여 이마 중심에 오도록 위치를 조절합니다.

27 Background 레이어를 제외한 나머지 레이어를 모두 선택하고 Ctrl+E를 눌러 레이어를 병합합니다.

28 전경색을 흰색으로 설정하고 브러시 패널의 옵션을 다음과 같이 설정한 후, 브러시 툴()로 얼굴의 문양을 따라 그림과 같이 흰색점을 그려줍니다.

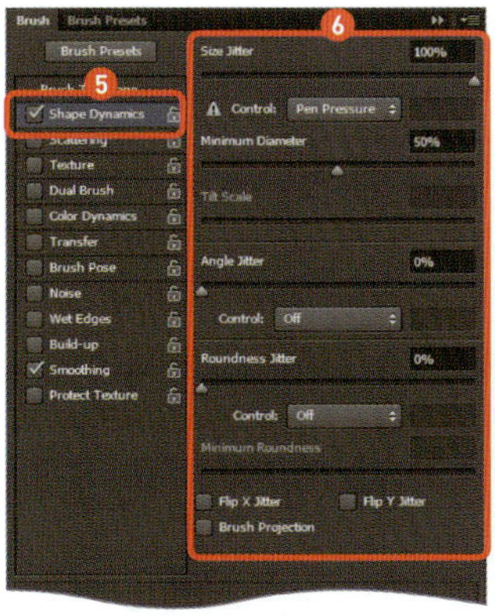

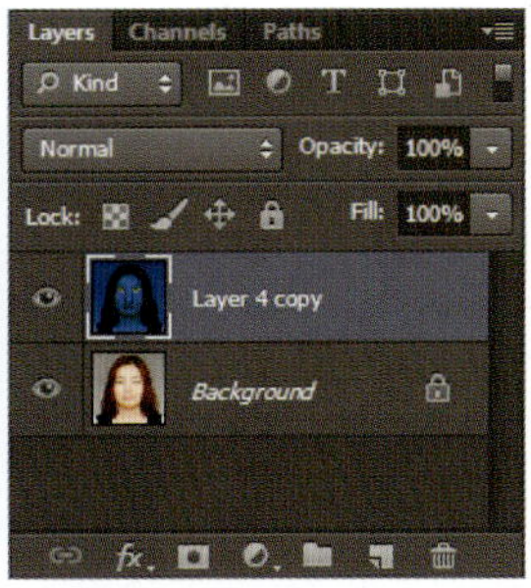

29 Ch 11 ▸ Section 79 ▸ Na−vi1.psd 파일을 열어 귀 부분을 선택한 후, Ctrl+C를 눌러 복제합니다. 다시 작업 중인 레이어로 돌아와 Ctrl+V로 붙여넣습니다. Ctrl+T를 눌러 귀의 방향을 조절한 후 눈동자 옆에 위치시킵니다. Layer 1에서 Ctrl+J를 눌러 귀를 복제한 후 반대쪽 귀도 완성합니다.

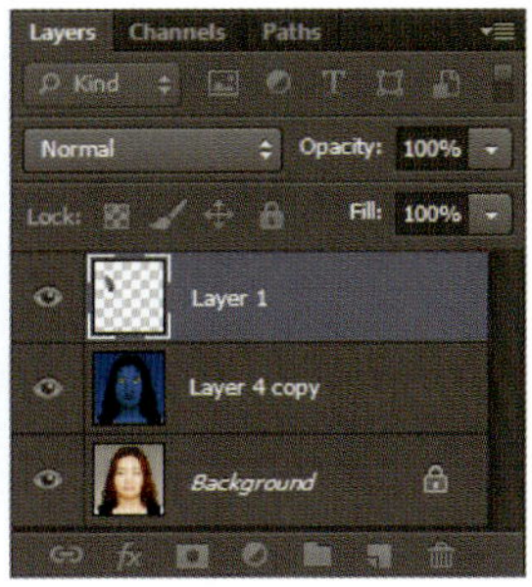

30 Ch 11 ▸ Section 79 ▸ Na−vi2.psd 파일을 열어 땋은 머리 부분을 적당히 선택한 후 Ctrl+C를 눌러 복제합니다. 다시 작업 중인 레이어로 돌아와 Ctrl+V를 눌러 붙여넣습니다. Ctrl+T를 눌러 크기와 방향을 조절합니다 .

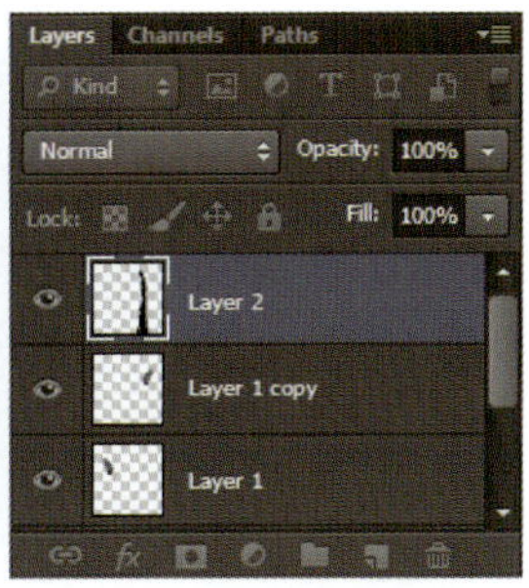

31 Layer 2의 레이어 모드를 [Luminosity]로 변경하고, 지우개 툴()로 땋은 머리에서 삐져나온 부분을 지워줍니다. 그리고 Ctrl+J를 눌러 Layer 2를 복제한 후, [Edit]-[Transform]-[Flip Horizontal] 메뉴를 선택하여 이미지를 반전시키고 위치를 잡아줍니다.

32 귀 이미지가 주변과 잘 어울리도록 하기 위해, 귀 레이어인 Layer 1과 Layer 1 copy에서 각각 [Image]-[Adjustments]-[Brightness/Contrast] 메뉴를 선택해 다음과 같이 적용합니다.

33 Na-vi2 이미지에서 사각형 선택 툴()로 왼쪽 배경을 선택하고 Ctrl+C를 눌러 복제합니다. 작업화면으로 돌아와 Background 레이어를 선택한 후, Ctrl+V를 눌러 붙여넣으면 Background 레이어 바로 위에 이미지가 복제됩니다. Ctrl+T를 눌러 복제한 이미지를 화면에 꽉 차도록 옆으로 늘여줍니다.

34 Background 레이어를 선택하고 선택 툴로 인물을 제외한 나머지 부분을 선택 영역으로 지정합니다. 그리고 옵션 바에서 〈Refine Edge〉를 클릭해 Refine Radius 툴(🖌)로 머리카락 부분까지 자연스럽게 선택되도록 꼼꼼하게 칠하고 〈OK〉를 클릭합니다.

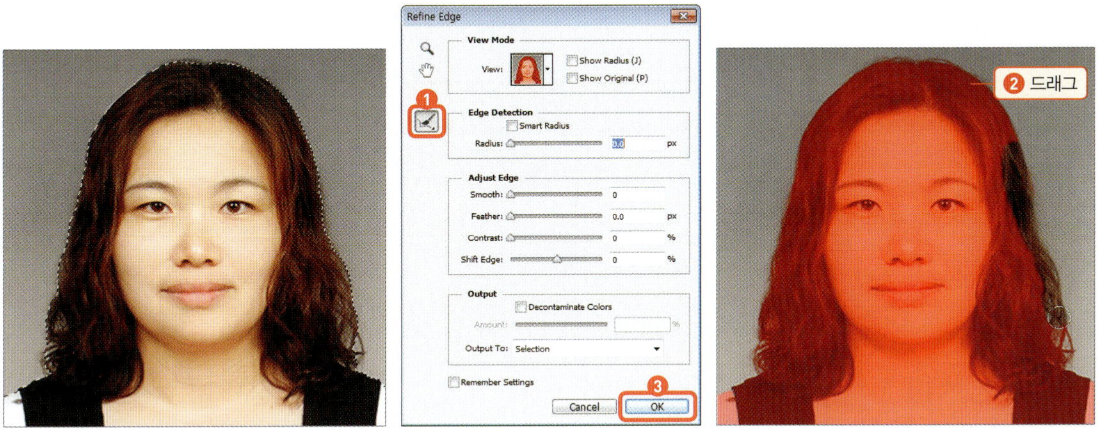

35 Layer 4 copy를 선택하고 Delete 를 눌러 배경을 삭제합니다.

36 전체 레이어를 선택하고 Ctrl + E 를 눌러 레이어를 하나로 병합하면 아바타 이미지가 완성됩니다.

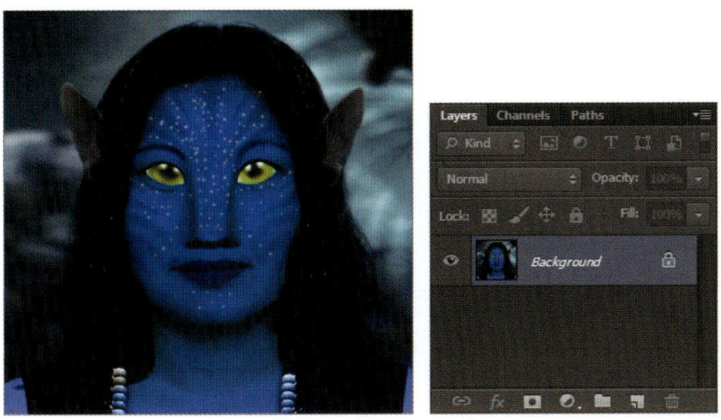

CHAPTER

12

모바일 인터페이스를 위한 UI 디자인

이번 장에서는 모바일 인터페이스를 위한 UI 요소(User Interface Elements)를 만들어봅니다. UI 요소란 메뉴나 버튼처럼 어떤 프로그램을 사용할 때 네비게이션 역할을 하므로, 눈이 피로하지 않는 차분한 배경에 입체감을 더해 만드는 것이 좋습니다. 주로 필터, 레이어 모드, 레이어 스타일 등을 이용하면 손쉽게 만들 수 있습니다.

CONTENTS

Section 80 / 블랙 패널 UI 버튼 만들기

Section 81 / 파스텔 톤의 UI 버튼 만들기

Section 82 / 메탈 느낌의 UI 버튼 만들기

Section 83 / 이중 입체 UI 버튼 만들기

SECTION 80

블랙 패널 UI 버튼 만들기

• **준비파일** 없음 • **완성파일** Black UI.psd

레이어 스타일을 이용해 블랙 패널 UI 버튼의 일반 모드, 마우스 오버 모드, 다운 모드를 만들어봅니다.

△ 완성 이미지

01 [File]-[New] 메뉴를 선택하고 너비와 높이를 각각 500Pixels, 해상도를 72Pixels/Inch로 설정하여 새 문서를 만듭니다. 전경색을 회색, 배경색을 검은색으로 설정하고 그레디언트 툴(■)로 다음과 같이 화면을 채웁니다.

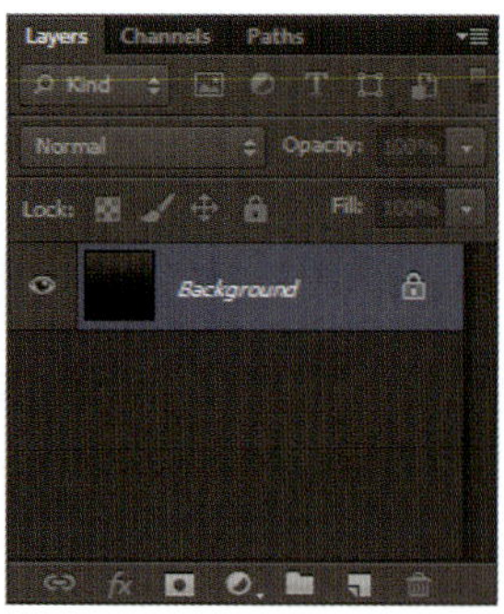

02 새 레이어를 추가하고 화면을 흰색으로 채운 후, [Filter]-[Noise]-[Add Noise] 메뉴를 선택해 다음과 같이 적용합니다.

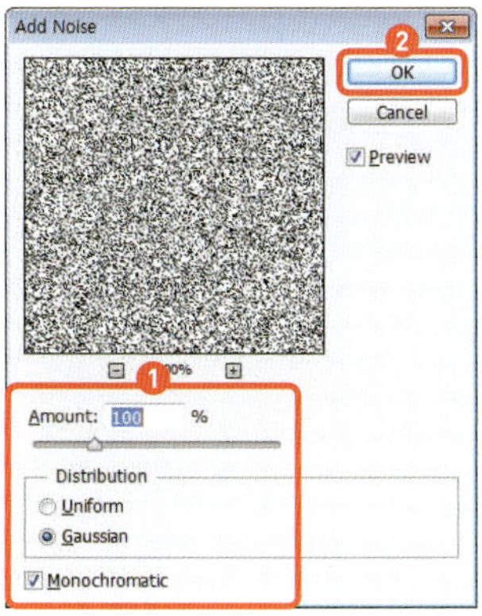

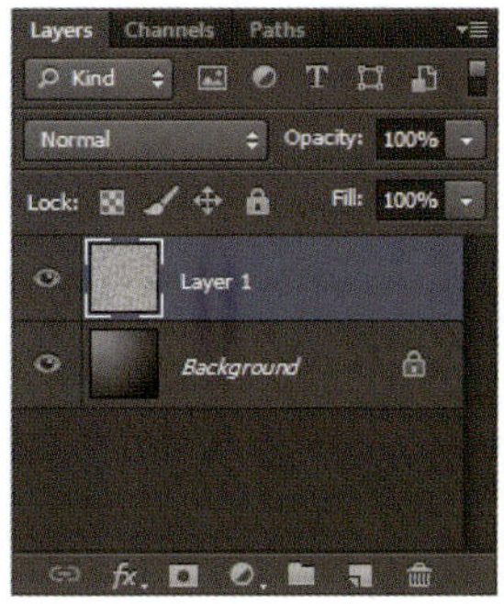

03 Layer 1의 레이어 모드를 [Screen]으로 변경하고 Opacity 1%, Fill 80%로 조절한 후 Ctrl+E를 눌러 Background 레이어와 병합합니다.

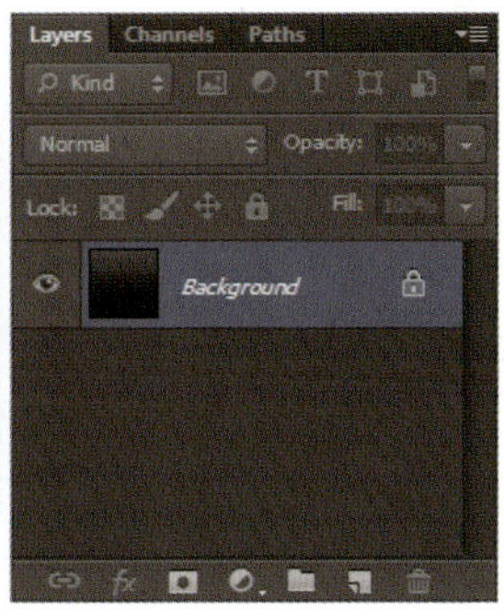

04 새 레이어를 추가한 후, 전경색을 흰색으로 설정합니다. 가장자리가 둥근 사각형 셰이프 툴(■)의 옵션을 Pixels로 설정하고 화면을 클릭하여 옵션 창이 열리면 Width 120px, Height 45px, Radius 4px로 설정한 후 〈OK〉를 클릭합니다.

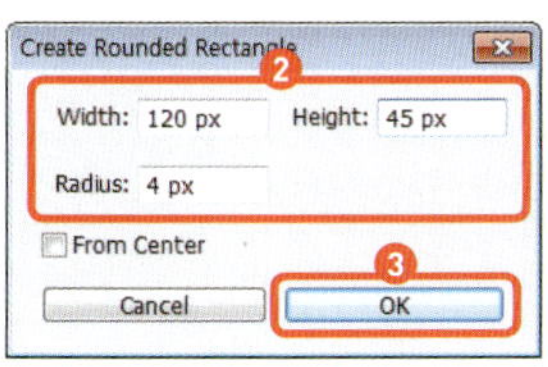

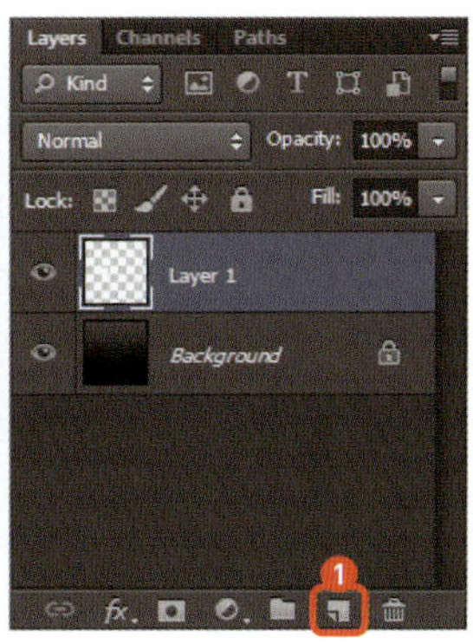

05 Layer 1이 선택된 상태로 Ctrl+J를 두 번 눌러 Layer 1을 두 번 복제합니다. 그리고 다음과 같이 나란히 배치합니다.

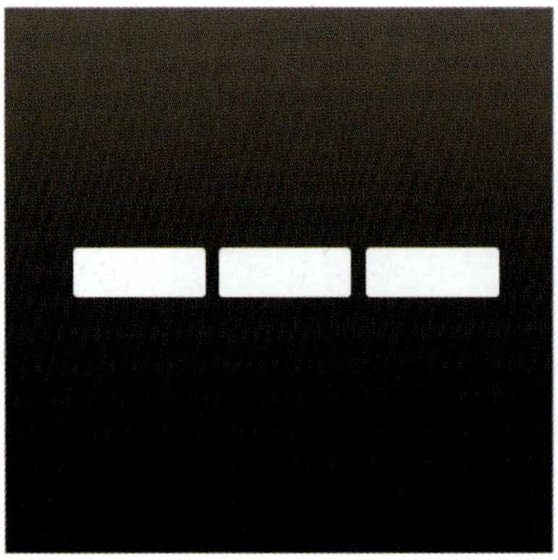

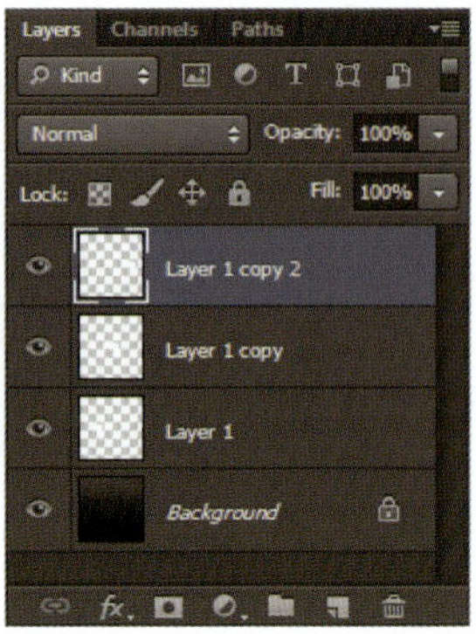

06 Layer 1을 선택하고 레이어 스타일 추가(fx)를 클릭해 [Gradient Overlay]를 선택합니다. 옵션 창에서 다음과 같이 설정하여 이미지에 그레디언트를 적용합니다.

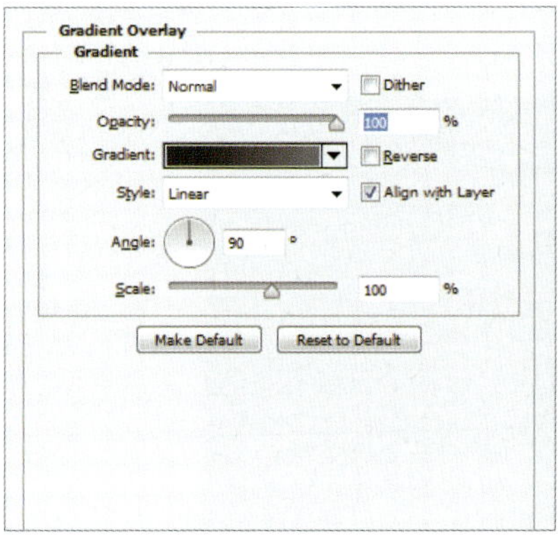

07 이어서 [Satin]을 선택하고 다음과 같이 설정하여 그레디언트를 빛나게 합니다.

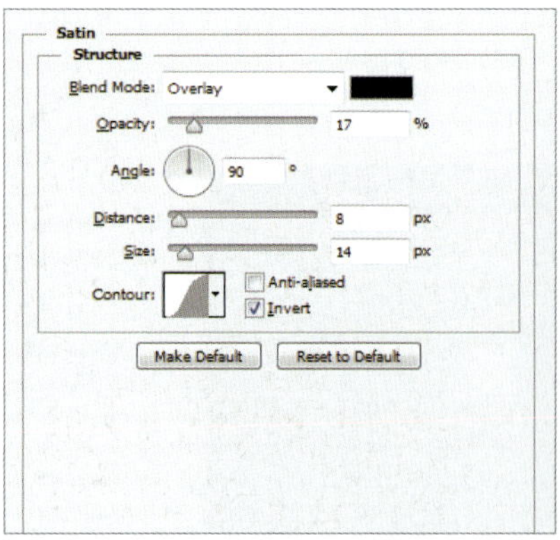

08 [Inner Glow]를 선택하고 다음과 같이 설정하여 내부 가장자리가 빛나게 합니다.

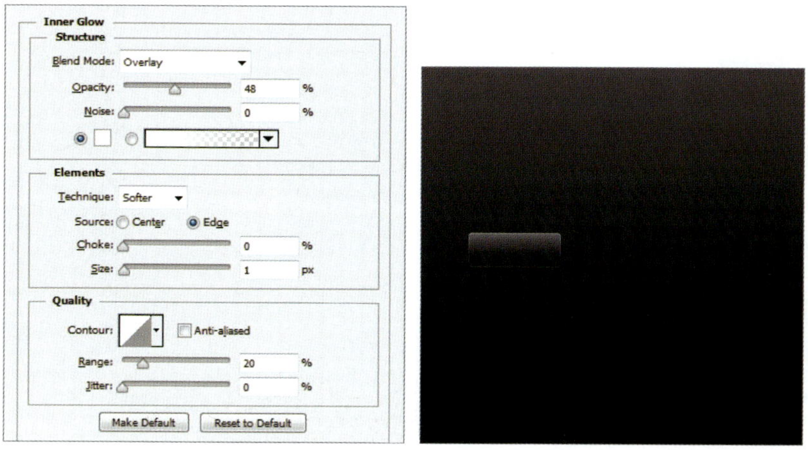

09 [Bevel & Emboss]를 선택하고 다음과 같이 설정하여 입체감을 더욱 살려줍니다.

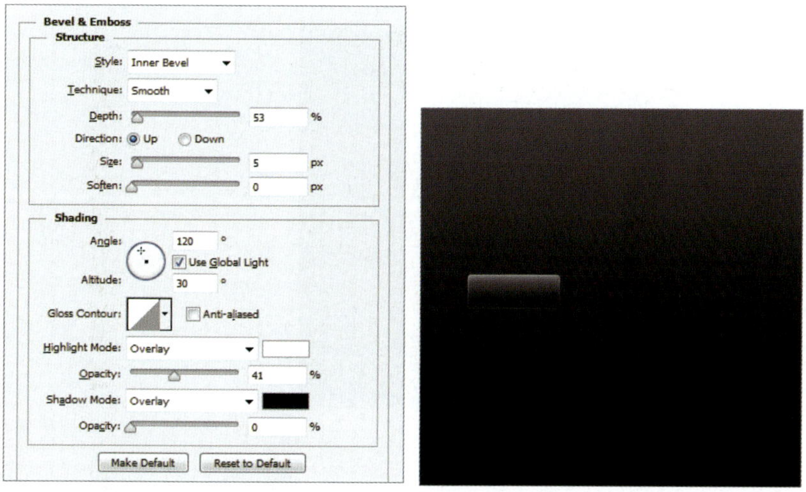

10 마지막으로 [Drop Shadow]를 선택하고 다음과 같이 설정하여 외부에 그림자를 만듭니다. 설정이 완료되면 〈OK〉를 클릭합니다.

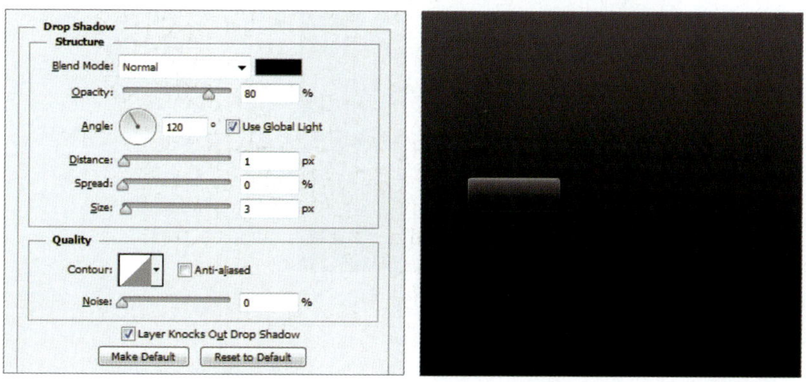

11 전경색을 흰색으로 설정하고, 텍스트 툴(T)로 화면을 클릭하여 버튼의 중앙에 다음과 같이 입력합니다.

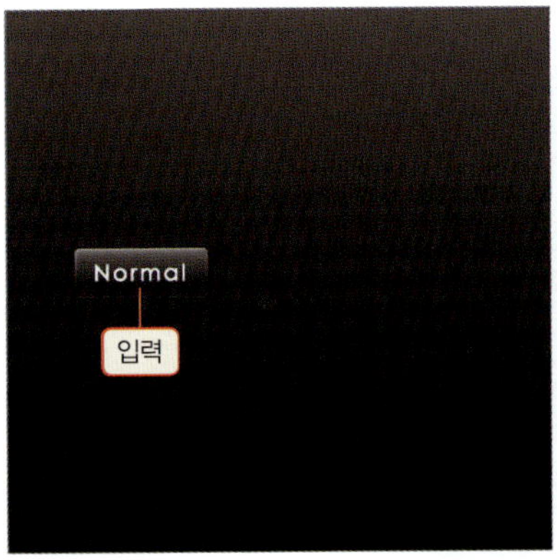

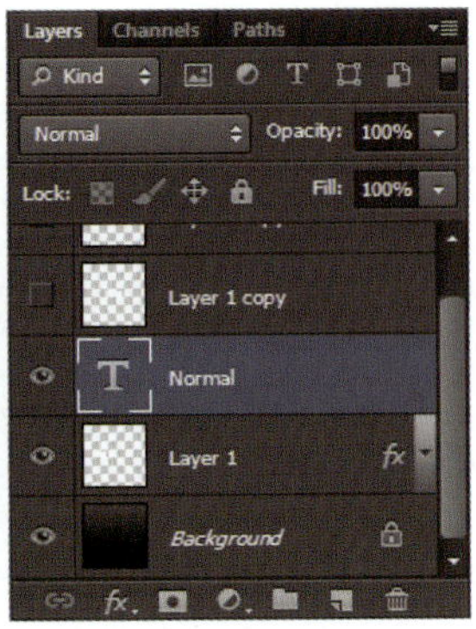

12 Normal 레이어에서 레이어 스타일 추가(fx)를 클릭해 [Gradient Overlay]를 선택하고, 다음과 같이 설정합니다.

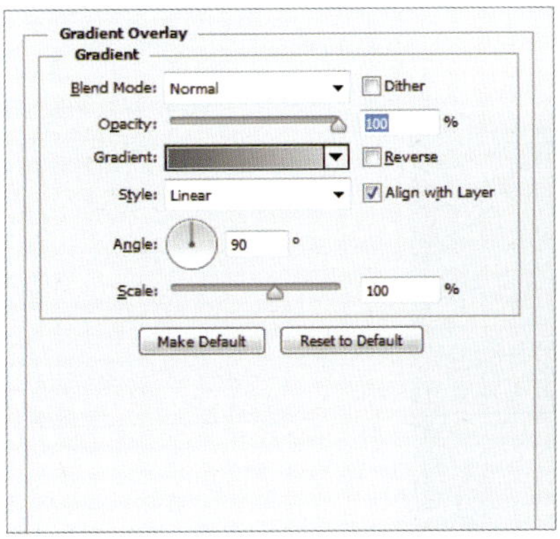

13 이어서 [Satin]을 선택하고 다음과 같이 설정하여 텍스트를 빛나게 합니다.

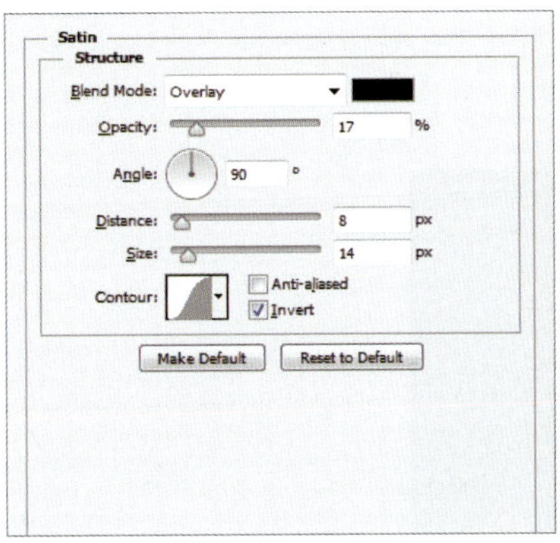

14 마지막으로 [Inner Shadow]를 선택하고 다음과 같이 설정하여 텍스트의 입체감을 살려줍니다. 설정이 완료되면 〈OK〉를 클릭합니다.

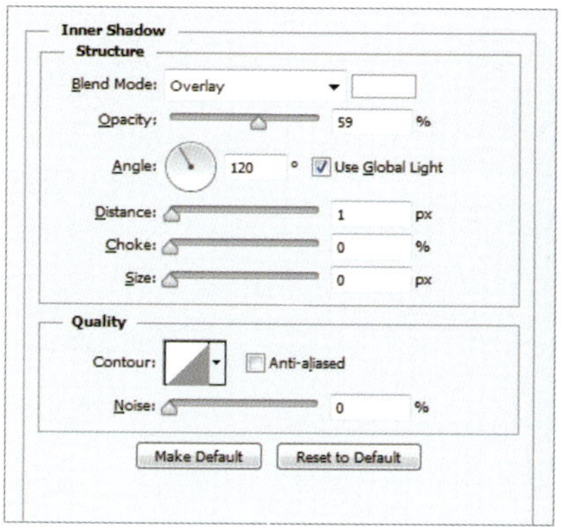

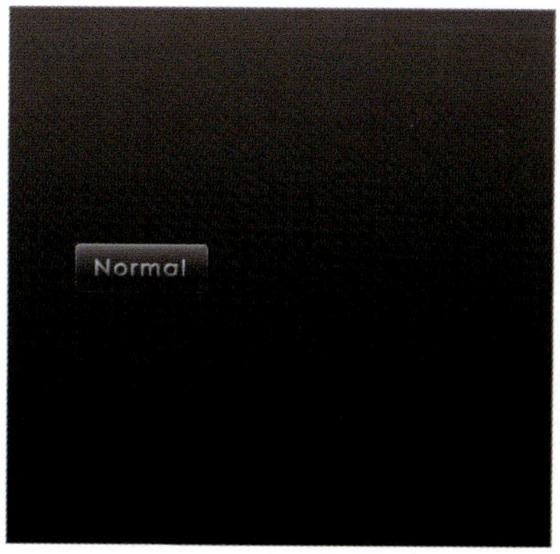

15 Shift를 누른 채 Normal 레이어와 Layer 1을 선택하고 Ctrl+G를 눌러 그룹으로 만듭니다. 그리고 그룹의 이름을 더블클릭하여 'Normal'로 변경합니다.

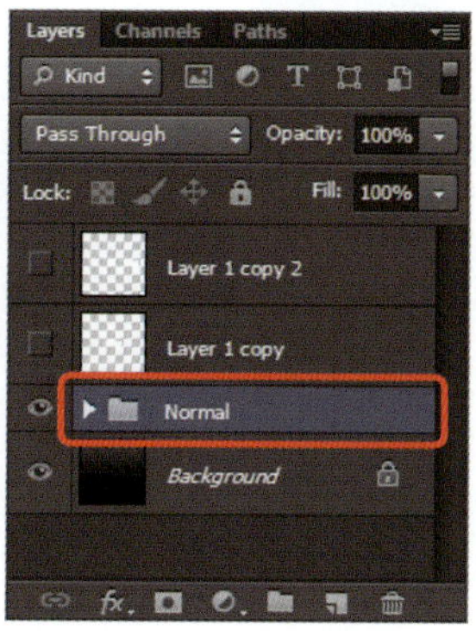

16 Normal 그룹의 Layer 1을 선택하고 마우스 오른쪽 버튼을 눌러 [Copy Layer Style]을 선택합니다. 다시 Layer 1 copy에서 마우스 오른쪽 버튼을 눌러 [Paste Layer Style]을 선택하면 복사한 레이어 스타일이 적용됩니다.

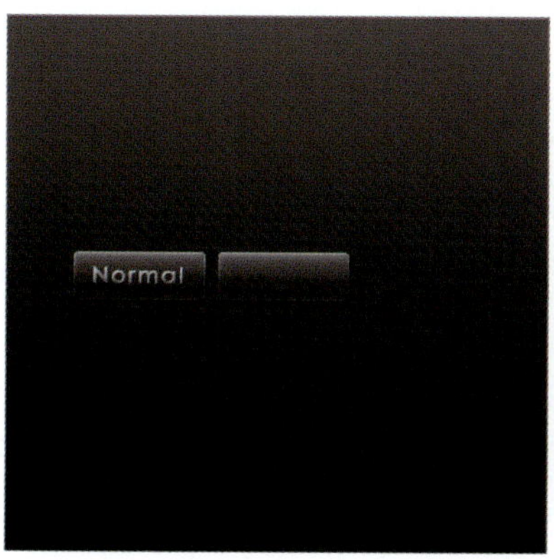

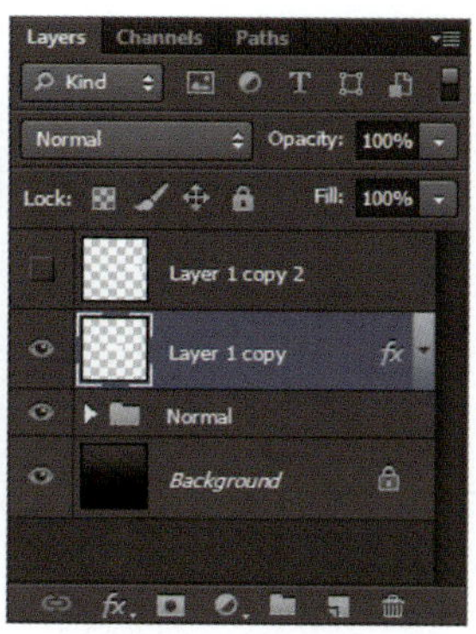

17 Ctrl을 누른 채 Layer 1 copy의 썸네일을 클릭하여 선택 영역을 만든 후, 새 레이어를 추가합니다. 새 레이어의 바탕을 검은색으로 채우고, Fill을 30%로 조절합니다.

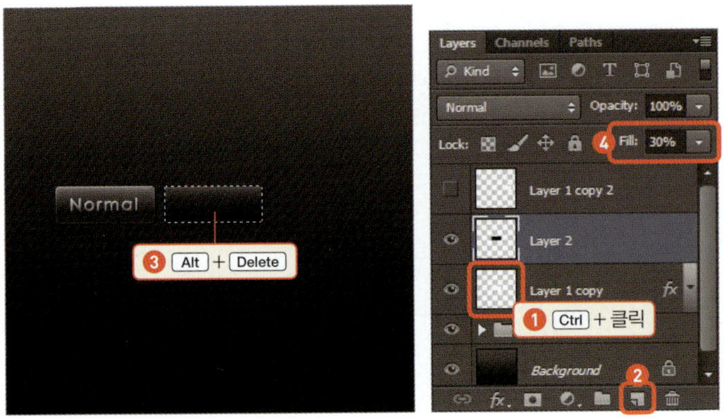

18 전경색을 흰색으로 설정하고 텍스트 툴(T)로 다음과 같이 입력합니다.

19 Normal 그룹의 Normal 레이어에서 마우스 오른쪽 버튼을 눌러 [Copy Layer Style]을 선택합니다. Over 레이어로 돌아와 마우스 오른쪽 버튼을 눌러 [Paste Layer Style]을 선택합니다. 그리고 Over, Layer 2, Layer 1 copy를 모두 선택한 후 Ctrl+G를 눌러 그룹을 만들고, 이름을 'Over'로 변경합니다.

20 Normal 그룹의 Layer 1에서 마우스 오른쪽 버튼을 눌러 [Copy Layer Style]을 선택합니다. 다시 Layer 1 Copy 2로 돌아와 마우스 오른쪽 버튼을 눌러 [Paste Layer Style]을 선택합니다.

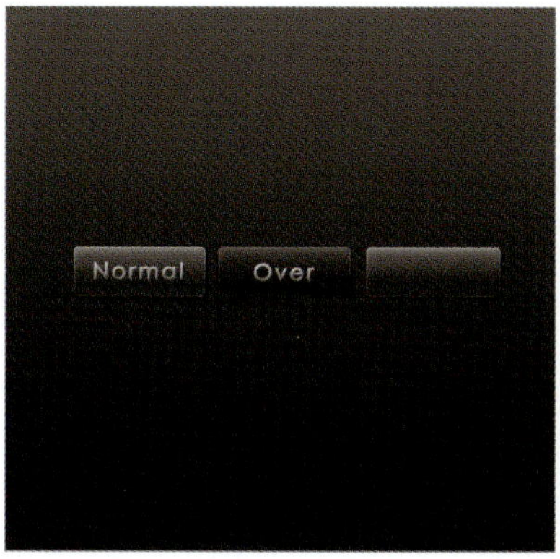

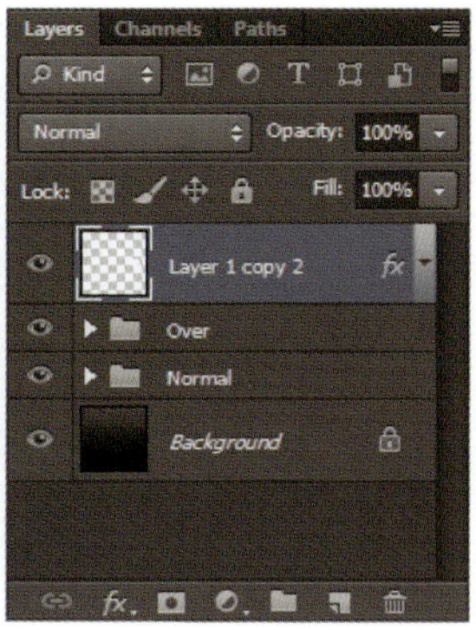

21 레이어 스타일을 펼친 후 [Inner Glow]의 눈 부분을 클릭하여 효과가 보이지 않게 합니다.

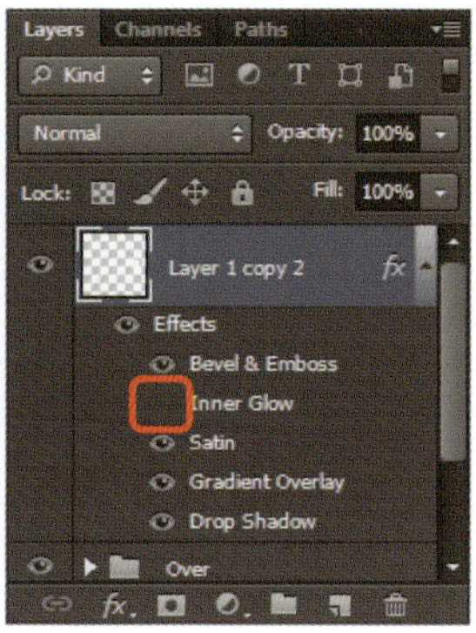

22 전경색을 흰색으로 설정하고 텍스트 툴(T)로 다음과 같이 입력합니다.

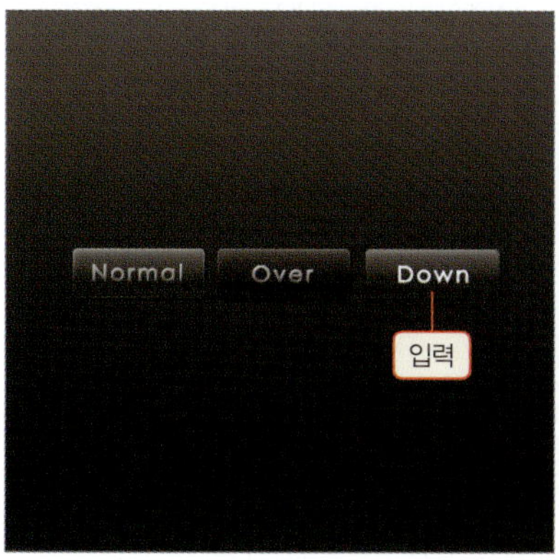

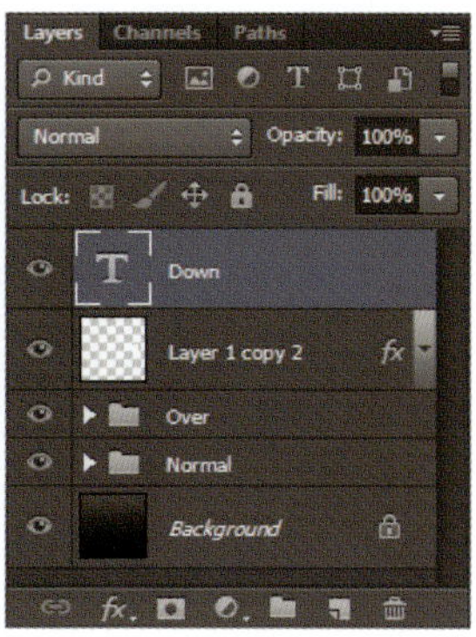

23 Normal 레이어의 레이어 스타일을 같은 방법으로 복사하여 Down 레이어에 붙여넣습니다. 세 버튼이 완성되면, Down에 사용한 레이어도 그룹으로 만들고 이름을 'Down'으로 변경합니다.

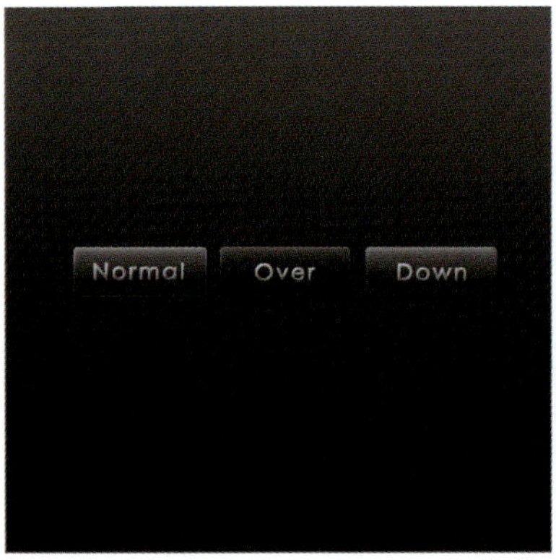

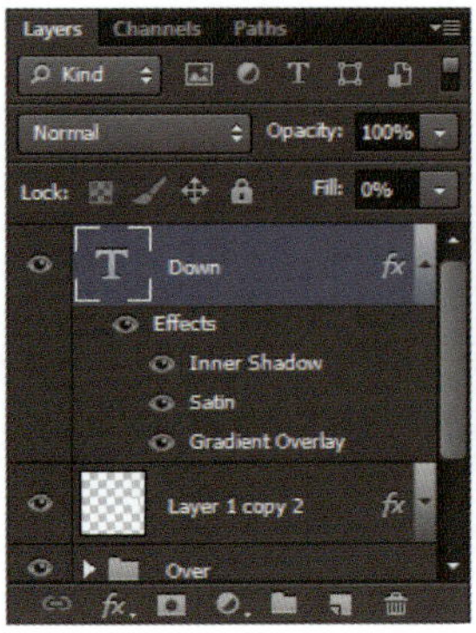

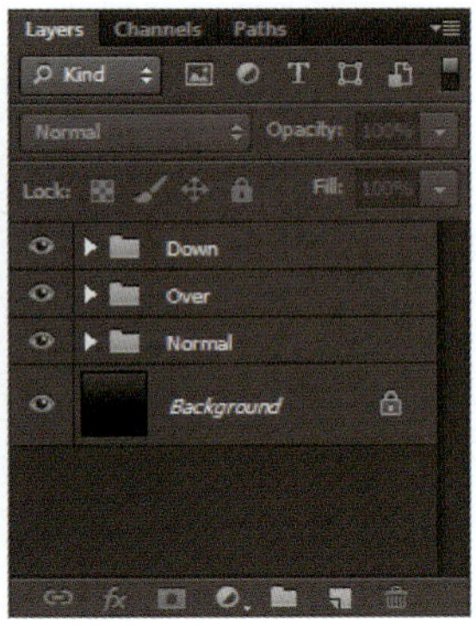

Tip 관련된 레이어들을 그룹으로 묶으면 나중에 관리하기 쉽습니다.

SECTION 81

파스텔 톤의 UI 버튼 만들기

• **준비파일** 없음 • **완성파일** Pastel Button.psd

레이어 스타일을 이용해 파스텔 톤의 UI 버튼을 만들어봅니다. 작업 과정에서 레이어를 그룹으로 묶으면 관리와 수정이 쉽습니다.

△ 완성 이미지

01 [File]–[New] 메뉴를 선택하고 너비와 높이를 각각 500Pixels, 해상도를 72Pixels/Inch로 설정하여 새 문서를 만듭니다. 그리고 짙은 회색으로 화면을 채웁니다.

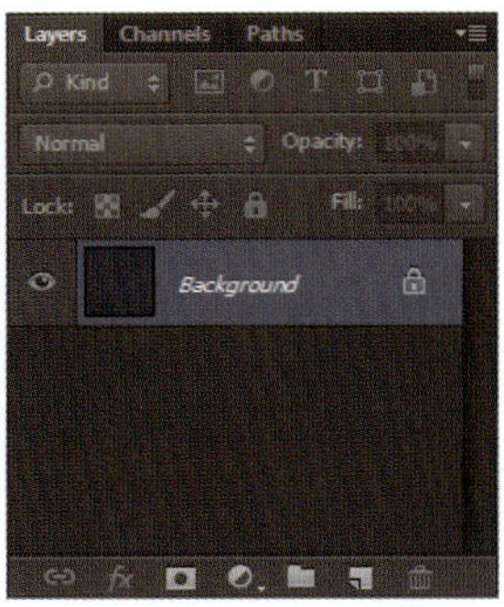

02 [Ctrl]+[J]를 눌러 레이어를 복제한 후, [Filter]–[Noise]–[Add Noise] 메뉴를 선택해 다음과 같이 설정합니다.

03 레이어 모드를 [Overlay]로 변경하고 Opacity를 10%로 조절한 후, [Ctrl]+[E]를 눌러 Background 레이어와 병합합니다.

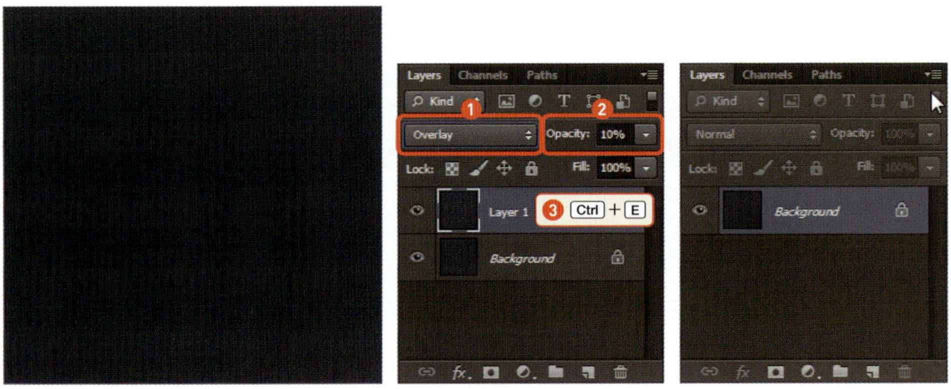

04 새 레이어를 추가한 후, 원형 선택 툴( )로 가로/세로 40 픽셀의 정원을 그리고 버튼으로 사용하고 싶은 색상으로 채웁니다.

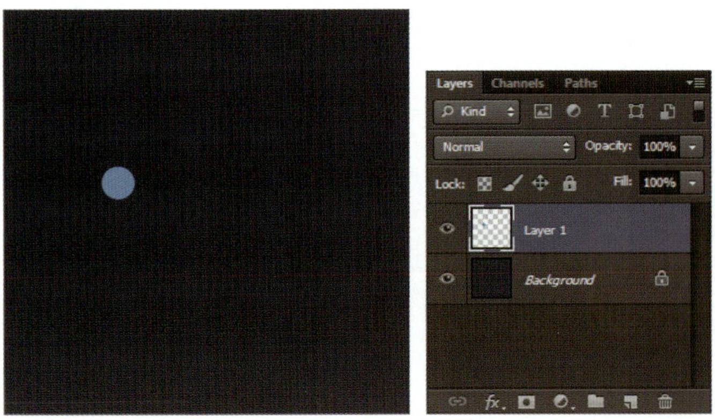

05 Layer 1에서 레이어 스타일 추가(fx)를 클릭해 [Gradient Overlay]를 선택하여 다음과 같이 설정합니다.

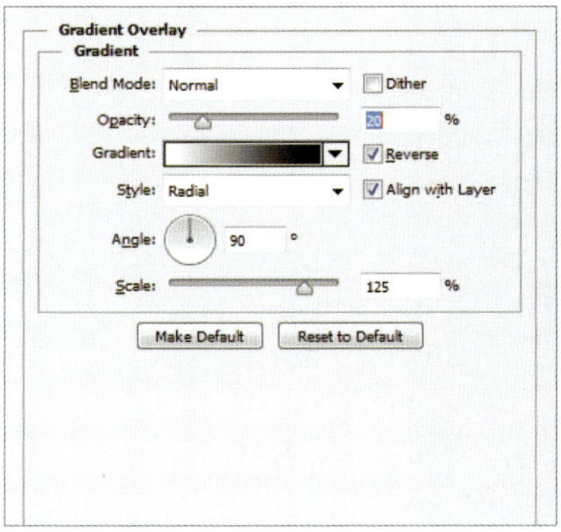

06 이어서 [Inner Shadow]를 선택하고 다음과 같이 설정합니다.

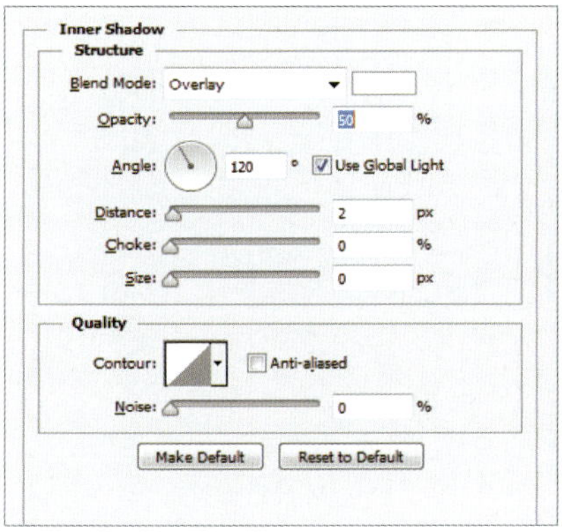

07 [Stroke]를 선택하고 다음과 같이 설정하여 가장자리에 테두리를 만듭니다.

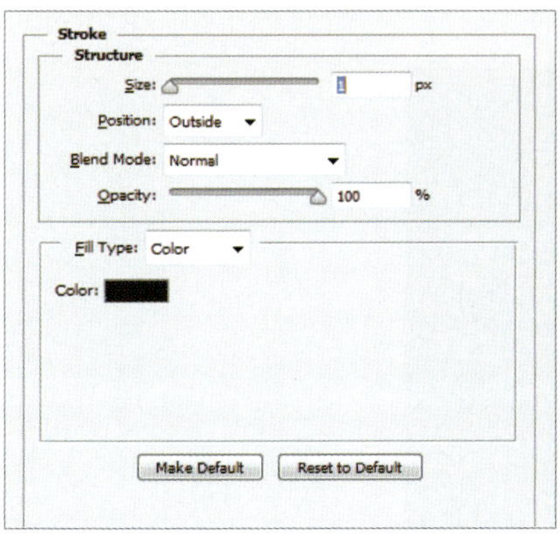

08 [Drop Shadow]를 선택하고 다음과 같이 설정하여 그림자 효과를 적용합니다. 설정이 끝나면 〈OK〉를 클릭합니다.

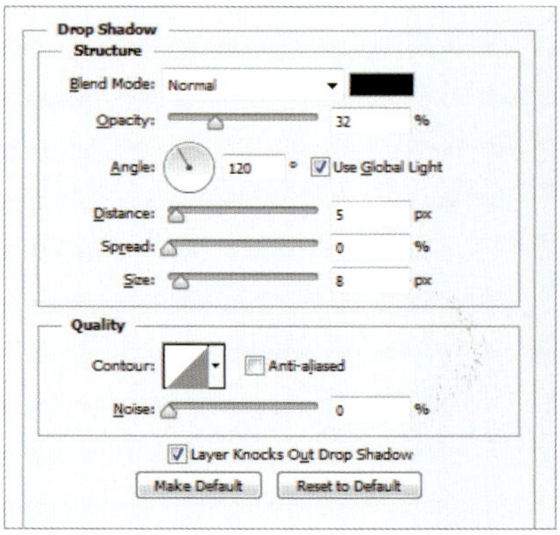

09 전경색을 검은색으로 설정하고 텍스트 툴(T)로 '+'를 입력합니다.

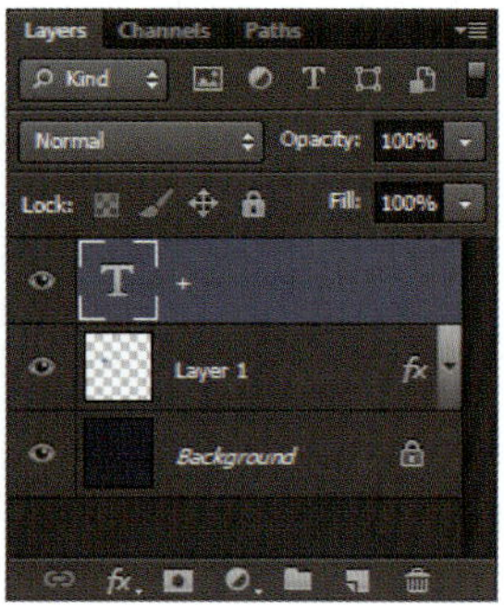

10 방금 추가한 텍스트 레이어에 [Drop Shadow]를 다음과 같이 적용하여 버튼과의 입체감을 살려 줍니다. 그리고 텍스트 레이어와 Layer 1을 함께 선택한 후 Ctrl+G를 눌러 그룹으로 만듭니다.

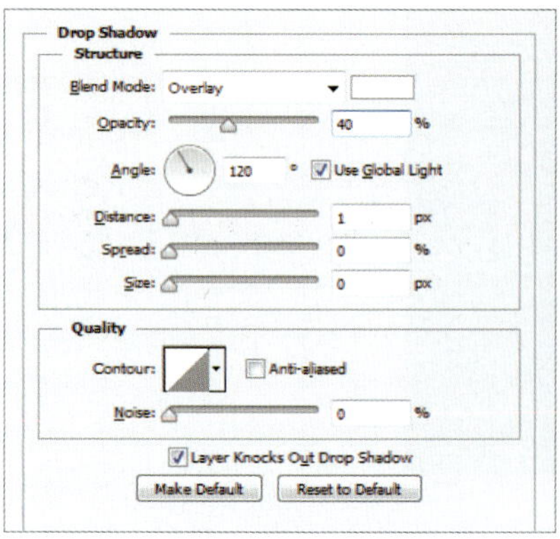

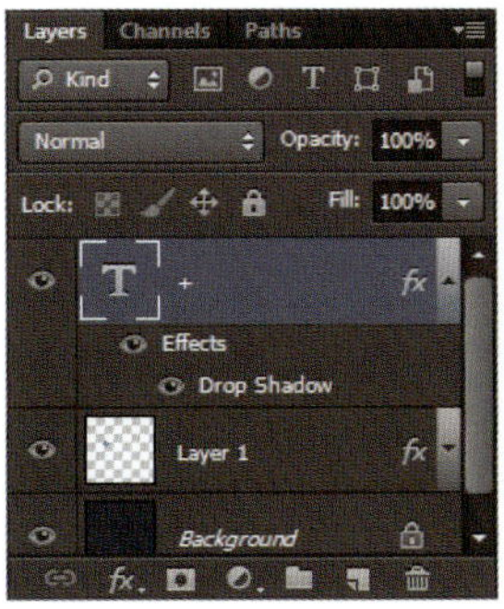

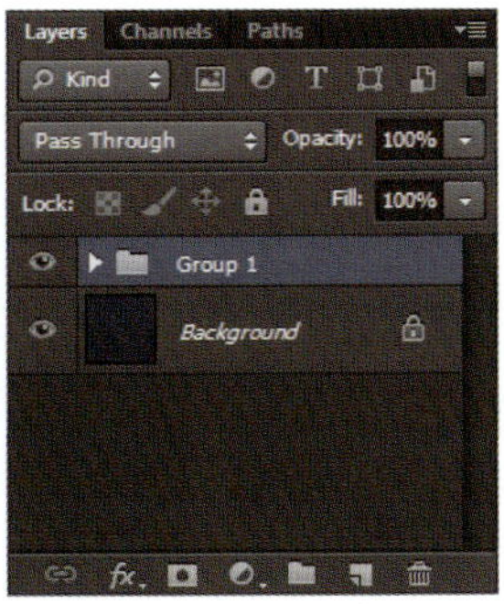

11 [Ctrl]+[J]를 눌러 Group 1을 복제하고 복제한 레이어의 오브젝트를 다음과 같이 옮긴 후, 첫 번째 그룹의 이름을 'Normal'로 변경합니다.

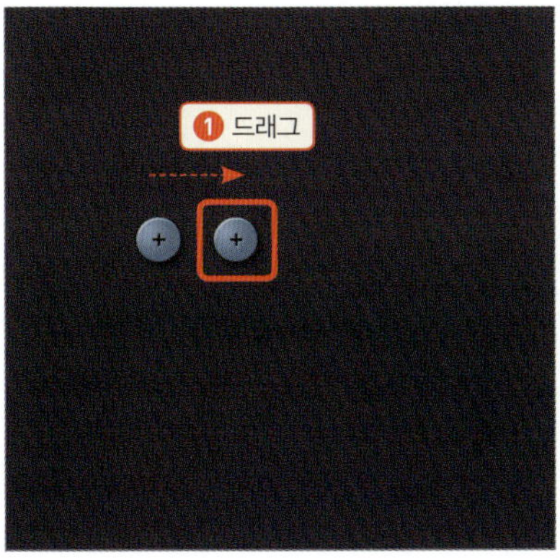

12 Group 1 copy의 Layer 1에 [Color Overlay]를 다음과 같이 적용하여 조금 더 밝은 버튼을 만든 후, 그룹의 이름을 'Over'로 변경합니다.

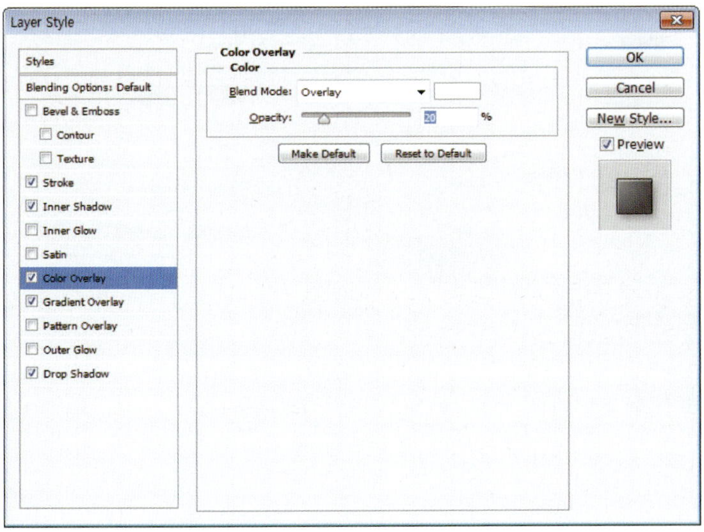

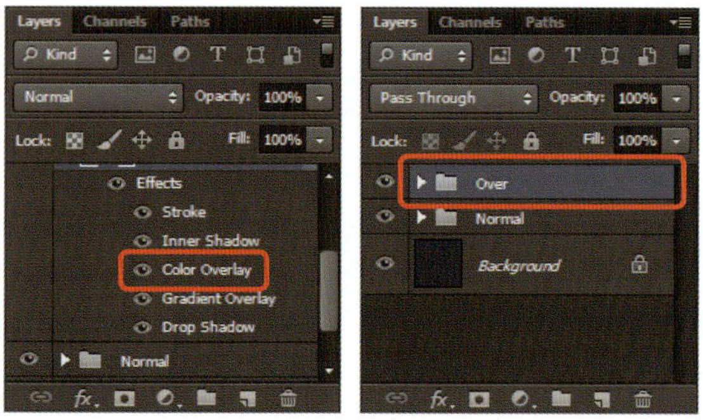

13 Ctrl+J를 눌러 Over 그룹을 복제한 후, 위치를 다음과 같이 옮깁니다.

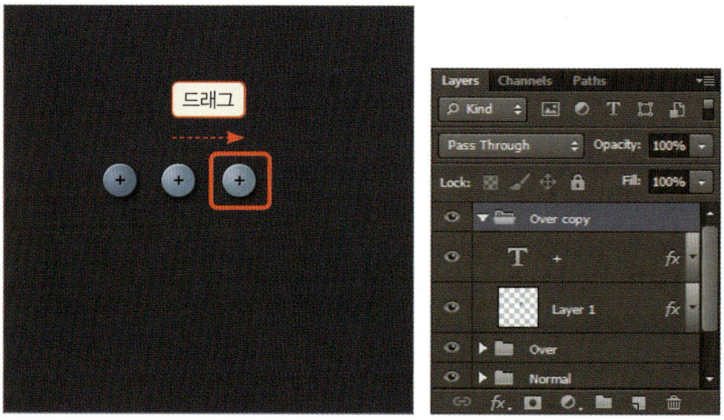

14 Over copy의 Layer 1에서 레이어 스타일을 다음과 같이 변경한 후, 그룹의 이름을 'Down'으로 변경합니다.

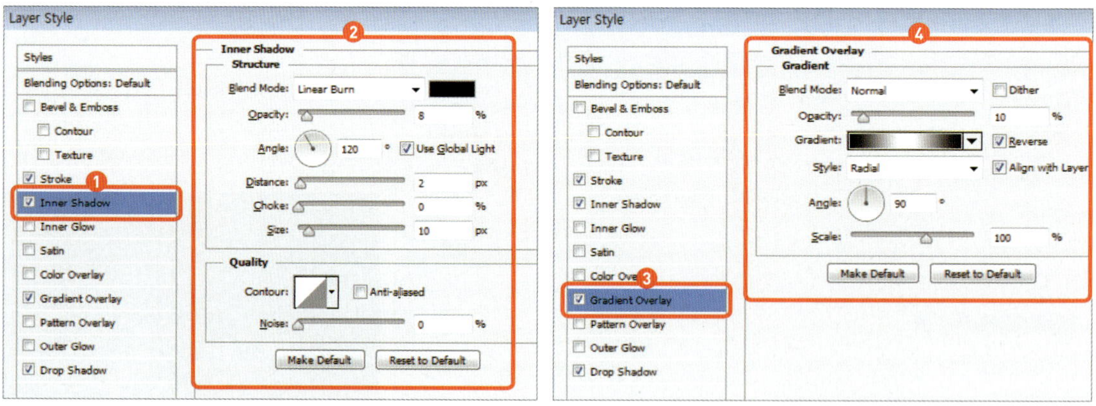

Tip 이미 적용되어 있는 레이어 스타일 중 [Stroke]는 설정을 변경하지 않으며, [Color Overlay]는 체크를 해제합니다.

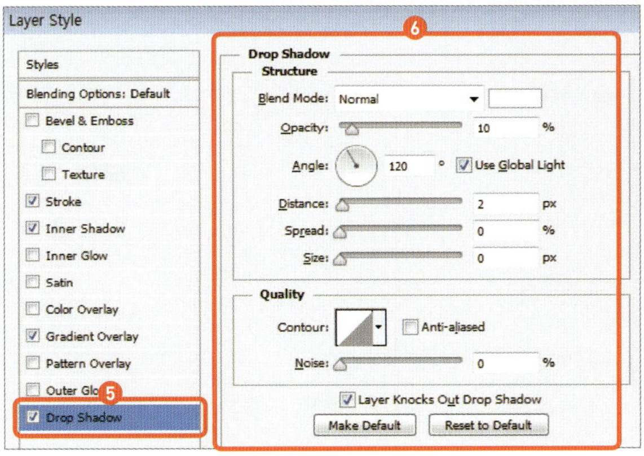

15 Normal 그룹을 복제한 후 오브젝트의 위치를 다음과 같이 옮깁니다.

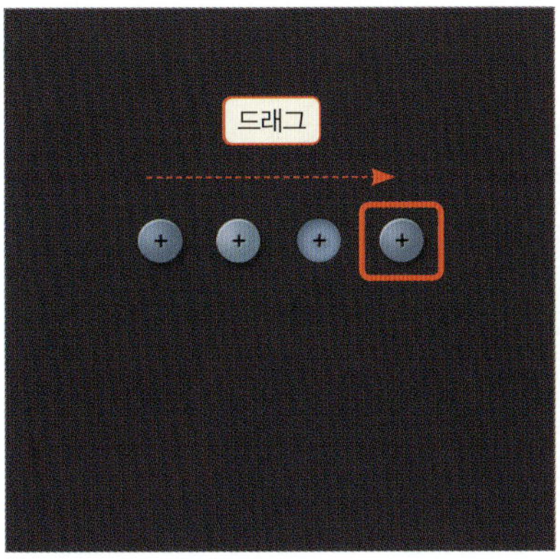

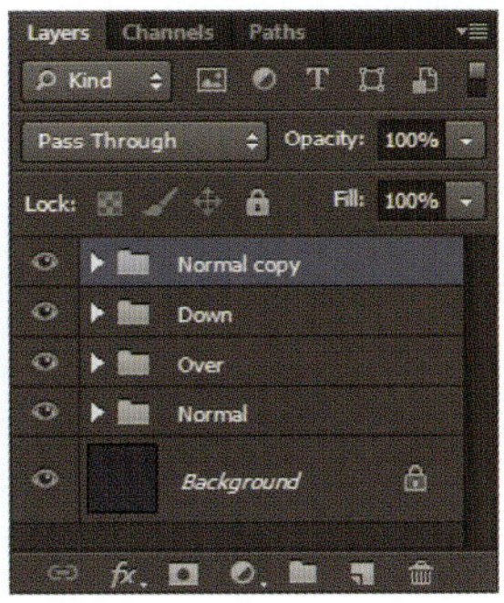

16 Normal copy의 Layer 1에서 Ctrl을 누른 채 썸네일을 클릭하여 선택 영역을 만든 후, 밝은 회색으로 채워줍니다.

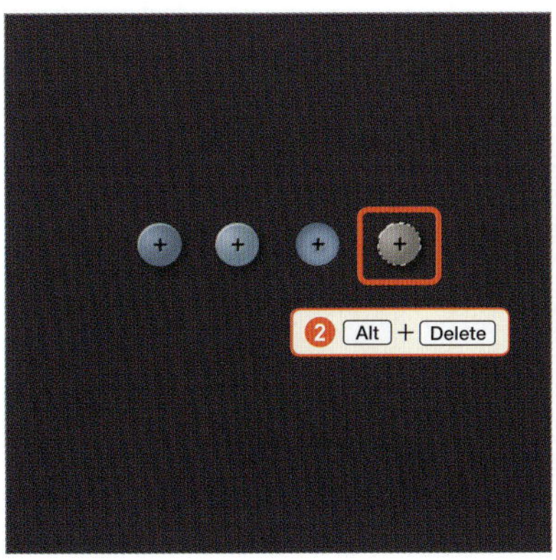

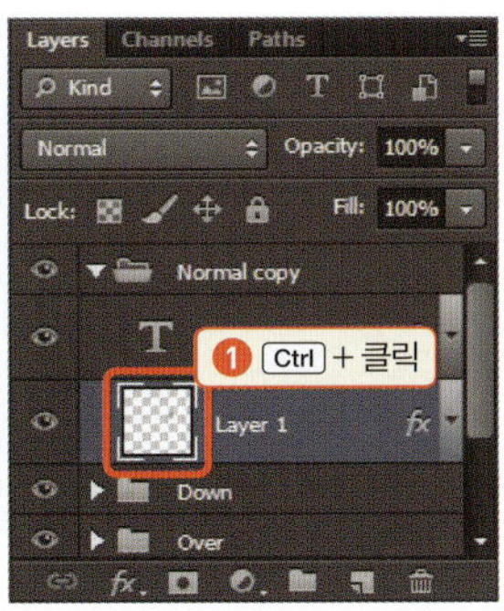

17 Layer 1의 레이어 스타일을 다음과 같이 변경한 후, Opacity를 50%로 조절합니다.

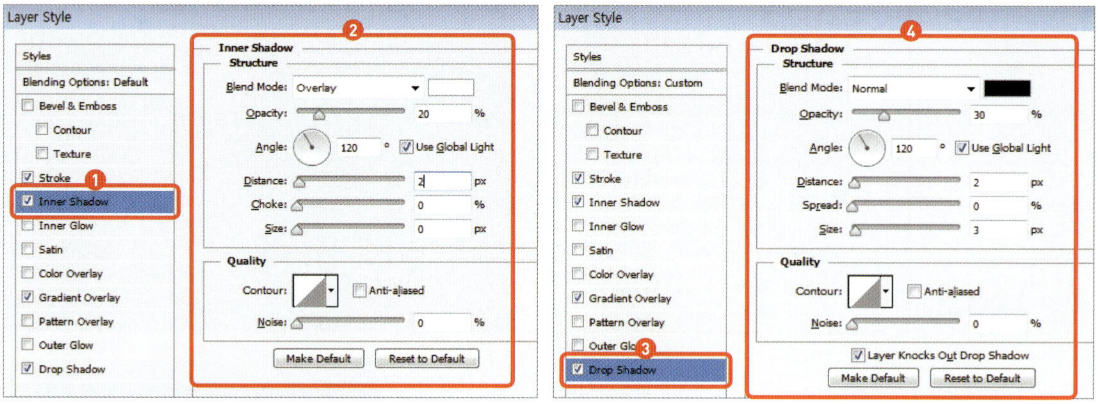

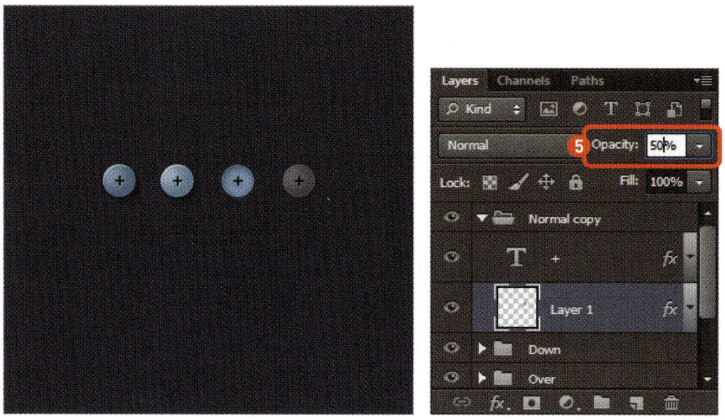

18 텍스트 레이어의 텍스트 색상을 흰색에 가까운 밝은 회색으로 변경합니다. 그리고 레이어 스타일의 [Drop Shadow]를 다음과 같이 변경한 후, 그룹의 이름을 'Inactive'로 변경하고 이미지를 완성합니다.

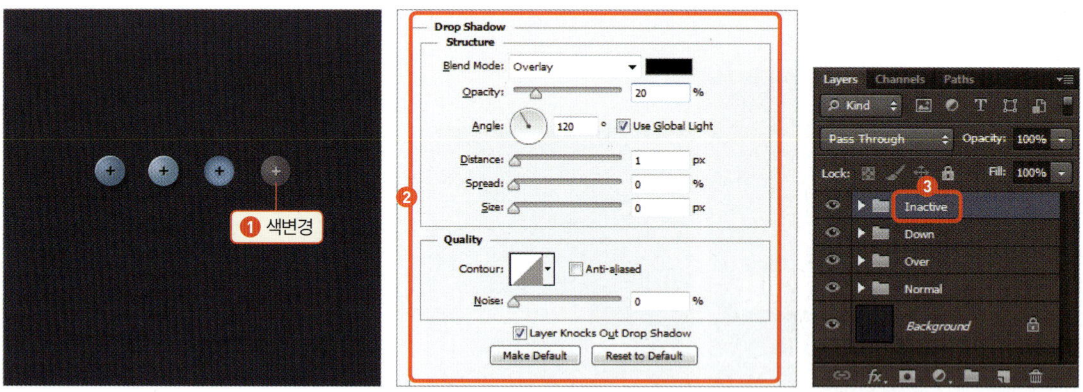

Tip 각 그룹에서 Layer 1의 오브젝트 색상을 변경하면 다양한 색감의 버튼을 만들 수 있습니다.

SECTION 82

메탈 느낌의 UI 버튼 만들기

• **준비파일** 없음 • **완성파일** Metal Button.psd

레이어 스타일을 이용해 메탈 느낌의 UI 버튼을 만들어봅니다.

△ 완성 이미지

01 [File]−[New] 메뉴를 선택하고 너비와 높이를 각각 500Pixels, 해상도를 72Pixels/Inch로 설정하여 새 문서를 만듭니다. 전경색과 배경색을 짙은 회색 계열로 설정하고 그레디언트 툴(■)로 다음과 같이 화면을 채웁니다.

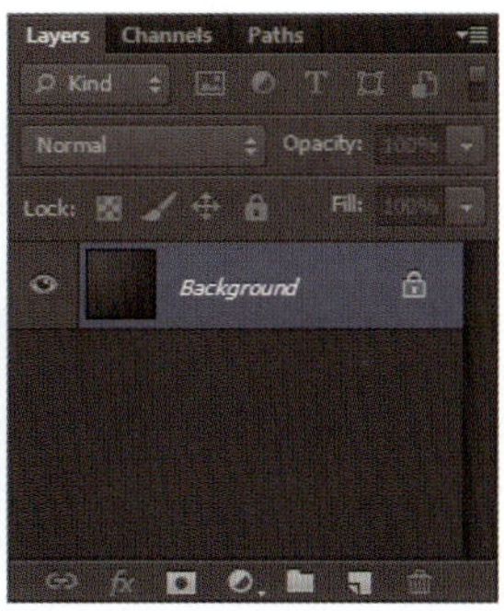

02 새 레이어를 추가하고 전경색을 검은색으로 설정합니다. 원형 쉐이프 툴(■)의 옵션을 Pixels로 선택한 후, 화면을 클릭하여 옵션 창에서 Width 100px, Height 100px로 설정하고 〈OK〉를 클릭합니다.

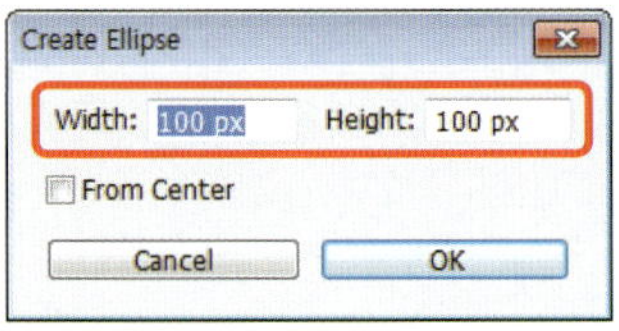

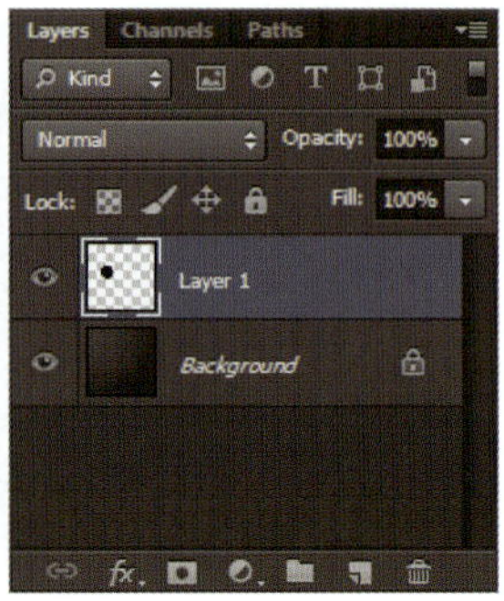

03 Layer 1의 레이어 모드를 [Linear Burn]으로 변경하고 Opacity를 25%로 조절한 후, 레이어 스타일 추가(fx)를 클릭해 [Stroke]를 다음과 같이 설정합니다.

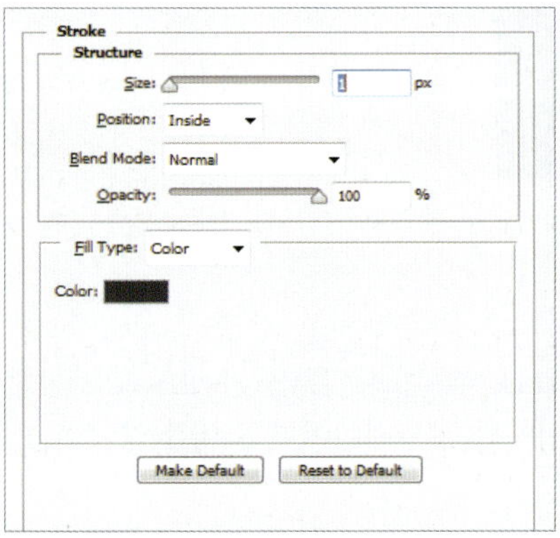

04 이어서 [Bevel & Emboss]를 선택하고 다음과 같이 설정하여 입체감을 살려줍니다.

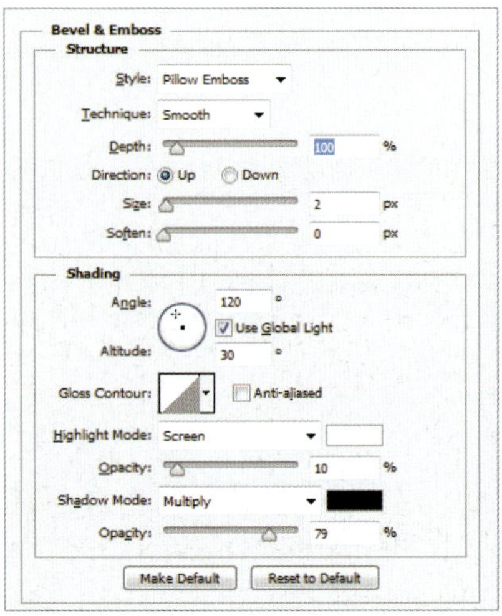

05 [Drop Shadow]를 선택하고 다음과 같이 설정하여 입체감을 더욱 살려줍니다. 설정이 완료되면 〈OK〉를 클릭합니다.

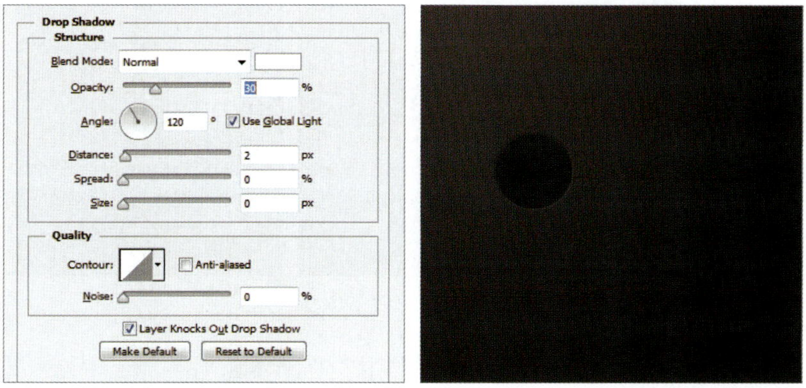

06 새 레이어를 추가하고 전경색을 밝은 회색으로 설정한 후, 원형 쉐이프 툴( )로 화면을 클릭하여 Width 80px, Height 80px의 원을 만들어 Layer 1 중앙에 위치시킵니다.

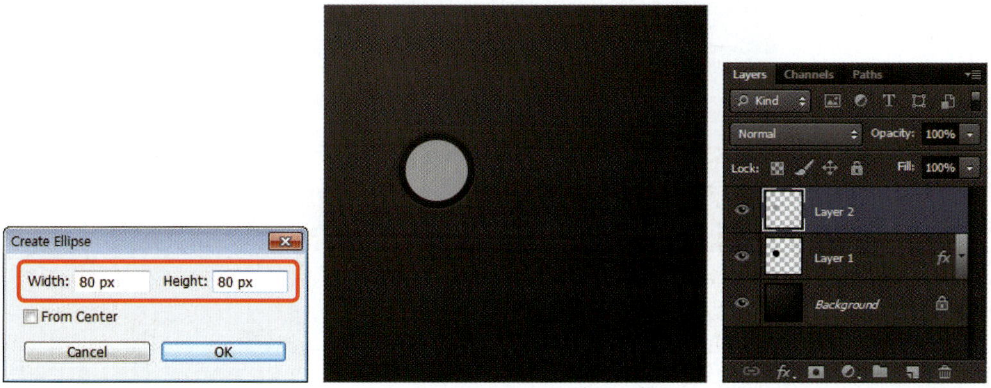

07 Layer 2에서 레이어 스타일 추가( )를 클릭해 [Gradient Overlay]와 [Drop Shadow]를 다음과 같이 설정합니다. 이때 [Gradient Overlay]의 그레디언트 옵션은 흰색과 밝은 회색을 일정 간격으로 번갈아 위치시키고, Style을 Angle로 지정해줍니다.

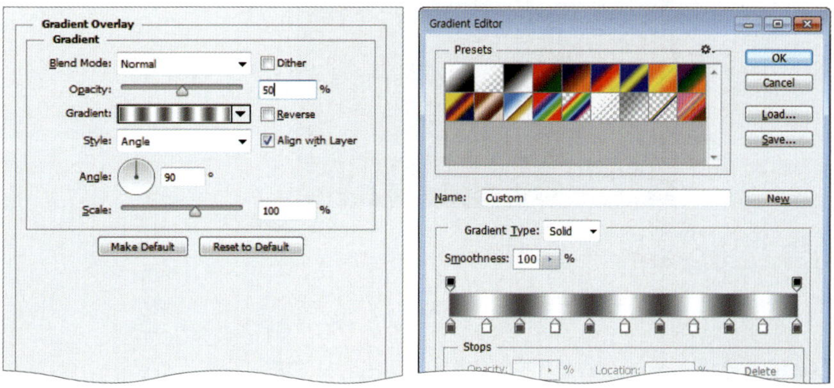

08 새 레이어를 추가하고 전경색을 흰색으로 설정한 후, 원형 쉐이프 툴( )로 화면을 클릭하여 Width 30px, Height 30px의 원을 만들어 이미지의 중앙에 위치시킵니다.

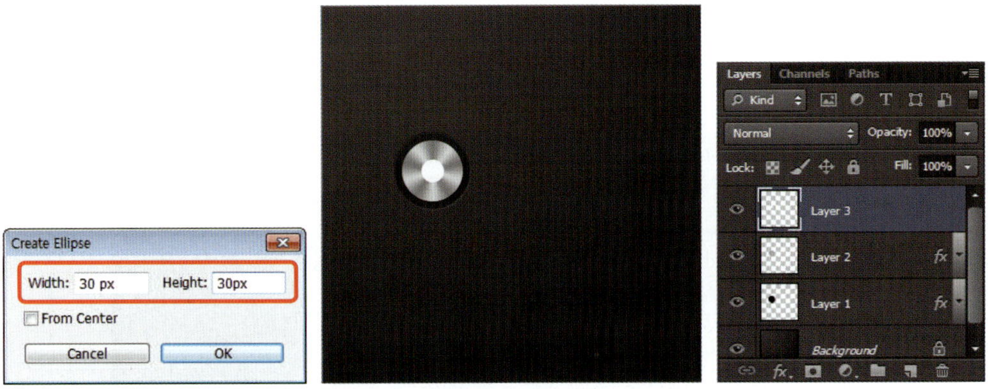

09 Layer 3의 레이어 모드를 [Multiply]로 변경하고 레이어 스타일 추가( )를 클릭해 [Gradient Overlay]를 다음과 같이 설정합니다.

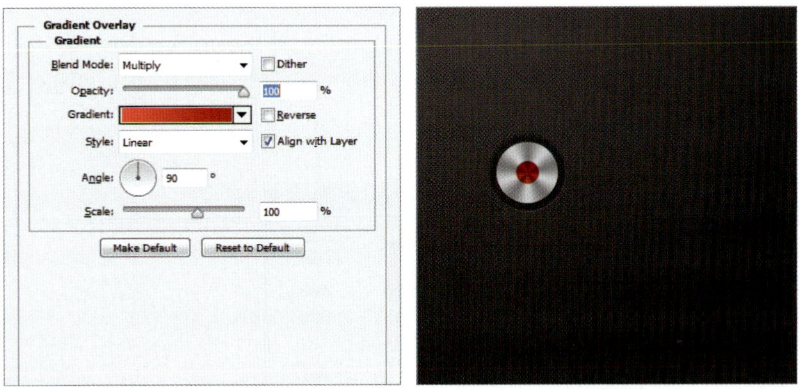

10 이어서 [Drop Shadow]를 선택하고 다음과 같이 설정하여 입체감을 살려줍니다.

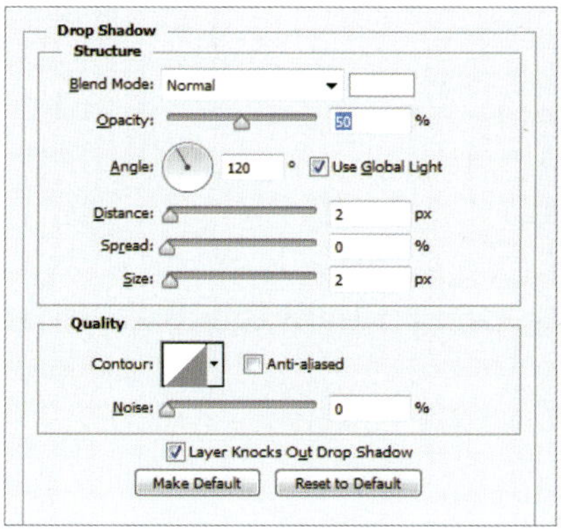

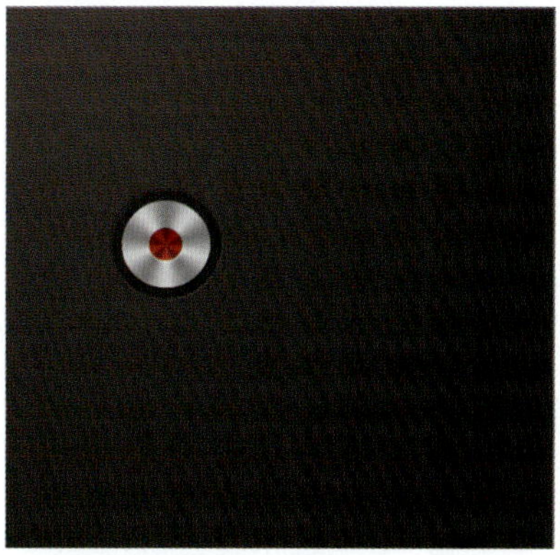

11 [Inner Glow]를 다음과 같이 설정하여 입체감을 더욱 살려준 후 〈OK〉를 클릭합니다. Layer 1, Layer 2, Layer 3을 모두 선택한 후 Ctrl+G를 눌러 그룹으로 만듭니다.

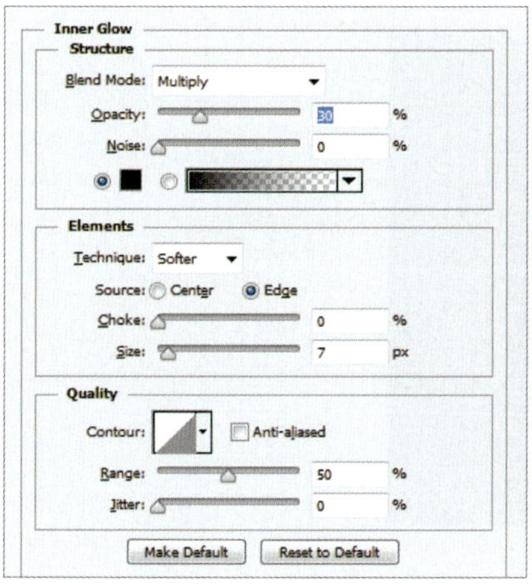

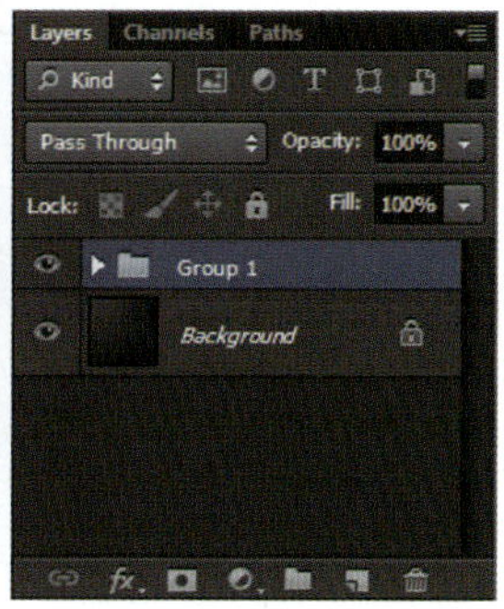

12 Ctrl+J를 눌러 Group 1을 복제한 후, 복제된 오브젝트의 위치를 다음과 같이 옮깁니다.

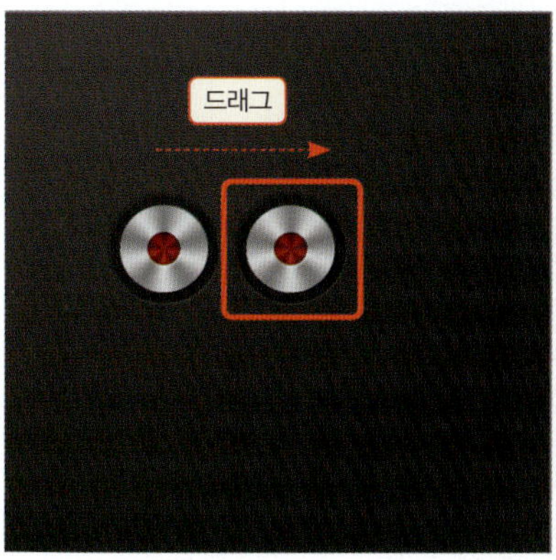

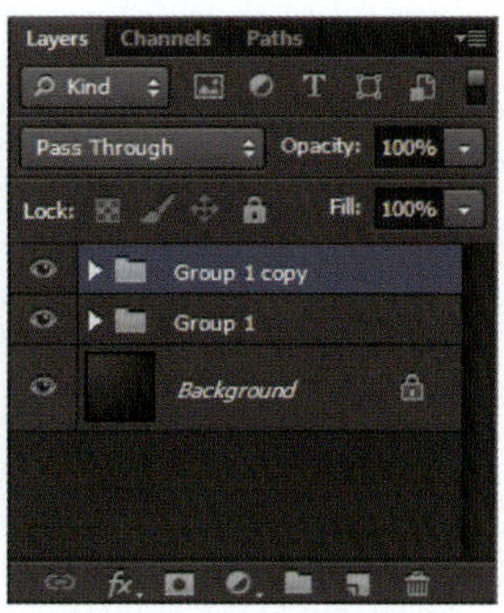

13 Group 1 copy의 Layer 3에서 작은 원을 선택하여 삭제하고, 사각형을 추가합니다. 이때 레이어에는 레이어 스타일이 적용되어 있기 때문에 어떤 형태의 도형을 삽입하던지 레이어 스타일은 바로 적용됩니다. 단, 면의 색상은 흰색이어야 합니다.

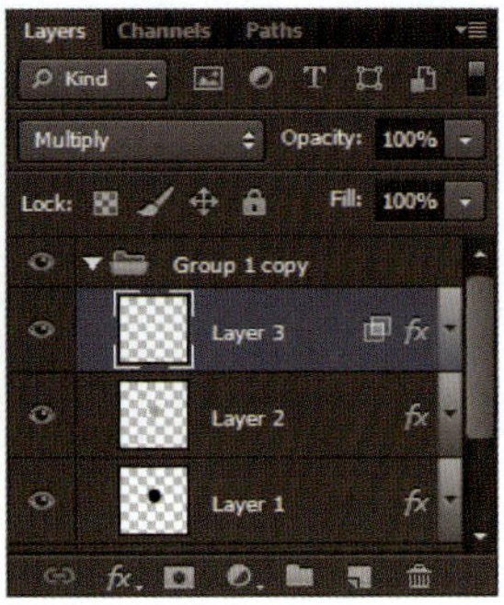

14 Layer 3의 레이어 스타일 중 [Gradient Overlay]의 색상을 다음과 같이 변경합니다.

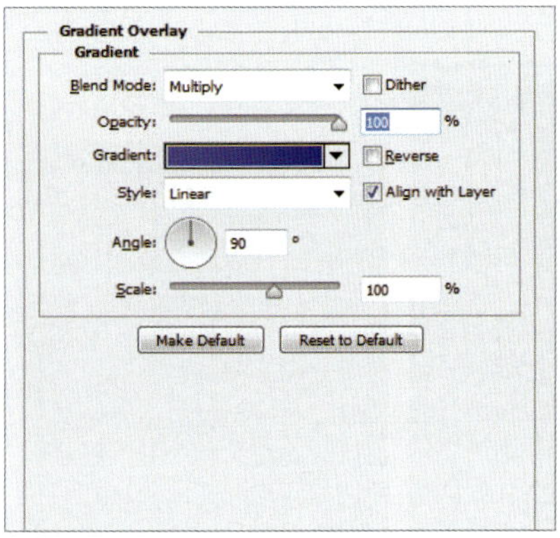

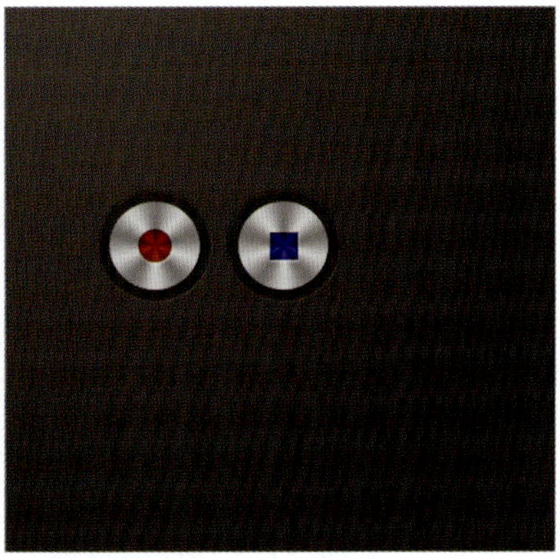

15 Group 1 copy의 이름을 'Group 2'로 변경하고 복제하여, 오브젝트의 위치를 다음과 같이 옮깁니다.

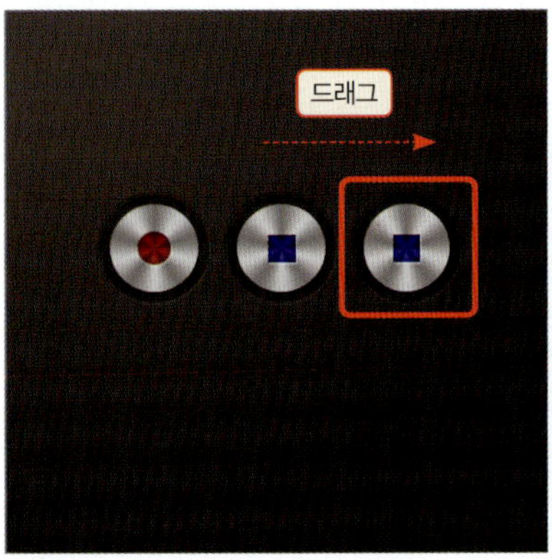

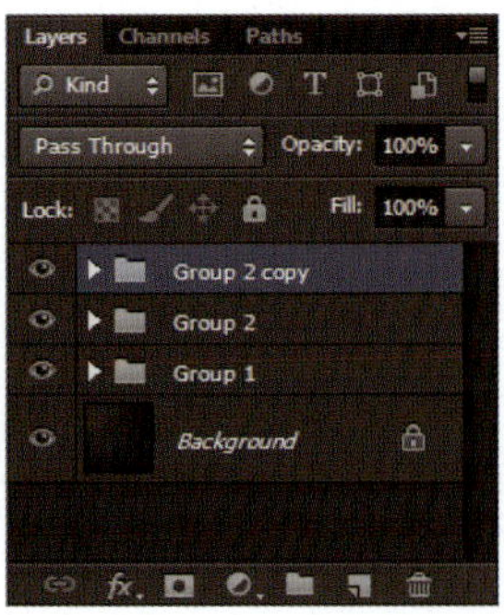

16 Group 2 copy의 Layer 3에서 사각형을 선택하여 삭제하고 삼각형을 추가합니다.

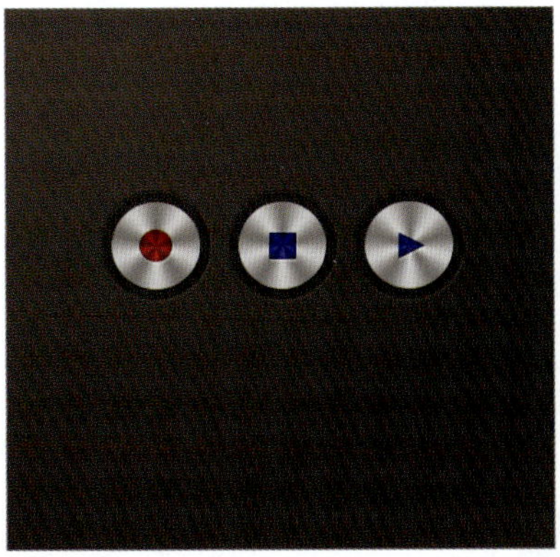

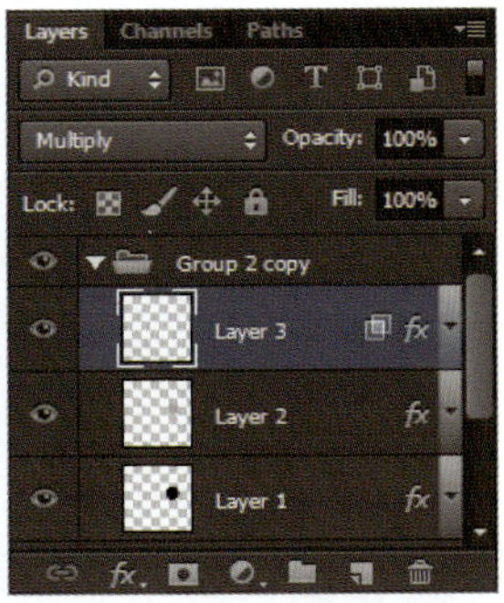

17 Layer 3의 레이어 스타일 중 [Gradient Overlay]의 색상을 다음과 같이 변경합니다.

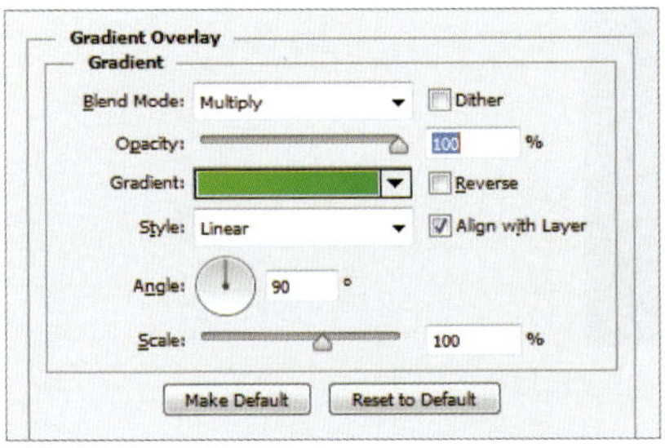

18 Group 2 copy의 이름을 'Group 3'으로 변경하여 이미지를 완성합니다.

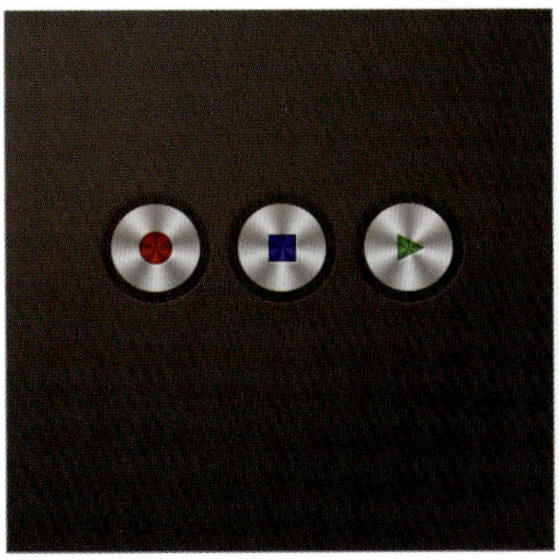

SECTION 83
이중 입체 UI 버튼 만들기

• **준비파일** 없음 • **완성파일** Double Button.psd

레이어 스타일을 이용해 형광 번짐 효과의 이중 입체 UI 버튼을 만들어봅니다.

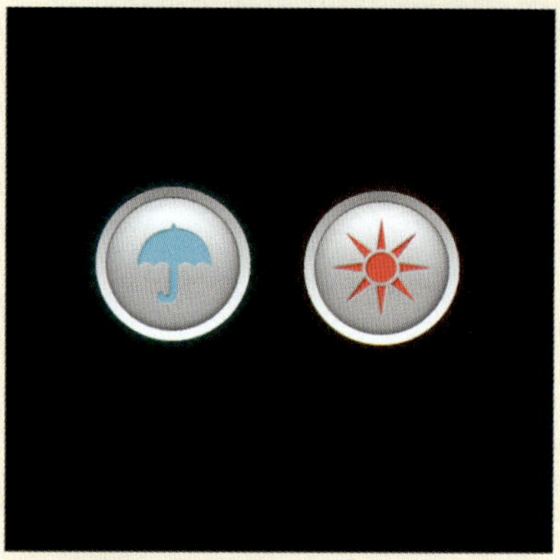

△ 완성 이미지

01 [File]-[New] 메뉴를 선택하고 너비와 높이를 각각 500Pixels, 해상도를 72Pixels/Inch로 설정하여 새 문서를 만듭니다.

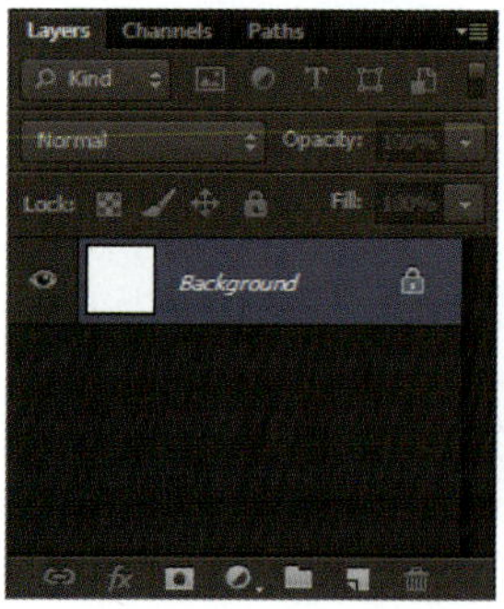

02 화면을 확대하고 다음과 같이 검은색과 짙은 회색이 교차되도록 패턴을 만듭니다. 각 색상의 크기는 가로/세로 5 픽셀, 패턴의 크기는 가로/세로 10 픽셀입니다. 만들어진 패턴은 선택 툴로 선택한 후 [Edit]-[Define Pattern] 메뉴를 선택하여 패턴으로 등록합니다.

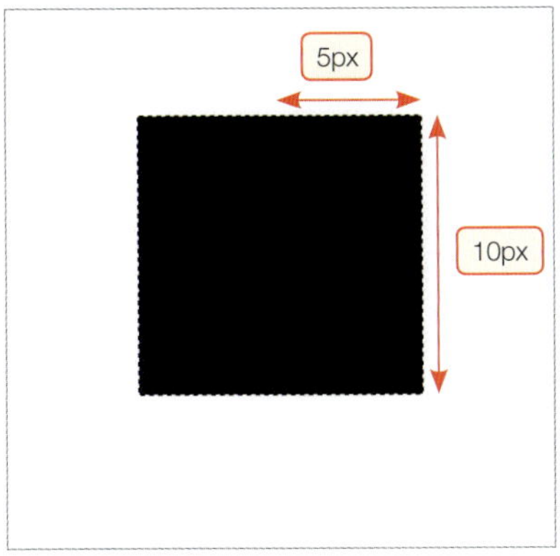

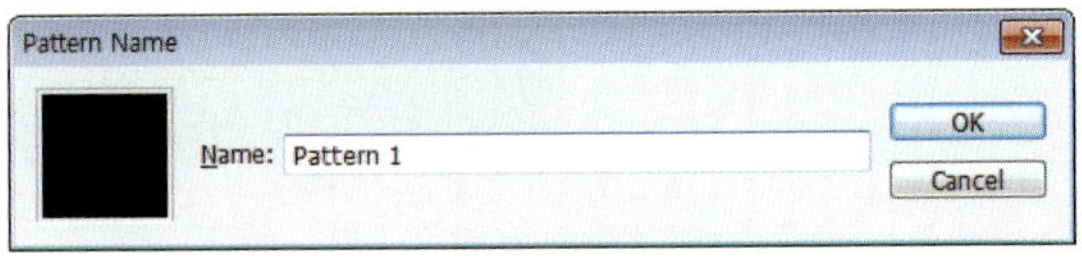

03 Ctrl+A를 눌러 전체 화면을 선택한 후, [Edit]-[Fill] 메뉴를 선택합니다. 옵션 창에서 방금 등록한 패턴을 선택한 후 〈OK〉를 클릭하면 화면이 패턴으로 채워집니다.

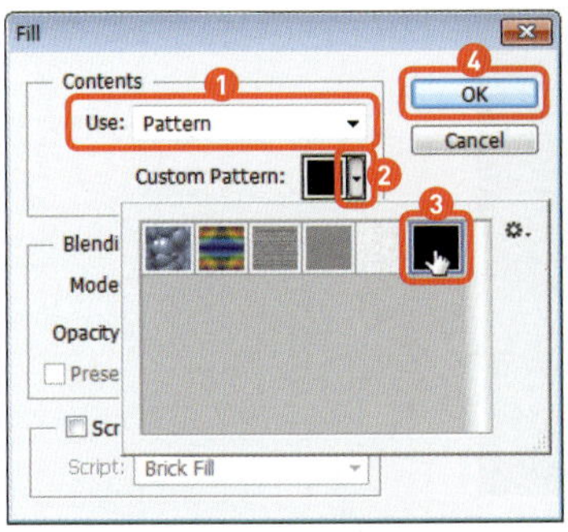

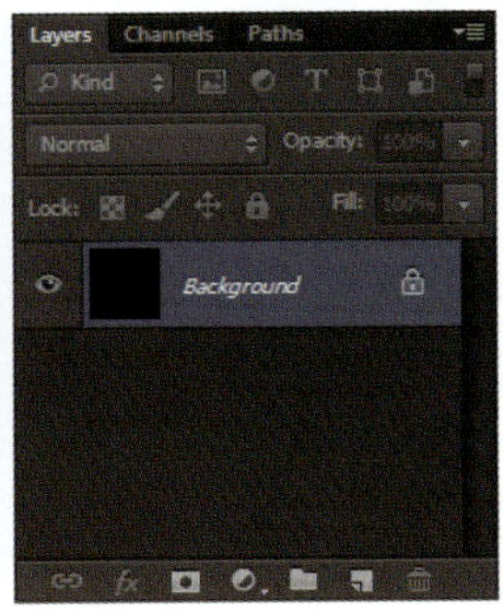

04 새 레이어를 추가하고 가로/세로 120 픽셀의 원을 만든 후, 밝은 회색으로 채웁니다.

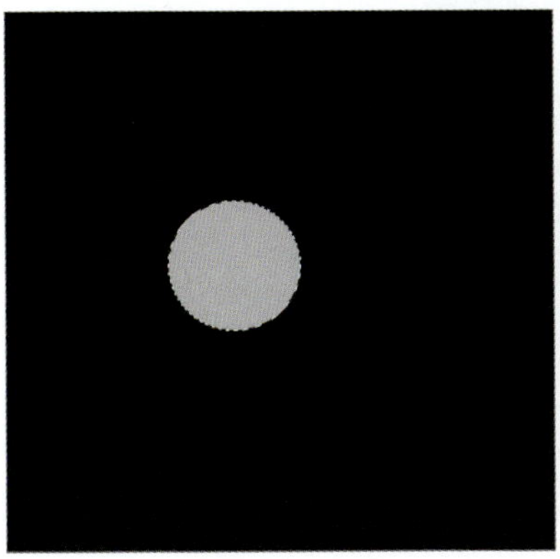

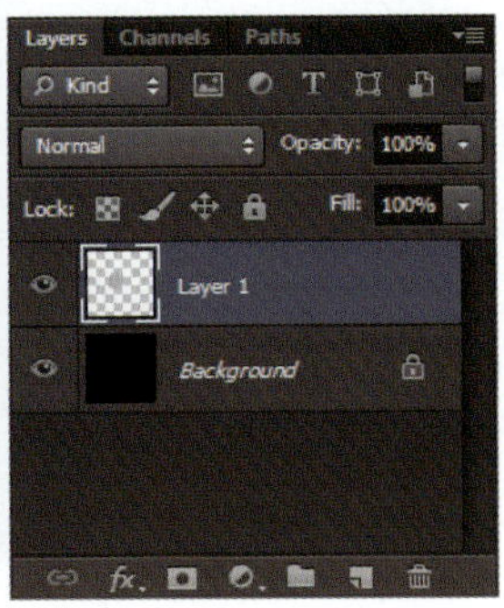

05 Layer 1에서 레이어 스타일 추가(fx)를 클릭해 [Gradient Overlay]를 선택하고 다음과 같이 설정합니다.

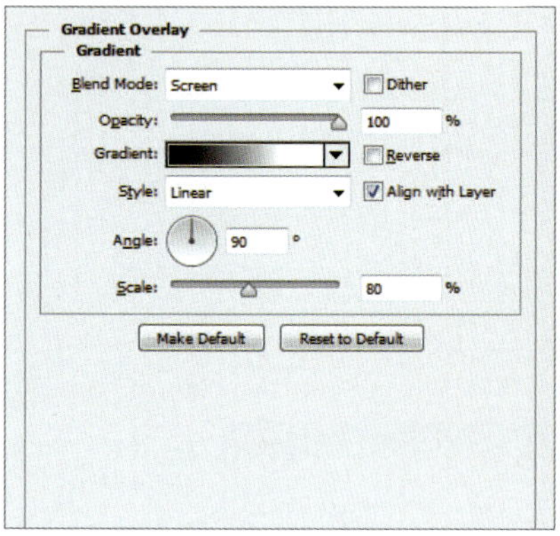

06 이어서 [Inner Glow]를 선택하고 다음과 같이 설정합니다.

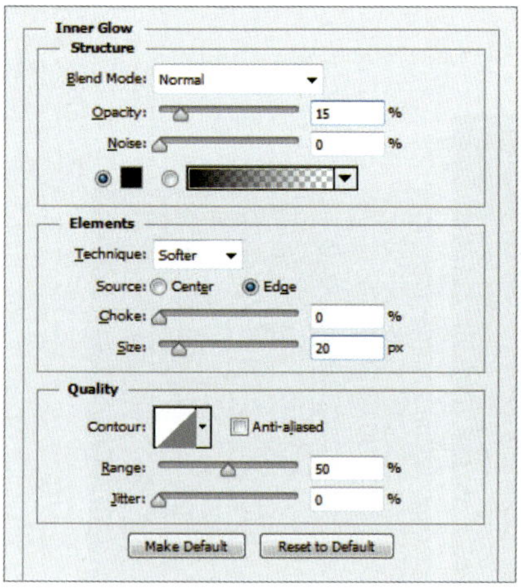

07 [Stroke]를 선택하고 다음과 같이 설정하여 가장자리에 선을 만듭니다.

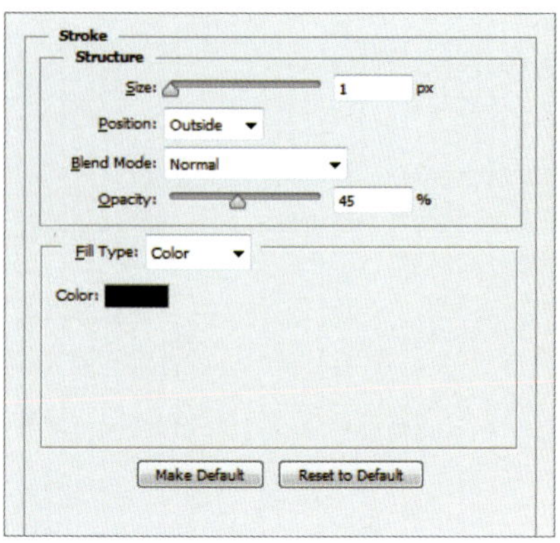

08 마지막으로 [Inner Shadow]를 선택하고 다음과 같이 설정하여 입체감을 살려줍니다. 설정이 완료되면 〈OK〉를 클릭합니다.

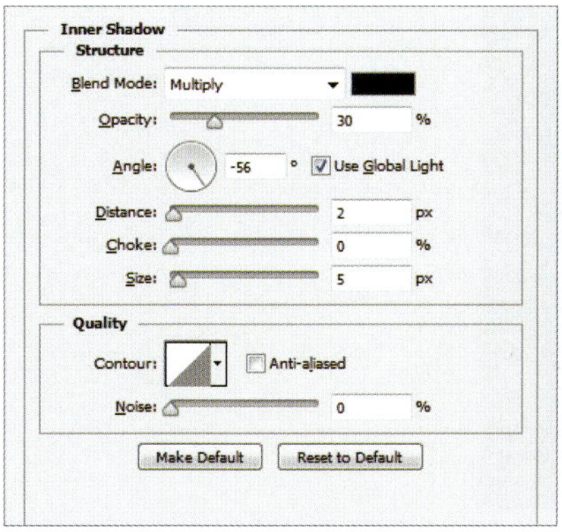

09 새 레이어를 추가하고 Layer 1 아래로 옮깁니다. Layer 1의 원보다 조금 큰 원을 하나 그린 후, 밝은 회색으로 채웁니다.

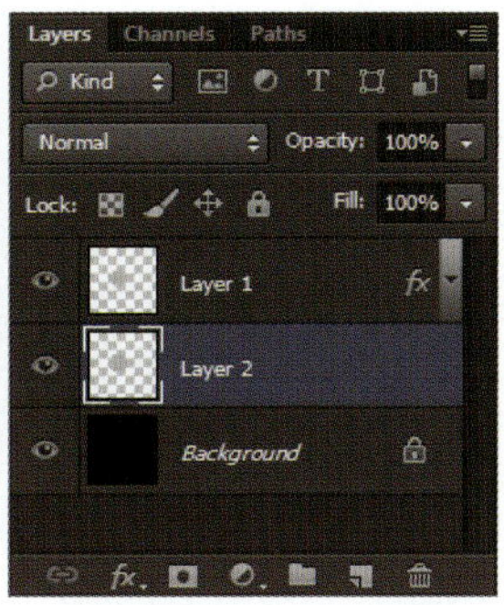

10 전경색은 밝은 회색을 유지하고 배경색을 흰색으로 설정한 후, 선택 툴로 큰 원을 선택하고 그레디언트 툴(■)로 위에서 아래로 드래그합니다.

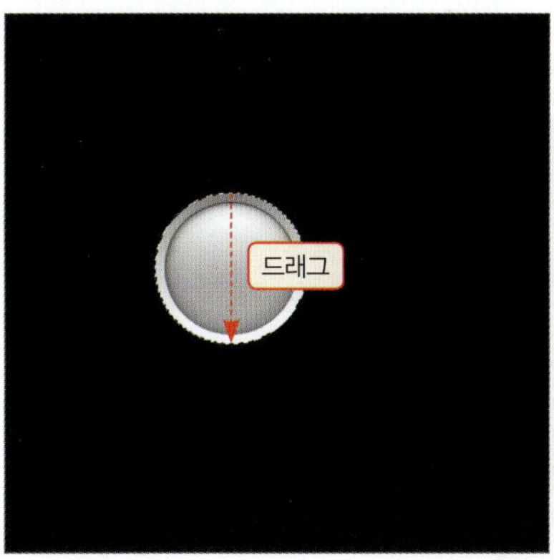

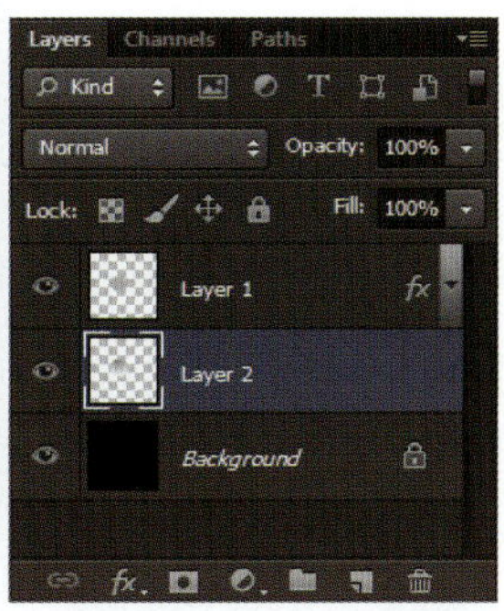

11 Layer 2에서 레이어 스타일 추가(fx)를 클릭해 [Outer Glow]를 다음과 같이 설정합니다. 외부에 형광 번짐 효과가 적용되면 〈OK〉를 클릭합니다.

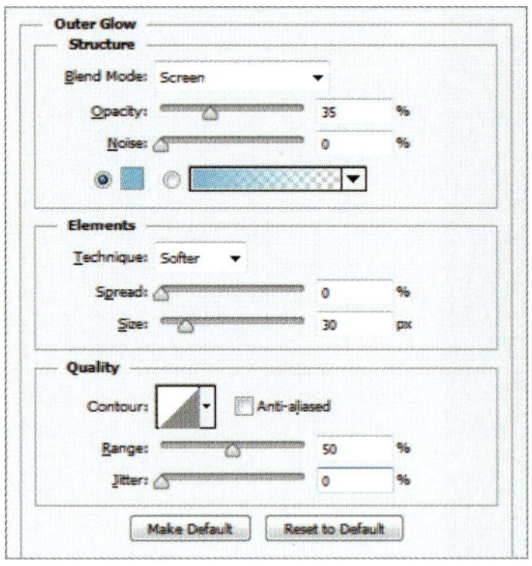

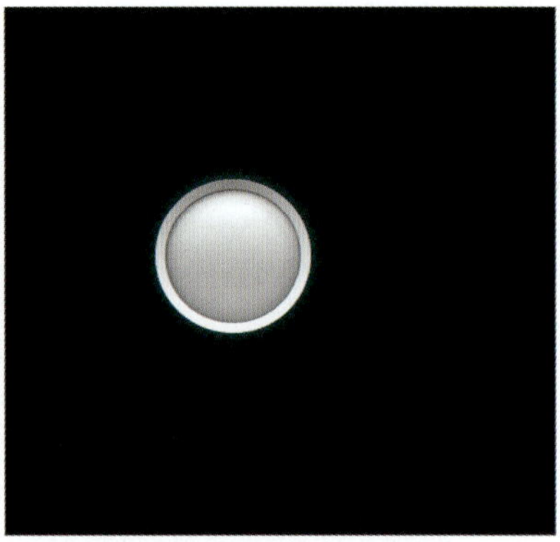

12 맨 위에 새 레이어를 추가하고, 전경색을 형광색과 비슷한 색상으로 설정합니다. 아이콘을 삽입하기 위해 커스텀 쉐이프 툴( )의 옵션을 Pixels로 설정한 후, Shape에서 원하는 모양을 선택하여 드래그합니다.

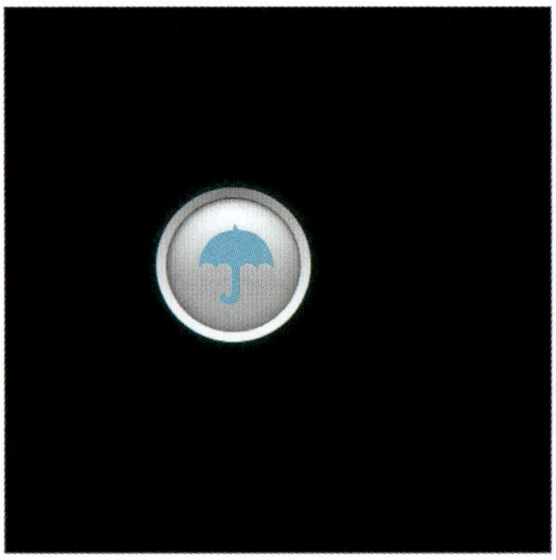

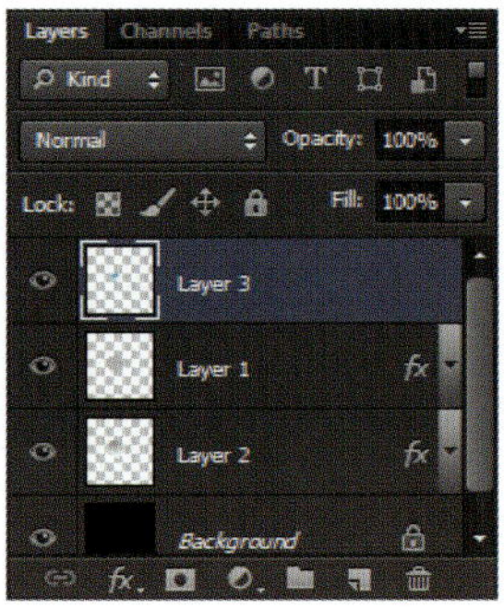

13 Layer 3에서도 레이어 스타일 추가(fx)를 클릭해 [Bevel & Emboss]를 다음과 같이 설정하여 입체감을 살려줍니다.

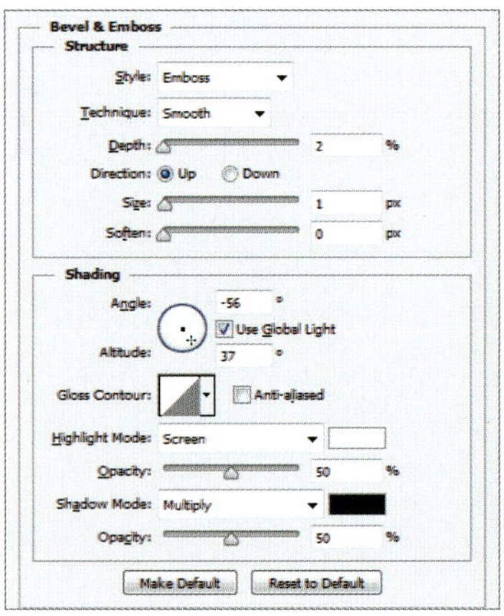

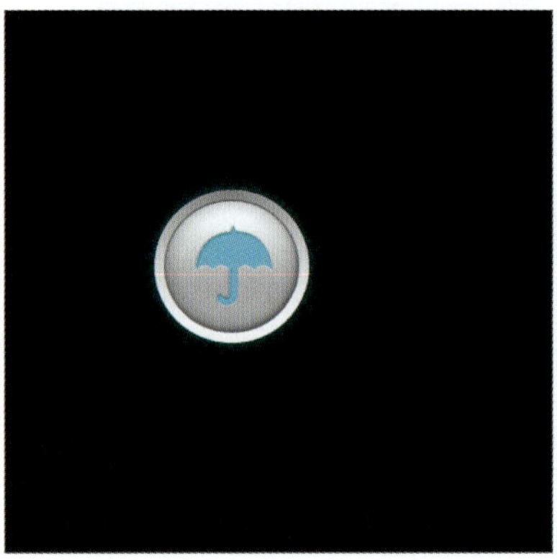

14 Background 레이어를 제외한 나머지 레이어를 모두 선택한 후, Ctrl+G를 눌러 그룹으로 만들고 복제합니다. 복제된 그룹의 이름을 'Group 2'로 변경하고 그룹의 위치를 다음과 같이 옮깁니다.

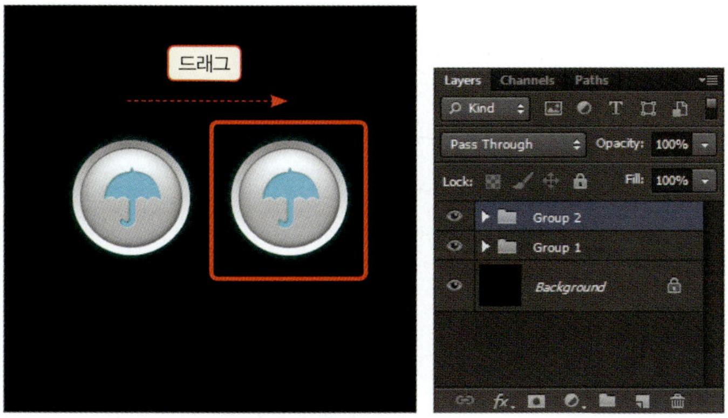

15 Group 2의 Layer 2에서 레이어 스타일 추가(fx)를 클릭해 [Outer Glow]를 다음과 같이 변경합니다.

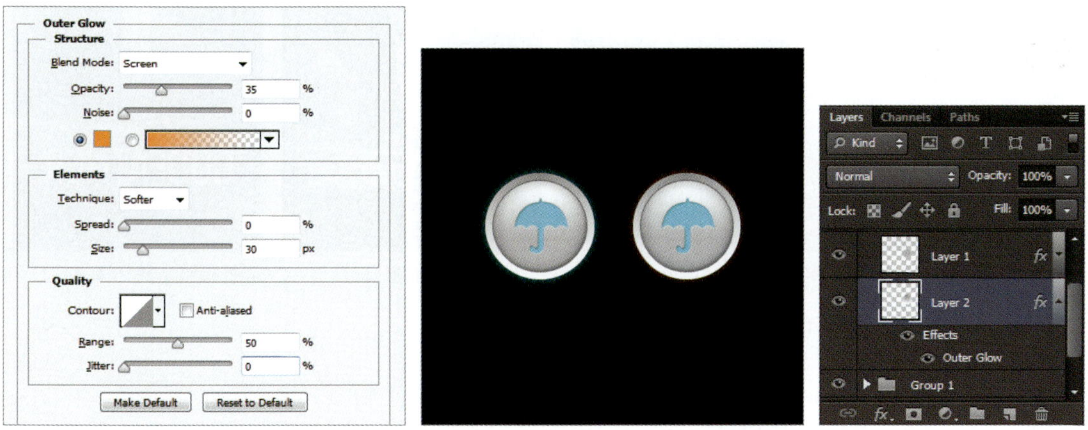

16 Layer 3의 오브젝트를 삭제하고, 전경색을 방금 적용한 Outer Glow와 어우러지는 색으로 선택합니다. 그리고 커스텀 쉐이프 툴( )의 Shape에서 원하는 모양을 선택해 다시 오브젝트를 넣어주면 이미지가 완성됩니다.

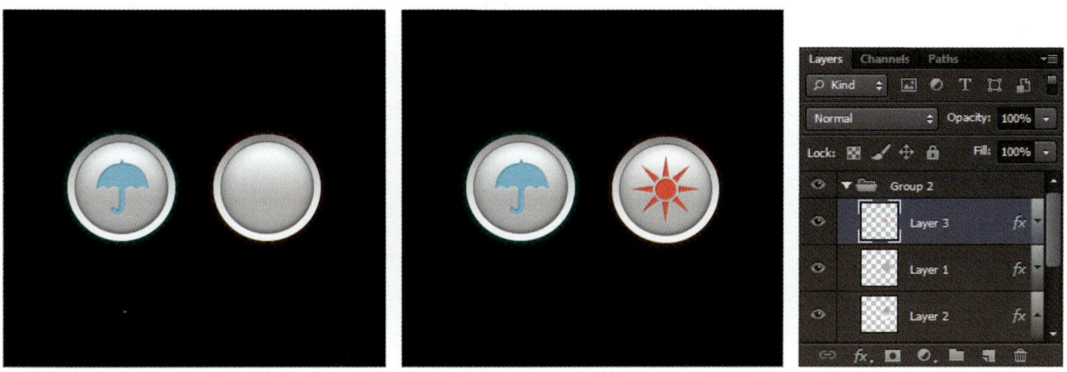

Design Tip

포토샵도 잘하고 디자인도 잘하고 싶어요

포토샵은 수학처럼 공식이 있는 것이 아닙니다. 똑같은 결과물을 여러 방법으로 만들 수 있지요. 이 책 역시 포토샵을 사용하는 방법 중 하나를 설명하고 있습니다.

포토샵을 잘하고 싶나요? 그렇다면 많은 예제를 따라 해보고, 원하는 이미지를 직접 만들어보기 바랍니다. 너무 원론적인 얘기 같지만 가장 중요한 노하우입니다. 예제를 따라할 때도 배운 효과를 더 응용할 만한 게 없는지 스스로 생각해 보기 바랍니다. 단순히 생각 없이 따라하기만 하는 것은 툴이나 메뉴의 옵션 창에 수치를 입력하는 타자 연습에 불과합니다.

막연하게 '잘하고 싶다'라는 생각만 하면 실력에 발전이 없습니다. 포토샵을 잘하려면 우선 기본 기능을 충분히 숙지하고, 많은 예제를 따라 해보며 기본기와 실력을 키워야 합니다. 그런 뒤에 마음에 드는 사례를 찾아 따라 해보며 디자인 감각을 키우고, 최신 트렌드를 파악하기 위해 노력한다면 포토샵 작업은 물론 디자인도 잘하게 될 것입니다.

△ 1960년대 미니멀리즘은 대상의 본질만 남기고 불필요한 요소를 제거하는 경향을 추구하는데, 애플을 필두로 이러한 디자인 경향이 최근까지 이어져 오고 있다.

부록 포토샵 CS6의 단축키

포토샵을 더욱 빠르고 편리하게 사용하기 위해서는 자주 사용하는 단축키는 기억해두는 것이 좋습니다.

❶ 파일 작업 관련 단축키

새 화면 만들기	Ctrl+N
파일 불러오기	Ctrl+O
Bridge 실행하기	Ctrl+Alt+O
작업화면 닫기	Ctrl+W
열려 있는 모든 화면 닫기	Ctrl+Alt+W
파일 저장하기	Ctrl+S
다른 이름으로 저장하기	Ctrl+Alt+S
웹 환경으로 저장하기	Ctrl+Alt+Shift+S
최종 저장한 상태로 되돌리기	F12
인쇄하기	Ctrl+P
프로그램 종료하기	Ctrl+Q

❷ 프로그램 조작 관련 단축키

직전으로 되돌리기	Ctrl+Z
한 단계 뒤로 가기	Ctrl+Shift+Z
한 단계 앞으로 가기	Ctrl+Alt+Z
잘라내기	Ctrl+X
복사하기	Ctrl+C
병합 복사하기	Ctrl+Shift+C
붙여넣기	Ctrl+V
같은 자리에 붙여넣기	Ctrl+Shift+V
마스크 영역으로 붙여넣기	Ctrl+Alt+Shift+V
Contents Aware 크기 조절하기	Ctrl+Alt+Shift+C
자유 형태 조절하기	Ctrl+T
컬러 셋팅 하기	Ctrl+Shift+K
단축키 조절하기	Ctrl+Alt+Shift+K
메뉴 조절하기	Ctrl+Alt+Shift+M

❸ 선택 관련 단축키

전체 선택하기	Ctrl+A
선택 해제하기	Ctrl+D
다시 선택하기	Ctrl+Shift+D
선택 영역 반전시키기	Ctrl+Shift+I
전체 레이어 선택하기	Ctrl+Alt+A
레이어 찾기	Ctrl+Shift+Alt+F

❹ 레이어 관련 단축키

새 레이어 만들기	Ctrl+Shift+N
레이어 복제하기	Ctrl+J
레이어 잘라내기	Ctrl+Shift+J
클리핑 마스크 적용하기	Ctrl+Alt+G
레이어 그룹 만들기	Ctrl+G
레이어 그룹 해제하기	Ctrl+Shift+G
아래 레이어와 병합하기	Ctrl+E
보이는 레이어로 병합하기	Ctrl+Shift+E
레이어 위로 보내기	Ctrl+Shift+]
레이어 맨 위로 보내기	Ctrl+]
레이어 아래로 보내기	Ctrl+[
레이어 맨 아래로 보내기	Ctrl+Shift+[

부록 포토샵 CS6의 단축키

5 화면 조작 관련 단축키

기능	단축키
툴 박스와 패널 감추고 나타내기	Tab
패널만 감추기	Shift + Tab
화면 확대하기	Ctrl + +
화면 축소하기	Ctrl + −
눈금자 감추고 나타내기	Ctrl + R
가이드 감추고 나타내기	Ctrl + ;
가이드 잠그기	Ctrl + Alt + ;
그리드 감추고 나타내기	Ctrl + '
표시자 감추고 나타내기	Ctrl + H
스냅 선택과 해제하기	Ctrl + Shift + ;
윈도우 보기 모드 변경하기	F
최대화면 크기로 보기	Ctrl + 0
실제 이미지 크기로 보기	Ctrl + 1

6 이미지 보정 관련 단축키

기능	단축키
Levels 대화상자 열기	Ctrl + L
Auto Tone 적용하기	Ctrl + Shift + L
Auto Contrast 적용하기	Ctrl + Alt + Shift + L
Auto Color 적용하기	Ctrl + Shift + B
이미지 사이즈	Ctrl + Alt + I
캔버스 사이즈	Ctrl + Alt + C
Curves 대화상자 열기	Ctrl + M
Color Balance 대화상자 열기	Ctrl + B
Hue/Saturation 대화상자 열기	Ctrl + U
Desaturate 적용하기	Ctrl + Shift + U
색상 반전하기	Ctrl + I
최종 적용한 필터 반복 적용하기	Ctrl + F

7 툴과 패널 관련 단축키

기능	단축키
Brushes 패널	F5
Colors 패널	F6
Layers 패널	F7
Info 패널	F8
Action 패널	Alt + F9
선택 툴	M
올가미 툴	L
마술봉 툴	W
자르기 툴	C
스포이드 툴	I
힐링 브러시 툴	J
브러시 툴	B
도장 툴	S
히스토리 브러시 툴	Y
지우개 툴	E
그레디언트 툴	G
닷지 툴	O
펜 툴	P
텍스트 툴	T
패스 선택 툴	A
쉐이프 툴	U
손바닥 툴	H
회전보기 툴	R
돋보기 툴	Z

찾아보기

ㄱ ㄴ ㄷ

가로 텍스트 마스크 툴 257
가로 텍스트 툴 257
가이드라인 481
곡선 만들기 249
곡선에 직선 연결하기 251
그레디언트 모양 220
그레디언트 스타일 220
그레디언트 툴 219
노트 배경 423
다각형 쉐이프 툴 273
다각형 올가미 툴 110
닷지 툴 238
도장 툴 170
돋보기 툴 052
둥근 사각형 쉐이프 툴 273
듀오톤 344

ㄹ ㅁ

레드 아이 툴 168
레이어 050, 290
레이어 마스크 293
레이어 모드 298
레이어 스타일 추가 292
레이어 이름 290
레이어 잠금 301
레이어 잠금 모드 301
레이어 패널 291
링크 레이어 292
마술봉 툴 129
매직 지우개 툴 218
머큐리 그래픽 엔진 020
메탈 느낌의 UI 버튼 505
메탈 패턴 문자 391
믹서 브러시 툴 193

ㅂ

밝기 조절 326
백그라운드 지우개 툴 217
번 툴 238
별색 인쇄 317
보케 198
브러시 툴 182
브러시 패널 183, 211
브러시 프리셋 182
블랙 패널 UI 버튼 488
블러 툴 236
비네팅 353

ㅅ

사각형 선택 툴 078
사각형 쉐이프 툴 273
색상 조절 333
색상 채널 312, 314
샤픈 툴 236
선 쉐이프 툴 273
선택 영역 곱하기 082
선택 영역 더하기 081
선택 영역 빼기 081
세로 텍스트 마스크 툴 257
세로 텍스트 툴 257
쉐이프 툴 273
스머지 툴 237
스트라이프 패턴 437
스티커 429
스팟 채널 312, 318
스팟 힐링 브러시 툴 154
스펀지 툴 239
썸네일 290

ㅇ

아웃포커싱 147
아크릴 문자 380
아트 히스토리 브러시 툴 215
안티앨리어싱 258
알파 채널 312, 316
앵커 포인트 242
앵커 포인트 제거 툴 245
앵커 포인트 추가 툴 245
에어브러시 모드 184
연필 툴 182
올가미 툴 108
워프 258
원근 자르기 툴 143
원형 선택 툴 094
원형 쉐이프 툴 273
이동 툴 070
이중 입체 UI 버튼 512

ㅈ ㅊ

자르기 툴 134
자석 올가미 툴 112
적목 현상 168
점선 말풍선 274
지우개 툴 217
직선 만들기 248
직접 선택 툴 247
채널 312

ㅋ ㅌ

커스텀 쉐이프 툴 273
커튼 스타일 배경 419
컬러 리플레이스먼트 툴 190
콘텐츠 어웨어 무브 툴 164
퀵 마스크 모드 145
퀵 셀렉션 툴 120
클리핑 마스크 266
투명 문자 385
투명 버튼 436
투명 볼 414
툴 박스 033

ㅍ ㅎ

파스텔 톤의 UI 버튼 497
패널 040
패스 내부를 채우는 텍스트 284
패스를 따라 흐르는 텍스트 284
패스 선택 툴 247
패치 툴 162
패턴 도장 툴 175
패턴 문자 263
퍼펫 뒤틀기 026, 374
페인트 버킷 툴 227
펜 툴 242
포인트 전환 툴 246
프리폼 펜 툴 244
플래그 423
필터 갤러리 345
한 줄 가로/세로 선택 툴 106
핸들러 242
흑백 이미지 341

히스토리 브러시 툴 215
힐링 브러시 툴 157

A B C

Adaptive Wide Angle 350
Add Anchor Point Tool 245
Add Noise 424
Adjustment 294
Anti-alias 079
Art History Brush Tool 215
Artistic 346
Auto Erase 184
Background Eraser Tool 217
Background 레이어 290
Black & White 342
Blur Tool 236
Brightness/Contrast 326
Brush Strokes 347
Brush Tool 182
Burn Tool 238
Canvas Size 058
Channel Mixer 335
Clouds 381
CMYK 모드 312
Color Balance 334
Color Lookup 336
Color Range 339
Color Replacement Tool 190
Content-Aware Move Tool 164
Convert Point Tool 246
Crop Tool 134
Curves 328
Custom Shape Tool 273

D E F

Define Pattern 176, 188
Desaurate 343
Direct Selection Tool 247
Distort 348
Dodge Tool 238
Ellipse Tool 273
Elliptical Marquee Tool 094
Equalize 132, 330
Eraser Tool 217
Exposure 329
Feather 079
Field Blur 364
Fill 302
Filter Gallery 345
Flow 184
Freeform Pen Tool 244

G H I

Gradient Map 337
Gradient Tool 219
Grayscale 344
HDR Toning 330
Healing Brush Tool 157
History Brush Tool 215
History 패널 067
Horizontal Type Mask Tool 257
Horizontal Type Tool 257
Hue/Saturation 334, 342
Image Rotation 064
Image Size 056
Invert 336
Iris Blur 365

L M O P Q

Lasso Tool 108
Lens Correction 353, 355
Levels 328, 331
Lighting Effects 387
Line Tool 273
Liquify 359
Load Brushes 407
Magic Eraser Tool 218
Magic Wand Tool 129
Magnetic Lasso Tool 112
Match Color 305
Mixer Brush Tool 193
Move Tool 070
Oil Paint 357
Opacity 302
Paint Bucket Tool 227
Patch Tool 162
Path 273
Path Selection Tool 247
Pattern Stamp Tool 175
Pencil Tool 182
Pen Tool 242
Perspective Crop Tool 143
Photo Filter 335
Pixels 274
Polar Coordinates 453
Polygonal Lasso Tool 110
Polygonal Tool 273
Posterize 336
Puppet Warp 374
Quick Mask Mode 145
Quick Selection Tool 120

R S T V

Rasterize Layer Style 370
Rectangle Tool 273
Rectangular Marquee Tool 078
Red Eye Tool 168
Reduce Noise 160
Refine Edge 121
Remove Anchor Point Tool 245
Replace Color 338
RGB 모드 312
Rounded Rectangle Tool 273
Sarpen Tool 236
Selective Color 337
Shadow/Highlights 329
Shape 273
Single Row/Column Marquee Tool 106
Sketch 348
Smudge Tool 237
Sponge Tool 239
Spot Healing Brush Tool 154
Stamp Tool 170
Texture 349
Threshold 343
Tilt-Shift 367
Vanishing Point 361
Variations 338
Vertical Type Mask Tool 257
Vertical Type Tool 257
Vibrance 333, 341
Vignetting 353

기타

3D 399
3D 머티리얼 드롭 툴 230
3D 문자 269